ACCESO GRATIS *a la Lectura en la Nube*

Para visualizar el libro electrónico en la nube de lectura envíe junto a su nombre y apellidos una fotografía del código de barras situado en la contraportada del libro y otra del ticket de compra a la dirección:

ebooktirant@tirant.com

En un máximo de 72 horas laborables le enviaremos el código de acceso con sus instrucciones.

CUESTIONES PRÁCTICAS SOBRE EL ACOSO LABORAL Y EL COMPLIANCE

CUESTIONES PRÁCTICAS SOBRE EL ACOSO LABORAL Y EL COMPLIANCE

Rosa Pérez Martell
Profesora titular.
Universidad de Las Palmas de Gran Canaria
(ULPGC)

Javier Puyol Montero
Doctor en derecho. Abogado
Magistrado excedente.
Consultor nacional e internacional de Compliance

tirant lo blanch
Valencia, 2025

En caso de erratas y actualizaciones, la Editorial Tirant lo Blanch publicará la pertinente corrección en la página web www.tirant.com.

DIRECTOR DE COLECCIÓN

Javier Puyol Montero

EDITA: TIRANT LO BLANCH
C/ Artes Gráficas, 14 - 46010 - Valencia
TELFS.: 96/361 00 48 - 50
FAX: 96/369 41 51
Email: tlb@tirant.com
www.tirant.com
Librería virtual: www.tirant.es
DEPÓSITO LEGAL: V-3584-2025
ISBN: 979-13-7021-246-9
MAQUETA: Innovatext

Si tiene alguna queja o sugerencia, envíenos un mail a: *atencioncliente@tirant.com.* En caso de no ser atendida su sugerencia, por favor, lea en *www.tirant.net/index.php/empresa/politicas-de-empresa* nuestro procedimiento de quejas.

Responsabilidad Social Corporativa: http://www.tirant.net/Docs/RSCTirant.pdf

Índice

Capítulo I
CONCEPTO Y CUESTIONES SOBRE EL ACOSO LABORAL

Capítulo III
LAS CONSECUENCIAS ECONÓMICAS DERIVADOS DEL ACOSO LABORAL

Capítulo IV

LA INCIDENCIA DEL ACOSO LABORAL EN LOS PROGRAMAS DE COMPLIANCE

Capitulo V

LOS MECANISMOS DE PREVENCIÓN DESDE EL COMPLIANCE

Capítulo VI

LAS INVESTIGACIONES INTERNAS EN CASOS DE ACOSO

Capítulo VII

EL CIBERACOSO Y OTRAS FORMAS DE ACOSO LABORAL

Capítulo VIII

EL ROL DEL COMPLIANCE OFFICER EN LOS SUPUESTOS DE ACOSO LABORAL

Capítulo IX

LA RESPONSABILIDAD EMPRESARIAL Y SUS CONSECUENCIAS EN LOS SUPUESTOS DE ACOSO LABORAL

Capítulo X
LA CULTURA DE CUMPLIMIENTO COMO FACTOR DE MITIGACIÓN DEL ACOSO LABORAL

Capítulo XI
ALGUNAS CONSIDERACIONES Y CONCLUSIONES FINALES

Capítulo XII
BIBLIOGRAFÍA

Capítulo I

Concepto y cuestiones sobre el acoso laboral

1. CUESTIONES GENERALES SOBRE EL ACOSO LABORAL

1.1. ¿Qué es el acoso laboral o mobbing? Las definiciones sobre el acoso laboral

El acoso laboral, también conocido como mobbing[1], es un proceso sistemático de violencia psicológica ejercido en el entorno laboral, que se manifiesta a través de conductas hostiles, repetitivas y prolongadas, dirigidas a una persona con el objetivo o efecto de degradarla, excluirla o forzar su salida del trabajo.

La víctima comienza a vivir en un estado de hipervigilancia, miedo, inseguridad y ansiedad en su trabajo. Poco a poco se van sucediendo los actos de acoso y de hostigamiento. Este efecto acumulativo convierte al acoso en una forma de violencia psicológica insidiosa, difícil de probar, pero extremadamente destructiva.

Ignorar estas señales por considerarlas "menores" es uno de los errores más frecuentes y peligrosos al abordar el mobbing. De este modo, la reiteración en el tiempo es un criterio esencial en la doctrina clásica del acoso.

La organización se convierte así en un entorno patógeno, donde los valores de respeto y cooperación son reemplazados por la agresión, la competencia violenta, el silencio y la autodefensa permanente.

Es muy importante considerar el efecto acumulativo de conductas aparentemente menores[2] en los casos de acoso laboral porque una de

---

1 Piñuel y Zabala, I. (2001). *Mobbing: cómo sobrevivir al acoso psicológico en el trabajo.* Ed. Sal Terrae. Hirigoyen, M. F. (1999) *El acoso moral.* Ed Paidós. Leymann, H. (1996). *The content and development of mobbing at work. European Journal of Work and Organizational Psychology,* 5(2), 165–184.Puyol Montero, J. Franco Blanco, C. Román Porres, C. (2025) *GPS Compliance,* Tirant lo Blanch, Pag 1294. Pérez Martell, R. (2024) El proceso laboral y los MASC: solución de conflictos en los casos de acoso académico en el ámbito universitario. *Revista de Derecho Procesal del Trabajo.* Poder Judicial del Perú.

2 Tribunal Superior de Justicia de Andalucía (España), Sentencia 2012 (Rec. 3904/2011) *"El mobbing laboral es un hostigamiento sistemático y prolongado hacia un*

las características distintivas del acoso laboral es precisamente su efecto por acumulación: los comentarios sarcásticos ocasionales o las miradas de desprecio aisladas pueden parecer triviales, pero cuando se repiten con frecuencia y en un contexto de intención desestabilizadora, generan un ambiente insostenible.

El psicólogo y médico sueco Heinz Leymann[3] es considerado el pionero en la conceptualización científica del acoso laboral. A principios de la década de 1990, introdujo el término "mobbing" para describir el conjunto de conductas hostiles que un trabajador sufre de manera sistemática en su entorno laboral. Leymann definió el mobbing como *una forma extrema de estrés social, provocada por la exposición prolongada a acciones psicológicamente agresivas.* Estamos ante una manifestación clara de acoso laboral cuando una persona, de manera reiterada y sistemática, ejerce dicha violencia psicológica, verbal o incluso física sobre otra en el entorno de trabajo, con el objetivo de intimidar, degradar, humillar o desestabilizar emocionalmente a la víctima[4]. Este tipo de comportamiento no se presenta como un hecho aislado ni ocasional, sino que se prolonga en el tiempo, generando un clima hostil e insostenible que afecta directamente la dignidad, la salud mental y el rendimiento profesional del individuo acosado.

Lo fundamental de su enfoque es el carácter repetitivo y prolongado del fenómeno: según sus estudios, para que se hable de acoso deben producirse, al menos, una o varias conductas de forma continuada en el tiempo. Además, Leymann identificó 45 conductas típicas de mobbing, agrupadas en categorías como ataques a la persona, aislamiento, desprestigio profesional y afectación de las condiciones de trabajo. Su enfoque clínico y metodológico permitió distinguir el acoso laboral de otros conflictos laborales comunes y sentó las bases para su reconocimiento jurídico y organizacional en toda Europa.

---

trabajador, con la finalidad de excluirlo del ámbito laboral, utilizando para ello conductas que, aunque en ocasiones puedan parecer triviales, tienen un efecto devastador acumulativo." TSJ Andalucía, Sala de lo Social, Sentencia de 18 de enero de 2012, Recurso 3904/2011.Importante aquí es el reconocimiento del efecto acumulativo de acciones aparentemente menores.

3 Leymann, H. (1996). *The content and development of mobbing at work.* European Journal of Work and Organizational Psychology, 5(2), 165–184.

4 Leymann, H. (1990). *Mobbing and psychological terror at workplaces. Violence and victims,* 5(2), 119 y ss.

Además de Leymann, la psiquiatra francesa Marie-France Hirigoyen[5] o el Prof. Piñuel[6] definen el acoso laboral como *un proceso psicológico de violencia sutil o explícita, prolongada en el tiempo, ejercida intencionadamente por una o más personas, con el propósito de desestabilizar emocionalmente al trabajador y forzarlo a abandonar su puesto.*

Los Profesores Hirigoyen y Piñuel coinciden en que la persistencia de las conductas hostiles es lo que convierte un conflicto o un acto aislado en acoso.

De otro lado, el Convenio 190 de la OIT[7] primero establece que *la violencia y el acoso en el trabajo no se reducen a un solo acto, sino a una serie de comportamientos reiterados, sistemáticos o con intención de dañar.* La reiteración es clave para establecer el patrón, demostrar la intencionalidad y diferenciar el acoso de otros episodios laborales tensos o conflictivos.

Segundo, se reconsidera que es necesario introducir un cambio en la consideración del Convenio 190 de la OIT y que por lo tanto *una única conducta puede ser considerada acoso cuando, por su gravedad, genera un daño físico, psicológico, sexual o económico significativo.* Por ejemplo, una agresión sexual, por razón de sexo, una amenaza de violencia, o una humillación pública particularmente denigrante pueden configurar un caso de acoso laboral sin necesidad de reiteración. También se admite esta posibilidad cuando el acto único vulnera derechos fundamentales del trabajador[8] o implica un abuso de poder extremo. Este enfoque es relevante porque reconoce que la intensidad del daño puede compensar la falta de reiteración formal, siempre que se acredite el menoscabo de la dignidad o integridad moral de la víctima.

Los autores citados destacan estas características en el acoso laboral: Leymann habla de *"campañas de terror psicológico" sostenidas durante al menos seis meses*; Hirigoyen[9] subraya *el carácter invisible del acoso y su efecto devastador*

---

5 Hirigoyen, M. F. (1999) *El acoso moral.* Ed Paidós

6 Piñuel y Zabala, I. (2001). *Mobbing: cómo sobrevivir al acoso psicológico en el trabajo.* Santander: Sal Terrae.

7 La Organización Internacional del Trabajo (OIT), en su Convenio 190 en https://normlex.ilo.org/dyn/nrmlx_es/f?p=NORMLEXPUB:12100:0::NO::P12100_ILO_CODE:C190

8 Puyol Montero, J. (2025) La aplicación de los derechos fundamentales a las personas jurídicas en los procesos de Compliance, *Confilegal,* https://confilegal.com/20250223-opinion-la-aplicacion-de-los-derechos-fundamentales-a-las-personas-juridicas-en-los-procesos-de-Compliance/

9 Hirigoyen, M. F. (1999) *El acoso moral.* Ed Paidós

sobre la identidad profesional y personal del trabajador, el Prof. Piñuel[10] insiste en *el uso de estrategias sutiles como el aislamiento, la deslegitimación, el descrédito y la sobrecarga como medios para forzar la renuncia.*

Todos coinciden en que el acoso no es un evento aislado, sino un proceso dinámico y destructivo con consecuencias serias para la salud mental y la carrera del afectado[11].

Entre los elementos comunes en las definiciones de los principales teóricos del acoso laboral destacan:

- La reiteración de conductas hostiles a lo largo del tiempo,

- La intencionalidad o el efecto destructivo de dichas conductas sobre la víctima.

- El carácter psicológico y social del daño infligido, y

- Y el objetivo de excluir o hacer desaparecer al trabajador del entorno laboral.

Se trata de una estrategia estructurada, que se despliega a través de múltiples formas como humillaciones, aislamiento social, descalificaciones constantes, asignación de tareas inútiles o excesivas, vigilancia excesiva, descrédito, difamación, entre otros. La vigilancia excesiva convierte el entorno laboral en un espacio de amenaza constante. No se trata de supervisión legítima, sino de una vigilancia punitiva, orientada a controlar, intimidar o castigar al trabajador, al cual le provocan un estado de ansiedad permanente, fruto de estas acciones sobre él y donde cualquier acción es percibida como potencialmente sancionable. La desautorización pública, por su parte, tiene un efecto devastador: expone a la víctima al ridículo o la invalida frente a sus pares, generándole una humillación y deslegitimación.

Estas prácticas, cuando se combinan, generan un clima de miedo[12], sumisión y desconfianza, rompen el contrato psicológico entre trabajador

---

10 Piñuel Zabala, I y Oñate Cantero, A. La incidencia del mobbing o acoso psicológico en España. pág 41 *Resultados del Barómetro Cisneros II sobre violencia en el entorno laboral* en https://ojs.ehu.eus/plugins/generic/pdfJsViewer/pdf.js/web/vi...%2FLan_Harremanak%2Farticle%2Fdownload%2F5802%2F5478%2F21304

11 Sansone RA, Sansone LA. Workplace bullying: a tale of adverse consequences. *Innov Clin Neurosci.* 2015 Jan-Feb;12(1-2):32-7.

12 Vartia, M. (1996). The sources of bullying-psychological work environment and organizational climate. *European Journal of Work and Organizational Psychology*, 5, 203-214.

y empleador, destruyen la confianza, inhiben la creatividad, paralizan la toma de decisiones.

La jurisprudencia complementa este enfoque reconociendo el acoso como una forma de violencia organizacional que, en muchos casos, se enmascara bajo conductas aparentemente normales o "formales", pero que tienen un claro componente vejatorio.

1.2. ¿Cuáles son las manifestaciones del acoso laboral?

El acoso laboral puede manifestarse de múltiples formas: puede ser directa (insultos, gritos, amenazas) o indirecta (rumores, exclusión, indiferencia).

El hostigamiento psicológico en el entorno laboral se configura a través de un conjunto de comportamientos reiterados, intencionales o con efecto lesivo, que tienen como objetivo o consecuencia minar la estabilidad emocional y profesional de la víctima[13].

En todo caso, las conductas explícitas que constituyen acoso laboral incluyen insultos, amenazas, burlas directas, exclusión manifiesta, asignación de tareas humillantes o degradantes, agresiones verbales o físicas, y represalias abiertas por ejercer derechos laborales.

Sin embargo, muchas veces el acoso se manifiesta de forma sutil y es incluso más destructivo: miradas de desprecio de odio, silencio intencional, interrupciones sistemáticas, negación del saludo, desinformación deliberada, manipulación de evaluaciones, rumores perniciosos hacia la víctima, aislamiento social, sobrecarga injustificada... El listado de acciones hostiles es bien extenso como se verá a continuación.

Lo relevante es que el acoso deteriora las condiciones laborales mediante diversas estrategias: la presión para que la víctima renuncie, la asignación de tareas irrelevantes o degradantes, el bloqueo de responsabilidades importantes, la exclusión de decisiones clave o de canales de comunicación esenciales, la reducción del salario o beneficios sin justificación.

También es frecuente el uso de evaluaciones negativas sin fundamento, o el aislamiento dentro del equipo, los comentarios sarcásticos o hirientes, la difamación reiterada dentro y fuera del trabajo y con la intención de que llegue a oídos de la víctima, el trato humillante o denigrante en público

---

13 Furnham, A. (2001). *Psicología organizacional. El comportamiento del individuo en las organizaciones*. México: Oxford University Press.

o en privado, la crítica constante sin justificación, la asignación de tareas imposibles o contradictorias, la sobrecarga injustificada de trabajo o, por el contrario, la supresión total de funciones.

También se considera hostigamiento de especial gravedad:

- el uso arbitrario del poder para intimidar,

- la negación de permisos o derechos legítimos y

- la manipulación de evaluaciones o informes.

1.3. ¿Cuáles son las tipologías del acoso laboral?

En el acoso laboral, una de las clasificaciones más aceptadas es la que lo diferencia según la posición jerárquica entre el acosador y la víctima:

- En primer lugar, está el acoso vertical descendente, también conocido como "bossing"[14], que ocurre cuando un superior jerárquico acosa a un subordinado.

Es el más frecuente y peligroso, ya que implica un abuso de poder institucional que deja a la víctima en una posición de indefensión. Se manifiesta mediante humillaciones, sobrecarga de trabajo, amenazas de sanción, aislamiento, degradación profesional reiterada, difamación al resto de la organización y fuera de ella.

- En segundo lugar, el acoso vertical ascendente se produce cuando un grupo de subordinados dirige sus acciones de hostigamiento hacia un superior, usualmente con el fin de desestabilizarlo o forzar su salida. Aunque menos común, puede surgir cuando el líder es nuevo, percibido como débil o impone cambios que alteran el statu quo.

- Luego está el acoso horizontal[15], entre compañeros del mismo nivel, que generalmente obedece a envidias, rivalidades o discriminación y puede incluir exclusión, difusión de rumores, mofas, sabotaje laboral o boicot.

- Otro tipo especialmente grave es el acoso estratégico o institucional, donde la empresa actúa de forma deliberada para forzar la renuncia del

---

14 **Piñuel y Zabala,** (2001). *Mobbing: cómo sobrevivir al acoso psicológico en el trabajo.* Sal Terrae. P 117. *"El acoso descendente es el más peligroso por el desequilibrio estructural de poder que impide a la víctima defenderse eficazmente"* **Piñuel y Zabala,** (2001). *Mobbing: cómo sobrevivir al acoso psicológico en el trabajo.* Sal Terrae. P 117

15 Hirigoyen, 2001 *"En el acoso horizontal, la organización no siempre está implicada directamente, pero su pasividad frente a la hostilidad interna puede convertirla en cómplice estructural"*

trabajador a través de mecanismos como el vaciamiento de funciones, la falta de visibilidad, o la presión continua.

- Además, existen formas específicas como el acoso moral (centrado en la violencia psicológica), el acoso sexual, el acoso por discriminación por razón de género, por ejemplo.

Cada tipo implica distintas dinámicas de poder, intenciones y mecanismos, pero todos coinciden en producir un entorno de sufrimiento que atenta contra la dignidad[16] y la salud del trabajador.

- El acoso digital o ciberacoso laboral es una forma creciente de hostigamiento que se da a través de tecnologías de la información y comunicación. Es especialmente grave por su capacidad de invadir todos los espacios y tiempos del trabajador, incluso fuera del entorno laboral físico y fuera del horario.

Se manifiesta mediante correos o mensajes humillantes, presión digital con exigencias constantes, exclusión deliberada de plataformas de trabajo colaborativo, saturación de tareas en sistemas digitales, o difusión de contenido ofensivo, difamación a través de internet.

Su carácter invasivo y permanente impide que la víctima pueda "desconectarse", lo que agrava los efectos del acoso. Además, puede ser más difícil de detectar o denunciar, ya que a menudo ocurre en entornos cerrados o privados, como chats, foros o correos internos. Esta modalidad exige nuevas formas de prevención, regulación y protección en el contexto del teletrabajo y la conectividad permanente.

- En cuanto al acoso académico[17] presenta particularidades específicas debido a la estructura jerárquica del ámbito universitario[18]. Puede ejer-

---

16 Puyol Montero, J. (2025) La aplicación de los derechos fundamentales a las personas jurídicas en los procesos de Compliance, *Confilegal,* https://confilegal.com/20250223-opinion-la-aplicacion-de-los-derechos-fundamentales-a-las-personas-juridicas-en-los-procesos-de-Compliance/
La dignidad es un valor fundamental reconocido en los derechos humanos y laborales. El acoso laboral constituye una violación directa de ese derecho, ya que degrada la percepción que el trabajador tiene de sí mismo y afecta su relación con el entorno.

17 Pérez Martell, R. (2024) El proceso laboral y los MASC: solución de conflictos en los casos de acoso académico en el ámbito universitario. *Revista de Derecho Procesal del Trabajo.* Poder Judicial del Perú.

18 Lómicos profesores (Piñuel y Oñate (2014) La incidencia del mobbing o acoso psicológico en España. *Resultados del Barómetro Cisneros II sobre violencia en el entorno labora* lcit en página 40 señalan que en que la definición de "acoso instituciona" es un término con el que "*se puede pretender diluir la responsabilidad del mobbing, que*

cerse tanto de forma vertical (entre docentes y autoridades o estudiantes) como horizontal (entre pares académicos), y muchas veces adopta formas sutiles como la exclusión de proyectos, el boicot de publicaciones, la deslegitimación intelectual o la manipulación de evaluaciones.

Estas prácticas afectan profundamente el bienestar, la productividad y la carrera de quienes las sufren.

Además, el prestigio institucional, el miedo al descrédito o las relaciones de dependencia dificultan la denuncia. Por eso, es fundamental que las universidades[19] implementen políticas activas de prevención, canales confidenciales de denuncia efectivos, sistemas de evaluación periódica del clima laboral y protocolos específicos para intervenir ante señales de acoso. Estas medidas no solo protegen a las personas, sino que también garantizan la integridad académica, la equidad y el cumplimiento de los estándares éticos y legales que deben regir la educación superior[20].

1.4. ¿Hay diferencias del acoso laboral con otras figuras?

Sobre las diferencias entre el acoso laboral y otras figuras similares como el conflicto o el maltrato ocasional radica principalmente en la sistematicidad, la intencionalidad y el impacto de las conductas implicadas. El acoso laboral no se configura por un hecho aislado o una discusión puntual, sino por una serie de comportamientos hostiles, repetitivos y prolongados en el tiempo, que buscan o tienen como efecto degradar, excluir o desestabilizar a la víctima.

- A diferencia de un conflicto laboral, que puede surgir por desacuerdos legítimos entre compañeros o entre trabajador y empleador, el acoso implica una relación asimétrica de poder, donde una parte ejerce presión psicológica sistemática sobre otra.

- En cuanto al maltrato ocasional, aunque puede ser grave, no alcanza a constituir acoso si no forma parte de un patrón reiterado.

---

*siempre es personal, bajo la pantalla difuminadora de una organización, eludiéndose la búsqueda de responsabilidades de quien finalmente es el autor o inductor de comportamientos lesivos".*Expresan que "*Si hay un instigador y ultimo responsable, es la persona que decreta esa persecución y no la organización en la que se producen estos hechos*"

19 Justicia, F. Benítez, J L. & Fernández, E. (2007). El fenómeno del acoso laboral entre los trabajadores de la universidad. *Psicología em estudo,* volumen 12 N°3, pp. 457-463

20 Björkqvist, D., Österman, K., & Hjelt-Bäck, M. (1994). Aggresion among university employees. Journal Aggressive Behavior, 20 (3), 173-184

- También es importante distinguir el acoso de las medidas disciplinarias o correcciones legítimas que el empleador puede aplicar dentro del marco legal: si se realizan de forma respetuosa, proporcional y con base objetiva, no constituyen acoso.

- Por otro lado, el síndrome de burnout se relaciona con el agotamiento por carga laboral excesiva y no implica necesariamente violencia interpersonal.

Identificar estas diferencias es importante para evitar banalizar el concepto de acoso y garantizar su adecuada prevención, detección y sanción atendiendo a las consecuencias graves que presenta para el trabajador afectado, para la sociedad, para la organización en cuestión[21].

1.5. ¿Hay un patrón reiterado en el tiempo?

Lo característico es que se convierte en un patrón reiterado en el tiempo que transforma el ambiente laboral en un entorno tóxico, afectando gravemente la salud mental, el rendimiento y la dignidad del trabajador acosado. Este fenómeno, lejos de ser individual, muchas veces está tolerado o permitido por la cultura organizacional, lo que agrava sus consecuencias[22].

De este modo, el acoso laboral tiene efectos devastadores en todos los planos, de forma resumida:

- A nivel físico, puede provocar al afectado desde insomnio, migrañas, trastornos digestivos, hasta hipertensión, contracturas musculares, fatiga crónica, enfermedades cardiovasculares, etc.[23].

- En el plano psicológico[24], puede generar ansiedad, depresión, ataques de pánico, trastornos de estrés postraumático, pérdida de autoestima, y en casos extremos, ideación suicida.

---

21 Sansone RA, Sansone LA. Workplace bullying: a tale of adverse consequences. *Innov Clin Neurosci.* 2015 Jan-Feb;12(1-2):32-7.

22 Zapf, D., Einarsen, S., Hoel, H. & Vartia, M. (2003). Empirical findings on bullying in the workplace. En S. Einarsen, H. Hoel, D. Zapf y C. L. Cooper (Eds.), *Bullying and emotional abuse in the workplace: international perspectives in research and practice* pp. 103-126. London: Taylor & Francis.

23 Mikkelsen, E. G. & Einarsen, S. (2002). Relationships between exposure to bullying at work and psychological and psychosomatic health complains: The role of state negative affectivity and generalized self-efficacy. *Scandinavian Journal of Psychology*, 43, 397-405.

24 Fidalgo Vega, M. Gallego Fernández, Y. y otros *Acoso psicológico en el trabajo: definición* Instituto Nacional de Seguridad e Higiene en el Trabajo.

- A nivel social, la víctima tiende a aislarse, pierde redes de apoyo, deteriora sus vínculos familiares y amistosos, y puede quedar estigmatizada profesionalmente, dificultando su reinserción laboral.

En todos los casos, el daño es acumulativo, muchas veces irreversible, y afecta no solo la salud, sino también la dignidad, la seguridad económica y la trayectoria vital de la persona afectada.

Estas prácticas no sólo afectan el rendimiento y la moral del trabajador, sino que también degradan su estatus dentro de la organización, impidiendo cualquier avance profesional. Además, el entorno se vuelve hostil y se rompen las condiciones mínimas para una convivencia laboral saludable y productiva.

Estas acciones, sostenidas en el tiempo, crean un ambiente hostil que afecta directamente la salud psíquica de la persona[25] y su desempeño profesional, erosionando su confianza, su sentido de pertenencia y su dignidad.

Estas conductas, aunque aparentemente inofensivas en lo individual, tienen un efecto acumulativo que socava progresivamente la estabilidad emocional del trabajador y su lugar dentro del equipo.

El hostigamiento constante, aunque muchas veces imperceptible para terceros, produce efectos devastadores en la salud emocional de quien lo sufre. Microagresiones como comentarios sarcásticos, gestos de desprecio, indiferencia, cargas laborales desproporcionadas o evaluaciones injustas, cuando se repiten, afectan la percepción que la víctima tiene de sí misma y de su entorno. Este tipo de violencia silenciosa conduce al aislamiento, la duda constante, la inseguridad y la desmotivación.

Psicológicamente, puede desencadenar estrés crónico, ansiedad anticipatoria, síntomas depresivos, pérdida de autoestima, insomnio y, en casos extremos, ideación suicida.

El impacto se agrava por la invisibilidad del fenómeno, lo que dificulta su denuncia y provoca un sentimiento de desamparo e incomprensión.

En síntesis, el acoso laboral se caracteriza por su persistencia, por la intención, explícita o implícita de dañar, por el desequilibrio de poder y por sus consecuencias sobre la salud mental y la carrera profesional de la víctima[26].

---

[25] Comunicación de la Comisión al Consejo y al Parlamento europeo por la que se transmite el acuerdo marco europeo sobre el acoso y la violencia en el trabajo. Bruselas, 8.11.2007. COM (2007) 686 final.

[26] Sansone RA, Sansone LA. Workplace bullying: a tale of adverse consequences. *Innov Clin Neurosci.* 2015 Jan-Feb;12(1-2):32-7.

1.6. ¿Cuáles son las implicaciones legales del acoso laboral en relación con el principio de igualdad, el derecho a la dignidad y el desarrollo profesional?

Las prácticas hostiles, si son reiteradas y sin justificación objetiva, pueden constituir discriminación indirecta, abuso de poder o represalia, todas ellas prohibidas por la normativa nacional e internacional.

El acoso laboral vulnera principios esenciales del derecho laboral y constitucional como el derecho a la igualdad[27], a la dignidad personal, al trato justo y al desarrollo profesional.

Además, el acoso afecta:

- A la integridad moral y psíquica del trabajador,

- A su proyecto de vida laboral, entendido como el conjunto de aspiraciones, logros y esfuerzos que, a lo largo del tiempo, se ve truncado, debilitando no solo la dimensión profesional del individuo, sino también su bienestar integral y su participación plena en la vida social y económica.

Entre otros motivos, por esto es una forma de violencia sistemática dentro del entorno de trabajo, sin duda:

- Atenta directamente contra la dignidad del trabajador, ya que implica hostigamiento psicológico, humillaciones, aislamiento, descalificaciones, entre otros actos.

- Genera consecuencias emocionales graves, como ansiedad, estrés, depresión y pérdida de autoestima, que minan la salud mental del individuo.

- Deteriora la estabilidad y continuidad de la carrera profesional del trabajador, obstaculizando su crecimiento, dañando su reputación, limitando sus oportunidades de desarrollo y, en muchos casos, forzándolo a abandonar su puesto o incluso su vocación.

---

27 Directiva 2002/73/CE, de 23 de septiembre de 2002 que modifica la Directiva 76/207/CEE del Consejo relativa a la aplicación del principio de igualdad de trato entre hombres y mujeres en lo que se refiere al acceso a la formación y a la promoción profesionales, y a las condiciones de trabajo*; la* Directiva 2006/54/CE de refundición de la normativa comunitaria relativa a la aplicación del principio de igualdad de oportunidades e igualdad de trato entre hombres y mujeres en asuntos de empleo y ocupación. La Directiva 89/391/CEE relativa a la aplicación de medidas para promover la mejora *de* la seguridad y la salud de los trabajadores en el trabajo. La Directiva 2000/43/CE relativa a la aplicación del principio de igualdad de trato de las personas.

- Implica una ruptura en sus metas profesionales, una alteración de su trayectoria y una pérdida del sentido de propósito y realización que aporta el trabajo[28].

El acoso laboral tiene otras profundas implicaciones legales en relación con el principio de igualdad, el derecho a la dignidad y el desarrollo profesional de los trabajadores.

- Desde la perspectiva del principio de igualdad, el acoso puede constituir una forma de discriminación si está motivado por razones como el género, la orientación sexual, la edad, la religión o cualquier otra condición personal o social. Esto supone una vulneración de normas constitucionales e internacionales que garantizan la igualdad de trato y oportunidades en el empleo, lo cual puede derivar en acciones legales por trato desigual o discriminatorio.

- En cuanto al derecho a la dignidad, el acoso laboral lo lesiona directamente al someter al trabajador a un entorno hostil, humillante o degradante que afecta su integridad psíquica y emocional. El derecho a la dignidad está reconocido como un derecho fundamental, por lo que su afectación puede generar responsabilidades legales tanto para el agresor como para el empleador, incluyendo sanciones, indemnizaciones por daños morales y medidas de protección para la víctima.

- Respecto al desarrollo profesional, el acoso puede obstaculizar el acceso a oportunidades de formación, promoción y estabilidad laboral, impidiendo al trabajador desarrollar su carrera con normalidad. Esta situación puede dar lugar a reclamaciones por perjuicios económicos y profesionales, así como a una posible responsabilidad contractual del empleador por no garantizar un ambiente laboral adecuado.

En conjunto, el acoso laboral:

- Compromete seriamente el cumplimiento de principios y derechos fundamentales en el ámbito del trabajo, generando consecuencias legales relevantes en múltiples niveles.

- Obstaculiza el desarrollo profesional del trabajador al crear un entorno hostil que impide su rendimiento, ascenso o participación plena en la vida laboral[29].

---

28 Sansone RA, Sansone LA. Workplace bullying: a tale of adverse consequences. *Innov Clin Neurosci.* 2015 Jan-Feb;12(1-2):32-7.

29 Pérez Ginés, C. A (2016) "Violencia en el ámbito laboral". *Diario La Ley,* Nº 8730, Sección Doctrina, 29 de Marzo de 2016, Ref. D-131, La Ley. 1648/2016. Página 1.

También, el acoso puede implicar una limitación ilícita al derecho a la promoción y formación profesional. El empleador está obligado a garantizar un entorno seguro y equitativo que permita a todos los trabajadores desarrollarse. Si el acoso impide el desarrollo profesional, puede instarse una demanda por:

- Ocasionar al trabajador daños y perjuicios económicos sufridos y que incluya la pérdida de oportunidades.

- Una responsabilidad por incumplimiento de deberes contractuales.

Las empresas que toleran o permiten estas prácticas incumplen sus deberes de prevención de riesgos psicosociales[30], de buena fe contractual y de garantía de un entorno laboral seguro y respetuoso.

En cuanto a las implicaciones legales, en muchos países, el derecho a la dignidad está protegido como un derecho fundamental y el acoso laboral puede dar lugar a:

- Sanciones disciplinarias al agresor.

- Indemnizaciones por daño moral o psicológico.

- Rescisión del contrato laboral con justa causa, sin perjuicio para la víctima.

- La empresa puede tener responsabilidad civil, administrativa o incluso penal, si se comprueba tolerancia o falta de medidas preventivas[31].

Jurídicamente, estas conductas pueden dar lugar a responsabilidades civiles, laborales o penales, cuando se den los supuestos establecidos, además de la obligación de reparar los daños causados.

Algunas definiciones ponen el acento en la destrucción que pretende el acosador *"es la persecución y hostigamiento intolerable por quien lo sufre. Se hace objeto a alguien de persecuciones o malos tratos. Pretende destruir a alguien...*

30 Ovejero, A. (2006). "El mobbing o acoso psicológico en el trabajo: Una perspectiva psicosocial", Revista de Psicología del Trabajo y de las Organizaciones, 22 (1), 101-121.

31 La "Resolución del Parlamento Europeo sobre el acoso moral en el lugar de trabajo, (2339/ 2001 (INI)) de gran relevancia porque por ella, los estados han de diseñar políticas encaminadas a prevenir esta lacra aportando recomendaciones concretas, en este sentido: "*Hace hincapié expresamente en la responsabilidad que incumbe a los Estados miembros y a toda la sociedad por el acoso moral y la violencia en el lugar de trabajo, y considera que esto constituye el punto fundamental de la estrategia para combatirlos; Recomienda a los Estados miembros que obliguen a las empresas y los poderes públicos, así como a los interlocutores sociales, a poner en práctica políticas de prevención eficaces.*

"Un deber elemental de todas las empresas, sin excepción, y que sin embargo registra un elevado nivel de incumplimiento en nuestro país, es *evaluar los riesgos psicosociales.* El artículo 16.1 de la LPRL exige que la empresa evalúe los riesgos para la salud y, obviamente, eso incluye todos, no sólo los de tipo físico. El artículo 15.1, en sus apartados d) y g), apunta precisamente en esa dirección", explica.

"La *Unión Europea,* la *Administración* española y, en particular, la Inspección de Trabajo, han incidido en la obligatoriedad de evaluar y prevenir los riesgos psicosociales y han desarrollado instrumentos al respecto, señala el abogado laboralista".

"Por otro lado, empieza a ser habitual que los órganos judiciales impongan *indemnizaciones* a favor del trabajador por vulneración de sus derechos incluso aunque no se acredite el acoso, cuando la empresa no ha evaluado los *riesgos psicosociales* y, por tanto, le ha desprotegido (en este sentido, podemos señalar la Sentencia del Juzgado de lo Social número 3 de Vitoria, de 30 de septiembre de 2016, que cita interesante doctrina del TSJ del País Vasco)", destaca Carlos Javier Galán.

"En cualquier caso, hay una exigencia elemental, que los instrumentos internos de detección y de denuncia funcionen y sean algo más que una simple apariencia", concluye[32].

1.7. ¿Qué consecuencias genera la exclusión de ascensos y de promocionarse en la carrera del trabajador y cuáles son las consecuencias psicológicas y las secuelas del acoso laboral para la víctima?

La exclusión[33] deliberada de promociones, capacitaciones o formaciones internas constituye una de las formas más dañinas de acoso laboral porque ataca directamente la trayectoria profesional del trabajador. Cuando a una persona se le niegan sistemáticamente oportunidades de desarrollo a pesar de contar con los méritos y competencias necesarias, no solo se limita su presente laboral, sino también sus posibilidades futuras.

---

32 https://jupsin.com/acoso-laboral/

33 Tribunal Supremo (STS 56/2014, de 17 de febrero). Aunque España no cuenta con una ley específica sobre acoso laboral, su definición ha sido construida a través de la doctrina, que se verá a continuación y de la jurisprudencia, también: *"El acoso laboral consiste en una conducta que se manifiesta en un trato hostil o vejatorio hacia un trabajador de forma sistemática y prolongada en el tiempo, con el fin de provocar su marginación o exclusión del entorno laboral."*

La negación de desarrollo profesional representa una violencia estructural que perpetúa la desigualdad y la marginación dentro de la organización. Además, suele ser una antesala de estrategias más agresivas de exclusión, como el descrédito profesional o la renuncia forzada.

Esta práctica tiene un impacto profundo en la motivación, la autoestima y la percepción de justicia organizacional.

El trabajador puede comenzar a sentirse inútil, invisible, sin posibilidades de crecimiento o reconocimiento, lo que genera frustración, ansiedad y, en muchos casos, una desvinculación afectiva del trabajo. Además, la falta de participación en ascensos, por ejemplo, afecta su perfil profesional interno y externo, haciéndolo menos competitivo en el mercado laboral y reduciendo sus posibilidades de progresar.

Desde el punto de vista jurídico, esta exclusión sin criterios objetivos puede constituir una forma de discriminación o trato desigual, y si se acompaña de otras formas de hostigamiento, puede integrarse en un patrón de acoso laboral.

La pérdida de autoestima se traduce en un sentimiento de inutilidad, en la sensación de que todo lo que la víctima hace está mal, es insuficiente o carece de valor.

"La estrategia del acoso moral busca degradar al trabajador a los ojos de los demás, lo que destruye no solo su autoestima, sino también su legitimidad dentro del entorno profesional" (Hirigoyen, 2001, p. 83)

Este daño a la autoestima no es una consecuencia superficial: la víctima comienza a dudar de sus capacidades profesionales, de su juicio y hasta de su propia percepción de la realidad, especialmente si el acoso ha sido encubierto y sutil.

Por otro lado, la pérdida del sentido de pertenencia a la organización ocurre cuando la persona ya no se siente parte del equipo ni de la organización. Es excluida de las dinámicas habituales, se le niega la información necesaria para su trabajo o se le ignoran sus opiniones. Esta desconexión emocional refuerza el aislamiento, y alimenta un sentimiento de soledad que puede derivar en un abandono voluntario del trabajo

Las consecuencias psicológicas del acoso laboral para la víctima son profundas, graves y, en muchos casos, de largo alcance.

La exposición constante a un entorno hostil genera un proceso de deterioro emocional que comienza con ansiedad, nerviosismo e insomnio, y puede evolucionar hacia trastornos más severos como depresión mayor, síndrome de estrés postraumático, crisis de pánico y pensamientos suicidas. Muchas víctimas experimentan una pérdida progresiva de autoestima, sienten vergüenza, culpa o inutilidad, y desarrollan un miedo constante al error o al juicio ajeno.

La tensión emocional prolongada se somatiza en el cuerpo[34].

Es decir, el cuerpo manifiesta el sufrimiento psíquico a través de enfermedades o síntomas físicos, incluso sin causas médicas aparentes[35]: Dolores de cabeza y migrañas. Problemas digestivos[36] (gastritis, colon irritable). Fatiga crónica o agotamiento extremo (burnout). Tensión muscular, contracturas, bruxismo. Hipertensión, taquicardias, afecciones cardíacas. Problemas dermatológicos (psoriasis, caída del cabello). Trastornos cardiovasculares[37].

A nivel cognitivo, el acoso puede generar confusión, dificultades de concentración, pérdida de memoria o bloqueo emocional, lo que afecta directamente el desempeño laboral y contribuye al aislamiento de la persona.

En su fase más crítica, la víctima puede desarrollar una forma severa de "desesperanza aprendida", llegando a creer que no existe salida posible más allá de la renuncia o el colapso personal.

1.8. ¿Qué es la indefensión aprendida y qué significado tiene en el acoso laboral?

La indefensión aprendida ha sido estudiada, entre otros, por Seligman[38]: se trata de comprender los procesos por los que cuando hay situaciones repetidas de hostigamiento y/o acoso en el trabajo y la víctima denuncia, y vuelve a denunciar esta situación, pero nadie le hace caso, puede suceder que quienes están bajo el yugo del acoso y hostigamiento se vuelvan incapaces de reaccionar ante situaciones dolorosas.

---

34 Hansen, Å. M., Hogh, A., Persson, R., Karlson, B., & Garde, A. H. (2006). *Bullying at work, health outcomes, and physiological stress response. Journal of Psychosomatic Research, 60*(1), 63–72.

35 Herbert, T. B., & Cohen, S. (1993). *Stress and immune function in humans: A meta-analytic review. Psychosomatic Medicine, 55*, 364–379.

36 Remes-Troche, JM y otros. (2008) El papel del abuso físico, psicológico y sexual en los trastornos funcionales digestivos. Un estudio de casos y controles. Revista de gastroenterología de Mexico.

37 O'Moore, M., Seigne, M., McGuire, L. & Smith, M. (1998). Victims of bullying at work in Ireland. *Journal of Occupational Health and Safety*, 14(6), 569-574.

38 Seligman, M. (2024) *El circuito de la esperanza.*

Su teoría se basa en la idea de que: *La persona se inhibe mostrando pasividad cuando las acciones para modificar las cosas no producen el fin previsto. Generalmente las víctimas de acoso psicológico afectadas por la violencia son incapaces de ayudarse a sí mismas. Esto es consecuencia: del desgaste psicológico que provoca la continua exposición a la violencia y al desprecio.*

Esta condición psicológica se manifiesta cuando, tras experimentar situaciones prolongadas de maltrato, humillación o exclusión en el entorno de trabajo, la persona comienza a percibir que no tiene control sobre lo que le ocurre y que ningún esfuerzo puede cambiar su situación.

En el contexto del acoso laboral, esta experiencia se manifiesta cuando la víctima:

- Ha pedido ayuda,

- Ha puesto límites

- Ha intentado defenderse, pero ha sido ignorada o revictimizada.

Al no encontrar soluciones, aunque o intenta y lo vuelve a intentar, con el tiempo, deja de intentarlo. Se produce una paralización tanto emocional como conductual: la persona ya no reacciona, ya no se protege, y muchas veces ni siquiera reconoce que merece otra realidad[39].

Se instala una profunda sensación de inutilidad y resignación, acompañada de una percepción distorsionada de sí misma, como alguien débil o sin valor. Esta pasividad no es una elección, sino una forma de supervivencia frente al dolor sostenido y la indefensión aprendida la vuelve aún más vulnerable, porque reduce su capacidad para actuar, poner límites o pedir ayuda.

Así, el ciclo del daño se perpetúa, y la persona queda atrapada en una situación que refuerza su malestar y su aislamiento, debilitando aún más sus recursos internos.

En este estado, la víctima interioriza la idea de que no existe salida posible, lo que deteriora su capacidad de reacción, debilita su autoestima y la lleva a resignarse ante el sufrimiento.

Como consecuencia, puede llegar a considerar como únicas opciones la renuncia voluntaria al empleo o el colapso personal, ya sea en forma de crisis emocional, trastornos de salud mental o incluso aislamiento social y el suicidio.

---

39 Hirigoyen, M. F. (1999) *El acoso moral*...cit p 126.

Esta situación no solo afecta la dimensión profesional, sino que se extiende a otros aspectos de su vida y compromete profundamente el bienestar integral del individuo, como su vida, revelando la gravedad de las consecuencias del acoso laboral y la urgencia de su prevención y abordaje institucional.

El Prof. Seligman describe una situación lamentable donde la víctima, tras repetidos fracasos para evitar el maltrato, deja de intentar defenderse. Se paraliza emocional y conductualmente, creyendo que no merece otra realidad. Esto la vuelve aún más vulnerable, sin capacidad para actuar ni pedir ayuda, perpetuando el daño.

La indefensión aprendida no solo genera sufrimiento emocional, sino que también interfiere directamente en la capacidad de la víctima para salir de un entorno laboral tóxico.

Al haber interiorizado la idea de que "nada va a cambiar", la persona suele no responder, o lo hace con extrema desconfianza y temor. Puede rechazar ayuda, minimizar el maltrato o convencerse de que en cualquier otro lugar será igual o peor.

Este bloqueo no es una falta de voluntad, sino una consecuencia profunda del trauma: la víctima ha aprendido que actuar no tiene efecto, y por tanto, deja de intentarlo.

Los ambientes abusivos como el acoso laboral o el hostigamiento en el trabajo tienden a reforzar esta parálisis emocional.

A través de mecanismos como la manipulación, la desvalorización sistemática o la amenaza velada de consecuencias negativas, el acosador y, en ocasiones, la institución misma, contribuyen a que la persona dude de su propio juicio, de su capacidad de cambiar su realidad o de su derecho a estar en un entorno respetuoso.

Así, se consolida un círculo vicioso en el que la falta de reacción se interpreta como consentimiento, y la continuidad del daño refuerza la sensación de impotencia.

Salir de estos espacios requiere mucho más que fuerza de voluntad: implica reconstruir la confianza, acceder a redes de apoyo y, sobre todo, recibir un acompañamiento terapéutico y social que devuelva a la persona su derecho a defenderse, a elegir y a sanar.

Romper con la indefensión aprendida es uno de los pasos más difíciles, salir de una situación de acoso laboral no es una decisión sencilla ni inmediata. A esto se suma el miedo: miedo al despido, al juicio social, a no ser creído, a la exposición, al vacío económico o incluso a represalias directas.

Todos estos factores contribuyen a que la víctima permanezca en el lugar del daño, no porque lo acepte, sino porque siente que no tiene alternativa.

El acompañamiento terapéutico, el fortalecimiento de redes de apoyo y la respuesta clara de las instituciones son fundamentales para devolver a la persona su capacidad de decisión, su voz y su dignidad.

1.9. ¿Puede el estrés psicosocial crónico producto del acoso derivar en una serie de trastornos mentales graves?

El estrés psicosocial crónico[40], producto del acoso, puede derivar en una serie de trastornos mentales graves.

Entre los más frecuentes se encuentran:

- Los trastornos de ansiedad generalizada.

- El trastorno depresivo mayor.

- Los episodios de pánico.

- El insomnio persistente, y

- El trastorno de estrés postraumático (TEPT[41]), especialmente cuando el acoso ha sido intenso y prolongado[42].

También pueden presentarse reacciones psicosomáticas, como hipervigilancia, irritabilidad constante, llanto espontáneo o agresividad, así como síntomas de retraimiento social.

La víctima puede vivir en un estado de tensión emocional que repercute tanto en su bienestar como en su funcionalidad cotidiana.

De gran importancia, el acoso laboral sostenido puede dar lugar a una variedad de síntomas físicos derivados del estrés crónico. Estos síntomas incluyen cefaleas tensionales, migrañas, problemas gastrointestinales como

---

40 Sansone RA, Sansone LA. Workplace bullying: a tale of adverse consequences. *Innov Clin Neurosci.* 2015 Jan-Feb;12(1-2):32-7.

41 Estrés postraumático en víctimas de acoso laboral en https://mobbingmadrid.org/estres-laboral/estres-postraumatico-acoso-laboral/

42 https://www.mayoclinic.org/es/diseases-conditions/post-traumatic-stress-disorder/symptoms-causes/syc-20355967

gastritis o colon irritable, hipertensión arterial, taquicardia, contracturas musculares, bruxismo y agotamiento extremo o burnout. También se han documentado trastornos dermatológicos[43] como caída del cabello o aparición de psoriasis.

Estos síntomas físicos no tienen necesariamente una causa médica primaria, sino que son la manifestación corporal del sufrimiento emocional acumulado, lo que se conoce como somatización[44].

La somatización es un fenómeno mediante el cual el cuerpo expresa, a través de dolencias físicas, el sufrimiento emocional o psíquico que la mente no logra procesar de manera adecuada[45].

La exposición continua a humillaciones, presión, aislamiento o desvalorización genera un estrés crónico que altera el sistema nervioso autónomo, el endocrino y el inmunológico[46].

Esto da lugar a síntomas físicos reales que no pueden explicarse por patologías orgánicas evidentes, como dolores crónicos, disfunciones digestivas o cardiovasculares. El cuerpo se convierte, en este contexto, en el vehículo de expresión de un malestar que, al recibir un daño, este se cronifica y puede generar daños graves a la salud física.

Marie-France Hirigoyen, ya se ha comentado, ha sido una de las autoras más influyentes en el estudio del acoso moral en el trabajo. En su obra "El

---

43 Villar Vinuesa, R., Ramada Rodilla, J.M., Serra Pujadas, C (2017). Papel del médico del trabajo en la identificación y reconocimiento oficial de las dermatosis profesionales. *Archivos de Prevención de Riesgos Laborales, 20*(4), 214-219

44 Einarsen, S. & Mikkelsen, E. G. (2003). Individual effects of exposure to bullying at work. En S. Einarsen, H. Hoel, D. Zapf y C. L. Cooper (Eds.), *Bullying and emotional abuse in the workplace: international perspectives in research and practice* (pp. 127-144). London: Taylor & Francis.

45 Mikkelsen, E. G. & Einarsen, S. (2002). Relationships between exposure to bullying at work and psychological and psychosomatic health complains: The role of state negative affectivity and generalized self-efficacy. *Scandinavian Journal of Psychology*, 43, 397-405

46 Ochoa Díaz, César Eduardo, Hernández Ramos, Eduardo, Guamán Chacha, Kleber, & Pérez Teruel, Karina. (2021). El acoso laboral. *Revista Universidad y Sociedad, 13*(2), 113-118.
El estrés crónico también debilita el sistema inmunológico, facilitando infecciones respiratorias recurrentes. Todo esto afecta el rendimiento laboral, genera absentismo y deteriora la calidad de vida, creando un círculo vicioso en el que el malestar físico alimenta el sufrimiento psicológico y viceversa. Por ello, es fundamental reconocer la relación entre acoso laboral y problemas respiratorios, y abordarlos de manera conjunta para proteger tanto la salud mental como la física de las personas afectadas.

acoso moral", describe el impacto de este fenómeno como una agresión invisible que destruye progresivamente la identidad de la víctima.

Según Hirigoyen, el acoso moral no sólo tiene consecuencias psicológicas, sino que afecta el núcleo de la personalidad, quebrando la autopercepción y desintegrando la seguridad interior del individuo.

La víctima comienza a dudar de ella misma, de su competencia, de su valor, de sus intenciones, hasta llegar a una autoimagen deteriorada y disfuncional. Esta pérdida de identidad se acentúa porque las agresiones suelen ser sutiles, difíciles de demostrar y, muchas veces, negadas por el entorno. La víctima se siente aislada, incomprendida y desamparada, lo que refuerza su sensación de inutilidad y vacío.

Hirigoyen[47] subraya que el acoso moral es una forma de violencia perversa, que no deja huellas visibles, pero marca a fuego la integridad psíquica de quien lo sufre, socavando su dignidad y su sentido de pertenencia en el mundo laboral y social

1.10. *¿Se dan casos en los que las víctimas de acoso laboral pueden enfrentar consecuencias profesionales profundas y prolongadas, incluso años después de abandonar el entorno en el que ocurrió el acoso?*

Entre las principales secuelas se encuentran: el estancamiento profesional, la pérdida de reputación, la exclusión de redes laborales, la dificultad para obtener referencias válidas y la percepción de "conflictividad" por parte de futuros empleadores, situación creada por el acoso ejercido por los agresores. A ello se suma el impacto psicológico acumulado, que puede afectar su confianza, su autoestima y su capacidad de adaptación en nuevos entornos[48].

En muchos casos, las víctimas experimentan temor a vivir una situación similar, lo que las lleva a evitar roles de liderazgo, negociar a la baja sus condiciones laborales o aceptar empleos por debajo de su cualificación.

Esta huella profesional y emocional limita gravemente sus posibilidades de recuperación y crecimiento.

---

47 Hirigoyen, M. F. (2001). *El acoso moral en el trabajo: distinguir lo verdadero de lo falso.* Barcelona: Paidós.

48 Zapf, D., Knorz, C. & Kulla, M. (1996). On the relationship between mobbing factors and job content, social work environment and health outcomes. *European Journal of Work and Organizational Psychology*, 5(2), 215-237.

Por esto, las víctimas de acoso laboral, incluso tras haber abandonado el entorno donde se produjo la agresión, suelen arrastrar profundas secuelas psicológicas que no desaparecen automáticamente con el paso del tiempo.

Estas secuelas incluyen trastornos como la ansiedad generalizada, el trastorno de estrés postraumático (TEPT[49]) depresión, ataques de pánico, insomnio o pesadillas recurrentes. La carga emocional derivada del mobbing puede generar un estado de desconfianza persistente hacia cualquier entorno laboral futuro, lo cual impide una adecuada reintegración.

Piñuel[50] describe de forma magistral, en su trabajo "*Morder la manzana envenenada: la paralización y el Estrés Postraumático*" mediante un cuento explica *"el proceso técnico típico de camuflaje del acosador que se presenta frecuentemente bajo el disfraz psicológico de alguien que nunca es.*

Las mil caras del acosador le permiten disfrazarse, presentándose como una persona aparentemente bondadosa, pacífica, moralmente intachable, incluso interesada en hacer el bien a su víctima. Alguien a quien se representa en el cuento como una venerable e indefensa anciana. El mal que es siempre un proceso de acoso adopta entonces una falsa apariencia de bien: se trata de una apetitosa manzana, símbolo en nuestra cultura al mismo tiempo de la bueno, y de la salud, así como de la culpabilidad. Claro está que en el acoso, como en el cuento, dicha manzana está envenenada. El veneno no se especifica, salvo por su efecto, que resulta ser paralizante.

Una vez que las víctimas muerden el anzuelo (la manzana) de la culpabilidad, tal y como narra el cuento, caen paralizadas. La parálisis típica de las víctimas ante el acoso nace del modo terrible con el que el que acosa camufla bajo una apariencia de buen hacer, su perversa actuación. Eso es lo que le lleva a su víctima a internalizar o introyectar la culpabilidad. Sentirse culpable es lo mismo que quedar paralizado, pues nadie se defiende si no siente que no merece al maltrato.

Esto le viene muy bien al acosador puesto que una víctima paralizada por la culpabilidad (quedó "como muerta" *dice el cuento de Blancanieves) es alguien fácil de victimizar con menor riesgo de respuesta.*

De ahí ese empeño casi obsesivo en todos los maltratadores de imputar a sus víctimas el ser la causa de los propios malos tratos que sufren.

---

49 Prieto-Orzanco, A. Hostigamiento laboral (mobbing) y sus consecuencias para la salud https://www.elsevier.es/es-revista-atencion-primaria-27-articulo-hostigamiento-laboral–mobbing-sus-consecuencias-salud-13072593

50 Piñuel, I. Morder la manzana envenenada: la paralización y el Estrés Postraumático en https://www.acosopsicologico.com/mobbing-estres-postraumatico/

El proceso psíquico de acoso ejecutado bajo apariencia de un bien para la víctima provoca en éstas la aparición de cuadros de Estrés Postraumático.

Un Síndrome de Estrés Postraumático es un cúmulo de recuerdos de experiencias traumáticas que la víctima no ha podido encajar y que, atravesadas y no digeridas por la mente (como el trozo de manzana) producen todo tipo de interferencias dejando a las víctimas como muertas (los enanitos creyeron que había muerto)".

Además, muchas víctimas desarrollan una hipersensibilidad reaccionando con retraimiento o incluso evasión de situaciones laborales, sociales y familiares.

Sin un reconocimiento institucional y un acompañamiento psicológico serio, estas secuelas pueden cronificarse, afectando tanto la salud mental como el proyecto de vida de la persona afectada. También a la salud física y de forma grave. El panorama es devastador.

La finalidad subjetiva del agresor en los casos de acoso laboral es generalmente hostil y tiene como objetivo causar un perjuicio psicológico, profesional o personal a la víctima. Esta intención suele estar dirigida a desestabilizar emocionalmente al trabajador, como a continuación se analizará.

1.11.1. La desestabilización emocional al trabajador.

La desestabilización emocional del trabajador es uno de los efectos más devastadores del acoso laboral[51]. La persona acosada puede comenzar a experimentar una creciente sensación de inseguridad, ansiedad, pérdida de autoestima, dudas sobre su propia capacidad, y, con el tiempo, desarrollar trastornos psicológicos más graves como depresión o estrés postraumático.

Esta situación no solo afecta su desempeño profesional, sino también su vida personal, sus relaciones y su salud[52] física, creando un deterioro progresivo que puede llevar incluso a la baja laboral prolongada o la renuncia forzada.

Lo más alarmante del acoso laboral es que muchas veces ocurre a la vista de todos, pero se silencia o se normaliza.

¿Por qué sucede esto?

---

51 Hirigoyen, M. F. (2001). *El acoso moral en el trabajo: distinguir lo verdadero de lo falso.* Barcelona: Paidós.

52 Ortega Velásquez, B. Rodríguez Conde, J. Acoso Laboral y sus efectos en la salud del trabajador: revisión de la literatura.

- Por el miedo a represalias, sobre todos si ya ha habido precedentes de ese tipo en la organización y el personal entendió que no se hacía nada por proteger a la víctima de acoso y que los que ayudaron fueron dejados de lado o peor, acosados.

- La falta de protocolos claros para denunciar o la lectura equivocada de estos, intencional o no.

- El descrédito hacia la víctima, hacen que esta forma de violencia permanezca oculta durante largos periodos

- Nadie quiere problemas y hay quien piensa "que cada cual soluciones los suyos"

Por ello, resulta fundamental promover entornos de trabajo en los que se fomente el respeto, la empatía, la comunicación abierta y donde existan mecanismos reales y accesibles para identificar y detener este tipo de prácticas. Hay que reconocer que el acoso laboral existe y que puede destruir la estabilidad emocional de un trabajador es el primer paso hacia la construcción de espacios laborales verdaderamente humanos y justos[53].

1.11.2. Deteriorar su rendimiento o reputación

Uno de los objetivos principales del agresor o agresores, acosadores, es deteriorar el rendimiento del trabajador, provocando un descenso en su productividad que luego puede ser usado como justificación para seguir acosándolo o para tomar medidas disciplinarias en su contra[54].

A su vez, se busca dañar su reputación, afectando la percepción que compañeros, superiores y la propia organización tienen sobre la persona acosada, con lo cual se limita su desarrollo profesional y se le posiciona como alguien conflictivo, incompetente o problemático.

Piñuel y Zabala[55] "El acoso psicológico en el trabajo es una de las causas más devastadoras de sufrimiento psíquico. El 90% de los casos tratados

---

53 Brousse, G., Fontana, L., Ouchchane, L., Boisson, C., Gerbaud, L., Bourguet, D. & Chamoux, A. (2008). Psychopathological features of a patient population of targets of workplace bullying. *Occupational medicine,* 58(2), 122-128.

54 Leymann, H. (1996). The content and development of mobbing at work. *European journal of work and organizational psychology* 5 (2), pp. 165-184

55 Piñuel y Zabala, I. (2001). *Mobbing: cómo sobrevivir al acoso psicológico en el trabajo.* Santander: Sal Terrae.

presentan trastornos clínicamente significativos, desde ansiedad hasta depresión mayor y trastorno de estrés postraumático."

Otra definición que aportan es que "El acoso psicológico en el trabajo es una situación en la que una persona o grupo ejerce una violencia psicológica extrema de forma sistemática (al menos una vez por semana) y recurrente (durante un período prolongado de tiempo, mínimo seis meses), sobre otra persona en el lugar de trabajo, con la finalidad o el efecto de destruir las redes de comunicación de la víctima, su reputación, su autoestima, y su capacidad laboral."

Es una forma de violencia estructural que afecta la salud, la dignidad y los derechos fundamentales de los trabajadores, por lo que su reconocimiento, prevención y sanción deben ser prioridades en cualquier entorno laboral comprometido con el bienestar de su personal y con el cumplimiento de estándares éticos y legales[56].

El acoso laboral es una forma persistente y deliberada de hostigamiento que se ejerce dentro del entorno de trabajo con la intención de dañar a un trabajador en diferentes planos: emocional, profesional y social.

Este proceso tiene efectos devastadores no solo en la víctima, que puede experimentar trastornos como ansiedad, depresión, insomnio, estrés crónico o somatizaciones físicas, sino también en el ambiente laboral en general.

En este contexto, el agresor, ya sea un superior jerárquico, un compañero, actúa de manera sistemática para deteriorar el rendimiento o la reputación del trabajador acosado. Las conductas que caracterizan este tipo de violencia pueden ser abiertas o encubiertas, pero todas comparten una misma finalidad: desestabilizar, debilitar y aislar a la persona para minar su confianza y su lugar dentro de la organización. Dañarle.

La estrategia del agresor suele combinar diversas acciones repetidas a lo largo del tiempo, tales como

- La crítica constante e injustificada al trabajo del otro, señala (Hirigoyen[57]) que *"para aceptarse a sí mismos, los perversos narcisistas tienen que vencer y destruir a alguien al tiempo que se sienten superiores. Disfrutan con el sufrimiento de los demás. Para afirmarse, tienen que destruir. Hay en ellos una exacerbación de la*

---

56 Salvador Concepción, R. Modalidades de defensa contra el acoso psicológico en el trabajo. *Revista de Derecho Penal y Criminología,* 3 Época, n 13

57 Hirigoyen, M. F. (1999) *El acoso moral.* Ed Paidós, p 98 y ss

función crítica que les conduce a pasar el tiempo criticándolo todo y a todo el mundo. De este modo, se mantienen en su omnipotencia": «¡Si los demás son una nulidad, forzosamente yo soy mejor que ellos!». "la envidia y la finalidad de la apropiación son el motor del núcleo perverso. El envidioso lamenta ver cómo el otro posee ciertos bienes incluso morales, y desea destruirlos antes que adquirirlos. Si los adquiriera, no sabría qué hacer con ellos. No tiene los recursos necesarios para ello. Para vencer la distancia que lo separa del objeto codiciado, el envidioso se conforma con humillar al otro y envilecerlo". "lo que el perverso envidia por encima de todo es la vida de los demás"[58]*. Envidia los éxitos ajenos, que le hacen afrontar su propia sensación de fracaso. La apropiación es la continuación lógica de la envidia. Los bienes a los, que nos referimos son rara vez bienes materiales. Son cualidades morales difíciles de robar: alegría de vivir, sensibilidad, comunicación, creatividad, dones musicales o literarios... Cuando la víctima expresa una idea, las cosas suceden de tal modo que la idea formulada deja de ser suya y pasa a pertenecer a su agresor. Si el envidioso no se hallara cegado por el odio, podría aprender a adquirir una parte de esos dones a través de una relación de intercambio. Pero ello presupondría una modestia que el perverso no tiene".*

- La atribución de responsabilidad al otro, [59]*En el fondo, cuando acusan a los demás de ser responsables de lo que les ocurre, no acusan, sino que comprueban: puesto que ellos mismos no pueden ser responsables, por fuerza tiene que serlo el otro.*

Adjudicarle la culpa al otro, maldecirlo haciéndolo pasar por malvado, no sólo permite desahogarse, sino también rehabilitarse. No son nunca responsables, ni son nunca culpables: todo lo que anda mal es siempre culpa de los demás;

Se defienden mediante mecanismos de proyección: atribuyen a los demás, todas sus dificultades y todos sus fracasos y no se sienten culpables de nada. Se defienden asimismo a través de la negación de la realidad. Eluden el dolor psíquico transformándolo en negatividad.

- La desvalorización pública, Piñuel[60] se refiere *al psicópata organizacional;* Hirigoyen pone el acento, primero, en "*la noción de perversidad, implica una estrategia de destrucción del otro, sin que se produzca ningún sentimiento de culpa*"

- la difusión de rumores, seguimos a Piñuel el cual señala que "*los perversos narcisistas son considerados como psicóticos sin síntomas, que encuentran su*

---

58 Hirigoyen, M. F. (1999) *El acoso moral*...Ed Paidós, p 102 y ss

59 Hirigoyen, M. F. (1999) *El acoso moral*...Ed Paidós, p 104 y ss

60 Piñuel, I. (2017) *Las 100 claves del mobbing. Detectar y salir del acoso psicológico en el trabajo.* Editor: EOS Psicología.

equilibrio al descargar sobre otro el dolor que no sienten y las contradicciones internas que se niegan a percibir"

- La exclusión continua, la manipulación de otros miembros del equipo para generar rechazo colectivo.

En esta misma línea, Otto Kernberg[61] en 1975 señala lo que hoy en día se define como perversión narcisista: "*Los rasgos sobresalientes de las personalidades narcisistas son la grandiosidad, la exagerada centralización en sí mismos y una notable falta de interés y empatía hacia los demás, no obstante, la avidez con que buscan su tributo y aprobación".*

Sienten gran envidia hacia aquellos que poseen algo que ellos no tienen o que simplemente parecen disfrutar de sus vidas.

No sólo les falta profundidad emocional y capacidad para comprender las complejas emociones de los demás, sino que además sus propios sentimientos carecen de diferenciación, encendiéndose en rápidos destellos para dispersarse inmediatamente"

Este patrón de acoso se desarrolla de manera progresiva, haciendo que la víctima, poco a poco, comience a sentirse insegura, aislada, a dudar de sus capacidades y emocionalmente desgastada.

La presencia de acoso deteriora la confianza, la colaboración y la salud organizacional, generando un clima de miedo, desmotivación y alta rotación de personal.

Por tanto, el acoso laboral no puede ser minimizado ni considerado un problema individual.

Se trata de una forma de violencia estructural que debe ser identificada, denunciada y erradicada mediante políticas claras, protocolos eficaces de prevención y actuación, y una cultura organizacional basada en el respeto, la equidad y el bienestar psicológico de todas las personas trabajadoras.

Solo así se podrá frenar el poder destructivo de quienes, mediante el acoso, intentan anular la dignidad y trayectoria de un ser humano en su espacio laboral[62].

---

61 Kernberg, O.(1997) La personnalité narcissique, en *Borderline conditions and pathological narcissism,* Nueva York, Jason Aronson, 1975 (trad. cast. de Stella Abreu: Desórdenes fronterizos y narcisismo patológico, Buenos Aires, Paidós, pág. 206.

62 Pérez Martell, R. (2024) El proceso laboral y los MASC: solución de conflictos en los casos de acoso académico en el ámbito universitario. *Revista de Derecho Procesal del Trabajo.* Poder Judicial del Perú. P 41. *Insistir en la protección a ultranza de las personas que se encuentran sufriendo estas situaciones, garantizar que las víctimas de estas situaciones*

1.11.3. Forzarlo a abandonar voluntariamente su puesto de trabajo

El acoso laboral no solo busca perjudicar emocional y profesionalmente al trabajador, sino que en muchos casos persigue como objetivo final forzarlo a abandonar voluntariamente su puesto de trabajo.

Piñuel e Hirigoyen[63] establecen las bases de esta finalidad, señalan que "el acosador actúa con plena conciencia de su conducta, y su objetivo es castigar, controlar, humillar o empujar al trabajador a abandonar su puesto".

Esta salida, que aparenta ser una decisión personal, en realidad es el resultado de un proceso de hostigamiento continuo, sistemático y calculado por parte del agresor o del entorno laboral que lo respalda o lo permite.

A través de acciones que deterioran el bienestar psicológico, la autoestima y la motivación del trabajador, se va generando un contexto insoportable en el que la renuncia aparece como la única salida posible para preservar la salud y la dignidad.

Este tipo de violencia puede tomar formas muy variadas la descalificación constante, la falta de visualización de los logros, el aislamiento social, hasta la manipulación de la información o el descrédito frente a colegas y superiores.

El agresor o los agresores, con estas acciones, intentan construir una narrativa en la que la víctima parece incapaz, inadaptada o problemática, con el fin de debilitar su posición dentro de la organización y justificar su eventual salida.

El hecho de que el trabajador acabe dejando voluntariamente su empleo no debe interpretarse como un acto libre ni aislado, sino como la culminación de una violencia psicológica prolongada que lo ha llevado al límite.

Se trata de una forma especialmente cruel de acoso, ya que no solo elimina al trabajador sin recurrir a un despido formal (con sus correspondientes derechos y compensaciones) sino que además puede dejar una huella profunda en su salud mental, su trayectoria profesional y su confianza personal[64].

Hay que reconocer que esta dinámica existe y es más común de lo que muchas veces se admite es fundamental para enfrentar el acoso laboral de for-

---

deplorables dispongan de todas las medidas de apoyo, de protección; recalcar su asistencia, así como la aplicación inmediata de los mecanismos para su recuperación y restablecimiento; garantizar el acceso a los recursos necesarios para conseguir una saludable evolución de su caso.

63 Hirigoyen, M. F. (1999) *El acoso moral...*Ed Paidós

64 Matthiesen, S. B. & Einarsen, S. (2001). MMPI-2 configurations among victims of bullying at work. *European Journal of Work and Organizational Psychology*, 10(4), 467-484.

ma efectiva. Las organizaciones deben asumir la responsabilidad de detectar señales tempranas, brindar apoyo a las personas afectadas y actuar con contundencia frente a conductas abusivas, antes de que el daño sea irreversible y la única alternativa que le quede a la víctima sea abandonar su lugar de trabajo.

Quienes acosan puede actuar movido por envidia, por frustración, por el deseo de afirmar su poder o autoridad, eliminar a un competidor, ejercer un control abusivo o descargar fracasos personales.

En muchos casos, el acosador utiliza su posición jerárquica para encubrir o justificar sus acciones, escudándose en exigencias laborales o críticas aparentemente legítimas, aunque en el fondo su conducta responda a una intención deliberada de perjudicar al otro.

También es frecuente que el acoso se dé entre compañeros del mismo nivel, motivado por rivalidades, envidias, celos o por la intención de aislar a quien se percibe como mejor, alguien que recibe premios, o por ser diferente o por ser vulnerable[65].

"Las empresas en las que los auto promotores aberrantes triunfan se caracterizan porque en ellas no se asciende ni promociona por méritos objetivos o desempeños eficaces, sino por otras razones muy diferentes. Esto explica que, a pesar de que no presente las capacidades, habilidades o destrezas requeridas para el puesto, un trepa termine siendo el más dotado para la promoción y el ascenso".

Sigue explicando Piñuel que el alpinista laboral conoce la importancia y el poder de la autopropaganda. La mentira y la calumnia son herramientas de trabajo esenciales de cara a eliminar a sus posibles competidores en la escalada. No duda en usar estos métodos sin hacer de ello un problema moral o ético... Es excelente en el arte de adular a los poderosos a los que suministra continuamente deliciosas dosis de adulación y coba. Funciona para ellos como agente secreto, espía, delator, confidente, amante, y se suele poner al servicio de los más inmorales servicios que haya que prestar. Todo por el ascenso y la promoción. Sus compañeros le reconocen fácilmente y no pueden ni verle...El trepa es alguien motivado por el poder en forma de estatus, prestigio, dinero o posición. No le interesa formarse o capacitarse en determinadas habilidades o conocimientos. Puede acortar el camino de todo eso.

Desprecia sobre todo la tecnología del management como una pérdida de tiempo. Sus métodos perversos y torticeros le parecen más rápidos y di-

---

65 Piñuel, I. *Los trepas y el mobbing* en https://www.acosopsicologico.com/trepas-mobbing/

rectos para alcanzar el ascenso social y profesional. Al cabo de un tiempo, el auto promotor aberrante suele quedar marginado y solo" señala Piñuel.

Aunque estas conductas pueden presentarse de forma sutil o disimulada, la reiteración de acciones negativas revela una intención deliberada de hostigar y menoscabar la integridad y estabilidad de la persona afectada.

Hirigoyen destaca que, responde a mecanismos psicológicos profundos relacionados con la necesidad de controlar, someter o destruir simbólicamente al otro.

El agresor, según Hirigoyen, actúa movido por una agresividad que puede ser fría y calculada, o bien impulsiva, pero siempre con la intención de reducir a la víctima a una posición de inferioridad o de invisibilidad dentro del entorno laboral[66].

La finalidad subjetiva suele ser entonces doble: por un lado, el agresor busca reafirmar su identidad, su poder o su autoestima a través de la humillación del otro; por otro, pretende anular la presencia o la influencia de la víctima, especialmente si esta representa una diferencia, una competencia o una amenaza simbólica. No puede soportar estas diferencias con la víctima.

Así, el acoso se convierte en una estrategia de dominación en la que el otro es instrumentalizado para canalizar frustraciones, conflictos personales o dinámicas de poder insanas.

El acoso laboral se convierte en una estrategia de dominación cuando se utiliza de forma sistemática para someter, controlar o excluir a otro dentro del entorno de trabajo.

En estos casos, la víctima deja de ser vista como un sujeto con dignidad y derechos, y pasa a ser instrumentalizada, es decir, tratada como un medio para canalizar frustraciones personales, descargar tensiones acumuladas o reafirmar posiciones de poder dentro de dinámicas organizacionales insanas.

Esta forma de violencia no surge siempre de conflictos objetivos, sino que muchas veces responde a inseguridades, rivalidades mal gestionadas o ambientes laborales tóxicos donde se tolera o incluso se fomenta la hostilidad.

El acosador, consciente o inconscientemente, convierte el vínculo laboral en un campo de dominación simbólica, en el que busca afirmar su superioridad a través de la humillación o el aislamiento del otro.

---

66 Hirigoyen, M. F. (1999) *El acoso moral*...Ed Paidós

Este uso del acoso como herramienta de control perpetúa relaciones laborales desiguales, vulnera la dignidad humana y degrada profundamente la calidad del ambiente de trabajo.

Señala que lo que busca el acosador es quitar legitimidad a la víctima para justificar el maltrato ante terceros y evitar sanciones. Se trata de estrategias conscientes o inconscientes de dominación, en las que el trabajador acosado es degradado progresivamente hasta parecer merecedor del trato injusto que recibe.

- Según Piñuel, la finalidad subjetiva del agresor suele ser doble:

- Por un lado, eliminar al trabajador que es percibido como una amenaza para el statu quo del grupo o del superior jerárquico, esta acción puede realizarla tanto un hombre, movido por la ineficacia, la envidia, como una mujer, por la envidia, los celos, la incapacidad...etc.

- Por otro, preservar el poder, la posición de influencia o el control que los agresores pueden detentar dentro de la organización.

Esta intención no siempre es consciente ni explícita, pero se manifiesta a través de conductas sistemáticas de hostigamiento dirigidas a aislar, desestabilizar y anular psicológicamente a la víctima.

Quienes agreden ven en la víctima cualidades, actitudes o comportamientos que han de anular, no las pueden soportar, rompen con las dinámicas establecidas o que ponen en cuestión su autoridad, lo que desencadena una campaña de acoso orientada a restaurar un equilibrio percibido como amenazado.

En ambos casos, el objetivo último es forzar la salida del trabajador sin recurrir al despido formal, transfiriéndole así la culpa y el coste del conflicto.

1.12. *¿Qué relación existe entre el acoso laboral y el "techo de cristal" en la exclusión de mujeres?*

El acoso laboral y el llamado "techo de cristal" son manifestaciones relacionadas con las desigualdades que persisten en el ámbito laboral, especialmente en perjuicio de las mujeres[67].

---

67 Convenio 190 sobre la violencia y el acoso en el mundo del trabajo. Ginebra: Conferencia Internacional del Trabajo. https://www.ilo.org/global/topics/violence-harassment/lang--es/index.htm y ONU Mujeres. (2020). *Las mujeres en cargos directivos: progreso desigual.* Nueva York: Naciones Unidas.

El acoso laboral se presenta como una conducta activa, reiterada y hostil que busca minar emocionalmente, deteriorar el rendimiento o incluso forzar la salida de un trabajador.

El techo de cristal representa una barrera estructural, silenciosa y muchas veces imperceptible, que limita el acceso de las mujeres a posiciones de poder, decisión y liderazgo dentro de las organizaciones[68]. Además, el "techo de cristal" hace referencia a esa barrera invisible, pero efectiva, que impide a muchas mujeres avanzar más allá de ciertos niveles jerárquicos, incluso cuando cuentan con la formación, la trayectoria profesional y las capacidades necesarias para asumir mayores responsabilidades[69]. Esta limitación no solo tiene consecuencias en términos de representación y equidad, sino que también puede convertirse en un terreno fértil para diversas formas de acoso y discriminación[70].

El término "techo de cristal" (en inglés, glass ceiling) se refiere a las barreras invisibles, sutiles y estructurales que impiden que ciertos grupos -particularmente las mujeres- asciendan a los puestos más altos de responsabilidad o liderazgo dentro de una organización, a pesar de tener la preparación, experiencia y competencias necesarias[71].

Las mujeres que desafían este techo simbólico, aspirando a cargos que alguien considera que son suyos, alguien piensa que le pertenecen o mostrando un liderazgo firme, muchas veces se enfrentan a hostilidad encubierta: se cuestionan sus decisiones o se les niega el reconocimiento o incluso se les agrede y pasan a ser víctimas de acoso.

A menudo, las mujeres líderes son sometidas a un doble estándar:

- Si apelan al diálogo, se las percibe como débiles;

- Si asumen un rol activo en la realización de proyectos, actividades, se pone en duda su capacidad, eficiencia, su buen hacer;

- Si son exitosas en sus proyectos y acciones que llevan a cabo, se busca como hacerlas caer.

Estas percepciones, cargadas de prejuicios, no solo erosionan la confianza en ellas, sino que abren la puerta a dinámicas de acoso y desvalori-

---

68 https://mexico.unwomen.org/es/noticias-y-eventos/articulos/2014/06/el-techo-de-cristal

69 https://elpais.com/elpais/2020/02/26/planeta_futuro/1582741781_843286.html

70 https://www.pactomundial.org/noticia/igualdad-de-genero-el-reto-empresarial-de-acabar-con-el-techo-de-cristal/

71 https://www.wtwco.com/es-es/insights/2023/05/que-es-techo-de-cristal

zación, que van desde la exclusión en los espacios de toma de decisiones hasta el descrédito, el aislamiento o la presión constante para demostrar su legitimidad.

De este modo, el techo de cristal no solo limita, sino que también vulnera, porque para muchas mujeres no se trata únicamente de la imposibilidad de avanzar dentro de la estructura organizacional, sino del alto costo emocional y profesional que implica tan solo el intento de hacerlo[72].

En estos casos, el simple acto de aspirar a un cargo de liderazgo, de alzar la voz con firmeza o de tomar decisiones encaminadas al ascenso profesional puede desencadenar una serie de reacciones hostiles que revelan la persistencia de profundas desigualdades de género en el ámbito laboral. Estas reacciones no siempre se expresan de forma abierta o directa, sino que muchas veces se manifiestan a través de mecanismos sutiles pero efectivos de deslegitimación, como:

- El cuestionamiento constante de las capacidades de una mujer
- La interrupción sistemática de su palabra
- La exclusión de espacios clave de decisión
- La falta de visualización de sus logros y aportaciones a la sociedad

Estas formas de hostilidad, aunque a menudo disfrazadas de "dinámicas normales" del entorno laboral, funcionan como estrategias de desgaste que buscan desalentar, restar autoridad y frenar el avance de quienes desafían los roles tradicionales asignados a las mujeres[73].

En los casos más extremos, este tipo de respuesta puede escalar hacia el acoso laboral directo, mediante el desprestigio, la difusión de rumores, la crítica desmedida, el aislamiento social que afecta a la persona afectada.

Esta violencia tiene un impacto real en el bienestar emocional y profesional de las mujeres[74].

Se traduce en que tienen que dedicar un tiempo extra de su tiempo para mantenerse siempre alerta, dedicar parte de su tiempo a predecir el

---

72 https://www.undp.org/es/uruguay/noticias/nuevo-analisis-del-pnud-ofrece-claves-sobre-el-techo-de-cristal-y-herramientas-para-romperlo

73 Fernández Palacín y otros. El techo de cristal en las pequeñas y medianas empresas. *Revista De Estudios Empresariales. Segunda Época, 1.* https://revistaselectronicas.ujaen.es/index.php/REE/article/view/418

74 Carrancio Baños, C. (2018) El techo de cristal en el sector público. *Revista española de sociología.*

daño que le pueden hacer, además, a soportar cuestionamientos, de forma continua.

Es denunciable que se intente disciplinar o castigar a la mujer que se atreve a intentar ocupar espacios de poder máxime cuando, en algunos casos, esta violencia deriva en formas explícitas de acoso laboral.

Hay que reconocer que el liderazgo femenino es desafiado no solo por estructuras externas, sino por un entramado cultural que sigue considerando a las mujeres como "intrusas" en ciertos espacios, es un paso fundamental para avanzar hacia una igualdad sustantiva[75]. Solo cuando se desnaturalicen estas resistencias y se sancione toda forma de violencia simbólica y laboral, será posible construir entornos laborales donde las mujeres puedan liderar sin ser penalizadas por hacerlo[76].

1.13. ¿Qué significado tiene cuando quienes reproducen y refuerzan estas barreras puedan ser otras mujeres?

Cuando quienes reproducen y refuerzan estas barreras puedan ser otras mujeres, de un lado, cuando se habla del techo de cristal, suele pensarse en una estructura impuesta y sostenida por un sistema patriarcal dominado por varones en posiciones de poder.

Sin embargo, es fundamental reconocer que, en algunos casos, quienes reproducen y refuerzan estas barreras también pueden ser otras mujeres. Esto ocurre cuando, en lugar de alentar el apoyo mutuo, ciertas mujeres adoptan actitudes excluyentes o directamente hostiles hacia sus pares o subordinadas del mismo género.

Lejos de quebrar el techo de cristal, lo sostienen e intentan perpetuar desde adentro, reproduciendo lógicas de poder aprendidas en entornos masculinizados.

Esta figura, a veces conocida como "el efecto tapón o el síndrome de la abeja reina", se refiere a aquella mujer que ha asumido algún cargo y, a continuación, obstaculiza a otras mujeres activamente. Puede, a sus colegas

---

75 Camarena Adame, E, & Saavedra García, L. (2018). El techo de cristal en México. *La ventana. Revista de estudios de género, 5*(47), 312-347

76 Segovia-Saiz, C. Briones-Vozmediano, E. Pastells-Peiró, R. González-María, E. & Gea-Sánchez, M. (2020). Techo de cristal y desigualdades de género en la carrera profesional de las mujeres académicas e investigadoras en ciencias biomédicas. *Gaceta Sanitaria, 34*(4), 403-410.

femeninas, negarles oportunidades de desarrollo, difamar a sus compañeras, atemorizarlas, excluirlas, incluso intentar suprimir su presencia en el mismo entorno laboral usando la agresividad en su forma máxima o aliarse con estructuras jerárquicas masculinas tradicionales para mantener su posición y alejar a otras mujeres que considera que pueden competir con ella.

En estos casos, el techo de cristal se convierte en algo extremadamente complejo: no es solo una barrera impuesta desde fuera, sino una dinámica también reproducida desde dentro, como una forma de alineación con el poder dominante.

Esta postura puede surgir de una maldad intencional junto a la interiorización de estereotipos.

Cuando la agresora es otra mujer, la experiencia de la víctima puede volverse aún más dolorosa y confusa, porque se rompe una expectativa de solidaridad o alianza compartida frente a la desigualdad.

Además, estas dinámicas alimentan el discurso de que las mujeres "no se apoyan entre sí", reforzando estigmas que dañan la lucha colectiva por la igualdad.

Por eso, es importante fomentar activamente culturas laborales basadas en el respeto mutuo, la mentoría, la colaboración y la equidad, sin importar el género[77].

La igualdad real se alcanzará no solo eliminando las barreras estructurales del techo de cristal, sino también promoviendo liderazgos éticos y conscientes que no repliquen las formas de violencia y exclusión que históricamente han afectado a las mujeres.

Cuando la cultura de rivalidad en la que el éxito femenino parece depender del fracaso de otra mujer o mujeres, en lugar de construirse sobre redes de apoyo, colaboración y reconocimiento mutuo, con este tipo de comportamiento no solo se perpetúa la violencia simbólica y estructural, sino que se debilita las posibilidades de transformación real del sistema laboral.

Cuando las mujeres replican las mismas formas de exclusión que las han oprimido, el techo de cristal se fortalece desde adentro, y se obstaculiza el avance colectivo hacia una cultura organizacional más equitativa y justa.

---

77 Rodríguez-Muñoz, Alfredo. (2011). Acoso psicológico en el trabajo: revisión de la literatura y nuevas líneas de investigación. *Medicina y Seguridad del Trabajo*, 57(Supl. 1), 20-34

Por eso es fundamental cuestionar no solo quién ejerce el poder, sino cómo se ejerce.

La igualdad de género no se alcanza únicamente con paridad numérica o con mujeres en cargos altos, sino con liderazgos conscientes, comprometidos con el cambio cultural, y dispuestos a romper con las lógicas de dominación, exclusión y violencia, venga de donde venga. Solo así podrá construirse un entorno laboral donde todas las personas, sin importar su género, puedan desarrollarse, liderar y crecer en condiciones verdaderamente igualitarias.

Lo que está en juego no es solo el acceso a una posición determinada, sino la legitimidad del ejercicio del poder por parte de las mujeres

Así, el liderazgo femenino no solo enfrenta obstáculos estructurales, sino también resistencias personales y culturales que se traducen en violencia simbólica y laboral.

1.14. ¿Cuál es el coste emocional que han de soportar las víctimas en estos casos?

El coste emocional que han de soportar las víctimas en estos casos se traduce en determinadas situaciones tremendas que habrán de soportar: la ansiedad, la inseguridad, la auto vigilancia constante, el desgaste psicológico de tener que demostrar, una y otra vez, que se tiene derecho a estar donde se está[78].

En un ámbito profesional, las consecuencias pueden ser igual de severas: obstáculos en la carrera, freno en las promociones, pérdida de oportunidades y una reputación injustamente afectada por la percepción de ser "problemática", "ambiciosa" o "difícil" lo cual nada es cierto, sólo acusaciones de quienes la agreden, de forma continua y despiadada.

Así, el techo de cristal no se limita a ser una barrera silenciosa, sino que opera como una forma estructural de violencia simbólica y, en muchos casos, como un canal habilitador de acoso laboral específicamente dirigido a desalentar, castigar y expulsar a aquellas mujeres que se atreven a romper con los moldes establecidos, a querer progresar, a querer ascender, dando los pasos necesarios para ello.

Reconocer esta doble dimensión del techo de cristal -como límite y como forma de vulneración- es fundamental para comprender el verda-

---

[78] https://www.bbc.com/mundo/noticias-42338736

dero alcance de la desigualdad de género en el trabajo y para diseñar respuestas que no se queden solo en la promoción de la paridad, sino que garanticen también condiciones dignas, seguras y justas para el ejercicio pleno del liderazgo femenino.

Superar estas barreras requiere no solo visibilizar estas formas de acoso y exclusión, sino también modificar las culturas organizacionales que las permiten. Implica formar a líderes y equipos en igualdad, revisar los sistemas de evaluación y promoción, establecer mecanismos seguros y confiables para denunciar el acoso y, sobre todo, reconocer que el talento y la autoridad no tienen género. Solo así será posible construir espacios laborales en los que las mujeres puedan ejercer su liderazgo sin ser objeto de violencia, hostilidad o castigo por hacerlo.

En esos contextos, el acoso laboral puede operar como una herramienta para neutralizar o castigar a quienes intentan romper con los límites impuestos por la cultura organizacional dominante.

El acoso y el techo de cristal comparten un origen común: estructuras de poder históricamente desiguales que aún hoy moldean las dinámicas laborales. Combatir estas formas de violencia y exclusión exige transformaciones profundas en las políticas, las culturas y las prácticas de las organizaciones.

1.15. La relación entre el acoso laboral y el "techo de cristal" en la exclusión de mujeres ¿qué características presenta?

La relación entre el acoso laboral y el "techo de cristal" en la exclusión de mujeres es estrecha, compleja y profundamente enraizada en las estructuras culturales y organizativas del mundo laboral. Ambos fenómenos forman parte de las múltiples manifestaciones de la desigualdad de género en el trabajo, y se refuerzan mutuamente al limitar el acceso de las mujeres a posiciones de poder y al deteriorar su experiencia profesional y psicológica en los espacios laborales.

El "techo de cristal" y el acoso laboral son fenómenos diferentes, pero profundamente interrelacionados:

- El "techo de cristal" actúa como una barrera invisible que impide el acceso de mujeres a puestos de liderazgo o decisión, o a mujeres que quien está por encima decide, por motivos extraños, que no debe ascender a pesar de tener las competencias requeridas, de esta forma, se impide a muchas mujeres alcanzar los niveles más altos de responsabilidad y liderazgo en las organizaciones, a pesar de tener la preparación, la experiencia y las competencias necesarias.

Se trata de un entramado de prácticas, prejuicios y estereotipos que obstaculizan su progreso profesional.

En este contexto, el acoso laboral, especialmente el de carácter sexista o de género, se convierte en una herramienta informal que muchas veces sirve para reforzar ese techo de cristal y mantener las estructuras de poder dominadas por hombres.

- El acoso laboral es utilizado como herramienta para sostener esa barrera. El acoso laboral hacia mujeres puede adoptar múltiples formas: desde el hostigamiento directo, como humillaciones, aislamiento, desvalorización del trabajo o difusión de rumores, hasta formas más sutiles como la exclusión de redes informales de decisión, la negación de oportunidades o la deslegitimación de su autoridad.

Muchas mujeres que logran avanzar en sus carreras experimentan resistencia, tanto explícita como encubierta, por parte de colegas, superiores o subordinados que cuestionan su legitimidad en esos espacios.

En este sentido, el acoso se convierte en una forma de disciplinamiento simbólico: se presiona, desestabiliza o agota emocionalmente a la mujer para que abandone su posición o renuncie a sus aspiraciones, reproduciendo así los límites impuestos por el techo de cristal.

Además, el miedo a ser víctimas de acoso o a no ser respaldadas por las estructuras organizacionales disuade a muchas mujeres de aspirar a ciertos cargos o de expresar ambiciones profesionales, lo que perpetúa la segregación vertical.

Las culturas laborales que toleran o minimizan el acoso tienden también a ser aquellas que reproducen estructuras jerárquicas rígidas y patriarcales, en las cuales la meritocracia se ve subordinada a dinámicas de poder excluyentes.

Ambos, el acoso laboral y el techo de cristal están intrínsecamente vinculados como expresiones de una misma lógica discriminatoria: ambas formas operan para mantener a la mujer fuera de los espacios de poder y restringir su participación plena en el mundo laboral.

Mientras el techo de cristal actúa como un límite estructural e invisible, el acoso laboral opera como un mecanismo más activo y violento para reforzar ese límite, deteriorando la salud mental, el rendimiento y las expectativas profesionales de las mujeres.

Comprender esta relación es fundamental para abordar de manera integral la desigualdad de género en el trabajo y para diseñar políticas efectivas de prevención, protección y promoción de la equidad.

Este acoso actúa como un castigo simbólico por romper la norma cultural implícita.

Así, el acoso laboral no solo es una forma de violencia, sino también un mecanismo de control estructural que perpetúa la desigualdad y sanciona la disidencia frente al orden jerárquico tradicional.

Promover la igualdad de género no es solo garantizar que las mujeres lleguen a los espacios de decisión, sino también asegurar que puedan hacerlo sin ser objeto de violencia, hostigamiento.

La erradicación del acoso laboral y la ruptura del techo de cristal son, por tanto, tareas urgentes y complementarias en la construcción de entornos de trabajo justos, seguros y equitativos para todas las personas.

Denunciar, visibilizar y transformar estas prácticas es esencial para garantizar no solo la igualdad formal de oportunidades, sino también una igualdad real, que permita a las mujeres ejercer su liderazgo con libertad, legitimidad y sin temor a represalias o violencia encubierta.

1.16. *¿Por qué el acoso por razón de género se considera doblemente grave y que sucede cuando además de agredir por razón de género un hombre, también agrede una mujer por este motivo?*

El acoso por razón de género se considera doblemente grave porque combina dos dimensiones de vulneración de derechos fundamentales:

- por un lado, constituye una forma de violencia psicológica o física en el entorno laboral, y por otro,

- representa una manifestación directa de discriminación por razón de género, lo cual agrava su impacto y sus implicaciones legales, sociales y personales.

En primer lugar, el acoso por razón de género atenta contra la dignidad, la integridad y la salud de la persona. Genera efectos negativos sobre la autoestima, el bienestar psicológico, la estabilidad emocional y la trayectoria profesional de la víctima, lo que ya lo hace grave en sí mismo. Sin embargo, lo que lo convierte en un fenómeno aún más serio es que este tipo de acoso está motivado específicamente por el hecho de que la persona pertenece a un determinado género, lo cual añade una dimensión de discriminación estructural.

En segundo lugar, este tipo de acoso se inscribe dentro de un sistema más amplio de desigualdad de género que históricamente ha limitado los derechos, oportunidades y participación de las mujeres (y de personas con identidades de género diversas) en el ámbito laboral.

Por tanto, el acoso por razón de género no solo daña a la víctima individual, sino que reproduce y perpetúa estereotipos, roles tradicionales y relaciones de poder desiguales dentro de las organizaciones y en la sociedad en general[79].

Además, este tipo de acoso suele estar acompañado de una especial carga simbólica y emocional, ya que busca desvalorizar a la persona en función de su género, reducir su legitimidad, cuestionar sus capacidades o sexualizar su presencia. Esto hace que la experiencia de la víctima sea más dolorosa, humillante y difícil de denunciar, debido al miedo a represalias, a la falta de credibilidad o a la revictimización.

Desde el punto de vista jurídico y ético, el acoso por razón de género se considera doblemente grave porque vulnera tanto el derecho a un entorno de trabajo libre de violencia como el derecho a la igualdad y no discriminación. Por eso, muchas legislaciones nacionales e internacionales (como la Ley de Igualdad en España o la Directiva Europea sobre igualdad de trato) imponen obligaciones específicas a las empresas para prevenir, sancionar y reparar este tipo de conductas, reconociendo su especial gravedad.

Además, el acoso basado en género es doblemente grave porque refuerza desigualdades sistémicas al impedir el acceso a oportunidades de desarrollo en igualdad de condiciones, además, atenta no solo contra la dignidad individual del trabajador, también contra derechos fundamentales colectivos y sociales. Asimismo, este tipo de acoso tiene un carácter discriminatorio estructural, ya que reproduce estereotipos, exclusiones y jerarquías históricas de poder.

Desde el punto de vista jurídico, este acoso puede constituir una forma de violencia laboral y también de discriminación directa o indirecta, lo que agrava su reprochabilidad y puede activar protecciones adicionales. El Convenio 190 de la OIT y diversas legislaciones nacionales lo reconocen expresamente como una amenaza a la igualdad y a los derechos humanos

---

79 Moreno, A. (2006). *El techo de cristal: barreras invisibles para la igualdad laboral.* Madrid: Instituto de la Mujer. P 53

en el trabajo, obligando a los empleadores a prevenirlo y sancionarlo de forma efectiva.

De este modo, el acoso por razón de género es doblemente grave porque afecta individualmente a la víctima y, al mismo tiempo, refuerza una estructura de desigualdad colectiva, haciendo imprescindible un enfoque institucional firme y una respuesta social comprometida para su erradicación.

1.17. ¿Qué sucede cuando quien agrede es una mujer?

La figura de la mujer agresora suele quedar fuera del imaginario común de las personas en parte porque los discursos tradicionales sobre violencia laboral y de género han tendido a enfocar en la figura masculina como principal perpetrador. Esta visión, aunque responde a una realidad estadística innegable, puede ocultar otras dinámicas igualmente dañinas, como aquellas en las que una mujer ejerce violencia hacia otra mujer, especialmente en contextos de poder o jerarquía.

Sin embargo, el hecho de que la agresora sea mujer no disminuye en absoluto la gravedad del acoso. Por el contrario, puede sumar una dimensión de desconcierto, traición simbólica o parálisis, ya que muchas víctimas esperan, al menos en principio, comprensión o neutralidad por parte de una figura que ha vivido -o podría haber vivido- las mismas barreras estructurales de género.

Cuando la violencia proviene de esa figura, el impacto emocional puede ser mayor, al sentirse desprotegida en un doble sentido: por el acoso mismo y por la fractura de una expectativa de sororidad o alianza.

Visibilizar la figura de la mujer agresora no implica alimentar discursos antifeministas ni relativizar las desigualdades que siguen afectando principalmente a las mujeres. Al contrario, implica una comprensión más honesta y compleja de cómo operan las estructuras de poder, y de cómo el sistema patriarcal puede ser reproducido por otro género, las mujeres

Solo al reconocer todas las formas que puede adoptar la violencia laboral y de género, independientemente del género del agresor, podremos avanzar hacia entornos realmente igualitarios, donde el poder no se utilice para excluir, controlar o dañar, sino para transformar.

De este modo, las víctimas de este tipo de acoso pueden encontrar aún más obstáculos para identificar, denunciar o ser creídas, ya que su experiencia no encaja con el relato más extendido del agresor varón y la víctima mujer.

Aunque ya se ha hecho referencia anteriormente, se señala que cuando quien agrede es una mujer, esta gravedad no disminuye, sino que adquiere una dimensión especialmente compleja.

- En primer lugar, porque se rompe con la expectativa de que entre pares del mismo género debe existir apoyo o al menos comprensión mutua frente a las barreras comunes que impone el patriarcado.

- En segundo lugar, porque este tipo de acoso suele operar desde una posición de poder conquistada en un entorno masculinizado, y puede reproducir con exactitud los mecanismos de control, deslegitimación y violencia que históricamente han sido utilizados contra las propias mujeres.

En cuanto al modus operandi, una mujer que acosa a otra por razón de género puede hacerlo mediante prácticas como la falta de visibilidad, el descrédito, la difamación, el desprecio, el castigo por pretender ejercer autonomía o liderazgo, o incluso por no encajar en los roles tradicionales que se esperan del "comportamiento femenino" dentro del espacio laboral. Esto puede provenir por envidia, celos, etc. Como se señaló anteriormente, en todo caso, la gravedad se duplica y puede intensificar el daño emocional, generar mayor confusión y aislamiento, y dificultar aún más la denuncia, ya que la figura de la mujer agresora suele quedar fuera del imaginario común del acosador.

En otros casos, esta forma de acoso va acompañada de una carga simbólica mayor: se convierte en una manera de marcar territorio y reafirmar que solo hay espacio para una mujer en determinadas esferas, perpetuando así una lógica de competencia destructiva impuesta por el sistema.

De otro lado, el acoso por razón de género, independientemente del género de quien lo comete, debe ser abordado con la misma firmeza, pero cuando es ejercido por una mujer, es necesario además reconocer la complejidad del fenómeno.

Se trata de comprender que el sistema patriarcal no solo oprime a las mujeres desde fuera, sino que también puede ser interiorizado y reproducido por las mujeres mismas. Desmantelar esas lógicas implica, justamente, construir espacios donde el poder no se ejerza desde la violencia ni desde la exclusión, sino desde la ética, la justicia y el compromiso colectivo con la equidad real.

En todo caso, en ninguno de los casos, la víctima puede controlar la situación para resolver el problema[80] (Olweus, 1993).

1.18. ¿Por qué la negación sistemática de oportunidades de crecimiento profesional puede considerarse una forma de acoso?

Negar oportunidades de crecimiento profesional de forma sistemática es una forma de violencia organizacional que mina la carrera del trabajador sin necesidad de confrontación directa. Esta práctica puede implicar la exclusión de promociones, formación, reconocimientos o participación en decisiones clave, aunque la persona tenga méritos para ello[81].

Negar oportunidades de crecimiento profesional de forma sistemática constituye una forma sutil pero profunda de violencia organizacional, que afecta directamente el desarrollo de la carrera del trabajador sin recurrir a una confrontación abierta.

Esta práctica se manifiesta a través de la exclusión reiterada de promociones, programas de formación, reconocimientos o participación en decisiones estratégicas, incluso cuando el trabajador ha demostrado méritos suficientes para acceder a dichos espacios.

Al mantenerse en un plano silencioso y muchas veces difícil de demostrar, este tipo de violencia erosiona la motivación, genera sentimientos de invalidez y puede llevar a la persona a dudar de su propio valor profesional.

---

80 Olweus, D. (1993). *Bullying at school: What we know and what we can do.* Oxford: Blackwell Publishers (Publicado en español en 1997 como Conductas de acoso y amenaza entre escolares. Madrid: Ed Morata).

81 Ya se hizo referencia al Convenio 190 de la OIT, señala que "*la expresión «violencia y acoso» en el mundo del trabajo designa un conjunto de comportamientos y prácticas inaceptables, o de amenazas de tales comportamientos y prácticas..., que tengan por objeto, que causen o sean susceptibles de causar, un daño físico, psicológico, sexual o económico, e incluye la violencia y el acoso por razón de género*". Al mismo tiempo declara que estas acciones perniciosas "*van en contra de lo que es la consideración de un "trabajo decente" y que supone una amenaza para la igualdad de oportunidades de las mujeres en su entorno de trabajo*". Ver, también, por ejemplo, Chile. Código del Trabajo (Artículo 2). "*Constituye acoso laboral toda conducta que constituya agresión u hostigamiento reiterados, ejercidos por el empleador o por uno o más trabajadores, en contra de otro u otros trabajadores, por cualquier medio, y que tenga como resultado para el o los afectados su menoscabo, maltrato o humillación, o que amenace o perjudique su situación laboral o sus oportunidades en el empleo.*"

Además, impide que el trabajador avance en su trayectoria laboral, afectando su proyección futura y su sentido de pertenencia dentro de la organización.

Al perpetuar estas exclusiones sin justificación objetiva, se consolida una cultura organizacional injusta y excluyente que no solo daña a la persona afectada, sino que empobrece el clima laboral y limita el potencial colectivo de la institución.

Se trata de una estrategia hostil y discriminatoria que busca mantener a la víctima en una posición de estancamiento, invisibilidad o frustración. A largo plazo, esta forma de acoso afecta la motivación, la salud emocional, la reputación interna y externa y limita la empleabilidad futura.

En muchos casos, constituye un castigo encubierto por ser "diferente", por ser bueno, competente, válido, por pretender ascender, con méritos, por reclamar derechos o por representar una amenaza simbólica al *statu quo.*

1.19. El acoso laboral ¿se limita al espacio del trabajo?

El acoso laboral no se limita al espacio del trabajo: sus efectos se extienden a la vida familiar, social y económica del trabajador. El impacto se extiende

- el daño se extiende a la integridad[82] psíquica y moral,

- el deterioro psicológico y emocional generado por el acoso prolongado debilita la capacidad de la persona para enfrentar la situación, lo que la deja en un estado de indefensión progresiva.

Este desgaste progresivo debilita la autoestima, la confianza personal[83], la percepción de la propia competencia profesional e incluso la claridad para identificar lo que está ocurriendo.

La víctima puede pasar por distintas fases: desde la confusión inicial ante conductas ambiguas o sutiles, hasta la angustia, el aislamiento, la vergüenza y, finalmente, un estado de indefensión progresiva.

---

82 Sentencia del Tribunal Supremo núm. 325/2013 de 2 de abril (RJ 2013\3620) que exige el precepto que el trato degradante menoscabe gravemente la integridad moral [SSTS 233/2009, de 3-3 (RJ 2009, 4146); 1061/2009, de 26-10 (RJ 2010, 112); y 255/2011, de 6-4].

83 *"Una de las formas más destructivas de acoso consiste en someter a la víctima a una vigilancia y escrutinio constantes, generando una sensación de amenaza y desconfianza permanente que debilita su salud mental y su rendimiento"* (Piñuel y Zabala, 2001)

En este punto, la capacidad de reacción se ve seriamente afectada; la persona ya no encuentra recursos internos ni apoyo externo suficiente para enfrentar la situación, y puede llegar a convencerse de que no hay salida posible, o que cualquier intento de denunciar será inútil o contraproducente.

Además, se aprecia el impacto del daño en otras áreas de la vida de la víctima:

- A nivel familiar, la persona suele experimentar irritabilidad, tristeza o aislamiento emocional, afectando la calidad de sus vínculos con pareja, hijos o familiares. Puede volverse retraída, perder interés en actividades cotidianas o presentar reacciones desproporcionadas.

- En el plano social, la víctima tiende a reducir sus interacciones, por vergüenza, culpa o agotamiento, generando aislamiento y pérdida de redes de contención.

- En términos económicos[84], el acoso puede llevar a la baja productividad, renuncia forzada o despido, lo que implica pérdida de ingresos, estabilidad y acceso a seguridad social.

Esta combinación de factores no solo intensifica el dolor psíquico, sino que también debilita el tejido personal y profesional que sostiene al individuo, llevándolo a un estado de aislamiento, desesperanza y riesgo grave para su salud mental y bienestar general[85].

La suma de estos efectos convierte al acoso laboral en una experiencia profundamente destructiva, que requiere una respuesta firme y comprometida por parte de las organizaciones y de los sistemas de protección laboral.

Además, el trabajador afectado puede necesitar tratamiento psicológico o psiquiátrico costoso, sin que la organización asuma responsabilidad alguna.

Este triple impacto multiplica el sufrimiento y profundiza la vulnerabilidad del trabajador acosado.

---

84 Moreno JO, López-Bastida J, Montejo-González AL, Osuna-Guerrero R y Duque-González B. (2009) The socioeconomic cost of mental iones in Spain. *European Journal of Health Economics* 361 y ss

85 *Keuskamp D, Ziersch AM, Baum Fe, Lamontagne AD. (2012) Workplace bullying a risk for permanent employees. Aust N Z J Public Health.:116–119.*

1.20 ¿Qué síntomas puede generar en la víctima el acoso prolongado en el tiempo, sin dar solución al mismo?

El acoso prolongado puede generar síntomas similares a los del estrés postraumático: ansiedad persistente, insomnio, irritabilidad, trastornos psicosomáticos, episodios depresivos, bloqueos cognitivos y, en casos graves, pensamientos autodestructivos. Se trata de una agresión continuada que tiene consecuencias reales y, muchas veces, irreparables en la salud mental de la persona.

Además, este proceso suele estar acompañado de la pérdida del tejido social dentro del entorno de trabajo: la víctima es aislada, desacreditada o ignorada, lo que refuerza su sensación de soledad y vulnerabilidad. En lugar de encontrar apoyo, muchas veces se encuentra con la indiferencia, la complicidad pasiva o incluso la colaboración de otros, ya sea por miedo, comodidad o desinformación. Todo ello contribuye a perpetuar el ciclo de violencia y a consolidar el estado de sometimiento emocional de la persona afectada.

Esta violencia es destructiva porque se instala en la autoestima, en la percepción de valor, en la confianza, erosionando la base emocional que sostiene cualquier posibilidad de reconstrucción profesional o incluso de la vida de la víctima.

Cuando se destruye la confianza en uno mismo se dificulta la búsqueda de ayuda, la recuperación del relato propio y la posibilidad de volver a creer que otro entorno, otra forma de trabajo, otra vida profesional es posible.

La persona acosada no fracasa por falta de mérito o dedicación, sino porque ha sido sistemáticamente despojada de su lugar, de su reconocimiento y de sus posibilidades de crecer en un entorno que debería haber garantizado condiciones dignas y equitativas.

Esta violencia es tan real y dañina como la violencia física o económica, y requiere de una intervención profunda y reparadora.

1.21. El acoso laboral ¿supone una violación de los derechos fundamentales de la víctima?

La respuesta es afirmativa. El acoso laboral debe ser comprendido no solo como un problema organizacional o disciplinario, sino como una violación de derechos fundamentales[86], entre ellos el derecho a la integridad psíquica, a la dignidad y al trabajo en condiciones seguras y saludables.

La protección de la salud mental en el trabajo no es un privilegio, sino una obligación ética y legal. Además,

- la destrucción del proyecto de vida laboral,

- la frustración de su proyecto profesional rompe con las expectativas y metas que daban sentido a su esfuerzo, afectando su identidad laboral y su estabilidad futura.

La prolongada exposición a un entorno hostil, injusto y degradante puede culminar en la frustración total del proyecto profesional, rompiendo las expectativas, los objetivos y las metas que daban sentido a su trayectoria y a su esfuerzo cotidiano. Este quiebre no es menor: afecta directamente la identidad laboral, es decir, la forma en que una persona se percibe a sí misma en relación con su trabajo, su valor, sus capacidades y su lugar en el mundo.

Cuando una persona se ve forzada a abandonar su empleo como consecuencia del acoso -ya sea por presión directa, deterioro psicológico o pérdida de credibilidad profesional-, no solo pierde una fuente de ingresos, sino también el espacio en el que había invertido años de formación, compromiso, sacrificios y expectativas de crecimiento.

Este tipo de pérdida tiene un impacto profundo y duradero, ya que genera un sentimiento de fracaso que no proviene de una falta de esfuerzo o mérito, sino de haber sido expulsada de forma violenta e injusta de un proyecto que era parte central de su vida.

La persona acosada no fracasa por falta de mérito o dedicación, sino porque ha sido sistemáticamente despojada de su lugar, de su reconocimiento y de sus posibilidades de crecer en un entorno que debería haber garantizado condiciones dignas y equitativas.

Este sentimiento de fracaso no es solo individual, sino también simbólico: la ruptura de ese proyecto profesional afecta la manera en que la persona se percibe a sí misma, sus vínculos con los demás y su capacidad

---

86 La Declaración UN fue proclamada por la Asamblea General de las Naciones Unidas en París, el 10 de diciembre de 1948 en su (establece, por primera vez, los derechos humanos fundamentales que deben protegerse en el mundo entero. Resolución 217 A (III)) como un ideal común para todos los pueblos y naciones. Ver en https://www.un.org/es/about-us/universal-declaration-of-human-rights

para proyectarse hacia el futuro. Lo que se pierde no es únicamente un empleo, sino un sentido de pertenencia, de identidad laboral, de realización personal.

Esta violencia es particularmente devastadora porque opera en el plano de lo subjetivo: se instala en la autoestima, en la percepción de valor, en la confianza, erosionando la base emocional que sostiene cualquier posibilidad de reconstrucción profesional.

A diferencia de otras formas de violencia más explícitas, el acoso laboral sostenido -y especialmente aquel que atenta contra la identidad profesional- va minando lentamente la seguridad interna de la persona, erosionando la base emocional que sostiene cualquier posibilidad de recuperación o reconstrucción profesional.

La víctima comienza a dudar de sí misma, a preguntarse si hizo algo para merecer ese trato, si su esfuerzo valió la pena. Estas preguntas no surgen porque la persona haya perdido objetivamente sus habilidades o méritos, sino porque el entorno la ha despojado simbólicamente de su lugar, de su voz y de su legitimidad.

La violencia se vuelve entonces una forma de silenciamiento interior, de parálisis emocional que impide avanzar, tomar decisiones o buscar nuevos horizontes con la convicción necesaria.

Cuando se destruye la confianza en uno mismo, no solo se apaga el deseo de crecer profesionalmente, sino que también se dificulta la búsqueda de ayuda, la recuperación del relato propio y la posibilidad de volver a creer que otro entorno, otra forma de trabajo, otra vida profesional es posible.

Por eso, esta violencia subjetiva no debe ser minimizada ni invisibilizada: es tan real y dañina como la violencia física o económica, y requiere de una intervención profunda, empática y reparadora.

Reconocer, que el acoso laboral deja marcas internas es el primer paso para ofrecer respuestas institucionales verdaderamente efectivas:

- No basta con sancionar al agresor o tramitar un expediente disciplinario.

- Es necesario acompañar a la persona en su proceso de reconstrucción.

- Restituirle su dignidad profesional y emocional.

- Y, garantizarle las condiciones para que pueda volver a pensarse como alguien valioso, competente y merecedor de respeto en el ámbito laboral y más allá.

La sensación de haber sido desplazada injustamente puede generar culpa, vergüenza o un silencio autoimpuesto que dificulta aún más la búsqueda de reparación. Muchas víctimas cargan con una pesada contradicción: saben que fueron tratadas de forma injusta, pero sienten que su trayectoria ha quedado manchada, debilitada, como si el haber sido víctima del acoso las hiciera menos válidas o menos capaces ante futuros empleadores.

Por eso, es fundamental comprender que este tipo de daño trasciende lo laboral y alcanza dimensiones humanas profundas. Frente a esta realidad, el rol de las instituciones no puede limitarse a ofrecer vías formales de denuncia o mecanismos administrativos. Es necesario generar espacios de acompañamiento, reparación y reconstrucción que reconozcan el valor del proyecto perdido, validen la experiencia vivida y permitan a la persona restituir, poco a poco, su integridad, su confianza y su derecho a volver a proyectar una vida profesional libre de violencia.

La frustración del proyecto profesional suele ir acompañada de una sensación de injusticia paralizante, de desesperanza respecto al futuro y de un duelo difícil de elaborar. La persona puede comenzar a desconfiar de sí misma, de sus competencias, del entorno laboral en general, y perder la motivación para reintegrarse en nuevos espacios de trabajo.

Este daño no solo afecta su presente, sino que compromete su estabilidad futura, su capacidad de proyectarse, de planificar y de recuperar[87] la confianza en un sistema que no la protegió.

Este nivel de afectación evidencia que el acoso laboral no es un conflicto menor ni una cuestión interpersonal aislada, sino una forma de violencia que puede truncar vidas profesionales enteras.

Por eso, proteger el proyecto de vida laboral de las personas debe ser una prioridad en cualquier organización.

Se trata de garantizar entornos seguros, libres de hostigamiento, donde cada persona pueda desarrollarse plenamente y construir su trayectoria sin temor a ser vulnerada, excluida o destruida por prácticas abusivas que atentan contra su dignidad y su derecho a trabajar en paz.

La instrumentalización como objeto de dominación, al ser tratado como un medio para fines ajenos (ya sea para canalizar frustraciones personales

---

87 Tehrani, N. (2003). Counselling and rehabilating employees involved with bullying. En S. Einarsen, H. Hoel, D. Zapf y C. L. Cooper (Coords.), Bullying and emotional abuse in the workplace pp. 270-284.

o reforzar jerarquías de poder) el trabajador es despojado de su dignidad y reducido a una función pasiva dentro de una dinámica abusiva

Es imprescindible contar con políticas claras de prevención, protocolos de actuación efectivos y una cultura institucional que no tolere ninguna forma de violencia, por sutil o encubierta que sea.

1.22. ¿Qué implicaciones jurídicas tiene la negación de oportunidades de desarrollo profesional?

La negación sistemática de oportunidades de desarrollo profesional (ascensos, formación, acceso a proyectos, aumentos salariales, etc.) puede constituir una forma grave de acoso laboral con implicaciones jurídicas relevantes, constituye una forma de trato desigual y discriminatorio que afecta los derechos fundamentales del trabajador.

No solo afecta a la trayectoria de la persona trabajadora, sino que puede constituir una infracción legal grave, especialmente si está motivada por razones discriminatorias o forma parte de un entorno hostil

Este tipo de prácticas vulnera principios básicos del derecho laboral, como la igualdad de trato, la no discriminación y el derecho a la promoción en función del mérito.

Cuando una persona que cumple con los requisitos y tiene el rendimiento adecuado es excluida sin justificación de promociones, formaciones, becas, proyectos o reconocimientos, se configura un escenario de estancamiento profesional que no solo afecta su presente laboral, sino también su futuro dentro y fuera de la organización.

Cuando un trabajador es excluido deliberadamente de ascensos, capacitaciones, procesos de formación, evaluaciones objetivas o reconocimientos, se está afectando su derecho al desarrollo de carrera en condiciones de equidad.

Esta práctica, si se realiza sin criterios transparentes, con sesgos, o con intención punitiva, puede vulnerar principios fundamentales del derecho laboral como el de igualdad de trato, mérito, dignidad y no discriminación. Si estas conductas son reiteradas y arbitrarias, y tienen como efecto el estancamiento o la desmotivación del trabajador, pueden considerarse parte de una estrategia de mobbing institucional.

En estos casos, el acoso no se presenta como un hecho aislado entre individuos, sino como una dinámica estructural tolerada -o incluso promovida- por la organización, lo que agrava su gravedad y complejiza su abordaje.

Esta forma de violencia laboral encubierta erosiona los principios de justicia y equidad en el entorno de trabajo y exige una intervención decidida para restituir los derechos vulnerados y prevenir futuras prácticas abusivas.

Esta exclusión reiterada puede considerarse una forma de acoso laboral si se enmarca dentro de un patrón sistemático de marginación o castigo, especialmente cuando hay una intencionalidad velada de aislar al trabajador, desmotivarlo o forzarlo a renunciar.

Jurídicamente, estas situaciones pueden ser reclamadas ante instancias laborales, si se prueba que hubo arbitrariedad, subjetividad o discriminación en los procesos de evaluación o selección.

En muchos casos, la víctima de esta negación sufre un daño moral y profesional que puede ser reparado mediante indemnizaciones o mediante la nulidad de las decisiones discriminatorias.

Además, si la práctica se da con base en motivos como el género, la edad, la orientación sexual, la raza o la discapacidad, puede dar lugar a demandas por discriminación directa o indirecta.

1.23. ¿Cómo se interpreta, desde la jurisprudencia, estas acciones?

Desde la jurisprudencia, estas acciones pueden ser interpretadas como abuso de poder jerárquico, y generar responsabilidad para la organización y pueden ser consideradas como una manifestación de acoso laboral moral o psicológico, o incluso acoso discriminatorio, dependiendo del contexto.

Cuando se demuestra que estas negativas forman parte de una conducta continuada de exclusión, castigo o represalia (especialmente si se vinculan con el género entre otros factores) los tribunales pueden declarar la existencia de una conducta ilícita y establecer la responsabilidad solidaria o directa de la organización, no solo del agresor individual.

1.24. ¿Cómo se interpreta, desde el marco legal, estas acciones?

El marco legal vigente en muchos países niega de manera injustificada el acceso a promociones, formación, participación en proyectos relevantes o cualquier otro mecanismo de crecimiento profesional puede ser interpretado como una forma de violencia laboral o acoso por razón de género, y también como un abuso de poder jerárquico.

Cuando esta conducta proviene de una figura de autoridad -como un jefe directo, un superior jerárquico o una persona con capacidad de decisión dentro de la estructura organizacional-, se agrava, ya que rompe con el deber de garantizar un entorno laboral equitativo, digno y no discriminatorio. En estos casos, los tribunales han interpretado que no se trata simplemente de una "decisión de gestión", sino de una práctica que viola los derechos fundamentales de la persona trabajadora, particularmente el derecho a la igualdad, a la no discriminación y al desarrollo profesional en condiciones justas.

1.25. ¿Cuáles son las implicaciones jurídicas?

Las implicaciones jurídicas pueden incluir:

- La indemnización por daño moral y psicológico.

- La reparación del daño profesional (reincorporación a oportunidades negadas, restitución del cargo, reconocimiento de ascensos o funciones omitidas).

- Las sanciones administrativas o laborales para los responsables jerárquicos.

- El daño reputacional y responsabilidad civil para la empresa u organismo empleador, por no haber actuado con la debida diligencia para prevenir o cesar la situación.

En muchos marcos normativos, además, existe la obligación del empleador de garantizar un entorno libre de violencia y discriminación, lo cual convierte la omisión frente a este tipo de prácticas en una falta grave. De ahí que las organizaciones deban contar con protocolos internos de actuación eficaces y accesibles, y actuar con celeridad frente a cualquier denuncia que afecte el desarrollo profesional de su personal.

Por ello, negar oportunidades de desarrollo profesional de forma injustificada no solo tiene consecuencias éticas y organizacionales, sino también jurídicas. Reconocerlo y abordarlo a tiempo es una forma de proteger los derechos de los trabajadores y la responsabilidad legal y social de las instituciones.

Además, la negación de crecimiento profesional impacta de forma negativa en la autoestima, reputación y proyección laboral de la víctima, generando daños que pueden ser objeto de reparación por la vía judicial, incluyendo compensaciones por perjuicios materiales y morales.

De este modo, el acoso interrumpe de forma drástica la trayectoria profesional del trabajador.

Al ser excluido de proyectos importantes, evaluado injustamente o privado de oportunidades de formación o ascenso, su carrera queda estancada. Esto se traduce en una pérdida de motivación y de sentido en su actividad laboral, además de generar un desfase con sus pares. El trabajador acosado pierde visibilidad dentro de la organización, su perfil se degrada y empieza a ser considerado como "prescindible".

Esto tiene efectos no sólo inmediatos, sino a largo plazo, ya que la falta de desarrollo profesional perjudica su empleabilidad futura y su reputación dentro del sector.

Por tanto, el bloqueo al desarrollo profesional no es solo una injusticia ética, sino también una violación legal que puede y debe ser sancionada.

1.26. ¿Qué implica la descalificación profesional como estrategia de acoso laboral?

La descalificación profesional como estrategia de acoso laboral implica una conducta sistemática orientada a menoscabar la imagen, credibilidad y autoestima de la persona trabajadora mediante la crítica constante, la desvalorización de su trabajo y la negación de sus capacidades o logros. Esta forma de hostigamiento no solo afecta el bienestar psicológico de la víctima, sino que también puede tener graves consecuencias profesionales y jurídicas.

La descalificación profesional implica una estrategia deliberada para minar el prestigio, la autoridad y las competencias de la víctima. Esta desvalorización puede manifestarse en la asignación de tareas por debajo de la cualificación del trabajador, la exclusión de funciones relevantes, la negación de sus aportes o la propagación de dudas sobre su capacidad.

Este tipo de acoso tiene como objetivo aislar al trabajador, romper su motivación y justificar su eventual salida[88].

Esta estrategia implica:

1.26.1. Constituye un ataque directo a la identidad profesional

El trabajo suele ser una fuente clave de identidad personal y social. Cuando un trabajador o trabajadora es constantemente desacreditado, se ataca el núcleo de su valía profesional, lo cual puede generar sentimientos

---

88 *Matthiesen SB, Einarsen S. (2007) Perpetrators and targets of bullying at work: role stress and individual differences. Violence Vict. 735–753.*

de inutilidad, vergüenza, ansiedad y depresión, lo que la convierte en una de las formas más lesivas de violencia psicológica en el ámbito laboral.

El trabajo no solo es una fuente de sustento económico, sino también un espacio donde las personas construyen parte esencial de su autoimagen, autoestima y sentido de pertenencia social. Por ello, cuando un trabajador es objeto constante de críticas destructivas, burlas, menosprecio o la falta visibilidad de sus logros, se ve afectado en un plano mucho más profundo que el meramente laboral.

- Cuestiona su competencia y socava su identidad como profesional. Con el tiempo, la persona puede comenzar a interiorizar ese discurso negativo, lo que da lugar a sentimientos de inutilidad, vergüenza, frustración y ansiedad. En casos prolongados, el impacto psicológico puede ser tan severo que derive en trastornos emocionales graves como depresión, pérdida del sentido de propósito o aislamiento social.

- Al afectar directamente a la percepción que el trabajador tiene de sí mismo, debilita su capacidad de reacción y defensa, dificultando que reconozca el acoso o que tenga la fortaleza emocional para denunciarlo. Desde el punto de vista legal y organizacional, este tipo de conducta constituye una forma clara de acoso moral, especialmente si forma parte de un patrón sistemático, y puede dar lugar a acciones legales, sanciones disciplinarias y responsabilidades patrimoniales para la empresa, si no actúa diligentemente para prevenir y corregir estas situaciones.

1.26.2. Un desgaste emocional y la pérdida de confianza

La víctima comienza a dudar de sus capacidades, especialmente si las descalificaciones provienen de superiores o se producen en público. Esta pérdida de autoconfianza puede derivar en errores reales, lo que refuerza el ciclo del acoso.

El desgaste emocional y la pérdida de confianza son consecuencias directas y profundas de la descalificación profesional como forma de acoso laboral. Cuando una persona recibe críticas constantes, humillaciones o comentarios despectivos sobre su desempeño, especialmente si provienen de superiores o se hacen en presencia de otros, su percepción de valía profesional comienza a deteriorarse. Esta pérdida progresiva de autoestima y seguridad afecta no solo su bienestar emocional, sino también su capacidad real para desempeñar sus funciones con eficacia.

El acoso genera un estado de hipervigilancia, ansiedad y bloqueo emocional, lo que puede derivar en errores involuntarios, olvidos, lentitud o desmotivación. Paradójicamente, estos fallos -originados por el propio entorno hostil- son utilizados por el acosador para justificar la descalificación inicial, creando un círculo vicioso en el que la víctima parece confirmar la imagen negativa que se le ha impuesto. Este ciclo se refuerza con el tiempo, lo que hace que la persona se sienta cada vez más incapaz de salir por sí misma de la situación.

Desde una perspectiva psicosocial, este proceso puede dar lugar a trastorno[89]s como estrés laboral crónico, ansiedad generalizada, depresión o incluso síndrome de burnout.

Jurídicamente, cuando se demuestra que este deterioro emocional y profesional está vinculado a prácticas de hostigamiento persistentes, se configura un caso claro de acoso laboral, lo que puede derivar en la responsabilidad del empleador y el derecho a recibir reparación por daños y perjuicios.

1.27. ¿Qué implica el aislamiento dentro del entorno laboral?

El aislamiento en el entorno laboral constituye una modalidad particularmente grave de acoso psicológico, al operar de manera silenciosa, progresiva y estructural.

Esta conducta consiste en la exclusión deliberada del trabajador de las interacciones profesionales y sociales habituales, afectando su participación en reuniones, toma de decisiones, espacios de comunicación y actividades colectivas. Asimismo, puede manifestarse mediante actitudes de indiferencia, omisión del saludo o ignorancia sistemática por parte de compañeros y superiores jerárquicos.

Desde una perspectiva jurídica, este tipo de conducta puede configurar una vulneración al derecho a un ambiente de trabajo digno, seguro y libre de violencia, tal como lo reconocen diversos marcos normativos en materia laboral y de derechos humanos.

El aislamiento tiene como efecto directo la erosión progresiva de la identidad profesional del trabajador, afectando su autoestima, su salud psíquica y sus posibilidades de desarrollo dentro de la organización. En muchos casos, este proceso conduce a una desvinculación laboral no consen-

---

89 Gálvez Herrer, M, Mingote Adán, J, & Moreno Jiménez, B. (2010). El paciente que padece un trastorno de personalidad en el trabajo. *Medicina y Seguridad del Trabajo, 56*(220), 226-247.

suada -renuncia forzada- sin que medie confrontación o sanción formal, lo que agrava su carácter lesivo.

Además, por tratarse de una práctica que rara vez deja evidencia directa y que suele ejercerse de forma sutil, el aislamiento se configura como una forma de violencia encubierta de alta eficacia, dificultando su denuncia y sanción. Esta invisibilidad operativa convierte al aislamiento en una herramienta de hostigamiento laboral especialmente compleja desde el punto de vista probatorio, requiriendo un análisis contextual, testigos indirectos y, en algunos casos, pericias psicológicas que permitan acreditar el daño sufrido por la víctima.

Frente a esta realidad, es imprescindible que las organizaciones implementen mecanismos claros de prevención, detección temprana y reparación del acoso laboral, incluyendo protocolos de actuación, formación del personal y garantías procesales que permitan proteger efectivamente a las personas afectadas.

Dos aspectos clave del aislamiento laboral son su carácter insidioso y su dificultad para ser evidenciado.

El aislamiento laboral y social constituye una de las formas más insidiosas y dañinas de acoso en el entorno profesional. No se manifiesta a través de agresiones explícitas, sino mediante una estrategia silenciosa y progresiva que busca socavar la autoestima y el bienestar psicológico del trabajador.

Esta forma de violencia incluye tanto la exclusión sistemática de actividades, decisiones o espacios comunes, como gestos sutiles pero significativos: la negación del saludo, la omisión deliberada en conversaciones o la indiferencia constante de parte de colegas y superiores.

Este aislamiento va erosionando poco a poco la identidad profesional del trabajador, debilitando su sentido de pertenencia y su confianza en sus propias capacidades. En muchos casos, este proceso lleva a una renuncia forzada, no como resultado de un conflicto abierto, sino como consecuencia de un deterioro emocional profundo y sostenido. El hecho de que esta práctica se ejerza sin confrontación explícita y sea extremadamente difícil de probar, la convierte en una forma de violencia encubierta particularmente efectiva y peligrosa.

Al romper los lazos sociales dentro del entorno de trabajo, el aislamiento priva a la víctima de redes de apoyo fundamentales para enfrentar el estrés laboral. Como resultado, la persona queda expuesta, vulnerable y cada vez más aislada, tanto profesional como emocionalmente.

Combatir esta forma de acoso requiere no solo protocolos claros para identificar y denunciar situaciones de exclusión, sino también una cultura organizacional que valore la inclusión, el respeto y la salud mental como pilares del ambiente laboral.

Al presentar a la víctima como incompetente o problemática, el acosador busca socavar su reputación ante compañeros y superiores, fomentando su aislamiento y debilitando su red de apoyo.

Cuando el acosador presenta a la víctima como incompetente, conflictiva o poco colaborativa, no solo afecta su imagen profesional, sino que desactiva el apoyo social que podría recibir dentro de la organización.

Esta táctica busca romper los vínculos de confianza entre la víctima y sus compañeros, superiores o subordinados, dejándola en una posición de vulnerabilidad.

El aislamiento puede manifestarse de múltiples formas: exclusión de reuniones, omisión en comunicaciones importantes, negación de tareas significativas, indiferencia o actitudes hostiles por parte del equipo.

Todo ello genera un entorno donde la víctima se siente invisibilizada, rechazada y desprotegida, lo que agrava el impacto emocional del acoso y dificulta que pueda defenderse o denunciar la situación[90].

- Desde el punto de vista psicológico, el aislamiento intensifica el estrés, la ansiedad y el sentimiento de indefensión.

- Desde el punto de vista jurídico, cuando el aislamiento es deliberado, sostenido en el tiempo y parte de una conducta sistemática de hostigamiento, puede constituir una forma de acoso laboral tipificada legalmente, con consecuencias tanto para el agresor como para la empresa, si esta no actúa para detenerlo.

1.28. ¿Qué implica la obstaculización del desarrollo profesional?

Esta estrategia se usa muchas veces para impedir el ascenso, la formación o la participación en proyectos clave, reforzando barreras como el techo de cristal y excluyendo a la persona de las oportunidades de progreso.

La obstaculización del desarrollo profesional como estrategia de acoso laboral consiste en limitar deliberadamente el acceso de una persona a

---

90 González de Rivera, J. L. (2003). *El maltrato psicológico: cómo defenderse del mobbing y otras formas de acoso.* Madrid: Espasa

oportunidades de crecimiento dentro de la organización, como promociones, formación, asignación de tareas relevantes o participación en proyectos estratégicos.

Esta forma de acoso no se manifiesta necesariamente mediante agresiones abiertas, sino a través de acciones silenciosas, sistemáticas y muchas veces difíciles de demostrar, como excluir a la víctima de reuniones importantes, negarle información clave o no considerarla para procesos de evaluación o mejora.

Esta estrategia tiene un impacto especialmente grave cuando se aplica con intencionalidad discriminatoria, por ejemplo, contra mujeres en contextos donde ya existen desigualdades estructurales. En estos casos, se convierte en un mecanismo de refuerzo del techo de cristal, ya que mantiene a la persona fuera de los espacios de poder y decisión, sin ofrecerle la posibilidad de demostrar su capacidad o avanzar profesionalmente.

La exclusión reiterada y sin justificación objetiva afecta no solo a la carrera de la víctima, sino también a su autoestima, motivación y percepción de justicia dentro del entorno laboral.

Desde el punto de vista jurídico, este tipo de conductas pueden constituir una forma de discriminación indirecta o de acoso laboral, especialmente si están motivadas por razones de género, edad, origen étnico, orientación sexual u otras condiciones protegidas por la ley. La empresa, como garante de la igualdad de oportunidades, puede ser considerada responsable si no adopta medidas para evitar y corregir estas prácticas, y la víctima puede tener derecho a reparación legal por los daños sufridos y por la vulneración de su derecho a la igualdad en el trabajo.

El hecho de impedir el desarrollo profesional de un trabajador como forma de hostigamiento, no solo lesiona su trayectoria laboral, sino que también reproduce dinámicas de exclusión, refuerza estructuras jerárquicas discriminatorias y contribuye a perpetuar la desigualdad en el acceso a puestos de mayor responsabilidad.

1.29. ¿Qué implica la instrumentalización del poder jerárquico?

Quien acosa suele hacerlo desde una posición de poder formal o informal. La descalificación profesional se convierte en un instrumento de dominación y control, reforzando jerarquías y estructuras autoritarias.

Efectivamente, quien acosa suele hacerlo desde una posición de poder, ya sea formal, como la que ostenta un superior jerárquico, o informal, como la que puede tener un compañero con influencia dentro del grupo o con respaldo de la dirección.

Esta posición de poder le permite al acosador ejercer su conducta con mayor impunidad y eficacia, ya que dispone de recursos, autoridad o credibilidad que la víctima difícilmente puede contrarrestar.

En este contexto, la descalificación profesional se transforma en una herramienta de dominación, utilizada para erosionar progresivamente la autoestima, la reputación y la credibilidad de la persona acosada.

Al poner en duda su capacidad, minimizar sus logros o ridiculizar sus opiniones, el agresor reduce su influencia y autonomía, sometiéndola a un control constante. Este proceso no solo afecta a la víctima, sino que también refuerza las jerarquías laborales autoritarias, en las que el poder se ejerce mediante el miedo, la humillación y la obediencia, en lugar de la colaboración y el respeto mutuo.

Además, la instrumentalización del poder en el acoso laboral genera un efecto disuasorio sobre el resto del equipo: se transmite el mensaje implícito de que quien no se somete o se muestra crítico puede ser objeto del mismo trato.

Así, se consolidan dinámicas organizacionales basadas en el silencio, la sumisión y la falta de confianza, lo que deteriora el clima laboral y limita la innovación y el desarrollo humano dentro de la empresa[91].

Desde el punto de vista jurídico y organizacional, esta conducta supone una grave desviación del ejercicio legítimo del poder dentro del trabajo. Cuando se prueba que una figura de autoridad ha instrumentalizado su posición para hostigar o excluir a otra persona, se configura una infracción laboral grave que puede acarrear consecuencias legales para el agresor y responsabilidad para la empresa si no actúa con la debida diligencia para prevenir y sancionar el acoso.

El acoso desde una posición de poder no es solo una agresión individual, sino una expresión de abuso estructural, que reproduce y consolida relaciones laborales verticales, opresivas y contrarias a los principios fundamentales de igualdad, dignidad y justicia en el trabajo.[92]

---

91 Vartia, M. (1996). The sources of bullying-psychological work environment and organizational climate. *European Journal of Work and Organizational Psychology*, 5, 203-214.

92 La Comisión Europea adopta la propuesta de definición del grupo de estudio "Violencia en el Trabajo" (con representantes de gobiernos, empresarios y sindi-

1.30. ¿Qué significa y que conlleva la vulneración de derechos fundamentales?

La vulneración de derechos fundamentales es una de las implicaciones más graves del acoso laboral, especialmente cuando adopta formas como la descalificación profesional, el aislamiento o la negación de oportunidades. Estas conductas no solo afectan la experiencia individual de la persona trabajadora, sino que constituyen una violación directa de principios jurídicos básicos ampliamente reconocidos en normativas nacionales e internacionales.

En primer lugar, este tipo de acoso atenta contra el derecho a la dignidad en el trabajo, un principio consagrado en constituciones, estatutos laborales y tratados internacionales como la Carta de los Derechos Fundamentales de la Unión Europea o los convenios de la Organización Internacional del Trabajo (OIT). La dignidad es un valor inherente a toda persona y debe ser protegida activamente en el entorno laboral, lo que implica garantizar un clima de respeto, equidad y trato justo.

En segundo lugar, cuando estas prácticas se aplican de forma sistemática y con sesgos evidentes hacia ciertos colectivos, como las mujeres, pueden constituir una forma de discriminación indirecta.

Además, este tipo de vulneraciones puede implicar el quiebre de otros derechos fundamentales como:

- El derecho a la integridad moral y física.

- El derecho a la igualdad y no discriminación.

- El derecho a la salud laboral.

- El derecho a la tutela judicial efectiva, cuando la víctima no encuentra respuesta institucional adecuada.

Desde una perspectiva legal, cuando se acredita que el acoso laboral ha afectado alguno de estos derechos, se abren vías para:

- La reparación integral del daño, incluyendo indemnización por daños morales y perjuicios económicos.

- Las sanciones disciplinarias o penales[93] contra el agresor.

---

catos) define el mobbing y recalca que puede ser vertical y horizontal: "*comportamiento negativo entre compañeros o entre superiores e inferiores jerárquicos, a causa del cual el afectado es objeto de acoso y ataques sistemáticos durante mucho tiempo, de modo directo o indirecto, por parte de una o más personas, con el objetivo y/o el efecto de hacerle el vacío*".

[93] https://ejaso.com/conocimiento/el-acoso-laboral-y-la-implicacion-penal-de-la-empresa-y-ii-como-se-manifiesta-y-como-puede-probarse

- La responsabilidad empresarial, si se prueba inacción, encubrimiento o falta de medidas preventivas.

Esta forma de acoso atenta contra el derecho a la dignidad en el trabajo, reconocido en múltiples marcos jurídicos nacionales e internacionales.

También puede constituir una forma de discriminación indirecta, especialmente cuando afecta de manera sistemática a mujeres, personas mayores o colectivos vulnerables.

El acoso laboral vulnera derechos fundamentales no es solo una cuestión de gestión de personal o mal ambiente laboral: es un ataque a los pilares del Estado de Derecho en el trabajo, que requiere respuestas contundentes desde el plano legal, institucional y cultural.

Actuar frente a estas situaciones no es solo una obligación jurídica, sino también un imperativo ético y social.

1.31. ¿Cuáles son las posibles consecuencias jurídicas del acoso continuado?

En primer lugar, la víctima de acoso puede reclamar una indemnización por daños y perjuicios, daños morales y psicológicos, siempre que se acredite que la conducta del agresor o agresores ha producido efectos nocivos en su salud emocional, integridad personal o trayectoria profesional. Esto puede incluir:

- La indemnización por daños y perjuicios, ya citados

- Las compensaciones económicas por sufrimiento psíquico, ansiedad, depresión o pérdida de autoestima.

- La reparación por afectación de la carrera profesional, como pérdida de oportunidades de promoción, traslados forzosos o degradación injustificada del puesto.

- En algunos casos, reincorporación o reubicación dentro de la empresa, si procede.

En segundo lugar, la víctima de acoso puede exigir la responsabilidad del empleador, ya que este tiene la obligación legal de garantizar un entorno de trabajo seguro, libre de violencia y respetuoso con la dignidad de las personas.

Si la empresa tolera, ignora o no actúa con diligencia ante indicios de acoso, incurre en una omisión grave de su deber de prevención, lo que puede dar lugar a: Sanciones administrativas por parte de la Inspección de Trabajo. Acciones legales de responsabilidad civil o laboral.

- Además, si el acoso se ha producido por razones discriminatorias, como género, etc., se puede aplicar agravamiento de la responsabilidad, dado que estaríamos ante una violación del principio de igualdad reconocido constitucional y legalmente.

- Cuando el acoso ha sido especialmente severo o continuado o/y ha tenido consecuencias graves (como lesiones, patologías físicas o mentales, diversas enfermedades[94]) la vía penal es la más adecuada, por delitos contra la integridad moral o por acoso laboral tipificado[95]. Asimismo, se aprecia el reconocimiento de daños adicionales, si el trabajador acredita afectación a su salud, reputación o carrera profesional.

- Cuando existe una estrategia de descalificación profesional como parte de un patrón de acoso, el trabajador puede, asimismo:

- Exigir la responsabilidad del empleador por no prevenir ni sancionar estas conductas.

- Reclamar indemnización por daños morales y psicológicos.

Cuando se prueba que la descalificación profesional forma parte de una conducta de acoso reiterada, no solo se activa el derecho a la protección de la víctima, sino que también se compromete jurídicamente a la empresa, que deberá asumir su responsabilidad por no haber actuado de forma efectiva para prevenir y erradicar esa conducta.

Las posibles consecuencias jurídicas derivadas de una estrategia de descalificación profesional como forma de acoso laboral pueden ser significativas, tanto para el acosador como para la empresa. Cuando se acredita que esta conducta forma parte de un patrón sistemático y sostenido de hostigamiento, el ordenamiento jurídico reconoce diversos derechos de protección y reparación a favor de la víctima.

- Solicitar la extinción indemnizada del contrato si el entorno se vuelve insostenible, permite al trabajador romper la relación laboral con derecho a indemnización, equiparándola a un despido improcedente o incluso nulo en algunos casos.

---

94 Mikkelsen, E. G. & Einarsen, S. (2002). Relationships between exposure to bullying at work and psychological and psychosomatic health complains: The role of state negative affectivity and generalized self-efficacy. *Scandinavian Journal of Psychology*, 43, 397-405.

95 *Several studies have verified that increased stress and mental distress are possible psychological aftermaths of workplace bullying* cit ant.

Esta medida procede cuando se acredita que la empresa ha incurrido en una grave infracción de sus obligaciones, como por ejemplo: No garantizar un entorno laboral seguro y respetuoso. Tolerar conductas de acoso o descalificación profesional. No adoptar medidas preventivas o correctoras frente a situaciones de hostigamiento.

En casos de acoso laboral continuado, especialmente si incluye descalificación, aislamiento, discriminación o represalias, se entiende que la relación laboral se ha roto desde el punto de vista de la buena fe contractual, lo cual legitima a la víctima a solicitar judicialmente esta medida sin perder sus derechos económicos.

1.32. ¿Por qué el aislamiento social y laboral se considera una de las formas más destructivas de acoso?

El aislamiento en el entorno laboral constituye una de las formas más sutiles y lesivas de acoso psicológico (mobbing) reconocido en la jurisprudencia y doctrina laboral española.

El aislamiento laboral y social es una forma especialmente devastadora de acoso porque elimina las redes de apoyo que permiten afrontar el estrés laboral. Implica no solo la exclusión de actividades laborales, sino también el corte del contacto humano, como la negación del saludo o la indiferencia deliberada.

Constituye una de las formas más insidiosas y dañinas de acoso en el entorno profesional, se manifiesta a través de una estrategia silenciosa que busca socavar la autoestima y el bienestar psicológico de la persona afectada.

Este tipo de acoso puede incluir desde la exclusión sistemática de reuniones, proyectos o decisiones relevantes, hasta gestos más sutiles como la negación del saludo, la omisión en conversaciones o el trato frío e indiferente.

La gravedad de esta forma de violencia radica en que priva a la víctima de sus principales fuentes de contención: las relaciones interpersonales.

Al quedar aislada de sus colegas, la persona no solo ve dificultado su desempeño laboral, sino que también pierde referentes emocionales que podrían ayudarle a interpretar y enfrentar la situación.

Esta soledad forzada puede generar altos niveles de ansiedad, desmotivación, y en casos prolongados, llevar incluso a cuadros de depresión o síndrome de burnout.

Combatir este tipo de acoso requiere un compromiso claro por parte de las organizaciones para fomentar entornos de trabajo inclusivos, con protocolos de actuación ante conductas excluyentes y una cultura de respeto y colaboración.

Esta estrategia priva al trabajador del reconocimiento, de la pertenencia a un grupo, e incluso de la información básica necesaria para desempeñar su función.

A diferencia de las agresiones directas, el aislamiento actúa de forma silenciosa y progresiva, erosionando la identidad profesional del trabajador y llevándolo a una renuncia forzada sin confrontación explícita. Además, al ser una práctica difícil de probar, se convierte en una forma de violencia encubierta particularmente efectiva.

Dos aspectos clave del aislamiento laboral:

- Su carácter insidioso

- Su dificultad para ser evidenciado.

Según la doctrina y la jurisprudencia, el aislamiento laboral se manifiesta en más acciones de las mencionadas antes como la exclusión de reuniones, de reuniones internas o de actividades grupales; el trato cortante o la negación sistemática del saludo; la difusión de rumores que dañan la reputación del trabajador; la ignorancia deliberada de sus opiniones; y la omisión de su participación en decisiones importantes. También se incluye el vaciamiento funcional, es decir, dejar al trabajador sin tareas asignadas en determinados laborales que, de estar presentes, supondrían un avance en su actividad laboral reconocida.

Estas prácticas, cuando son reiteradas y sistemáticas, vulneran derechos fundamentales como la dignidad, la integridad moral y la igualdad de trato, ya citadas.

Desde el punto de vista jurídico, este tipo de actuaciones pueden encuadrarse dentro de lo establecido en el artículo 4.2.e) del Estatuto de los Trabajadores, que reconoce el derecho del trabajador "a su integridad física y a una adecuada política de prevención de riesgos laborales". Asimismo, el artículo 14 de la Ley 31/1995, de Prevención de Riesgos Laborales, impone a la empresa la obligación de garantizar la seguridad y la salud de sus trabajadores en todos los aspectos relacionados con el trabajo, incluyendo los riesgos de naturaleza psicosocial.

El aislamiento laboral tiene un efecto progresivo sobre la salud mental del trabajador, erosionando su autoestima y su identidad profesional, hasta llegar en ocasiones a una renuncia forzada sin confrontación explícita.

Esta forma de violencia laboral es particularmente eficaz por su carácter encubierto y su dificultad probatoria, lo cual ha sido reconocido por distintos tribunales, que han valorado indicios como el testimonio de compañeros, la evolución de la salud del afectado, informes médicos o periciales psicológicos, y la constatación de cambios abruptos en la situación laboral del trabajador.

La jurisprudencia del Tribunal Supremo ha reiterado que el acoso psicológico laboral atenta contra la dignidad del trabajador y puede constituir una vulneración del derecho fundamental a la integridad moral, protegido por el artículo 15 de la Constitución Española, así como del derecho a la no discriminación del artículo 14.

Además, en casos graves, estas conductas pueden dar lugar a responsabilidad administrativa, civil o incluso penal, conforme al artículo 173.1 del Código Penal, cuando los actos configuren un trato degradante o constituyan una conducta sistemática de hostigamiento.

En este contexto, se hace imprescindible que las organizaciones desarrollen políticas de prevención específicas frente al acoso psicológico, incluyendo canales de denuncia confidenciales, formación en gestión de conflictos y protocolos claros de actuación ante indicios de exclusión o violencia psicosocial.

Se desarrolla de forma más detallada atendiendo a su importancia:

a).El concepto y los elementos

El aislamiento es una modalidad típica dentro del acoso psicológico laboral, caracterizada por conductas sistemáticas (excepción de saludos, exclusión de reuniones, ignorancia deliberada) que buscan aislar al trabajador y minar su autoestima hasta forzar su salida voluntaria

b).Los fundamentos jurídicos

- La violación del art. 4.2.e) del Estatuto de los Trabajadores, garantizando la integridad y dignidad del trabajador

- La infracción del art. 14 de la Ley 31/1995 de Prevención de Riesgos Laborales, que obliga a las empresas a prevenir riesgos psicosociales

- La vulneración de derechos constitucionales:

- Art. 15 CE (integridad moral y psíquica)

- Art. 14 CE (igualdad y no discriminación)

- La regulación penal la encontramos en el art. 173.1 CP tipifica como delito el acoso laboral grave cuando hay relación jerárquica y reiteración de hostigamiento

c).La prueba y la carga probatoria

Dado que el aislamiento carece de evidencia directa, se adquieren pruebas a través de:

- los testigos indirectos, si declaran ya que en muchas ocasiones se impone una cultura del silencio en el centro u organización

- los informes médicos o periciales (psicológicos/psiquiátricos),

- la comparativa del antes y después del entorno laboral, de especial importancia.

- la documentación de lo sucedido: cuales son las exclusiones, las comunicaciones omitidas, etc.

- La jurisprudencia exige una valoración contextualizada y global de indicios, desligándose del rigor formal y admitiendo evidencia testimonial y técnica.

- Las consecuencias jurídicas son las siguientes:

- La responsabilidad personal de los agresores

- La responsabilidad de la empresa o administración en virtud de la normativa laboral y de prevención de riesgos, con posible indemnización:

- Los daños morales, psíquicos, el deterioro de la salud de la víctima ya sea psíquico, fundamental ya sea, fruto de la somatización de las agresiones continuas de los agresores, daños físicos.

Se han documentado más de 50 patologías/enfermedades asociadas de forma a vivir situaciones de estrés continuo, de agresiones reiteradas en el tiempo[96].

- En los casos en la administración pública, habrá que acudir a la vía contencioso-administrativa

---

[96] Mikkelsen, E. G. & Einarsen, S. (2002). Relationships between exposure to bullying at work and psychological and psychosomatic health complains: The role of state negative affectivity and generalized self-efficacy. *Scandinavian Journal of Psychology*, 43, 397-405.

- La responsabilidad penal en casos de acoso grave, si existe relación jerárquica y hostigamiento reiterado

- La protección constitucional: los derechos vulnerados son la integridad moral, la dignidad, la no discriminación). El Tribunal Supremo los ampara con firmeza.

La jurisprudencia del Tribunal Supremo ha venido consolidando una interpretación amplia del acoso psicológico en el ámbito laboral, destacando que este tipo de violencia no requiere necesariamente manifestaciones explícitas o físicas, sino que puede manifestarse mediante conductas de exclusión persistente.

Así lo recoge, entre otras, la Sentencia del Tribunal Supremo de 5 de mayo de 2021 (Recurso 487/2021), que reconoce la responsabilidad patrimonial de la Administración Pública por los daños morales y psicológicos derivados de un caso probado de aislamiento prolongado. Del mismo modo, el Tribunal Superior de Justicia de Asturias, en su Sentencia 1121/2024, establece que incluso las medidas de protección que implican apartar al trabajador acosado sin intervenir frente al agresor pueden constituir una forma indirecta de perpetuar el aislamiento, resultando jurídicamente inaceptables.

El carácter encubierto del aislamiento lo convierte en una forma de violencia psicológica de alta eficacia, especialmente difícil de acreditar por medios directos.

En consecuencia, los tribunales han admitido la utilización de indicios, testigos indirectos, informes médicos o psicológicos, y una evaluación contextualizada del entorno laboral para acreditar la existencia del acoso.

No se exige prueba plena y directa, sino una valoración conjunta y razonable de los elementos disponibles, conforme al criterio de la "apariencia de veracidad" que ha sido admitido en reiterada jurisprudencia.

Por todo ello, se concluye que el aislamiento laboral constituye una forma de acoso psicológico prohibida por el ordenamiento jurídico español, susceptible de generar responsabilidad tanto en la esfera laboral como administrativa o penal.

La existencia de este tipo de conductas impone al empleador la obligación de actuar con diligencia, adoptando medidas de prevención, investigación y corrección eficaces para garantizar el derecho del trabajador a un entorno laboral libre de violencia, conforme a lo previsto en la normativa vigente y la doctrina jurisprudencial consolidada.

1.33. ¿Qué efectos puede tener la estigmatización profesional derivada del mobbing en la empleabilidad futura de la víctima?

La estigmatización profesional derivada del acoso laboral puede dejar una marca duradera sobre la reputación del trabajador.

Al haber sido desacreditado, aislado o deslegitimado públicamente, la víctima carga con una imagen distorsionada ante sus colegas, superiores y, en ocasiones, ante otros empleadores.

Esto dificulta su acceso a nuevas oportunidades, especialmente si no cuenta con referencias positivas, si ha quedado fuera del mercado durante un tiempo prolongado, o si se ha producido una desvinculación conflictiva. Incluso cuando tiene la formación y experiencia necesarias, puede enfrentar dudas o prejuicios en los procesos de selección, lo que acentúa su inseguridad y miedo a reincorporarse.

La estigmatización profesional derivada del acoso laboral puede dejar una marca duradera sobre la reputación del trabajador, incluso mucho después de que haya cesado la relación laboral con la organización en la que ocurrieron los hechos. Esta forma de daño, aunque a menudo intangible o difícil de cuantificar, tiene consecuencias profundas en la trayectoria profesional de la persona afectada, ya que impacta directamente en la forma en que es percibida por colegas, superiores y posibles empleadores futuros.

Cuando una persona es víctima de acoso laboral, en especial si este se produce de manera prolongada y sistemática, suele ir acompañado de estrategias de descrédito: se la presenta como conflictiva, poco competente, "incómoda" o emocionalmente inestable.

Estas etiquetas, construidas desde el poder y difundidas en el entorno laboral, no solo justifican ante terceros la exclusión de la víctima, sino que además dificultan que esta pueda defender su imagen o acceder a nuevas oportunidades en igualdad de condiciones.

A menudo, incluso tras su salida de la organización, persisten rumores, referencias negativas o narrativas sesgadas que condicionan su reincorporación laboral.

Este tipo de estigmatización constituye una forma de violencia simbólica con efectos reales: puede limitar el acceso a entrevistas, generar desconfianza en potenciales empleadores o afectar la autoestima de la persona trabajadora, que comienza a internalizar esas percepciones negativas.

De esta forma, el trabajador no solo debe lidiar con las secuelas emocionales del acoso, sino también con la tarea de reconstruir su reputación en un sistema que tiende a creer más en las versiones emitidas desde posiciones jerárquicas o institucionales.

Desde el punto de vista jurídico y ético, esta consecuencia refuerza la necesidad de abordar el acoso laboral no solo como una situación puntual, sino como un fenómeno que puede comprometer de forma estructural y prolongada el proyecto de vida profesional de una persona.

La reparación del daño en estos casos no debería limitarse a sanciones internas o compensaciones económicas, sino incluir también mecanismos de restitución del buen nombre profesional, acceso a procesos de reubicación laboral y acompañamiento psicosocial y jurídico.

Hay que reconocer, que la estigmatización es una de las secuelas más duras y silenciadas del acoso laboral implica avanzar hacia una cultura del trabajo que no solo castigue al agresor, sino que repare de forma integral a la víctima, restaurando no solo su salud emocional, sino también su dignidad y su lugar en el ámbito profesional.

Además, la propia víctima puede desarrollar una autoimagen negativa y evitar exponerse profesionalmente, renunciando a postularse a cargos de mayor responsabilidad.

1.34. *¿Qué consecuencias profesionales a largo plazo enfrentan las víctimas de acoso laboral, incluso después de haber salido del entorno? Las secuelas profesionales*

El mobbing no sólo afecta el presente del trabajador, sino que puede limitar gravemente su futuro laboral.

- En cuanto a las secuelas de esta desgraciada situación. Las víctimas de acoso laboral suelen enfrentar consecuencias profesionales profundas y prolongadas, incluso años después de abandonar[97] el entorno en el que ocurrió el acoso.

Entre las principales secuelas se encuentran:

---

97 Fabiana M Donald, F. *La importancia del Convenio 190 de la OIT sobre la violencia o acoso laboral.*www.saij.gob.ar. Id SAIJ: DACF 200153: "*la persona o personas en el lugar de trabajo tienen como finalidad destruir las redes de comunicación de la víctima, perturbar el ejercicio de sus labores y lograr que finalmente esa persona acabe por abandonar el lugar de trabajo*".

1.34.1. El estancamiento profesional.

El estancamiento profesional es una de las consecuencias más frecuentes y perjudiciales del acoso laboral, y representa una forma silenciosa pero poderosa de violencia. A diferencia del despido o de la exclusión abierta, el estancamiento actúa como una forma de castigo encubierto, donde la persona trabajadora permanece formalmente dentro de la organización, pero es privada de todo crecimiento, reconocimiento o posibilidad de desarrollo.

Se trata de un mecanismo que puede pasar desapercibido, pero que, en la práctica, inmoviliza la trayectoria profesional del individuo, negándole oportunidades de promoción, formación, participación en proyectos relevantes o nuevas responsabilidades acordes con su experiencia y capacidades. "El mobbing actúa como un freno invisible al desarrollo profesional del trabajador, mediante la marginación en los procesos de toma de decisiones y la negación sistemática de oportunidades de mejora" (Barranco Avilés[98], 2005, p. 52).

Esta forma de violencia tiene un fuerte impacto en la autoestima y en la motivación del trabajador.

La persona comienza a percibir que, sin importar su esfuerzo o su desempeño, su carrera ha sido bloqueada deliberadamente.

Esta situación puede generar sentimientos de frustración, inutilidad y desesperanza, y a menudo conduce al desgaste emocional, la desafección con el entorno laboral y la pérdida de sentido respecto a la propia actividad profesional.

El estancamiento no solo impide avanzar, sino que deteriora lo construido, ya que muchas veces se traduce también en la pérdida de competencias, visibilidad y prestigio dentro y fuera de la organización. "El acosador busca privar al trabajador de su papel profesional, provocando que su trabajo pierda sentido y utilidad, lo que afecta directamente su autoestima y su percepción de competencia" (Hirigoyen, 2001[99]).

---

98 Barranco Avilés, M. (2005). El acoso moral en el trabajo (*mobbing*). *Revista del Ministerio de Trabajo y Asuntos Sociales,* (56), p 45 y siguientes

99 Hirigoyen, M. F. (2001). *El acoso moral en el trabajo: distinguir lo verdadero de lo falso.* Barcelona: Paidós. p 83

Señala Barranco Avilés,[100] que "el acoso laboral es una forma de violencia psicológica que se ejerce en el marco de una relación de trabajo, mediante comportamientos hostiles, sistemáticos y prolongados en el tiempo, orientados a producir en la víctima una situación de aislamiento, desprestigio o degradación profesional."

Desde una perspectiva jurídica y organizacional, el estancamiento profesional como consecuencia de prácticas de acoso o discriminación puede configurar una forma de violencia institucional o abuso de poder, especialmente cuando se verifica que otras personas en igualdad de condiciones sí han tenido acceso a oportunidades de desarrollo. En contextos donde esta situación se da por razones de género, edad, origen étnico, orientación sexual u otros factores protegidos, puede incluso constituir una forma de discriminación prohibida por la ley.

Además, el estancamiento suele funcionar como una estrategia de desgaste que busca empujar a la persona a renunciar voluntariamente, sin recurrir a mecanismos formales de despido, lo que agrava su gravedad y su carácter intencional. En ese sentido, se convierte en una forma pasiva de exclusión, profundamente dañina y difícil de revertir sin una intervención clara desde las instancias superiores o los organismos de control.

Por todo esto, visibilizar el estancamiento profesional como una forma de violencia laboral es clave para avanzar hacia entornos de trabajo justos, donde la permanencia no sea sinónimo de inmovilidad, y donde toda persona pueda desarrollarse profesionalmente sin temor a ser castigada, silenciada o invisibilizada.

1.34.2. La pérdida de reputación.

La pérdida de reputación es una de las secuelas más significativas y dolorosas del acoso laboral, y sus efectos pueden extenderse mucho más allá del momento y del lugar donde ocurrieron los hechos. A menudo, esta pérdida no es consecuencia directa de un acto puntual, sino el resultado de un proceso sistemático de deslegitimación, desprestigio o difamación que acompaña al acoso, y que afecta de forma directa la imagen profesional y personal de la víctima.

Durante el acoso, es frecuente que se construya un relato negativo sobre la persona afectada: se la presenta como conflictiva, ineficaz, emocionalmen-

---

100 Barranco Avilés, M. (2005). El acoso moral en el trabajo (*mobbing*). *Revista del Ministerio de Trabajo y Asuntos Sociales,* (56), p 45 y ss.

te inestable o poco colaborativa. Estas etiquetas, muchas veces difundidas por el agresor (especialmente si ocupa una posición jerárquica), sirven para justificar el maltrato, invalidar las denuncias o desviar la atención del verdadero problema. Con el tiempo, este discurso puede instalarse en el entorno laboral como una verdad incuestionable, afectando la manera en que colegas, superiores e incluso futuras organizaciones perciben a la víctima.

La pérdida de reputación profesional tiene consecuencias muy concretas: puede cerrar puertas a nuevas oportunidades laborales, obstaculizar promociones, hacer que se desconfíe de sus capacidades, o simplemente dificultar la reinserción en el mercado de trabajo.

Además, provoca un daño emocional profundo, ya que ataca directamente a la identidad profesional de la persona, haciéndola dudar de su propio valor, de sus logros y de su trayectoria.

Desde el punto de vista legal, este tipo de daño puede dar lugar a una reclamación por daño moral, especialmente cuando se logra demostrar que la difamación o el descrédito fueron parte de una conducta sistemática de acoso laboral. No obstante, muchas veces es difícil probar de manera directa la existencia y el impacto de esa pérdida de reputación, ya que opera en el plano informal, en conversaciones, omisiones o recomendaciones negativas que no dejan rastro.

Por eso, la pérdida de reputación debe ser abordada también desde una perspectiva ética y organizacional[101]: las instituciones tienen la responsabilidad de prevenir y sancionar conductas que atenten contra la dignidad y la imagen profesional de sus trabajadores, y de crear mecanismos que reparen el daño cuando este ya ha ocurrido.

La reputación no se construye de un día para otro, pero puede destruirse rápidamente por prácticas de acoso y exclusión. Restituirla no solo es una forma de justicia para la víctima, sino también un compromiso con la equidad, la transparencia y el respeto en los espacios de trabajo.

1.34.3. La exclusión de redes laborales.

La exclusión de redes laborales es una de las consecuencias más perjudiciales y menos visibilizadas del acoso laboral. Señala Piñuel que "El acoso psicológico en el trabajo es una situación en la que una persona o grupo

---

[101] Puyol Montero, J. Franco Blanco, C. Román Porres, C. (2025) *GPS Compliance*, Tirant lo Blanch.

ejerce una violencia psicológica extrema de forma sistemática y recurrente, sobre otra persona en el lugar de trabajo, con la finalidad o el efecto de destruir las redes de comunicación de la víctima, su reputación, su autoestima, y su capacidad laboral."[102]

Forma parte de las estrategias de aislamiento social y profesional que los agresores utilizan para debilitar aún más a la persona acosada.

Este tipo de exclusión opera de manera sutil o indirecta, pero sus efectos son profundamente desestabilizadores, ya que impiden a la víctima acceder a los recursos informales que resultan clave para el desarrollo de cualquier carrera: el reconocimiento, la circulación de información relevante, las recomendaciones, las oportunidades de colaboración y la posibilidad de ser considerado para nuevos desafíos.

Las redes laborales no solo cumplen una función instrumental -como conseguir un ascenso o cambiar de empleo-, sino que también son fuente de pertenencia, legitimidad y capital simbólico dentro del mundo profesional.

Ser excluido de estas redes significa, en muchos casos, ser borrado del mapa: no se cuenta con la persona para decisiones importantes, no se la invita a espacios de diálogo o de visibilidad, se omiten sus logros, se evita su compañía, o incluso se la señala como alguien de quien es preferible mantenerse alejado.

Esta forma de marginación puede estar acompañada por rumores, silencios cómplices o actitudes pasivas de quienes, por miedo o conveniencia, eligen no intervenir.

La exclusión de redes laborales debilita profundamente la capacidad de la persona para defenderse, crecer profesionalmente o incluso mantener su posición actual.

Sin contactos, sin apoyos, sin alianzas internas, la víctima del acoso queda en una situación de vulnerabilidad extrema, sin los medios para revertir la narrativa negativa que se ha construido a su alrededor.

Esta exclusión también puede extenderse fuera de la organización, si el descrédito o el estigma se trasladan a círculos profesionales más amplios, afectando futuras oportunidades laborales.

---

102 Piñuel y Zabala, I. (2001). *Mobbing: cómo sobrevivir al acoso psicológico en el trabajo.* Santander: Sal Terrae.

Desde una perspectiva jurídica y organizacional, esta forma de violencia (aunque es menos evidente que el insulto) puede y debe ser abordada como parte del acoso laboral, en tanto vulnera derechos fundamentales como el acceso a condiciones equitativas de trabajo, la no discriminación y la dignidad profesional.

La exclusión social sostenida en el ámbito laboral, cuando responde a una intención deliberada de dañar o silenciar, constituye una práctica abusiva con consecuencias reales y medibles en la carrera y el bienestar de la persona afectada.

Combatir este tipo de exclusión implica no solo sancionar al agresor, sino también promover entornos de trabajo basados en la inclusión, la colaboración y el reconocimiento mutuo.

Las redes laborales deben construirse desde la equidad, no desde el miedo o la obediencia, y toda organización responsable debe garantizar que nadie sea marginado por denunciar, cuestionar o simplemente por no someterse a relaciones de poder abusivas.

1.34.4. La dificultad para obtener referencias válidas

La dificultad para obtener referencias válidas es otra de las secuelas significativas del acoso laboral, y representa un obstáculo concreto para la continuidad y reconstrucción de la trayectoria profesional de la persona afectada.

En muchos casos, tras haber atravesado una situación de acoso, el trabajador se ve forzado a abandonar su puesto de trabajo -ya sea por renuncia, agotamiento psicológico o por mecanismos de exclusión velados- y, al intentar reinsertarse en el mercado laboral, se encuentra con una barrera silenciosa pero eficaz: la imposibilidad de presentar referencias laborales creíbles, neutrales o favorables desde su anterior lugar de empleo.

Esto ocurre porque, en contextos donde el acoso ha sido ejercido por una figura de poder, esa misma figura suele controlar la narrativa que queda sobre la persona dentro de la organización. Así, al ser consultados por futuros empleadores, los referentes pueden ofrecer respuestas ambiguas, evasivas o incluso negativas, que si bien no se expresan en términos abiertamente difamatorios, sí siembran dudas o desconfianza sobre la candidatura de la víctima.

Esta situación coloca a la persona en un círculo vicioso: necesita reinsertarse para reconstruir su vida profesional, pero no puede justificar su experiencia ni validar su desempeño en su empleo anterior sin exponerse a juicios sesgados, hostilidad encubierta o represalias posteriores.

En consecuencia, muchas víctimas del acoso se ven obligadas a omitir esa etapa de su currículum, inventar justificaciones para su salida, o aceptar empleos muy por debajo de su formación y experiencia, solo por no depender de una referencia dañada.

Desde una perspectiva jurídica, esta práctica puede llegar a constituir una forma de discriminación laboral o daño moral, especialmente si se comprueba que el empleador anterior proporcionó información falsa, tendenciosa o malintencionada que afectó directamente las posibilidades de empleo de la persona.

Sin embargo, en la práctica, estos casos son difíciles de probar, ya que las referencias suelen darse de forma informal, por teléfono o sin dejar constancia escrita.

Por ello, resulta fundamental que las organizaciones asuman un compromiso claro con prácticas éticas al momento de emitir referencias laborales, y que comprendan que la negación o distorsión de estas puede tener un impacto devastador sobre la vida profesional de una persona, en especial cuando ha sido víctima de acoso.

Asimismo, sería necesario avanzar hacia políticas públicas o normativas laborales que contemplen este tipo de daño y ofrezcan mecanismos de reparación, especialmente en casos donde el trabajador ha salido de su empleo como consecuencia de haber sido violentado, y no por un bajo desempeño.

La dificultad para obtener referencias válidas no es un efecto colateral menor del acoso laboral: es una herramienta de silenciamiento y castigo que prolonga la violencia más allá del lugar y del tiempo en que se ejerció, y que puede condicionar gravemente el futuro profesional y personal de quien la sufre.

1.34.5. La percepción de "conflictividad" por parte de futuros empleadores, cuando la realidad es que no es así, esa percepción la han creado los agresores

La percepción de "conflictividad" por parte de futuros empleadores es una de las consecuencias más injustas y estigmatizantes que pueden afectar a una persona que ha sido víctima de acoso laboral. Esta percepción no surge de hechos objetivos ni de una evaluación imparcial del desempeño profesional, sino de la narrativa que suele construirse en torno a quienes se atreven a denunciar abusos, a cuestionar prácticas autoritarias o simplemente a no someterse a relaciones laborales basadas en el miedo, la desigualdad o el silenciamiento.

Cuando una persona ha atravesado una situación de acoso laboral, especialmente si ha llegado a formalizar una denuncia o si su salida de la organización estuvo envuelta en tensiones, conflictos o reclamos legales, es común que esa experiencia sea utilizada (implícita o explícitamente) para etiquetarla como "problemática", "difícil", "demasiado sensible" o incluso como una "amenaza" para el equilibrio interno de nuevos entornos laborales. Esta visión profundamente injusta desplaza el foco de atención desde el comportamiento abusivo del agresor hacia la conducta de la víctima, responsabilizándola indirectamente por haber reaccionado ante la violencia.

Esta percepción de conflictividad, además de ser errónea, reproduce una lógica de castigo social: quien se defiende o alza la voz queda marcado. Así, el sistema laboral envía un mensaje claro: es más seguro callar y adaptarse que enfrentar situaciones de injusticia, porque hacerlo puede cerrar puertas futuras.

Esto perpetúa el acoso como una práctica tolerada, sino que refuerza una cultura del miedo que penaliza la integridad, la honestidad y el ejercicio legítimo de los derechos laborales.

En contextos de selección de personal, esta estigmatización puede traducirse en la exclusión de candidaturas sin justificación objetiva, en entrevistas sesgadas o en decisiones de no contratación basadas en referencias ambiguas que apuntan a una supuesta falta de "adecuación al equipo" o "dificultades de integración".

La persona afectada, consciente de esta mirada, muchas veces se autocensura, evita contar su experiencia anterior o minimiza lo vivido, lo que genera un nuevo tipo de violencia: la falta de visualización forzada del daño sufrido.

Desde una perspectiva ética y jurídica, esta práctica debe ser cuestionada de forma urgente. Las organizaciones tienen la responsabilidad de evaluar a los postulantes en función de sus capacidades, trayectoria y competencias reales, y no de prejuicios derivados de situaciones en las que la víctima ha actuado dentro del marco de sus derechos.

A su vez, es clave promover una cultura laboral que no penalice a quienes denuncian o se defienden del maltrato, sino que reconozca su valentía y su compromiso con un entorno más justo.

La percepción de conflictividad atribuida a víctimas de acoso no es solo una injusticia individual: es una forma de discriminación estructural que mantiene vivas las condiciones que permiten el abuso, la impunidad y el silencio dentro del mundo del trabajo. Desmontarla es parte esencial del camino hacia entornos laborales verdaderamente seguros, éticos y libres de violencia.

A ello se suma el impacto psicológico acumulado, que puede afectar su confianza, su autoestima y su capacidad de adaptación en nuevos entornos.

En muchos casos, las víctimas experimentan temor a vivir una situación similar, lo que las lleva a evitar roles de liderazgo, negociar a la baja sus condiciones laborales o aceptar empleos por debajo de su cualificación.

Esta huella profesional y emocional limita gravemente sus posibilidades de recuperación y crecimiento.

1.35. ¿Qué desafíos jurídicos existen para reconocer el nexo causal entre el daño psicológico y las condiciones laborales?

Uno de los principales desafíos jurídicos para el reconocimiento del acoso laboral es la prueba del nexo causal entre el daño psicológico y las condiciones laborales.

A diferencia de un accidente laboral visible o de una agresión física evidente, el acoso suele operar de forma encubierta, prolongada y mediante acciones sutiles.

A esto se suma que muchas veces las prácticas que lo generan (como el acoso, el hostigamiento, la exclusión o la denegación de oportunidades) son sutiles, progresivas o encubiertas, lo que complica su documentación y análisis probatorio.

Las pruebas directas son escasas y las organizaciones muchas veces niegan los hechos o los minimizan.

En este sentido, La argumentación sobre la inversión de la carga de la prueba que efectúa la reiterada Sala 4.ª del TS en la sentencia de 20 de enero de 2009 haciendo referencia a la doctrina constitucional sobre la materia.

Afirma esta sentencia que: «Para que opere el desplazamiento al empresario del onus probandi no basta simplemente con que el trabajador afirme su carácter discriminatorio (STC 266/1993, de 20 de septiembre FJ 2.º), sino que ha de acreditar la existencia de indicio que "debe permitir deducir la posibilidad de que aquélla se haya producido" (SSTC 114/1989, de 22 de junio FJ 5.º; 85/1995, de 6 de junio, FJ 4.º; 144/2005, de 6 de junio, FJ 3.º; y 171/2005, de 20 de junio, FJ 3.º), que genere una razonable sospecha, apariencia o presunción en favor de semejante afirmación; es necesario que por parte del actor se aporte una "prueba verosímil" (STC 207/2001, de 22 de octubre o "principio de prueba" revelador de la existencia de un panorama discriminatorio general o de hechos de los que surja la sospecha vehemente de una discriminación, sin que sea suficiente la mera afirmación de la discriminación.

Concluyendo, que: «la ausencia de prueba trasciende de este modo el ámbito puramente procesal y determina, que los indicios aportados por el demandante desplieguen toda su operatividad para declarar la lesión del propio derecho fundamental (SSTC 197/1990, de 29 de noviembre, FJ 4.º; 136/1996, de 23 de julio 326/2005, de 12 de diciembre, FJ 6.º; 138/2006, de 8 de mayo, FJ 5.º; y 168/2006, de 5 de junio, FJ 4.º)».

Además, la víctima puede no contar con testigos dispuestos a declarar por miedo a represalias, a que le suceda lo mismo, a ser excluido.

En contextos de acoso laboral o violencia organizacional, esto implica reconstruir una cadena de hechos que evidencie no solo la existencia del daño, sino la responsabilidad del agresor, del empleador o del entorno laboral en su producción.

En los últimos años, la jurisprudencia ha comenzado a avanzar en el reconocimiento de estas formas de daño, incorporando criterios que valoran la sistematicidad de las prácticas, su intencionalidad o su efecto acumulativo sobre la víctima, incluso cuando no existe una sola conducta "grave" o directamente violenta.

En este sentido, algunos tribunales han reconocido que, cuando se vulneran derechos fundamentales como la dignidad[103], la igualdad, la salud, el respeto a la identidad profesional o la estabilidad emocional del trabajador, el daño psicológico derivado puede y debe ser reparado.

Estos avances han permitido considerar el acoso laboral como un factor causal suficiente para establecer responsabilidad civil o laboral del emplea-

---

[103] El Tribunal Constitucional ha dictado numerosas sentencias en las que" se acoge el acoso y se califica la conducta como infracción del derecho fundamental a la dignidad personal" (SSTC 224/1999, 74/2007, 250/2007), también la sentencia 56/2019, de 6 de mayo41. El Tribunal Supremo ha fallado en idéntico sentido en sus SSTS 03/07/01, AS 7799/2001, 17/05/06, rec.4372/2004 y concordantes.

dor, especialmente cuando este tolera, encubre o no actúa ante situaciones de hostigamiento o maltrato.

Otro aspecto importante es el valor de la prueba pericial psicológica o psiquiátrica, que muchas veces resulta clave para establecer el vínculo entre el contexto laboral y el estado emocional del trabajador.

No obstante, su eficacia depende de que los jueces valoren no solo el diagnóstico, sino también el relato contextual, los informes médicos, los testimonios y los indicios indirectos que dan cuenta del clima laboral y de la conducta organizacional.

El principal desafío jurídico es romper con la invisibilidad del daño psíquico en el ámbito laboral, lo que requiere una mirada integral que combine el enfoque jurídico con el psicosocial.

La tendencia jurisprudencial a reconocer estos daños como parte de la responsabilidad del empleador (cuando se comprueba una conducta lesiva sistemática) marca un cambio necesario hacia una mayor protección de la salud mental en el trabajo, y hacia el reconocimiento pleno de que la violencia laboral no solo deja marcas en el cuerpo, sino también, y a veces más profundamente, en la mente.

1.36. La prueba de que el daño psíquico se origina en el trabajo

En el ámbito judicial, demostrar que el daño psíquico (como una depresión o trastorno de ansiedad) se origina en el trabajo exige:

1.36.1. Los peritajes médicos especializados

Los peritajes médicos especializados cuales cumplen un rol fundamental para establecer el nexo causal entre el estado de salud mental del trabajador y las condiciones laborales a las que fue sometido. Estos peritajes, generalmente realizados por profesionales en psicología o psiquiatría forense, aportan una evaluación técnica objetiva que permite al juez valorar si existe correspondencia entre el daño sufrido y el contexto denunciado.

Los peritos deben no solo describir el cuadro clínico, sino también evaluar si ese estado emocional se corresponde con un contexto de acoso laboral o violencia organizacional.

Esta compatibilidad es clave, ya que el juez no necesariamente exige una "certeza absoluta" sobre el origen del daño, sino un grado suficiente de probabilidad técnica que permita inferir que el entorno laboral ha sido determinante o al menos coadyuvante en la afectación psicológica.

Además, la prueba pericial suele complementarse con otros elementos, como:

- Historias clínicas o certificados de tratamiento psicológico/psiquiátrico.

- En el caso de que se atrevan a declarar lo cual no es fácil teniendo en cuenta el clima de hostilidad creado por quienes agreden hacia la víctima o la existencia de una cultura del silencio en la organización o en el centro donde se den, algún testimonios de compañeros de trabajo que puedan confirmar el entorno hostil hacia la víctima.

- Documentación de denuncias internas, correos electrónicos, comunicaciones o evaluaciones que puedan evidenciar maltrato o discriminación.

- Ausencias reiteradas por enfermedad, bajas médicas ocasionadas por el hostigamiento creado por los agresores, cambios bruscos de rendimiento, entre otros indicios.

Pese a su relevancia, no siempre los jueces otorgan a los peritajes psíquicos el mismo valor que a las pruebas médicas físicas, lo que refleja una persistente subestimación del daño emocional en el ámbito laboral.

Sin embargo, como se reflexionaba anteriormente, la jurisprudencia más reciente ha empezado a reconocer la validez y la gravedad del daño psíquico, especialmente cuando este afecta derechos fundamentales como la dignidad[104], la integridad y la salud.

1.36.2. El daño psíquico es el efecto central y más destructivo del acoso laboral o de condiciones de trabajo crónicamente hostiles

Hoy, los tribunales han comenzado a incorporar una mirada más amplia, entendiendo que el daño psíquico no es solo una consecuencia colateral, sino en muchos casos el efecto central y más destructivo del acoso laboral o de condiciones de trabajo crónicamente hostiles.

---

104 El Tribunal Constitucional ha dictado numerosas sentencias en las que" se acoge el acoso y se califica la conducta como infracción del derecho fundamental a la dignidad personal" (SSTC 224/1999, 74/2007, 250/2007), también la sentencia 56/2019, de 6 de mayo41. El Tribunal Supremo ha fallado en idéntico sentido en sus SSTS 03/07/01, AS 7799/2001, 17/05/06, rec.4372/2004 y concordantes.

Así, se reconoce que el maltrato sostenido, la exclusión, el descrédito, el aislamiento o la denegación sistemática de oportunidades pueden provocar consecuencias psíquicas graves, comparables a las generadas por cualquier otro tipo de violencia.

Este reconocimiento se traduce en sentencias que:

- Aceptan peritajes psicológicos o psiquiátricos como prueba válida del daño sufrido.

- Valoran el contexto laboral como parte determinante de la afectación emocional, aun cuando no exista una única conducta grave, sino un conjunto de acciones sutiles pero persistentes.

- Condenan al empleador a indemnizar por daño moral o psicológico, tanto por acción como por omisión (es decir, por no prevenir ni actuar frente al acoso).

- Afirman el derecho del trabajador a un entorno laboral saludable, en el que no se vea vulnerada su integridad emocional ni su estabilidad psíquica.

En muchos de estos fallos, los jueces hacen referencia directa a principios constitucionales y normativas internacionales (como los convenios de la OIT o tratados sobre derechos humanos) para sostener que la dignidad en el trabajo es un derecho exigible, cuya violación debe ser reparada integralmente.

Este cambio de enfoque también refleja una mayor sensibilidad social e institucional hacia la salud mental como dimensión esencial de la vida laboral.

Cada vez es más común que las decisiones judiciales reconozcan el profundo impacto que tiene el daño psíquico en la vida personal, familiar y profesional de la víctima[105], así como la dificultad de superar sus consecuencias si no existe una reparación justa.

---

[105] Piñuel, I. *Los 10 tipos de víctimas de un psicópata organizacional* en https://www.acosopsicologico.com/victimas-mobbing/.
Otros casos son – *Los que no son "políticamente correctos" respecto a aquellos temas, valores, o situaciones que son "tabú" en la organización: Denuncian la corrupción, el desvío, la malversación de caudales de sus destinos legales o justos, materias en las que los psicópatas destacan espectacularmente. No se dejan comprometer con prebendas, dinero, puestos, ascensos, a cambio de "ser un buen chico y callar". Son estos trabajadores los que le resultan más duros al psicópata pues a diferencia de otros muchos que "tienen su precio", no se pueden corromper mediante dinero, ni cargos o promociones. –Los que disienten de la opinión*

De este modo, la evolución jurisprudencial muestra una tendencia positiva hacia el reconocimiento del sufrimiento psíquico como un daño real, grave y jurídicamente resarcible, lo cual representa un avance clave en la protección de los derechos de los trabajadores frente a la violencia laboral en todas sus formas.

Aunque la prueba del daño psíquico y su vínculo con el trabajo es compleja, los peritajes médicos especializados constituyen una herramienta clave para visibilizar el sufrimiento causado por el acoso o las condiciones laborales tóxicas.

El desafío es lograr de forma más amplia que el sistema judicial comprenda que la salud mental es tan vulnerable y jurídicamente protegible como la física, y que su afectación no puede ser ignorada ni relativizada cuando ha sido provocada por prácticas laborales abusivas, sistemáticas o negligentes.

1.36.3. Una reconstrucción precisa de los hechos.

Se exige una reconstrucción precisa, detallada y contextualizada de los hechos. Esta reconstrucción es esencial no solo para establecer el nexo causal entre el daño y las condiciones laborales, sino también para darle al tribunal una visión clara de la sistematicidad, persistencia e intencionalidad de las conductas que afectaron la salud mental del trabajador.

A diferencia de otros tipos de daño, el daño psíquico no suele tener una causa única o un momento puntual de agresión. Por el contrario, suele construirse lentamente, a través de una sucesión de actos que, al repetirse en el tiempo, generan un deterioro emocional profundo.

En el contexto laboral, se construye de forma progresiva y silenciosa, a través de una sucesión de actos sutiles, indirectos o aparentemente in-

---

oficial o el pensamiento único que lleva a ocultar algunos hechos o a camuflarlos mediante la distorsión de la comunicación. –Los que denuncian las situaciones indignas o injustas para otros. Suelen resultar molestas conciencias críticas de las actuaciones del psicópata. En especial cuando el psicópata abusa verbal o psicológicamente de otros trabajadores, o vive de manera parasitaria del trabajo de sus "esclavos laborales", le resulta muy molesto encontrar en frente a quien denuncie esas prácticas. – Los que no quieren o desean pertenecer a grupos o clanes, facciones o sistemas clientelares de apadrinamiento interno. De este modo son inasequibles a la compra o la promesa del psicópata. Estos profesionales independientes son observados como especialmente vulnerables por no pertenecer a ningún grupo de poder formal o informal dentro de la organización. El fracaso en el intento de apadrinar mafiosamente a estos profesionales por parte del psicópata los termina convirtiendo en objetivos a batir".(ver más detalladamente en la página web aportada/

significantes, que por sí solos podrían parecer inofensivos, pero que, en su conjunto, y al repetirse de manera sistemática, producen un deterioro emocional profundo.

Este tipo de violencia encubierta (la falta de visualización, el aislamiento, la sobrecarga o vaciamiento de tareas, las críticas injustificadas o los gestos de desprecio) va debilitando lentamente la estabilidad emocional del trabajador, erosionando su confianza, su autoestima y su percepción de valor dentro del entorno laboral.

A diferencia de la violencia física o verbal explícita, el daño psíquico derivado del acoso o de condiciones laborales hostiles opera en el plano de lo subjetivo.

Sus huellas no son visibles de inmediato, pero sus efectos pueden ser devastadores: insomnio, ansiedad crónica, trastornos depresivos, ataques de pánico, desconexión afectiva o pérdida del sentido de propósito en el trabajo, depresión profunda, intentos de suicidio.

Además, su carácter acumulativo lo hace aún más difícil de detectar a tiempo, tanto por parte de la víctima como del entorno, ya que el malestar se instala gradualmente hasta volverse parte de lo cotidiano.

1.36.4. Las microagresiones de la violencia laboral.

La violencia laboral se presenta como una serie de microagresiones que, al no ser detenidas a tiempo, terminan minando la salud mental del trabajador de forma irreversible.

Este tipo de daño se agrava cuando la persona comienza a naturalizar el maltrato. Este proceso de desgaste psicológico es precisamente lo que hace tan difícil la identificación del momento exacto en que comienza el daño, y por eso la reconstrucción detallada y contextualizada de los hechos es clave en los procedimientos judiciales o administrativos que buscan acreditar la existencia de acoso laboral.

En el ámbito jurídico, esta característica del daño psíquico exige una mirada compleja y cuidadosa, que entienda que la violencia laboral no siempre se presenta como un acto único y evidente, sino como una serie de microagresiones que, al no ser detenidas a tiempo, terminan minando la salud mental del trabajador de forma irreversible.

Reconocer esta forma de construcción progresiva del daño es esencial para que los sistemas de justicia y las organizaciones puedan actuar con responsabilidad, sensibilidad y eficacia frente a los casos de violencia laboral.

Por eso, en sede judicial es necesario contextualizar el origen del malestar en el marco de la relación laboral, no basta con presentar un diagnóstico clínico que acredite la existencia de un daño psíquico (como un cuadro de depresión, ansiedad, estrés postraumático u otro trastorno de origen emocional)

Aunque este diagnóstico es un elemento principal, necesario y clave.

1.36.5. Contextualizar el origen del acoso

Para que el tribunal pueda valorar el daño, como se acaba de hacer referencia, como consecuencia directa de una situación de acoso, violencia o condiciones laborales hostiles, es imprescindible contextualizar el origen del acoso en el marco de la relación laboral.

Esto implica construir una narrativa coherente, cronológica y respaldada por elementos probatorios, que muestre cómo el malestar emocional no surge de factores externos o personales, sino que es consecuencia de dinámicas laborales adversas, persistentes y dañinas.

La clave está en evidenciar que el trabajo no fue simplemente un espacio donde se manifestó el síntoma, sino el factor desencadenante y sostenedor del deterioro psicológico.

Además del informe pericial o psicológico, se valoran otros elementos que ayuden a contextualizar el daño: comunicaciones internas, correos electrónicos, testimonios de colegas, actas de reuniones, antecedentes disciplinarios pretendidos o infundados, solicitudes de ayuda no atendidas, partes médicos, bajas médicas por salud mental o por otras dolencias que se han somatizado[106] fruto del hostigamiento reiterado y cruel de los agresores, entre otros.

Este enfoque responde a un principio que cada vez está más presente en la jurisprudencia: el daño no se explica sólo por el estado clínico, sino también por las condiciones en que ese estado se produjo.

Por tanto, en los litigios por acoso o violencia laboral, contextualizar el diagnóstico en el marco de una relación laboral tóxica o abusiva no solo fortalece la prueba, sino que también permite dimensionar el daño de forma integral, incorporando su dimensión humana, profesional y emocional.

---

[106] *El sufrimiento psicológico puede manifestarse en síntomas físicos, como tos persistente o dificultad respiratoria sin causa orgánica clara.* Ochoa Díaz, César Eduardo, Hernández Ramos, Eduardo, Guamán Chacha, Kleber, & Pérez Teruel, Karina. (2021). El acoso laboral. *Revista Universidad y Sociedad, 13*(2), 113-118.

Esta contextualización debe demostrar, por ejemplo:

- La existencia de conductas sistemáticas de hostigamiento, exclusión, discriminación o maltrato.

- La descripción cronológica y concreta de los hechos: qué ocurrió, cuándo, cómo, con qué frecuencia, quiénes estaban presentes, y qué impacto tuvo en la víctima.

- Las relaciones jerárquicas o de poder implicadas en el caso, o la relación de carácter horizontal, junto a las verticales, que también puede dar lugar a estas agresiones continuas, así como cualquier cambio significativo en las condiciones de trabajo (aislamiento, retiro de funciones, cambios de tareas, etc.).

- Las reacciones y conductas de la víctima, como la búsqueda de ayuda médicas, bajas médicas por enfermedad, o los intentos de denunciar lo sucedido internamente o las denuncias no atendidas o archivadas sin examinar todos los actos de hostigamiento que se denuncian.

- Los cambios en el entorno laboral que hayan tenido un impacto emocional claro (como aislamiento, difamaciones, determinadas agresiones contra la víctima, etc.).

- El efecto progresivo de dichas prácticas sobre la salud mental del trabajador.

- La ausencia de intervención seria o la falta de medidas correctivas por parte de la organización así como cuando esta no responde a las llamadas de auxilio de la víctima, solicitando su ayuda para que el acoso cesara.

- Testimonios de terceros que puedan dar cuenta del clima laboral o del trato recibido por la víctima, algo que no es sencillo de conseguir.

- Atendiendo al clima que se instaura en la organización cuando los agresores intentan que vayan todos a por la víctima, creando campañas de difamación (los gang a que alude el Prof. Piñuel).

- Incluso involucrando en el acoso al mayor número de personas de la organización para que de esta manera, de forma irremediable se posicionen en contra de la víctima.

- La documentación adicional, como correos electrónicos, evaluaciones de desempeño previas y posteriores, denuncias internas, informes médicos, partes de baja laboral, etc.

1.36.6. La validez del peritaje psicológico o psiquiátrico junto a la contextualización del daño creado a la víctima por los agresores

Esta narrativa probatoria no solo refuerza la validez del peritaje psicológico o psiquiátrico, sino que permite demostrar la existencia de una dinámica laboral lesiva, más allá de hechos aislados.

En este sentido, los tribunales que han fallado favorablemente en este tipo de casos de hostigamiento y acoso han valorado especialmente

- la coherencia entre el relato de la víctima,

- los antecedentes laborales y

- el diagnóstico médico, incluso cuando no hay pruebas directas del acoso (como grabaciones).

La reconstrucción precisa de los hechos es el puente que une el daño psíquico con su causa laboral, permitiendo al juez comprender que es una consecuencia directa de un entorno laboral tóxico o abusivo (aunque los agresores pretendan hacer ver que es un problema personal del trabajador).

Es una tarea exigente, pero fundamental para lograr justicia en los casos de violencia laboral y garantizar una verdadera reparación del daño.

La jurisprudencia, ha comenzado a incorporar criterios que reconocen la sistematicidad, el impacto y la intencionalidad de estas prácticas, especialmente cuando se vulneran derechos fundamentales como la dignidad, la igualdad y la salud del trabajador.

Este proceso es largo, costoso y revictimiza a la víctima, sin duda. Hay que tenerlo en cuenta.

1.36.7. ¿Qué papel juega la prueba de la sistematicidad en los procesos judiciales por acoso laboral? El patrón de conductas repetidas y persistentes en el tiempo. Flexibilización jurisprudencial. El ajuste de los estándares de prueba a las particularidades de este tipo de violencia laboral

La sistematicidad no solo es central para acreditar el acoso laboral, sino que permite al juez identificar una estructura de violencia sostenida, en la que el daño psíquico, emocional o profesional no es casual ni accidental, sino producto de una acción u omisión organizada que vulnera los derechos fundamentales del trabajador.

La prueba de la sistematicidad es uno de los elementos clave en los procesos judiciales por acoso laboral, ya que permite diferenciar un episodio aislado de un patrón de violencia reiterada, un patrón de conductas repetidas y persistentes en el tiempo, lo cual es el criterio esencial para configurar jurídicamente el mobbing.

En el marco del proceso, la víctima debe demostrar que las conductas hostiles no fueron casuales ni esporádicas, sino que se repitieron a lo largo del tiempo con un efecto acumulativo.

Por eso se recomienda a los trabajadores acosados llevar un registro detallado de los hechos, fechas, actores y consecuencias, a pesar de que muchas de estas conductas son sutiles o difíciles de registrar o el trabajador no está acostumbrado a realizar estas acciones que son tan importantes para demostrar el daño que se le ha ocasionado.

Por tanto,

- La acreditación de la reiteración y

- La progresividad de las conductas inicialmente

Son elementos decisivos, fundamentales para lograr el reconocimiento legal del acoso y acceder a las correspondientes reparaciones.

Esta sistematicidad se puede acreditar mediante pruebas documentales (correos electrónicos, evaluaciones, informes), informes médicos, peritajes psicológicos y cualquier otro elemento que demuestre una continuidad y una intencionalidad o efecto lesivo.

El acoso laboral, en su definición jurídica y doctrinal, requiere inicialmente la existencia de una conducta reiterada, prolongada y con una intencionalidad de hostigamiento, exclusión o desestabilización de la víctima.

Por ello, demostrar la sistematicidad de los hechos es importante: no basta con probar que hubo maltrato, sino que ese maltrato fue constante, deliberado y orientado a causar daño psicológico, profesional o social.

Para probar la sistematicidad, los tribunales suelen valorar:

- La frecuencia y duración de las conductas abusivas, que deben mantenerse a lo largo del tiempo.

- La coherencia en el relato de la víctima, que permita reconstruir cronológicamente los hechos.

- Testimonios coincidentes de personas del entorno laboral que hayan presenciado o conocido la dinámica lo cual no es sencillo debido a una cultura de silencio que protege a los agresores, al clima de temor, de miedo, o de "yo no quiero saber nada," existente en la organización o también debido a que nadie quiere meterse en problemas y si declara en un sentido u otro considera que podrá tenerlos, incluso hay casos en que esas personas que van a declarar son avisadas ya sea por los agresores o por la organización de que pueden correr el mismo destino.

- Evidencia documental, como correos electrónicos, mensajes, informes, evaluaciones injustificadamente negativas, sanciones reiteradas sin causa o cambios repentinos de funciones.

- Informes médicos psicológicos, psiquiátricos.

- Informes psicológicos y psiquiátricos que reflejen el impacto acumulativo en la salud del trabajador.

Se toma en cuenta si las conductas tienen una finalidad directa o indirecta de excluir, aislar, desacreditar, castigar o forzar la renuncia del trabajador, lo cual constituye un criterio clave en la configuración del mobbing.

La sistematicidad permite, además, diferenciar el acoso laboral de otras figuras, como el conflicto interpersonal, el estrés laboral o una mala gestión del liderazgo. Solo cuando las conductas forman parte de una dinámica organizada o consentida de violencia psicológica continuada, se puede hablar de acoso laboral en sentido jurídico.

A pesar de que muchas de estas conductas son sutiles o difíciles de registrar, los tribunales tienden a valorar el contexto general, la frecuencia, la duración y el impacto en la víctima.

La jurisprudencia ha comenzado a flexibilizar la valoración de la prueba de la sistematicidad en los casos de acoso laboral, reconociendo una realidad clave: muchas veces, la víctima no dispone de pruebas directas y concluyentes -como grabaciones, correos electrónicos incriminatorios o testimonios explícitos- que permitan demostrar la sistematicidad de las conductas hostiles sufridas y que la sistematicidad puede demostrarse a través de indicios, patrones de conducta y análisis del contexto, no necesariamente con documentos o testimonios explícitos.

Esta limitación probatoria no es menor ni casual: responde a la naturaleza misma del acoso laboral, que suele ejercerse de forma sutil, progresiva y encubierta, especialmente cuando es perpetrado desde posiciones jerárquicas o institucionales de poder.

Ante este escenario, los tribunales han empezado a adoptar un enfoque más comprensivo y realista, permitiendo que la sistematicidad se acredite mediante indicios, análisis del entorno, patrones de conducta reiterados y la coherencia interna del relato de la víctima.

Este cambio jurisprudencial implica que ya no se exige una prueba documental de cada hecho aislado, sino que se valora el conjunto del caso desde una perspectiva integral y contextualizada.

Entre los elementos que los jueces suelen considerar bajo esta lógica flexible se encuentran:

- La verosimilitud del testimonio de la víctima, especialmente si está respaldado por documentación médica o psicológica.

- La existencia de una degradación progresiva de las condiciones laborales, como cambios abruptos de tareas, aislamiento, exclusión de reuniones, retiro de funciones o evaluaciones negativas sin fundamento y que incluso acaben, debido al hostigamiento continuo, en bajas médicas reiteradas.

- El impacto demostrado en la salud psíquica del trabajador, vinculado temporal y causalmente con la situación laboral.

- Ausencia de motivación objetiva para las medidas adoptadas contra el trabajador, lo que refuerza la hipótesis de una conducta hostil intencionada.

- El entorno organizacional, especialmente si existen antecedentes similares o una cultura permisiva frente al maltrato.

Este enfoque flexible no implica renunciar al principio de legalidad ni a las garantías procesales, sino ajustar los estándares de prueba a las particularidades de este tipo de violencia laboral, que, por su carácter psicológico y progresivo, raramente deja pruebas directas y fácilmente demostrables.

Se trata de adecuar ajustar los estándares de prueba a las particularidades específicas de este tipo de violencia laboral, que por su naturaleza psicológica, progresiva y muchas veces sutil, raramente deja pruebas directas, documentales o testimoniales fácilmente demostrables.

El acoso laboral, especialmente en sus formas más encubiertas, opera a través de prácticas repetidas que degradan lenta y silenciosamente la integridad emocional y profesional del trabajador.

Son acciones u omisiones que, en su conjunto y por su reiteración, provocan un deterioro real en la salud mental y la trayectoria profesional de la persona afectada.

En este contexto, exigir una prueba directa y contundente como condición excluyente para acreditar el acoso sería desconocer la propia lógica con la que opera este tipo de violencia.

Por ello, la jurisprudencia ha evolucionado hacia un modelo probatorio más contextual, en el que se valoran de manera articulada:

- Los indicios racionales y verosímiles, como la evolución del estado de salud del trabajador, el relato coherente y sostenido en el tiempo, o las inconsistencias en las justificaciones del empleador o los agresores.

- El análisis del entorno y del clima laboral, incluyendo antecedentes de conflictos similares o prácticas organizacionales reiteradas.

- La compatibilidad entre los síntomas clínicos y las condiciones laborales denunciadas, lo que permite inferir una relación causal.

Este tipo de valoración probatoria no reduce las exigencias del proceso judicial, sino que las adapta a una realidad que exige sensibilidad jurídica, perspectiva de derechos humanos y comprensión de los mecanismos sutiles de la violencia psicosocial.

Es una forma de hacer efectivo el acceso a la justicia para quienes, por la propia dinámica del daño sufrido, se encuentran en situación de vulnerabilidad frente al sistema probatorio tradicional.

Este avance representa no solo una mayor protección a los trabajadores, sino también una consolidación de un paradigma jurídico que reconoce que la salud mental, la dignidad y el trato justo son derechos fundamentales que deben ser protegidos con igual rigurosidad que cualquier otro bien jurídico.

Esta evolución de la jurisprudencia representa un avance en la protección real y efectiva de los derechos del trabajador, ya que permite juzgar el acoso laboral no solo por lo visible, sino por lo acumulativo, lo persistente y lo implícito, reconociendo que muchas veces el mayor daño se produce precisamente en aquello que no se grita, pero que se repite hasta quebrar la salud y la dignidad de la persona.

1.36.8. ¿Qué establece la jurisprudencia (por ejemplo, STS 325/2013, de 18 de abril) respecto al trato degradante y su vínculo con la integridad moral del trabajador?

La Sentencia del Tribunal Supremo (STS) 325/2013, de 18 de abril, constituye un referente clave en la jurisprudencia española en materia de acoso laboral y su vínculo con la integridad moral del trabajador.

En dicha resolución, el Tribunal Supremo establece que el trato degradante en el entorno de trabajo no solo puede ser constitutivo de un incumplimiento contractual o de una infracción administrativa o laboral, sino que también puede vulnerar derechos fundamentales, particularmente el derecho a la integridad moral, protegido por el artículo 15 de la Constitución Española.

Las aportaciones de la STS 325/2013:

a). El reconocimiento del trato degradante como forma de violencia psicosocial.

El Tribunal considera que ciertas conductas reiteradas en el entorno laboral (como el aislamiento, el desprecio, el trato humillante o el desprestigio constante) pueden constituir un trato degradante incompatible con la dignidad humana.

b). La vulneración de la integridad moral.

Se afirma que el acoso psicológico sostenido vulnera el derecho a la integridad moral del trabajador, en tanto afecta su equilibrio emocional, su autoestima y su estabilidad psíquica. Esta vulneración no requiere la existencia de violencia física, bastando con la presencia de una presión psicológica constante que suponga un sufrimiento innecesario y grave.

c). No se exige intención expresa de dañar.

La Sentencia aclara que no es necesario probar una intención subjetiva del empleador o del agresor de causar daño, sino que basta con que objetivamente el comportamiento tenga carácter vejatorio y atente contra la dignidad del trabajador.

d). La responsabilidad del empleador.

Incluso si el acoso ha sido ejercido por un compañero de trabajo o superior jerárquico, la empresa puede ser considerada responsable si no ha actuado con diligencia para prevenir, investigar o cesar esas conductas, dado que tiene el deber de garantizar un entorno laboral seguro y respetuoso.

e). La protección reforzada del trabajador.

Al reconocerse la afectación a un derecho fundamental, se aplican las garantías propias de este tipo de derechos, como la inversión de la carga de la prueba (cuando se acredita una apariencia razonable de violación) y la posibilidad de obtener una indemnización por daño moral, además de otras medidas reparatorias.

La jurisprudencia consolidada a partir de la STS 325/2013 ha sido fundamental para avanzar en el reconocimiento del acoso laboral como una forma de violencia que trasciende el conflicto interno y se convierte en una vulneración constitucional, específicamente del derecho a la integridad moral.

Este fallo ha reforzado el marco de protección para los trabajadores, sentando las bases para que los tribunales interpreten el trato degradante no como un exceso tolerable en las relaciones laborales, sino como una conducta ilícita, lesiva y jurídicamente sancionable.

1.37. ¿Qué es el acoso institucional, también llamado estratégico.?

Ya visto, opera como una forma de violencia estructural organizada y encubierta. No se trata de un conflicto entre personas, sino de una táctica planificada desde la propia organización, que utiliza el acoso como herramienta de gestión para provocar la renuncia de un trabajador sin necesidad de incurrir en un despido formal.

Esta estrategia tiene como objetivo reducir los costes laborales, evitar indemnizaciones y eliminar a personas consideradas incómodas, críticas o prescindibles, sin asumir la responsabilidad legal de un despido.

Para ello, se recurre a una combinación de medidas que degradan progresivamente la posición de la víctima: se le reubica de forma arbitraria, se la excluye de reuniones o proyectos relevantes, se la somete a evaluaciones injustas o se le bloquean las oportunidades de desarrollo profesional. Todo esto se realiza bajo una aparente legalidad o normalidad, dificultando la prueba del hostigamiento.

La intención no es castigar directamente, sino desgastar psicológicamente al trabajador para que renuncie "por su cuenta". Este tipo de acoso es particularmente grave porque implica un abuso del poder institucional y una vulneración directa del principio de buena fe contractual.

Su invisibilidad y sofisticación lo hacen más difícil de identificar y sancionar, pero sus efectos sobre la salud mental y la trayectoria profesional del trabajador son devastadores.

El acoso institucional o estratégico se manifiesta como una forma de violencia estructural planificada desde dentro de la propia organización, con el objetivo deliberado de provocar la salida del trabajador sin recurrir al despido formal.

No se trata de una agresión directa o de un conflicto interpersonal, sino de una serie de medidas sistemáticas, sutiles o encubiertas, que deterioran paulatinamente las condiciones laborales de la víctima hasta volver su permanencia insostenible.

El acoso institucional se distingue por su carácter frío, impersonal y burocrático: no hay gritos ni insultos, pero sí decisiones aparentemente formales que, en conjunto, apuntan a la desmotivación, el descrédito y el abandono voluntario del trabajador.

Su objetivo es claro: lograr que la víctima renuncie por su cuenta, evitando así el pago de indemnizaciones y responsabilidades legales.

Señala Castillo que "el apoyo jerárquico de las instituciones o empresas, donde se permite un uso abusivo y arbitrario del poder, repercute además en el bajo rendimiento de la institución o empresa". En ese sentido, los centros donde se producen este tipo de comportamientos pueden tener unos índices de rendimiento y de calidad muy bajos (comparados con otros donde estas acciones se revisan y corrigen) con inferiores puestos en los rankings de prestigio anuales, reflejo de la forma de proceder[107]"

Este tipo de acoso es especialmente difícil de probar porque está envuelto en una capa de legalidad formal, pero sus efectos sobre la salud mental y profesional de la víctima son devastadores.

Además, el acoso estratégico refleja una cultura organizacional tóxica, en la que se privilegia la eficiencia aparente por sobre los derechos humanos y laborales. En términos sociales, también perpetúa la desigualdad, ya que suele utilizarse contra personas críticas, mujeres en ascenso, personas con diversidad funcional o perfiles que cuestionan el statu quo.

1.38. ¿Qué es la renuncia forzada como consecuencia del acoso laboral como una de las expresiones más graves de violencia en el entorno de trabajo?

Ya que encierra una contradicción jurídica y emocional: el trabajador firma su desvinculación voluntaria cuando, en realidad, se ve empujado a hacerlo como única salida viable ante un entorno insostenible.

Esta forma de renuncia, lejos de ser libre, está condicionada por una acumulación de hostilidades, maltratos, injusticias, sobrecarga de tareas,

---

107 Castillo Ramírez, S. (2004). Acoso moral y sus repercusiones médico-legales. *Medicina Legal de Costa Rica, 21*(1).

exclusión o vigilancia constante, que deterioran tanto la salud como la dignidad de la persona afectada, evaluaciones injustas, exclusión de procesos de decisión, la falta de visibilidad en reuniones o negación de acceso a ascensos.

Además, la psiquiatra francesa Hirigoyen[108] hace referencia a que *"El acoso moral actúa como un veneno silencioso que destruye la identidad de la víctima, la obliga a dudar de sí misma, la aísla y la enferma; es una violencia invisible que produce daños psíquicos duraderos[109]."*

Las consecuencias de esta situación son múltiples y devastadoras.

- En primer lugar, la persona queda fuera del empleo sin derecho a indemnización ni prestaciones por despido, lo que implica una pérdida económica directa.

- En segundo lugar, su trayectoria laboral se ve interrumpida abruptamente, lo que puede generar vacíos difíciles de explicar ante futuros empleadores, además de dañar su reputación profesional.

- A nivel emocional, esta salida forzada deja una profunda huella de frustración, inseguridad y fracaso, pues la víctima suele cargar con una sensación de haber sido derrotada o silenciada.

- Desde una perspectiva jurídica, la renuncia forzada puede ser reclamada como despido indirecto si se demuestra que el entorno laboral era tan lesivo que la permanencia resultaba inviable, pero esta vía requiere una prueba sólida y muchas veces es difícil de emprender para una persona ya debilitada emocionalmente.

La renuncia forzada no es un simple acto administrativo, sino el desenlace de un proceso de exclusión encubierta que desplaza el coste del conflicto hacia la víctima y deja impune al agresor.

Señala Castillo que "El acoso moral o psico terror laboral es una de las patologías que más daños producen a las personas trabajadoras así como al rendimiento de las instituciones, que permiten este tipo de estrategias de abuso de poder y de manipulaciones perversas por parte de jefes disfuncionales que son profesionales mediocres e incapaces laboralmente, contra

---

[108] Hirigoyen, M. F. (2001). *El acoso moral en el trabajo: distinguir lo verdadero de lo falso.* Barcelona: Paidós.

[109] Hirigoyen, M. F. (2001). *El acoso moral en el trabajo: distinguir lo verdadero de lo falso.* Barcelona: Paidós.

trabajadores brillantes que son excelentes profesionales y que con su capacidad laboral evidencian la mediocridad de esas jefaturas acosadoras".[110]

1.39. ¿Es el entorno organizacional facilitador del acoso cuando existen estructuras jerárquicas rígidas, culturas de silencio, ausencia de protocolos de prevención o gestión de conflictos o mal llevados o ignorados, y tolerancia institucional al maltrato?

La falta de formación sobre violencia laboral, la negligencia ante las primeras señales de acoso y la normalización de conductas hostiles crean un ecosistema propenso al mobbing.

Además, cuando los acosadores ocupan puestos de poder, es frecuente que la organización los proteja por interés funcional o por temor, perpetuando el abuso. En esos casos, el acoso no es solo una acción individual, sino una expresión de violencia estructural.

Existen varios factores organizacionales que crean un caldo de cultivo propicio para que se desarrolle y mantenga el acoso laboral. Entre ellos, destacan:

- La ausencia de políticas claras de prevención,

- Una cultura de silencio o negación del conflicto, o tolerancia al acoso o miedo a los agresores

- Los estilos de liderazgo autoritarios o disfuncionales,

- Las estructuras jerárquicas verticalistas que concentran el poder sin mecanismos de control o rendición de cuentas.

- La falta de canales de denuncia confiables y seguros también contribuye a la impunidad del acosador

Todos ellos son más susceptibles a normalizar el acoso como parte de su funcionamiento interno. Además, el uso arbitrario de las evaluaciones de desempeño, la inestabilidad laboral, la rotación excesiva de personal y la falta de transparencia en los procesos de promoción o sanción generan inseguridad y competencia desleal, que pueden derivar en dinámicas tóxicas.

En ese contexto, el acoso no es una anomalía individual, sino una expresión de disfunción organizacional.

---

[110] Castillo Ramírez, S. (2004). Acoso moral y sus repercusiones medicolegales. *Medicina Legal de Costa Rica, 21* (1).

1.40. ¿Cuál es la responsabilidad de la organización o empresa?

- La responsabilidad institucional directa se configura cuando el empleador o la dirección participa activamente en el acoso, ya sea ejecutando, ordenando o avalando conductas vejatorias.

La responsabilidad indirecta surge cuando, aun sin ser el perpetrador, la empresa permite, consiente o no actúa ante situaciones de acoso, incumpliendo su deber de cuidado, prevención y corrección.

En ambos casos, la organización puede ser jurídicamente responsable por los daños ocasionados.

Las normas internacionales y la jurisprudencia reciente establecen que las empresas tienen una obligación activa de garantizar ambientes de trabajo seguros, inclusivos y respetuosos, y deben implementar políticas claras para prevenir, investigar y sancionar cualquier forma de acoso laboral.

Capítulo II

Las consecuencias sobre la salud física y mental derivados del acoso laboral

2.1. ¿Qué es el estrés crónico y la ansiedad?

2.1.1. ¿Qué es el estrés crónico, porqué se relaciona con el acoso laboral y cómo afecta el estrés crónico al cerebro y al cuerpo?

El estrés crónico es una respuesta persistente del cuerpo y la mente ante una agresión, a un daño que se ocasiona a alguien, a una amenaza constante. Como señala Leymann, "en los últimos años, la existencia de un problema significativo en los lugares de trabajo ha sido documentada en Suecia y otros países. Involucra a empleados "atacando en grupo" a un empleado-objetivo y sometiéndolo(a) a hostigamiento psicológico. Este comportamiento de "acoso psicológico" resulta en graves consecuencias psicológicas y laborales para la víctima"[111].

A este respecto, señala Hirigoyen[112] que "el agresor o agresores evitan el estrés cuando convierte al otro en responsable de todos sus trastornos. Por lo que toca a las víctimas, no tienen escapatoria, puesto que no comprenden el proceso que está teniendo lugar. Ya nada tiene sentido; se dice una cosa y luego lo contrario, y las evidencias se niegan. Las víctimas quedan agotadas". En el contexto del acoso laboral, este estrés es provocado por unos agresores[113] en un entorno hostil y repetidamente amenazante. La persona afectada desarrolla hipervigilancia, insomnio, irritabilidad, dificultad para concentrarse y agotamiento emocional.

La exposición continua impide la recuperación, y el entorno laboral se convierte en un lugar de amenaza, reduciendo la productividad, creatividad y relaciones de confianza.

---

111 Leymann, H. (1990) Mobbing y terror psicológico en los lugares de trabajo, *Violence and Victims, Vol. 5, No. 2,*

112 Hirigoyen, M. F. (1999) *El acoso moral...*cit p 122

113 Así los denomina, en esta monografía la psiquiatra francesa Hirigoyen, M. F. (1999) *El acoso moral...*cit

Es un estado de activación fisiológica y psicológica prolongada, resultado de la exposición continua a factores estresantes que el individuo percibe como incontrolables o ineludibles.

A diferencia del estrés agudo (puntual y adaptativo), el estrés crónico no se resuelve con el tiempo, y desgasta progresivamente los recursos del organismo, afectando la salud física y mental.

Como estas presiones se prolongan durante largos períodos (meses y, a veces, años), la resistencia del organismo se agota y se vuelve incapaz de evitar la emergencia de una ansiedad crónica. Llegados a este punto, las interrupciones neuro hormonales pueden producir desórdenes funcionales y orgánicos...Semejante estrés crónico puede hacer emerger un trastorno ansioso generalizado, con aprensión y anticipación permanentes, rumias ansiosas difíciles de dominar, tensión constante e hipervigilancia...[114]

En el contexto del acoso laboral, este tipo de estrés se instala como una reacción constante frente a un entorno percibido como hostil, amenazante y emocionalmente inseguro. Las formas de acoso pueden incluir humillaciones, desprecio, ninguneo, exclusión social, sobrecarga injusta de trabajo o manipulación psicológica.

Como consecuencia, la víctima entra en un estado de hipervigilancia constante, sintiéndose obligada a estar alerta permanentemente para anticipar posibles ataques o conductas hostiles.

Esto genera una activación prolongada del sistema nervioso simpático y del eje hipotálamo-hipófisis-adrenal (HHA), responsables de la respuesta al estrés, provocando una liberación crónica de cortisol y adrenalina.

La persona puede experimentar síntomas como:

- El insomnio o trastornos del sueño.
- La fatiga física y mental persistente.
- La irritabilidad y sensibilidad emocional elevada.
- Las dificultades de concentración y memoria.
- La sensación constante de amenaza (hiper alerta).
- La somatización (síntomas físicos sin causa médica clara).

Definitivamente, los estudios realizados desde diferentes campos demuestran que el estrés crónico afecta el sistema inmunológico, digestivo,

---

[114] Hirigoyen, M. F. (1999) *El acoso moral...*cit p 122

cardiovascular[115] y neurológico[116], y puede favorecer el desarrollo de enfermedades como hipertensión, trastornos digestivos[117], migrañas, trastornos autoinmunes y depresiones severas.

En el plano psicológico, el lugar de trabajo, que debería ser un espacio de crecimiento, cooperación y seguridad, se transforma en una fuente de trauma y deterioro emocional.

La imposibilidad de recuperarse emocionalmente durante la jornada laboral, ya que la hostilidad es reiterada, lleva a una sobrecarga que puede culminar en el desarrollo de trastornos de ansiedad, depresión, entre otros.

En cuanto a cómo afecta el estrés crónico al cerebro y al cuerpo, el estrés continuo, altera estructuras cerebrales como el hipocampo, amígdala y corteza prefrontal, y sistemas como el cardiovascular, inmunológico, endocrino y digestivo.

La hipersecreción de cortisol provoca problemas de sueño, inmunodeficiencia, enfermedades cardiovasculares y digestivas. Estas alteraciones persisten incluso tras dejar el entorno laboral hostil.

2.1.2. La transformación del espacio laboral en una fuente de trauma emocional

En condiciones saludables, el entorno laboral cumple funciones esenciales en la vida del adulto:

- Proporciona estabilidad económica,
- Fomenta el crecimiento personal y profesional,
- Implica un reconocimiento social y
- Genera un sentido de pertenencia y propósito.

Sin embargo, cuando este espacio se ve contaminado por el acoso laboral, ocurre una inversión total del significado que tiene el trabajo para la

---

115 Karasek, R. A., Russell, R. S., Theorell, T. (1982). Physiology of stress and regeneration in job related cardiovascular illness. *Human Stress, 8,* 29-42.

116 Kostev, K., Rex, J., Waehlert, L., Hog, D., & Heilmaier, C. (2014). Risk of psychiatric and neurological diseases in patients with workplace mobbing experience in Germany: a retrospective database analysis. *GMS German Medical Science,* 12.

117 Remes-Troche, JM y otros. (2008) El papel del abuso físico, psicológico y sexual en los trastornos funcionales digestivos. Un estudio de casos y controles. Revista de gastroenterología de México.

persona. Lo que debería ser fuente de autoestima, validación y seguridad se transforma en:

- Un escenario de hostilidad,

- Un espacio de desconfianza interpersonal,

- Un campo de desgaste emocional constante.

2.1.2.1. *La dificultad, para la víctima, de continuar en el día a día y de recuperarse emocionalmente*

El proceso de recuperación emocional es esencial para preservar la salud mental. Sin embargo, en las víctimas de acoso laboral, esta desconexión resulta sumamente difícil debido a los siguientes factores:

- Hipervigilancia constante: La persona afectada permanece en estado de alerta, anticipando posibles ataques, críticas o gestos de desprecio. Esta tensión continua genera síntomas como ansiedad, insomnio y contracturas musculares.

- Rumiación mental: Al finalizar la jornada, la mente no logra desconectarse. Reproduce una y otra vez situaciones dolorosas, injusticias, conflictos o comentarios humillantes. Esta rumiación impide el verdadero descanso psicológico.

- Sensación de amenaza permanente: La percepción de peligro constante -como el miedo a despidos, represalias o daños a la reputación- bloquea la capacidad de relajarse o disfrutar del tiempo libre.

- Desregulación emocional crónica: La víctima experimenta una inestabilidad emocional persistente, con una mezcla cambiante de tristeza, ira, frustración y culpa, que le impide recuperar el equilibrio interno.

Las consecuencias de esta sobrecarga emocional son variadas y es que cuando no hay espacios para procesar emocionalmente el daño sufrido, ni se ofrecen mecanismos de contención institucional, la sobrecarga acumulada puede evolucionar en distintos trastornos psicológicos.

2.1.2.2. *La importancia de reconocer el acoso como un riesgo psicosocial grave y de la creación de redes de apoyo a las víctimas de acoso*

El acoso laboral es un riesgo psicosocial grave con capacidad de dañar profundamente la salud mental, física y emocional de las personas expuestas.

Su impacto no solo afecta al individuo, sino también a su entorno familiar, social y profesional, generando ausentismo, baja productividad, rotación de personal y climas laborales tóxicos.

Señala Hirigoyen[118] en su obra maestra "aquí no se trata de procesar a los perversos, se defienden bien solos, sino de tener en cuenta su nocividad y su peligrosidad con el fin de que las víctimas o futuras víctimas puedan defenderse mejor. Aun cuando consideremos, que la perversión es un arreglo defensivo (contra la psicosis, o contra la depresión) del perverso, esto no lo excusa en absoluto. Existen manipulaciones anodinas que dejan un rastro de amargura o de vergüenza por el hecho de haber sido engañado, pero también existen manipulaciones mucho más graves que afectan a la misma identidad de la víctima y que son cuestión de vida o muerte. Hay que saber que los perversos son directamente peligrosos para sus víctimas, pero también indirectamente peligrosos para su círculo de relaciones, pues conducen a la gente a perder sus puntos de referencia".

Con este enfoque es fundamental que las organizaciones:

- Identifiquen el acoso como una forma de violencia laboral, que requiere abordaje específico y no debe ser minimizada ni normalizada.

- Implementen protocolos de prevención, detección temprana y actuación, con canales confidenciales y seguros para la denuncia.

- Capaciten a líderes y equipos en temas de salud mental, comunicación no violenta y gestión del conflicto.

- Proporcionen contención emocional y acompañamiento psicológico a las personas afectadas, así como seguimiento institucional del caso.

- Reconocer y actuar frente al acoso laboral como una condición necesaria para construir entornos de trabajo saludables, seguros y sostenibles.

En cuanto a activar redes de apoyo institucional y psicológico: la idea de activar redes de apoyo institucional y psicológico es importante en cualquier estrategia de recuperación y prevención del daño emocional. Crear entornos laborales que realmente promuevan el desarrollo humano.

Frente al impacto profundo que el acoso laboral puede generar, la recuperación no es un proceso individual solamente, sino que requiere del acompañamiento activo de redes de apoyo tanto institucionales como psicológicas.

---

118 Hirigoyen, M. F. (1999) *El acoso moral*...cit p 11.

Estas redes permiten:

- Expresar el sufrimiento vivido, rompiendo el aislamiento y la sensación de culpa que muchas víctimas desarrollan.

- Acceder a orientación profesional, ya sea a través de psicoterapia individual, grupos de apoyo o asesoramiento legal y laboral.

- Fortalecer los recursos personales de afrontamiento, como la autoestima, la regulación emocional y la capacidad de poner límites.

- Garantizar espacios seguros, dentro o fuera de la organización, donde la persona pueda expresarse sin miedo a ser juzgada o revictimizada.

Desde el punto de vista institucional, es imprescindible que existan:

- Áreas de recursos humanos capacitadas en riesgos psicosociales y protocolos de intervención ante el acoso.

- Convenios con servicios de salud mental o redes de derivación a profesionales externos.

- Espacios de escucha activa y apoyo entre pares, promoviendo una cultura laboral basada en el respeto, la empatía y la prevención del daño.

Activar estas redes no solo contribuye a la recuperación de la persona afectada, sino que también fortalece la salud organizacional y previene la repetición de situaciones similares.

2.1.2.3. ¿Qué conductas provocan el estrés crónico en el acoso laboral?

El entorno percibido como hostil en el acoso laboral no siempre se basa en agresiones físicas o evidentes; muchas veces se expresa de forma sutil, encubierta o sistemática, lo que lo hace aún más dañino y difícil de denunciar. A continuación, se detallan habituales formas de acoso que contribuyen a la instalación del estrés crónico:

- Humillaciones públicas o privadas

- Comentarios despectivos, burlas, sarcasmos o ironías dirigidas a la víctima.

- Ridiculización de errores o críticas exageradas frente a terceros.

- Señalamientos injustos que buscan avergonzar o invalidar.

- Desprecio o invalidación

- Minimizar los logros o el esfuerzo realizado.

- Restar valor a opiniones, ideas o aportes profesionales.

- Usar un tono condescendiente o despectivo de forma habitual.

- Ninguneo y falta de visibilización

- No dirigir la palabra o excluir de reuniones relevantes.

- Hacer "como si no existiera" o ignorar sistemáticamente sus comentarios.

- No asignar tareas acordes con su rol o experiencia, dejándola en el vacío laboral.

- Exclusión social o aislamiento

- Dejar fuera a la persona de interacciones informales o canales de comunicación.

- Fomentar el rechazo o la indiferencia de los compañeros.

- Crear rumores o estigmatizar socialmente a la víctima dentro del grupo.

- Sobrecarga de trabajo selectiva e injusta

- Asignar tareas excesivas o poco realistas sin recursos adecuados.

- Delegar responsabilidades fuera de horario o sin justificación.

- Hacerlo con la intención de generar errores, desgaste o fracaso.

- Manipulación psicológica (gaslighting)

- Hacerle dudar de su percepción, memoria o juicio.

- Negar episodios evidentes ("eso nunca pasó", "estás exagerando").

- Hacerla sentir culpable por el maltrato recibido ("tú provocas esta situación").

2.1.2.4. ¿Cuáles son los efectos psicológicos de este entorno hostil?

Señala Hirigoyen[119] *que las víctimas, que han quedado debilitadas a causa de la fase de dominio, se sienten ahora directamente agredidas. Las capacidades de resistencia de un individuo no son ilimitadas, se desgastan con el tiempo y conducen al agotamiento psíquico. Más allá de una determinada cantidad de estrés, el trabajo de adaptación deja de poder realizarse y se produce un desequilibrio. Aparecen entonces trastornos que pueden resultar más duraderos.*

---

119 Hirigoyen, M. F. (1999) *El acoso moral*...cit p 126

Estas prácticas, mantenidas en el tiempo, crean una atmósfera de inseguridad emocional permanente, donde la víctima:

- No sabe qué esperar día a día (incertidumbre).

- Siente que cualquier error será usado en su contra.

- Pierde la capacidad de confiar en sus compañeros o superiores.

- Internaliza el maltrato como algo "merecido", generando culpa y pasividad.

Este contexto es lo que da lugar al estrés crónico: el cuerpo y la mente entran en un estado de defensa constante, sin posibilidad de relajación o recuperación.

2.1.2.5. ¿Cómo afecta el acoso laboral a la salud mental en términos de ansiedad?

El acoso laboral afecta profundamente la salud mental, y uno de los impactos más frecuentes y devastadores es el desarrollo de trastornos de ansiedad, desencadenando trastornos de ansiedad como ataques de pánico, insomnio y una sensación constante de amenaza.

La víctima se encuentra en un estado de alerta continua, como si su sistema estuviera preparado para un peligro inminente que nunca cesa. Este estado no solo es mental, sino que afecta fisiológicamente al individuo, dejando secuelas si no se interviene profesionalmente. Este estado de hipervigilancia sobrecarga el sistema nervioso, generando una activación constante que impide el descanso físico y mental.

No se trata solo de un malestar psicológico: el cuerpo también sufre. El organismo responde con síntomas como insomnio, tensión muscular, taquicardia, problemas digestivos o dificultades respiratorias[120].

Sobre esto último, el estrés crónico da lugar a la liberación de hormonas del estrés.

El acoso activa continuamente el sistema nervioso simpático. Esto puede:

- Aumentar la inflamación de las vías respiratorias

- Desencadenar crisis asmáticas

---

[120] Ochoa Díaz, César Eduardo, Hernández Ramos, Eduardo, Guamán Chacha, Kleber, & Pérez Teruel, Karina. (2021). El acoso laboral. *Revista Universidad y Sociedad, 13*(2), 113-118.

- Generar broncoconstricción

- Dar Hiperventilación y ansiedad

El miedo y la ansiedad ante el acoso pueden provocar respiración rápida y superficial (hiperventilación), causando: Sensación de falta de aire. Mareos. Opresión torácica. Mayor susceptibilidad a infecciones respiratorias. El estrés prolongado debilita el sistema inmunológico, aumentando infecciones respiratorias.

Esta activación fisiológica prolongada es una señal clara de que el cuerpo está en modo de supervivencia, no de bienestar.

Si no se interviene profesionalmente a tiempo -con acompañamiento psicológico, psiquiátrico, tratamiento médico y contención institucional - estas respuestas pueden dejar secuelas duraderas en la salud física y emocional de la persona para siempre.

El acoso laboral, al ser una forma sostenida de violencia psicológica, coloca a la persona en un estado constante de amenaza y esta hostilidad continua activa de forma crónica los sistemas de alerta del cerebro, lo que genera un desequilibrio emocional sostenido. A nivel clínico, da lugar a:

2.1.2.5.1. La ansiedad generalizada

La ansiedad generalizada es una de las consecuencias más comunes del acoso laboral. La persona afectada comienza a experimentar una preocupación excesiva, persistente y difícil de controlar, que no se limita únicamente al contexto del trabajo, sino que se extiende a otras áreas de su vida cotidiana.

En general, los psiquiatras solemos conocer a las víctimas durante esta fase posterior de desequilibrio, presentan un estado de ansiedad generalizada, un estado depresivo, o trastornos psicosomáticos. En los sujetos más impulsivos, el desequilibrio conduce a reacciones violentas que terminan con su ingreso en hospitales psiquiátricos. A los agresores, todos estos trastornos les sirven para justificar su propio acoso, señala Hirigoyen[121].

El cuerpo y la mente operan en un estado de alerta constante, lo que genera una expectativa permanente de peligro.

Como resultado, la persona tiene dificultades para concentrarse, tomar decisiones o relajarse, ya que su atención está absorbida por pensamientos

---

121 Hirigoyen, M. F. (1999) *El acoso moral*...cit p 126

intrusivos, escenarios catastróficos y anticipaciones negativas. Esta sobrecarga emocional, mantenida en el tiempo, conduce a una fatiga crónica. El agotamiento es profundo, tanto a nivel mental como corporal.

Además, este estado ansioso deteriora la capacidad para afrontar situaciones cotidianas, afecta las relaciones personales y puede ser la puerta de entrada a otros trastornos, como el insomnio, la depresión o los ataques de pánico.

En contextos donde el acoso no se detiene ni se acompaña adecuadamente, la ansiedad tiende a cronificarse, afectando seriamente la calidad de vida de la persona.

La persona desarrolla una preocupación excesiva, persistente y difícil de controlar sobre aspectos relacionados con el trabajo e incluso con otras áreas de su vida. Esto puede incluir:

- La expectativa permanente de que “algo malo va a pasar”.
- La dificultad para concentrarse o tomar decisiones.
- La fatiga crónica debido a la tensión emocional constante.

2.1.2.5.2. Los ataques de pánico

Algunas víctimas de acoso laboral pueden experimentar crisis agudas de ansiedad, conocidas como ataques de pánico.

Estas crisis surgen de forma repentina, a menudo sin un desencadenante claro, y pueden aparecer incluso fuera del ámbito laboral, como resultado del trauma emocional acumulado. Durante un ataque de pánico, la persona siente una activación extrema del cuerpo, con síntomas físicos muy intensos como palpitaciones aceleradas, sudoración profusa, temblores, sensación de ahogo, dificultad para respirar o presión en el pecho. Estos síntomas pueden ser tan abrumadores que muchas personas creen que están sufriendo un infarto o algún evento médico grave. A esto se suma un miedo intenso a perder el control, volverse loco o incluso morir, lo que alimenta aún más la sensación de peligro. Aunque los episodios suelen durar solo unos minutos, su impacto emocional es profundo, dejando una marca de inseguridad y temor a que vuelva a suceder. Esta experiencia puede llevar a evitar lugares o situaciones asociadas al trabajo, intensificando el aislamiento y la angustia. Cuando estas crisis no se abordan profesionalmente, pueden convertirse en un patrón recurrente que deteriora aún más la salud mental de la víctima.

Algunas víctimas pueden sufrir crisis agudas de ansiedad con síntomas como:

- Palpitaciones, sudoración, temblores, sensación de ahogo o presión en el pecho.

- Miedo intenso a perder el control, volverse loco o morir.

- Aparición repentina, a veces incluso fuera del ámbito laboral, pero como consecuencia del trauma acumulado.

2.1.2.5.3. La fobia al entorno laboral (ergofobia)

El simple hecho de pensar en volver al trabajo puede desencadenar una respuesta de ansiedad intensa en la persona acosada. La anticipación de volver al entorno hostil genera una reacción física y emocional inmediata: náuseas, insomnio la noche anterior, llanto espontáneo e incluso crisis de angustia. Esta ansiedad anticipatoria no solo afecta el estado de ánimo, sino que también comienza a condicionar el comportamiento. La persona puede empezar a llegar tarde, faltar con frecuencia o buscar excusas para no asistir, desarrollando así conductas evitativas que intentan protegerla de un entorno percibido como amenazante.

El lugar de trabajo, lejos de ser un espacio de desarrollo o seguridad, se transforma en un escenario cargado de sufrimiento, en el que la sola idea de estar presente resulta insoportable.

Este nivel de ansiedad puede paralizar, y si no se interviene, se vuelve cada vez más difícil sostener la rutina laboral, afectando seriamente tanto la salud mental como la estabilidad económica y social de la persona.

El simple hecho de pensar en volver al trabajo puede provocar síntomas de ansiedad intensa, como:

- Náuseas, insomnio la noche anterior, llanto espontáneo.

- Conductas evitativas: llegar tarde, faltar, buscar excusas para no asistir.

- Sensación de que el lugar laboral es un espacio peligroso o insoportable.

2.1.2.5.4. La hipervigilancia y la reactividad emocional

La víctima del acoso laboral vive en un estado de hipervigilancia permanente. Su atención está enfocada en detectar señales de peligro, lo que la lleva a observar de forma obsesiva los gestos de sus compañeros, analizar cada palabra y anticipar críticas o reacciones negativas. Cualquier gesto neutro puede ser interpretado como una amenaza velada, lo que genera una constante sensación de inseguridad. Esta percepción distorsionada no es producto de exageración, sino de un sistema nervioso sobre estimulado que ha aprendido, por experiencia, que el entorno no es seguro.

Como consecuencia, la persona no puede relajarse ni desconectar del conflicto, ni siquiera fuera del horario laboral. El descanso mental se vuelve imposible, ya que la mente sigue en modo defensivo, evaluando riesgos y preparándose para el próximo ataque. Este estado de alerta crónico agota emocionalmente, debilita el cuerpo y deteriora la capacidad de disfrute, afectando no solo la vida profesional, sino también la vida personal y social.

La víctima está en constante alerta ante posibles amenazas: observa los gestos de los compañeros, anticipa críticas o interpreta cualquier gesto. Esto agota el sistema nervioso y dificulta el descanso mental.

2.1.2.5.5. TEPT. El trastorno de estrés postraumático

El estrés psicosocial crónico, producto del acoso, puede derivar en una serie de trastornos mentales graves. Entre los más frecuentes se encuentran los trastornos de ansiedad generalizada, el trastorno depresivo mayor, los episodios de pánico, el insomnio persistente, y ahora nos centramos en el trastorno de estrés postraumático (TEPT[122]), especialmente cuando el acoso ha sido intenso y prolongado[123].

El TEPT en víctimas de acoso prolongado presenta síntomas como flashbacks, hipervigilancia, evitación, insomnio, disociación, culpa y pensamientos negativos persistentes[124]. Se parece al trauma de víctimas de guerra o desastres[125]. Este trastorno puede durar años y requiere tratamiento psicológico especializado[126].

---

[122] Estrés postraumático en víctimas de acoso laboral en https://mobbingmadrid.org/estres-laboral/estres-postraumatico-acoso-laboral/

[123] https://www.mayoclinic.org/es/diseases-conditions/post-traumatic-stress-disorder/symptoms-causes/syc-20355967

[124] Signorelli, M. S., Costanzo, M. C., Cinconze, M., & Concerto, C. (2013). What kind of diagnosis in a case of mobbing: post-traumatic stress disorder or adjustment disorder? *BMJ case reports.*

[125] Mikkelsen, E. & Einarsen, S. (2002). Basic assumptions and symptoms of post-traumatic stress among victims of bullying at work. *European journal of work and organizational psychology.* 11 (1), 87-112.

[126] Mikkelsen, E. G. & Einarsen, S. (2002). Basic assumptions and symptoms of post-traumatic stress among victims of bullying at work. *European Journal of Work and Organizational Psychology,* 11(1), 87-111.

Encontramos ejemplos en:

- Las reminiscencias o "flashbacks" de episodios de acoso, pesadillas recurrentes y evitación de situaciones asociadas al entorno laboral.

- La hipervigilancia, los sobresaltos constantes, el insomnio y una sensación de peligro inminente, incluso en contextos seguros.

El profesor Piñuel[127] describe de forma magistral, en su trabajo *"Morder la manzana envenenada: la paralización y el Estrés Postraumático"* mediante un cuento explica:

"El proceso técnico típico de camuflaje del acosador que se presenta frecuentemente bajo el disfraz psicológico de alguien que nunca es.

Las mil caras del acosador le permiten disfrazarse, presentándose como una persona aparentemente bondadosa, pacífica, moralmente intachable, incluso interesada en hacer el bien a su víctima. Alguien a quien se representa en el cuento como una venerable e indefensa anciana.

El mal que es siempre un proceso de acoso adopta entonces una falsa apariencia de bien: se trata de una apetitosa manzana, símbolo en nuestra cultura al mismo tiempo de la bueno, y de la salud, así como de la culpabilidad.

Claro está que en el acoso, como en el cuento, dicha manzana está envenenada. El veneno no se especifica, salvo por su efecto, que resulta ser paralizante.

Una vez que las víctimas muerden el anzuelo (la manzana) de la culpabilidad, tal y como narra el cuento, caen paralizadas. La parálisis típica de las víctimas ante el acoso nace del modo terrible con el que el que acosa camufla bajo una apariencia de buen hacer, su perversa actuación. Eso es lo que le lleva a su víctima a internalizar o introyectar la culpabilidad. Sentirse culpable es lo mismo que quedar paralizado, pues nadie se defiende si no siente que no merece al maltrato.

Esto le viene muy bien al acosador puesto que una víctima paralizada por la culpabilidad (quedó "como muerta" dice el cuento dc Blancanieves) es alguien fácil de victimizar con menor riesgo de respuesta.

De ahí ese empeño casi obsesivo en todos los maltratadores de imputar a sus víctimas el ser la causa de los propios malos tratos que sufren.

---

127 Piñuel, I. Morder la manzana envenenada: la paralización y el Estrés Postraumático en https://www.acosopsicologico.com/mobbing-estres-postraumatico/

El proceso psíquico de acoso ejecutado bajo apariencia de un bien para la víctima provoca en éstas la aparición de cuadros de Estrés Postraumático.

De este modo, un Síndrome de Estrés Postraumático es un cúmulo de recuerdos de experiencias traumáticas que la víctima no ha podido encajar y que, atravesadas y no digeridas por la mente (como el trozo de manzana) producen todo tipo de interferencias dejando a las víctimas como muertas (los enanitos creyeron que había muerto)".

Además, muchas víctimas desarrollan una hipersensibilidad reaccionando con retraimiento o incluso evasión de situaciones laborales, sociales y familiares.

Sin un reconocimiento institucional y un acompañamiento psicológico serio, estas secuelas pueden cronificarse, afectando tanto la salud mental como el proyecto de vida de la persona afectada. También a la salud física y de forma grave.

El panorama es devastador.

2.1.2.5.6. La somatización de la ansiedad

Cuando la ansiedad no encuentra vías conscientes de expresión o no puede ser verbalizada, el cuerpo asume la tarea de comunicar el malestar. Esta manifestación somática de la angustia es común en víctimas de acoso laboral, que muchas veces no logran identificar o poner en palabras lo que sienten, pero sí experimentan síntomas físicos persistentes. Aparecen dolores musculares sin causa aparente, problemas gastrointestinales recurrentes, bruxismo nocturno, taquicardia o tensión constante en el cuello y la espalda, entre otros

El cuerpo actúa como un contenedor de la emoción no procesada. Al pensar en el trabajo, pueden surgir sensaciones físicas inmediatas, como un nudo en el estómago, presión en el pecho o dificultad para respirar, que son respuestas automáticas al estrés psicológico. Estas señales físicas no solo reflejan el impacto emocional, sino que también se convierten en una fuente adicional de sufrimiento, ya que interfieren con el descanso, la alimentación, el sueño y la calidad de vida en general.

Si no se reconoce su origen emocional, estas dolencias pueden medicalizarse o cronificarse sin llegar a tratar la causa real: el daño psíquico generado por la violencia sostenida en el entorno laboral.

La desregulación emocional crónica es otra de las secuelas comunes en quienes han sido víctimas de acoso laboral. En estos casos, la persona ya no logra gestionar adecuadamente lo que siente: las emociones se vuelven intensas, inestables y difíciles de controlar.

La tristeza puede transformarse en ira en cuestión de minutos, la culpa aparece de forma irracional, y la frustración se acumula sin encontrar una vía de descarga saludable. Este torbellino emocional genera una sensación constante de desbordamiento interno, como si uno estuviera atrapado en un estado de vulnerabilidad permanente. La persona puede llorar con facilidad, reaccionar de forma exagerada ante pequeños estímulos o sentirse emocionalmente paralizada.

Este descontrol emocional no es un signo de debilidad, sino el resultado directo de haber estado expuesta de manera prolongada a un entorno hostil, sin espacios seguros para procesar lo vivido ni redes de apoyo que amortigüen el daño.

La mente y el cuerpo, sobrecargados por el esfuerzo de resistir día tras día, ya no consiguen sostener un equilibrio emocional. Sin intervención terapéutica y contención adecuada, este estado puede afectar gravemente las relaciones personales, el desempeño laboral y la percepción que la persona tiene de sí misma.

Cuando la ansiedad no puede expresarse de forma consciente, se manifiesta a través del cuerpo: dolores, diversas patologías físicas mentales a que se ha hecho referencia.

El acoso laboral genera un estado de estrés crónico que, si no se detiene ni se trata, puede desencadenar o agravar trastornos de ansiedad. Esto afecta a la calidad de vida general de las víctimas, incluyendo las relaciones personales, el sueño[128], la autoestima y la salud física.

El acoso laboral es una forma de violencia psicológica estructural, sostenida y muchas veces silenciada, que deja huellas profundas en la salud mental y física de quien la sufre. Por eso, es fundamental preguntarnos:

- ¿Cuántas personas están viviendo en silencio este sufrimiento, convencidas de que deben aguantar para no perder su empleo?

- ¿Cuántas veces se ha minimizado el maltrato con frases como "no te lo tomes personal" o "así es el ambiente aquí" o "no es tan grave"?

Reflexionar sobre el acoso laboral es importante, el silencio, la pasividad o la justificación del maltrato también son formas de complicidad.

---

128 Lallukka, T., Rahkonen, O., & Lahelma, E. (2011). Workplace bullying and subsequent sleep problems-the Helsinki Health Study. Scandinavian journal of work, environment & health, 204-212.

Promover entornos laborales sanos es una cuestión de derechos humanos, de salud pública y de dignidad.

2.2. ¿Qué es la depresión y que son los trastornos del estado de ánimo?

2.2.1. ¿Por qué se produce la depresión en las víctimas de acoso laboral?

La depresión es una de las consecuencias más comunes y severas del hostigamiento continúo sufrido por las víctimas. Surge de la sensación de impotencia aprendida, donde la persona siente que cualquier esfuerzo para cambiar su situación es inútil.

La depresión es una de las consecuencias más comunes y severas del acoso laboral. No surge de un único evento traumático, sino de un proceso progresivo de desgaste emocional y pérdida de sentido. A menudo, se origina en una sensación de impotencia aprendida: la persona ha intentado defenderse, hablar, resistir o mejorar su situación, pero sus esfuerzos han sido ignorados, ridiculizados o castigados.

Con el tiempo, comienza a creer que nada de lo que haga cambiará su realidad, lo que la lleva a un estado de pasividad desesperanzada. La tristeza profunda se instala, acompañada de una pérdida generalizada de interés o placer por actividades que antes disfrutaba.

Señala Hirigoyen[129] que, al bloquear la comunicación mediante mensajes paradójicos, el perverso narcisista consigue que su víctima no entienda su propia situación y logran impedir que ésta pueda proporcionar respuestas adecuadas. La víctima se agota buscando soluciones, las cuales son de todas formas inadecuadas y, sea cual fuere su resistencia, es incapaz de evitar la emergencia de la angustia o de la depresión.

Se produce un progresivo aislamiento, un alejamiento emocional de los demás, y aparece con frecuencia un sentimiento de culpa injustificada, como si la persona fuese responsable de lo que le ocurre. El llanto se vuelve recurrente y, en casos más graves, pueden surgir pensamientos suicidas como expresión extrema del deseo de terminar con el sufrimiento.

Esta condición, ya de por sí devastadora, se agrava cuando el entorno social o institucional

- No proporciona apoyo.

---

129 Hirigoyen, M. F. (1999) *El acoso moral*...cit p 86.

- Minimiza el daño,

- Desvaloriza a la víctima

- Desvaloriza a la víctima

- Responsabiliza a quien sufre en lugar de a quien agrede.

En este contexto, es muy común que la víctima desarrolle un estado de ánimo deprimido, la pérdida de interés o placer en hacer las actividades cotidianas, la fatiga constante, los sentimientos de inutilidad, la desesperanza, la dificultad para concentrarse y que se generen pensamientos recurrentes de auto desvalorización tristeza profunda, anhedonia, aislamiento, culpa, llanto frecuente y en casos extremos, graves, que la víctima desarrolle ideas suicidas.

a). Otros trastornos de ansiedad que puede desarrollar la víctima son:

- La aparición de ataques de pánico, ansiedad generalizada o incluso fobia al entorno laboral (ergofobia).

- Los síntomas físicos persistentes como sensación de "nudo en el estómago", dificultad para respirar, palpitaciones y opresión en el pecho, que pueden confundirse con problemas médicos, pero tienen un origen emocional.

- El Burnout (síndrome de desgaste profesional).

- El agotamiento emocional severo.

- El cinismo o desconexión afectiva hacia el trabajo.

- Los sentimientos de ineficacia profesional.

- El trastorno de estrés postraumático (TEPT).

- Las reminiscencias o "flashbacks" de episodios de acoso, pesadillas recurrentes y evitación de situaciones asociadas al entorno laboral.

- La hipervigilancia, sobresaltos constantes, insomnio y una sensación de peligro inminente, incluso en contextos seguros.

b). Los trastornos psicosomáticos:

- La aparición de dolencias físicas persistentes sin una causa médica clara: migrañas, dolores musculares, problemas gastrointestinales, dermatitis[130], entre otros.

---

130 González Torrecillas, J. (2014) Patología psicosocial de origen laboral, Ciencia Forense, 11/2014: 167-192. *El acoso laboral puede manifestarse no solo en el bienestar psicológico, sino también en la salud física, y uno de los ámbitos más afectados es la piel.*

Estas manifestaciones son expresiones corporales del sufrimiento emocional no verbalizado ni procesado.

- La despersonalización y desrealización

- La sensación de estar desconectado del propio cuerpo o de vivir en una especie de sueño, como si todo fuera irreal.

Estas experiencias surgen como mecanismos de defensa ante un estrés extremo y prolongado.

Esta falta de contención y reconocimiento no solo invalida la experiencia vivida, sino que profundiza el aislamiento, refuerza la sensación de que "nadie va a hacer nada" y deja a la persona emocionalmente expuesta, sin recursos ni respaldo.

La transformación del trabajo en una fuente de trauma psicológico afecta profundamente el bienestar mental y físico, deteriora el rendimiento profesional y desorganiza la vida personal.

En estos casos, el sufrimiento no solo proviene del acoso en sí, sino también del silencio, la indiferencia o la complicidad de quienes deberían intervenir, lo que agudiza el sentimiento de abandono, vulnerabilidad y desesperanza.

2.3. ¿Qué es el aislamiento social y el deterioro de las relaciones interpersonales consecuencia del acoso?

2.3.1. ¿Cómo se produce el aislamiento social en el acoso laboral?

El aislamiento social en el acoso laboral es una de las estrategias más comunes y dañinas utilizadas por los acosadores para ejercer control, castigar o eliminar a una persona del entorno laboral. Este aislamiento se puede producir de manera intencional y sistemática, y sus efectos son profundamente perjudiciales para la salud mental y emocional de la víctima.

El aislamiento en el entorno laboral constituye una de las formas más sutiles y lesivas de acoso psicológico (mobbing) reconocido en la jurisprudencia y doctrina laboral española.

El aislamiento es una modalidad típica dentro del acoso psicológico laboral, caracterizada por conductas sistemáticas (excepción de saludos,

---

El estrés constante que provoca trabajar en un ambiente hostil desencadena una cascada de reacciones hormonales y neuroquímicas que pueden dar lugar a trastornos dermatológicos como eccemas, urticaria, psoriasis, acné, caída del cabello o incluso vitiligo.

exclusión de reuniones, ignorancia deliberada) que buscan aislar al trabajador y minar su autoestima hasta forzar su salida voluntaria

Se manifiesta a través de la exclusión sistemática del trabajador de las dinámicas laborales y sociales propias del entorno de trabajo, afectando su integración, participación y comunicación habitual con compañeros y superiores.

Este comportamiento puede implicar la omisión deliberada en reuniones, la exclusión de correos o decisiones relevantes, la indiferencia manifiesta o la negación de interacciones básicas como el saludo.

El aislamiento social no es un fenómeno casual en el acoso laboral: es una herramienta deliberada para desestabilizar a la víctima, quitarle poder y provocar su salida.

En cuanto al marco normativo aplicable:

a). Artículo 4.2.e) del Real Decreto Legislativo 2/2015, de 23 de octubre, por el que se aprueba el texto refundido del Estatuto de los Trabajadores, que reconoce el derecho de los trabajadores "a su integridad física y a una adecuada política de prevención de riesgos laborales".

b). Artículo 14 de la Ley 31/1995, de Prevención de Riesgos Laborales, que impone al empresario la obligación de garantizar la seguridad y salud de los trabajadores en todos los aspectos relacionados con el trabajo, incluyendo los riesgos psicosociales.

c). Artículo 15 de la Constitución Española, que reconoce el derecho a la integridad física y moral, sin que en ningún caso pueda ser sometido a tratos degradantes.

d). Artículo 173.1 del Código Penal, que sanciona el acoso en el ámbito laboral como forma de violencia psíquica o trato degradante cuando se produce de forma reiterada en el contexto de una relación laboral.

La doctrina jurisprudencial del Tribunal Supremo y de los Tribunales Superiores de Justicia, en especial STS de 5 de mayo de 2021 (Rec. 487/2021) y STSJ Asturias núm. 1121/2024 reconocen expresamente el aislamiento como modalidad de acoso laboral y fundamentan la responsabilidad del empleador en la falta de intervención efectiva.

La jurisprudencia del Tribunal Supremo ha reiterado que el acoso psicológico laboral atenta contra la dignidad del trabajador y puede constituir una vulneración del derecho fundamental a la integridad moral, protegido por el artículo 15 de la Constitución Española, así como del derecho a la no discriminación del artículo 14. Además, en casos graves, estas conductas pueden dar lugar a responsabilidad administrativa, civil o incluso penal, conforme al artículo 173.1 del Código Penal, cuando los actos configuren un trato degradante o constituyan una conducta sistemática de hostigamiento. Exige reiteración en el tiempo (al menos semanal, más de seis meses) para diferenciarlo de un conflicto puntual.

Además, se cita como Jurisprudencia relevante:

- STS 16 feb. 2011 (Rec. 224/2014): define el mobbing como violencia psicológica sistemática, identificando el aislamiento como una forma de hostigamiento laboral grave.

- STS 487/2021, 5 mayo 2021: reconoce responsabilidad de la administración pública por aislamiento y hostigamiento prolongado, derivando en daños psíquicos y morales indemnizables (20 000 € solicitados en el caso)

- TSJ Asturias, sentencia 1121/2024 (2 julio 2024): invalida medidas de aislar a una víctima como protección, considerándolas inadecuadas frente al acoso

En cuanto a la prueba y carga probatoria

- Dado que el aislamiento carece de evidencia directa, se adquieren pruebas a través de:

- Los testigos indirectos

- Los informes médicos o periciales (psicológicos/psiquiátricos)

- La comparativa del antes y después del entorno laboral

- La documentación de exclusión, comunicaciones omitidas, etc.

- La jurisprudencia exige una valoración contextualizada y global de indicios, desligándose del rigor formal y admitiendo evidencia testimonial y técnica.

En cuanto a las consecuencias jurídicas que se derivan de ello, cabe señalar principalmente las siguientes:

- La responsabilidad de la empresa o administración en virtud de la normativa laboral y de prevención de riesgos, con posible indemnización: ver en caso de la existencia de daños morales, psíquicos, incluso el deterioro de la salud. En la administración pública se usa vía contencioso-administrativa

- La responsabilidad penal en casos de acoso grave, si existe relación jerárquica y hostigamiento reiterado: pena según art. 173.1 CP (mobbing)

- La protección constitucional: se menciona los derechos vulnerados (integridad moral, dignidad, no discriminación). El Tribunal Supremo los ampara con firmeza

El aislamiento laboral constituye una modalidad particularmente lesiva del acoso psicológico en el entorno profesional, caracterizado por su naturaleza silenciosa, progresiva y difícilmente detectable.

El carácter encubierto del aislamiento lo convierte en una forma de violencia psicológica de alta eficacia, especialmente difícil de acreditar por medios directos. En consecuencia, los tribunales han admitido la utilización de indicios, testigos indirectos, informes médicos o psicológicos, y una evaluación contextualizada del entorno laboral para acreditar la existencia del acoso. No se exige prueba plena y directa, sino una valoración conjunta y razonable de los elementos disponibles, conforme al criterio de la "apariencia de veracidad" que ha sido admitido en reiterada jurisprudencia.

Por todo ello, se concluye que el aislamiento laboral constituye una forma de acoso psicológico prohibida por el ordenamiento jurídico español, susceptible de generar responsabilidad tanto en la esfera laboral como administrativa o penal. La existencia de este tipo de conductas impone al empleador la obligación de actuar con diligencia, adoptando medidas de prevención, investigación y corrección eficaces para garantizar el derecho del trabajador a un entorno laboral libre de violencia, conforme a lo previsto en la normativa vigente y la doctrina jurisprudencial consolidada.

En este contexto, se hace imprescindible que las organizaciones desarrollen políticas de prevención específicas frente al acoso psicológico, incluyendo canales de denuncia confidenciales, formación en gestión de conflictos y protocolos claros de actuación ante indicios de exclusión o violencia psicosocial. La actuación temprana no solo protege los derechos del trabajador, sino que también contribuye a la sostenibilidad del clima laboral y a la responsabilidad jurídica de la empresa.

El aislamiento laboral tiene un efecto progresivo sobre la salud mental del trabajador, erosionando su autoestima y su identidad profesional, hasta llegar en ocasiones a una renuncia forzada sin confrontación explícita.

2.3.2. ¿Cómo se produce el deterioro de las relaciones interpersonales?

El aislamiento dentro del entorno laboral se traslada al entorno personal, afectando relaciones familiares y sociales, provocando una profunda sensación de soledad, retraimiento y desconfianza.

El aislamiento social en el acoso laboral se produce de manera progresiva y deliberada, como una forma de ejercer control y desestabilizar emocionalmente a la víctima.

a). Interrupción o restricción de la comunicación:

- Se evita hablar con la víctima o se le responde de forma cortante.

- Se le excluye de correos electrónicos, reuniones o decisiones importantes.

- Se le da información incompleta o errónea que afecta su desempeño.

Este proceso va avanzando hasta que la persona acosada es excluida del entorno social habitual dentro del trabajo.

Se limita su participación en reuniones, se le priva de información relevante, se interrumpe o restringe la comunicación con sus colegas y superiores, y se le relega a tareas que no requieren interacción.

b). La obstaculización del trabajo en equipo

- Se le impide colaborar con colegas o se le asignan tareas sin interacción social.

- Se le ignora en discusiones grupales o se desacreditan sus aportes.

Con el tiempo, este entorno hostil puede llevar a la persona a experimentar altos niveles de ansiedad, tristeza, desesperanza y, en muchos casos, a abandonar su puesto de trabajo como única salida percibida

- A menudo, se difunden rumores o comentarios negativos sobre su persona, generando desconfianza y rechazo por parte del grupo.

b). La estigmatización o los rumores:

- Se difunden chismes o comentarios negativos que dañan su reputación.

- Se le señala como conflictiva, incompetente o problemática para que otros se alejen.

- El grupo se alinea con el acosador por temor o conveniencia, reforzando el aislamiento.

- Sus colegas también pueden evitarla por temor a represalias o indiferencia.

- La exclusión del grupo

- No se le invita a actividades sociales del trabajo (almuerzos, celebraciones, eventos).

- Se la deja sola en el espacio físico, a veces alejándola del equipo de trabajo.

- Se crea un clima de silencio o indiferencia a su alrededor

- El aislamiento también puede ser físico, al cambiarla de oficina o ubicarla en un espacio separado, lo que refuerza su sensación de invisibilidad.

c). El aislamiento físico o simbólico:

- Se cambia de oficina o lugar de trabajo a uno más alejado.

- Se le retiran funciones clave, reduciendo su visibilidad o participación en el equipo.

- Estas acciones, aunque pueden parecer pequeñas o circunstanciales, están diseñadas para romper los lazos sociales de la víctima, hacerle sentir que no pertenece al equipo y debilitar su autoestima y estabilidad emocional.

Las consecuencias del aislamiento social en la víctima:

- Ansiedad, depresión y estrés crónico.

- Baja autoestima y pérdida de motivación.

- Sensación de inutilidad y desesperanza.

- Riesgo de abandono del trabajo o incapacitación.

Es muy importante identificar estas conductas y actuar a tiempo es esencial para proteger los derechos laborales y la salud mental.

Desde luego, enfrentar el aislamiento social como forma de acoso laboral requiere valentía, claridad y apoyo.

Lo primero es reconocer que estas conductas no son normales ni justificables, y que constituyen una forma de violencia psicológica en el ámbito de trabajo.

Por eso es importante:

- Documentar todos los hechos con fechas, detalles y posibles testigos, ya que esta evidencia puede ser clave al momento de denunciar.

- Buscar apoyo dentro o fuera del entorno laboral también es fundamental: hablar con compañeros de confianza, acudir al departamento de recursos humanos o al comité de convivencia laboral, si existe, puede ayudar a visibilizar la situación.

- En casos donde la organización no ofrece respuesta o es parte del problema, se recomienda acudir a instancias externas como inspecciones del trabajo, sindicatos o asesoría legal especializada.

- Además, contar con apoyo psicológico puede ser de gran ayuda para sobrellevar el impacto emocional del aislamiento.

Lo esencial es no enfrentar la situación en soledad y recordar que nadie merece ser marginado o humillado en su lugar de trabajo.

El derecho a un ambiente laboral sano y respetuoso está protegido por leyes en muchos países, y es posible hacer valer ese derecho.

2.4. ¿Qué es la pérdida de autoestima y de autoconfianza?

2.4.1. ¿Qué impacto tiene el acoso laboral en la autoestima y autoconfianza de las víctimas de acoso?

Las agresiones constantes provocan una erosión progresiva de la autoestima.

El acoso laboral tiene un impacto profundo y devastador en la autoestima y la autoconfianza de quien lo sufre. Al tratarse de una conducta repetitiva, hostil y dirigida, la persona comienza a interiorizar los mensajes negativos que recibe, muchas veces de manera silenciosa y progresiva.

Las críticas constantes, la desvalorización del trabajo, el aislamiento social o las humillaciones públicas generan un sentimiento de inutilidad y fracaso que va minando su percepción personal.

La víctima interioriza el discurso del acosador, empieza a dudar de sus capacidades, a sentirse insegura para tomar decisiones o expresar opiniones, y puede llegar a pensar que merece el trato que recibe, se siente incompetente, desarrolla un diálogo interno negativo y pierde la capacidad de tomar decisiones o poner límites saludables.

Esto crea un círculo de deterioro emocional continuo.

Con el tiempo, esta pérdida de confianza puede extenderse más allá del entorno laboral y afectar la vida personal, generando ansiedad, retraimiento, tristeza profunda y una sensación general de impotencia.

La autoestima, que se construye a partir del reconocimiento, el respeto y la pertenencia, se ve gravemente dañada cuando la persona es tratada como si no tuviera valor. En muchos casos, esto lleva a estados depresivos, aislamiento social voluntario e incluso pensamientos autodestructivos.

Por eso, el impacto del acoso laboral no es solo profesional: es emocional, psicológico y humano.

El impacto del acoso laboral trasciende lo profesional porque afecta dimensiones profundas de la persona.

No se trata solo de un mal ambiente de trabajo o de conflictos aislados: es una forma de violencia persistente que

- Desestabiliza emocionalmente,

- Altera la salud mental

- Rompe la identidad personal construida en torno al trabajo, el esfuerzo y la pertenencia.

La víctima no solo pierde confianza en su capacidad laboral, sino también en su valor como persona, en sus relaciones y en su futuro. Puede llegar a sentirse avergonzada, culpable o incluso temerosa de volver a integrarse a otro entorno profesional.

Por eso se dice que el daño es emocional, psicológico y humano: porque se hiere la dignidad, se deteriora el bienestar y se quiebra el vínculo fundamental que toda persona necesita con su entorno para desarrollarse con plenitud.

El acoso laboral, en este sentido, no solo destruye carreras, también puede destruir vidas si no se aborda a tiempo. Cuando se prolonga en el tiempo sin intervención, puede deteriorar gravemente la salud mental, emocional y física de la persona afectada.

El desgaste diario provocado por la humillación, la presión, el aislamiento o el miedo constante termina por agotar la energía vital de la víctima.

Esto puede desencadenar trastornos como ansiedad severa, depresión, insomnio, ataques de pánico e incluso llevar al consumo de sustancias o a pensamientos suicidas.

2.5. ¿Cuáles son las consecuencias graves del acoso laboral?: Qué es el asesinato psicológico ¿Qué significa la necesidad insaciable de agredir de los agresores? ¿qué son los trastornos psicosomáticos?

2.5.1. ¿Qué es el denominado asesinato psicológico? La necesidad insaciable de agredir de los agresores

"La víctima de acoso laboral sufre un verdadero infierno[131]" señala la psicóloga del Hospital Quirón Salud A Coruña. El acoso laboral tiene como objetivo intimidar, apocar, reducir, aplanar, amedrentar y consumir, emocional e intelectualmente a la víctima.

---

[131] https://jupsin.com/acoso-laboral/

"Normalmente las víctimas llegan ante los tribunales tras años de sufrimiento y con trastornos psicológicos y psicosomáticos de larga duración, añade.

Como afirma el Defensor del Pueblo: 'Es frecuente que se observen comportamientos de maltrato psicológico y que socialmente son aceptados, se minimice su importancia o incluso se justifiquen en el marco de nuestros referentes culturales y entren dentro de los límites de la normalidad'[132]."

"El acosador aprovecha la ocasión que le brinda una situación organizativa particular para canalizar una serie de impulsos y tendencias psicopáticas", afirma Piñuel.

El acoso no solo hiere en el momento: desgasta a diario.

La humillación constante, la presión, el aislamiento o el miedo sostenido consumen poco a poco la energía vital de la persona que lo sufre.

Este desgaste emocional puede llegar a ser devastador.

Con el tiempo, las víctimas pueden desarrollar trastornos como ansiedad severa, depresión, insomnio, ataques de pánico y, en los casos más extremos, recurrir al consumo de sustancias o enfrentar pensamientos suicidas. El acoso, por tanto, no es un simple conflicto interpersonal: es una forma de violencia que puede destruir vidas.

Cuando una persona sufre acoso de forma constante, en el entorno laboral, su autoestima comienza a deteriorarse. El mensaje que recibe, de manera repetida, es que no vale, que no pertenece, que es estúpida, que no debe trabajar porque es inútil, que estorba, que es inferior. Con el tiempo, esta percepción externa se internaliza: la persona empieza a creer que lo que dicen o hacen contra ella es cierto.

Además, el acoso suele ir acompañado de aislamiento. Eso es lo que hacen quienes agreden, aislarla, que quede fuera de los grupos de trabajo. Muchas víctimas se sienten solas, incomprendidas o avergonzadas de lo que están viviendo. A veces no encuentran apoyo, o incluso no se atreven a pedir ayuda por miedo a no ser tomadas en serio o a empeorar la situación. Esta soledad emocional agrava el sufrimiento.

El dolor psicológico sostenido en el tiempo, producto de la humillación, el miedo, la presión y la exclusión, puede volverse insoportable.

---

132 https://jupsin.com/jupsin/el-acoso-laboral-mitos-y-realidad/

El insomnio, la ansiedad, la depresión o los ataques de pánico son respuestas frecuentes del cuerpo y la mente ante tanto daño.

Llega un punto en el que la persona ya no ve salida. No porque no exista, sino porque su visión del mundo está nublada por el sufrimiento.

El suicidio, en esos casos, no se ve como una elección libre, sino como la única forma de acabar con el dolor. No es que quiera morir, sino que ya no puede vivir así. El suicidio, en estos casos, no suele ser una decisión libre ni repentina. Es, más bien, la última reacción desesperada ante un sufrimiento emocional profundo y sostenido. Prevenir un suicidio no es solo tarea de profesionales: es responsabilidad de todos como sociedad, por eso es necesario llevar a cabo acciones ejemplarizantes con los agresores, con quienes acosan.

La persona no desea morir; desea dejar de sufrir. Pero cuando el dolor se vuelve insoportable y no encuentra una salida, puede llegar a ver la muerte como el único alivio posible. Por eso es tan importante tomar en serio cualquier señal de acoso y acompañar a la víctima con empatía, protección y apoyo psicológico. El silencio y la indiferencia también matan.

El profesor Iñaki Piñuel, especialista en psicología del acoso, lo llama con razón asesinato psicológico. No se trata de una bala o un veneno, sino de un proceso de destrucción interior que va anulando poco a poco la identidad, la dignidad y la voluntad de vivir de la víctima.

El acosador no mata con las manos, pero sí con palabras, silencios, manipulaciones y violencia emocional repetida. Y lo más grave: lo hace ante la mirada indiferente o incluso cómplice de los demás.

Por eso es vital actuar. Tomar en serio cualquier señal de acoso. Es necesario escuchar. Acompañar. Denunciar. Brindar apoyo psicológico y, sobre todo, apoyo humano. Porque el silencio y la indiferencia también matan.

Es necesario que los agresores sean juzgados, respetando su presunción de inocencia pero haciéndolos responsables de todo el daño que causan y que sean juzgados por órganos jurisdiccionales independientes, inamovibles, imparciales, responsables y sometidos al imperio de la ley (art 117 de la Constitución).

Además, el impacto se extiende a la vida personal, afectando relaciones familiares, sociales y la capacidad de disfrutar de actividades cotidianas.

También puede dejar secuelas duraderas, como la pérdida total de confianza en uno mismo o el miedo a volver a trabajar.

Por eso es esencial que tanto las organizaciones como las personas reconozcan los signos del acoso laboral y actúen de forma temprana.

Prevenir, denunciar y acompañar son acciones clave para evitar que el daño se profundice.

Nadie debería sufrir en silencio por hacer su trabajo. La dignidad en el entorno laboral no es un lujo, es un derecho.

Reconocerlo y buscar apoyo lo antes posible es fundamental para frenar sus efectos y recuperar el equilibrio personal.

2.5.2. ¿Qué son los trastornos psicosomáticos y por qué ocurren, unos u otros, en las víctimas de acoso?

"Las enfermedades a las que da lugar el acoso psicológico son producidas por la exposición del trabajador a este riesgo psicosocial, deberían ser catalogadas como derivadas del trabajo y como 'efectos de', nunca como 'causas de'." "El cuadro de daño psicológico en forma de enfermedad que encontramos de forma más habitual como secuela en los casos de mobbing suele ser el Síndrome de Estrés Postraumático (SEPT)". *Para* Iñaki Piñuel *y* Ariana García *el* SEPT *se suele confundir con la depresión y los problemas de ansiedad, y lo denominan* la herida invisible del mobbing.

Estos profesionales señalan que no siempre el acoso tiende a la eliminación. A veces lo que pretende el acosador es mostrar a la víctima o a los demás su poder, y hacerlo mediante la destrucción de alguien a quien van a victimizar[133].

Los trastornos psicosomáticos son afecciones físicas reales que tienen un origen emocional o psicológico. Cuando el sistema nervioso, en continuo estado de alerta, altera el funcionamiento normal del organismo.

Los trastornos psicosomáticos son síntomas físicos sin causa médica identificable, pero que están relacionados con el estrés emocional crónico. El cuerpo responde al trauma emocional mediante síntomas como insomnio, dolores musculares, migrañas, colitis, urticaria y fatiga crónica. Estos síntomas surgen de alteraciones neuroendocrinas y fisiológicas, como el eje HHA, afectando la salud integral del individuo.

Aunque los síntomas se manifiestan en el cuerpo (como dolores, molestias o disfunciones), su causa principal está en el estrés, la ansiedad o los

---

133 https://jupsin.com/acoso-laboral/

conflictos emocionales persistentes. En estos trastornos, el cuerpo actúa como una vía de expresión del sufrimiento mental cuando no se puede canalizar de otra forma. (ver apartado 2.5.3. Trastornos psicosomáticos frecuentes asociados al acoso laboral)

En el caso de las víctimas de acoso laboral, estos trastornos son frecuentes porque la tensión constante, el miedo, la inseguridad y la humillación sostenida generan un nivel alto y prolongado de estrés.

El sistema nervioso se mantiene en estado de alerta, lo que altera el funcionamiento normal del organismo. Como resultado, pueden aparecer síntomas como dolores de cabeza[134], problemas digestivos, insomnio, palpitaciones, fatiga crónica, contracturas musculares o alteraciones en la piel.

Estos síntomas no tienen una causa médica clara, lo que genera aún más frustración y confusión en la persona afectada.

Estos trastornos ocurren porque el cuerpo y la mente están profundamente conectados.

Cuando una persona no puede expresar, procesar o liberar el sufrimiento psicológico como suele pasar en situaciones de acoso donde hay silencio o miedo a hablar, ese sufrimiento busca otra vía para manifestarse.

Es la forma en que el cuerpo grita lo que la voz, muchas veces, no puede decir. Por eso, ante la aparición de síntomas físicos persistentes sin causa médica aparente, es fundamental considerar el contexto emocional y buscar acompañamiento psicológico.

Tratar solo el cuerpo sin atender la raíz emocional deja intacto el verdadero problema.

Estos síntomas no son imaginarios ni exagerados: son expresiones reales del cuerpo ante un estado de estrés crónico, angustia y desprotección emocional que genera el acoso laboral.

Por eso, es clave atender tanto los síntomas físicos como la raíz emocional con acompañamiento profesional (médico y psicológico) para evitar consecuencias graves o irreversibles.

---

134 Takak, J. Taniguchi, T. Hirokawa,, K 2013. Associations of Workplace Bullying and Harassment with PaiN. *IJERPH, MDPI,* vol. 10(10), pages 1-11 *he aims of this study was to investigate associations of workplace bullying and harassment with headache, stiffness of the neck or shoulders, lumbago, and pain of two or more joints.*

2.5.3. ¿Qué son los trastornos psicosomáticos frecuentes asociados al acoso laboral?

2.5.3.1. Los trastornos cardiovasculares

2.5.3.1.1. La hipertensión arterial. Las palpitaciones o la taquicardia[135]

El acoso laboral puede tener consecuencias devastadoras para la salud física y mental de la persona que lo sufre, especialmente ocasionando severos trastornos en el sistema cardiovascular[136]. Uno de los efectos más comunes son los trastornos cardiovasculares[137], como la hipertensión arterial[138], las palpitaciones[139], la taquicardia e incluso un mayor riesgo de sufrir infartos[140] o accidentes cerebrovasculares.

El estrés constante al que se ve sometida la víctima[141] provoca una activación continua del sistema nervioso, lo que deteriora progresivamente su salud.

En el plano psicológico, el acoso puede generar ansiedad crónica, depresión profunda, ataques de pánico y una pérdida total de la autoestima.

La persona comienza a experimentar sentimientos de culpa, vergüenza e inutilidad, lo que en muchos casos puede derivar en pensamientos

---

135 European Society of Cardiology (2018) "Being bullied or experiencing violence at work increases the risk of heart disease by 59%."

136 Kjeldsen SE, Knudsen K, Ekrem G, Fure TO, Movinckel P, Erikssen JE. Is there an association between severe job strain, transient rise in blood pressure and increased mortality? Blood Press. 2006;15(2):93-100.

137 Glozier N, Tofler GH, Colquhoun DM, Bunker SJ, Clarke DM, Hare DL, Hickie IB, Tatoulis J, Thompson DR, Wilson A, Branagan MG. (2013) Psychosocial risk factors for coronary heart disease. *Med J Aust.*

138 Costa G. (2004) Cardiopatie da fattori stressogeni [Cardiopathy and stress-inducing factors]. Med Lav. Mar-Apr;95(2):133-9. Italian. *There is wide consensus on the association between work stress and cardiovascular disease, ischaemic heart disease and hypertension in particular, both from the clinical and epidemiological point of view.*

139 Nielsen & Einarsen (2012) "Long-term exposure to workplace bullying results in psychological and somatic symptoms, including increased risk of cardiovascular complications." *Work & Stress Journal.*

140 Kivimaki, M, Kawachi, I. (2015) Work Stress as a Risk Factor for Cardiovascular Disease, National Library of Medicine. *Curr Cardiol Rep.*

141 The WHO identifies several risk factors that increase the likelihood of developing cardiovascular diseases (CVDs). Also, in summary, this study has shown that exposure to bullying predicts the onset of depression in a dose-response gradient. Prolonged bullying was also associated with an increased risk of subsequent cardiovascular disease.

suicidas. El malestar emocional se agrava con la falta de apoyo, el miedo a perder el empleo o a ser desacreditado si decide hablar.

2.5.3.1.2. El riesgo aumentado de infartos

El acoso laboral, como forma crónica de estrés psicosocial, tiene un impacto directo en la salud cardiovascular[142]. La exposición prolongada a situaciones de hostigamiento, presión, amenazas, humillaciones o aislamiento en el entorno de trabajo activa de forma continua el sistema de respuesta al estrés[143]. Esto eleva los niveles de cortisol, adrenalina y otras hormonas, lo que provoca efectos adversos sobre el sistema cardiovascular[144].

Diversos estudios han demostrado que el estrés laboral crónico -incluyendo el acoso- incrementa significativamente el riesgo de sufrir infartos de miocardio, hipertensión arterial y accidentes cerebrovasculares[145].

2.5.3.1.3. La aparición de trombos (coágulos)[146]

El acoso laboral continuo, reiterado y grave puede generar un estado de estrés crónico que tiene consecuencias fisiológicas significativas en el organismo.

Uno de los principales mecanismos implicados es la activación sostenida del eje hipotálamo-hipófisis-adrenal[147], lo que provoca una liberación excesiva de cortisol y otras hormonas del estrés como la adrenalina. Esta al-

---

142 Denollet J y Van Heck G. (2001) Psychological risk factors in heart disease. What Type D personality is (not) about. *Journal of Psychosomatic Research* 2001; 51: 465-468.

143 "Job strain is associated with a small but consistent increased risk of coronary heart disease.

144 Rosenman RH, Friedman M, Straus R, Wurm M, Kositchek R, Hahn W, et al. A predictive study of coronary heart disease. *JAMA* 1964; 189: 15-22

145 Tianwei Xu, Linda L Magnusson Hanson, Theis Lange, Liis Starkopf, Hugo Westerlund, Ida E H Madsen, Reiner Rugulies, Jaana Pentti, Sari Stenholm, Jussi Vahtera, Åse M Hansen, Marianna Virtanen, Mika Kivimäki, Naja H Rod, Workplace bullying and workplace violence as risk factors for cardiovascular disease: a multi-cohort study, European Heart Journal, Volume 40, Issue 14, 07 April 2019, Pages 1124-1134, https://doi.org/10.1093/eurheartj/ehy683

146 Sandrini L, Ieraci A, Amadio P, Zarà M, Barbieri SS. Impact of Acute and Chronic Stress on Thrombosis in Healthy Individuals and Cardiovascular Disease Patients. *Int J Mol Sci.* 2020 Oct 22;21(21):7818. doi: 10.3390/ijms21217818.

147 Oyola MG, Handa RJ. (2017) Hypothalamic-pituitary-adrenal and hypothalamic-pituitary-gonadal axes: sex differences in regulation of stress responsivity. Stress.:476-494.

teración hormonal puede desencadenar una serie de respuestas en el cuerpo, entre ellas el aumento persistente de la presión arterial, hipertensión.

La hipertensión no solo es un factor de riesgo cardiovascular por sí misma, sino que también puede favorecer la disfunción del endotelio vascular y contribuir a la formación de trombos.

Además, el estrés crónico influye negativamente en el sistema inmunológico y en la regulación de la coagulación sanguínea, aumentando la viscosidad de la sangre y la probabilidad de que se formen coágulos.

Por lo tanto, existe una relación directa entre la exposición prolongada al acoso laboral y el riesgo de sufrir eventos trombóticos[148], como trombosis venosa profunda o incluso accidentes cerebrovasculares.

Consecuentemente con ello, el acoso laboral, cuando es persistente y grave, constituye una forma de violencia prolongada que actúa como un estresor crónico capaz de desencadenar enfermedades físicas de alta gravedad[149].

Entre estas se encuentran alteraciones cardiovasculares como la hipertensión, los eventos trombóticos, los accidentes cerebrovasculares y otros trastornos relacionados con el sistema circulatorio.

La exposición continua a un ambiente hostil activa de forma sostenida los mecanismos fisiológicos del estrés, elevando los niveles de cortisol y otras hormonas que, con el tiempo, alteran la regulación de la presión arterial, el sistema inmunológico y el equilibrio de la coagulación sanguínea.

Este proceso puede llevar a un estado de inflamación crónica y a una mayor propensión a la formación de coágulos, lo que convierte al acoso laboral en un factor de riesgo real y tangible para la salud física, más allá del impacto psicológico inmediato.

El cuerpo, al mantenerse en un estado de alerta constante, entra en un desequilibrio fisiológico que deteriora progresivamente la salud. Si no se detecta y se interviene a tiempo, este tipo de violencia organizacional puede dejar secuelas permanentes o incluso poner en riesgo la vida.

---

148 Bentur OS, Sarig G, Brenner B, Jacob G. Effects of Acute Stress on Thrombosis. Semin Thromb Hemost. 2018 Oct;44(7):662-668.

149 Sher LD, Geddie H, Olivier L, Cairns M, Truter N, Beselaar L, Essop MF. Chronic stress and endothelial dysfunction: mechanisms, experimental challenges, and the way ahead. Am J Physiol Heart Circ Physiol. 2020 Aug 1;319(2):H488-H506.

En conjunto, el impacto del acoso laboral sobre la salud física puede ser grave, comprometiendo seriamente el bienestar cardiovascular y neurológico de la persona afectada.

Por ello, es fundamental que el acoso laboral sea reconocido no solo como un problema de convivencia o clima laboral, sino como un riesgo psicosocial con repercusiones médicas demostrables, que debe ser prevenido y abordado con urgencia desde los ámbitos laboral, sanitario y legal.

2.5.3.1.4. Los dolores precordiales (dolor en el pecho sin causa cardiológica clara)

El acoso laboral, especialmente cuando es prolongado y severo, puede desencadenar síntomas físicos intensos, entre ellos los dolores precordiales (dolores en la zona del pecho, cerca del corazón)[150].

Estos dolores pueden tener varias causas, y en el contexto de estrés crónico generado por acoso laboral, suelen estar relacionados con:

- Angina de pecho (dolor real por falta de riego al corazón, más común en personas con factores de riesgo cardiovascular).

- Espasmos musculares o costocondritis (dolor musculoesquelético agravado por tensión).

- Síndrome de ansiedad o ataques de pánico, que pueden producir síntomas muy similares a un infarto: opresión en el pecho, palpitaciones, dificultad para respirar, sudoración, y sensación de muerte inminente.

- Cardiopatía inducida por estrés, como el síndrome de Takotsubo (o "síndrome del corazón roto"), una disfunción temporal del corazón provocada por estrés emocional extremo.

2.5.3.2. Los trastornos gastrointestinales

2.5.3.2.1. Las gastritis o úlceras gástricas

El acoso laboral, cuando es continuo y grave, puede generar un nivel de estrés crónico que afecta directamente al sistema gastrointestinal.

---

150 *Kivimaki M, Virtanen M, Vartia M, et al. (2003) Workplace bullying and the risk of cardiovascular disease and depression. Occup Environ Med. 2003.*

La exposición prolongada a este tipo de violencia psicológica en el entorno de trabajo estimula una respuesta sostenida del organismo que incluye el aumento en la producción de ácido gástrico, la alteración del sistema nervioso autónomo y la disminución de los mecanismos naturales de defensa del estómago[151].

Como consecuencia, pueden desarrollarse trastornos como la gastritis, caracterizada por inflamación de la mucosa gástrica, y en casos más avanzados, úlceras gástricas o duodenales. Estas afecciones pueden manifestarse con síntomas como dolor abdominal, ardor, náuseas, digestiones pesadas o sangrado gastrointestinal. Además, el estrés prolongado puede alterar la motilidad intestinal, provocando cuadros compatibles con el síndrome del intestino irritable[152], lo que agrava aún más la calidad de vida de la persona afectada.

Así, el acoso laboral no solo tiene consecuencias psicológicas, sino que se convierte también en un factor desencadenante de enfermedades físicas concretas, como los trastornos digestivos, que pueden volverse crónicos si no se elimina la causa del estrés.

2.5.3.2.2. El síndrome de intestino irritable

El acoso laboral, cuando es sostenido y reiterado en el tiempo, actúa como un factor de estrés crónico que puede desencadenar o agravar el síndrome de intestino irritable (SII)[153].

Este trastorno funcional del aparato digestivo está íntimamente ligado al eje intestino-cerebro, lo que significa que las alteraciones emocionales y psicológicas, como las generadas por un ambiente laboral hostil, impactan directamente en el funcionamiento del intestino.

---

151 Remes-Troche, JM y otros. (2008) El papel del abuso físico, psicológico y sexual en los trastornos funcionales digestivos. Un estudio de casos y controles. Revista de gastroenterología de Mexico.

152 Román-Santana, W. Mata-De-Salcedo, C, Martínez-Alonzo. J. Plata Ventura, Á. (2024). Mobbing laboral y síndrome del intestino irritable: Un estudio en servidores públicos. *Revista Arbitrada Interdisciplinaria de Ciencias de la Salud. Salud y Vida, 8*(16), 117

153 Román-Santana, W. Mata-De-Salcedo, C, Martínez-Alonzo. J. Plata Ventura, Á. (2024). Mobbing laboral y síndrome del intestino irritable: Un estudio en servidores públicos. *Revista Arbitrada Interdisciplinaria de Ciencias de la Salud. Salud y Vida, 8*(16), 117

Las personas sometidas a acoso laboral suelen experimentar un estado de alerta constante, ansiedad, tensión emocional y falta de descanso reparador, lo cual puede afectar la motilidad intestinal, aumentar la sensibilidad visceral y alterar la microbiota intestinal. Como resultado, aparecen síntomas característicos del SII, como dolor o malestar abdominal, distensión, gases, diarrea, estreñimiento o una combinación de ambos.

Este cuadro no solo compromete la salud digestiva, sino que también afecta de forma significativa la calidad de vida, interfiriendo en la actividad social, el desempeño profesional y el bienestar emocional. El síndrome de intestino irritable, que requieren atención médica y psicológica especializada.

2.5.3.2.3. Las náuseas y los vómitos nerviosos

El acoso laboral, especialmente cuando es continuo y de alta intensidad, puede generar un estado de estrés emocional sostenido que repercute directamente en el sistema nervioso autónomo y en el funcionamiento del aparato digestivo. Una de las manifestaciones frecuentes de esta respuesta fisiológica al estrés son las náuseas y los vómitos de origen nervioso.

Bajo condiciones de presión psicológica extrema, como las que se viven en situaciones de hostigamiento laboral, el cuerpo reacciona activando mecanismos de defensa que incluyen la liberación de adrenalina y cortisol, lo que puede provocar una alteración del vaciamiento gástrico y de la sensibilidad digestiva.

Esta respuesta puede expresarse con sensaciones persistentes de náusea, arcadas, vómitos sin causa orgánica aparente y pérdida de apetito.

Estos síntomas, además de ser angustiosos en sí mismos, contribuyen a la debilitación física de la persona afectada y a un deterioro general de su estado de salud. En este contexto, las náuseas y los vómitos no deben interpretarse como síntomas aislados o menores, sino como señales físicas del profundo impacto que el acoso laboral puede tener sobre el cuerpo, reflejo de un maltrato sostenido que sobrepasa lo emocional y se convierte en un problema médico.

2.5.3.2.4. El estreñimiento o las diarreas crónicas

El acoso laboral, cuando es prolongado y grave, actúa como un estresor crónico que altera el equilibrio del sistema nervioso autónomo y la regulación del aparato digestivo. Entre las manifestaciones físicas más comunes derivadas de esta exposición continua al estrés se encuentran el estreñimiento crónico y las diarreas persistentes.

Estas alteraciones en el ritmo intestinal son frecuentes en personas que padecen trastornos funcionales como el síndrome de intestino irritable, el cual está estrechamente relacionado con factores emocionales como la ansiedad, el miedo o la tensión constante generados por un entorno laboral hostil. En algunos casos, el organismo reacciona con un enlentecimiento del tránsito intestinal, lo que da lugar a estreñimiento acompañado de sensación de evacuación incompleta, hinchazón y malestar abdominal.

En otros casos, la respuesta al estrés es contraria y se manifiesta con evacuaciones frecuentes, urgencia para defecar y episodios de diarrea que pueden volverse crónicos.

Ambas respuestas fisiológicas, aunque opuestas, tienen en común su origen en un sistema nervioso alterado por la exposición continua a situaciones de maltrato o intimidación en el entorno de trabajo. El acoso laboral, por tanto, no solo daña la salud psicológica, sino que también interfiere directamente en funciones corporales básicas, como la digestión y la eliminación, generando síntomas que afectan seriamente la calidad de vida de la persona afectada.

2.5.3.2.5. La pérdida o el aumento de apetito

El acoso laboral, al generar un estado de estrés psicológico crónico y sostenido, puede alterar profundamente los hábitos alimentarios de la persona afectada, provocando tanto pérdida como aumento de apetito.

Estos cambios en la conducta alimentaria son una respuesta fisiológica y emocional al malestar constante que se vive en un entorno laboral hostil. En algunos casos, el estrés intenso inhibe el apetito, lo que se traduce en una reducción significativa de la ingesta de alimentos, pérdida de peso, fatiga y debilitamiento físico.

En otros casos, el organismo reacciona en sentido contrario, buscando en la comida una forma de compensación emocional, lo que puede llevar a comer en exceso, especialmente alimentos hipercalóricos, y desencadenar un aumento de peso no deseado.

Ambas reacciones son expresiones del desequilibrio que el acoso laboral produce en los sistemas de regulación del cuerpo, influenciando directamente el metabolismo y la relación con la alimentación. Estos cambios, además de afectar la salud física, pueden intensificar el deterioro emocional al generar sentimientos de culpa, frustración o pérdida de control, convirtiéndose en un nuevo foco de sufrimiento para la persona agredida.

2.5.3.3. Los trastornos musculoesqueléticos

Se refiere, principalmente, entre otros a los siguientes síntomas:

- Las contracturas musculares persistentes (especialmente en cuello, hombros y espalda).

- Las lumbalgias o dolores cervicales sin causa física evidente.

- Los temblores o espasmos musculares[154].

2.5.3.4. Los trastornos dermatológicos

El acoso laboral puede manifestarse no solo en el bienestar psicológico, sino también en la salud física, y uno de los ámbitos más afectados es la piel.

El estrés constante que provoca trabajar en un ambiente hostil desencadena una cascada de reacciones hormonales y neuroquímicas que pueden dar lugar a trastornos dermatológicos como eccemas, urticaria, psoriasis, acné, caída del cabello o incluso vitiligo.

Las personas sometidas a acoso suelen vivir en estado de alerta, con altos niveles de cortisol y otras sustancias que alteran la función de la barrera cutánea y aumentan la inflamación, lo que facilita la aparición o empeoramiento de enfermedades de la piel[155].

Además, la ansiedad puede provocar hábitos como rascarse de forma compulsiva, generando lesiones o agravando las existentes.

El impacto visible de estos trastornos en la apariencia física afecta la autoestima y puede incrementar aún más el sufrimiento emocional, creando un círculo vicioso entre el acoso y las enfermedades dermatológicas. Por ello, es fundamental reconocer que el acoso laboral no es solo un problema psicológico, sino también un factor que puede desencadenar o agravar problemas cutáneos, y requiere un abordaje integral para proteger tanto la salud mental como la física de las personas afectadas.

La piel y las emociones están íntimamente conectadas. El acoso es un factor de estrés crónico que puede provocar o agravar enfermedades de la piel. Algunos mecanismos: El estrés crónico: produce liberación de cor-

---

154 Oginska-Bulik N. (2006) Occupational stress and its consequences in healthcare professionals: the role of type D personality. Int j Occup Med Environ Health; 19(2): 113-122.

155 González Torrecillas, J. (2014) Patología psicosocial de origen laboral, Ciencia Forense, 11/2014: 167-192

tisol. El acoso mantiene el cuerpo en estado de alerta, elevando cortisol y otras hormonas del estrés. Esto altera la función de barrera de la piel y facilita inflamaciones o infecciones.

Además, produce un Impacto social:

- Las enfermedades visibles pueden volver a la víctima más vulnerable al acoso, lo que constituye un círculo vicioso.

- El sufrimiento emocional multiplica las consultas médicas y tratamientos dermatológicos.

Otras patologías que produce son: Psoriasis o brotes de dermatitis. Eccemas nerviosos. Caída de cabello (alopecia areata de origen emocional). Acné o rosácea agravada por estrés

2.5.3.5. Los trastornos respiratorios

Las enfermedades del aparato respiratorio y del sistema musculo esquelético y del tejido conectivo fueron las que se presentaron con mayor frecuencia en los trabajadores que sufren de acoso con un 43,5% y un 37.8% respectivamente.

Los resultados demuestran que el acoso laboral no solamente es un problema desde el punto de vista organizacional, sino que conlleva consecuencias en la salud mental y física de los trabajadores que lo sufren.

Las personas que sufren acoso en el trabajo viven en un estado constante de tensión y estrés, lo que activa de forma sostenida el sistema nervioso y provoca liberación de hormonas como el cortisol y la adrenalina.

Esta respuesta fisiológica puede desencadenar o agravar problemas respiratorios, como crisis asmáticas, sensación de falta de aire, hiperventilación o broncoconstricción, especialmente en personas con enfermedades respiratorias previas. Además, la ansiedad generada por el ambiente hostil puede provocar respiración rápida y superficial, aumentando la sensación de ahogo y generando cuadros de hiperventilación que se confunden con problemas médicos más graves[156].

---

[156] Ochoa Díaz, César Eduardo, Hernández Ramos, Eduardo, Guamán Chacha, Kleber, & Pérez Teruel, Karina. (2021). El acoso laboral. *Revista Universidad y Sociedad, 13*(2), 113-118.

2.5.3.5.1. La sensación de ahogo o falta de aire (sin causa pulmonar)

El acoso laboral, al actuar como una fuente constante de estrés psicológico, puede provocar trastornos respiratorios que no tienen origen pulmonar directo, pero que afectan de forma real y significativa la calidad de vida de la persona[157]. Uno de los síntomas más frecuentes en este contexto es la sensación de ahogo o falta de aire, conocida también como disnea psicógena. Esta suele presentarse en situaciones de ansiedad o crisis de pánico provocadas por el ambiente laboral hostil, generando la percepción de que no entra suficiente aire, a pesar de que los pulmones estén sanos. Es una manifestación corporal del malestar emocional, donde el sistema nervioso autónomo se encuentra en estado de hiperactivación y altera el patrón respiratorio normal.

2.5.3.5.2. El asma psicosomática

El acoso laboral, al generar un estado de tensión emocional constante, puede desencadenar lo que se conoce como asma psicosomática, una forma de asma cuya aparición o agravamiento está directamente relacionado con factores psicológicos, especialmente el estrés crónico.

En un entorno laboral hostil, donde la persona se encuentra expuesta de forma prolongada a situaciones de miedo, presión, humillación o amenaza, el cuerpo responde activando el sistema nervioso autónomo y liberando sustancias como el cortisol y la adrenalina.

Esta respuesta sostenida puede provocar una hiperreactividad bronquial, es decir, una mayor sensibilidad de las vías respiratorias, que se traduce en dificultad para respirar, opresión torácica, tos seca o silbidos al exhalar.

El asma psicosomática es una forma de asma cuya aparición o agravamiento está estrechamente relacionado con factores emocionales o psicológicos, como el estrés, la ansiedad, el miedo o experiencias traumáticas, como el acoso laboral.

Aunque los síntomas son reales y físicos -dificultad para respirar, opresión en el pecho, silbidos al exhalar, tos-, no siempre existe una causa médica o alérgica clara que los explique.

---

157 Ortega Velásquez, F. Rodríguez Conde, J. Acoso laboral y sus efectos en la salud del trabajador: revisión de la literatura http://repository.urosario.edu.co/handle/10336/12755, https://repository.urosario.edu.co/items/96b79c33-84ab-4a3c-8a39-801595254382

En estos casos, el cuerpo responde al malestar emocional con una reacción fisiológica: las vías respiratorias se inflaman o se contraen como si estuvieran ante una amenaza física, cuando en realidad el "gatillo" es psicológico. Esto no significa que la persona lo esté imaginando o fingiendo; el sufrimiento es auténtico y puede ser muy incapacitante.

El asma psicosomática suele empeorar en momentos de alta tensión, ansiedad o conflicto emocional, y mejora cuando se abordan estas causas con apoyo psicológico, terapia emocional y técnicas de manejo del estrés. Por eso, en su tratamiento es fundamental no solo la atención médica, sino también el acompañamiento terapéutico que permita a la persona identificar y gestionar el origen emocional de su malestar.

En el caso del asma psicosomática, los síntomas no están causados por alérgenos o factores ambientales clásicos, sino por la sobrecarga emocional y la ansiedad mantenida. A menudo, estas crisis asmáticas aparecen en momentos de alta tensión laboral o al anticipar situaciones conflictivas, y pueden mejorar cuando se reduce el estrés o la persona se aleja del entorno laboral dañino.

Este tipo de asma no debe confundirse con un problema imaginario: se trata de una respuesta física real del organismo ante una situación psicológica intolerable. Por tanto, el abordaje del asma psicosomática en el contexto de acoso laboral requiere no solo tratamiento médico, sino también una intervención psicológica y, en muchos casos, un cambio en las condiciones laborales que están generando el malestar.

El acoso laboral puede actuar como un factor desencadenante o agravante en personas con asma preexistente, provocando una exacerbación de los síntomas y aumentando la frecuencia o intensidad de las crisis asmáticas. El estrés crónico derivado de un entorno laboral hostil activa mecanismos fisiológicos que afectan directamente al sistema respiratorio.

En particular, la exposición constante a situaciones de presión, miedo o humillación puede desencadenar respuestas de hipervigilancia y ansiedad, que a su vez generan broncoconstricción, elevación de la frecuencia respiratoria y una mayor sensibilidad de las vías aéreas. Esto favorece la aparición de síntomas como dificultad respiratoria, opresión en el pecho, tos persistente o sibilancias, incluso en ausencia de factores ambientales clásicos como alérgenos o infecciones.

En personas asmáticas, este tipo de estrés no solo disminuye la eficacia del tratamiento habitual, sino que puede aumentar la necesidad de medicación de rescate, generar visitas de urgencia y, en casos graves, provocar crisis que requieren hospitalización.

Además, el agotamiento emocional asociado al acoso reduce la adherencia al tratamiento y debilita la capacidad del cuerpo para autorregularse, creando un círculo vicioso entre el deterioro de la salud física y la exposición continua al maltrato laboral.

Por tanto, en pacientes con asma, la existencia de un entorno de trabajo tóxico debe considerarse un riesgo clínico relevante, que exige atención médica integral y medidas de protección psicosocial para prevenir un daño mayor.

2.5.3.5.3. La hiperventilación

El acoso laboral, especialmente cuando es prolongado y genera un estado de angustia constante, puede provocar episodios de hiperventilación, una alteración del patrón respiratorio que suele estar vinculada al estrés, la ansiedad y el pánico.

La hiperventilación se produce cuando la persona respira de forma rápida y superficial, generalmente como respuesta involuntaria a una situación emocionalmente intensa o a un entorno laboral percibido como amenazante. Este tipo de respiración provoca una disminución del nivel de dióxido de carbono (CO_2) en la sangre, lo que puede generar síntomas como mareo, hormigueo en manos o labios, opresión en el pecho, palpitaciones, visión borrosa e incluso sensación de desmayo.

En contextos de acoso laboral, la hiperventilación puede aparecer de forma súbita ante determinadas situaciones, como confrontaciones con la persona agresora, sobrecarga de tareas o humillaciones públicas, y también de manera más sostenida en personas que viven en un estado de alerta permanente.

Estos episodios no solo generan un gran malestar físico y psicológico, sino que también pueden ser confundidos con emergencias médicas, como infartos o crisis asmáticas, lo que agrava aún más la sensación de vulnerabilidad.

La hiperventilación, aunque no se origina en un problema pulmonar estructural, refleja el impacto directo del estrés psicosocial sobre el cuerpo. Por eso, cuando se presenta en el contexto de acoso laboral, debe ser abordada desde una perspectiva integral que incluya atención médica, intervención psicológica y, en muchos casos, medidas para frenar el daño que está produciendo el entorno de trabajo.

2.5.3.6. *Los trastornos del sueño*

El estrés y la ansiedad generados por el acoso mantienen al organismo en estado de alerta constante, dificultando la conciliación del sueño o provocando despertares frecuentes durante la noche.

Muchas personas acosadas experimentan pensamientos repetitivos sobre lo que viven, lo que les impide relajarse al acostarse, y pueden presentar insomnio, pesadillas relacionadas con la situación de acoso, o incluso despertar con palpitaciones y sudoración.

Además, el aumento de hormonas del estrés, como el cortisol, interfiere con los ritmos normales del sueño, haciendo que este sea más superficial e interrumpido.

Con el tiempo, la falta de descanso adecuado produce cansancio, irritabilidad, dificultad para concentrarse y un mayor riesgo de padecer problemas de salud física, como hipertensión o trastornos metabólicos[158].

2.5.3.6.1. El insomnio (dificultad para conciliar o mantener el sueño)

También es frecuente que aparezcan trastornos del sueño[159], como insomnio, despertares frecuentes o pesadillas relacionadas con el entorno laboral. La fatiga se vuelve constante y afecta el funcionamiento diario. A nivel físico, el estrés prolongado puede causar problemas gastrointestinales como gastritis, úlceras, colon irritable, náuseas o pérdida de apetito. Además, se menciona: Sueño no reparador. Pesadillas frecuentes

---

[158] Niedhammer, I., David, S., Degioanni, S., Drummond, A., & Philip, P. (2009). Workplace bullying and sleep disturbances: findings from a large-scale cross-sectional survey in the French working population. Sleep, 32(9), 1211-. *Dormir mal también reduce la capacidad de afrontar el acoso, creando un círculo vicioso que agrava tanto el sufrimiento psicológico como las consecuencias físicas. Por eso, es fundamental abordar de forma conjunta la situación de acoso y los problemas de sueño, buscando apoyo psicológico, estrategias de relajación y, si es necesario, tratamiento médico especializado.*

[159] Niedhammer, I., David, S., Degioanni, S., Drummond, A., & Philip, P. (2009). Workplace bullying and sleep disturbances: findings from a large-scale cross-sectional survey in the French working population. Sleep, 32(9), 1211-

2.5.3.7. Los trastornos neurológicos funcionales

El trastorno neurológico funcional (TNF) se refiere a una afección neurológica causada por cambios en la forma en que funcionan las redes cerebrales, en lugar de cambios en la estructura del cerebro en sí, como se observa en muchos otros trastornos neurológicos. Los síntomas físicos del TNF son genuinos, pero no pueden explicarse por los cambios en la estructura del cerebro.

Con frecuencia, las personas con TNF también presenten depresión, ansiedad o trastorno de estrés postraumático. Algunos estudios sugieren que los factores genéticos o ambientales pueden afectar el riesgo de la persona[160].

El acoso laboral [161]puede tener graves consecuencias para la salud mental y neurológica[162] de la víctima.

El estrés crónico, la ansiedad, la depresión y el trastorno de estrés postraumático (TEPT) son algunas de las manifestaciones psicológicas más comunes.

Además, el acoso laboral puede desencadenar problemas psicosomáticos como trastornos del sueño, migrañas, problemas gastrointestinales y alteraciones del sistema nervioso autónomo.

Además, hay que hacer referencia a otros síntomas como: Mareos o vértigos. Dolores de cabeza tensionales o migrañas. Hormigueos o sensación de debilidad sin causa neurológica demostrable. Bruxismo

2.5.3.8. Los trastornos endocrinos y metabólicos (TME)

El acoso laboral es un importante factor psicosocial que puede contribuir al desarrollo o empeoramiento de TME. Esto ocurre por varios mecanismos:

- El estrés crónico[163]: el acoso genera un estado de estrés sostenido que provoca aumento del tono muscular, rigidez, posturas defensivas o tensas y fatiga muscular.

---

160 https://www.ninds.nih.gov/es/health-information/disorders/trastorno-neurologico-funcional

161 Kostev, K., Rex, J., Waehlert, L., Hog, D., & Heilmaier, C. (2014). Risk of psychiatric and neurological diseases in patients with workplace mobbing experience in Germany: a retrospective database analysis. *GMS German Medical Science,* 12.

162 *Kivimaki M, Leno-Arjas P, Virtanen M, et al. (2004) Work stress and incidence of newly diagnosed fibromyalgia: prospective cohort study. J Psychosom Res.*

163 Iglesias, P. La víctima de acoso laboral sufre un verdadero infierno, https://jupsin.com/jupsin/acoso-laboral-6/

- Los cambios en el comportamiento laboral: una persona acosada puede trabajar más rápido, evitar pausas, asumir posturas incómodas por miedo a críticas, o tener menor capacidad de concentración, elevando el riesgo de lesiones.

- La respuesta inflamatoria: el estrés crónico aumenta mediadores inflamatorios en el organismo, que pueden empeorar dolencias musculoesqueléticas preexistentes.

- El Absentismo y empeoramiento de síntomas: el sufrimiento psicológico aumenta la percepción de dolor y la duración de la incapacidad laboral.

Se incluye: la desregulación hormonal por estrés (disfunción tiroidea)[164]. Aumento o pérdida de peso significativa. La fatiga crónica o sensación constante de agotamiento

2.5.3.9. Los trastornos inmunológicos

Se menciona, por ejemplo, el debilitamiento del sistema inmunológico (mayor susceptibilidad a infecciones). El sistema inmunológico también se debilita, haciendo que la persona enferme con mayor facilidad y que su cuerpo tarde más en recuperarse.

Todo esto impacta directamente en el rendimiento laboral: la víctima pierde concentración, motivación y comete errores con mayor frecuencia. A veces sigue asistiendo al trabajo por miedo, pero en condiciones físicas y mentales claramente deterioradas, lo que se conoce como presentismo.

Asimismo, la reactivación de enfermedades autoinmunes: el estrés crónico generado por el acoso somete al organismo a una tensión constante. Este estado de alerta continuo altera el funcionamiento normal del sistema nervioso y del sistema inmunológico, lo que explica por qué muchas personas afectadas desarrollan o agravan enfermedades físicas.

Una de las consecuencias más graves y menos visibilizadas es la reactivación de enfermedades autoinmunes, como el lupus, la artritis reumatoide, la psoriasis o enfermedades inflamatorias intestinales.

En estos casos, el cuerpo, confundido por el exceso de cortisol y adrenalina, comienza a atacarse a sí mismo, reactivando síntomas que tal vez llevaban años controlados.

---

164 Einarsen, Hoel, Zapf & Cooper "Exposure to workplace bullying generates altered neuroendocrine and immunological responses, linked to psychiatric and somatic problems."

El vínculo entre el estrés sostenido y los brotes autoinmunes está ampliamente documentado.

El acoso, al provocar un desgaste emocional continuo, no solo debilita el sistema inmune, sino que altera su funcionamiento, volviéndolo errático o hiperactivo. Así, personas que ya convivían con alguna condición de este tipo pueden experimentar recaídas más frecuentes o intensas.

El acoso laboral no puede seguir tratándose como un simple problema de convivencia o de mal clima organizacional. Es una agresión que puede enfermar gravemente, reactivar patologías dormidas y, en los casos más extremos, llevar al colapso en la salud. Reconocer, prevenir y sancionar el acoso es, además de una cuestión ética, una necesidad urgente de salud pública.

2.5.3.10. Los trastornos sexuales

También hay trastornos en este campo: de un lado, la disminución del deseo sexual.

El acoso laboral es una forma de violencia psicológica sostenida que deja secuelas profundas en quienes lo padecen.

No se trata solo de un conflicto interpersonal en el trabajo: es un ataque constante que afecta la dignidad, la seguridad y la estabilidad emocional de la persona. Sus efectos se manifiestan tanto a nivel mental como físico, interfiriendo directamente con la calidad de vida.

El acoso también deteriora la vida íntima y afectiva de la persona. Una consecuencia poco mencionada, pero muy real, es la disminución del deseo sexual.

El estrés prolongado, la ansiedad y la tristeza profunda provocan un bloqueo emocional que impide conectar con el placer, el afecto o la intimidad.

La mente está tan enfocada en sobrevivir al maltrato que el cuerpo responde apagando funciones que no considera prioritarias, como el deseo sexual. Esto puede generar además conflictos en la pareja, más aislamiento y mayor sufrimiento.

El acoso laboral es una forma de violencia silenciosa pero devastadora. Sus efectos no solo se sienten en el trabajo, sino que atraviesan todos los ámbitos de la vida, comprometiendo seriamente la salud física, emocional, mental y sexual de la persona afectada.

De otro lado, la disfunción eréctil o anorgasmia (por ansiedad y tensión)

La ansiedad constante y el estado de tensión al que se ve sometida la persona que sufre acoso laboral repercuten directamente en su salud sexual. Es común que aparezca una disminución del deseo sexual, ya que la energía mental está volcada en sobrevivir emocionalmente al maltrato diario. El cuerpo, sometido a altos niveles de estrés, bloquea funciones que percibe como no esenciales, como el deseo y el placer.

Además, muchas víctimas pueden experimentar disfunción eréctil en el caso de los hombres, o anorgasmia en el caso de las mujeres, es decir, la dificultad o imposibilidad de alcanzar el orgasmo. Estas disfunciones no tienen necesariamente una causa física, sino que suelen estar ligadas a la ansiedad, la tensión constante, el bajo estado de ánimo y la pérdida de autoestima provocada por el acoso.

Estas alteraciones sexuales no solo afectan la salud individual, sino también las relaciones de pareja, generando distanciamiento, frustración y aislamiento. Así, el impacto del acoso se extiende fuera del entorno laboral, afectando todos los ámbitos de la vida de la persona.

2.5.3.11. Los trastornos de la voz

El acoso laboral puede tener diversas consecuencias negativas para la salud, incluyendo trastornos de la garganta como la disfonía o la afonía. Los músculos de la laringe son muy sensibles a los estados de estrés. Por ello, es común sufrir afonías a causa de impactos emocionales o de estados de preocupación y angustia mantenidos en el tiempo[165] etc., o como la disfonía psicógena ante situaciones estresantes, como el acoso laboral[166].

---

[165] La disfonía psicógena: cuando el estrés afecta a la voz, https://lamenteesmaravillosa.com/disfonia-psicogena/

[166] Baker J. Psychogenic voice disorders and traumatic stress experience: a discussion paper with two case reports. *J Voice.* 2003 Sep;17(3):308-18.
Dinville, C. *Los trastornos de la voz y su reeducación.* Ed. Masson. Barcelona, España. 1989.
Bustos, I. *Reeducación de problemas de la voz.* Ed. Cepe. Madrid, España. 1983.
Sudhir PM, Chandra PS, Shivashankar N, Yamini BK. Comprehensive management of psychogenic dysphonia: a case illustration. *J Commun Disord.* 2009 Sep-Oct;42(5):305-12.

De este modo, el estrés y la ansiedad derivados del acoso pueden afectar el sistema nervioso, incluyendo las cuerdas vocales[167] favoreciendo la aparición de la afonía y los trastornos de la voz[168]. Los trastornos de la garganta relacionados con el acoso laboral: Disfonía: Dificultad para hablar o ronquera, causada por la tensión en las cuerdas vocales. Afonía: Pérdida total de la voz, también relacionada con la tensión y el estrés.

En todo caso, la tensión corporal afecta directamente la laringe[169], los músculos respiratorios y los del tracto vocal, produciendo una voz más tensa, ronca y con dificultad para proyectarse. Los nervios pueden provocar temblores en la voz y una respiración más superficial. El miedo provoca una reacción fisiológica inmediata en el cuerpo, activando el sistema nervioso autónomo y produciendo un aumento de la frecuencia cardíaca, tensión muscular y respiración superficial. Como consecuencia, la voz se vuelve más aguda, entrecortada e incluso puede bloquearse, dificultando tanto la producción vocal como la articulación clara de las palabras.

El trabajo entre los foniatras y psicólogos es decisivo.

2.5.3.12. Los trastornos en los ojos

El estrés puede aumentar la presión intraocular y afectar la circulación sanguínea en los ojos, lo que podría influir en la salud del vítreo y la retina junto a otras patologías en las que también puede influir; en el primer caso, estrés puede agravar esta afección que hace que veamos destellos o filamentos en nuestro campo de visión[170].

---

167 Basauri, G. https://www.infosalus.com/actualidad/noticia-estres-ansiedad-afectan-cuerdas-vocales-favoreciendo-aparicion-afonia-trastornos-voz-20121201120051.html https://www.martapinillos.com/blog/articulos/impacto-estres-ansiedad-voz-como-combatirlo/

168 https://www.eleconomista.es/salud-bienestar/empresas/noticias/4443680/12/12/El-estres-y-la-ansiedad-afectan-a-las-cuerdas-vocales-favoreciendo-la-aparicion-de-la-afonia-y-los-trastornos-de-la-voz.html
https://cpal.edu.pe/blog/los-efectos-del-estres-y-la-emocion-en-la-voz/

169 Lussaud Guerrer, A. https://www.clinicauniversitaria.cat/es/como-impactan-las-emociones-en-la-voz/

170 https://imqsanrafael.es/desprendimiento-de-vitreo-y-estres/
https://visioncore.es/afecta-estres-la-salud-ocular-sintomas-trastornos-recomendaciones/
https://www.martinezdecarneros.com/destellos-en-los-ojos-conoce-los-problemas-oculares-que-origina-el-estres/

El estrés puede causar un aumento temporal de la presión dentro del ojo, lo que podría favorecer el desprendimiento del vítreo. En definitiva, el sistema ocular es una de las áreas del cuerpo que puede verse afectada por el estrés[171]. Estudios realizados han evidenciado que el estrés crónico puede provocar alteraciones en el sistema nervioso autónomo, que también regula la función de los ojos[172]. Los ojos experimentan cambios, como un aumento de la presión intraocular (PIO), cuando está estresado o ansioso, ya sea durante un breve periodo de tiempo o de forma regular.

2.6. *El Impacto en la identidad profesional y trayectoria laboral*

2.6.1. ¿Cómo el acoso laboral afecta la identidad profesional?

El trabajo es fuente de autoestima y sentido de propósito. Cuando el entorno laboral se vuelve hostil, la persona siente que ha fracasado profesionalmente, pierde la motivación y puede renunciar abruptamente, cambiar de sector, o abandonar su carrera.

---

https://realvision.es/blog/2017/04/18/desprendimiento-vitreo-clinica-oftalmologica-madrid/

171 Mukamal, R. Sorprendentes vínculos entre el estrés y los ojos. *American Academy of Ophthalmology*. https://www.aao.org/salud-ocular/consejos/sorprendentes-v%C3%ADnculos-entre-el-estr%C3%A9s-y-los-ojos. Cómo el estrés constante afecta la salud ocular, https://www.koha.net/es/lifestyle/si-ndikon-stresi-i-vazhdueshem-ne-shendetin-e-syve
Arosemena,L.https://lawebdelasalud.com/impacto-del-estres-en-la-salud-ocular-que-dice-la-ciencia/.
https://www.oftalmologiatrestorres.com/descubre-como-afecta-el-estres-y-la-ansiedad-en-tus-ojos/
Daisy Y. S. et al. Role of Oxidative Stress in Ocular Diseases: A Balancing Act. Metabolites. 2023.
https://fernandez-vega.com/blog/como-afecta-el-estres-a-nuestra-salud-ocular

172 Cómo el estrés constante afecta la salud ocular, https://www.koha.net/es/lifestyle/si-ndikon-stresi-i-vazhdueshem-ne-shendetin-e-syve Arosemena, L. https://lawebdelasalud.com/impacto-del-estres-en-la-salud-ocular-que-dice-la-ciencia/.
https://www.oftalmologiatrestorres.com/descubre-como-afecta-el-estres-y-la-ansiedad-en-tus-ojos/
Daisy Y. S. et al. Role of Oxidative Stress in Ocular Diseases: A Balancing Act. Metabolites. 2023.
https://fernandez-vega.com/blog/como-afecta-el-estres-a-nuestra-salud-ocular

Esto tiene efectos duraderos tanto económicos[173] como psicológicos (se han relatado o se expresan a continuación).

2.6.2. ¿Qué papel juega la culpabilidad en la parálisis de la víctima?

El agresor muchas veces disfraza su conducta como "ayuda", lo que lleva a la víctima a internalizar la culpa por el maltrato sufrido. Esta culpabilidad paraliza, ya que la víctima cree que merece el trato recibido. Este mecanismo impide que se defienda, perpetuando su vulnerabilidad.

El agresor rara vez muestra arrepentimiento. Es más común que el reconocimiento venga de quienes fueron testigos, cómplices pasivos o incluso indiferentes en su momento, pero que más tarde reflexionan y comprenden el impacto de su silencio.

Estos gestos (una disculpa honesta, un mensaje de validación, una toma de posición tardía pero sincera) pueden tener un valor reparador inesperado. No porque borren lo vivido, sino porque interrumpen la lógica del abandono.

La sociedad, por su parte, también tiene responsabilidad. Naturalizar el acoso, justificar al agresor, desconfiar de la víctima o banalizar el daño son formas de violencia simbólica que impiden la reparación y profundizan el trauma.

Romper con esa cultura requiere sensibilización, educación emocional y una ética del cuidado que atraviese los discursos, las prácticas y los vínculos laborales.

Estas respuestas sociales e institucionales no solo invalidan la experiencia de quien fue dañada, sino que también amplifican el trauma, dejando una huella de desamparo aún más profunda que la agresión inicial.

Romper con esa cultura no es un gesto superficial ni simbólico: es una transformación ética que requiere sensibilización colectiva, educación emocional sostenida y una ética del cuidado que no se limite al discurso, sino que atraviese las prácticas cotidianas, las relaciones laborales y las estructuras organizacionales. Solo en una cultura que cree en la dignidad humana, en la escucha activa y en la justicia emocional es posible prevenir el acoso y reparar el daño con integridad.

---

173 Moreno JO, López-Bastida J, Montejo-González AL, Osuna-Guerrero R y Duque-González B. (2009) The socioeconomic cost of mental iones in Spain. *European Journal of Health Economics* 361 y ss.

2.6.3. ¿Cuáles son los compromisos institucionales para la prevención y reparación del acoso laboral?

Toda organización que aspire a construir un entorno de trabajo sano, ético y humanizado debe asumir de forma activa su rol en la prevención del acoso laboral y la reparación del daño cuando este ocurre. No basta con rechazar la violencia en términos abstractos: es necesario traducir ese rechazo en políticas concretas, decisiones valientes y vínculos basados en el cuidado mutuo.

A continuación, se presentan algunos compromisos mínimos que toda institución responsable puede -y debe- asumir:

a). La tolerancia cero frente al acoso: declarar explícitamente que el maltrato, la violencia psicológica y la hostilidad sistemática no son aceptables bajo ninguna forma, y actuar en consecuencia ante cualquier señal.

b). los protocolos claros y accesibles: contar con mecanismos de denuncia confidenciales, procedimientos justos y equipos capacitados para abordar estas situaciones con celeridad, respeto y transparencia.

c). El acompañamiento integral a las víctimas: ofrecer contención emocional, asesoría legal y medidas de protección concretas para garantizar la seguridad, el bienestar y la dignidad de la persona afectada.

d). La formación continua: implementar instancias periódicas de sensibilización, capacitación y reflexión sobre acoso, salud mental y cultura organizacional para todos los niveles jerárquicos.

e). La responsabilidad institucional en la reparación: reconocer el daño cuando ocurre, asumir su parte de responsabilidad y garantizar procesos de reparación que incluyan escucha activa, acciones simbólicas y medidas concretas de no repetición.

f). La ética del cuidado como principio transversal: construir una cultura donde el respeto, la empatía y la corresponsabilidad no sean valores decorativos, sino prácticas diarias que orienten el funcionamiento interno.

Las organizaciones no solo son escenarios de producción: son espacios humanos donde el modo en que se habita el poder, la palabra y el vínculo tiene consecuencias reales. Comprometerse con una cultura libre de acoso no es una opción estética: es una obligación ética.

Reparar no es olvidar ni compensar con dinero: es restituir el lugar humano que le fue arrebatado a la víctima, es acompañar su reconstrucción con verdad, dignidad y compromiso. Solo así una experiencia traumática puede transformarse en una herida con sentido, en lugar de una marca de injusticia silenciada.

2.6.4. ¿Qué consecuencias tiene el acoso laboral en la trayectoria profesional a largo plazo?

Las víctimas pueden experimentar inactividad laboral prolongada, baja empleabilidad percibida, miedo a reincorporarse, y cambios forzados de carrera. Algunas incluso evitan ocupar roles similares por miedo a repetir la experiencia. Esto limita el desarrollo profesional y afecta la calidad de vida general.

¿Por qué los síntomas pueden reaparecer incluso después de abandonar el trabajo?

Debido a la profundidad del trauma, los síntomas pueden reactivarse al intentar volver a un entorno laboral. Se presenta un patrón cíclico: retorno al trabajo, recaída, baja médica. La víctima permanece atrapada en el trauma si no recibe intervención adecuada.

2.6.5. ¿Cuál es el rol de la sociedad y la empresa u organización en la reparación del daño?

Las víctimas no suelen pedir venganza, sino reconocimiento y justicia. La reparación debería incluir apoyo institucional y económico, pero muchas veces no es suficiente. El agresor no muestra arrepentimiento; la empatía y reconocimiento suelen venir de testigos o cómplices que después reflexionan. El silencio institucional perpetúa el daño. Se verán estos aspectos:

La reparación del daño causado por el acoso laboral es un proceso que interpela a la especialmente, a la organización donde ocurrió el daño. Las víctimas, en la mayoría de los casos, no buscan venganza: buscan reconocimiento, justicia, verdad.

Necesitan que lo que vivieron sea nombrado, legitimado y visibilizado; que alguien diga con claridad: "esto que te hicieron estuvo mal, no fue tu culpa, y no debió pasar".

El rol de la empresa es central. Una reparación real debe incluir medidas institucionales y económicas, como licencias, compensaciones, reubicaciones, acompañamiento terapéutico y sanción al agresor. Pero muchas veces eso no alcanza. Porque el daño no es solo práctico: es simbólico, emocional y relacional.

La persona ha sido silenciada, desvalorizada y aislada dentro de un sistema que, en muchos casos, fue cómplice por acción u omisión. Por eso, el silencio institucional perpetúa el daño, y una respuesta tibia o burocrática suele ser vivida como una nueva forma de violencia.

2.6.6. ¿Qué factores favorecen y facilitan la salida del acoso laboral?

Salir de una situación de acoso laboral requiere mucho más que voluntad individual. Es un proceso complejo que implica desmontar el miedo, recuperar la autoestima y reactivar la confianza en uno mismo y en los otros.

Existen factores protectores que pueden facilitar ese proceso y ayudar a romper el círculo del daño.

2.6.6.1. *Uno de los más importantes es el apoyo emocional sostenido*

Cuando la persona acosada encuentra alguien que la escuche sin juzgar, que le crea, que valide su experiencia y le recuerde su valor, comienza a reconstruir lo que el acoso ha intentado destruir: su identidad, su dignidad, su derecho a estar bien, su derecho a una vida libre de violencia.

En ese encuentro se abre un primer gesto de confianza que puede marcar el inicio de la recuperación.

Este apoyo puede venir de múltiples fuentes: amistades que sostienen sin presionar, familiares que acompañan sin imponer, colegas que no callan ante lo que ven, psicoterapeutas que ofrecen escucha especializada, o incluso espacios grupales donde otras personas que han atravesado experiencias similares permiten reflejarse y sentirse comprendidas. No se trata solo de hablar, sino de sentirse visto y validado, de recuperar el propio relato frente a un sistema que muchas veces lo niega o lo distorsiona.

El acompañamiento emocional no cura por sí solo, pero hace posible el proceso de curación. Le devuelve a la persona una red desde la cual volver a confiar, volver a elegir y, eventualmente, volver a comenzar.

2.6.6.2. *Otro factor clave es la información clara sobre sus derechos y recursos disponibles.*

Conocer las vías legales, los protocolos institucionales, siempre que estos funcionen, los servicios de asesoramiento permiten que la víctima deje de sentirse atrapada.

El acceso a información concreta y confiable le devuelve parte del control y le permite tomar decisiones informadas.

Muchas personas permanecen en situaciones de violencia prolongada porque desconocen que lo que viven es denunciable, o creen erróneamente que no tienen herramientas para defenderse.

Saber que existen leyes que protegen, protocolos internos que pueden activarse, asesorías jurídicas gratuitas o redes de acompañamiento externo transforma la percepción de encierro.

La información, cuando se presenta de manera comprensible, respetuosa y oportuna, empodera.

Permite pasar de la sensación de vulnerabilidad absoluta a la posibilidad de tomar decisiones concretas. Informar no es solo un acto técnico: es una forma de devolver poder.

2.6.6.3. *También cumple un rol fundamental la contención profesional, especialmente el acompañamiento psicológico.*

La psicoterapia brinda un espacio seguro para procesar el trauma, resignificar lo vivido, identificar patrones internos que perpetúan el maltrato, resignificarlo y comprender sus efectos, y diseñar estrategias de acción posibles.

Es en ese espacio seguro donde la víctima puede desmontar la culpa, recuperar la autoestima y volver a sentirse sujeto de su propia historia. El acompañamiento clínico permite desactivar creencias instaladas por el maltrato, identificar patrones de indefensión aprendida y trabajar sobre el trauma acumulado. En muchos casos, es este trabajo el que permite transformar la parálisis en movimiento y el miedo en decisión.

A diferencia del entorno laboral hostil, el vínculo terapéutico se convierte en un lugar donde la palabra no es castigada, sino escuchada y acogida.

2.6.6.4. *También es determinante la respuesta institucional.*

Cuando una organización cuenta con protocolos claros, comités éticos o áreas de recursos humanos capacitadas en la atención de riesgos psicosociales, y sobre todo, cuando actúa con firmeza frente a las denuncias, el mensaje es claro: aquí no se tolera la violencia. Cuando existen organizaciones o instituciones que responden con claridad, rapidez y compromiso, el proceso se acelera. La presencia de protocolos, comités de ética o áreas de recursos humanos formadas en riesgos psicosociales puede marcar una diferencia fundamental.

Una institución que protege a quien denuncia y sanciona a quien agrede, envía un mensaje poderoso: no estás sola, no estás solo.

La intervención institucional -cuando es real y no solo formal- tiene un efecto reparador. Brinda contención, reduce el miedo, visibiliza el conflicto y corta el ciclo de impunidad que alimenta el acoso.

Las instituciones que se comprometen de verdad no solo protegen a las víctimas: previenen nuevos casos, promueven salud organizacional y construyen una cultura laboral ética.

2.6.6.5. Además, un factor interno pero esencial es la reconexión con el deseo, el propósito y el proyecto de vida.

El acoso laboral no solo afecta la salud mental: también borra el horizonte, opaca los sueños y fragmenta la identidad. En el proceso de salir, es fundamental que la persona pueda volver a preguntarse qué quiere, qué le hace bien, qué espacios desea habitar. A veces, este redescubrimiento comienza con pequeñas decisiones: recuperar un hábito olvidado, retomar una actividad placentera, considerar un cambio laboral, comenzar a hablar del tema sin miedo.

Poco a poco, la persona deja de definirse por el daño recibido y empieza a reconstruirse desde su deseo, su dignidad y su capacidad de elegir.

Salir del acoso es reconstruir la posibilidad de vivir con dignidad, sin miedo y sin culpa. Cada paso en esa dirección merece ser reconocido y acompañado.

Capítulo III

Las consecuencias económicas derivados del acoso laboral

3.1. Los costes para la empresa o institución empleadora de la producción del acoso laboral

3.1.1. ¿Cómo afecta el acoso laboral a la productividad y eficiencia de una empresa?

El acoso laboral afecta de forma directa y grave la productividad y eficiencia de una empresa al deteriorar el clima laboral, dañar la salud física y mental de los trabajadores y generar un entorno de desconfianza, miedo y desmotivación[174].

Tanto en el mundo económico-laboral, como en el privado, nacen envidias, rencores, celos, hasta incluso odios, por una apetencia desmesurada de progreso en la que se impone el «todo vale» con tal de obtener un mayor beneficio económico o un mayor prestigio social[175].

En este mismo sentido, el acoso puede tener lugar en todos los ámbitos de la vida, como un fenómeno social, surge y se desarrolla en un determinado clima de relaciones humanas, que lo potencia, lo permite o lo tolera; psicológico, porque afecta personalmente a los individuos que se ven envueltos en este tipo de problemas. No hay día en que las noticias no presenten casos de una realidad que está sucediendo, y que se ha pretendido minimizar durante demasiado tiempo, a veces por ignorancia, otras por el interés de enviar un falso mensaje tranquilizador de «aquí no pasa nada», es un caso aislado.

La realidad evidencia que cada día hay más casos y hay que buscar soluciones que vengan tanto desde la prevención de estas conductas como desde las propuestas reparadoras. En el caso de las víctimas: quedan expuestas a consecuencias negativas, cuadros de estrés postraumático, daño psicoló-

---

174 Pastrana, J. (2002). ¿Cuánto cuesta el mobbing en España? *Revista de relaciones laborales*, 2 (7), 171 y ss.

175 Conesa Ballestero, J. Sanahuja Vidal, M. (2002) Acoso moral en el trabajo: tratamiento jurídico *(mobbing). Actualidad Laboral,* N.° 30, Sección Doctrina, Editorial LA LEY.

gico que produce un incremento de vulnerabilidad a futuras situaciones, hay un riesgo de revictimización.

Cualquier acoso es una verdadera lacra que debería ser eliminada de forma radical. Supone la vejación de la persona por parte de un individuo o grupo hasta llevar al mismo a una situación de estrés que le inhabilita para la vida en sociedad generando enormes daños, tanto físicos como, psíquicos. Ninguna persona debe ser sometida a hostigamiento y debe generarse recursos efectivos y de aplicación inmediata para impedir estas conductas ajenas a la legalidad[176].

Cuando una persona sufre acoso, su rendimiento disminuye por la ansiedad, el estrés, el agotamiento emocional y la pérdida de concentración, lo que incrementa los errores, reduce la calidad del trabajo y puede derivar en ausencias frecuentes o prolongadas.

Pero el impacto no se limita a la víctima: también afecta al resto del equipo, que suele trabajar bajo tensión, con miedo a involucrarse o a convertirse en el próximo objetivo, lo que reduce el compromiso, la cooperación y la innovación.

Además, el acoso mina la cultura organizacional, debilita la confianza en el liderazgo y puede provocar conflictos internos, parálisis en la toma de decisiones o desmotivación generalizada[177].

A medio y largo plazo, esta dinámica afecta la capacidad de la empresa para retener talento, cumplir objetivos estratégicos y responder con agilidad a los desafíos del entorno.

Por tanto, el acoso laboral no es solo un problema interpersonal, sino una amenaza estructural para el buen funcionamiento y la competitividad de cualquier organización.

3.1.2. ¿Qué relación existe entre el acoso laboral y el aumento del absentismo en las organizaciones?

El acoso laboral está directamente relacionado con el aumento del absentismo en las organizaciones, ya que las personas que lo sufren suelen de-

---

176 Pérez Martell, R. (2012) El *bullying* (acoso escolar) y el *cyberbullying:* prevención y soluciones desde la vía judicial y las extrajudiciales, *Diario La Ley*, N° 7978, Sección Doctrina, Ref. D-431, Editorial LA LEY

177 Pastrana Jiménez, K. ¿Cuánto cuesta el mobbing en España? https://ojs.ehu.eus/index.php/Lan_Harremanak/article/view/5818/5494

sarrollar problemas de salud física y mental que las incapacitan, temporal o recurrentemente, para asistir al trabajo.

El estrés crónico generado por un ambiente hostil puede provocar trastornos como ansiedad, depresión, insomnio, fatiga crónica, enfermedades psicosomáticas o crisis de pánico, que justifican bajas médicas frecuentes o prolongadas.

Además del impacto en la salud individual, muchas víctimas de acoso optan por ausentarse como forma de evitar la exposición al agresor o al entorno tóxico, lo que agrava el problema.

Según datos de la Agencia Europea para la Seguridad y la Salud en el Trabajo (EU-OSHA)[178], el acoso puede incrementar el absentismo entre un 30 % y un 50 %, lo que se traduce en una disminución directa de la productividad, interrupciones operativas y costes económicos significativos para las empresas. La EU-OSHA se ocupa de que los lugares de trabajo europeos sean más seguros, saludables y productivos en beneficio de las empresas, los empleados y las administraciones. Fomenta una cultura de la prevención de riesgos para mejorar las condiciones de trabajo en Europa[179].

El acoso laboral no solo daña la salud del trabajador acosado, sino que también genera pérdidas económicas importantes para la organización al aumentar el ausentismo y alterar el funcionamiento normal de los equipos de trabajo.

3.1.3. ¿Por qué el acoso incrementa la rotación de personal y qué coste económico tiene para la empresa?

El acoso laboral incrementa la rotación de personal porque genera un entorno de trabajo hostil e insostenible que muchas personas se ven obligadas a abandonar para proteger su salud física y mental.

---

178 https://osha.europa.eu/es/publications/strategies-and-legislation-psychosocial-risks-six-european-countries El informe nacional se analizan los enfoques de los riesgos psicosociales relacionados con el trabajo en España. La investigación y las entrevistas sobre el terreno incluyeron a una amplia gama de partes interesadas nacionales que desempeñan un papel importante en la seguridad y la salud en el trabajo.
Ver en https://osha.europa.eu/es/publications/spain-psychosocial-risk-prevention-strategies-and-legislation. Destaca en este informe

179 https://european-union.europa.eu/institutions-law-budget/institutions-and-bodies/search-all-eu-institutions-and-bodies/european-agency-safety-and-health-work-eu-osha_es

Las víctimas, al no encontrar apoyo institucional o mecanismos efectivos de resolución, suelen optar por renunciar, incluso si ello implica un perjuicio económico personal. También ocurre que la organización, en lugar de abordar el problema, facilita la salida de la persona acosada mediante presiones, marginación o evaluaciones negativas que conducen al despido o a una renuncia forzada. Esta rotación no solo afecta a la víctima directa, sino que también puede motivar la salida de otros trabajadores que, al presenciar el conflicto o perder la confianza en la empresa, deciden buscar entornos laborales más saludables.

El coste económico para la empresa es considerable. Cada vez que un empleado se va, la organización debe asumir los gastos asociados al proceso de selección, reclutamiento, contratación y formación de nuevos trabajadores[180].

Además, la salida de personal capacitado implica la pérdida de experiencia, conocimientos específicos y relaciones construidas, lo que afecta la continuidad operativa y la calidad del trabajo.

A esto se suma el tiempo que toma la adaptación del nuevo empleado, durante el cual la productividad suele disminuir. Cuando la rotación es elevada, también se resiente la moral de los equipos, se pierde cohesión y se debilita la cultura organizacional.

En conjunto, la alta rotación derivada del acoso laboral representa un desgaste económico y humano significativo para la empresa, comprometiendo su eficiencia, estabilidad interna y capacidad de atraer o retener talento a largo plazo[181].

3.1.4. ¿De qué manera el acoso reduce el rendimiento laboral no solo de la víctima, sino también del entorno de trabajo?

El acoso laboral reduce el rendimiento laboral no solo de la víctima directa, sino también del entorno de trabajo, porque genera un clima organizacional tóxico, marcado por el miedo, la tensión, la desconfianza y la desmotivación.

En la víctima, el estrés continuo, la ansiedad, la falta de concentración y el desgaste emocional afectan directamente su capacidad de rendir, tomar

---

180 Pastrana, J. (2002). ¿Cuánto cuesta el mobbing en España? *Revista de relaciones laborales*, 2 (7), 171 y ss.

181 Niedl, K. (1996). Mobbing and wellbeing: economic and personal development implications. European Journal of Work and Organizational Psychology, 5(2), 239-249.

decisiones, cumplir plazos o sostener relaciones laborales funcionales. Esto puede traducirse en errores frecuentes, baja productividad y dificultades para mantener un nivel de desempeño adecuado.

En situaciones de acoso laboral, la víctima experimenta un deterioro progresivo de sus capacidades cognitivas y emocionales debido al estrés sostenido.

El estado de alerta constante, la ansiedad anticipatoria y el miedo al juicio o a la represalia afectan su capacidad de concentración, memoria, análisis y toma de decisiones.

Esta sobrecarga emocional también impacta negativamente en su energía, motivación y seguridad personal, lo que repercute directamente en su desempeño profesional diario.

Como resultado, pueden aparecer errores frecuentes, olvidos, bloqueos mentales o retrasos en las tareas, así como dificultades para comunicarse de forma efectiva o colaborar con colegas. La persona puede parecer "distraída" o "ineficiente" ante los ojos de los demás, cuando en realidad está atravesando un proceso de desgaste psicológico severo, muchas veces invisibilizado o malinterpretado por la propia organización[182].

Esta caída en el rendimiento no refleja falta de competencia, sino el efecto real del maltrato sobre el funcionamiento mental y emocional de la víctima. Ignorar estas señales y centrarse únicamente en los resultados sin atender al contexto de violencia laboral puede agravar el problema y perpetuar el daño.

Pero el impacto no se limita a quien sufre el acoso: los compañeros que presencian o perciben la situación también ven afectada su motivación. El temor a convertirse en la próxima víctima, la sensación de injusticia o la falta de acción por parte de la dirección generan desconfianza hacia la organización y pérdida del compromiso laboral. Esto reduce la colaboración, inhibe la creatividad, frena la innovación y deteriora el trabajo en equipo.

El impacto del acoso laboral se extiende más allá de la víctima directa y afecta profundamente al clima psicológico del grupo de trabajo.

Los compañeros que observan o perciben la situación -aunque no sean atacados directamente- experimentan un fenómeno conocido como "daño

---

182 *Niedhammer I, David S, Degioanni S, et al. Economic activities and occupations at high risk for workplace bullying: results from a large-scale cross-sectional survey in the general working population in France. Int Arch Occup Environ Health. 2007;80: 346–353*

colateral psicosocial". El miedo a represalias, la sensación de vulnerabilidad, y la percepción de impunidad o falta de protección por parte de la dirección generan un entorno emocionalmente inseguro.

Esta atmósfera de tensión y desconfianza provoca que los trabajadores reduzcan su implicación emocional con la empresa, eviten asumir riesgos, limiten su creatividad o incluso se abstengan de proponer ideas o innovaciones.

El trabajo en equipo se ve afectado por la fragmentación de vínculos, la competencia encubierta o la parálisis colectiva ante los conflictos. Además, muchos optan por el silencio, el aislamiento o el "perfil bajo" como estrategia de supervivencia.

En este contexto, se produce una pérdida progresiva de cohesión interna, compromiso y sentido de pertenencia, lo que debilita la estructura organizativa. A largo plazo, esto se traduce en baja productividad, aumento de errores, mayor rotación de personal y deterioro del prestigio institucional, incluso si la empresa no reconoce o visibiliza el origen del problema.

Por eso, no actuar frente al acoso no solo daña a quien lo sufre, sino que mina la confianza colectiva y compromete gravemente la salud organizacional.

En conjunto, el acoso laboral actúa como un factor de deterioro colectivo: convierte los espacios de trabajo en entornos emocionalmente inseguros, donde predomina la autoprotección en lugar del rendimiento compartido. Así, el rendimiento baja no solo por la afectación individual, sino por una dinámica destructiva que permea toda la estructura organizativa.

3.1.5. ¿Qué impacto económico tienen los litigios por acoso laboral en la empresa?

Los litigios por acoso laboral generan un impacto económico significativo para las empresas, tanto por los costes directos asociados al proceso legal como por las consecuencias indirectas que afectan su funcionamiento y reputación.

En primer lugar, los costes directos incluyen el pago de honorarios legales, gastos en defensa jurídica, peritajes, y sobre todo, posibles indemnizaciones a las víctimas por daños morales[183], lucro cesante o despido improcedente.

---

183 Mir Puig, C. (2010) El mobbing o acoso moral o psicológico en el trabajo en la reforma penal, parte del libro *Derecho penal del Estado social y democrático de derecho. Libro homenaje a Santiago Mir Puig,* edición número 1, Editorial LA LEY. *Señala que*

En algunos casos, también se imponen multas administrativas por parte de las autoridades laborales o de inspección, especialmente si se demuestra negligencia o falta de protocolos preventivos.

A esto se suma el tiempo y los recursos humanos internos invertidos en la gestión del conflicto legal: personal de recursos humanos, directivos, abogados internos y testigos que deben dedicar horas de trabajo al proceso en lugar de a sus funciones habituales. Este desvío de energía y atención repercute negativamente en la productividad y en la toma de decisiones estratégicas.

En segundo lugar, están los costes indirectos, que a menudo son más duraderos y difíciles de cuantificar.

Un litigio por acoso puede dañar gravemente la imagen pública de la empresa, reduciendo su capacidad de atraer talento, clientes o inversores[184].

También puede afectar el clima interno, provocando desconfianza, miedo y desmotivación en el personal. Incluso si la empresa gana el litigio, el solo hecho de estar asociada a un caso de acoso puede provocar una pérdida de credibilidad y reputación institucional.

Los litigios por acoso laboral representan una amenaza financiera y estratégica para la empresa, que puede evitarse mediante políticas preventivas efectivas, protocolos de actuación claros y una cultura organizacional que priorice el respeto, la dignidad y la salud de sus trabajadores.

3.1.6. ¿Cómo se ve afectada la reputación y el valor institucional de una organización que tolera el acoso?

La reputación y el valor institucional de una organización que tolera el acoso laboral se ven profundamente afectados, tanto a nivel interno como

---

no bastan las sanciones meramente indemnizatorias a que pueden dar lugar las jurisdicciones Estas vías son insuficientes para prevenir el grave problema que constituye el acoso moral o psicológico en el trabajo, que constituye una verdadera lacra social como han puesto de manifiesto recientemente los Estudios Cisneros I y II de la Universidad de Alcalá dirigidos por el profesor Iñaki *Piñuel y Zabala,* (el Estudio Cisneros III se refiere al ámbito de la enfermería; el Estudio Cisneros IV, al ámbito de la Universidad pública, y el Estudio Cisneros V, al ámbito de la Administración Pública).

184 Moreno JO, López-Bastida J, Montejo-González AL, Osuna-Guerrero R y Duque-González B. (2009) The socioeconomic cost of mental iones in Spain. *European Journal of Health Economics* 361 y ss

externo, generando consecuencias que van más allá de la imagen pública: comprometen su credibilidad, sostenibilidad y competitividad.

Cuando una empresa permite, minimiza o ignora situaciones de acoso, envía un mensaje claro de impunidad, falta de ética y ausencia de compromiso con el bienestar de sus trabajadores.

Cuando una empresa permite, minimiza o ignora situaciones de acoso laboral, lo que transmite -tanto a sus empleados como al entorno externo- es un mensaje implícito de impunidad y tolerancia hacia la violencia.

Esta actitud institucional revela una falta de ética organizacional, una ausencia de liderazgo responsable y una desconexión con los valores fundamentales de respeto, dignidad y salud laboral.

El efecto inmediato es el deterioro de la confianza interna: los trabajadores dejan de sentirse protegidos, escuchados o valorados, lo que daña el clima laboral y erosiona la cohesión de los equipos.

A largo plazo, esta permisividad se convierte en cultura tóxica normalizada, donde el miedo, el silencio y la resignación sustituyen a la participación, la creatividad y la colaboración.

Externamente, la empresa queda expuesta a la crítica pública, a la pérdida de reputación corporativa y a un declive en su capacidad para atraer talento, mantener clientes o sostener alianzas estratégicas.

En un entorno donde la transparencia, la responsabilidad social y el cumplimiento normativo son exigencias crecientes, no actuar frente al acoso implica asumir un riesgo ético, legal y económico muy alto.

Ignorar el acoso no solo es una omisión institucional grave, sino una decisión activa que compromete de manera profunda el valor, la sostenibilidad y la legitimidad de la organización.

Al no intervenir ante situaciones de violencia psicológica o abuso de poder, la institución deja de cumplir su función básica de proteger a sus trabajadores y estudiantes, erosionando su autoridad moral y su credibilidad interna y externa.

Esta inacción no se percibe como un simple error administrativo, sino como una forma de complicidad estructural, que permite que las dinámicas de maltrato se normalicen y se perpetúen.

Con el tiempo, esto genera un deterioro profundo en la cultura organizacional, alimenta la desconfianza y mina la motivación y el compromiso del capital humano.

Además, desde una perspectiva externa, las organizaciones que no actúan frente al acoso pierden reputación, competitividad y atractivo ante el talento, la ciudadanía y los mercados.

La sostenibilidad institucional no puede sostenerse únicamente en indicadores financieros: depende también de su capacidad de garantizar entornos seguros, justos y éticos[185].

Por tanto, actuar contra el acoso no es solo una obligación legal o una demanda social: es una estrategia imprescindible de supervivencia institucional y legitimación pública

Esto deteriora la confianza interna: los empleados pierden el sentido de pertenencia, se desmotivan, se distancian de la cultura organizacional y pueden incluso convertirse en detractores activos.

A nivel externo, de un lado, la percepción negativa por parte del público, clientes, socios, proveedores o inversores puede traducirse en pérdida de fidelidad, ruptura de alianzas estratégicas y caída del valor de marca. De otro lado, cuando una organización es percibida como tolerante o permisiva con el acoso laboral, esa imagen negativa se proyecta rápidamente hacia su entorno: clientes, socios comerciales, proveedores, inversores y la comunidad en general. En una era de transparencia digital y sensibilidad social creciente, la reputación de una empresa está más expuesta que nunca.

La pérdida de fidelidad por parte de clientes ocurre cuando estos asocian a la marca con prácticas laborales abusivas o con la vulneración de derechos humanos, especialmente si se trata de empresas que promueven públicamente valores éticos o responsabilidad social. Del mismo modo, socios e inversores pueden optar por distanciarse para proteger su propia imagen o por considerar que la organización representa un riesgo reputacional o financiero.

La ruptura de alianzas estratégicas, cancelaciones de contratos o exclusiones de redes empresariales también son consecuencias posibles cuando el acoso laboral se convierte en un escándalo público o en una causa legal en curso. Esto debilita el posicionamiento competitivo de la empresa y afecta directamente el valor de marca, considerado hoy un activo intangible de enorme peso económico.

---

185 Moreno JO, López-Bastida J, Montejo-González AL, Osuna-Guerrero R y Duque-González B. (2009) The socioeconomic cost of mental iones in Spain. *European Journal of Health Economics* 361 y ss

El impacto reputacional del acoso laboral se traduce en pérdidas reales, no solo simbólicas. Una organización que no actúa con contundencia y transparencia ante estas situaciones corre el riesgo de verse aislada en el mercado, perdiendo tanto oportunidades de crecimiento como legitimidad social[186].

En una época en la que la reputación corporativa es un activo intangible de alto valor, y donde los principios de responsabilidad social, igualdad y prevención de riesgos psicosociales son cada vez más exigidos, ser asociado a prácticas de acoso o a la inacción frente a ellas tiene un alto coste reputacional y económico.

Las plataformas de opinión pública, las redes sociales y los medios de comunicación pueden amplificar rápidamente estos casos, dañando la imagen de la empresa de forma viral y duradera. Vemos estos ejemplos, entre tantos otros:

- Universidad de Granada (2019). La directora de un departamento acosó durante ocho años a otra profesora para que renunciara a su plaza. Fue sancionada con suspensión de empleo y sueldo por conducta de acoso[187]

- Universidad Miguel Hernández de Elche (octubre 2018). El Tribunal Superior de Justicia de la Comunidad Valenciana condenó a la universidad a indemnizar con 6 000 € a un profesor víctima de mobbing, tras considerarse que sufrió hostigamiento prolongado[188].

- UNAM, México (2019-2020). Miles de estudiantes realizaron paros, tomas y manifestaciones denunciando numerosos casos de acoso -laboral, sexual y psicológico- contra profesores en la Universidad Nacional Autónoma de México[189]

- Casos en universidades catalanas. Desde 2018, las universidades públicas catalanas han abierto al menos 28 expedientes vinculados a acoso laboral o sexual, lo que pone en evidencia un problema estructural. Las víctimas señalaron abuso de poder y falta de reacción institucional, generando presión mediática y debates sobre la necesidad de reforzar los protocolos[190]

---

186 https://www.infocop.es/la-perdida-de-rendimiento-que-conlleva-el-acoso-laboral-puede-llegar-a-costar-mas-de-11-000-euros-por-empleado-a-las-organizaciones/

187 https://www.observatoriovascosobreacoso.com/la-universidad-de-granada-sanciona-a-una-profesora-por-acoso-laboral-a-otra-para-que-dejara-su-plaza-publicado-en-eldiario-es/

188 https://elpais.com/ccaa/2013/02/12/valencia/1360691797_757050.html

189 https://elpais.com/sociedad/2019/11/22/actualidad/1574463326_524489.html

190 https://www.elperiodico.com/es/sociedad/20230516/universidades-catalanas-casos-acoso-sexual-laboral-metoo-profesores-sancionados-87253029

- Investigación en Coímbra, Portugal. Según un reportaje en *El País* en junio de 2025, cuatro investigadoras relataron acoso laboral en el centro dirigido por el sociólogo Bonaventura de Sousa Santos en la Universidad de Coímbra. La denuncia fue respaldada por procedimientos judiciales y mediáticos, aunque los procesos avanzaron muy lentamente[191]

- Investigación en la Universidad de Castilla-La Mancha (UCLM)

En mayo de 2025, alumnas y exalumnas de la Facultad de Bellas Artes del campus de Cuenca (UCLM) denunciaron públicamente acoso reiterado por parte de un profesor, que incluía tocamientos no deseados y comentarios sexualizados. La denuncia se difundió a través de redes sociales; la universidad suspendió al docente y abrió una investigación interna

- Denuncias en la UCM. En febrero-marzo de 2025, varias alumnas en la Universidad Complutense de Madrid hicieron públicas acusaciones de acoso sexual hacia el profesor e historiador Juan Carlos Monedero[192]. Estos testimonios se viralizaron en redes sociales y medios académicos, generando un expediente interno en la universidad. Aunque la Fiscalía archivó la denuncia por considerar que las conductas, si bien inapropiadas, no alcanzaban grado delictivo, el caso causó un gran impacto mediático debido a la reputación de Monedero y la opacidad en cómo la UCM gestionó la denuncia.

En la actualidad, la reputación corporativa se ha convertido en uno de los activos más sensibles y estratégicos para cualquier organización. Esta reputación ya no se construye únicamente desde dentro, sino que se ve influida en tiempo real por lo que ocurre en el entorno digital: redes sociales, foros de opinión, medios de comunicación y plataformas de evaluación laboral como Glassdoor, Indeed o LinkedIn[193].

En este contexto, los valores como la responsabilidad social, la igualdad, el respeto a los derechos humanos y la prevención de riesgos psicosociales no son opcionales, sino estándares esperados por clientes, inversores, em-

---

191 https://elpais.com/sociedad/2025-06-02/dos-anos-de-paralisis-judicial-del-caso-boaventura-el-sociologo-que-denuncio-el-patriarcado-acusado-de-abusos-por-13-mujeres.html

192 https://www.elmundo.es/espana/2025/03/17/67d88ed1e9cf4aae248b4579.html

193 https://www.workmeter.com/control-productividad-empleados/?gclid=EAIaIQobChMIg76Qn9GMjgMVooSDBx2EqRxmEAAYAiAAEgJxa_D_BwE&utm_term=evaluacion%20para%20empleados&utm_campaign=ES-ES-TIE-GEN-BROAD&utm_source=google&utm_medium=cpc&gad_source=1&gad_campaignid=21816667196.

pleados y la ciudadanía en general. Una empresa asociada a casos de acoso laboral -o peor aún, a la inacción o encubrimiento frente a ellos- queda expuesta a una crisis de imagen pública que puede escalar rápidamente.

Basta una denuncia viral, un testimonio publicado o una sentencia judicial para que el caso se propague y genere una reacción en cadena, afectando la confianza de los consumidores, deteriorando relaciones comerciales y provocando una caída del valor simbólico de la marca. Y lo más grave: este tipo de crisis suele dejar huella a largo plazo, dificultando la recuperación reputacional incluso con campañas de marketing o cambios internos.

Por eso, hoy más que nunca, la gestión del acoso laboral no es solo un asunto legal o de recursos humanos, sino una cuestión central de gobernanza, sostenibilidad y reputación empresarial. Prevenir y actuar de manera clara y eficaz ante cualquier forma de violencia laboral no solo protege a las personas, sino que salvaguarda la integridad y viabilidad de la propia organización.

Además, una mala reputación reduce la capacidad de atraer y retener talento, especialmente entre generaciones jóvenes que priorizan ambientes laborales saludables y éticos. Todo ello se traduce en una pérdida de competitividad, una disminución del valor institucional y una amenaza a la viabilidad del proyecto organizacional a medio y largo plazo. A esto ya se ha hecho referencia.

Lo que está claro es que, tolerar el acoso no solo compromete los derechos humanos y laborales, sino que mina el capital simbólico y estratégico de la organización, dejándola vulnerable a crisis internas, legales y de reputación.

3.1.7. ¿Qué gastos directos e indirectos enfrenta una víctima de acoso laboral debido al deterioro de su salud física y mental?

Una víctima de acoso laboral enfrenta una serie de gastos directos e indirectos como consecuencia del deterioro de su salud física y mental, los cuales pueden extenderse mucho más allá del periodo en que ocurre el acoso. Estos costes, muchas veces invisibilizados, afectan gravemente la estabilidad económica y social de la persona afectada.

Estos gastos constituyen un agravamiento económico del daño emocional y físico, que convierte al acoso laboral en un factor real de empobrecimiento, exclusión y precarización, especialmente si la persona no cuenta con una red de apoyo o protección institucional adecuada.

a). Gastos directos.

- La atención médica: las consultas con médicos de cabecera, especialistas (psiquiatras, cardiólogos, médicos de aparato digestivo, neurólogos, cardiólogos, psicólogos, etc.) realización de pruebas diagnósticas debido a síntomas físicos (insomnio, cefaleas, dolores musculares, trastornos gastrointestinales, hipertensión, etc.) entre otros.

- El tratamiento psicológico y psiquiátrico: sesiones de terapia prolongadas con psicólogos o terapeutas privados y/o tratamiento con medicación psiquiátrica (ansiolíticos, antidepresivos, hipnóticos), entre otros.

- Los gastos en medicación: muchos medicamentos no están totalmente cubiertos por los sistemas públicos o seguros, lo que implica un coste mensual sostenido.

- Las hospitalizaciones o tratamientos intensivos: en casos graves (crisis de ansiedad, episodios depresivos mayores, intentos autolíticos), puede requerirse internamiento o ingreso en centros especializados.

- Los trámites legales o administrativos: Costes asociados a denuncias, abogados, peritajes médicos o laborales, e incluso traslados para juicios o inspecciones.

b). Gastos indirectos

- La pérdida de ingresos: por ausencias justificadas, bajas médicas, pérdida de productividad o renuncia forzada al empleo. Por realizar actividades laborales fuera del lugar de trabajo compatibilizando con este empleo donde se produce el acoso, en estos casos, la víctima, estando de baja médica no puede trabajar ni en el empleo donde se produce el acoso ni tampoco en las otras actividades laborales que ya realizaba. De este modo, la víctima deja de percibir ingresos adicionales.

- La pérdida de bonificaciones o promociones: al quedar fuera de procesos de ascenso o evaluación favorable, la víctima deja de percibir ingresos extra que hubiesen podido corresponderle.

- Que acabe en situación de desempleo o subempleo: en estos casos, dificultad para reincorporarse al mercado laboral, o hacerlo en condiciones inferiores a su experiencia y formación, lo que implica salarios más bajos o incluso miedo o temor por exponer un gran Curriculum Vitae por miedo a envidias nuevas en el nuevo trabajo.

- Que se produzca un retraso en su carrera profesional: el impacto emocional, el miedo a ir a trabajar porque sufre acoso, que haya padecido enfermedades asociadas al acoso sufrido puede frenar aspiraciones, oportunidades de liderazgo o movilidad profesional.

- Los gastos en formación adicional: en muchos casos, las víctimas deben reinventarse profesionalmente, lo que implica invertir en cursos, nuevas certificaciones o reconversión laboral. Incluso, después de haberse enfrentado la víctima a una terrible campaña de acoso en su contra debe acreditar mucho más que el resto de sus compañeros en un mismo nivel para demostrar que está a la altura de ese puesto de trabajo.

- Los desplazamientos o mudanzas: cuando el acoso obliga a cambiar de centro de trabajo o de ciudad, puede haber gastos importantes relacionados con la movilidad o la reubicación suyos, de su familia. A esto se le une la posibilidad del denominado resacoso a que se refiere el Dr. Piñuel.

3.2. ¿Cuáles son las pérdidas económicas para la víctima de acoso laboral?

3.2.1. ¿Cómo puede el acoso impedir el acceso de la víctima a promociones, aumentos salariales o desarrollo profesional?

El acoso laboral puede impedir gravemente el acceso de la víctima a promociones, aumentos salariales o desarrollo profesional, ya que afecta tanto su rendimiento visible como su posicionamiento dentro de la organización, porque actúa como una forma de bloqueo sistemático dentro de la estructura organizacional.

Cuando una persona es acosada en el entorno de trabajo, suele ser apartada de proyectos relevantes, excluida de espacios de decisión y privada de oportunidades de formación o visibilidad, lo cual reduce directamente sus posibilidades de ser considerada para ascensos o mejoras salariales. Esto puede tener lugar en un mismo destino, una misma oficina pero puede pensarse en que esta situación puede extenderse más allá de su lugar oficial de trabajo[194].

Además, el acosador, especialmente si ocupa una posición de poder, puede desacreditar la imagen profesional de la víctima, generando dudas sobre su rendimiento, estabilidad o actitud, lo que influye negativamente en las evaluaciones internas. Esto es especialmente grave, imaginemos lo que sucede si esto se perpetúa en el tiempo, que diversas personas que

---

194 da Silva João, A. L., & Portelada, A. F. S. (2016). Mobbing and its impact on interpersonal relationships at the workplace. *Journal of interpersonal violence.*

vayan asumiendo esos cargos de dirección formen parte, todos ellos del grupo de los que acosan.

Al mismo tiempo, el desgaste emocional y la pérdida de autoestima que provoca el acoso pueden llevar a la víctima a dejar de postularse a oportunidades, por miedo al rechazo o a exponerse nuevamente.

Esta autolimitación, sumada al estigma que muchas veces acompaña a quienes denuncian o visibilizan estas situaciones, crea un entorno en el que la víctima queda relegada, silenciada y marginada del desarrollo profesional que, en condiciones normales, le correspondería.

En los casos más graves, el acoso termina provocando la salida forzada del empleo, interrumpiendo de manera abrupta la trayectoria profesional y perjudicando su futuro laboral.

3.2.2. ¿Por qué ocurre esto?

Por varios mecanismos directos e indirectos:

a). El aislamiento deliberado: es común que la víctima sea excluida de proyectos relevantes, decisiones estratégicas o espacios de visibilidad, lo que limita su oportunidad de demostrar habilidades o asumir responsabilidades que podrían conducir a un ascenso.

b). La desacreditación profesional: el acosador -especialmente si ocupa un cargo jerárquico- puede socavar la reputación laboral de la víctima ante superiores o colegas, difundiendo dudas sobre su competencia, compromiso o estabilidad emocional, lo que afecta negativamente las evaluaciones de desempeño.

c). El bloqueo de oportunidades internas: la víctima puede ser sistemáticamente ignorada en procesos de promoción, privadas de formación, capacitaciones o incentivos que sí se ofrecen a otros trabajadores.

d). La autolimitación psicológica: el desgaste emocional, la pérdida de confianza en uno mismo y el miedo a exponerse nuevamente al acoso hacen que muchas víctimas renuncien a postularse a puestos superiores, eviten visibilizar su trabajo o se autoexcluyan de procesos internos. Incluso se excluyen para siempre renunciando a su trabajo por no poder soportar esta situación tan lamentable.

e). El etiquetado o la estigmatización: quienes han denunciado o visibilizado el acoso pueden ser vistas como “conflictivas” o “poco leales”, lo que les cierra puertas tanto dentro como fuera de la empresa, y afecta su proyección futura.

f). Las salidas forzadas o renuncias: en muchos casos, el acoso termina provocando que la víctima abandone el puesto o sea desplazada, interrumpiendo abruptamente su carrera profesional en esa institución y truncando su trayectoria ascendente.

En conjunto, estas dinámicas convierten al acoso en una forma encubierta de discriminación profesional, que no solo daña el presente laboral de la persona, sino que también limita su futuro, reduciendo sus posibilidades de crecimiento, reconocimiento y mejora económica.

3.2.3. El acoso a la víctima ¿puede bloquear su futuro profesional?

Sí, el acoso a la víctima puede bloquear profundamente su futuro profesional. Este tipo de violencia en el entorno laboral no solo afecta el presente inmediato de la persona, sino que deja secuelas emocionales, reputacionales y estructurales que pueden limitar su desarrollo a largo plazo.

En primer lugar, muchas víctimas experimentan una pérdida significativa de autoestima, confianza y motivación, lo que las lleva a autolimitarse en futuras aspiraciones profesionales, evitar roles de liderazgo o rechazar oportunidades por miedo a repetir la experiencia vivida.

Además, el daño emocional provocado por el acoso puede generar ansiedad social, retraimiento, trastornos del sueño o síntomas depresivos que interfieren con su capacidad para desempeñarse con normalidad en otros entornos laborales.

Por otro lado, si el acoso ha sido visible o ha llegado a instancias legales o formales, la víctima puede quedar estigmatizada dentro del sector o en su red profesional, siendo percibida como "problemática" o "difícil", lo que reduce sus oportunidades de contratación, promoción o reinserción laboral.

En muchos casos, también se produce una interrupción abrupta de la carrera profesional, ya sea por renuncia forzada, despido o marginación, lo que dificulta retomar el ritmo laboral, acumular experiencia o acceder a mejores condiciones.

Esta suma de factores convierte al acoso en un obstáculo real para la continuidad y el crecimiento profesional, afectando no solo la trayectoria laboral de la víctima, sino también su bienestar económico y su proyección de futuro.

3.2.4. ¿Qué relación hay entre el acoso y el riesgo de desempleo o subempleo prolongado para la persona afectada?

La relación entre el acoso laboral y el riesgo de desempleo o subempleo prolongado es estrecha y profunda, ya que el daño psicológico, emocional y profesional que sufre la persona afectada puede llevarla a abandonar su puesto, ser despedida injustificadamente o quedar marginada del mercado laboral durante largos periodos.

Muchas víctimas de acoso se ven forzadas a renunciar para proteger su salud mental, lo que implica la pérdida repentina de ingresos sin tener una alternativa laboral inmediata. En otros casos, el hostigamiento se acompaña de estrategias institucionales para forzar la salida de la persona acosada mediante evaluaciones negativas, aislamiento o eliminación de funciones, lo que termina en un despido encubierto.

Después del episodio de acoso, muchas personas experimentan consecuencias emocionales como ansiedad, miedo, pérdida de confianza o retraimiento social, lo que puede dificultar su reincorporación a nuevos entornos de trabajo.

Además, si el conflicto ha sido visible o judicializado, la víctima puede quedar estigmatizada como "problemática" o "conflictiva", lo que reduce sus oportunidades de contratación o promoción en otras organizaciones.

Incluso cuando logran volver al empleo, no es raro que deban aceptar puestos por debajo de su formación, experiencia o expectativas, con condiciones laborales y salariales inferiores: esto es el subempleo. En otras ocasiones la víctima, en el nuevo trabajo no aporta todo su curriculum por miedo a que le envidien y deba soportar el acoso de nuevo. En otros casos, la víctima intenta no decir a nadie donde trabaja, no dice cuál es su nuevo trabajo por miedo a que pueda ser conocido por los agresores que puedan venir, de nuevo, a hacerle la vida imposible.

Por tanto, el acoso no solo interrumpe la trayectoria laboral inmediata de la víctima, sino que compromete su estabilidad económica, limita su desarrollo profesional y la coloca en una situación de vulnerabilidad prolongada dentro del mercado laboral.

Esta relación convierte al acoso en un factor real de exclusión y precarización, cuyas consecuencias pueden durar años si no existe reparación adecuada.

3.2.5. ¿De qué forma el acoso laboral genera una carga adicional para los sistemas públicos de salud, seguridad social y justicia?

El acoso laboral genera una carga adicional significativa para los sistemas públicos de salud, seguridad social y justicia, ya que transforma un problema organizacional en una consecuencia social y económica que debe ser asumida, en parte, por el Estado.

El acoso laboral, tiene efectos profundos no solo sobre las víctimas directas, sino también sobre las instituciones del Estado. Cuando el entorno laboral se convierte en un espacio de hostigamiento, marginación o violencia psicológica, las repercusiones trascienden el ámbito individual y afectan a sistemas públicos esenciales. A continuación se analiza su impacto en tres dimensiones clave:

a). Con relación al sistema público de salud

El acoso laboral es una causa reconocida de múltiples patologías físicas y mentales. Las personas expuestas de forma continuada a situaciones de hostigamiento laboral suelen presentar trastornos como ansiedad, depresión, insomnio, estrés postraumático, trastornos psicosomáticos e incluso enfermedades cardiovasculares. Esto conlleva:

- Un aumento significativo de la demanda en centros de salud, consultas de salud mental y unidades de medicina general.

- Una mayor prescripción de psicofármacos y tratamientos prolongados.

- Un incremento en la necesidad de bajas médicas por motivos psicológicos o psicosomáticos, lo que satura los recursos asistenciales.

Estas consecuencias representan una carga directa para el sistema de salud pública, tanto en términos económicos como en la capacidad de atención a otros pacientes.

b). Con relación al sistema de seguridad social

Las víctimas de acoso laboral suelen presentar niveles elevados de absentismo y, en casos graves, pueden ser declaradas en situación de incapacidad temporal o incluso permanente. Esto se traduce en:

- Un aumento de las solicitudes y pagos por incapacidad laboral (temporal o permanente), jubilación anticipada o prestaciones por desempleo derivado de renuncia o despido asociado a un entorno hostil.

- Una reducción de la productividad laboral general, lo cual repercute negativamente en los ingresos fiscales provenientes de cotizaciones a la seguridad social.

- Una carga financiera sostenida para el Estado, especialmente cuando la recuperación del trabajador es lenta o se ve imposibilitado para reincorporarse al mercado laboral.

c). Con relación al sistema de justicia

El acoso laboral también implica una sobrecarga para el sistema judicial, ya que:

- Las víctimas pueden recurrir a procesos judiciales laborales, civiles e incluso penales para denunciar el acoso y exigir reparaciones.

- Estos casos requieren recursos judiciales, peritajes psicológicos, intervención de abogados y, en muchos casos, largos procedimientos.

En contextos institucionales, el Estado puede ser demandado como empleador (por ejemplo, en casos de acoso en entornos públicos o administrativos), lo que implica gastos en indemnizaciones y responsabilidad patrimonial.

Además, la falta de mecanismos adecuados de prevención o de resolución efectiva en las primeras fases del conflicto aumenta la judicialización de estos casos.

El acoso laboral no es únicamente un problema individual o empresarial: representa un fenómeno con consecuencias sociales amplias. Los costes que genera sobre el sistema de salud, la seguridad social y la justicia reflejan la necesidad de políticas públicas eficaces de prevención, protocolos internos en las organizaciones, formación en salud psicosocial y un marco normativo que garantice entornos de trabajo seguros, dignos y saludables. Ignorar esta problemática implica transferir sus consecuencias a los recursos públicos, con un impacto negativo sobre la sostenibilidad y eficiencia del Estado.

3.2.6. ¿Qué efectos tiene en el ámbito de la salud?

En el ámbito de la salud, muchas víctimas de acoso desarrollan trastornos psicológicos como ansiedad, depresión, insomnio, ataques de pánico o estrés postraumático, así como enfermedades psicosomáticas y cardiovasculares asociadas al estrés crónico. Estas condiciones requieren atención médica prolongada, tratamiento psiquiátrico, terapias psicológicas y, en casos graves, hospitalización, lo que incrementa la demanda y el coste de los servicios de salud pública, tal como se ha expuesto anteriormente.

El ámbito de la salud desempeña un papel fundamental tanto en la detección temprana del acoso laboral como en la atención a sus consecuencias y la configuración de estrategias de prevención. Su influencia en esta problemática puede analizarse en diversos niveles:

a). Detección y diagnóstico

Los profesionales de la salud, especialmente en atención primaria, medicina del trabajo y salud mental, están entre los primeros en identificar signos de acoso laboral. Muchos trabajadores acuden a consulta sin saber que los síntomas que presentan están vinculados a su entorno laboral. Así, el ámbito de la salud tiene un efecto directo en:

- El reconocimiento médico del sufrimiento psíquico causado por el acoso, mediante diagnósticos como trastornos de ansiedad, estrés crónico, depresión o somatizaciones.

- La legitimación clínica del acoso como un factor perjudicial para la salud mental y física, lo cual contribuye a visibilizar el problema.

La elaboración de informes médicos que pueden ser clave como prueba en procesos legales o administrativos.

b). La atención y el tratamiento

La intervención desde el sistema de salud es crucial para mitigar los daños provocados por el acoso laboral. Entre los efectos en este ámbito se destacan:

- La necesidad de terapias psicológicas o psiquiátricas, a menudo prolongadas, para tratar los efectos del acoso.

- El empleo frecuente de medicamentos psicotrópicos como ansiolíticos o antidepresivos.

- La atención médica no solo al paciente, sino en muchos casos también a su entorno familiar, que puede verse afectado indirectamente por el deterioro emocional del trabajador.

Este papel asistencial convierte al ámbito sanitario en un factor esencial para la recuperación y la reinserción social y laboral de las personas afectadas.

c). La prevención y la promoción de entornos saludables

El sector salud también tiene un papel proactivo en la prevención del acoso laboral. Algunas de sus contribuciones clave son:

- El desarrollo de campañas de sensibilización sobre los riesgos psicosociales del trabajo.

- La participación de especialistas en salud ocupacional en la elaboración de políticas y protocolos de prevención del acoso en empresas e instituciones.

- La promoción de una cultura del cuidado integral en el trabajo, que incluya la salud mental como dimensión clave del bienestar laboral.

d). La generación de conocimiento e incidencia pública

El ámbito de la salud produce conocimiento empírico que incide en la comprensión del fenómeno del acoso laboral. Los estudios epidemiológicos, las investigaciones clínicas y los datos provenientes de consultas médicas permiten:

- Cuantificar y caracterizar los casos de acoso laboral y sus efectos sanitarios.

- Informar el diseño de políticas públicas y marcos regulatorios más efectivos.

- Sensibilizar a la opinión pública sobre la gravedad del acoso como problema de salud pública.

El ámbito de la salud tiene un efecto profundo y multifacético en relación con el acoso laboral. Actúa como canal de detección, atención, prevención y concienciación, al tiempo que sus profesionales pueden convertirse en aliados clave para las víctimas. Su contribución es indispensable tanto en el tratamiento individual como en la transformación estructural de los entornos laborales, fomentando una cultura del trabajo basada en la dignidad, la seguridad y el bienestar.

3.2.7. ¿Qué efectos tiene el acoso laboral en el ámbito de la seguridad social?

El acoso laboral genera consecuencias profundas en el ámbito de la seguridad social, dado que muchas de las secuelas físicas, psicológicas y sociales que sufren las víctimas requieren la intervención directa de este sistema. En este sentido, el acoso laboral se traduce en un factor generador de cargas económicas, administrativas y estructurales para los regímenes de seguridad social, tanto en su vertiente contributiva como asistencial.

a). El incremento de incapacidades temporales y permanentes

Una de las manifestaciones más visibles del impacto del acoso laboral en la seguridad social es el aumento de las solicitudes de incapacidades temporales (bajas médicas) debido a trastornos de salud mental provocados por la exposición a situaciones de hostigamiento en el trabajo. Además, en casos graves o crónicos, estas situaciones pueden derivar en:

- Incapacidades permanentes parciales o absolutas por motivos psiquiátricos (depresión mayor, trastornos de ansiedad, estrés postraumático, etc.).

- Jubilaciones anticipadas por invalidez, lo que implica una carga sostenida para el sistema.

Estos casos afectan el equilibrio financiero del sistema, al aumentar el número de prestaciones pagadas y reducir la cantidad de aportaciones laborales al fondo común.

b). En la reducción de aportes y contribuciones

El acoso laboral también puede provocar una disminución en la participación activa de los trabajadores en el sistema de seguridad social. Las víctimas que deben abandonar sus empleos, cambiar de sector o ingresar a una situación de desempleo prolongado suelen:

- Dejar de cotizar de forma continua, lo que afecta negativamente su historial previsional.

- Disminuir su base de cotización, en especial si deben aceptar empleos de menor remuneración o inestabilidad.

Esto afecta tanto la sostenibilidad del sistema como los derechos futuros de protección social de la persona trabajadora.

c). En el aumento de prestaciones por desempleo

En muchos casos, las víctimas de acoso laboral optan por abandonar el empleo al no encontrar mecanismos de protección interna, o bien son objeto de despidos encubiertos, reubicaciones forzadas o marginación funcional. Estas situaciones conducen a:

- Solicitudes de subsidios o prestaciones por desempleo.

- Procesos de reintegración laboral más lentos y costosos, especialmente cuando el daño psicológico ha afectado la empleabilidad del trabajador.

La seguridad social debe entonces asumir costos económicos por una situación cuyo origen está en la inadecuada gestión del riesgo psicosocial en las organizaciones.

d). En la carga administrativa y judicial

Los organismos de seguridad social deben destinar recursos administrativos y periciales para atender, investigar y resolver los expedientes relacionados con acoso laboral, en particular:

- Evaluaciones médicas para determinar la relación entre el acoso y la incapacidad.

- Dictámenes de tribunales médicos y juntas calificadoras.

- Litigios relacionados con la negativa o concesión de prestaciones por afectaciones derivadas del acoso.

Esto implica una sobrecarga en el funcionamiento del sistema y puede retrasar la atención de otros casos.

e). En la desigualdad de acceso a derechos

Por último, el impacto del acoso laboral en la seguridad social se traduce en situaciones de desigualdad. No todas las víctimas tienen el mismo acceso a asesoramiento legal o médico, lo que puede generar:

- La desprotección frente a la negativa de prestaciones o diagnósticos erróneos.

- La falta de reconocimiento oficial del vínculo entre el acoso y el daño sufrido, lo que impide el acceso a las prestaciones correspondientes.

Esto refuerza la necesidad de formar a los profesionales del sistema en la detección y tratamiento del acoso laboral como contingencia laboral real y grave.

El acoso laboral repercute directamente en el ámbito de la seguridad social, tanto desde la perspectiva financiera como en términos de equidad, operatividad y acceso a derechos. Abordar este fenómeno implica no solo proteger a las personas trabajadoras, sino también garantizar la viabilidad y eficiencia del sistema de protección social. Es por ello indispensable que las instituciones de seguridad social se involucren activamente en la prevención del acoso laboral, la formación de su personal y el reconocimiento claro de sus consecuencias como contingencias sociales amparadas por el sistema.

3.2.8. ¿Qué efectos tiene en el ámbito judicial y administrativo?

El acoso laboral genera múltiples efectos en los ámbitos judicial y administrativo, tanto por la necesidad de atender las denuncias y reclamaciones derivadas de estos hechos como por la exigencia de adaptar los marcos normativos, los procedimientos y los recursos institucionales para ofrecer respuestas eficaces, reparadoras y preventivas. Y ello se materializa en las siguientes cuestiones, que se exponen seguidamente:

a). En la saturación del sistema judicial

El aumento de denuncias por acoso laboral ha conllevado una mayor carga de trabajo para los órganos jurisdiccionales, en particular los de orden social y, en algunos casos, penal o contencioso-administrativo. Esta saturación se traduce en:

- La acumulación de procedimientos por reclamaciones de indemnización, despido, nulidad de actos administrativos o demandas por vulneración de derechos fundamentales.

- Una mayor carga para jueces, peritos, fiscalías y defensorías del trabajador o del ciudadano.

- En largos tiempos de resolución, lo que puede agravar la situación de la víctima y dificultar su reparación efectiva.

b). En la existencia de dificultades probatorias

Los casos de acoso laboral suelen presentar una complejidad probatoria elevada, debido a la naturaleza subjetiva, psicológica o encubierta de muchos de sus actos. En este sentido, el ámbito judicial enfrenta desafíos como:

- La dificultad de contar con testigos que respalden la versión de la víctima, debido al miedo al despido o a represalias.

- La ausencia de documentación directa (el acoso rara vez se manifiesta de forma explícita en registros formales).

- La necesidad de contar con peritajes psicológicos, que, aunque valiosos, no siempre son considerados prueba concluyente.

Esto puede derivar en la desestimación de las denuncias por falta de pruebas o en resoluciones que no reflejan adecuadamente la magnitud del daño.

c). En la intervención de órganos administrativos.

En paralelo al sistema judicial, existen organismos administrativos que reciben y tramitan denuncias por acoso laboral, como inspecciones del trabajo, defensorías del pueblo, organismos de igualdad o departamentos de recursos humanos en el ámbito público. Sus efectos incluyen:

- El aumento de expedientes administrativos por denuncias internas o externas de acoso.

- En la necesidad de implementar mecanismos de prevención y resolución interna (protocolos de actuación, comités de ética, canales de denuncia).

- En la imposición de sanciones administrativas a empresas o instituciones que no prevengan o gestionen adecuadamente estos casos.

d). En la necesidad de reformas normativas y protocolos específicos

El abordaje efectivo del acoso laboral ha motivado reformas legislativas en muchos países y ha impulsado la adopción de normas administrativas específicas, como:

- La tipificación del acoso como infracción laboral grave o muy grave en legislaciones de trabajo.

- La exigencia de planes de prevención de riesgos psicosociales y medidas de formación y sensibilización en las organizaciones.

- La creación de guías, protocolos y buenas prácticas para la investigación y sanción del acoso en el ámbito administrativo.

Estas reformas representan un avance institucional pero también suponen un esfuerzo sostenido por parte de la administración pública para su implementación, seguimiento y fiscalización.

e). En el impacto en la cultura organizacional del sector público.

En el ámbito administrativo, especialmente en instituciones estatales, el acoso laboral representa un riesgo relevante, ya que puede producirse bajo estructuras jerárquicas rígidas o en contextos de precariedad laboral. Su impacto se manifiesta en:

- La pérdida de legitimidad institucional cuando los casos no son abordados con la debida diligencia.

- La generación de climas organizacionales hostiles o desconfiados.

- La desmotivación y rotación del personal, lo que afecta la eficiencia y la calidad del servicio público.

El acoso laboral produce efectos notables y complejos en los ámbitos judicial y administrativo. No solo implica una carga operativa adicional para ambos sistemas, sino que también cuestiona su capacidad para garantizar justicia, protección efectiva y reparación integral para las víctimas. De allí la importancia de contar con una normativa clara, una estructura institucional capacitada y una voluntad política decidida para prevenir, sancionar y erradicar esta forma de violencia en el trabajo. Una respuesta firme desde estos ámbitos contribuye a consolidar un modelo de convivencia laboral basado en el respeto, la dignidad y los derechos fundamentales.

3.2.9. ¿Qué efectos tiene, en conjunto, el acoso laboral?

En conjunto, el acoso laboral no solo daña a las personas directamente involucradas, sino que traslada sus consecuencias a estructuras públicas que deben asumir los efectos de una violencia que podría y debería haberse prevenido en el ámbito privado de la organización. Por eso, combatir el acoso es también una forma de proteger y optimizar los recursos públicos.

El acoso laboral, cuando se analiza de manera integral, revela una multiplicidad de efectos que trascienden al ámbito individual y se proyectan sobre la esfera organizacional, social, económica e institucional. Su impacto es profundo, sistémico y acumulativo, afectando tanto a las personas directamente implicadas como al tejido laboral y social en su conjunto. A continuación, se detallan los principales efectos globales del acoso laboral:

a). Efectos en la persona trabajadora.

Las consecuencias para la víctima constituyen el núcleo más evidente del acoso laboral. Estas pueden incluir:

- Los daños psicológicos significativos, como depresión, ansiedad, baja autoestima, estrés postraumático o pensamientos suicidas.

- Las alteraciones físicas derivadas del deterioro emocional, incluyendo trastornos gastrointestinales, cardiovasculares, inmunológicos y del sueño.

- El impacto en la trayectoria profesional, ya que muchas víctimas se ven forzadas a abandonar su puesto, cambiar de sector o aceptar condiciones laborales menos favorables.

Estas afectaciones se traducen en una pérdida sustancial de calidad de vida y bienestar.

b). Los efectos en el entorno laboral

El acoso laboral también desestabiliza el clima organizacional. Sus consecuencias incluyen:

- La disminución de la productividad, motivación y compromiso del personal.

- El aumento del absentismo y la rotación de trabajadores.

- La desconfianza generalizada, fragmentación de los equipos de trabajo y deterioro de la cultura organizacional.

- La pérdida de talento, especialmente en ambientes donde el acoso no se detecta ni se sanciona.

Este deterioro del entorno laboral puede tener consecuencias económicas y reputacionales graves para las organizaciones.

c). Los efectos económicos

Desde una perspectiva macroeconómica, el acoso laboral representa una carga financiera sustantiva. Se traduce en:

- Aumento del gasto público en salud, seguridad social, justicia y servicios sociales.

- La disminución de la productividad nacional por la pérdida de mano de obra cualificada y eficiente.

- Las pérdidas económicas para las empresas derivadas de indemnizaciones judiciales, sanciones administrativas, reemplazo de personal y costes reputacionales.

Estas pérdidas son difíciles de cuantificar en su totalidad, pero representan un impacto negativo sobre la economía y el desarrollo social.

d). Los efectos sociales

El acoso laboral refuerza dinámicas de desigualdad, exclusión y discriminación, especialmente cuando afecta a colectivos vulnerables (mujeres, personas LGTBIQ+, trabajadores con discapacidad, migrantes, entre otros). Como consecuencia:

- Se perpetúan estructuras laborales jerárquicas abusivas e inequitativas.

- Se debilita la cohesión social al normalizar relaciones de poder tóxicas e injustas.

- Se incrementa la desconfianza en las instituciones públicas, especialmente cuando estas no ofrecen respuestas eficaces o protectoras.

En este contexto, el acoso laboral constituye una amenaza directa a los valores de justicia, dignidad y equidad.

e). Los efectos institucionales

El sistema institucional también sufre las consecuencias del acoso laboral:

- Los colapsos o demoras en los sistemas judicial, administrativo y sanitario, al verse saturados con casos de esta índole.

La necesidad constante de reformas legales, protocolos y políticas para responder adecuadamente al fenómeno.

- La deslegitimación institucional cuando se percibe impunidad, inacción o complicidad frente al acoso.

Esto exige una respuesta institucional decidida y transversal para proteger los derechos fundamentales de las personas trabajadoras.

En conjunto, el acoso laboral es un fenómeno multidimensional que genera efectos devastadores a nivel individual, organizacional, económico, social e institucional. Su existencia sostenida dentro del tejido laboral atenta contra la salud mental colectiva, el desarrollo económico sostenible y la democracia en el ámbito del trabajo. Por ello, no basta con abordarlo como un conflicto interpersonal: requiere políticas públicas sólidas, compromiso empresarial, regulación eficaz y una transformación profunda de la cultura laboral hacia entornos seguros, respetuosos y justos para todas las personas. Solo así es posible prevenir sus efectos acumulativos y avanzar hacia un modelo de trabajo verdaderamente digno y humano.

3.3. El impacto en la economía nacional y los sistemas públicos

3.3.1. ¿Cómo impacta el acoso laboral en la productividad nacional y en la capacidad de innovación de un país?

El acoso laboral impacta negativamente en la productividad nacional y en la capacidad de innovación de un país[195] porque reduce la eficiencia global del mercado laboral y deteriora la salud física, mental y emocional de una parte significativa de la población trabajadora.

Cuando el acoso se tolera o no se previene adecuadamente en los entornos de trabajo, se genera un clima de inseguridad, miedo y desmotivación que afecta el rendimiento no solo de las víctimas, sino también de sus compañeros.

Esto se traduce en un aumento del absentismo, en la pérdida de talento cualificado, en el subempleo forzado y en una baja sostenida en la calidad del trabajo.

---

195 *Niedhammer I, David S, Degioanni S, et al. Economic activities, and occupations at high risk for workplace bullying: results from a large-scale cross-sectional survey in the general working population in France. Int Arch Occup Environ Health. 2007;80: 346–353.*

Además, las organizaciones que permiten dinámicas de acoso tienden a frenar la creatividad, el pensamiento crítico y la participación activa, elementos fundamentales para la innovación.

Los entornos laborales tóxicos inhiben la toma de riesgos, el intercambio de ideas y la colaboración, afectando sectores que dependen del conocimiento, la investigación o el desarrollo tecnológico.

A escala macroeconómica, el coste del acoso se refleja en el incremento del gasto público en salud, seguridad social y justicia laboral, así como en una menor recaudación fiscal derivada del desempleo, la rotación laboral y la informalidad.

Todo esto debilita el tejido productivo, disminuye la competitividad del país y limita su capacidad de generar valor agregado, inclusión y crecimiento sostenible.

Por eso, combatir el acoso no es solo una obligación ética y legal, sino también una estrategia clave para fortalecer la productividad, proteger el talento nacional y fomentar una economía innovadora, resiliente y equitativa.

3.4. ¿Cuáles son los costes indirectos y ocultos del acoso laboral?

3.4.1. ¿Qué gastos indirectos y ocultos -como la desmotivación o la pérdida de talento- produce el acoso en las organizaciones?

El acoso laboral genera numerosos gastos indirectos y ocultos en las organizaciones que, aunque no siempre aparecen en los balances contables, afectan de forma profunda y sostenida su funcionamiento y competitividad. Uno de los más significativos es la desmotivación generalizada dentro de los equipos de trabajo.

Cuando se tolera el acoso o no se actúa ante él, los empleados perciben que no existe un entorno seguro ni justo, lo que reduce el compromiso, la implicación y la confianza en la organización.

Esta desmotivación impacta directamente en la productividad, incrementa los errores y disminuye la calidad del trabajo.

Otro coste oculto importante es la pérdida de talento, ya que profesionales valiosos pueden decidir abandonar la organización -o incluso el sector- tras vivir o presenciar situaciones de acoso[196].

---

[196] Pastrana Jiménez, K. *¿Cuánto cuesta el mobbing en España?* https://ojs.ehu.eus/index.php/Lan_Harremanak/article/view/5818/5494

Esta salida forzada no siempre se reemplaza con personal del mismo nivel de experiencia, lo que afecta la continuidad, el liderazgo interno y la capacidad de innovación.

Además, los entornos donde reina el miedo, la competencia destructiva o el silencio tienden a inhibir la creatividad y el pensamiento crítico, lo que frena el desarrollo de nuevos proyectos, ideas o mejoras organizativas.

También se produce un deterioro de la cultura institucional, ya que el acoso perpetúa dinámicas autoritarias, falta de diálogo y pérdida de valores compartidos.

Esto erosiona la cohesión interna, promueve el individualismo y genera un ambiente de tensión que afecta incluso a quienes no están directamente involucrados.

A largo plazo, el acoso deteriora la reputación interna y externa de la empresa, afectando su capacidad de atraer talento, construir alianzas estratégicas y generar confianza en clientes o inversores.

Todo ello constituye un coste estructural que compromete la sostenibilidad de la organización, aunque no se registre como una pérdida financiera inmediata.

Ignorar estos efectos equivale a aceptar un deterioro silencioso pero profundo del capital humano y reputacional.

3.4.2. ¿Cómo afecta el acoso a la cultura organizacional y a la confianza interna entre trabajadores y líderes? ¿Qué sucede cuando el acoso es tolerado, minimizado o no abordado con claridad?

El acoso laboral afecta de forma directa y profunda a la cultura organizacional y a la confianza interna entre trabajadores y líderes.

- Cuando el acoso es tolerado, minimizado o no abordado con claridad, se instala en la organización una cultura de miedo, silencio y desprotección, en la que los valores de respeto, justicia y cooperación se ven sustituidos por el individualismo, la desconfianza y la autopreservación. Los trabajadores dejan de sentirse seguros para expresarse, aportar ideas o señalar problemas, por temor a represalias o a convertirse en la próxima víctima. Esto debilita la cohesión de los equipos y erosiona el sentido de pertenencia.

- Además, la falta de respuesta institucional frente al acoso genera un quiebre en la relación entre la plantilla y los líderes, ya que se percibe que la dirección no protege ni escucha a sus trabajadores, sino que encubre o ignora el maltrato.

Esta pérdida de credibilidad afecta no solo al liderazgo directamente implicado, sino también a la legitimidad del sistema jerárquico y de los canales formales de comunicación o denuncia. En lugar de fomentar un entorno de colaboración, innovación y confianza, la organización se convierte en un espacio hostil, donde predomina la desmotivación, la rotación de personal y la resistencia pasiva.

Con el tiempo, esta dinámica da lugar a una cultura organizacional disfuncional, en la que se normalizan los abusos de poder, se diluyen los límites éticos y se consolida un modelo autoritario o negligente.

Por lo tanto, el impacto del acoso no es solo individual o episódico, sino estructural: deteriora el tejido relacional interno y compromete la salud organizacional en su conjunto.

3.4.3. ¿Por qué abordar el acoso laboral debe considerarse no solo una responsabilidad ética, sino una inversión estratégica a largo plazo?

Abordar el acoso laboral debe considerarse no solo una responsabilidad ética, sino también una inversión estratégica a largo plazo porque su prevención, detección y reparación protegen los recursos más valiosos de una organización: su capital humano, su reputación institucional y su sostenibilidad operativa.

Desde el punto de vista ético, intervenir frente al acoso es una obligación básica en el respeto a los derechos humanos y laborales, ya que garantiza un entorno digno, seguro y equitativo para todas las personas.

Sin embargo, más allá del plano moral, actuar contra el acoso también tiene beneficios concretos y medibles para el futuro de la organización.

Una cultura libre de acoso fomenta la confianza interna, el compromiso del personal, la estabilidad de los equipos y la retención del talento, lo que se traduce en mayor productividad, innovación y colaboración.

Las empresas que priorizan el bienestar psicosocial de sus trabajadores reducen significativamente los costes asociados al absentismo, la rotación, las bajas por enfermedad, los litigios y las sanciones legales.

Además, protegen su valor reputacional, atrayendo tanto a nuevos profesionales como a clientes, aliados estratégicos e inversores comprometidos con principios de responsabilidad social.

Ignorar el acoso, en cambio, implica normalizar un deterioro progresivo que afecta el clima laboral, el rendimiento colectivo y la imagen pública de la organización.

Por eso, prevenir el acoso no es solo cumplir con una norma legal, sino construir un entorno saludable, eficiente y competitivo, capaz de sostenerse y crecer en el tiempo. En definitiva, invertir en entornos laborales justos es invertir en el presente y el futuro de cualquier institución que aspire a perdurar con legitimidad, cohesión y valor.

Capítulo IV

La incidencia del acoso laboral en los programas de Compliance

4.1. El acoso ¿es un riesgo penal y reputacional?

4.1.1. ¿Cómo afecta el acoso laboral a la reputación de una empresa, tanto interna como externamente?

El acoso laboral tiene un impacto profundamente negativo en la reputación de una empresa, tanto a nivel interno como externo, ya que pone en entredicho su integridad, su cultura organizacional y su compromiso real con los derechos humanos, el bienestar de sus empleados y la ética corporativa.

En una sociedad cada vez más sensibilizada ante las dinámicas de poder, las desigualdades y los abusos en el entorno laboral, una empresa que tolera, minimiza o no gestiona adecuadamente el acoso se expone a un daño reputacional difícil de reparar, que afecta su legitimidad, su competitividad y su sostenibilidad a largo plazo.

- En el plano interno, el efecto reputacional del acoso laboral es inmediato y profundo. Cuando los trabajadores perciben que la empresa no actúa con contundencia frente a situaciones de acoso -ya sea porque las ignora, las encubre, o responde con lentitud o parcialidad-, se genera un clima de desconfianza, miedo y frustración.

Esta percepción afecta la moral de los empleados, debilita su sentido de pertenencia y mina la cohesión del equipo. Los trabajadores dejan de ver a la organización como un espacio seguro, justo o respetuoso, y comienzan a replegarse emocionalmente. Esto se traduce en una disminución del compromiso, la motivación y el rendimiento, así como en un aumento del ausentismo, la rotación y el silencio institucional ante otros problemas.

Además, la imagen interna se ve especialmente perjudicada cuando los casos de acoso implican a mandos intermedios o altos directivos, y la empresa no actúa con transparencia ni imparcialidad. En esos casos, la percepción de impunidad o favoritismo daña seriamente la credibilidad del liderazgo, desacredita los valores corporativos y alimenta una cultura de resignación o cinismo. Incluso aquellos trabajadores que no están directamente afectados por el acoso sienten que deben protegerse, limitarse o autocensurarse, lo que impide un entorno de trabajo sano, innovador y colaborativo.

- Desde el punto de vista externo, la afectación a la reputación puede ser aún más grave y tener consecuencias a gran escala. En una era dominada por la transparencia, las redes sociales y el escrutinio público, los casos de acoso laboral que salen a la luz pública (ya sea por denuncias en medios, en plataformas digitales o a través de procesos [197]judiciales) pueden generar una crisis de imagen que afecta directamente la percepción de clientes, inversores, aliados estratégicos y potenciales trabajadores.

Las empresas que se ven involucradas en escándalos de acoso sufren una pérdida de confianza que puede traducirse en boicots, cancelaciones de contratos, caídas en bolsa, investigaciones regulatorias y exclusión de rankings de sostenibilidad o responsabilidad social.

4.1.2. ¿Qué sucede en sectores especialmente sensibles a la reputación con relación a la tolerancia del acoso laboral?

En sectores especialmente sensibles a la reputación -como la tecnología[198], la educación, la salud, la cultura o las finanzas-, la tolerancia al acoso puede hacer perder licitaciones, subvenciones, certificaciones o acreditaciones.

Incluso en sectores industriales o tradicionales, donde el escrutinio externo podría parecer menor, la presión de los grupos de interés, los sindicatos o los medios puede desencadenar daños económicos y simbólicos muy relevantes. Además, cada vez más inversores institucionales incorporan los criterios ESG (ambientales, sociales y de gobernanza) en sus decisiones, y el acoso laboral es una señal clara de un fallo en los factores sociales y de gobernanza.

---

[197] Tamayo Carmona, Juan A. (2013). El principio de publicidad del proceso, la libertad de información y el derecho a la propia imagen. *Iuris Tantum Revista Boliviana de Derecho.*

[198] García Hernández, F. (2022) La tecnología irrumpe en el 'Compliance' de las pymes. Las herramientas tecnológicas de *Compliance* van desde análisis de riesgos legales, control de proveedores y clientes, aceptación y seguimiento de los códigos éticos, pasando por herramientas de automatización de mapa de riesgos, procedimientos y controles.

Una empresa que no lo gestiona adecuadamente puede ser excluida de fondos, penalizada en su valoración o considerada una inversión de riesgo.

También hay que considerar el impacto en la marca empleadora. Las empresas que no cuidan a sus empleados, que tienen fama de entornos tóxicos, que aparecen en rankings negativos o que tienen testimonios públicos de extrabajadores denunciando acoso, pierden capacidad para atraer y retener talento.

Los profesionales más cualificados o con mayor sensibilidad ética evitan estas empresas, lo que reduce el capital humano disponible, debilita la innovación y limita el crecimiento. A largo plazo, esto compromete seriamente la competitividad.

El acoso laboral afecta la reputación interna al romper la confianza de los empleados, generar miedo, debilitar el liderazgo y erosionar la cultura organizacional. Externamente, deteriora la imagen pública, aleja a clientes y socios, ahuyenta a los inversores y perjudica la marca empleadora.

Lo más grave es que estos daños no se solucionan solo con comunicación o relaciones públicas: requieren acciones estructurales, coherencia institucional y compromiso real con la prevención del acoso, a través de políticas claras, sistemas eficaces y un liderazgo ético que actúe con firmeza.

En un entorno social cada vez más exigente y vigilante, la reputación de una empresa depende directamente de cómo trata a su gente, y en particular, de cómo protege a quienes sufren situaciones de violencia o injusticia dentro de sus propios muros.

Internamente, socava la confianza de los empleados, genera desmotivación, desconfianza en los líderes y clima tóxico. Externamente, daña la imagen institucional, afecta la marca empleadora y reduce la competitividad en licitaciones y alianzas. En una sociedad cada vez más sensibilizada con la ética corporativa, los casos de acoso mal gestionados pueden viralizarse en redes sociales y desencadenar boicots, fugas de talento, prácticas de "name and shame" y desconfianza de inversores.

4.1.3. ¿De qué forma puede la jurisprudencia constitucional y penal reforzar la inclusión del acoso como riesgo de cumplimiento normativo?

La jurisprudencia del Tribunal Constitucional y del Tribunal Supremo ha dejado claro que el acoso puede constituir una vulneración del derecho a la integridad moral y un delito penal.

Este reconocimiento obliga a las empresas a actuar con diligencia. Las sentencias sirven como guía y presión normativa para que el Compliance aborde el acoso como una amenaza legal real.

La jurisprudencia constitucional y también la penal desempeñan un papel clave en la consolidación del acoso laboral como un riesgo de cumplimiento normativo, ya que establece criterios jurídicos vinculantes que obligan a las organizaciones a integrar este fenómeno dentro de sus sistemas de prevención, vigilancia y control.

A través de sus sentencias, tanto el Tribunal Constitucional como el Tribunal Supremo han interpretado el acoso laboral no simplemente como una conducta impropia en el ámbito laboral, sino como una vulneración directa de derechos fundamentales y, en los casos más graves, como una conducta penalmente reprochable que puede dar lugar a la responsabilidad del agresor, de los superiores jerárquicos y, bajo ciertas condiciones, incluso de la propia empresa como persona jurídica.

- Desde el punto de vista constitucional, el Tribunal Constitucional ha afirmado de forma reiterada que el acoso laboral puede constituir una violación del derecho a la integridad moral, consagrado en el artículo 15 de la Constitución Española.

Este derecho protege a las personas frente a cualquier forma de trato degradante, humillante o atentatorio contra la dignidad humana, incluso en ausencia de daño físico.

En varias sentencias, como la STC 186/2000 y la STC 62/2008, el tribunal ha reconocido expresamente que los actos de acoso, cuando son reiterados y tienen una finalidad vejatoria, pueden ser considerados ilícitos constitucionalmente relevantes.

Esta doctrina implica que el acoso no puede ser tratado como un simple conflicto laboral o interpersonal, sino como una infracción que requiere mecanismos reforzados de tutela, intervención y reparación, y por tanto debe ser abordado desde el ámbito del cumplimiento normativo, no solo desde recursos humanos.

La jurisprudencia constitucional también ha resaltado el deber de protección por parte del empleador. En sentencias como la STC 17/2003 y la STC 85/2012, se establece que la inacción de la empresa frente al acoso puede constituir una vulneración de derechos fundamentales, especialmente cuando afecta a colectivos históricamente discriminados, como las mujeres.

De esta forma, el Tribunal no solo señala la gravedad del acoso en términos de derechos, sino que exige a las organizaciones un compromiso activo en la prevención y corrección de estas conductas.

Esto refuerza la necesidad de que los programas de Compliance incorporen mecanismos específicos, no solo para evitar sanciones legales, sino para garantizar la protección efectiva de derechos fundamentales dentro del entorno laboral.

En el ámbito penal, la jurisprudencia del Tribunal Supremo ha ido perfilando los requisitos necesarios para que el acoso laboral se considere un delito contra la integridad moral, conforme al artículo 173.1 del Código Penal.

Este precepto castiga los actos degradantes que supongan un grave menoscabo a la integridad moral de la víctima, y su aplicación al contexto laboral ha sido objeto de evolución jurisprudencial.

La clave está en la reiteración, la intencionalidad de hostigar o humillar, y la generación de un sufrimiento psíquico grave. No se trata de hechos aislados ni de meras discrepancias, sino de una estrategia sostenida de hostigamiento, desprecio o exclusión que coloca a la víctima en una situación de inferioridad o sometimiento.

4.1.4. ¿En qué casos introdujo reforma del Código Penal de 2010 la posibilidad de imputar responsabilidad penal a la persona jurídica?

La reforma del Código Penal de 2010 introdujo la posibilidad de imputar responsabilidad penal a la persona jurídica en aquellos casos en los que el delito se comete en su beneficio y bajo la ausencia de controles adecuados.

Por tanto, cuando una empresa no implementa políticas de prevención, no responde a las denuncias, o tolera situaciones de acoso en su estructura, puede ser considerada responsable por omisión y enfrentar sanciones penales como multas, clausura, suspensión de actividades o incluso disolución.

El Tribunal Supremo ha sido contundente al señalar que la responsabilidad penal de la empresa no requiere una conducta dolosa explícita, sino que basta con la existencia de una omisión estructural en los sistemas de control, lo cual refuerza la importancia de los programas de Compliance.

En este contexto, la jurisprudencia penal se convierte en una herramienta de presión normativa para que las empresas incluyan el acoso como un riesgo específico en sus mapas de cumplimiento y adopten medidas efectivas para su detección y sanción.

Además, esta jurisprudencia permite a las empresas anticiparse a conflictos legales y protegerse jurídicamente.

Un programa de Compliance que incorpora los estándares establecidos por el Tribunal Constitucional y el Tribunal Supremo no solo previene conductas ilícitas, sino que también demuestra ante posibles inspecciones, demandas o procedimientos judiciales que la organización ha actuado con la diligencia debida exigida por la ley.

En consecuencia, los programas de Compliance adquieren una función de blindaje legal y reputacional frente al riesgo de acoso, y su eficacia puede llegar a excluir o mitigar la responsabilidad penal de la empresa.

Por tanto, la jurisprudencia constitucional y penal no solo legitima la necesidad de incluir el acoso laboral como riesgo de cumplimiento normativo, sino que lo convierte en una exigencia jurídica y ética ineludible.

El marco jurisprudencial establece que el acoso vulnera derechos fundamentales, puede constituir delito, y genera responsabilidades jurídicas tanto individuales como colectivas. Esto obliga a las organizaciones a integrar esta dimensión dentro de su sistema de cumplimiento, no como una cuestión secundaria o reactiva, sino como un componente esencial de su cultura ética, su estructura de control interno y su compromiso con los derechos humanos en el ámbito laboral.

Las sentencias del Tribunal Constitucional y del Tribunal Supremo han reconocido el acoso como violación del derecho a la integridad moral (art. 15 CE).

El marco penal exige intencionalidad, reiteración y gravedad. Esta doctrina:

- Obliga al Compliance a anticiparse a los riesgos de incumplimiento.

- Refuerza la legitimidad de sanciones internas.

- Vincula la responsabilidad empresarial con la tutela efectiva de derechos fundamentales.

Sentencias, como la STS 325/2013 y la STS 45/2021 han establecido que, para que exista delito, debe demostrarse un patrón de conducta con una finalidad lesiva, desarrollada en un contexto de poder, como puede ser la relación jerárquica laboral.

Este enfoque penal convierte al acoso en una conducta ilícita de especial gravedad y con consecuencias jurídicas no solo para el agresor, sino también para la empresa, si se demuestra que no actuó con la diligencia debida.

4.1.5. ¿Constituye el acoso laboral una vulneración de las normas, además de las legales, las éticas y organizativas?

El acoso laboral constituye una transgresión de normas legales, éticas y organizativas. Desde la óptica del Compliance, representa un riesgo de incumplimiento normativo que puede derivar en sanciones penales, civiles y administrativas para la organización teniendo en cuenta el daño institucional que se ocasiona.

Integrarlo en el sistema de cumplimiento permite establecer medidas preventivas, canales de denuncia, mecanismos de actuación y seguimiento, alineando la cultura empresarial con el respeto a la dignidad humana y la legalidad.

El acoso laboral transciende la gestión del talento: constituye una violación normativa, ética y constitucional que pone en riesgo la sostenibilidad, la cultura organizacional y la responsabilidad penal o civil de la empresa.

Si se considera únicamente como un conflicto interpersonal o una "incompatibilidad laboral", se corre el riesgo de invisibilizar su verdadera naturaleza: una práctica sistemática de hostigamiento que puede implicar delitos, infracciones laborales y daños morales.

En todo caso, el Compliance debe incorporar este riesgo dentro de sus matrices como parte de su deber de vigilancia, prevención y control de conductas ilícitas[199].

4.1.6. ¿Qué elementos mínimos debe contener un programa de Compliance eficaz para prevenir el acoso laboral?

Un programa de Compliance eficaz para prevenir el acoso laboral debe contener una serie de elementos mínimos e imprescindibles que garanticen la prevención, detección, actuación y seguimiento ante con-

---

199 Teubner, G. (2011). Self-constitutionalizing TNCs? On the linkage of «private» and «public» corporate codes of conduct. *Indiana Journal of Global Legal Studies*, 18(2), 617 y ss

ductas que vulneren la integridad y dignidad de las personas en el entorno de trabajo.

No se trata de cumplir con una mera formalidad, sino de construir un sistema vivo, coherente y funcional que refleje el compromiso real de la organización con la tolerancia cero ante el acoso y la promoción de un entorno laboral seguro, respetuoso y ético.

Un programa de Compliance eficaz para prevenir el acoso laboral debe integrar una serie de elementos interrelacionados que, en conjunto, garanticen una gestión activa, real y coherente del riesgo que este tipo de conductas representa para la organización.

En primer lugar, es imprescindible que la empresa exprese de forma clara y pública su compromiso institucional con la erradicación del acoso laboral.

Este compromiso debe emanar directamente de la alta dirección y reflejarse tanto en el código ético como en todas las políticas internas, transmitiendo un mensaje inequívoco de tolerancia cero frente a cualquier forma de violencia, abuso de poder o trato degradante.

No se trata solo de afirmar principios, sino de demostrar con hechos que la organización está dispuesta a actuar con firmeza, imparcialidad y responsabilidad.

Dentro del programa, el acoso laboral debe estar incluido expresamente como un riesgo de cumplimiento normativo.

Esto implica que se analice su probabilidad de ocurrencia, su impacto potencial y los factores que pueden facilitar su aparición, ya sea a nivel estructural, cultural o relacional.

4.1.7. ¿Qué implicaciones tiene para la salud mental de los trabajadores la falta de mecanismos efectivos de prevención del acoso?

La inacción institucional genera daños psicológicos profundos: ansiedad, depresión, trastornos de sueño, fobias sociales y en casos extremos, ideas suicidas. El ambiente se torna tóxico y los efectos se extienden más allá de la víctima directa, afectando a testigos y al equipo. Esto incrementa el ausentismo, las bajas laborales, la rotación y reduce la productividad.

La falta de mecanismos efectivos de prevención del acoso laboral tiene implicaciones profundas y devastadoras para la salud mental de los trabajadores, ya que los entornos en los que el acoso se tolera, se minimizan o se ignora generan un clima de inseguridad psicológica, miedo y vulnerabilidad permanente.

Cuando las personas no cuentan con garantías institucionales para proteger su integridad emocional, quedan expuestas a una forma de violencia estructural que puede deteriorar gravemente su bienestar, tanto a corto como a largo plazo.

En primer lugar, la exposición continua a situaciones de acoso -como la humillación pública, el desprecio, el aislamiento deliberado, las amenazas veladas o el abuso de poder- puede provocar trastornos psicológicos serios, como ansiedad generalizada, depresión, insomnio, estrés crónico o ataques de pánico[200].

Estos cuadros no surgen de forma repentina, sino que se van instalando progresivamente como consecuencia del daño emocional acumulado, de la sensación de impotencia y del desgaste mental por la falta de respuestas institucionales adecuadas.

La víctima, al no sentirse protegida, comienza a interiorizar el acoso como algo inevitable o incluso justificado, lo que incrementa su nivel de sufrimiento y puede derivar en un colapso emocional.

Además de los efectos clínicos más evidentes, la falta de mecanismos efectivos de prevención del acoso también impacta en la autoestima, la autoconfianza y la identidad profesional de la persona afectada.

El trabajador o trabajadora comienza a dudar de su propio valor, de sus capacidades, y puede sentir vergüenza, culpa o desmotivación extrema. Esta experiencia puede derivar en lo que la literatura especializada denomina "síndrome del quemado" (burnout), caracterizado por una pérdida total de energía emocional, cinismo hacia el entorno laboral y una desconexión total del trabajo como fuente de realización o sentido.

En casos más graves, las víctimas pueden llegar a desarrollar de estrés postraumático[201] o, en los escenarios más extremos, ideación suicida, lo que convierte al acoso laboral en un problema serio de salud pública.

---

200 Hirigoyen, M. F. (1999) *El acoso moral* en el trabajo: *distinguir lo verdadero de lo falso.* Barcelona: Paidós.

201 Hirigoyen, M. F. (1999) *El acoso moral* en el trabajo: *distinguir lo verdadero de lo falso.* Barcelona: Paidós. *Los que han sufrido el acoso en la empresa, la importancia de las consecuencias a largo plazo sólo se suele percibir cuando, tras una larga baja, parecen encontrarse mejor y se les sugiere que vuelvan al trabajo. Reaparecen entonces los síntomas: crisis de angustia, insomnio, funestas ideas...Y el paciente entra en un círculo vicioso que*

Pero los efectos de la falta de prevención no se limitan únicamente a las víctimas directas. Los testigos del acoso, así como el resto de los compañeros, también sufren consecuencias psicológicas al presenciar o convivir con estas situaciones sin contar con herramientas para intervenir o protegerse.

Se genera un entorno de miedo, desconfianza y cinismo organizacional, donde nadie se siente seguro ni respaldado. Esta cultura del silencio y la impunidad afecta la salud mental colectiva del equipo, genera tensiones permanentes, deteriora las relaciones interpersonales y eleva los niveles de estrés generalizado.

El impacto se extiende, además, al plano físico, ya que muchos de los efectos psicosociales del acoso tienen manifestaciones somáticas. Es común que los trabajadores afectados desarrollen síntomas como dolores musculares persistentes, problemas gastrointestinales, fatiga crónica, cefaleas o alteraciones del sistema inmunológico. El cuerpo comienza a manifestar lo que la mente ya no puede soportar, y la persona entra en un estado de desgaste físico y emocional que afecta tanto su vida laboral como personal.

Desde la perspectiva de la organización, estas consecuencias también tienen un coste. El deterioro de la salud mental de los trabajadores se traduce en un aumento del ausentismo laboral, incremento de las bajas médicas por motivos psicológicos[202], reducción del rendimiento, pérdida de

---

lo puede conducir al desempleo: recaída, nueva baja, vuelta al trabajo, recaída... Cuando las víctimas no consiguen desembarazarse del dominio, su vida puede quedar detenida en el trauma: su vitalidad se embota, su alegría de vivir desaparece y las iniciativas personales se vuelven imposibles. La pena de haber sido abandonadas, engañadas y ridiculizadas las paraliza.

*El general francés Crocq, especialista en victimología, considera que las personas amenazadas, acosadas o difamadas son víctimas psíquicas. Igual que a las víctimas de guerra, se las ha colocado en un «estado de sitio» virtual que las ha obligado a permanecer constantemente a la defensiva. Las agresiones y las humillaciones se inscriben en la memoria y se vuelven a vivir a través de imágenes, pensamientos y emociones. (*Cita del libro de M F Hirigoyen, Le Crocq, (1994) «Les victimes psychiques», *Victimologie.*

202 Señala Hirigoyen, Hirigoyen, M. F. (1999) *El acoso moral* en el trabajo: *distinguir lo verdadero de lo falso.* Barcelona: Paidós.: *los psiquiatras proponemos a los asalariados que sufren un acoso en su lugar de trabajo que se acojan a una baja, no suelen acceder a ello: «Si lo hago, será peor. Me lo harán pagar caro». El miedo los lleva a aceptarlo todo. Su estado depresivo se debe al agotamiento, es decir, a un exceso de estrés. Las víctimas se sienten vacías, cansadas y sin energía. Ya nada les interesa. No consiguen pensar ni concentrarse, ni siquiera en las actividades más triviales.*

concentración, mayor rotación de personal y menor implicación emocional con el proyecto común.

Todo ello afecta directamente la productividad, la cohesión de los equipos, la innovación y la sostenibilidad del negocio. Las empresas que no previenen el acoso están, en realidad, minando su propia capacidad operativa y dañando el capital humano que constituye su recurso más valioso.

Además, la ausencia de mecanismos efectivos de prevención del acoso también puede acarrear consecuencias legales, si se demuestra que la empresa ha incumplido su deber de protección de la salud de los trabajadores, como establece la normativa en materia de prevención de riesgos laborales y derechos fundamentales.

Las instituciones que no actúan frente al acoso laboral pueden ser sancionadas, demandadas o expuestas públicamente, lo cual refuerza aún más la importancia de actuar con firmeza, anticipación y responsabilidad.

La falta de mecanismos efectivos para prevenir el acoso laboral no es solo una omisión organizativa: es una forma de negligencia institucional que expone a las personas a un sufrimiento psicológico evitable, rompe los principios básicos de respeto y dignidad, y genera un daño colectivo que puede tardar años en repararse.

Prevenir el acoso es proteger la salud mental, física y emocional de todos los miembros de la organización, y por ello debe ser tratado como una prioridad ética, legal y estratégica. Una empresa que cuida la salud mental de su gente es una empresa que invierte en bienestar, confianza, desempeño y futuro.

La ausencia de medidas preventivas puede provocar en las víctimas:

- Los trastornos psicológicos graves: ansiedad, depresión, TEPT.

- Los aislamiento social y pérdida de autoestima.

- Las bajas laborales prolongadas y posibles incapacidades permanentes.
El coste humano se traduce en un deterioro profundo del bienestar, y el coste económico impacta directamente sobre la productividad, el clima laboral y los recursos de la seguridad social.

Éste es el momento en que aparece la idea del suicidio. Y el momento más peligroso es cuando toman conciencia de que han sido estafadas y de que nada conseguirá devolverles el reconocimiento que se merecen. Los suicidios o los intentos de suicidio reafirman a los perversos en su certidumbre de que el otro era débil, perturbado o loco, y de que las agresiones que le hacían padecer estaban justificadas. P. 127

4.1.8. ¿Qué tipo de responsabilidad penal puede recaer sobre una empresa en los casos de acoso laboral tolerado o no gestionado adecuadamente?

En los casos de acoso laboral tolerado o no gestionado adecuadamente, puede recaer responsabilidad penal tanto sobre las personas físicas implicadas directamente como sobre la empresa como persona jurídica, especialmente si se demuestra que no se han adoptado las medidas de control, prevención y vigilancia exigidas por la ley.

Esta responsabilidad penal puede tener consecuencias graves y afecta tanto a la imagen como a la continuidad operativa de la organización.

Desde el punto de vista individual, el acosador o acosadora puede ser penalmente responsable por un delito contra la integridad moral, tipificado en el artículo 173.1 del Código Penal español. Este artículo sanciona a quienes infligen a otra persona un trato degradante, menoscabando gravemente su integridad moral, especialmente si se trata de una conducta reiterada.

Si el acoso tiene además una motivación discriminatoria (por razón de sexo, género, origen, religión, orientación sexual, etc.), puede agravarse la pena. También pueden ser responsables los superiores jerárquicos que conocieran los hechos y no intervinieran, por omisión del deber de impedir un delito (art. 450 CP) o por encubrimiento.

Ahora bien, desde la entrada en vigor de la reforma del Código Penal de 2010, se reconoce la responsabilidad penal de las personas jurídicas en España.

Es decir, una empresa puede ser penalmente responsable cuando un delito, como el acoso laboral, ha sido cometido en su seno por personas con capacidad de dirección o empleados, y no se han adoptado medidas eficaces para prevenir o evitar su comisión. En este caso, la organización puede ser considerada partícipe por omisión o tolerancia estructural del delito.

Para que se configure esta responsabilidad penal empresarial en un caso de acoso laboral, deben concurrir varias condiciones:

- Que el delito haya sido cometido por un empleado o directivo en el ámbito de sus funciones;

- Que el acoso haya sido reiterado, grave y con intención de dañar;

- Que la empresa no haya implementado un modelo de prevención eficaz (programa de Compliance); y

- Que se derive un beneficio directo o indirecto para la organización, ya sea económico o estructural (por ejemplo, mantener el control jerárquico a través del miedo o evitar costes de gestión del personal).

¿Cuáles son las consecuencias penales para la empresa?

Las consecuencias penales para la empresa pueden ser muy severas. Incluyen:

- Multas económicas proporcionales a la gravedad de los hechos y al volumen de la empresa.

- Suspensión de actividades.

- Clausura temporal o definitiva de locales o instalaciones donde se haya producido el acoso.

- Inhabilitación para obtener subvenciones, contratar con la administración o recibir beneficios fiscales.

- Intervención judicial de la empresa.

- En los casos más extremos, la disolución de la persona jurídica.

Además, las empresas que no actúan ante el acoso laboral también pueden incurrir en responsabilidad civil derivada del delito, es decir, estar obligadas a indemnizar a la víctima por los daños y perjuicios ocasionados (daño moral, perjuicio profesional, trastornos psicológicos, etc.).

Esta responsabilidad puede ser solidaria entre el agresor y la empresa si se acredita la omisión de medidas preventivas[203].

El Compliance es una necesidad legal y estratégica. Si una empresa no cuenta con un sistema eficaz para prevenir, detectar y actuar frente al acoso laboral -como protocolos específicos, canales confidenciales de denuncia, formación continua, evaluación de riesgos psicosociales y supervisión activa por parte de la dirección-, se expone a sanciones penales de alto impacto.

La jurisprudencia ya ha comenzado a reconocer esta responsabilidad empresarial cuando existe una tolerancia estructural o una inacción sistemática frente al acoso, lo que obliga a las organizaciones a asumir su deber de protección de forma real, no solo formal.

---

203 El trastorno que se provoca en la víctima es una consecuencia de la confusión permanente entre la verdad y la mentira. Hirigoyen, M. F. (1999) *El acoso moral* en el trabajo: *distinguir lo verdadero de lo falso.* Barcelona: Editorial Paidós.

Por tanto, para evitar responsabilidad penal, la empresa debe demostrar que cuenta con un modelo de cumplimiento efectivo, que ha adoptado todas las medidas razonables para evitar el delito, y que ha reaccionado con diligencia ante cualquier denuncia.

De lo contrario, el acoso laboral puede convertirse no solo en un drama humano, sino también en un delito empresarial con consecuencias penales, económicas y reputacionales muy graves.

Desde la reforma del Código Penal español (LO 5/2010), las personas jurídicas pueden ser penalmente responsables si no adoptan medidas de vigilancia y prevención.

Si el acoso constituye un delito contra la integridad moral (art. 173.1 CP), y se demuestra que la empresa no lo impidió pudiendo hacerlo, puede ser sancionada con multas, inhabilitación, clausura, intervención judicial o incluso disolución.

La responsabilidad no elimina la del autor material, sino que la complementa.

La empresa puede ser imputada como persona jurídica si:

- No implementó modelos eficaces de Compliance

- Existió beneficio directo o indirecto.

- Se omitió vigilancia o corrección ante conductas reiteradas.

Las sanciones pueden incluir multas, suspensión de actividades, inhabilitación para contratar con la administración e incluso disolución.

Además, se suma la responsabilidad penal individual del acosador y de los superiores que no actuaron, conforme al artículo 450 del Código Penal.

4.1.9. ¿Qué elementos mínimos ha de incluir todo programa de Compliance eficaz?

Una declaración clara de compromiso institucional

La empresa debe contar con una política expresa, firmada y respaldada por la alta dirección, que declare su rechazo frontal al acoso laboral y su compromiso con la prevención, investigación y sanción de cualquier conducta que atente contra la integridad moral de sus trabajadores. Este compromiso debe formar parte del código ético o de conducta y difundirse ampliamente.

La inclusión del acoso como riesgo específico en el mapa de riesgos corporativo.

El programa debe identificar el acoso laboral como un riesgo relevante para la organización, analizar su probabilidad e impacto, y establecer medidas de mitigación específicas. Este riesgo debe evaluarse tanto desde el punto de vista legal como desde el impacto reputacional, organizacional y humano.

- Un protocolo de prevención y actuación frente al acoso laboral.

Es indispensable contar con un protocolo claro, accesible y actualizado que regule:

- Qué se entiende por acoso laboral (con ejemplos).

- Cómo se puede prevenir desde una cultura organizacional positiva.

- Qué pasos deben seguirse en caso de denuncia.

- Los plazos de actuación.

- Las garantías de confidencialidad, imparcialidad y protección frente a represalias.

- Las posibles sanciones y medidas correctoras.

- Un canal de denuncias confidencial y seguro.

Debe existir un canal específico, confidencial (e idealmente anónimo), independiente y accesible para que cualquier persona pueda reportar hechos de acoso o situaciones sospechosas. El canal debe estar gestionado por personal capacitado y permitir seguimiento del caso, protección a la víctima y trazabilidad de las acciones tomadas.

Aportar formación y sensibilización periódica para todo el personal. Una formación regular, obligatoria y adaptada a todos los niveles jerárquicos es clave para prevenir el acoso. Esta debe incluir:

- Qué es y qué no es acoso.

- Cómo detectarlo y actuar.

- El funcionamiento del canal de denuncias.

- El papel de líderes y compañeros como agentes preventivos.

- Un liderazgo visible y ejemplar de la alta dirección.

La dirección debe asumir un rol activo, demostrar con hechos su compromiso con la prevención del acoso, y participar en las acciones de formación y comunicación. Su conducta debe ser ejemplar y coherente con los valores del programa de Compliance.

Los mecanismos de investigación interna imparcial y eficaz.

El programa debe establecer cómo se investigan las denuncias, quién las investiga (preferiblemente un equipo interdisciplinario), con qué garantías de imparcialidad, confidencialidad y respeto a los derechos de todas las partes. Deben existir procedimientos para recopilar pruebas, tomar decisiones y aplicar medidas disciplinarias o correctivas.

Las medidas de protección y reparación a las víctimas.

El Compliance debe contemplar mecanismos de protección frente a represalias (cambios de puesto, seguimiento médico, asesoramiento legal, apoyo psicológico, etc.) y medidas de reparación, si corresponde, para garantizar que la víctima pueda continuar su vida laboral sin daño adicional.

La supervisión, el seguimiento y la mejora continua del sistema.

El programa debe prever auditorías internas, revisiones periódicas de los protocolos, y evaluación de la eficacia de las medidas implantadas. Se deben analizar estadísticas, resultados de encuestas de clima laboral, y ajustar el sistema a partir de los aprendizajes obtenidos.

Una Integración transversal con otras políticas corporativas. La prevención del acoso debe estar alineada con las políticas de igualdad, diversidad e inclusión, salud laboral, prevención de riesgos psicosociales, responsabilidad social y ESG. La coherencia entre estas áreas refuerza el compromiso ético y normativo.

La documentación y trazabilidad de todas las actuaciones. Para garantizar la transparencia y la rendición de cuentas, el programa debe conservar registros documentados de las denuncias, investigaciones, decisiones tomadas y formaciones realizadas, siempre cumpliendo con la normativa de protección de datos.

Los indicadores de control y evaluación del riesgo. Deben establecerse indicadores cuantitativos y cualitativos que permitan medir la evolución del riesgo de acoso: número de denuncias, tiempo de resolución, satisfacción de las víctimas, áreas con mayor incidencia, cumplimiento de formación, etc.

En conjunto, estos elementos permiten que el programa de Compliance no sea una simple herramienta legal, sino un sistema integral de gestión ética, que coloca la prevención del acoso en el centro de la estrategia organizacional. Una empresa que los implementa demuestra que no solo busca evitar sanciones, sino proteger activamente la dignidad, el bienestar y los derechos fundamentales de todas las personas que forman parte de su estructura.

4.1.10. ¿Qué elementos debe incluir un programa eficaz?

Un programa eficaz debe incluir:

a) Un código de conducta[204] con definiciones claras de acoso y sus consecuencias;

b) Canales de denuncia confidenciales y accesibles;

c) Protocolos de investigación imparcial y sanciones proporcionales;

d) Formación periódica sobre respeto y prevención;

e) Auditorías internas y encuestas de clima laboral;

f) Supervisión continua del cumplimiento;

g) El compromiso visible de la alta dirección.

Estos componentes aseguran una gestión preventiva, reactiva y formativa del riesgo de acoso.

Un programa efectivo debe integrar:

- Un código de conducta claro, con definición expresa del acoso y sus consecuencias.

- Canales de denuncia confidenciales y accesibles.

- Protocolos de actuación, con plazos y garantías[205] procesales.

- Formación periódica en prevención del acoso y cultura del respeto.

- Auditorías internas para evaluar efectividad de las políticas.

- Compromiso visible de la alta dirección y supervisión por parte del órgano de cumplimiento.

---

204 Teubner, G. (2011). Self-constitutionalizing TNCs? On the linkage of «private» and «public» corporate codes of conduct. *Indiana Journal of Global Legal Studies,* 18(2), 617-638.

205 García-Panasco Morales, G.(2023). La nueva Ley del informante: cuando las buenas intenciones se pueden convertir en un problema, *Diario LA LEY,* Nº 10264, Sección Tribuna, 11 de Abril de 2023, LA LEY 2581/2023. *Y a este importante papel relacionado con el régimen punitivo de las personas jurídicas Y, dentro de este ámbito, a las que tienen que ver con dos pilares del sistema: los programas de Compliance y el régimen de derechos y garantías que debe presidir todo el ejercicio del ius puniendi del Estado".*

Estos elementos permiten prevenir, detectar, actuar y sancionar de manera coherente, evitando la impunidad y reforzando la cultura ética.

4.1.11. ¿Se considera el canal de denuncias como un elemento decisivo dentro del programa?

Un componente esencial del programa es la existencia de un canal de denuncias confidencial, seguro y gestionado de forma imparcial.

Este canal debe permitir que cualquier persona de la organización pueda comunicar situaciones de acoso o indicios de riesgo sin temor a represalias.

La confidencialidad debe estar garantizada tanto en la recepción como en la gestión de la denuncia, y la empresa debe contar con procedimientos claros para la investigación de los hechos, la protección de los denunciantes y la aplicación de las medidas necesarias.

La mera existencia del canal no es suficiente: debe ser funcional, accesible y gestionado por personas capacitadas que aseguren su credibilidad y eficacia.

La formación periódica es otro eje central del sistema. Todo el personal, incluidos los directivos, debe recibir formación obligatoria sobre qué es el acoso laboral, cómo identificarlo, cómo actuar ante él y cómo utilizar los mecanismos de prevención y denuncia disponibles. Estas formaciones deben ser prácticas, adaptadas a la realidad de la empresa y actualizadas con frecuencia.

Una organización que no forma a sus empleados en esta materia está dejando un vacío crítico que favorece la desinformación, la normalización del maltrato y la inacción ante los abusos.

El compromiso de la alta dirección debe traducirse en una actitud de liderazgo ético y ejemplaridad. Los directivos y mandos intermedios tienen la responsabilidad de fomentar un entorno de respeto, intervenir ante las primeras señales de maltrato, proteger a las víctimas y sancionar a los agresores.

Cuando los líderes muestran indiferencia o encubrimiento, el mensaje que se transmite es de permisividad, y el programa de Compliance pierde toda eficacia. En cambio, un liderazgo firme, coherente y empático refuerza la cultura del cumplimiento y protege la integridad del entorno laboral.

Un programa eficaz también debe prever mecanismos de seguimiento, evaluación y mejora continua. Esto implica realizar auditorías internas, analizar indicadores como el número y tipo de denuncias, el tiempo de respuesta, los resultados de encuestas de clima laboral o la satisfacción de las personas que han utilizado el canal.

Los aprendizajes derivados de estos análisis deben traducirse en ajustes reales del protocolo, las formaciones o los sistemas de protección. Un sistema de cumplimiento que no se evalúa ni se adapta está condenado a la ineficacia.

Todos estos elementos deben estar documentados y alineados con el resto de las políticas corporativas, como las de igualdad, diversidad, salud laboral y responsabilidad social[206]. Solo así se puede garantizar que la prevención del acoso no sea un compartimento estanco, sino una dimensión transversal que atraviese toda la estructura de la organización.

Un programa de Compliance que incluye estos componentes no solo previene el acoso laboral, sino que construye un entorno ético, seguro y comprometido con la dignidad y el bienestar de las personas.

¿Qué consecuencias legales puede enfrentar una empresa que omite incluir el acoso laboral en su programa de cumplimiento normativo?

La omisión puede derivar en consecuencias en distintos ámbitos. En lo administrativo, puede implicar multas, inspecciones y pérdida de incentivos.

En lo civil, indemnizaciones significativas por daño moral y perjuicios laborales.

En lo penal, imputación de directivos o de la persona jurídica, especialmente si se prueba tolerancia o inacción institucional.

Además, la empresa podría enfrentar el recargo de prestaciones en seguridad social por no prevenir daños psicosociales, y eventualmente, consecuencias internacionales si ha suscrito convenios como el 190 de la OIT.

La omisión puede derivar en:

- Multas administrativas impuestas por la Inspección de Trabajo.

- Responsabilidad civil, por daños y perjuicios psicológicos y económicos.

- Responsabilidad penal (art. 173.1 del Código Penal), si se demuestra tolerancia o encubrimiento.

- Recalificación de contingencias en la Seguridad Social, con recargos del 30-50 %.

---

[206] Whitehouse, L. (2003). Corporate social responsibility, corporate citizenship, and the global compact: a new approach to regulating corporate social power? Global Social Policy, 3(3), 299-318.

- Responsabilidad de la persona jurídica, si se omiten medidas de prevención. Estas consecuencias pueden afectar la solvencia económica, la reputación y la viabilidad de la empresa a largo plazo.

4.1.12. ¿Cómo puede un canal de denuncias confidencial contribuir a detectar y gestionar el acoso laboral en sus primeras etapas?

Los canales de denuncia confidenciales permiten que las víctimas o testigos denuncien sin miedo a represalias.

Su existencia, junto a garantías de anonimato y no represalia, alienta la detección temprana. Si están bien gestionados, permiten intervenir antes de que el conflicto escale, disminuyendo los efectos negativos. Además, demuestran el compromiso de la organización con el respeto y la transparencia.

Un canal de denuncias confidencial puede contribuir de manera crucial a detectar y gestionar el acoso laboral en sus primeras etapas, ya que facilita que las víctimas, testigos o personas afectadas por conductas hostiles puedan comunicar[207] lo que ocurre sin temor a represalias, en un entorno seguro y protegido.

Este mecanismo, cuando está bien diseñado, implementado y gestionado, se convierte en una herramienta de prevención temprana, intervención efectiva y construcción de confianza dentro de la organización.

En primer lugar, la existencia de un canal de denuncias confidencial permite romper el silencio que suele rodear al acoso laboral.

Muchas víctimas no denuncian por miedo a represalias, a perder su empleo, a ser desacreditadas o a quedar aisladas. También es frecuente que no confíen en que la empresa tomará medidas reales.

---

[207] Hirigoyen, M. F. (1999) *El acoso moral* en el trabajo: *distinguir lo verdadero de lo falso.* Barcelona: Paidós. La víctima puede caer en la tentación de comunicarse, ella también, mediante manipulaciones y guardando silencio sobre algunas cosas. La relación se vuelve entonces equívoca: ¿quién es el agresor y quién el agredido? Para el perverso, lo ideal es que se acabe identificando a su víctima como «malvada», de tal modo que esa malignidad se convierta en algo normal, que todo el mundo asume. El perverso intenta inyectar su propia maldad en su víctima. Corromper es su objetivo supremo. Y alcanza su máximo placer cuando consigue que su víctima se vuelva también destructora, o cuando logra que varios individuos se aniquilen entre sí.

Cuando se garantiza la confidencialidad -y en algunos casos el anonimato-, se reduce significativamente esa barrera de entrada.

La persona afectada siente que tiene un espacio legítimo y protegido para expresar lo que vive, sin tener que exponerse públicamente o depender de jerarquías que podrían estar implicadas o tener intereses cruzados.

El canal de denuncias también es fundamental para detectar señales tempranas. Muchas veces, los primeros indicios de acoso no son agresiones evidentes, sino patrones sutiles: un trato desigual, comentarios despectivos, asignación injusta de tareas, exclusión de reuniones, o evaluaciones negativas sin justificación.

Estas situaciones, aunque individualmente puedan parecer menores, si se repiten o se agravan, pueden configurar un caso de acoso.

Un canal accesible y seguro permite que estos hechos se comuniquen a tiempo, antes de que evolucionen hacia un daño mayor o irreparable para la salud mental de la víctima y el clima organizacional.

Además, este tipo de canal centraliza y sistematiza la información. No se trata solo de recibir denuncias, sino de analizarlas, identificar patrones, y detectar si ciertas áreas, líderes o equipos concentran un mayor número de casos.

Esta trazabilidad ayuda a tomar decisiones informadas, a intervenir en puntos críticos y a adaptar las políticas de prevención según las necesidades reales de la organización.

También permite hacer seguimiento de cada caso, verificar si se ha actuado con diligencia, y evaluar si las víctimas han sido protegidas frente a posibles represalias.

La gestión del canal también contribuye a la cultura del cumplimiento y del respeto, siempre que se administre con profesionalismo, imparcialidad y transparencia.

Si las personas ven que al denunciar se inicia una investigación rigurosa, que las situaciones se corrigen, que se sanciona adecuadamente a quien corresponde, y que se protege a quien denuncia, el canal deja de ser un simple buzón y se transforma en un instrumento de transformación cultural.

La confianza en la organización crece, la percepción de justicia mejora, y el mensaje es claro: el acoso no se tolera, no se minimiza, y se combate desde los primeros síntomas.

Para que esto funcione, sin embargo, el canal debe cumplir con ciertas condiciones clave. Debe ser fácil de acceder, por distintos medios (plataformas digitales, correo electrónico, líneas telefónicas, presencia física).

Debe estar gestionado por personas o equipos con formación específica en ética, confidencialidad y derechos laborales.

Debe garantizar plazos razonables de respuesta, comunicación con la persona denunciante, protección efectiva frente a represalias, y una política de seguimiento posterior al cierre del caso.

También debe estar integrado con el sistema de Compliance y respaldado por la alta dirección, que debe actuar de forma coherente ante los resultados.

Un canal de denuncias confidencial no es solo una medida legal o administrativa: es una pieza central del sistema de prevención del acoso laboral. Contribuye a detectar los casos en sus etapas iniciales, antes de que escalen; permite intervenir con rapidez y justicia; refuerza la confianza en la organización; y ayuda a construir una cultura de respeto, integridad y responsabilidad compartida. Cuando está bien diseñado y respaldado por un compromiso real de la empresa, el canal deja de ser una formalidad para convertirse en un puente entre el sufrimiento silencioso y la acción reparadora.

Los canales de denuncia permiten:

- Romper el silencio impuesto por el miedo.

- Recoger información de forma temprana.

- Activar protocolos de intervención rápida.

- Proteger la confidencialidad del denunciante y evitar represalias. Además, tienen un valor disuasorio frente a posibles acosadores, al percibir que existe un sistema activo y confiable de control. Su buena gestión refuerza la cultura de transparencia y cumplimiento.

4.2. La inclusión del acoso laboral en los mapas de riesgos

4.2.1. ¿Debe incluirse el acoso laboral en los mapas de riesgos junto a un protocolo de prevención y de actuación?

La identificación del riesgo debe ir acompañada de un análisis específico dentro del mapa de riesgos corporativo, de modo que se asignen recursos y se desarrollen controles adecuados para su mitigación. Ignorar o subestimar este riesgo no solo debilita el sistema de Compliance, sino que expone a la empresa[208] a consecuencias legales, reputacionales y operativas graves.

Uno de los pilares fundamentales del programa es la existencia de un protocolo específico de prevención y actuación ante situaciones de acoso laboral.

Este protocolo debe estar redactado con claridad, actualizado periódicamente, difundido a toda la plantilla y fácilmente accesible.

En él deben definirse de forma precisa las conductas que constituyen acoso, los mecanismos de prevención, los pasos a seguir en caso de denuncia, los plazos de actuación, las garantías procesales para las partes involucradas, las medidas de protección a la víctima y las consecuencias disciplinarias que puedan derivarse.

La falta de un protocolo o su aplicación desigual o deficiente convierte a la empresa en corresponsable de las conductas que se perpetúan bajo su estructura.

4.2.2. ¿Qué indicadores se pueden utilizar para evaluar el riesgo de acoso laboral dentro de un mapa de riesgos corporativo?

Algunos indicadores clave incluyen: número de denuncias internas, resultados de encuestas de clima laboral, rotación inusual en ciertos departamentos, ausentismo recurrente, resultados de evaluaciones psicosociales, uso del canal de denuncias, y número de conflictos laborales registrados. Estos datos permiten identificar áreas sensibles y establecer medidas preventivas.

Evaluar el riesgo de acoso laboral dentro de un mapa de riesgos corporativo requiere la identificación de indicadores que permitan detectar tanto señales directas como indirectas de posibles situaciones de hostigamiento, intimidación o maltrato en el entorno de trabajo.

Estos indicadores deben tener la capacidad de reflejar el estado real del clima laboral, la existencia de patrones de conducta que puedan derivar en acoso, y las condiciones estructurales o culturales que lo posibilitan. La finalidad es anticiparse a los problemas antes de que se materialicen de forma grave, para así diseñar medidas preventivas y correctivas efectivas.

---

208 Sanclemente-Arciniegas, J. (2021). El Compliance: repercusiones en la concepción de la empresa. *Rev. esc.adm.neg.* No. 90. Pag 196.

Uno de los principales indicadores a tener en cuenta es el número de denuncias o quejas internas recibidas por posibles situaciones de acoso. Este dato, desglosado por área, nivel jerárquico o tipología de conducta, permite observar si existen focos de riesgo concentrados o repetitivos.

No obstante, es importante analizar también el contexto: un número elevado de denuncias no siempre significa una mayor incidencia real de acoso, sino que puede ser reflejo de una cultura institucional que promueve la denuncia y la confianza en el sistema. Por el contrario, una ausencia total de denuncias en contextos donde hay alta rotación o malestar puede indicar desconfianza, miedo a represalias o falta de canales adecuados.

Otro indicador relevante es el nivel de rotación de personal, especialmente si se da de forma reiterada en ciertas áreas o bajo ciertos mandos intermedios. Una tasa de rotación superior a la media puede ser señal de conflictos no gestionados, insatisfacción, presión excesiva o, directamente, situaciones de acoso laboral que no se han hecho visibles por los canales formales.

En este mismo sentido, los índices de ausentismo laboral y las bajas médicas por motivos psicológicos o psicosomáticos -como ansiedad, estrés o depresión- también pueden servir como señales de alerta cuando muestran un comportamiento anómalo o creciente.

4.2.3. ¿Que importancia tienen las encuestas de clima laboral como indicador de evaluación del riesgo?

Las encuestas de clima laboral constituyen una herramienta fundamental para recoger percepciones más cualitativas sobre el ambiente de trabajo, el respeto entre compañeros, la actitud de los superiores y la sensación de seguridad al comunicarlas problemas.

Si bien son instrumentos indirectos, cuando se aplican de forma confidencial y con análisis segmentado, pueden revelar focos de malestar persistente o patrones culturales que favorecen el silencio, la intimidación o la discriminación. Preguntas orientadas a conocer si los empleados se sienten respetados, si perciben favoritismos, si creen que pueden denunciar sin sufrir represalias, o si confían en las políticas internas, ofrecen información crítica para anticipar riesgos de acoso.

También deben considerarse los resultados de las evaluaciones de riesgos psicosociales realizadas en cumplimiento de la normativa de prevención de riesgos laborales.

Estas evaluaciones, cuando están bien diseñadas, permiten identificar cargas de trabajo excesivas, falta de autonomía, desequilibrio entre exigencias y recursos, ambigüedad de funciones o relaciones laborales tensas, que pueden ser factores que favorecen o intensifican el acoso.

Es decir, más allá de los comportamientos individuales, ciertos entornos laborales generan un caldo de cultivo estructural que incrementa la probabilidad de que se produzcan conductas hostiles o abusivas.

4.2.4. ¿Qué importancia tiene la existencia de patrones disciplinarios relacionados con conductas inapropiadas, conflictos frecuentes, sanciones por trato irrespetuoso o quejas reiteradas contra las mismas personas como indicador de evaluación del riesgo?

Otro indicador valioso es la existencia de patrones disciplinarios relacionados con conductas inapropiadas, conflictos frecuentes, sanciones por trato irrespetuoso o quejas reiteradas contra las mismas personas.

La acumulación de incidentes, incluso si no han sido calificados formalmente como acoso, puede revelar la existencia de liderazgos tóxicos, microagresiones sistemáticas o dinámicas de exclusión.

Estos datos, que suelen estar dispersos en los departamentos de recursos humanos, Compliance o relaciones laborales, deben ser integrados en una lectura conjunta que permita interpretar señales débiles que, de otro modo, pasarían desapercibidas.

También se puede analizar el grado de utilización de los canales éticos o de denuncia. Un canal que existe pero que no es utilizado en absoluto puede no estar cumpliendo su función, ya sea por falta de difusión, desconfianza o percepción de ineficacia.

Por tanto, no solo se debe medir cuántas denuncias se reciben, sino también si los trabajadores conocen el canal, si lo consideran seguro, si las denuncias son gestionadas con rapidez y transparencia, y si las personas denunciantes han recibido protección efectiva frente a represalias.

4.2.5. ¿Qué importancia tiene el contenido de las entrevistas de salida realizadas a personas que dejan voluntariamente la empresa como indicador de evaluación del riesgo?

Un indicador adicional, aunque más cualitativo, es el contenido de las entrevistas de salida realizadas a personas que dejan voluntariamente la empresa.

En muchas ocasiones, quienes se marchan revelan conflictos, situaciones de maltrato o falta de respuesta organizacional que no se atrevieron a denunciar en su momento.

Establecer un procedimiento sistemático de análisis de estas entrevistas puede contribuir a la detección temprana de dinámicas de acoso.

También es útil observar si existen diferencias significativas en los indicadores de riesgo entre grupos de trabajadores según género, edad, origen étnico, orientación sexual o situación de discapacidad.

La concentración de quejas o malestar en determinados colectivos puede revelar prácticas discriminatorias o acoso basado en motivos de diversidad, lo que requiere una respuesta específica y urgente por parte del área de Compliance.

4.2.6. ¿Qué importancia tiene el nivel de cumplimiento de las formaciones obligatorias en materia de respeto, ética, igualdad como indicador de evaluación del riesgo?

Por último, el nivel de cumplimiento de las formaciones obligatorias en materia de respeto, ética, igualdad o prevención del acoso puede ser en sí mismo un indicador de riesgo.

Si amplios sectores de la organización no reciben o no completan este tipo de formación, aumenta la probabilidad de que no se reconozcan conductas abusivas, que se tolere el maltrato o que se perpetúen culturas organizativas permisivas.

Evaluar el riesgo de acoso laboral en el mapa de riesgos corporativo exige un enfoque multidimensional, que combine datos cuantitativos (rotación, denuncias, ausentismo, encuestas) con análisis cualitativos y culturales.

No se trata únicamente de detectar conductas ya consumadas, sino de identificar entornos, comportamientos y prácticas que puedan dar lugar al acoso o facilitar su encubrimiento.

Cuanto más fina y precisa sea esta detección, más posibilidades tendrá la organización de intervenir a tiempo, proteger a su personal y construir un entorno laboral ético, seguro y conforme a los valores de integridad, dignidad y respeto que exige el Compliance moderno.

Indicadores útiles incluyen:

- El número y evolución de denuncias internas.

- Los resultados de encuestas de clima laboral.

- Las áreas con alta rotación o bajas frecuentes.

- Los incidentes disciplinarios o conflictos reiterados.

- El grado de conocimiento del protocolo por los empleados. Estos datos permiten priorizar acciones preventivas, asignar recursos y monitorear la evolución del riesgo.

4.2.7. ¿Cómo puede el acoso laboral generar pérdida de talento dentro de una organización, y cómo se vincula esto con los riesgos del Compliance?

El acoso laboral puede generar una pérdida significativa de talento dentro de una organización al provocar un deterioro profundo en el clima laboral, afectar directamente la salud psicológica de los empleados y erosionar la confianza en los sistemas internos de protección. Esta pérdida de talento no solo implica la salida voluntaria de personas valiosas, sino también una disminución del compromiso, la creatividad y el rendimiento de quienes permanecen en la organización.

La vinculación de este fenómeno con los riesgos del Compliance es directa y estructural, ya que cuando una empresa no previene, detecta ni actúa ante el acoso, está fallando en su deber de diligencia y en la implementación efectiva de su programa de cumplimiento normativo.

Desde la perspectiva de los trabajadores, el acoso genera un ambiente hostil en el que la dignidad, el respeto y la integridad personal son vulnerados. Las víctimas, así como los testigos, desarrollan altos niveles de estrés, ansiedad, desmotivación e inseguridad, lo que disminuye su rendimiento y su capacidad de contribuir positivamente al desarrollo de la organización.

En estos entornos, quienes tienen más opciones -los perfiles con alta formación, experiencia, habilidades de liderazgo o creatividad- son los primeros en marcharse, al percibir que la empresa no ofrece garantías reales para su bienestar ni actúa con justicia. Esto da lugar a una "fuga silenciosa" de talento, especialmente de aquellos trabajadores con mayor conciencia ética o con mayores competencias para desarrollarse profesionalmente en entornos saludables.

Esta pérdida de talento tiene múltiples consecuencias. A corto plazo, implica costos adicionales en procesos de selección, formación y adaptación de nuevos empleados. A medio y largo plazo, reduce la capacidad innovadora, interrumpe la continuidad de proyectos, debilita los equipos de trabajo y afecta la cohesión organizativa.

Además, la salida de profesionales valiosos suele tener un efecto dominó: otros empleados perciben el abandono como una señal de alarma sobre la cultura corporativa y también comienzan a buscar oportunidades en empresas más éticas o mejor gestionadas. En sectores altamente competitivos, esta dinámica puede comprometer seriamente la posición de la empresa en el mercado.

Desde el punto de vista del Compliance, la pérdida de talento vinculada al acoso laboral pone de manifiesto una falla estructural en la gestión de riesgos. Un programa de cumplimiento verdaderamente efectivo debe identificar el acoso como un riesgo no solo legal o reputacional, sino también organizacional y estratégico. Si no se cuenta con políticas claras, mecanismos de denuncia seguros, protocolos de actuación eficaces y una cultura institucional que respalde a las víctimas y sancione a los agresores, el sistema de Compliance pierde credibilidad y eficacia. No basta con tener normas escritas si la realidad laboral muestra impunidad, silencio o encubrimiento. Esta desconexión entre las políticas formales y la experiencia real de los trabajadores revela una debilidad que el Compliance debe corregir si quiere cumplir su función preventiva.

Además, la desprotección frente al acoso genera un riesgo de responsabilidad para la empresa. La pérdida de talento como consecuencia de estas dinámicas puede ir acompañada de denuncias laborales, demandas judiciales, sanciones administrativas o acciones colectivas que no solo impactan en el plano legal, sino también en la reputación corporativa.

4.2.8.Los criterios ESG (ambientales, sociales y de gobernanza) ¿reciben una buena valoración por las empresas?

Los criterios ESG (ambientales, sociales y de gobernanza) son cada vez más valorados por inversores, clientes y empleados, las empresas que no gestionan adecuadamente el acoso se exponen a ser percibidas como poco éticas, inseguras y poco sostenibles.

Por tanto, la vinculación entre acoso laboral, pérdida de talento y riesgos del Compliance es directa.

El acoso destruye confianza, deteriora el ambiente laboral, debilita la cultura organizativa y empuja a los perfiles más valiosos a abandonar la empresa.

Esta fuga no es inevitable: puede prevenirse si la organización incorpora el acoso en su mapa de riesgos, lo aborda desde una política de tolerancia cero respaldada por acciones concretas, y garantiza que el cumplimiento normativo no sea solo una obligación legal, sino una expresión real del compromiso ético con las personas que forman parte de la organización.

Proteger el talento es proteger el futuro de la empresa, y el Compliance tiene un papel esencial en esa tarea.

El acoso genera desmotivación, pérdida de confianza y fuga de personal clave.

Las personas con altos valores éticos o mayor sensibilidad suelen abandonar primero. Esto impacta directamente en la continuidad operativa, la innovación y la competitividad.

Desde el Compliance, perder talento implica un riesgo indirecto: el deterioro de la cultura organizacional y el aumento del riesgo de reincidencia.

El talento más ético y competente suele ser el primero en abandonar ambientes tóxicos. Esta pérdida genera:

- Un déficit de liderazgo positivo.

- Los costes de reclutamiento y formación.

- La descapitalización humana e innovadora.

Desde el Compliance, no actuar implica negligencia grave. La empresa que tolera el acoso no solo infringe la ley, sino que debilita sus propios pilares de sostenibilidad.

4.2.9. ¿Se considera el acoso como una vulneración de los derechos humanos, también laborales y como un riesgo social relevante?

La dimensión Social del ESG aborda cuestiones como:

- Derechos laborales.

- Salud y seguridad en el trabajo.

- Igualdad de oportunidades

- Clima organizacional

- Diversidad e inclusión.

En este contexto, el acoso laboral constituye una vulneración directa de estos principios, ya que afecta la dignidad, la integridad y la salud mental de las personas trabajadoras.

Integrar el acoso dentro de la dimensión Social del ESG implica:

- Reconocerlo como un riesgo social relevante, no solo un problema disciplinario

- Monitorear indicadores psicosociales: rotación, ausentismo, quejas internas, clima laboral.

- Establecer políticas activas de prevención y reparación.

- Incluir la perspectiva de género e interseccionalidad, ya que muchas formas de acoso tienen un componente discriminatorio.

El cumplimiento normativo se refuerza aquí con una visión de derechos humanos, como exige el Convenio 190 de la OIT y los Principios Rectores de la ONU sobre Empresas y Derechos Humanos.

Tradicionalmente, los programas de Compliance han estado asociados al cumplimiento de normativas legales, estándares regulatorios y prevención de delitos corporativos.

Sin embargo, en el contexto actual, caracterizado por una mayor sensibilidad hacia la responsabilidad social empresarial y la sostenibilidad, el Compliance no puede limitarse al cumplimiento legal estricto. Los criterios ESG (Environmental, Social and Governance), ampliamente adoptados por empresas, inversores e instituciones, amplían el enfoque tradicional del cumplimiento. Introducen la necesidad de gestionar los riesgos no financieros, entre ellos el acoso laboral, con una visión transversal que impacta en la reputación, la cultura organizacional y la sostenibilidad del negocio.

4.3. La relación con los programas de ética y buen gobierno

4.3.1. ¿Cuál es el papel de la alta dirección en la erradicación del acoso laboral dentro del marco del Compliance?

El papel de la alta dirección en la erradicación del acoso laboral dentro del marco del Compliance es decisivo, insustituible y estratégico, ya que constituye el principal factor de liderazgo, compromiso y ejemplo en la construcción de una cultura organizacional basada en la integridad, el respeto y la tolerancia cero ante cualquier forma de violencia o discriminación.

La efectividad de cualquier programa de Compliance no depende solo de la existencia de protocolos, normativas o canales de denuncia, sino de la actitud activa y coherente de quienes ocupan los niveles más altos de responsabilidad en la organización.

Cuando la alta dirección asume su rol con convicción, no solo garantiza el cumplimiento normativo, sino que transforma el entorno laboral en un espacio seguro, justo y ético.

En primer lugar, la alta dirección debe manifestar de forma explícita y constante su compromiso con la prevención y erradicación del acoso laboral.

Este compromiso no puede limitarse a una declaración institucional, sino que debe traducirse en decisiones concretas: dotar de recursos al área de Compliance, asegurar la independencia de los canales de denuncia, apoyar las investigaciones internas, y respaldar las medidas disciplinarias necesarias, incluso cuando los implicados sean altos cargos o personas influyentes dentro de la estructura de la empresa. La autoridad moral de la dirección se refleja en su capacidad de actuar con coherencia y valentía, sin encubrir, minimizar ni justificar conductas inadecuadas.

Además, la alta dirección tiene el deber de incluir el acoso laboral como un riesgo prioritario en el mapa de riesgos corporativo, entendiendo que se trata de una amenaza no solo legal, sino también reputacional, psicológica, operativa y estratégica.

Debe asegurarse de que el programa de Compliance contemple controles específicos para identificar y mitigar este riesgo, y que se lleven a cabo auditorías internas periódicas para evaluar la eficacia de las medidas implementadas. Esto implica también una actitud de mejora continua, receptividad a los resultados de los diagnósticos de clima laboral y voluntad de corregir fallos estructurales o culturales que faciliten el acoso.

El papel de la alta dirección también se expresa en su función de liderazgo ético y ejemplaridad.

Los directivos no solo deben evitar cualquier conducta abusiva, sino también promover activamente una cultura de respeto, inclusión y dignidad en todos los niveles de la organización.

Esto significa intervenir cuando detectan comportamientos sospechosos, proteger a quienes denuncian, fomentar espacios de diálogo y formación, y asegurar que la prevención del acoso sea parte del ADN corporativo.

Su conducta marca la pauta: si los líderes se comportan de forma íntegra, el resto de la organización tenderá a replicar ese modelo; si, en cambio, toleran o perpetúan prácticas de abuso, ninguna política de Compliance será realmente efectiva.

4.3.2. ¿Que es la responsabilidad de supervisión y seguimiento?

Otro aspecto clave es la responsabilidad de supervisión y seguimiento. La alta dirección debe exigir informes periódicos sobre el funcionamiento del programa de Compliance en lo relativo al acoso, evaluar indicadores clave (como número de denuncias, tiempo de respuesta, resultados de investigaciones, percepción de seguridad por parte del personal), y tomar decisiones estratégicas en base a esa información. No se trata de delegar completamente la gestión en el departamento de Compliance o recursos humanos, sino de asumir un rol activo en la evaluación y gobernanza del sistema.

También debe asegurarse de que exista una formación continua y transversal en ética, respeto y prevención del acoso, accesible para todos los niveles de la organización. La formación no es solo un requisito legal o una formalidad administrativa; es una herramienta fundamental para transformar mentalidades, desnaturalizar prácticas abusivas y empoderar a las personas para reconocer y denunciar situaciones de riesgo. La alta dirección debe no solo promover estas formaciones, sino participar en ellas y respaldarlas con su presencia e interés real.

El papel de la alta dirección en la erradicación del acoso laboral dentro del marco del Compliance es mucho más que una función operativa: es una responsabilidad estructural y moral.

Son ellos quienes deben establecer el tono desde la cima ("tone at the top"), actuar con integridad, liderar con el ejemplo y garantizar que el cumplimiento normativo sea auténtico, profundo y transformador. Sin el compromiso activo de la alta dirección, cualquier sistema de Compliance corre el riesgo de convertirse en un documento decorativo. Con su compromiso real, en cambio, el Compliance se convierte en una herramienta poderosa de protección de derechos, desarrollo humano y sostenibilidad empresarial.

La alta dirección debe liderar con el ejemplo, establecer una cultura de tolerancia cero y garantizar los medios para prevenir, detectar y sancionar el acoso. Su compromiso es vital para dotar de legitimidad a las políticas de Compliance. Sin apoyo directivo, los protocolos pueden quedarse en letra muerta. Su rol incluye aprobar recursos, supervisar auditorías, apoyar a las víctimas y sancionar sin favoritismos.

El liderazgo ético comienza en la cima. La alta dirección debe:

- Apoyar activamente las políticas de tolerancia cero.

- Dotar de recursos y legitimidad al área de Compliance.

- Promover con el ejemplo un ambiente de respeto.

- Actuar con firmeza frente a casos de acoso, sin encubrimientos. Sin este compromiso, cualquier medida será percibida como superficial o ineficaz. La dirección debe transformar la ética en una política operativa y no en una declaración vacía.

4.3.3. ¿Cómo se relacionan los programas de Compliance con los programas de ética y buen gobierno en la prevención del acoso?

El Compliance se centra en el cumplimiento legal y normativo; la ética y el buen gobierno amplían ese enfoque hacia valores corporativos, liderazgo ejemplar, y transparencia. Ambos programas deben ser complementarios. La lucha contra el acoso refleja si la ética empresarial es real o solo declarativa. El alineamiento entre normas, cultura y práctica es esencial para una prevención efectiva.

Los programas de Compliance, ética y buen gobierno están profundamente interrelacionados y se complementan mutuamente en la prevención del acoso laboral, ya que los tres comparten un objetivo común: garantizar que las organizaciones actúen con integridad, respeten los derechos fundamentales de sus trabajadores y construyan entornos laborales seguros, justos y sostenibles.

Aunque cada uno tiene su propio enfoque operativo, todos convergen en la necesidad de establecer principios claros, procedimientos eficaces y una cultura institucional basada en la responsabilidad y la legalidad.

Esta relación se vuelve especialmente relevante cuando se trata de abordar fenómenos complejos y sensibles como el acoso, donde no basta con cumplir la ley, sino que se requiere un compromiso ético profundo y una estructura de gobernanza que respalde acciones concretas.

Los programas de Compliance se centran en garantizar que las organizaciones actúen conforme a la normativa vigente, estableciendo mecanismos de prevención, detección, respuesta y sanción frente a conductas ilegales o contrarias a los valores corporativos.

En el caso del acoso laboral, el Compliance exige incorporar este riesgo en los mapas corporativos, desarrollar códigos de conducta[209] que lo

---

209 Teubner, G. (2011). Self-constitutionalizing TNCs? On the linkage of «private» and «public» corporate codes of conduct. *Indiana Journal of Global Legal Studies*, 18(2), 617 y ss

prohíban expresamente, habilitar canales de denuncia confidenciales, establecer protocolos de actuación claros, formar al personal y asegurar la intervención diligente ante cualquier indicio. Sin embargo, para que este enfoque normativo tenga impacto real, necesita estar sostenido por un marco de valores que le dé coherencia y profundidad. Aquí es donde entra en juego el programa de ética.

4.3.4. ¿Qué finalidad tiene el programa de ética de una organización?

El programa de ética de una organización tiene como finalidad definir y promover los valores fundamentales que guían la conducta de todos sus miembros. Mientras que el Compliance regula el "qué hacer" y el "cómo hacerlo" dentro del marco legal, la ética corporativa establece el "por qué hacerlo" desde una perspectiva de justicia, dignidad y responsabilidad.

En relación al acoso, esto significa que la empresa no solo actúa porque está obligada legalmente a prevenirlo, sino porque reconoce que esta conducta vulnera los principios que sustenta su identidad institucional. Cuando una empresa declara que defiende la igualdad, el respeto y la integridad, su programa ético exige coherencia entre sus palabras y sus acciones.

La prevención del acoso, en este contexto, no es solo una obligación jurídica, sino un compromiso moral con sus trabajadores y con la sociedad.

Por su parte, los programas de buen gobierno fortalecen la estructura institucional que permite que tanto la ética como el Compliance se apliquen de forma efectiva.

Se enfocan en asegurar una gestión transparente, responsable, participativa y con rendición de cuentas.

En materia de acoso laboral, el buen gobierno exige que la alta dirección lidere con el ejemplo, que asuma la responsabilidad de crear un entorno seguro y que supervise que los protocolos se ejecutan con imparcialidad.

También implica que los órganos de administración -como el consejo de dirección o el comité de auditoría- supervisen la implementación de las políticas de Compliance y ética, y que estas no queden reducidas a declaraciones formales o a gestos simbólicos sin impacto real.

La integración de estos tres programas crea un sistema fuerte, donde cada componente refuerza al otro. El Compliance proporciona las herramientas jurídicas y operativas. La ética otorga el fundamento filosófico y cultural. Y el buen gobierno asegura que todo el sistema funcione de manera transparente, con liderazgo, vigilancia y mejora continua.

En este modelo, la prevención del acoso se convierte en una política transversal que atraviesa todos los niveles de la organización, desde la estrategia hasta la operativa diaria. No se trata solo de actuar cuando ocurre un incidente, sino de anticiparse, de construir relaciones laborales basadas en la confianza y de consolidar una cultura institucional que no tolere ninguna forma de violencia o discriminación.

Además, esta sinergia entre Compliance, ética y buen gobierno tiene efectos tangibles en la reputación, el clima laboral y la sostenibilidad del negocio.

Las empresas que logran alinear sus sistemas normativos con sus valores éticos y con una gobernanza sólida son percibidas como más confiables, más transparentes y más responsables. Esto no solo reduce el riesgo legal, sino que mejora la atracción y retención del talento, fortalece la lealtad de los clientes y consolida relaciones más estables con inversores y aliados estratégicos.

Por el contrario, cuando uno de estos tres componentes falla (por ejemplo, si existe un programa de Compliance pero no hay liderazgo ético, o si hay buenas intenciones éticas pero sin estructura de gobierno), los esfuerzos de prevención del acoso se debilitan y pierden eficacia.

Los programas de Compliance, ética y buen gobierno no pueden actuar de forma aislada si se quiere prevenir de manera efectiva el acoso laboral.

Su integración permite abordar este fenómeno desde una perspectiva normativa, cultural y organizacional, garantizando que las políticas no solo existan, sino que sean aplicadas con coherencia, respaldo institucional y sentido de justicia. Solo cuando las organizaciones combinan estos tres enfoques logran generar entornos laborales verdaderamente seguros, íntegros y respetuosos con la dignidad humana.

Ambos programas están interconectados: el Compliance establece los mecanismos normativos, mientras que los programas de ética y buen gobierno fijan los valores, principios y cultura corporativa. Un enfoque integral:

- Fortalece la integridad institucional.

- Promueve la rendición de cuentas.

- Garantiza la coherencia entre lo que la empresa declara y lo que practica. El acoso, al ser una violación ética, debe abordarse también desde la gobernanza corporativa.

4.3.5. ¿En qué medida la formación periódica en valores éticos y prevención del acoso fortalece un entorno laboral saludable?

La formación periódica sensibiliza, aclara qué conductas son inaceptables y empodera a los empleados para actuar. También refuerza la cultura del respeto y la comunicación asertiva.

Una organización que educa a su equipo fomenta un entorno laboral más seguro, donde las conductas abusivas se reducen y se gestionan de forma ágil.

La formación periódica en valores éticos y en prevención del acoso es una herramienta fundamental para fortalecer un entorno laboral saludable, ya que no solo proporciona conocimientos técnicos sobre qué conductas son inaceptables, sino que también contribuye a transformar la cultura organizacional, fomentar el respeto mutuo y prevenir conflictos antes de que escalen.

A través de una formación constante y bien diseñada, la empresa transmite de forma clara sus expectativas en cuanto a comportamiento, refuerza sus compromisos institucionales y demuestra que la integridad, la dignidad y la seguridad emocional de sus trabajadores son valores no negociables.

En primer lugar, este tipo de formación permite identificar, visibilizar y desnaturalizar conductas que muchas veces se han tolerado o minimizado, como las bromas sexistas, el control excesivo, los gritos, la exclusión deliberada o la desvalorización sistemática.

Muchos empleados no reconocen ciertos comportamientos como acoso hasta que se les proporcionan herramientas conceptuales y ejemplos concretos. Por tanto, formar es también hacer consciente lo que, en ocasiones, ha sido normalizado.

La formación actúa como una medida preventiva, ya que permite detectar signos tempranos de deterioro del clima laboral y promover la intervención antes de que las conductas hostiles se institucionalicen.

En segundo lugar, la formación periódica promueve una cultura de respeto y corresponsabilidad. No se trata solo de informar a las víctimas sobre sus derechos, sino también de involucrar a todo el personal -incluyendo directivos, mandos intermedios y compañeros de equipo- en la construcción de un entorno ético y seguro.

La prevención del acoso no es una tarea exclusiva del área de recursos humanos o del Compliance, sino una responsabilidad compartida.

Otra ventaja significativa de la formación es, que fortalece la confianza en los mecanismos internos de protección. Cuando las personas saben que la organización ha desarrollado un sistema de prevención, denuncia y respuesta ante el acoso, y que ese sistema se explica, se actualiza y se evalúa de forma periódica, es más probable que se sientan seguras para utilizarlo.

4.3.6. La formación ¿refuerza la legitimidad, la ética y la eficacia del programa de Compliance?

La formación, en este sentido, no solo transmite información, sino que también refuerza la legitimidad y la eficacia del programa de Compliance.

Las empresas que capacitan de forma continua y honesta generan un entorno donde el silencio no es la única salida, y donde hablar no implica un riesgo.

Además, la formación en valores éticos y prevención del acoso debe incluir perspectivas interseccionales, de género y de diversidad, ya que muchas formas de acoso se sustentan en desigualdades estructurales, estereotipos o dinámicas de poder.

Incluir estos enfoques en los contenidos formativos permite entender el acoso no solo como un comportamiento puntual, sino como parte de un sistema cultural que puede ser modificado con educación, sensibilización y políticas activas. También ayuda a construir espacios laborales más inclusivos, en los que todas las personas -independientemente de su género, edad, orientación sexual, etnia o condición- puedan desarrollarse sin miedo a la discriminación o la violencia.

Para que sea verdaderamente eficaz, la formación debe ser periódica, práctica y adaptada a los distintos niveles de la organización. No basta con una sesión inicial o una charla genérica. Es necesario generar procesos formativos continuos, que incluyan casos reales, dilemas éticos, simulaciones o análisis de situaciones conflictivas.

Además, deben adaptarse a los roles: no se forma de la misma manera a un equipo operativo que a un cuerpo directivo o a los responsables de canalizar denuncias. Cada uno debe entender cómo su función específica puede contribuir o dificultar la erradicación del acoso.

A través de la formación, los trabajadores entienden su papel como agentes de cambio y su deber de actuar ante comportamientos inadecuados, ya sea interviniendo directamente, brindando apoyo a la víctima o utilizando los canales internos de denuncia.

La formación en valores éticos y prevención del acoso tiene un efecto multiplicador en el clima laboral. Fomenta el compromiso, refuerza el sentido de pertenencia y mejora las relaciones interpersonales.

4.3.7. ¿Hay una reducción de riesgos legales o reputacionales cuando las organizaciones intervienen formando a sus trabajadores?

Las organizaciones que invierten en educar a sus equipos no solo reducen los riesgos legales o reputacionales, sino que también promueven la salud mental colectiva, la cooperación y la productividad.

En entornos formados en el respeto, las personas trabajan con mayor confianza, asumen responsabilidades con más autonomía y están más abiertas a la innovación y al aprendizaje.

La formación periódica en ética y prevención del acoso no es un complemento, sino una herramienta estratégica esencial para construir entornos laborales seguros, sostenibles y justos.

Refuerza la cultura de cumplimiento, protege los derechos fundamentales, y alinea la práctica cotidiana de la empresa con sus valores institucionales. Una organización que educa es una organización que cuida, y ese cuidado se traduce en mayor bienestar, mayor retención de talento y mejor desempeño colectivo.

La formación:

- Desactiva normalizaciones del abuso.

- Ayuda a identificar señales de alerta.

- Empodera a víctimas y testigos para actuar.

- Refuerza la corresponsabilidad y el respeto mutuo. Cuando es periódica, práctica y contextualizada, genera cambios duraderos en la cultura interna y reduce significativamente los incidentes de acoso.

4.3.8. ¿Qué función cumplen las auditorías internas en la revisión de la efectividad del programa de Compliance respecto al acoso?

Las auditorías internas permiten detectar fallos, medir la eficacia de protocolos, verificar la aplicación de sanciones y evaluar la confianza en los canales de denuncia. También identifican áreas con alto riesgo psicosocial o resistencias culturales. Una auditoría bien hecha es una herramienta correctiva y preventiva clave para la mejora continua.

Las auditorías internas desempeñan una función crucial en la revisión de la efectividad del programa de Compliance respecto al acoso laboral, ya que permiten verificar de manera sistemática, objetiva y documentada si las políticas, procedimientos y controles implementados por la organización están funcionando realmente en la práctica para prevenir, detectar, gestionar y sancionar este tipo de conductas.

No basta con que la empresa cuente con un protocolo formal contra el acoso o un canal de denuncias; es necesario comprobar si estos instrumentos están siendo aplicados con eficacia, si son conocidos por el personal, si las investigaciones internas se llevan a cabo con imparcialidad, y si las víctimas reciben la protección adecuada.

Las auditorías permiten evaluar, por ejemplo, si el código de conducta de la empresa contempla de forma clara y explícita la prohibición del acoso laboral y si este se comunica y aplica de forma coherente en toda la organización.

También pueden verificar si existen canales de denuncia verdaderamente confidenciales, si estos están siendo utilizados, y si hay procedimientos definidos para el tratamiento de los casos.

Del mismo modo, las auditorías pueden revisar si las formaciones en materia de respeto, igualdad y prevención del acoso se imparten con la frecuencia adecuada y alcanzan a todos los niveles de la empresa, desde la alta dirección hasta el personal operativo.

Una función esencial de las auditorías internas es detectar inconsistencias entre lo que la organización declara y lo que realmente ocurre. Por ejemplo, pueden identificar si existen áreas de la empresa donde, pese a la existencia formal de políticas, persisten prácticas de intimidación, exclusión, humillación o abuso de poder que no han sido reportadas ni corregidas. Para ello, las auditorías pueden combinar métodos cuantitativos (análisis de indicadores como rotación, ausentismo, número de denuncias, bajas por estrés o ansiedad) y cualitativos (entrevistas, encuestas de clima laboral, análisis de casos cerrados). Esta combinación permite no solo medir el cumplimiento formal, sino también detectar resistencias culturales, deficiencias estructurales o puntos ciegos en la gestión del riesgo de acoso.

Otra aportación relevante de las auditorías internas es su capacidad de generar evidencias documentadas de que la empresa actúa con diligencia debida, algo que puede resultar fundamental ante una inspección laboral, una denuncia judicial o un procedimiento sancionador.

Si una empresa es acusada de tolerar o no gestionar adecuadamente un caso de acoso, podrá demostrar, a través de las auditorías, que ha evaluado regularmente sus políticas, ha corregido deficiencias detectadas y ha implementado mejoras continuas para evitar la repetición de los hechos.

En este sentido, las auditorías internas no solo tienen un valor preventivo, sino también defensivo.

Además, las auditorías no se limitan a detectar fallos, sino que orientan recomendaciones de mejora. Tras identificar brechas, omisiones o ineficiencias, pueden proponer acciones correctivas como actualizar protocolos, mejorar la comunicación interna, rediseñar formaciones, reformular los canales de denuncia o intervenir en departamentos donde se detecten mayores riesgos. Por lo tanto, se convierten en una herramienta de gobernanza que fortalece la integridad del sistema de Compliance y lo adapta a las necesidades reales de la organización.

Las auditorías internas cumplen una función estratégica dentro del programa de Compliance en materia de acoso laboral: permiten evaluar si las herramientas previstas son efectivas, si los valores corporativos se reflejan en la práctica diaria, y si la organización está cumpliendo su obligación ética y legal de proteger la integridad moral de sus trabajadores.

Son, además, un medio para fomentar la mejora continua, consolidar una cultura de respeto y responsabilidad, y asegurar que el Compliance no sea una formalidad decorativa, sino un sistema vivo y operativo que contribuye activamente a construir entornos laborales seguros, justos y sostenibles.

Las auditorías permiten, de este modo:

- Evaluar si las políticas son efectivas en la práctica.

- Detectar vacíos de implementación o resistencias culturales.

- Verificar la trazabilidad de las denuncias.

- Demostrar diligencia debida ante autoridades. Son herramientas estratégicas de mejora continua y protección jurídica, que transforman el Compliance en un sistema vivo y proactivo.

4.3.9. ¿Cómo pueden los programas de Compliance integrarse con los criterios ESG para abordar de manera más completa el acoso laboral?

Los criterios ESG (Environmental, Social, Governance) incluyen la dimensión social y de gobernanza.

Integrar el Compliance con ESG permite abordar el acoso desde una perspectiva más amplia: respeto a los derechos humanos, equidad, salud mental y cultura organizacional. Esta sinergia refuerza la sostenibilidad, mejora la reputación corporativa y facilita la atracción de inversores y talento alineado con valores éticos.

Integrar el Compliance con los criterios ESG (Environmental, Social and Governance) permite abordar el acoso laboral desde una perspectiva más amplia, profunda y estratégica. Tradicionalmente, los programas de cumplimiento normativo se han centrado en asegurar que las organizaciones actúen conforme a las leyes, evitando sanciones legales y detectando irregularidades internas.

Sin embargo, el contexto actual exige a las empresas no solo cumplir con la normativa, sino también demostrar un compromiso tangible con la sostenibilidad, la ética corporativa y los derechos fundamentales.

En este marco, los criterios ESG se han consolidado como un enfoque integral para evaluar y mejorar la conducta empresarial, y su convergencia con el Compliance es especialmente relevante en el tratamiento del acoso laboral.

La dimensión social de los criterios ESG se refiere a todos los aspectos que afectan directamente a las personas dentro y fuera de la organización: condiciones laborales, salud y seguridad, derechos humanos, inclusión, diversidad, y bienestar de los trabajadores.

El acoso laboral, entendido como una conducta sistemática y hostil que degrada la dignidad y la salud mental de las personas, es una de las violaciones más graves dentro de este ámbito. Integrar la prevención y gestión del acoso en el componente social del ESG implica reconocerlo como un riesgo real que va más allá de lo individual.

Supone evaluar cómo los entornos de trabajo favorecen o previenen estas conductas, medir los impactos que tienen sobre la productividad, el clima organizacional y la retención del talento, y establecer políticas proactivas de protección, reparación y formación.

Por su parte, la dimensión de gobernanza (Governance) dentro de ESG enfatiza la importancia de una gestión empresarial ética, transparente y responsable. El acoso laboral representa una amenaza directa a esta gobernanza cuando es tolerado, encubierto o minimizado por los órganos de dirección.

Si no existen protocolos adecuados, si los canales de denuncia no funcionan, o si quienes tienen poder de decisión actúan con negligencia o complicidad, el sistema de gobernanza fracasa en su función de garantizar un entorno justo y seguro. Incluir el acoso laboral como una preocupación de gobernanza significa exigir a los directivos un liderazgo ejemplar, asegurar que existan mecanismos de control eficaces, y fortalecer una cultura institucional basada en la integridad y la rendición de cuentas.

La integración de Compliance con ESG, en consecuencia, no solo refuerza el marco normativo interno, sino que amplía el foco hacia una gestión verdaderamente ética y sostenible.

El Compliance aporta las herramientas jurídicas, procedimentales y disciplinarias necesarias para prevenir y sancionar el acoso, mientras que ESG aporta una mirada estructural, que exige a las empresas medir, reportar y mejorar su desempeño en relación con los derechos humanos y la justicia organizacional. Esta combinación permite a las empresas pasar de una gestión reactiva a una estrategia preventiva y transformadora.

Desde esta perspectiva ampliada, el acoso laboral no es solo un problema individual o de convivencia, sino un riesgo social, reputacional, legal y ético que afecta la legitimidad de la organización.

Empresas que ignoran o gestionan de forma superficial el acoso se exponen a consecuencias legales, pérdida de talento, deterioro de la marca empleadora y exclusión de procesos de inversión o contratación pública.

Por el contrario, aquellas que lo integran en sus programas de Compliance y lo abordan desde los criterios ESG demuestran un compromiso real con la sostenibilidad, la equidad y la protección de los derechos fundamentales. Esta integración se traduce en entornos laborales más saludables, en empleados más comprometidos, y en organizaciones más competitivas y respetadas.

En última instancia, prevenir y erradicar el acoso laboral no es solo una obligación legal, sino una exigencia ética y estratégica. La empresa que lo reconoce como un riesgo transversal y lo gestiona desde una visión ESG está construyendo no solo un espacio de trabajo seguro, sino también una base sólida para su futuro reputacional, económico y humano.

La dimensión "S" (social) de los criterios ESG exige respeto a los derechos laborales, la diversidad, la igualdad y la dignidad. Integrar el Compliance con ESG implica:

- Incorporar indicadores de salud psicosocial.

- Transparencia en los reportes de sostenibilidad.

- Tolerancia cero como valor corporativo medible.

Las empresas que alinean sus programas de cumplimiento con los principios ESG refuerzan su reputación, atractivo inversor y legitimidad institucional.

Consecuentemente con ello, se hace necesario integrar el Compliance con los criterios ESG para abordar el acoso laboral desde una perspectiva más amplia

4.3.10. ¿Se relaciona los programas de buen gobierno con la dimensión de Gobernanza (G): ética, liderazgo y responsabilidad corporativa?

La respuesta es afirmativa. La dimensión Governance del ESG se centra en:

- La transparencia en la gestión.
- El liderazgo ético.
- Los sistemas de control interno.
- Los canales de denuncia eficaces.
- La toma de decisiones basada en valores.

En todo caso, el acoso laboral pone en entredicho el sistema de gobernanza cuando: No existen protocolos eficaces. No hay respuesta institucional ante denuncias. Se protege a los agresores por su posición jerárquica. La dirección minimiza o encubre los hechos.

Integrar el Compliance con la dimensión de gobernanza del ESG implica:

- Establecer una tolerancia cero real y no solo declarativa.
- Auditar regularmente la efectividad de las medidas contra el acoso.
- Garantizar canales de denuncia accesibles, anónimos y seguros.
- Asegurar que la alta dirección actúe con ejemplaridad y se responsabilice.

Desde esta lógica, el Compliance no solo previene riesgos legales, sino que estructura una cultura de gobernanza basada en integridad y responsabilidad.

4.3.11. ¿Hay ventajas reputacionales al integrar Compliance y ESG frente al acoso laboral?

Si, y las mismas se pueden apreciar desde diversas perspectivas, que son las que se indican seguidamente:

a). Desde una perspectiva integral.

Permite abordar el acoso como un fenómeno multidimensional (legal, social, cultural, económico), y no solo como un incumplimiento aislado.

b).Fortalecimiento de la cultura organizacional.

Al alinear valores, prácticas y políticas internas, se refuerza un entorno de respeto, equidad y seguridad.

c). La mejora del posicionamiento reputacional.

Las empresas con políticas claras contra el acoso y buenas prácticas ESG gozan de mayor legitimidad ante inversores, clientes y talento.

d). La mayor protección jurídica y operativa.

Un sistema de Compliance alineado con ESG demuestra diligencia debida en la prevención y respuesta ante conductas ilícitas.

f).La atracción de inversores y capital responsable.

Cada vez más fondos y agencias de calificación valoran la inclusión de métricas sociales y de gobernanza en los reportes de sostenibilidad.

4.3.12. ¿Qué se consideran buenas prácticas para una integración eficaz en relación con los programas de ética?

Para lograr una integración real entre Compliance y ESG respecto al acoso laboral, es recomendable:

- Incluir indicadores de clima psicosocial y acoso en los informes ESG.

- Diseñar formaciones conjuntas sobre ética, diversidad y derechos laborales.

- Integrar el tratamiento del acoso en comités de ética o sostenibilidad.

- Alinear los protocolos de Compliance con las exigencias de ESG ratings (como los de MSCI, Sustainalytics, S&P).

- Utilizar tecnología[210] para monitorear riesgos y facilitar denuncias seguras y anónimas.

---

[210] García Hernández, F. (2022) La tecnología irrumpe en el 'Compliance' de las pymes. Las herramientas tecnológicas de *Compliance* van desde análisis de riesgos legales, control de proveedores y clientes, aceptación y seguimiento de los códigos éticos, pasando por herramientas de automatización de mapa de riesgos, procedimientos y controles.

Consecuentemente con ello, se avanza hacia una visión estratégica del Compliance.

Integrar el Compliance con los criterios ESG es mucho más que una tendencia, constituye una exigencia estratégica y ética del siglo XXI.

El acoso laboral, cuando se gestiona desde esta perspectiva ampliada, deja de ser solo un riesgo legal y pasa a ser un indicador clave de sostenibilidad, reputación y liderazgo responsable.

Las empresas que lo ignoran corren el riesgo de perder legitimidad, talento y competitividad.

Aquellas que lo integran en su modelo de gestión, construyen entornos de trabajo seguros, inclusivos y comprometidos con la dignidad humana.

Capitulo V

Los mecanismos de prevención desde el Compliance

5.1. Políticas internas: el establecimiento de protocolos claros de prevención y actuación ante el acoso; las políticas de prevención del acoso y códigos de conducta; y los protocolos de actuación frente a denuncias

5.1.1. ¿Qué papel desempeña el Compliance en la detección temprana del acoso laboral dentro de una empresa?

El Compliance juega un rol crítico y multifacético en la detección temprana del acoso laboral, al integrar políticas, procedimientos y cultura organizacional orientados al respeto y la integridad[211]. Este papel va más allá del cumplimiento legal: se trata de construir una arquitectura ética que permita identificar conductas inadecuadas de manera temprana, antes de que escalen y causen daños personales, organizacionales o legales. La detección temprana se logra a través de una combinación de elementos interrelacionados.

En primer lugar, los sistemas de Compliance crean un entorno de vigilancia ética mediante controles internos que incluyen protocolos de observación del comportamiento laboral, encuestas de clima organizacional, auditorías internas y evaluación de riesgos psicosociales. Estas herramientas permiten a la organización mapear áreas de conflicto potencial o comportamientos reiterativos que pueden constituir acoso, aunque todavía no hayan sido denunciados formalmente.

En segundo lugar, el Compliance establece canales de comunicación que permiten a los trabajadores reportar situaciones irregulares o preocupantes de forma segura y confidencial. Estos canales, que pueden incluir líneas telefónicas anónimas, correos electrónicos internos, aplicaciones digitales o buzones físicos, ofrecen un espacio para que las personas expresen inquietudes incluso si no desean presentar una denuncia formal de

---

211 Puyol Montero, J. (2003) en *Cuestiones generales sobre los canales de información*, Tirant lo Blanch.

inmediato. El solo hecho de contar con estos canales fomenta la cultura de vigilancia colectiva y permite detectar patrones de comportamiento problemático de manera anticipada.

El tercer aspecto clave del rol del Compliance en la detección temprana es la promoción de la formación y sensibilización continua en temas de ética, comportamiento laboral y derechos humanos. Esta formación ayuda a los empleados y mandos medios a identificar no solo los casos evidentes de acoso, sino también aquellas microagresiones o actitudes reiteradas que pueden constituir un patrón de hostigamiento. Con mayor conciencia, el equipo puede identificar situaciones que antes eran normalizadas o invisibilizadas.

Por último, un programa de Compliance efectivo fomenta una cultura de transparencia, responsabilidad y confianza institucional. Las personas que confían en la imparcialidad de los procedimientos y en la integridad de la dirección tienen más probabilidades de reportar conductas inapropiadas desde sus inicios. Así, el Compliance actúa como una red de contención preventiva que protege tanto a las personas como a la organización en su conjunto.

5.1.2. ¿Cómo puede un programa de Compliance contribuir a crear un entorno laboral libre de acoso?

Un programa de Compliance [212]es una herramienta estratégica que no solo sirve para cumplir con normativas, sino que contribuye activamente a modelar un entorno laboral basado en la equidad, la seguridad psicológica y el respeto. La creación de un ambiente libre de acoso se basa en cuatro pilares interdependientes: prevención, detección, respuesta y cultura organizacional.

En el ámbito preventivo, el Compliance define con claridad los valores fundamentales de la organización, como la dignidad humana, la igualdad de trato, la inclusión y la responsabilidad ética. Estos valores se traducen en documentos clave como el código de conducta, el reglamento interno de trabajo, y políticas específicas contra el acoso. La existencia de estos marcos normativos no solo delimita lo que está prohibido, sino que establece explícitamente lo que se espera de cada miembro de la organización.

---

212 Buxó Olivé, J y Gómez i Casalta, G. (2002) Sobre la configuración de un Sistema de Compliance: algunas variables a tener en consideración. La Ley Compliance penal, N° 9, Sección Actualidad profesional, Segundo trimestre de 2022, Wolters Kluwer. 6292/2022

Además, el Compliance fomenta la educación y capacitación sistemática de todos los niveles jerárquicos. Las formaciones no deben limitarse a sesiones aisladas, sino que deben estar integradas en la vida corporativa, con materiales adaptados a las realidades culturales y sectoriales de la organización. Estas capacitaciones deben incluir talleres sobre comunicación asertiva, liderazgo ético, identificación de conductas abusivas, manejo de conflictos y uso correcto de los canales de denuncia.

Otro aspecto esencial es la creación de procedimientos de denuncia accesibles, conocidos por todos los empleados y confiables en su funcionamiento. Un entorno libre de acoso depende en gran medida de que las personas perciban que pueden expresar sus quejas sin temor y que serán tomadas en serio. Para ello, es necesario establecer garantías de anonimato, confidencialidad y no represalia. El personal a cargo de la gestión de denuncias (como los responsables de RRHH o el Compliance Officer) debe estar altamente capacitado, tener autonomía operativa y contar con protocolos de actuación estandarizados, para asegurar el tratamiento profesional y ético de cada caso.

En cuanto a la respuesta institucional, el Compliance permite implementar mecanismos de investigación rápida, imparcial y basada en evidencia, así como sanciones proporcionales que transmitan un mensaje de integridad y justicia. La empresa debe comprometerse a actuar con celeridad y rigor cuando una conducta inapropiada es confirmada, sin importar el cargo del responsable.

La creación de un entorno laboral libre de acoso requiere consolidar una cultura de respeto mutuo y responsabilidad colectiva. Esto se logra cuando el Compliance deja de ser percibido como una obligación externa y se transforma en una guía práctica para convivir de forma ética, empática y justa. La coherencia del liderazgo, la escucha activa de los equipos, la gestión de la diversidad y la promoción del bienestar emocional son componentes clave de esta transformación cultural.

5.1.3. ¿Qué mecanismos específicos de prevención del acoso deben integrarse en los códigos éticos de Compliance?

Los códigos éticos de Compliance deben incorporar una serie de mecanismos específicos y operativos que actúen como barreras estructurales contra el acoso y que promuevan una convivencia laboral armónica. Estos mecanismos no pueden ser meramente simbólicos, sino que deben diseñarse con un enfoque práctico, aplicable y adaptado a la realidad de cada organización.

El primer mecanismo clave es la inclusión de una definición clara, detallada y multifacética del acoso laboral. Esta definición debe abarcar tanto el acoso directo como indirecto, incluyendo el acoso vertical (de superiores a subordinados), horizontal (entre iguales), así como el acoso sistemático o institucional. También debe contemplar las formas sutiles de violencia psicológica, como el aislamiento, la descalificación permanente, la sobrecarga de trabajo injustificada o las amenazas veladas.

En segundo lugar, debe establecerse una política institucional de tolerancia cero hacia cualquier tipo de acoso, dejando claro que cualquier comportamiento que menoscabe la dignidad de otra persona será considerado una violación grave al código ético. Esta política debe ir acompañada de una descripción de las sanciones aplicables, que pueden ir desde amonestaciones hasta el despido, en función de la gravedad de los hechos.

Un tercer mecanismo imprescindible es la implementación de canales internos de denuncia confidenciales, seguros y accesibles. El código debe especificar cómo funcionan estos canales, quién los gestiona, cómo se protege al denunciante y cuáles son los pasos que se siguen desde la recepción de una queja hasta su resolución. Se recomienda incluir la opción de presentar denuncias anónimas y asegurar que se proporcionará protección efectiva contra represalias.

Además, el código ético debe prever la obligación de los líderes y mandos medios de actuar como modelos de conducta, velar por el cumplimiento de los principios éticos, y actuar ante cualquier sospecha de acoso, incluso si no se ha formalizado una denuncia. Esta responsabilidad debe estar claramente establecida para evitar la omisión o el encubrimiento.

También debe incorporarse un programa de formación permanente que abarque no solo el conocimiento de las normas, sino también el desarrollo de habilidades blandas necesarias para una convivencia ética: inteligencia emocional, resolución pacífica de conflictos, escucha activa, liderazgo positivo, etc.

Otro mecanismo fundamental es el establecimiento de procesos de seguimiento y mejora continua del sistema. Esto incluye la realización de auditorías éticas internas, encuestas periódicas de clima laboral, indicadores de gestión ética, y la revisión anual del código ético para incorporar aprendizajes, nuevas regulaciones o mejores prácticas.

El código debe promover una cultura de respeto y diversidad, incluyendo cláusulas que prohíban la discriminación por motivos de género, orientación sexual, origen étnico, religión, edad o cualquier otra condición personal. Estas cláusulas deben estar acompañadas de políticas inclusivas activas y procedimientos de intervención temprana ante conflictos relacionados con diversidad.

En conjunto, estos mecanismos no solo previenen el acoso, sino que consolidan el código ético como una herramienta de cohesión, justicia organizacional y sostenibilidad del entorno laboral. El objetivo final es construir organizaciones donde el respeto no sea solo una obligación jurídica, sino una convicción compartida.

5.1.4. ¿Qué tipos de formación en materia de acoso laboral deben incluirse en los programas de cumplimiento normativo?

En el marco de un programa de cumplimiento normativo (Compliance), la formación en materia de acoso laboral constituye uno de los pilares fundamentales para crear una cultura organizacional ética, inclusiva y respetuosa. Esta formación no puede concebirse como una simple obligación legal o una actividad puntual de sensibilización, sino como un proceso continuo, sistemático y multifacético que debe estar presente a lo largo de toda la vida laboral del trabajador. Su finalidad es no solo prevenir el acoso, sino también dotar a todos los miembros de la organización de herramientas para reconocerlo, actuar ante él y promover un entorno laboral seguro y digno.

En primer lugar, debe incluirse formación básica y transversal para toda la plantilla, que aborde los siguientes aspectos:

- Conceptos fundamentales: definición legal y doctrinal del acoso laboral, sus distintas manifestaciones (psicológico, sexual, institucional, discriminatorio, ambiental, horizontal y vertical) y cómo distinguirlo de otros conflictos laborales o del ejercicio legítimo de la autoridad.

- Marco normativo aplicable: legislación nacional, tratados internacionales (como el Convenio 190 de la OIT), jurisprudencia relevante, políticas internas y principios de los derechos humanos y laborales.

- Consecuencias del acoso: tanto para la víctima (impacto psicológico, físico, profesional y social) como para el agresor (responsabilidad disciplinaria, civil e incluso penal), sin olvidar los efectos organizacionales (pérdida de productividad, deterioro del clima laboral, rotación de personal, sanciones administrativas y daño reputacional).

En segundo lugar, debe implementarse una formación especializada para determinados grupos clave:

- Alta dirección y mandos intermedios: su papel es fundamental, ya que deben no solo conocer la política de Compliance, sino actuar como referentes éticos y responsables de intervenir oportunamente. Esta formación debe centrarse en liderazgo positivo, inteligencia emocional, gestión de conflictos, identificación de indicadores de riesgo, y responsabilidades legales y éticas.

- Personal de recursos humanos, Compliance Officers, asesores jurídicos internos y miembros del comité de ética: deben recibir formación jurídica especializada, capacitación sobre protocolos de investigación interna, técnicas de entrevista a víctimas y testigos, análisis de pruebas documentales y electrónicas, enfoque centrado en la víctima, y garantías procesales.

Un tercer tipo de formación relevante es la sensibilización cultural. Esta formación apunta a modificar patrones de pensamiento y comportamiento arraigados que pueden normalizar o invisibilizar el acoso. Se incluyen temas como:

- Estereotipos y sesgos inconscientes.

- Discriminación estructural por género, orientación sexual, discapacidad, edad o etnia.

- Microagresiones cotidianas y lenguaje discriminatorio.

- Cultura del consentimiento y comunicación respetuosa.

Estas formaciones deben ser participativas, con dinámicas de grupo, análisis de casos reales o hipotéticos, dramatizaciones, encuestas anónimas y espacios de reflexión crítica. Idealmente, deben estar diseñadas por expertos en derechos humanos, psicología organizacional y derecho laboral.

Es indispensable implementar mecanismos de evaluación del aprendizaje y del impacto organizacional. No basta con registrar asistencia; se deben aplicar pruebas de comprensión, encuestas de percepción, simulacros de actuación, y revisiones periódicas del plan formativo en función de nuevas necesidades detectadas.

5.1.5. ¿Cómo puede el canal de denuncias (whisleblowing[213]) servir como herramienta clave para prevenir y abordar casos de acoso laboral?

El canal de denuncias o sistema de whistleblowing es una herramienta esencial del sistema de Compliance moderno y, en particular, una de las

---

213 El Derecho. Lefevbre. Canal de denuncias: Aspectos clave en el ámbito laboral. https://elderecho.com/canal-de-denuncias-aspectos-clave-en-el-ambito-laboral

más efectivas para enfrentar y erradicar el acoso laboral. Su valor radica en que permite a las víctimas, testigos o cualquier miembro de la organización reportar conductas indebidas de forma segura, confidencial y sin temor a represalias, lo cual es clave en contextos donde el miedo, la dependencia jerárquica o la estigmatización suelen silenciar a quienes sufren acoso.

Desde la perspectiva preventiva, la existencia de un canal operativo y confiable tiene un importante efecto disuasorio. Si las personas saben que los actos de acoso pueden ser reportados de manera rápida y segura, y que la organización actúa con firmeza, es menos probable que los potenciales acosadores ejecuten sus conductas. Además, los reportes -aún los anónimos o informales- sirven para identificar focos de riesgo, áreas problemáticas, o patrones de comportamiento que permiten implementar acciones preventivas antes de que los hechos escalen.

Para que un canal de denuncias sea realmente eficaz frente al acoso laboral, debe cumplir con una serie de características estructurales y funcionales[214]:

- Accesibilidad: debe estar disponible para todos los empleados, sin importar su rango, turno o lugar de trabajo. Idealmente, debe ofrecer múltiples medios (teléfono, web, correo, aplicación móvil) y contar con opciones en varios idiomas si fuera necesario.

- Confidencialidad absoluta: los datos del denunciante deben ser protegidos rigurosamente. Además, cuando se permite, la opción de denuncias anónimas debe estar garantizada, respetando el marco normativo.

- Independencia: el canal debe estar gestionado por un organismo autónomo dentro de la organización (como el área de Compliance o un comité externo) que cuente con los recursos, formación y autoridad necesarios para investigar imparcialmente.

- Agilidad y trazabilidad: una denuncia debe ser registrada, analizada, investigada y resuelta dentro de plazos razonables. Es fundamental contar con protocolos claros que definan cada etapa y aseguren el debido proceso.

- Protección contra represalias: uno de los elementos que más inhibe el uso del canal es el miedo a las consecuencias. Debe haber garantías firmes

---

214 Tapia Hermida, A. (2019) Protección de los denunciantes («whistleblowers») de infracciones de la regulación de los servicios financieros en la Unión Europea. Análisis panorámico de la Directiva (UE) 2019/1937. *Revista de Derecho del Mercado de Valores, Nº 25, Sección Estudios,* Segundo semestre de 2019, Wolters Kluwer. La Ley 15564/2019.

para que los denunciantes y testigos no sufran represalias laborales, sociales o personales. Las represalias, si se detectan, deben sancionarse con severidad.

Un canal bien gestionado también permite un aprendizaje organizacional continuo: a partir de las denuncias recibidas, se pueden ajustar políticas, mejorar formaciones, redefinir procedimientos y rediseñar entornos laborales. Además, refuerza la credibilidad del sistema de cumplimiento normativo y la confianza institucional.

5.1.6. ¿Qué medidas deben tomar los responsables de Compliance al recibir una denuncia de acoso?

Cuando un responsable de Compliance recibe una denuncia de acoso laboral, su actuación debe ser inmediata, estratégica, empática y respetuosa del marco normativo y deontológico. La gestión de una denuncia de acoso no solo exige habilidades técnicas y jurídicas, sino también humanas y comunicacionales, ya que se trata de una situación que afecta profundamente la integridad emocional y psicológica de las personas implicadas.

En primer lugar, debe registrarse formalmente la denuncia y evaluar su admisibilidad: verificar que los hechos narrados entran dentro del ámbito del protocolo de acoso y no constituyen, por ejemplo, un conflicto laboral general. Esta valoración preliminar debe realizarse sin emitir juicios de fondo, para no invalidar anticipadamente la palabra de la víctima.

Debe garantizarse la confidencialidad de la denuncia y activarse, de ser necesario, el protocolo de medidas cautelares. Esto puede incluir separar físicamente a las partes, modificar horarios o funciones, habilitar teletrabajo, o brindar acompañamiento psicológico inmediato a la presunta víctima. Estas medidas deben ser proporcionales, temporales y orientadas a evitar un mayor daño.

El paso siguiente es iniciar una investigación interna imparcial. Para ello, se debe designar un equipo investigador especializado, que actúe con profesionalismo, empatía, perspectiva de género y enfoque centrado en la víctima. Se deben recabar todas las pruebas posibles: entrevistas, documentos, correos electrónicos, grabaciones, mensajes, testimonios de terceros, entre otros. La víctima debe ser entrevistada con sumo cuidado, evitando revictimización, mientras que el denunciado debe poder ejercer plenamente su derecho a la defensa.

Durante toda la investigación, los responsables de Compliance deben documentar cada etapa del proceso y mantener una comunicación clara, fluida y respetuosa con las partes. Deben abstenerse de tomar partido o prejuzgar, y garantizar que la decisión final se base en hechos debidamente comprobados.

Si se concluye que existió acoso, deben recomendarse y ejecutarse las sanciones disciplinarias correspondientes, de acuerdo con la gravedad de los hechos y las normas internas. Asimismo, deben activarse medidas de reparación para la víctima (como apoyo psicológico, medidas de reincorporación o de conciliación), así como medidas de prevención para evitar nuevos casos (formación adicional, revisión de liderazgos, intervenciones sobre el clima laboral, cambios estructurales).

En todo momento, los responsables de Compliance deben asumir un rol de liderazgo ético, actuando como garantes de los valores organizacionales y como custodios del respeto a los derechos fundamentales. La manera en que una empresa gestiona sus denuncias de acoso habla no solo de su legalidad, sino de su humanidad, y de su verdadero compromiso con la dignidad de las personas.

El cumplimiento normativo y ético respecto al acoso laboral no se agota en normas escritas: requiere acción decidida, profesionalismo, valentía institucional y una visión humanista del trabajo como espacio de convivencia digna. Un sistema de Compliance robusto, que integre formación efectiva, canales de denuncia funcionales y procedimientos rigurosos, constituye una poderosa herramienta para construir organizaciones libres de violencia, sustentadas en el respeto, la equidad y la justicia.

5.1.7. ¿Cuál es la importancia de la confidencialidad en la gestión del acoso laboral dentro de un sistema de Compliance?

La confidencialidad es un principio vertebral en cualquier sistema de cumplimiento normativo que gestiona situaciones de acoso laboral. No es simplemente un requisito técnico, sino una garantía institucional que preserva derechos fundamentales, tales como la integridad, la dignidad y la libertad de expresión de todas las partes involucradas en una denuncia. En el marco del Compliance, la confidencialidad adquiere un valor instrumental y simbólico, porque genera confianza, legitima el sistema y permite una gestión prudente y eficaz de situaciones extremadamente delicadas.

Desde el punto de vista jurídico, la confidencialidad responde a obligaciones normativas impuestas por la legislación laboral, de protección de datos personales y de derechos fundamentales. En muchas jurisdicciones, las leyes de protección al denunciante (whistleblower protection laws) obligan a las empresas a preservar en secreto la identidad de quien reporta una conducta ilegal o indebida, precisamente para evitar represalias o represalias veladas, como la exclusión social, el estancamiento profesional, o incluso la terminación del contrato. En el contexto del acoso, estas normas cobran especial relevancia, ya que las víctimas pueden encontrarse en situaciones de vulnerabilidad emocional, jerárquica o contractual frente al agresor.

En el plano organizacional, la confidencialidad permite preservar el orden interno, evitar filtraciones dañinas y reducir la rumorología, que puede afectar a personas inocentes, deteriorar el clima laboral y polarizar los equipos de trabajo. Garantizar que una denuncia será tratada con discreción ayuda a que las partes implicadas conserven su imagen hasta que los hechos hayan sido verificados. Al mismo tiempo, previene juicios sociales paralelos dentro del entorno laboral, que suelen surgir en contextos donde la información circula de forma descontrolada.

Además, desde una perspectiva psicológica, la confidencialidad protege el proceso de recuperación emocional de la víctima. Esta protección implica evitar una exposición innecesaria de la experiencia traumática, respetar su privacidad y dignidad, y facilitar su participación activa en el proceso sin temor a que su relato sea cuestionado en espacios ajenos al proceso investigativo. En muchas ocasiones, las víctimas de acoso han experimentado una erosión de su autoestima y sufren cuadros de ansiedad o estrés postraumático. Si sienten que su confidencialidad no está garantizada, es muy probable que no se animen a denunciar, perpetuando el ciclo de violencia.

Desde el punto de vista del sistema de Compliance, la protección de la confidencialidad tiene también un rol instrumental: permite realizar investigaciones más efectivas, porque evita que las partes interesadas coordinen versiones, destruyan evidencia o manipulen a otros testigos. Es decir, asegura la pureza del proceso investigativo y protege la integridad de las pruebas recogidas. Por ello, el protocolo interno de Compliance debe contemplar no solo la confidencialidad como principio general, sino también mecanismos operativos específicos para garantizarla: restricciones de acceso a la información, limitación de personas involucradas en la investigación, acuerdos de confidencialidad y sistemas digitales seguros.

En resumen, la confidencialidad no es un atributo accesorio del sistema de gestión del acoso laboral, sino su principal sostén. Es la garantía institucional que protege los derechos de las partes, permite el esclarecimiento de los hechos, y da credibilidad y confianza al sistema de Compliance como herramienta de justicia interna.

5.1.8. ¿Qué indicadores pueden alertar al departamento de Compliance sobre posibles situaciones de acoso en el entorno laboral?

Los indicadores de alerta ante posibles situaciones de acoso laboral deben ser entendidos como señales tempranas, visibles o subyacentes, que muestran una posible desviación de las conductas aceptables en un entorno laboral. Un sistema de Compliance preventivo no puede esperar a que ocurran denuncias formales o casos mediáticos para actuar; debe ser capaz de identificar estas señales en tiempo real y activar protocolos de revisión e intervención antes de que los problemas escalen.

Entre los indicadores cuantitativos más relevantes se encuentran:

- El incremento de las bajas por enfermedad con diagnóstico de origen emocional o psicosomático (ansiedad, insomnio, fatiga crónica, depresión).

- La tasa inusual de rotación voluntaria en áreas específicas.

- La disminución de la productividad en equipos determinados, no atribuible a factores técnicos.

- La reducción del compromiso o de la satisfacción laboral, detectada a través de encuestas internas.

- El número creciente de denuncias informales, reclamaciones verbales o correos internos relacionados con conductas inadecuadas.

- El aumento de las sanciones disciplinarias o quejas cruzadas dentro de un mismo equipo.

A estos datos cuantificables se suman los indicadores cualitativos, que requieren observación activa, escucha estratégica y análisis contextual. Entre ellos destacan:

- La existencia de líderes con comportamientos autoritarios, controladores, sarcásticos o despectivos hacia subordinados.

- Percepción recurrente de favoritismo o discriminación en la asignación de tareas, promociones o formación.

- Exclusión social de ciertos empleados de actividades grupales, reuniones o comunicaciones.

- Conductas de aislamiento, silenciamiento, hostigamiento verbal o bromas humillantes en espacios informales.

- Testimonios o preocupaciones recogidas en entrevistas de salida o durante procesos de mediación laboral.

Además, el análisis de patrones en los reportes del canal de denuncias puede proporcionar alertas de manera anticipada. Por ejemplo, si varias personas han hecho comentarios coincidentes sobre una determinada figura de autoridad o área, aunque no formalicen denuncias por miedo o desconocimiento, el departamento de Compliance debería actuar de manera proactiva realizando entrevistas, observaciones directas o auditorías éticas específicas.

Una práctica avanzada consiste en el uso de herramientas de people analytics (análisis de datos de recursos humanos) y mapas de calor organizacionales, que permiten identificar zonas de riesgo mediante el cruce de múltiples variables: clima, rotación, desempeño, participación, denuncias y satisfacción. Estos sistemas permiten tomar decisiones basadas en evidencia y no solamente en intuiciones o reacciones reactivas.

Los indicadores no son pruebas de acoso, pero sí señales que requieren ser analizadas con sensibilidad, prudencia y profundidad. La capacidad del área de Compliance para identificar y leer correctamente estos signos puede marcar la diferencia entre una gestión preventiva eficaz y una crisis organizacional por omisión o negligencia.

5.1.9. ¿Cómo se puede evaluar la efectividad de las medidas de prevención del acoso implementadas en un programa de Compliance?

Evaluar la efectividad de las medidas preventivas contra el acoso laboral es un ejercicio indispensable de madurez institucional dentro de cualquier sistema de Compliance. No basta con tener códigos, protocolos y declaraciones de principios: se trata de saber si esos instrumentos están siendo comprendidos, respetados, utilizados y valorados por quienes integran la organización. La evaluación, por tanto, debe considerar tanto el impacto directo como el indirecto de las medidas implementadas, y debe hacerse desde una lógica de mejora continua.

Para evaluar la efectividad, se puede partir de cuatro grandes dimensiones:

a) Diseño e implementación.

¿Están las medidas formalmente definidas, alineadas con el marco legal y adaptadas a las características de la organización?

Aquí se evalúan la existencia y calidad del código de conducta, las políticas anti acoso, los procedimientos de denuncia, los protocolos de actuación, los comités éticos, y los sistemas de monitoreo. También se analiza si se han difundido adecuadamente, si son accesibles, si cuentan con responsables designados, y si se revisan periódicamente.

b) Cobertura y formación.

¿Cuántas personas han sido capacitadas en materia de acoso y Compliance?

¿Con qué frecuencia?

¿Qué contenidos se imparten y con qué metodología?

Aquí se analiza la penetración del mensaje preventivo, el grado de sensibilización del personal, y la preparación del equipo directivo para liderar con valores. También se debe revisar la adecuación de los materiales, la evaluación de las formaciones y su actualización conforme a nuevas normativas o aprendizajes institucionales.

c) Resultados y percepciones.

¿Se percibe la organización como un entorno seguro y respetuoso?

¿Existe confianza en los canales de denuncia?

¿Se sienten las personas protegidas frente a las represalias?

Aquí se utilizan encuestas de clima ético, focus groups, entrevistas de seguimiento, y análisis de resultados del canal de denuncias (número, tipo, tiempos de resolución, reincidencias, satisfacción del denunciante). También se analiza si las medidas disciplinarias son coherentes con las conductas investigadas y si las víctimas reciben apoyo real.

d) Impacto cultural y organizacional.

¿Han disminuido los casos de acoso? ¿Ha mejorado el clima laboral?

¿Se ha consolidado una cultura de respeto?

Esta es la dimensión más compleja de evaluar, pero la más transformadora. Aquí se observa si los valores éticos han sido incorporados como parte de la identidad organizacional, si las personas se sienten empoderadas para alzar la voz y si las situaciones de acoso son abordadas de manera justa y efectiva, sin complicidades ni encubrimientos.

Para lograr una evaluación integral, se recomienda utilizar un sistema de indicadores de desempeño (KPIs éticos), como por ejemplo:

- Tasa de resolución de denuncias en tiempo adecuado.
- Número de denuncias formalizadas vs. quejas informales.

- Porcentaje de personal capacitado anualmente.

- Nivel de satisfacción de los usuarios del canal de denuncias.

- Reincidencia en casos por área o liderazgo.

- Nivel de conocimiento de los protocolos por parte de la plantilla.

Además, deben incorporarse mecanismos de evaluación externa (auditorías, consultorías, certificaciones) que brinden objetividad y validen el sistema frente a terceros. Esta evaluación debe comunicarse interna y externamente, como una muestra de transparencia y compromiso institucional.

La evaluación de la efectividad de las medidas preventivas no es un fin en sí mismo, sino una herramienta estratégica para fortalecer la cultura organizacional, proteger a las personas y consolidar al Compliance como una función ética, activa y transformadora dentro de la empresa. Solo con diagnóstico riguroso, mejora continua y liderazgo valiente es posible construir entornos laborales verdaderamente libres de acoso.

5.1.10. ¿De qué manera puede el Compliance garantizar que no haya represalias contra quienes denuncian situaciones de acoso?

El Compliance puede garantizar que no haya represalias contra quienes denuncian situaciones de acoso a través de un enfoque sistémico que combine el diseño normativo, la implementación operativa de protocolos, la formación de los equipos y la vigilancia institucional activa. En primer lugar, el sistema de cumplimiento normativo debe establecer formalmente -en los códigos de ética, protocolos de conducta y manuales internos- una política de "tolerancia cero" frente a las represalias. Esta política no debe limitarse a un enunciado genérico: debe tipificar claramente qué se entiende por represalia (incluyendo formas directas como despidos o degradaciones, e indirectas como el aislamiento, la exclusión o la difamación), señalar su gravedad institucional y vincularla a sanciones concretas para quien las cometa.

En segundo lugar, el canal de denuncias debe diseñarse para minimizar los riesgos de exposición. Esto se logra asegurando la confidencialidad de la identidad del denunciante y, si es posible legal y técnicamente, permitiendo denuncias anónimas. Además, este canal debe ser accesible, conocido por toda la plantilla y gestionado por personal independiente y cualificado, que garantice la neutralidad, el respeto del debido proceso y la protección del informante desde el primer contacto.

Una vez presentada la denuncia, el área de Compliance debe aplicar medidas de protección personalizadas y adecuadas al caso. Esto puede incluir la separación temporal de las partes, la reorganización de funciones o turnos, o el ofrecimiento de asistencia psicológica, siempre evitando que la víctima se vea perjudicada por haber ejercido su derecho a denunciar. Además, es clave establecer un mecanismo de seguimiento posterior al proceso de denuncia: monitorear activamente si, en los meses siguientes, el denunciante es objeto de modificaciones laborales, exclusión, deterioro en sus evaluaciones o pérdida de oportunidades. Estos comportamientos, aunque no sean formalmente sanciones, pueden constituir represalias encubiertas.

Asimismo, se deben establecer mecanismos para denunciar específicamente las represalias, con protocolos distintos del procedimiento original de acoso. Estas denuncias deben recibir atención prioritaria, dado que constituyen un segundo acto de victimización. Un punto adicional, y de gran relevancia, es la formación continua: tanto el personal directivo como el resto de la plantilla deben ser formados sobre el significado de las represalias, los derechos de los denunciantes y las consecuencias de actuar en su contra. El objetivo no es solo sancionar cuando ocurren represalias, sino prevenirlas a través de una comprensión compartida de su impacto destructivo sobre las víctimas, la cultura organizacional y la legitimidad institucional.

El Compliance debe ser proactivo en la construcción de una cultura de respeto, en la que la denuncia no sea vista como una amenaza, un acto desleal o una forma de conflicto, sino como un instrumento legítimo de protección del entorno laboral. Para lograrlo, es imprescindible que la alta dirección respalde públicamente la figura del denunciante, impulse la transparencia de los procesos y garantice que cada caso se investigue con diligencia, imparcialidad y sensibilidad. Cuando esto se cumple, se envía un mensaje claro a toda la organización: denunciar el acoso no solo está permitido, sino que es un acto de integridad institucional protegido por la empresa.

5.1.11. ¿Qué rol tiene la alta dirección en el respaldo a las políticas de prevención del acoso promovidas por el Compliance?

La alta dirección tiene un rol fundamental, estructural y estratégico en el respaldo a las políticas de prevención del acoso. Su intervención no puede ser pasiva ni superficial: debe tratarse de un compromiso activo, sostenido en el tiempo y visible para toda la organización. El primer nivel de ese compromiso es el liderazgo ejemplar. Los directivos, como figuras de autoridad y referentes conductuales, deben actuar con coherencia entre el discurso institucional y su propia conducta. Esto significa no solo evitar ellos mismos prácticas de acoso o tolerancia al mismo, sino intervenir directamente cuando se detecten conductas inadecuadas, reforzando la legitimidad del sistema de Compliance.

En segundo lugar, la alta dirección debe integrar las políticas de prevención del acoso en la estrategia general de la organización. Esto implica entender que la prevención del acoso no es un asunto exclusivamente legal o de recursos humanos, sino una cuestión de sostenibilidad, reputación, productividad y ética corporativa. En este sentido, deben destinarse recursos económicos, tecnológicos y humanos suficientes para el desarrollo, implementación y mejora continua de estas políticas. Esto incluye invertir en formación especializada, contratar expertos en conducta organizacional o salud mental, fortalecer los canales de denuncia y asegurar la existencia de equipos independientes para investigar los casos.

Además, la dirección debe garantizar la autonomía del área de Compliance, protegiéndola de presiones internas y permitiéndole actuar con independencia, incluso cuando las investigaciones afecten a personas de alto nivel jerárquico. Este respaldo debe ser expreso y operacional: establecer líneas de reporte directo entre el responsable de Compliance y el consejo de administración o comité de ética es una medida concreta que demuestra compromiso institucional.

También debe fomentarse la rendición de cuentas de toda la estructura jerárquica respecto a la implementación de las políticas de prevención del acoso. Esto puede lograrse incorporando indicadores éticos en la evaluación de desempeño de los mandos, exigiendo reportes periódicos sobre acciones preventivas y sancionando omisiones, encubrimientos o negligencias en la gestión de estos casos.

La alta dirección debe posicionarse públicamente -tanto dentro como fuera de la organización- como promotora de un entorno de trabajo libre de acoso. Esto refuerza la reputación corporativa, transmite seguridad a los trabajadores y pone al Compliance en el centro de la identidad organizacional. Una alta dirección comprometida no solo permite que las políticas de prevención funcionen: las convierte en cultura, en práctica institucional cotidiana y en garantía de convivencia laboral ética.

5.1.12. ¿Cómo influye una cultura organizacional basada en el Compliance en la reducción del acoso laboral?

Una cultura organizacional basada en el Compliance tiene una influencia profunda, estructural y duradera en la reducción del acoso laboral. Esta influencia no se limita a la aplicación de normas o sanciones, sino que actúa sobre el corazón mismo de la convivencia organizativa: los valores, las prácticas, las formas de relación y las percepciones compartidas por los trabajadores. En una cultura sólida de cumplimiento normativo, las normas éticas no son vistas como imposiciones externas, sino como expresiones naturales de una forma de trabajar basada en el respeto, la dignidad y la equidad.

En primer lugar, esta cultura establece un marco de previsibilidad y transparencia. Todos los miembros de la organización conocen cuáles comportamientos son aceptables y cuáles no, cuáles son las consecuencias de transgredirlos y cuáles son los canales para resolver conflictos o denunciar irregularidades. Esta claridad reduce la ambigüedad normativa que a menudo permite justificar o normalizar conductas abusivas.

En segundo lugar, la cultura de Compliance promueve la corresponsabilidad: se espera que cada trabajador, sin importar su rango, actúe como agente de prevención. Esta expectativa no surge solo del miedo a las sanciones, sino de una convicción ética compartida. El acoso, en este contexto, deja de ser un problema "privado" entre la víctima y el agresor y se convierte en un problema institucional que afecta a toda la organización.

Además, esta cultura favorece la intervención temprana. Al fomentar una vigilancia ética colectiva, los problemas pueden ser detectados y abordados antes de que se conviertan en crisis. También promueve el uso de herramientas de evaluación del clima laboral, sesiones de escucha activa, mediación profesional y análisis de datos conductuales que permiten detectar patrones de riesgo y corregir dinámicas tóxicas.

Otro impacto fundamental de esta cultura es la transformación del liderazgo. En las organizaciones con una cultura de Compliance desarrollada, los líderes no son solo administradores de tareas: son garantes del bienestar psicosocial de sus equipos. Son seleccionados, formados y evaluados no solo por sus resultados técnicos, sino también por su capacidad de promover entornos de trabajo seguros, equitativos y colaborativos.

Esta cultura influye en la autoestima organizacional y en el sentido de pertenencia. Las personas que trabajan en entornos éticos, donde se sienten protegidas, respetadas y valoradas, desarrollan mayor compromiso, satisfacción y productividad. Saben que pueden expresarse sin miedo, que sus preocupaciones serán escuchadas y que la justicia interna no es una promesa vacía.

Una cultura organizacional basada en el Compliance no es solo un conjunto de reglas: es una forma de habitar la organización. Es la base sobre la cual se construyen relaciones sanas, se previene la violencia, se empodera a los más vulnerables y se proyecta un modelo empresarial sostenible, ético y humano. Allí donde esta cultura se cultiva con autenticidad, el acoso no encuentra espacio para florecer.

5.1.13. ¿Qué tipo de auditorías internas pueden realizarse para identificar riesgos relacionados con el acoso en el lugar de trabajo?

La realización de auditorías internas es una de las estrategias más eficaces dentro de un sistema de Compliance para identificar, prevenir y corregir riesgos asociados al acoso laboral. Estas auditorías deben ser entendidas no solo como una herramienta reactiva, sino como un instrumento de detección temprana que permite a la empresa intervenir antes de que se consoliden entornos hostiles o se produzcan daños irreversibles a las personas y a la cultura organizacional. Para ello, deben ser diseñadas de forma rigurosa, con un enfoque multidisciplinario e integradas dentro del ciclo de mejora continua del programa de cumplimiento normativo.

Existen varios tipos de auditorías que pueden adaptarse a los distintos niveles de análisis. Las auditorías conductuales o de integridad institucional están orientadas a examinar las normas tácitas que rigen las relaciones entre trabajadores, la tolerancia implícita a ciertas conductas, los estilos de liderazgo predominantes y la percepción sobre el tratamiento de los casos de acoso por parte de la empresa. Estas auditorías pueden incluir entrevistas individuales, grupos focales, análisis de mensajes en plataformas internas, revisión de casos cerrados y observación participativa. Su finalidad es identificar "zonas grises" de comportamiento, valores culturales que faciliten el encubrimiento o minimización del acoso, y barreras para el uso de los canales de denuncia.

Por su parte, las auditorías de clima psicosocial se enfocan en medir variables como la percepción de justicia organizacional, el respeto en la comunicación, la equidad en el trato, el sentimiento de pertenencia, la cohesión grupal, la existencia de favoritismos, el grado de confianza en los jefes y el nivel de carga emocional del trabajo. Estas variables, al ser medidas cuantitativa y cualitativamente, permiten establecer un mapa de riesgos por áreas o unidades. Por ejemplo, si en una determinada sección se detecta una percepción recurrente de intimidación, exclusión o temor a represalias, puede estar gestándose un entorno de acoso estructural, aunque no se hayan formalizado denuncias aún.

Otro tipo relevante de auditoría es la de cumplimiento normativo y procedimental. Esta revisión se centra en verificar si las políticas, protocolos y canales de denuncia existentes se ajustan a la legislación vigente y a las buenas prácticas internacionales. Se analiza si están actualizados, si han sido comunicados efectivamente a todos los empleados, si se aplican sin discriminación ni favoritismos y si han dado lugar a acciones correctivas reales. Esta auditoría también puede incluir la revisión de expedientes, evaluaciones del tiempo de respuesta ante denuncias, la proporción de casos sancionados y la documentación del seguimiento posterior a los incidentes.

También es recomendable implementar auditorías específicas de tecnología[215] y ciberseguridad, dada la creciente incidencia del acoso digital (o ciberacoso). Estas auditorías pueden revisar el uso de canales digitales internos, el monitoreo de comunicaciones, los protocolos de acceso y resguardo de datos sensibles, y el uso de software que pueda facilitar prácticas invasivas, discriminatorias o abusivas.

Las auditorías formativas permiten revisar la cobertura, calidad y eficacia de los programas de capacitación en materia de ética, prevención del acoso, gestión del conflicto y liderazgo positivo. Se analiza quiénes han sido capacitados, con qué frecuencia, qué metodologías se emplearon y si existió evaluación de aprendizajes y de impacto.

Una auditoría eficaz en esta materia no solo entrega un diagnóstico: es la base para un plan de acción integral que incorpore cambios en el diseño organizativo, en la cultura interna y en la asignación de recursos. Asimismo, permite identificar resistencias estructurales, sesgos en el tratamiento de las denuncias y debilidades en la formación de los líderes. Todo esto es imprescindible para fortalecer el sistema de Compliance como una herramienta de anticipación, protección y transformación ética del entorno laboral.

5.1.14. ¿En qué medida debe actualizarse periódicamente el programa de Compliance para responder a nuevas formas de acoso (por ejemplo, el acoso digital)?

El programa de Compliance debe ser un instrumento dinámico y evolutivo, capaz de adaptarse al contexto social, tecnológico y normativo en el que opera la organización. En el caso específico del acoso laboral, esta

---

215 Pérez Bes, F. Las medidas tecnológicas en los sistemas de Compliance (cumplimiento normativo), publicaciones en publicaciones del Consejo General de la Abogacía Española en https://www.abogacia.es/actualidad/noticias/las-medidas-tecnologicas-en-los-sistemas-de-Compliance-cumplimiento-normativo/

adaptabilidad es aún más crítica debido a que las formas de acoso se diversifican y sofistican constantemente, especialmente con la digitalización del trabajo, la expansión del trabajo remoto y el uso intensivo de herramientas digitales para la gestión de equipos.

Las nuevas formas de acoso, como el acoso digital o ciberacoso, ya no ocurren exclusivamente en los espacios físicos ni durante el horario laboral convencional. Hoy en día, una persona puede ser hostigada por correo electrónico, por aplicaciones de mensajería corporativa, en redes sociales, o a través de mecanismos más sutiles como la omisión deliberada de mensajes, el uso abusivo de las cámaras en reuniones virtuales, la exposición pública en foros internos o el rastreo excesivo de actividades en línea. Estas prácticas requieren un marco normativo interno que las reconozca, las prohíba explícitamente y defina formas adecuadas de prevención, registro, investigación y sanción.

Por esta razón, el programa de Compliance debe ser revisado y actualizado de forma periódica -idealmente una vez al año o cada vez que existan modificaciones regulatorias, sentencias relevantes, evolución tecnológica o casos paradigmáticos dentro de la empresa- para asegurar su efectividad. Esta actualización debe involucrar a distintos actores: el equipo legal, el área de Recursos Humanos, especialistas en nuevas tecnologías, representantes de los trabajadores y, de ser posible, asesores externos con experiencia en ética empresarial.

Entre los aspectos que deben revisarse se encuentran las definiciones legales y doctrinales del acoso (incorporando las formas digitales), los protocolos de actuación frente a denuncias, los formatos y accesos al canal de denuncias (que deben incluir reportes por medios digitales seguros), y las políticas de uso de dispositivos y plataformas corporativas. También debe incluirse una revisión de los procesos de formación, incorporando módulos específicos sobre acoso en entornos virtuales, comunicación ética en redes, huella digital, protección de datos, ciberseguridad y límites del control empresarial.

Además, el programa debe evaluar la capacidad del equipo de Compliance para investigar este tipo de situaciones: no todos los investigadores están preparados para recopilar pruebas electrónicas, interpretar mensajes digitales, preservar cadenas de custodia o proteger la privacidad de las partes involucradas en un entorno virtual. Por tanto, puede requerirse capacitación especializada o la contratación de expertos en informática forense, privacidad y derechos digitales.

La actualización del programa debe incluir una fase de socialización activa, para que todos los miembros de la organización conozcan los cambios, comprendan su relevancia y sepan cómo aplicarlos. Esto puede lograrse mediante campañas de comunicación interna, newsletters, sesiones informativas, talleres de reflexión y material accesible en las intranets corporativas. En resumen, el programa de Compliance debe ser un documento vivo, que dialogue permanentemente con la realidad laboral contemporánea y que permita a la organización anticiparse a los riesgos emergentes con políticas eficaces, inclusivas y coherentes con su compromiso ético.

5.1.15. ¿Qué consecuencias legales puede enfrentar una empresa si su sistema de Compliance no previene o responde adecuadamente al acoso laboral?

Las consecuencias legales de un sistema de Compliance deficiente en materia de prevención y gestión del acoso laboral pueden ser múltiples, complejas y severas, afectando no solo la estabilidad jurídica de la empresa, sino también su reputación pública, su viabilidad financiera y su sostenibilidad institucional. Estas consecuencias se presentan tanto en el plano de la responsabilidad civil, como en el administrativo, penal y reputacional.

En el ámbito laboral y administrativo, muchas legislaciones nacionales exigen expresamente que los empleadores adopten medidas activas para prevenir el acoso laboral, lo que incluye disponer de políticas claras, canales de denuncia, formación del personal y mecanismos de investigación y sanción. El incumplimiento de estas obligaciones puede dar lugar a inspecciones de trabajo, sanciones económicas, amonestaciones públicas o incluso la suspensión temporal de actividades. En algunos países, se han creado listas negras de empleadores sancionados por incumplimiento de normativas de salud laboral o igualdad, lo que afecta la posibilidad de contratar con el Estado, acceder a beneficios fiscales o participar en procesos de licitación pública.

Desde el punto de vista civil, si una víctima de acoso demuestra que la empresa no tenía un sistema de prevención adecuado, o que habiendo recibido una denuncia no actuó con la debida diligencia, puede demandar a la organización por los daños causados. Estos daños pueden incluir compensación por sufrimiento emocional, gastos médicos, perjuicios económicos derivados de la pérdida de empleo o estancamiento profesional, entre otros. En muchos casos, los tribunales aplican un criterio agravado cuando se demuestra que la empresa actuó con negligencia, indiferencia o encubrimiento, lo cual puede aumentar significativamente el monto de las indemnizaciones.

En cuanto al ámbito penal, si el acoso laboral está tipificado como delito en la legislación del país (especialmente el acoso sexual, el hostigamiento por razones de género o el trato degradante sistemático), el agresor puede enfrentar responsabilidad penal directa, y los representantes de la empresa podrían ser investigados por omisión del deber de protección o por haber permitido o encubierto las conductas denunciadas. En algunas jurisdicciones, el propio empleador puede ser imputado penalmente como persona jurídica, especialmente si se demuestra que no existía un sistema efectivo de prevención y detección, o que este fue deliberadamente inoperante.

En el plano reputacional, las consecuencias pueden ser devastadoras, especialmente en un entorno social y empresarial cada vez más exigente en términos de ética, diversidad, igualdad e integridad institucional. Un escándalo de acoso laboral no gestionado adecuadamente puede generar crisis de imagen, pérdida de clientes, caída del valor de marca, boicots por parte de consumidores, pérdida de inversores o socios estratégicos, y fuga de talento. Las empresas hoy son evaluadas no solo por sus resultados financieros, sino por su comportamiento social y su capacidad de actuar de forma justa y respetuosa.

Un sistema de Compliance que no actúe con efectividad frente al acoso laboral expone a la empresa a riesgos integrales. No basta con contar con documentos o canales formales: se requiere un compromiso real, operativo, formativo y estratégico para garantizar que el entorno laboral sea seguro, justo y libre de violencia. La prevención del acoso ya no es solo una cuestión ética: es un deber legal y un imperativo empresarial del siglo XXI.

5.2. Integración del acoso en el mapa de riesgos y controles internos: los riesgo penal por omisión de medidas preventivas; el impacto en la reputación y responsabilidad social corporativa; la vulnerabilidad de los canales de comunicación interna si no se gestionan adecuadamente las denuncias; la exposición de la empresa a sanciones económicas y contractuales

5.2.1. ¿Por qué es esencial incluir el acoso laboral como un riesgo específico en el mapa de riesgos del sistema de Compliance?

Incluir el acoso laboral como un riesgo específico en el mapa de riesgos del sistema de Compliance no es solo una medida prudente, sino una acción ineludible para cualquier organización que aspire a la sostenibilidad ética, legal y operativa. El mapa de riesgos es una herramienta clave del Compliance porque permite identificar, clasificar y gestionar los eventos que pueden afectar negativamente el cumplimiento normativo y la cultura ética interna. Tradicionalmente, muchas empresas han centrado sus mapas de riesgos en áreas financieras, de corrupción, fraudes o conflictos de intereses, descuidando los denominados riesgos "blandos" como el acoso, que afectan al capital humano pero que no siempre tienen impacto económico inmediato o visible.

Sin embargo, el acoso laboral constituye un riesgo transversal que puede poner en jaque la integridad institucional desde múltiples ángulos. A nivel legal, la omisión en la prevención del acoso puede dar lugar a sanciones administrativas, condenas civiles o incluso responsabilidad penal corporativa si se acredita que no se adoptaron medidas efectivas para prevenir conductas lesivas a la dignidad del trabajador. En el ámbito reputacional, basta un caso mal gestionado de acoso laboral para que se erosionen la imagen corporativa, la fidelidad del cliente, la confianza del mercado y el clima interno. Desde la perspectiva organizacional, el acoso deteriora el clima laboral, multiplica los conflictos interpersonales, provoca estrés, rotación de personal, baja productividad y absentismo prolongado.

Por otra parte, el acoso laboral no se limita a comportamientos puntuales, sino que muchas veces responde a estructuras sistémicas: entornos jerárquicos autoritarios, culturas masculinizadas o individualistas, liderazgos tóxicos, normalización del maltrato o silencio cómplice. Esto lo convierte en un riesgo que no se soluciona solo con sanciones, sino con estrategias preventivas integradas, lo que exige su inclusión en el mapa de riesgos.

Al incorporarlo explícitamente, el sistema de Compliance obliga a la organización a tomar decisiones: realizar un diagnóstico, establecer políticas específicas, monitorear indicadores, asignar responsables, destinar recursos y realizar formación continua. Además, permite trazar un plan de mitigación con objetivos medibles, como por ejemplo, reducir los tiempos de respuesta a las denuncias, aumentar la confianza en el canal ético o disminuir los índices de rotación en áreas de riesgo.

Incluir el acoso en el mapa de riesgos también contribuye a desmontar el mito de que se trata de un problema "relacional" o "subjetivo", trasladándolo al ámbito de la gestión estratégica del riesgo empresarial. De este modo, se lo reconoce como una amenaza concreta al buen funcionamiento de la organización, al cumplimiento legal y a la salud psicosocial de sus miembros, y se lo somete a los mismos estándares de control, prevención y mejora que los demás riesgos corporativos.

Su inclusión fortalece el sistema de Compliance como una herramienta transversal y proactiva, y consolida el compromiso ético de la empresa con la protección de sus trabajadores.

5.2.2. ¿Qué criterios deben utilizarse para identificar y evaluar el riesgo de acoso laboral dentro de una organización?

La identificación y evaluación del riesgo de acoso laboral debe basarse en una combinación de enfoques cuantitativos y cualitativos, que permitan detectar tanto los factores estructurales que facilitan su aparición como los indicadores emergentes que revelan su posible existencia. Para ello, es necesario aplicar un modelo integral de análisis de riesgos que contemple cinco dimensiones principales: (1) entorno estructural, (2) factores humanos, (3) antecedentes organizacionales, (4) cultura interna, y (5) madurez del sistema de Compliance.

En cuanto al entorno estructural, se deben evaluar aspectos como la organización jerárquica, el grado de centralización del poder, el nivel de autonomía de los empleados, la carga de trabajo, la presión por resultados y el equilibrio entre vida laboral y personal. Organizaciones con estructuras verticalistas, sin control horizontal, o con exigencias excesivas, tienden a favorecer el ejercicio abusivo del poder y la impunidad de los comportamientos hostiles.

Respecto a los factores humanos, debe analizarse el perfil de los líderes y mandos medios, su formación en liderazgo ético, sus habilidades en resolución de conflictos y su historial disciplinario. También se deben contemplar aspectos como la diversidad generacional, de género o cultural, ya que los contextos multiculturales mal gestionados pueden derivar en prácticas discriminatorias o en conflictos mal encauzados.

Los antecedentes organizacionales también son clave: se deben revisar estadísticas sobre rotación de personal, ausentismo, licencias por salud mental, bajas prolongadas, denuncias internas (formales e informales), sanciones por conducta inapropiada y resultados de encuestas de clima laboral. Un historial reiterado de conflictos o salidas abruptas de trabajadores puede señalar la existencia de focos ocultos de acoso no gestionados adecuadamente.

En la dimensión cultural, deben identificarse normas sociales implícitas, patrones de comunicación, lenguaje utilizado, valores premiados por la organización y percepciones sobre justicia interna. Estas variables pueden detectarse a través de focus groups, entrevistas, buzones éticos, auditorías culturales y análisis de contenido de comunicaciones institucionales. Una cultura que normaliza el "mal carácter" del jefe, que premia la obediencia ciega o que ridiculiza a los "sensibles", es una cultura de riesgo.

Se debe evaluar la madurez del sistema de Compliance, considerando si existe una política anti acoso formal, si hay canales de denuncia efectivos, si los procedimientos son conocidos, si se aplican sanciones proporcionales, si se brindan medidas de protección y si existe un equipo capacitado para la gestión ética.

La combinación de estos criterios permite construir matrices de riesgo, identificar zonas de vulnerabilidad y diseñar planes de acción. La evaluación no debe ser un ejercicio formal, sino una herramienta de transformación cultural. Y debe realizarse de forma periódica, porque los riesgos evolucionan junto con el crecimiento, los cambios organizativos y las dinámicas sociales del entorno.

5.2.3. ¿Cómo puede un sistema de Compliance ayudar a prevenir la responsabilidad penal de la empresa por omisión de controles ante situaciones de acoso?

El sistema de Compliance, cuando se diseña e implementa con rigurosidad, se convierte en un verdadero escudo jurídico que puede proteger a la empresa frente a la responsabilidad penal derivada de la omisión de controles ante conductas ilícitas como el acoso laboral. Este efecto protector se fundamenta en la doctrina del "modelo de organización y gestión", que ha sido recogida en distintas normativas penales corporativas, como en la legislación española, italiana, chilena, peruana y en diversas guías internacionales como las de la OCDE o el ISO 37301.

Esta doctrina establece que, si una empresa ha implementado un programa de cumplimiento efectivo -es decir, uno que identifique riesgos, establezca controles, prevenga conductas ilícitas, capacite al personal, permita la denuncia y actúe ante las irregularidades-, entonces puede eximirse de responsabilidad penal o, al menos, atenuarla, ya que el delito cometido no puede imputarse institucionalmente sino a la conducta aislada de un individuo que ha actuado en contra de los valores de la organización.

Para que este efecto legal se active, el sistema de Compliance debe cumplir con ciertos estándares probatorios. En primer lugar, debe existir una evaluación de riesgos en la que se haya identificado al acoso como un riesgo relevante, con medidas de control y mitigación adecuadas. Esto demuestra que la empresa no ignoró el riesgo, sino que lo abordó con planificación.

En segundo lugar, debe haberse aprobado e implementado un código ético y un protocolo específico de actuación frente al acoso, incluyendo definiciones claras, canales de denuncia confidenciales, procedimientos imparciales de investigación y medidas protectoras para las víctimas. Estos documentos deben haber sido comunicados, difundidos y explicados a toda la plantilla.

En tercer lugar, debe haber evidencia de formación periódica en prevención del acoso, destinada a todo el personal y con especial foco en quienes ejercen liderazgo. Esta formación debe registrarse, evaluarse y actualizarse según evolucione el marco legal y social.

En cuarto lugar, debe demostrarse que el canal de denuncias es operativo, que ha sido utilizado y que las denuncias recibidas han sido investigadas con celeridad, objetividad y proporcionalidad. La existencia de sanciones reales y consistentes es una prueba de que el sistema funciona y no es meramente decorativo.

Finalmente, debe existir una supervisión continua del modelo: auditorías, informes, indicadores, ajustes y una cultura de mejora continua. El área de Compliance debe tener independencia, presupuesto, personal capacitado y acceso directo a la alta dirección.

Si todo esto se cumple, y pese a ello un empleado incurre en una conducta delictiva, la empresa puede demostrar que actuó con diligencia y que el hecho fue excepcional. Por el contrario, si no existía programa alguno, si este era meramente formal, o si se toleró una cultura de encubrimiento o silencio, la empresa podrá ser considerada responsable por omisión del deber de control, y enfrentarse a consecuencias penales tales como multas, clausuras, inhabilitaciones o incluso disolución.

El sistema de Compliance es no solo una política preventiva, sino una garantía procesal que permite a la empresa demostrar ante las autoridades que hizo lo correcto, que actuó con la debida diligencia y que no se benefició, toleró ni facilitó el delito. Es, por tanto, una inversión en legalidad, reputación y sostenibilidad.

5.2.4. ¿Qué indicadores clave de rendimiento (KPIs) pueden utilizarse para monitorear la eficacia de los controles internos frente al acoso laboral?

Los KPIs (Key Performance Indicators) son herramientas esenciales dentro del sistema de Compliance porque permiten convertir fenómenos abstractos o difíciles de cuantificar, como el acoso laboral, en datos operativos. La ventaja de los KPIs es que proporcionan métricas objetivas para monitorear en tiempo real si los controles internos establecidos para prevenir, detectar y sancionar el acoso están funcionando. Pero para que sean útiles, deben diseñarse a partir de una matriz de riesgos clara, contar con fuentes de datos verificables y estar alineados con los objetivos estratégicos del sistema de Compliance.

Un primer bloque de KPIs fundamentales son los indicadores de denuncia y resolución. En este grupo destacan:

- Frecuencia de denuncias por acoso por trimestre o por año: este indicador ofrece información sobre la evolución del uso del canal de denuncias. Un aumento puede indicar mayor incidencia, pero también mayor confianza en el sistema. Su análisis exige siempre una lectura cualitativa paralela.

- Porcentaje de denuncias con apertura formal de expediente: permite detectar si existe una cultura de archivo automático o si se investiga sistemáticamente cada caso reportado.

- Tiempo promedio de apertura de una investigación desde la recepción de la denuncia: este KPI mide la capacidad de respuesta del sistema. Tiempos excesivos pueden indicar falta de recursos o voluntad institucional.

- Tiempo promedio de cierre del caso: un indicador esencial para garantizar que la víctima no quede en estado de incertidumbre permanente.

- Porcentaje de casos con sanción disciplinaria efectiva o con medidas preventivas aplicadas (cambio de dependencia, formaciones obligatorias, sesiones de mediación, etc.): evidencia el grado de intervención institucional más allá del diagnóstico del caso.

- Reincidencia del agresor en casos anteriores: monitorea si los agresores ya contaban con antecedentes y si la respuesta previa fue efectiva.

Un segundo grupo está constituido por KPIs de percepción y clima laboral:

- Índice de conocimiento del protocolo y canal de denuncias entre los empleados: este indicador puede arrojarse mediante encuestas anónimas y mide el nivel de divulgación interna del sistema.

- Nivel de confianza en el canal ético como medio para reportar acoso: permite diagnosticar si los trabajadores creen que su denuncia será tomada en serio y tratada con imparcialidad.

- Índice de satisfacción de los denunciantes: puede medirse a través de formularios posteriores al cierre del caso, siempre garantizando la confidencialidad y sin obligar a participar. Evalúa si la persona percibió respeto, protección, imparcialidad y justicia.

- Indicadores indirectos de entorno saludable: rotación de personal en unidades sensibles, ausentismo prolongado, cantidad de bajas médicas por estrés o ansiedad, número de conflictos escalados a instancias superiores, etc.

Un tercer grupo incluye KPIs estructurales:

- Porcentaje de jefaturas capacitadas anualmente en prevención del acoso: mide la prioridad que se otorga a la formación de líderes.

- Presupuesto asignado al programa de Compliance y su evolución anual: una caída sostenida puede indicar pérdida de prioridad institucional.

- Número de acciones de sensibilización realizadas (campañas internas, jornadas, materiales visuales, etc.): refleja el trabajo continuo de reforzamiento de la cultura de respeto.

Porcentaje de casos cerrados que fueron seguidos con auditoría o monitoreo posterior: muestra si hay un enfoque de seguimiento, más allá de la resolución puntual.

La clave está en analizar todos estos KPIs en conjunto, bajo una lógica de mejora continua. Ningún indicador aislado da cuenta de la eficacia del sistema, pero su análisis combinado permite identificar patrones, anticipar riesgos y adaptar los controles a nuevas realidades, como el teletrabajo o el acoso digital.

5.2.5. ¿Qué papel deben desempeñar los responsables de Compliance en la supervisión de los protocolos contra el acoso laboral?

El rol de los responsables de Compliance en la supervisión de los protocolos contra el acoso laboral es, por naturaleza, transversal, estratégico, técnico y transformador. Son, en última instancia, los garantes de que la organización cuente con un sistema no solo reactivo, sino preventivo y pedagógico, que contribuya a construir una cultura corporativa libre de violencia, miedo y represalias.

En primer lugar, los responsables de Compliance deben estar involucrados desde la fase de diseño del protocolo anti acoso. Esto implica que deben asegurar que el texto normativo contemple una definición amplia e inclusiva del acoso (psicológico, sexual, por razón de género, por orientación sexual, digital, simbólico, etc.), que incorpore principios como la buena fe, la no revictimización, el enfoque diferencial y la confidencialidad. Además, deben verificar que el protocolo incluya un circuito claro de actuación, con plazos razonables, roles definidos, medidas de protección inmediatas y sanciones proporcionales.

Una vez implementado, su papel pasa a ser el de supervisor técnico del funcionamiento del sistema. Esto implica:

- Verificar el acceso y la usabilidad del canal de denuncias: si está disponible en múltiples formatos, si es accesible desde fuera de la red corporativa, si permite denuncias anónimas, si garantiza la seguridad de los datos y la trazabilidad de los casos.

- Evaluar la capacitación del equipo investigador: asegurar que quienes gestionan los casos están formados en perspectiva de género, derechos laborales, contención emocional y técnicas de entrevista.

- Auditar la trazabilidad de los casos: verificar si se respetan los plazos, si se documentan los pasos dados, si se notifican adecuadamente las resoluciones, y si las partes reciben información clara, accesible y empática.

- Revisar la proporcionalidad de las medidas adoptadas: asegurarse de que las sanciones aplicadas se correspondan con la gravedad de los hechos probados y que no se recurra sistemáticamente a soluciones "administrativas" como traslados injustificados de la víctima.

- Monitorear las medidas preventivas derivadas de los casos: por ejemplo, si una investigación concluye que hubo fallas estructurales, el responsable de Compliance debe verificar que se tomen acciones correctivas como reformular procesos, cambiar supervisores, realizar capacitaciones específicas, etc.

- Informar periódicamente al Comité de Ética o al Órgano de Gobierno: mediante reportes agregados, análisis de tendencias, propuestas de mejora, alertas de riesgo y evaluación del nivel de cumplimiento de los KPIs definidos.

Además, deben fungir como interlocutores activos entre los distintos actores involucrados (jurídico, recursos humanos, prevención, dirección) para evitar solapamientos, omisiones o interpretaciones contradictorias de los protocolos. En organizaciones multinacionales, deben además asegurar la coherencia entre normativas locales y estándares internacionales.

Deben ser impulsores de una transformación cultural profunda: generar campañas educativas, proponer innovaciones tecnológicas (como aplicaciones móviles para reportar incidentes), promover espacios de escucha activa, y fomentar que la prevención del acoso deje de ser un "problema de otros" para convertirse en una responsabilidad colectiva.

5.2.6. ¿Cómo se puede integrar la detección de acoso laboral en las auditorías internas del sistema de Compliance?

La integración de la detección de acoso laboral en las auditorías internas del sistema de Compliance requiere avanzar hacia una lógica de auditoría integral, donde el análisis de documentos y procesos se combine con una evaluación del clima organizacional, la cultura ética y la percepción del sistema de prevención. Es decir, no basta con revisar si existen protocolos escritos o si se registran denuncias: hay que investigar activamente si hay condiciones estructurales que favorecen o invisibilizan el acoso.

El primer paso es definir el alcance de la auditoría: esta puede ser general (para toda la organización) o focalizada en determinadas áreas de riesgo, como departamentos con alta rotación, antecedentes de conflicto, historial de denuncias o exposición a relaciones jerárquicas asimétricas. También puede estructurarse como una auditoría temática dentro del plan anual del sistema de Compliance.

En la fase de planificación, el equipo auditor debe contar con herramientas específicas para la detección del acoso. Esto incluye:

- La existencia de cuestionarios anónimos de clima ético, que incluyan preguntas sobre percepción de hostilidad, trato injusto, miedo a denunciar, comportamientos no tolerados y confianza en los mecanismos institucionales.

- La realización de entrevistas cualitativas con personal de distintas áreas, garantizando anonimato y protección. Estas entrevistas deben diseñarse con enfoque de escucha activa y sin sesgos, y deben buscar identificar conductas naturalizadas pero inapropiadas.

- La revisión de documentación sensible: actas de comité disciplinario, informes de recursos humanos, resultados de encuestas de bienestar laboral, historial de sanciones, reportes del canal de denuncias, informes médicos laborales por estrés o ansiedad, etc.

- La observación directa de dinámicas laborales (cuando sea posible): análisis de ambientes de trabajo, formas de comunicación, lenguaje utilizado en correos corporativos, estilo de liderazgo predominante, y cultura de "tolerancia al maltrato".

El cruce de datos estadísticos: comparar tasas de rotación, licencias médicas y quejas internas entre áreas o periodos distintos, para detectar picos o tendencias inusuales.

Durante la ejecución, se deben aplicar criterios claros para evaluar la madurez del sistema anti acoso, tales como: existencia de un protocolo activo y actualizado, evidencia de aplicación efectiva, formación continua del personal, accesibilidad del canal ético, cumplimiento de plazos y evaluación de medidas adoptadas.

Al finalizar, la auditoría debe emitir hallazgos objetivos, recomendaciones priorizadas, y un plan de mejora que incluya responsables, metas, cronograma y seguimiento. En caso de detectarse situaciones críticas, debe establecerse un circuito de escalamiento inmediato.

Incluir el acoso laboral en las auditorías internas no solo permite detectar problemas ya existentes, sino prevenir su aparición en áreas donde aún no han emergido formalmente. Demuestra que el sistema de Compliance no espera a que haya una denuncia para actuar, sino que busca activamente crear espacios seguros, éticos y humanamente sostenibles.

Los KPIs, la supervisión constante por parte del responsable de Compliance y las auditorías internas conforman un triángulo virtuoso dentro de un sistema de Compliance maduro, comprometido y transformador. No se trata solo de prevenir riesgos legales, sino de garantizar una cultura de respeto que proteja lo más valioso de una organización: su gente.

5.2.7. ¿Qué consecuencias legales puede enfrentar una empresa si el mapa de riesgos no contempla el acoso laboral como una amenaza relevante?

La omisión del acoso laboral en el mapa de riesgos del sistema de Compliance puede acarrear para la empresa consecuencias jurídicas de una gravedad considerable, que se manifiestan en múltiples planos: responsabilidad administrativa, civil, penal, laboral y reputacional. La primera consecuencia es que la empresa puede ser considerada objetivamente negligente en el cumplimiento de su deber legal de prevenir riesgos laborales y proteger la salud de sus empleados, de acuerdo con los principios consagrados en muchas legislaciones laborales modernas. Esta omisión no es meramente una falta técnica, sino que implica el incumplimiento de una obligación fundamental: la de garantizar un entorno de trabajo seguro, digno y libre de violencia.

La normativa sobre prevención de riesgos laborales suele incluir de forma explícita la obligación de identificar, evaluar y controlar los factores de riesgo psicosocial -dentro de los cuales se encuentra el acoso-, al mismo nivel que los riesgos físicos o ergonómicos. Ignorar esta categoría en el mapa de riesgos de Compliance puede interpretarse como una ausencia de la diligencia debida empresarial, especialmente cuando existe jurisprudencia que reconoce el acoso como una forma de violencia laboral o discriminación prohibida por ley. En consecuencia, la empresa puede ser objeto de inspecciones laborales, sanciones administrativas, órdenes de cumplimiento forzoso, multas o requerimientos de implementar medidas urgentes para corregir su omisión.

En segundo lugar, la omisión en el análisis de riesgos puede derivar en responsabilidad civil por daños y perjuicios si un trabajador sufre acoso dentro de la organización y puede probar que la empresa no adoptó medidas razonables para prevenirlo. Las víctimas de acoso suelen reclamar indemnizaciones por daño moral, deterioro de la salud psíquica, lucro cesante, gastos médicos o afectación de su carrera profesional. En muchos casos, los tribunales han reconocido que la falta de un protocolo de actuación o de un análisis de riesgos adecuado constituye una causa de imputación a la empresa, incluso si esta no es autora directa del acoso.

En tercer lugar, y más grave aún, en determinados marcos jurídicos la empresa puede enfrentar responsabilidad penal si se considera que ha existido una omisión dolosa o gravemente negligente de los deberes de control, supervisión o respuesta. Esto puede ocurrir en casos donde el acoso constituya un delito (por ejemplo, acoso sexual, coacciones, amenazas, lesiones psicológicas, discriminación) y se demuestre que la organización no contaba con mecanismos para prevenir o mitigar estas conductas. En tales casos, la persona jurídica puede ser sancionada con multas penales, clausura de establecimientos, inhabilitaciones, prohibiciones de contratar con la administración pública e incluso disolución, dependiendo de la gravedad del caso y del sistema legal correspondiente.

Existen consecuencias reputacionales devastadoras que, si bien no son jurídicamente sancionables, pueden tener efectos económicos muy severos: pérdida de clientela, impacto negativo en redes sociales, desconfianza de inversores, reducción del valor de marca, pérdida de contratos públicos o privados, boicots organizados, fuga de talento y deterioro irreversible del clima interno. En un entorno de creciente escrutinio social, omitir el acoso del mapa de riesgos es equivalente a declarar que la empresa no reconoce como amenazante una de las formas más destructivas de violencia laboral. Esta percepción es demoledora para la imagen institucional.

La empresa que no contempla el acoso laboral como riesgo relevante no solo incurre en una omisión estratégica, sino que expone su viabilidad jurídica, económica y reputacional. En cambio, una inclusión proactiva, con medidas proporcionales y efectivas, refuerza su legitimidad, solidez y sostenibilidad a largo plazo.

5.2.8. ¿Cómo debe estructurarse un procedimiento de análisis de riesgos para incluir el acoso laboral como una categoría específica?

Un procedimiento riguroso de análisis de riesgos que busque incorporar el acoso laboral como una categoría específica debe responder a una estructura técnica clara, basada en principios de anticipación, evidencia empírica, proporcionalidad y mejora continua. Este procedimiento no puede limitarse a un simple checklist administrativo, sino que debe configurarse como una herramienta viva que permita mapear, interpretar y actuar sobre las dinámicas sociales internas que pueden derivar en formas de acoso o violencia.

Primero, debe iniciarse con la definición precisa del riesgo. No se trata solo de registrar el "acoso" como palabra genérica, sino de diferenciar y conceptualizar los diversos tipos: acoso sexual, acoso por razón de género, acoso psicológico (mobbing), acoso digital (cyberbullying), violencia simbólica, acoso descendente (desde un superior), horizontal (entre pares) o ascendente (de subordinados hacia un jefe). Esta diferenciación permite adaptar las medidas de prevención y detección a cada modalidad.

En segundo lugar, debe realizarse un mapeo organizacional que identifique factores de riesgo estructurales. Este mapeo puede incluir:

- El diagnóstico de cultura organizacional: a través de encuestas de clima, entrevistas, observación directa, análisis del lenguaje utilizado en comunicaciones internas o revisión de prácticas cotidianas que puedan legitimar el maltrato o la desigualdad.

La revisión de organigramas y cadenas jerárquicas: para identificar áreas donde existen relaciones de poder asimétricas, falta de supervisión externa, dependencia extrema o concentración de autoridad sin mecanismos de control.

- El análisis del historial de denuncias, ausentismo, licencias por salud mental, rotación del personal y conflictos no resueltos.

- Las entrevistas con personal clave: responsables de recursos humanos, líderes de equipo, delegados sindicales, empleados con más antigüedad.

Tercero, el riesgo debe evaluarse en términos de probabilidad y severidad. Para ello se utilizan matrices de evaluación que permiten ubicar cada riesgo en una cuadrícula según su nivel de exposición. Por ejemplo, una unidad con denuncias previas, clima laboral tenso y rotación elevada será clasificada como de riesgo "alto", y deberá ser priorizada en el plan de acción.

Cuarto, deben diseñarse planes de tratamiento del riesgo. Estos incluyen tanto medidas preventivas (formación, comunicación interna, protocolos claros, liderazgo ético, medidas de conciliación, protección de denunciantes), como medidas de respuesta (canales de denuncia, plazos de actuación, comisiones imparciales, medidas cautelares, sanciones efectivas).

Quinto, debe establecerse un sistema de monitoreo, revisión y mejora. Esto significa auditar regularmente si los riesgos están bien identificados, si los controles están funcionando, si han surgido nuevas formas de acoso (por ejemplo, a través de medios digitales o en el teletrabajo) y si las medidas deben actualizarse.

Es fundamental documentar todo el procedimiento: cómo se identificó el riesgo, qué criterios se aplicaron, qué fuentes de información se usaron, qué decisiones se tomaron y qué resultados se obtuvieron. Esta trazabilidad no solo permite el aprendizaje organizacional, sino que sirve como respaldo ante eventuales requerimientos judiciales o administrativos.

Incluir el acoso laboral en el análisis de riesgos exige, en suma, una profesionalización del enfoque: dejar atrás la improvisación, el subjetivismo o la tolerancia tácita, y reemplazarlos por herramientas científicas, sensibilidad institucional y voluntad de transformación.

5.2.9. ¿Qué medidas deben incorporarse en los controles internos para gestionar adecuadamente las denuncias de acoso?

A los efectos de gestionar de manera adecuada las denuncias de acoso requiere que los controles internos estén basados en un enfoque de respeto a los derechos humanos, debido proceso, confidencialidad, prevención de represalias y reparación del daño. No basta con tener un buzón de quejas o una cláusula en el código de conducta: se necesita un sistema estructurado, eficaz y con autoridad para actuar frente a conductas que muchas veces son encubiertas, negadas o naturalizadas.

Las medidas que deben incorporarse son:

a) Protocolos específicos y públicos: el procedimiento debe estar claramente establecido en un documento accesible a toda la plantilla, con lenguaje comprensible, descripción de pasos, plazos, responsables, garantías y posibles sanciones. Este protocolo debe estar actualizado según la normativa vigente y debe difundirse activamente.

b) Canal ético independiente: es esencial disponer de un canal que permita reportar hechos de forma segura, sin temor a represalias, y que cuente con supervisión independiente. Puede estar alojado en una plataforma digital externa, atendido por un comité ético autónomo, o gestionado por profesionales con formación en derechos laborales y género.

c) Investigación objetiva e imparcial: las denuncias deben derivarse a una unidad que actúe con imparcialidad, con protocolos de recogida de pruebas que respeten la dignidad de ambas partes. Las entrevistas deben ser cuidadosas, la confidencialidad protegida y los testimonios tratados con seriedad. En casos complejos, puede recurrirse a expertos externos o a auditorías especializadas.

d) Medidas cautelares de protección: el sistema debe contar con recursos para proteger a la víctima desde el momento en que presenta la denuncia. Esto incluye separación de espacios físicos, reubicación voluntaria, horarios diferenciados, licencias médicas pagadas o mecanismos de protección de identidad. Estas medidas no deben significar una penalización para la persona denunciante.

e) Seguimiento del caso: una vez resuelto el procedimiento, la organización debe garantizar seguimiento: evaluar si el entorno laboral ha mejorado, si la víctima necesita apoyo psicológico o jurídico, si hubo retaliaciones encubiertas o si fue necesario intervenir en el equipo afectado.

f) Registro y análisis estadístico: cada denuncia debe registrarse en una base de datos protegida, que permita análisis periódicos: número de casos, tiempo promedio de resolución, reincidencias, áreas más conflictivas, tipos de acoso más frecuentes, etc. Estos datos alimentan el mapa de riesgos y permiten retroalimentar la estrategia preventiva.

g) Responsabilidad jerárquica: los jefes y supervisores deben estar obligados a actuar ante cualquier indicio de acoso, incluso cuando no haya denuncia formal. Su omisión puede ser sancionada como incumplimiento de deberes de vigilancia.

h) Capacitación permanente: el control efectivo del acoso no se logra con normas, sino con una transformación cultural. Por eso, es fundamental implementar talleres, simulaciones, jornadas de reflexión y materiales pedagógicos para toda la organización.

i) Comunicación transparente: sin violar la confidencialidad, la empresa debe informar periódicamente a su personal sobre la existencia del protocolo, los resultados globales de su aplicación y las mejoras realizadas. Esta transparencia refuerza la confianza en el sistema.

j) Evaluación externa del sistema: cada cierto tiempo, un auditor externo o un comité de revisión ética debería evaluar si los controles internos están siendo efectivos o si existen zonas grises, sesgos implícitos o deficiencias estructurales. Esta evaluación fortalece la legitimidad del sistema y permite su evolución.

Los controles internos deben articular una estructura institucional que combine la firmeza ante la conducta inaceptable con la empatía hacia quien sufre sus efectos. Un sistema ético no es aquel que no recibe denuncias, sino aquel que las acoge, las trata con rigor y transforma la organización a partir de ellas. Ese es el verdadero compromiso con la dignidad humana en el trabajo.

5.2.10. ¿De qué forma puede el mapa de riesgos contribuir a identificar áreas, departamentos o roles más vulnerables al acoso?

El mapa de riesgos es una herramienta estratégica del sistema de Compliance que permite a las organizaciones anticipar, evaluar y gestionar las amenazas que pueden afectar su integridad operativa, reputación y cumplimiento legal. Cuando se incorpora el acoso laboral como un riesgo operativo y psicosocial específico, el mapa de riesgos se convierte en una potente herramienta diagnóstica para identificar no solo la existencia de un riesgo genérico, sino también su distribución diferencial dentro de la estructura organizativa.

Para que el mapa cumpla esta función, debe estar basado en una metodología rigurosa que recoja tanto datos cuantitativos como cualitativos.

En la práctica, esto significa que la organización debe cruzar variables clave como:

- La frecuencia de denuncias por área o departamento en periodos previos.

- Los niveles de rotación de personal por unidad.

- La cantidad de licencias médicas o bajas por estrés, ansiedad o patologías psicosomáticas.

- Los resultados de encuestas de clima laboral desglosadas por sección o grupo.

- Las entrevistas o focus groups que reflejen dinámicas conflictivas, autoritarismo, falta de comunicación o sensación de impunidad.

También se deben incluir variables estructurales, como la existencia de relaciones jerárquicas rígidas, aislamiento físico o funcional de ciertos equipos, distribución desigual de poder entre géneros, ausencia de supervisión externa o exposición al cliente en situaciones de tensión.

El mapa de riesgos puede incorporar además una dimensión funcional o por perfil de cargo. Por ejemplo, los roles que implican supervisión directa sobre subordinados, aquellos que operan en entornos de presión extrema (ventas, atención al público), o aquellos que gestionan temas sensibles (recursos humanos, cumplimiento normativo, seguridad) pueden tener mayor propensión al abuso de poder o ser más susceptibles a recibir presiones indebidas.

Cuando estos factores son sistemáticamente recogidos y graficados mediante matrices o mapas de calor, es posible visualizar claramente "zonas de vulnerabilidad", es decir, departamentos, unidades o roles donde las condiciones internas facilitan o no previenen adecuadamente conductas de acoso. Esto permite priorizar recursos preventivos -como capacitaciones, rotación de mandos, monitoreo reforzado o revisiones de liderazgo- en los espacios con mayor exposición, y de este modo, optimizar la eficiencia del sistema de Compliance.

Además, el mapa de riesgos permite observar no solo la presencia del acoso, sino su falta de visualización, motivado por la existencia de áreas sin denuncias pero con indicadores indirectos preocupantes (baja participación en encuestas, comentarios anónimos negativos, salida voluntaria de múltiples empleados en corto tiempo, etc.) pueden ser zonas de silencio institucional donde el acoso existe, pero no se denuncia.

El mapa de riesgos, bien aplicado, es un instrumento no solo para anticipar incidentes, sino para comprender la cultura organizacional en sus distintas capas, y para intervenir quirúrgicamente en los focos más críticos antes de que el daño se manifieste de forma irreversible.

5.2.11. ¿Qué tipo de formación específica debe impartirse para reforzar la identificación del acoso como un riesgo operacional y de cumplimiento?

La formación específica es uno de los pilares fundamentales de un sistema de Compliance eficaz, y es particularmente esencial cuando se trata de riesgos relacionados con el acoso, cuya prevención exige no solo el cumplimiento formal de normas, sino un cambio profundo en la cultura organizacional. Para reforzar la identificación del acoso como un riesgo operacional y de cumplimiento, la formación debe ser diseñada con un enfoque técnico, jurídico, ético y vivencial.

Primero, es imprescindible impartir formación diferenciada según los perfiles y responsabilidades de los destinatarios. No es lo mismo capacitar a directivos, mandos medios, responsables de recursos humanos, operadores del canal ético o trabajadores de base. Cada grupo debe recibir contenidos adaptados a su rol en la prevención, detección y tratamiento del acoso.

En el nivel directivo, la formación debe centrarse en:

- El marco legal nacional e internacional que vincula a la empresa con la obligación de prevenir el acoso (legislación laboral, penal, normativa de riesgos psicosociales, directrices de la OIT, Principios Rectores de la ONU, etc.).

- La responsabilidad civil, administrativa e incluso penal derivada de la omisión de controles o de la tolerancia institucional del acoso.

- El impacto del acoso como riesgo operativo: disminución de productividad, rotación de talento, conflictos judiciales, pérdidas económicas y daño reputacional.

- La necesidad de incorporar el acoso como riesgo estratégico en el mapa de riesgos y en los reportes de gobernanza corporativa.

En el nivel de mandos medios, la formación debe enfocarse en:

- Cómo identificar señales tempranas de acoso o microviolencias dentro del equipo (comentarios degradantes, exclusión, humillación, silenciamiento).

- Las técnicas de liderazgo basado en el respeto, la comunicación efectiva y la gestión emocional.

- Los procedimientos institucionales para actuar ante sospechas o denuncias, y prohibición de represalias

- El rol como agentes de cumplimiento y portavoces de la cultura ética organizacional.

Para operadores de los canales de denuncia o comisiones de investigación, se requiere formación específica en:

- Las técnicas de entrevista no revictimizante.

- Los principios de imparcialidad, confidencialidad y protección de datos.

- La evaluación de la verosimilitud, análisis de contexto, uso de pruebas documentales o testimoniales.

- La redacción de informes ético-disciplinarios y derivación a instancias competentes.

Para el personal en general, la formación debe ser:

- Accesible, participativa y con lenguaje claro.

- Centrada en derechos laborales, formas de acoso reconocidas y cómo identificarlas.

- Instructiva respecto al uso del canal de denuncias y garantías que lo acompañan.

- Actualizada regularmente y contextualizada según los cambios en el entorno laboral (teletrabajo, entornos híbridos, acoso digital).

En todos los niveles, se recomienda incluir estudios de caso reales, análisis de situaciones dilemáticas, ejercicios de role-play y materiales visuales. La formación no debe ser meramente informativa, sino transformadora, promoviendo la empatía, el pensamiento crítico y el sentido de responsabilidad colectiva.

Debe existir una evaluación posterior que mida el impacto de la formación en el conocimiento, la actitud y la práctica cotidiana, de modo que se pueda mejorar su efectividad con el tiempo.

5.2.12. ¿Cómo puede evaluarse si los controles internos frente al acoso son realmente efectivos y no meramente formales?

Evaluar la efectividad real de los controles internos frente al acoso, y no su simple existencia formal, es una tarea esencial para garantizar que el sistema de Compliance no se convierta en un mecanismo simbólico o burocrático, sino en una herramienta concreta de protección y transformación institucional. Para ello, se deben aplicar múltiples estrategias de monitoreo, evaluación y retroalimentación continua.

Una primera forma de evaluación es mediante auditorías internas o externas. Estas auditorías deben ir más allá de verificar si existen protocolos escritos, e indagar si estos se aplican efectivamente, si son conocidos, si las denuncias se tramitan según los plazos y procedimientos estipulados, y si las resoluciones son justas, proporcionales y reparadoras. Las auditorías pueden incluir revisión de expedientes, entrevistas con denunciantes (voluntarias y anónimas), análisis de indicadores, observación directa y contraste con los datos de clima laboral.

Una segunda herramienta fundamental es el uso de KPIs (indicadores clave de desempeño). Algunos ejemplos de ello, pueden ser los que se citan seguidamente:

- El número de denuncias recibidas por trimestre/año.

- El tiempo promedio de respuesta institucional desde la denuncia hasta la resolución.

- El porcentaje de casos cerrados con medidas correctivas.

- El nivel de satisfacción de denunciantes y testigos respecto al trato recibido.

- El número de capacitaciones realizadas y tasa de participación.

- El porcentaje de personal que manifiesta confianza en el canal de denuncias (medido por encuestas).

Además, deben aplicarse encuestas periódicas de percepción y clima ético, que incluyan preguntas sobre conocimiento de los mecanismos de denuncia, percepción de imparcialidad, temor a represalias, confianza en el liderazgo y visibilidad del compromiso institucional contra el acoso. Estas encuestas pueden segmentarse por áreas, antigüedad, género o jerarquía, para identificar zonas donde el sistema es percibido como ineficaz o ausente.

Otra herramienta es el análisis de casos concretos. La organización debe examinar con detalle algunos expedientes cerrados, para evaluar si el procedimiento fue respetado, si las partes fueron tratadas con respeto, si se aplicaron medidas preventivas adecuadas, y si existió un seguimiento posterior para evitar la reincidencia o las represalias. También puede valorarse si se extrajeron lecciones organizacionales de los casos (revisión de políticas, cambios estructurales, formación adicional).

El test más revelador, sin embargo, es la conducta de los empleados y líderes: si después de implementar los controles, los trabajadores se sienten protegidos, los líderes actúan ante las señales de acoso, las denuncias son tomadas con seriedad, y el número de incidentes disminuye progresivamente, entonces el sistema está siendo realmente efectivo. Si, por el contrario, el canal ético no se usa, las personas temen denunciar o las víctimas se ven forzadas a abandonar la organización, entonces los controles existen solo en el papel.

Por ello, es recomendable realizar evaluaciones externas, independientes, al menos cada dos años, para asegurar la objetividad del diagnóstico y evitar sesgos internos. Estas evaluaciones pueden ser realizadas por consultoras especializadas, ONG de derechos laborales o instituciones académicas.

Un control interno es efectivo cuando logra prevenir incidentes, detectar casos incipientes, proteger a las personas afectadas, transformar las dinámicas de poder y mejorar la cultura organizacional. La diferencia entre lo formal y lo efectivo reside en el compromiso real con la dignidad humana en el entorno de trabajo. Solo una evaluación constante, honesta y participativa permite que ese compromiso se traduzca en prácticas concretas.

5.2.13. ¿De qué forma puede el mapa de riesgos contribuir a identificar áreas, departamentos o roles más vulnerables al acoso?

El mapa de riesgos es una herramienta de diagnóstico estratégico cuyo valor reside no solo en la visualización de riesgos potenciales, sino también en su capacidad para desagregar esos riesgos en relación con variables organizacionales específicas. Al incluir el acoso laboral como categoría de riesgo, el mapa no se limita a señalar su existencia genérica, sino que permite identificar cómo y dónde este riesgo es más probable o más dañino. Este análisis se basa en una evaluación multidimensional, que cruza datos estadísticos, cualitativos y contextuales con las características propias de cada área, departamento o perfil de cargo.

La identificación de las vulnerabilidades comienza con la recopilación y sistematización de datos relevantes. Estos incluyen:

- Los reportes históricos de acoso o conductas inadecuadas.

- La tasa de rotación voluntaria en distintas áreas.

- Los niveles de ausentismo y solicitudes de bajas médicas por causas relacionadas con salud mental.

- Las encuestas de clima laboral que reflejen malestar, falta de comunicación, falta de confianza en las jefaturas o miedo a represalias.

- La información cualitativa obtenida en focus groups o entrevistas sobre percepción de poder abusivo, trato desigual o exclusión de ciertos colectivos.

Una vez recolectados, estos datos se cruzan con factores organizacionales de exposición al riesgo, como:

- Las estructuras jerárquicas verticalizadas, donde el poder está excesivamente concentrado en una sola figura.

- Los ambientes de alta presión o competitividad, donde el estrés tiende a justificar conductas agresivas.

- El aislamiento funcional, como ocurre en puestos de trabajo remotos, nocturnos o con tareas solitarias, que dificultan la observación externa de comportamientos indebidos.

- La ausencia de supervisión o de canales de comunicación eficaces.

- Los cargos con alta interacción con clientes o público externo, que pueden generar formas de acoso de terceros que no siempre se reconocen ni denuncian.

Al estructurar esta información mediante herramientas visuales (como mapas de calor, matrices de riesgo o tableros de control), el mapa revela qué áreas son más propensas a la ocurrencia de acoso. Por ejemplo, una zona con antecedentes de rotación, baja participación en encuestas y denuncias anónimas puede ser una "zona silenciosa" donde el acoso es sistémico pero invisible. Por el contrario, una unidad con denuncias formales y medidas adoptadas puede estar mejor protegida que otras que nunca reportan nada.

Así, el mapa de riesgos no solo señala los puntos críticos, sino que permite planificar intervenciones focalizadas: capacitaciones intensivas en liderazgo ético, auditorías internas, rotación de mandos, mejoras en la comunicación horizontal, fortalecimiento de canales de denuncia, entre otros. También ayuda a asignar recursos preventivos de forma eficiente, priorizando donde hay mayor exposición o menor capacidad institucional de respuesta.

En última instancia, el mapa de riesgos convierte el fenómeno del acoso laboral en una variable tangible y gestionable, y demuestra que su prevención no es fruto del azar ni de la voluntad individual, sino del diseño inteligente y responsable de la arquitectura de Compliance.

5.2.14. ¿Qué tipo de formación específica debe impartirse para reforzar la identificación del acoso como un riesgo operacional y de cumplimiento?

La formación es el motor de transformación cultural dentro de un programa de Compliance eficaz. Su función no es solo transmitir conocimientos, sino cambiar mentalidades, actitudes y prácticas institucionales. Para reforzar la idea de que el acoso laboral constituye un riesgo operativo y de cumplimiento -al mismo nivel que los riesgos financieros, informáticos o legales-, la formación debe estar cuidadosamente estructurada, basada en evidencia y adaptada a los distintos niveles jerárquicos de la organización.

Una formación eficaz debe tener cuatro componentes integrados:

a) Un contenido normativo y doctrinal: explicar el marco legal que define el acoso laboral, tanto a nivel nacional como internacional. Esto incluye normas laborales, penales, de igualdad, salud ocupacional y responsabilidad penal corporativa. Se debe enseñar qué conductas están prohibidas, qué criterios utiliza la jurisprudencia para reconocer el acoso, y qué obligaciones recaen sobre la empresa, los directivos y los trabajadores.

b) Una dimensión estratégica y de negocio: destacar el impacto del acoso sobre la productividad, el clima laboral, la rotación del talento, los litigios, las auditorías externas, las sanciones y la reputación de la empresa. Debe quedar claro que el acoso, más allá de su dimensión moral, es un riesgo operacional que compromete la sostenibilidad de la organización. Es importante mostrar casos reales donde la falta de intervención ante el acoso derivó en consecuencias económicas o legales severas.

c) La capacitación en habilidades prácticas: enseñar a los empleados y directivos a identificar signos tempranos de acoso, distinguirlo de los conflictos laborales normales, intervenir con responsabilidad, y utilizar adecuadamente los canales de denuncia. Esto incluye simular escenarios, analizar casos reales, trabajar en grupo y usar ejercicios de role-play para generar empatía, conciencia y reflexión crítica.

d) La cultura institucional y valores: promover una ética organizacional basada en el respeto, la integridad y la corresponsabilidad. Aquí se trabaja la sensibilización sobre sesgos inconscientes, la legitimación de la diversidad, la cultura del consentimiento, y la necesidad de construir entornos inclusivos. La formación debe convertirse en un espacio seguro para compartir experiencias, plantear dudas y fortalecer el sentido de pertenencia.

Adicionalmente, la formación debe tener ciertas características técnicas:

- Ser continua, no ocasional. Idealmente con módulos iniciales, refuerzos anuales, y talleres específicos según los roles.

- Ser obligatoria para todos los niveles jerárquicos, incluyendo la alta dirección.

- Estar adaptada a los distintos tipos de acoso, incluyendo nuevas formas como el acoso digital, el acoso interseccional y la violencia simbólica.

- Evaluarse sistemáticamente para verificar su impacto, a través de cuestionarios, autoevaluaciones, encuestas de percepción y seguimiento de cambios en las conductas.

Una organización madura en Compliance sabe que la prevención del acoso no se decreta, se aprende. Y esa formación requiere tiempo, compromiso y pedagogía transformadora.

5.2.15. ¿Cómo puede evaluarse si los controles internos frente al acoso son realmente efectivos y no meramente formales?

La diferencia entre un sistema formal y uno efectivo reside en su capacidad real de prevenir, detectar y remediar situaciones de acoso de forma oportuna, justa y transformadora. Para evaluar si los controles internos frente al acoso cumplen este estándar, es necesario aplicar una metodología mixta, que combine indicadores cuantitativos, evidencia documental, análisis cualitativo y retroalimentación organizacional.

Las principales estrategias para esta evaluación son:

a) Los indicadores de desempeño (KPIs): deben monitorearse datos como:

- El número de denuncias recibidas por periodo, diferenciadas por tipo de acoso y área organizacional.

El tiempo promedio de respuesta desde la recepción de la denuncia hasta el inicio del procedimiento.

- El tiempo promedio de resolución del caso.

- El porcentaje de denuncias con medidas preventivas aplicadas.

- El porcentaje de sanciones impuestas en relación con los casos investigados.

- Las reincidencias de agresores sancionados previamente.

- El porcentaje de víctimas que continuaron en la empresa tras el cierre del caso.

- Los resultados de encuestas de satisfacción de denunciantes (anonimizadas).

b) La revisión de expedientes cerrados: analizar una muestra de casos para verificar si se respetaron los protocolos, si hubo documentación suficiente, si se notificaron adecuadamente las medidas, y si se protegió la integridad de las partes involucradas. Esta revisión puede mostrar si el sistema actúa de forma efectiva o si hay desviaciones, omisiones o improvisación.

c) Las auditorías internas o externas: evaluar el diseño del protocolo, la capacitación del personal encargado, la existencia de recursos humanos y tecnológicos, y la independencia del canal ético. También se analiza si hay mecanismos de seguimiento posterior, corrección de debilidades estructurales y prevención de represalias.

d) La evaluación del clima institucional: mediante encuestas anónimas, grupos focales o entrevistas confidenciales, se explora si los empleados perciben que el sistema funciona, si lo consideran confiable, si sienten que se respeta la confidencialidad, y si creen que se sanciona de forma justa.

e) La trazabilidad de las acciones preventivas: un control interno no puede limitarse a sancionar. Debe producir aprendizaje organizacional. Por ello, debe evaluarse si, a raíz de los casos tratados, se modificaron procesos, se ajustaron procedimientos, se cambió personal directivo, se realizaron campañas o se reformaron normativas internas.

f) La integración con otros sistemas: se revisa si los controles contra el acoso están articulados con el sistema de gestión de riesgos laborales, recursos humanos, atención psicológica, dirección legal, y los propios órganos de gobierno. Un control efectivo no actúa en soledad, sino integrado al sistema institucional.

g) La protección contra represalias: se debe evaluar específicamente si existen mecanismos para detectar y sancionar represalias contra denunciantes o testigos. La existencia de estas represalias es uno de los indicadores más claros de que el sistema no está siendo efectivo, pues disuade la denuncia y perpetúa el daño.

Un sistema de controles internos frente al acoso es efectivo cuando permite prevenir proactivamente situaciones de violencia, protege integralmente a quienes denuncian, transforma las causas estructurales del conflicto, y contribuye a construir un entorno laboral ético, seguro y justo. Todo lo demás -protocolos escritos, buzones simbólicos, capacitaciones ocasionales- es cumplimiento aparente. La verdadera eficacia se mide en el cambio cultural que genera, en la confianza que inspira y en la justicia que garantiza. Esa es la meta de un Compliance maduro y comprometido con la dignidad humana.

5.2.16. ¿Qué rol tienen las herramientas tecnológicas en la detección, análisis y control del riesgo de acoso laboral dentro de un sistema de Compliance?

Las herramientas tecnológicas representan una evolución trascendental en la capacidad de los sistemas de Compliance para gestionar de manera efectiva y preventiva los riesgos relacionados con el acoso laboral. Su contribución se expresa en tres planos esenciales: primero, como mecanismos de acceso confiable para la denuncia y comunicación de irregularidades; segundo, como plataformas analíticas para el tratamiento de datos organizacionales complejos; y tercero, como entornos automatizados de control, seguimiento y formación.

En el plano de la detección, el uso de canales de denuncia digitales ha revolucionado la forma en que las personas se animan a reportar hechos de acoso. Estos canales no solo ofrecen anonimato y confidencialidad, sino que reducen la percepción de barreras jerárquicas o sociales que suelen inhibir a los trabajadores. Hoy es posible configurar canales que estén disponibles las 24 horas, que permitan el seguimiento en tiempo real del estado de una denuncia y que operen con algoritmos de priorización para casos urgentes. Además, la incorporación de chatbots éticos programados para guiar a los denunciantes de forma empática y segura constituye una innovación notable, particularmente útil para organizaciones con múltiples sedes o personal remoto.

En cuanto al análisis, la tecnología[216] permite convertir datos dispersos en información estratégica. Por ejemplo, mediante el uso de big data y herramientas de minería de texto, es posible analizar de manera anonimizada patrones en correos electrónicos corporativos, encuestas de clima organizacional, evaluaciones de desempeño o informes de recursos humanos que pueden sugerir entornos de tensión, miedo o abuso. Estas herramientas no violan la privacidad, sino que extraen metadatos y tendencias, permitiendo una evaluación predictiva del riesgo. Algunos softwares avanzados generan mapas de calor que muestran en qué áreas de la organización se concentran los mayores niveles de estrés psicosocial, lenguaje tóxico o niveles anómalos de ausentismo.

Respecto al control del riesgo, la automatización de procesos permite estandarizar y hacer trazables todos los pasos de una investigación inter-

---

216 Pérez Bes, F. Publicaciones del Consejo General de la Abogacía Española en https://www.abogacia.es/actualidad/noticias/las-medidas-tecnologicas-en-los-sistemas-de-Compliance-cumplimiento-normativo/

na por acoso: desde la recepción de la denuncia, la asignación de responsables, la aplicación de medidas cautelares, la redacción de informes, hasta la evaluación de medidas correctivas. Además, existen plataformas que permiten enviar encuestas de seguimiento a denunciantes y testigos una vez cerrado un caso, para medir su satisfacción, detectar represalias y evaluar la efectividad del sistema. El uso de dashboards centralizados facilita a la alta dirección y al área de Compliance un monitoreo dinámico de todos los KPIs asociados a la gestión del acoso (tiempos de respuesta, reincidencias, distribución de casos por área, nivel de formación alcanzado, etc.).

Otro campo emergente es el de la formación digital. Los sistemas de e-learning pueden ser configurados para impartir cursos obligatorios sobre prevención del acoso, con módulos personalizados según el rol del empleado, cuestionarios automatizados, certificaciones digitales y análisis de desempeño. Esta formación puede actualizarse permanentemente y ser monitoreada para garantizar el cumplimiento normativo.

Las tecnologías basadas en blockchain se exploran cada vez más para garantizar la integridad de las denuncias, ya que permiten registrar de forma inalterable cada paso del proceso, evitando manipulaciones, pérdidas o alteraciones de la información.

La tecnología no solo agiliza, sino que profesionaliza la respuesta institucional frente al acoso. Permite tomar decisiones basadas en datos, garantiza la equidad procedimental y genera entornos de confianza que aumentan exponencialmente la efectividad del Compliance.

5.2.17. ¿Cómo puede la inclusión del acoso en el mapa de riesgos fortalecer la cultura ética y el entorno de control de la empresa?

Incluir el acoso laboral en el mapa de riesgos no es solo una decisión técnica; es un gesto profundamente simbólico que refleja el tipo de organización que una empresa aspira a ser. Esta inclusión fortalece el sistema ético y el entorno de control en varios sentidos complementarios.

En primer lugar, introduce el principio de visibilidad institucional: nombrar el acoso como un riesgo tangible lo saca del terreno de lo implícito, lo informal o lo vergonzante. Deja de ser un tabú o una carga subjetiva para transformarse en una preocupación legítima y objetiva. Este reconocimiento permite que el problema pueda ser abordado con profesionalismo, evidencia y procesos sistemáticos, y no solo con intuiciones o respuestas emocionales.

En segundo lugar, se envía un mensaje claro y transversal: el respeto es un valor no negociable. Al colocar el acoso en el mapa de riesgos -junto con riesgos financieros, legales, reputacionales o informáticos- se establece que el bienestar psicosocial de las personas trabajadoras es tan importante para la continuidad operativa como cualquier otra variable de gestión.

Desde una perspectiva práctica, esta inclusión obliga a mapear y monitorear factores de riesgo específicos: relaciones jerárquicas abusivas, masculinización de ciertos entornos, ausencia de formación ética, concentración de poder sin contrapesos, mecanismos de denuncia ineficaces, normalización del lenguaje ofensivo o invisibilidad de las víctimas. Estas observaciones no solo sirven para prevenir el acoso, sino que fortalecen la gobernanza interna y la cultura de la responsabilidad compartida.

Además, cuando el acoso forma parte del mapa de riesgos, su gestión se integra a los sistemas de auditoría interna, revisión por la alta dirección, reportes de sostenibilidad y planificación estratégica. Esto multiplica la rendición de cuentas y evita que los esfuerzos contra el acoso queden aislados en departamentos como recursos humanos. Se convierte así en un eje transversal de Compliance, con recursos, indicadores, procedimientos y responsables asignados.

También se produce un efecto pedagógico: los líderes y trabajadores empiezan a identificar el acoso como un desvío de conducta institucional, no solo como un mal comportamiento individual. Esto facilita la toma de conciencia, la prevención proactiva y la construcción de entornos de confianza donde las personas se sientan autorizadas a denunciar sin miedo.

Se refuerza el entorno de control. Un mapa de riesgos bien estructurado alimenta el diseño de controles preventivos (formación, monitoreo, auditoría, rotación de mandos) y controles reactivos (canales de denuncia, protocolos de actuación, sanciones). Esta arquitectura permite anticiparse a los daños, minimizar sus consecuencias y asegurar que no haya impunidad. En un entorno así, el control deja de ser sinónimo de castigo y se transforma en sinónimo de cuidado colectivo.

5.2.18. ¿Qué buenas prácticas internacionales pueden servir de referencia para integrar el acoso laboral en los modelos de Compliance y mapas de riesgo?

Existen diversas buenas prácticas internacionales que han demostrado su eficacia para integrar el acoso laboral como una dimensión clave dentro de los sistemas de Compliance y los modelos de gestión del riesgo corporativo. Estas prácticas no solo provienen de marcos normativos, sino también de guías empresariales, estándares técnicos y casos exitosos de implementación en organizaciones multinacionales.

Una de las principales referencias es el Convenio 190 de la Organización Internacional del Trabajo (OIT) sobre la eliminación de la violencia y el acoso en el mundo del trabajo, ratificado por un número creciente de países. Este tratado obliga a los empleadores a adoptar "un enfoque inclusivo, integrado y con perspectiva de género para prevenir y eliminar la violencia y el acoso en el trabajo", lo cual incluye expresamente la incorporación de estos riesgos en las políticas empresariales, en la evaluación de riesgos y en los programas de formación.

También es destacable el marco de Debida Diligencia en Derechos Humanos de los Principios Rectores sobre Empresas y Derechos Humanos de Naciones Unidas y las Directrices de la OCDE para Empresas Multinacionales. Estos marcos recomiendan a las empresas identificar y evaluar sus riesgos más graves en materia de derechos humanos, incluyendo el acoso laboral, y establecer mecanismos efectivos de reparación y reporte público. Grandes empresas del sector tecnológico, farmacéutico y financiero ya han adaptado estos principios a sus sistemas internos de cumplimiento, incluyendo al acoso como riesgo operativo.

En términos de estándares técnicos, algunas certificaciones internacionales han comenzado a incluir cláusulas específicas sobre violencia y acoso. Por ejemplo, las Normas ISO 45003 (gestión de la salud psicológica en el trabajo) e ISO 37301 (sistemas de gestión de Compliance) incorporan criterios para evaluar el entorno psicosocial y exigir a las organizaciones la implementación de políticas que prevengan el acoso y promuevan la cultura del respeto.

Entre las buenas prácticas empresariales concretas que pueden servir de modelo destacan:

- La inclusión del acoso laboral en los ESG (Environmental, Social and Governance Reports) de grandes corporaciones, donde se reportan anualmente indicadores como número de denuncias, tiempo de respuesta, medidas adoptadas y programas de formación preventiva.

- La creación de Comités Éticos Independientes, con participación de expertos externos, encargados de supervisar la integridad de los procedimientos frente a denuncias de acoso y recomendar mejoras estructurales.

- La implementación de canales de denuncia globales, accesibles en múltiples idiomas, administrados por plataformas externas que garantizan independencia, anonimato y trazabilidad.

- La formación obligatoria anual en acoso y respeto en el lugar de trabajo, con certificación de cumplimiento, simulaciones de escenarios, y módulos adaptados para altos ejecutivos, supervisores y personal operativo.

- La vinculación entre indicadores de clima laboral y los mapas de riesgo, de manera que los resultados negativos en ciertas áreas activen alertas institucionales automáticas.

- La rotación programada de mandos medios en áreas con alto riesgo de acoso, como medida preventiva para evitar concentración de poder y facilitar el cambio cultural.

El compromiso de los Consejos de Administración de recibir informes trimestrales sobre denuncias internas, clima laboral y evolución de las medidas contra el acoso, asegurando así una gobernanza ética desde la cúspide organizacional.

Estas prácticas muestran que es posible construir sistemas de Compliance que no solo respondan ante el acoso cuando ocurre, sino que lo prevengan, lo visibilicen, y lo consideren un riesgo institucional de primer orden. Adaptar estos modelos a la realidad local de cada empresa requiere liderazgo, voluntad política, formación y diálogo social, pero el resultado es una organización más ética, más sólida y más humana. Y eso, en el largo plazo, siempre será una ventaja competitiva.

5.3. Formación y sensibilización. La capacitación periódica sobre respeto, diversidad y prevención del acoso; la formación a mandos intermedios y responsables de RRHH

5.3.1. ¿Por qué la formación continua en materia de acoso laboral es un elemento esencial dentro de un sistema de Compliance eficaz?

La formación continua en materia de acoso laboral representa mucho más que una herramienta pedagógica: es la columna vertebral del enfoque preventivo del Compliance y una de las formas más potentes de construir una cultura organizacional íntegra, justa y resiliente. Esto se debe a que el acoso no es solo un hecho individual, sino un síntoma de dinámicas culturales, organizacionales y relacionales que pueden estar profundamente enraizadas. Por ello, un sistema de cumplimiento normativo que aspire a ser realmente eficaz debe comprometerse con un proceso formativo constante, transversal y transformador.

En primer lugar, la formación continua garantiza que todos los integrantes de la organización -independientemente de su nivel jerárquico o antigüedad- comprendan claramente qué comportamientos constituyen acoso y cuáles no. Dado que muchas conductas abusivas se han naturalizado en determinadas culturas organizativas (por ejemplo, los "gritos del jefe" como señal de autoridad o la humillación como "herramienta de motivación"), la formación permite desnormalizar estas prácticas y establecer límites claros sobre lo que es tolerable. Solo cuando se reconoce el acoso se puede actuar para erradicarlo.

Además, el conocimiento del riesgo del acoso debe actualizarse constantemente. Las nuevas formas de trabajo (como el teletrabajo o la hiperconectividad), las transformaciones tecnológicas (como el uso de redes sociales o plataformas internas) y los cambios normativos (por ejemplo, nuevas leyes sobre violencia y acoso) exigen que los equipos estén permanentemente informados y preparados para gestionar estos desafíos. La formación continua actúa como radar institucional frente a estos cambios.

Otra razón fundamental es que la formación continua refuerza el sistema de valores de la empresa. En otras palabras, la formación no solo instruye, sino que alinea. Promueve el respeto mutuo, la empatía, la tolerancia a la diversidad, la escucha activa y la cooperación. Todos estos valores son esenciales para evitar que el acoso se produzca, para que se detecte a tiempo y para que sea denunciado sin temor. En este sentido, el impacto de la formación no se limita al conocimiento, sino que transforma la cultura institucional desde sus cimientos.

También hay que destacar su papel en la construcción de confianza. Cuando los trabajadores perciben que la empresa se preocupa de forma auténtica por su bienestar, que invierte tiempo y recursos en educarlos sobre cómo protegerse del acoso y que toma medidas coherentes con lo aprendido en las formaciones, entonces se sienten seguros para hablar, para denunciar y para colaborar en la mejora continua. La confianza es uno de los activos más poderosos del Compliance, y la formación es una de las vías más efectivas para cultivarla.

La formación continua convierte el Compliance en algo más que un conjunto de reglas: lo transforma en una herramienta viva de prevención, en una vía de transformación cultural, y en una garantía de justicia, dignidad y derechos para todas las personas que integran la organización.

5.3.2. ¿Qué contenidos mínimos deben incluir los programas formativos sobre acoso laboral para cumplir con los estándares legales y éticos del Compliance?

Los contenidos formativos deben ser rigurosos, actualizados y sensibles a las realidades particulares de la organización. Para cumplir con los estándares legales y éticos exigidos por un sistema de Compliance serio y eficaz, estos programas deben abordar los siguientes núcleos temáticos:

a) El marco normativo aplicable.

Se debe incluir una explicación clara y comprensible del marco legal nacional e internacional que regula el acoso laboral. Esto incluye legislación laboral, penal, normativa de igualdad de género, salud ocupacional, y tratados internacionales (como el Convenio 190 de la OIT). Debe dejarse claro que el acoso es una violación de derechos, y que tiene consecuencias legales y disciplinarias tanto para el agresor como para la empresa que no actúe.

b) La definición y tipologías de acoso.

Es fundamental que los empleados puedan reconocer las diversas formas en las que el acoso se manifiesta. Esto implica diferenciar entre acoso vertical descendente (de superior a subordinado), horizontal (entre pares), ascendente (del subordinado al superior), acoso sexual, acoso digital (cyberbullying), acoso interseccional (dirigido a personas que combinan múltiples factores de discriminación, como género y raza), así como las prácticas sutiles de hostigamiento, aislamiento, rumores o desprecio sistemático.

c) La diferenciación entre conflicto, liderazgo exigente y acoso.

Se debe entrenar a las personas para que aprendan a distinguir un conflicto laboral (que puede ser legítimo) de una conducta sistemática, sostenida y orientada al sometimiento o daño de otra persona. Esto ayuda a evitar banalizar el concepto de acoso y fortalece la credibilidad del sistema.

d) Las responsabilidades de los distintos actores.

El programa debe dejar claro qué responsabilidades tienen los empleados, los supervisores, los equipos de recursos humanos, el área de Compliance y la alta dirección. En especial, se debe explicar que los testigos también tienen una obligación ética de intervenir, y que los supervisores no pueden permanecer pasivos ante hechos de los que tengan conocimiento.

e) Los canales de denuncia y medidas de protección.

Se debe explicar en detalle cómo se puede denunciar una situación de acoso, cómo funciona el canal de denuncia (interno o externo), qué garantías de confidencialidad se ofrecen, qué medidas se toman para proteger al denunciante y cuáles son los plazos razonables de actuación.

f) Los procedimientos y las sanciones.

El programa debe detallar cómo se gestiona una denuncia: qué pasos se siguen, quién investiga, cómo se garantizan los derechos de todas las partes, qué tipo de sanciones pueden aplicarse y cómo se realiza el seguimiento posterior.

g) Las conductas deseables.

La formación debe poner énfasis en las buenas prácticas de convivencia: la comunicación respetuosa, la gestión positiva del conflicto, el feedback constructivo, la promoción de la diversidad y la empatía. Es clave fomentar un liderazgo basado en el ejemplo, que inspire respeto y colaboración, no miedo ni sumisión.

h) La metodología vivencial y casuística.

Los contenidos deben incluir dinámicas prácticas: casos reales o simulados, espacios de diálogo, role-plays y herramientas que permitan a los participantes reconocer en su vida diaria las situaciones de riesgo y saber cómo actuar.

5.3.3. ¿Cómo puede medirse la efectividad de las acciones de formación y sensibilización frente al acoso laboral?

La medición de la efectividad de las acciones de formación es imprescindible para asegurar que los recursos invertidos se traducen en resultados concretos y sostenibles.

Para ello, es necesario diseñar un sistema de evaluación que contemple múltiples dimensiones:

a) La evaluación del aprendizaje (efecto cognitivo).

Inmediatamente después de las sesiones formativas, se pueden aplicar tests o cuestionarios para medir cuánto han aprendido los participantes.

¿Pueden definir el acoso?

¿Saben diferenciarlo de un conflicto?

¿Conocen el canal de denuncias?

¿Identifican correctamente las obligaciones de la empresa?

b) La evaluación de la percepción (efecto actitudinal).

A través de encuestas periódicas, focus groups o entrevistas anónimas, se pueden conocer las percepciones del personal respecto a la formación recibida:

¿La consideran útil?

¿Aprendieron algo nuevo?

¿Se sienten más seguros?

¿Se sienten respaldados por la organización?

c) La evaluación del comportamiento (efecto conductual).

Se debe observar si, tras las formaciones, ha habido un cambio visible en las conductas:

¿Aumentaron las denuncias (lo que puede reflejar mayor confianza)?

¿Mejoró la calidad de las interacciones?

¿Hubo menos rotación o ausentismo en ciertas áreas?

¿Se ha reducido el número de sanciones por conductas abusivas?

d) La evaluación organizacional (impacto estructural).

A medio y largo plazo, se pueden comparar indicadores clave antes y después de las formaciones: tasas de acoso reportado, grado de conocimiento del protocolo, clima laboral, percepción de justicia organizacional, reincidencias, etc. También se pueden observar cambios en las políticas internas, en el estilo de liderazgo o en la forma en que se gestionan los conflictos.

e) La evaluación de seguimiento (revisión post-formación).

A los pocos meses de haber realizado la formación, se pueden realizar auditorías o controles para verificar si los trabajadores aplican lo aprendido.

Por ejemplo:

¿Utilizan el canal ético correctamente?

¿Han intervenido como testigos?

¿Pueden asesorar a un colega en situación de riesgo?

f) Certificación, trazabilidad y cobertura.

Un sistema eficaz debe contar con registros claros de quién ha sido formado, en qué temas, cuándo y con qué resultados. Esto permite garantizar la cobertura total de la plantilla, identificar áreas aún sin capacitar y planificar las siguientes intervenciones.

g) Alineación con los objetivos del mapa de riesgos.

Toda acción formativa debe conectarse con los riesgos detectados en el mapa de riesgos: si se identificó un riesgo alto en un área con alta rotación o liderazgo autoritario, debe haber una medición de si la formación redujo ese riesgo o lo mantuvo sin cambios.

La medición de la efectividad de la formación es una herramienta de mejora continua. No basta con formar; hay que formar bien, con impacto, con seguimiento y con revisión crítica. Solo así el Compliance se convierte en una política real de protección frente al acoso laboral, y no en un mero formalismo. La verdadera eficacia de la formación se demuestra cuando las personas saben actuar, se atreven a denunciar y, sobre todo, ya no toleran lo que antes callaban. Esa es la victoria más poderosa de un sistema de cumplimiento ético bien diseñado.

5.3.4. ¿Qué papel juega la sensibilización emocional y ética en la prevención del acoso laboral más allá del conocimiento legal?

La sensibilización emocional y ética representa un componente fundamental y muchas veces subestimado en la lucha efectiva contra el acoso laboral. Mientras el conocimiento legal establece el "qué" -las definiciones normativas, las conductas prohibidas y los procedimientos institucionales-, la sensibilización ética y emocional aborda el "por qué" y el "cómo", es decir, el sentido profundo que justifica la prevención del acoso y la forma humana, empática y comprometida en que debe aplicarse en el día a día de la organización.

El acoso laboral, por su naturaleza, tiene raíces no solo jurídicas, sino profundamente humanas. Se basa en el abuso de poder, en el menosprecio del otro, en la deshumanización de las relaciones laborales. Este tipo de violencia se expresa en formas que, aunque a veces estén dentro de los márgenes formales de la legalidad, generan sufrimiento, humillación y exclusión. Por eso, la respuesta meramente normativa -aunque imprescindible- es insuficiente si no va acompañada de una transformación de la sensibilidad colectiva y de la ética profesional.

La sensibilización emocional ayuda a desarrollar en las personas la capacidad de reconocer el daño más allá de la letra de la ley. A través de ejercicios vivenciales, dinámicas de empatía, role plays, testimonios reales y análisis de casos, las personas toman conciencia del impacto psicológico, social y profesional que tiene el acoso sobre las víctimas: ansiedad, depresión, aislamiento, pérdida de autoestima, abandono del puesto de trabajo, e incluso consecuencias físicas. Esta toma de conciencia no solo moviliza la empatía, sino que permite construir una red emocional de apoyo institucional que transforma a los testigos pasivos en actores conscientes de cambio.

Por otro lado, la sensibilización ética introduce en la organización una reflexión colectiva sobre los valores que la sostienen. Preguntas como "¿cómo queremos tratarnos?", "¿qué tipo de liderazgos promovemos?", "¿cómo protegemos la dignidad de cada trabajador?", abren espacios de diálogo que trascienden la lógica del cumplimiento para adentrarse en el territorio de la responsabilidad. Desde esta perspectiva, prevenir el acoso no es solo evitar sanciones o litigios, sino honrar el compromiso moral con el bienestar y los derechos de quienes integran la empresa.

Además, cuando las personas comprenden que el acoso no es solo un "problema legal" o "de recursos humanos", sino una falla ética y humana, se sienten más autorizadas para actuar: para denunciar, para intervenir, para proteger. La cultura de Compliance cobra así una dimensión integral, en la que el respeto, la empatía y la justicia no son mandatos abstractos, sino formas de relacionarse cotidianamente.

Cabe destacar, asimismo, que los estudios organizacionales demuestran que las intervenciones que incorporan la dimensión emocional y ética tienen mayor impacto en la transformación cultural que aquellas centradas únicamente en lo legal o procedimental. Por eso, una estrategia de prevención que aspire a ser efectiva y sostenible debe integrar estos elementos como ejes vertebradores.

5.3.5. ¿Cómo debe adaptarse la formación sobre acoso laboral para diferentes niveles jerárquicos, como empleados, mandos intermedios y alta dirección?

La personalización de la formación en acoso laboral según los distintos niveles jerárquicos es una exigencia técnica y estratégica, ya que cada actor organizacional enfrenta situaciones, desafíos y responsabilidades específicas. No todos deben recibir el mismo mensaje ni con el mismo enfoque, porque su impacto y función en la prevención del acoso es distinta.

En el caso del personal general, la formación debe centrarse en generar conciencia sobre sus derechos y deberes, fomentar la identificación clara del acoso y proporcionar herramientas para actuar de forma segura y empoderada. El énfasis debe estar en la protección, la confianza en los canales de denuncia y la promoción de una cultura de apoyo mutuo. Estos trabajadores son, a menudo, quienes más expuestos están al acoso, pero también quienes más barreras perciben para denunciar: miedo, inseguridad, desinformación, desconfianza en el sistema. Por eso, su formación debe ser clara, práctica, emocionalmente segura y accesible.

Para los mandos intermedios, la formación debe ser más intensiva y orientada al liderazgo ético. Los supervisores, coordinadores y jefaturas intermedias suelen estar en una posición de doble presión: deben cumplir objetivos operativos y gestionar equipos humanos. Son, muchas veces, los primeros en detectar conflictos, y también quienes pueden generar -involuntaria o intencionadamente- prácticas de acoso. Por ello, se debe trabajar con ellos en el desarrollo de habilidades de comunicación no violenta, inteligencia emocional, mediación de conflictos, gestión del estrés y toma de decisiones éticas. Además, deben conocer en profundidad los protocolos institucionales y saber cómo actuar frente a una denuncia: cómo proteger a la víctima, cómo evitar represalias, cómo derivar correctamente, y cómo manejar su propio rol dentro del proceso.

En cuanto a la alta dirección, la formación debe estar enfocada en el compromiso institucional, la responsabilidad legal y la sostenibilidad reputacional. Los directivos deben comprender que el acoso laboral no es una cuestión operativa menor, sino una amenaza grave al buen gobierno corporativo, a la continuidad del negocio y a la reputación de la marca. Su implicación es fundamental para garantizar recursos, promover la transparencia y establecer el "tono desde la cima". Deben ser formados en gestión de riesgos, gobernanza ética, implicaciones legales, jurisprudencia nacional e internacional, y deben comprender que su liderazgo visible es la piedra angular del éxito del sistema de Compliance.

Además, la alta dirección debe recibir formación específica sobre los impactos financieros del acoso: rotación de personal, litigios, multas, bajas médicas, pérdida de productividad, deterioro de la moral. Cuando se muestran los datos reales del costo del acoso para el negocio, se fortalece el vínculo entre ética y rentabilidad sostenible.

Adaptar la formación por niveles jerárquicos no solo garantiza un mayor impacto pedagógico, sino que fortalece el sistema de Compliance como un engranaje de responsabilidades compartidas, coherentes y alineadas.

5.3.6. ¿Qué consecuencias puede enfrentar una empresa si no proporciona formación adecuada y periódica en materia de acoso laboral dentro de su programa de Compliance?

La omisión o deficiencia en la formación en acoso laboral no es solo un fallo operativo: es un riesgo crítico con consecuencias legales, éticas, reputacionales, organizacionales y financieras. El sistema de Compliance, para ser considerado eficaz, debe incluir formación continua y de calidad en todos los niveles, especialmente en temas que afectan los derechos fundamentales de las personas trabajadoras. Su ausencia puede tener efectos devastadores.

Desde el punto de vista legal, en numerosos países la ley exige expresamente que las empresas desarrollen planes de prevención del acoso que incluyan formación. La jurisprudencia ya ha determinado en múltiples ocasiones que la falta de formación preventiva es una forma de negligencia organizacional. En algunos contextos, puede constituir incluso una infracción a los deberes de seguridad y salud en el trabajo, lo que expone a la empresa a sanciones administrativas, indemnizaciones civiles, y, en casos graves, responsabilidad penal. Las víctimas pueden argumentar que la empresa no creó condiciones seguras para trabajar, y los tribunales pueden fallar en su favor si no se demuestra la existencia de capacitaciones eficaces.

En términos reputacionales, una empresa que es denunciada públicamente por casos de acoso laboral y no puede demostrar que cuenta con programas formativos, protocolos y canales de actuación activos, verá afectada su imagen frente a la opinión pública, los medios, sus clientes, socios comerciales y futuros talentos. La sociedad actual valora cada vez más la ética empresarial, y el escrutinio sobre las prácticas internas de las compañías es constante.

Desde la perspectiva organizacional, la falta de formación genera desinformación, miedo, apatía y normalización de la violencia. Los empleados no reconocen cuándo están siendo acosados, los líderes no saben cómo actuar, los testigos se inhiben, y el sistema de Compliance pierde toda legitimidad. Esto conduce a un deterioro del clima laboral, aumento del ausentismo, rotación de personal, pérdida de productividad y desconfianza institucional.

En el plano económico, los costos derivados de no formar pueden incluir: gastos legales, indemnizaciones, caída de ventas por pérdida de reputación, baja moral del equipo, necesidad de reemplazar personal clave, y un descenso general en el rendimiento. Además, los inversores y stakeholders[217] comienzan a valorar los riesgos sociales dentro de sus análisis ESG, y una empresa que no demuestra compromiso en esta área puede ver restringido su acceso a financiamiento o quedar excluida de cadenas de valor responsables.

Pero quizás la consecuencia más grave es la pérdida de legitimidad interna. Cuando las personas sienten que su empresa no les ofrece formación ni herramientas para protegerse del acoso, se rompe el contrato psicológico de confianza. Los trabajadores se sienten desprotegidos, desmotivados y abandonados. Esto afecta no solo la productividad, sino la cohesión interna, el compromiso con la misión organizacional y la disposición a innovar, colaborar o permanecer en la empresa.

La formación en acoso laboral no es un lujo ni un trámite: es una obligación estratégica y un deber moral. Una empresa que no forma, está en riesgo. Una empresa que forma de manera superficial, simula cumplir. Pero una empresa que forma de forma continua, adaptada, sensible y rigurosa, construye una cultura ética, fortalece su Compliance y garantiza una base sólida para el respeto, la sostenibilidad y el éxito a largo plazo. Ese es el verdadero retorno de la inversión en formación.

5.3.7. ¿Qué metodologías formativas son más eficaces para sensibilizar sobre las formas sutiles o normalizadas de acoso?

Las formas sutiles o normalizadas de acoso -como interrupciones sistemáticas, uso irónico del lenguaje, insinuaciones ambiguas, exclusiones informales de reuniones, asignación de tareas humillantes o comentarios despectivos naturalizados- requieren metodologías formativas específicas que vayan más allá de la exposición teórica y normativa. Estas formas, por su invisibilidad o por su aceptación tácita dentro de ciertas culturas laborales, escapan fácilmente a los mecanismos de detección tradicionales. Por eso, se hace indispensable recurrir a metodologías que combinen reflexión profunda, implicación emocional y desnaturalización cultural.

---

[217] Alpuche de la Cruz, E. Leines Cortez, L. La Teoría de los Stakeholders: un análisis centrado en los grupos dentro de la organización y propuesta de un nuevo grupo. *Revista Pensamiento Crítico. Revista de investigación multidisciplinaria,* en https://pensamientocriticoudf.com.mx/4-no-6/14-4-no-6-02/36-la-teoria-de-los-stakeholders-un-analisis-centrado-en-los-grupos-dentro-de-la-organizacion-y-propuesta-de-un-nuevo-grupo-html

Una de las metodologías más poderosas es el aprendizaje basado en dilemas éticos. A través de la presentación de situaciones ambiguas o grises -que pueden parecer triviales o que generan disenso sobre si constituyen acoso- se promueve la deliberación ética entre los participantes. El objetivo es que cada persona se cuestione sobre sus propios sesgos, racionalizaciones y umbrales de tolerancia frente a conductas inadecuadas. Esta estrategia resulta especialmente eficaz para desmontar creencias normalizadas del tipo "solo era una broma", "así se hace en este sector", o "la víctima lo malinterpretó".

También resultan fundamentales los ejercicios de análisis crítico de lenguaje, que permiten mostrar cómo ciertas palabras, frases o formas de comunicación (incluso no verbales) pueden estar cargadas de violencia simbólica o connotaciones discriminatorias. A través de estos análisis, los participantes comprenden cómo opera el acoso estructural o cultural, incluso en entornos altamente profesionalizados.

Otra herramienta eficaz es el teatro-foro o teatro de intervención, técnica basada en el trabajo de Augusto Boal, donde se dramatizan escenas de acoso en el entorno laboral y los espectadores (trabajadores) pueden intervenir en la escena, proponer alternativas de conducta, y reescribir los desenlaces. Esta metodología permite romper la pasividad, ensayar respuestas éticas en contextos de presión, y fomentar una cultura del coraje civil y la intervención positiva.

El uso de simuladores virtuales o "serious games" es otra metodología emergente que ha demostrado alta eficacia, sobre todo en contextos de empresas tecnológicas, organizaciones grandes o con trabajadores remotos. A través de plataformas interactivas, los empleados enfrentan decisiones simuladas sobre dilemas laborales, reciben retroalimentación inmediata sobre sus elecciones y exploran las consecuencias éticas, legales y humanas de sus acciones.

El enfoque de "narrativas personales" o storytelling ético promueve que los trabajadores compartan (de manera segura y anónima si se desea) experiencias vividas o presenciadas relacionadas con formas de acoso sutil. Estas historias humanas tienen un altísimo poder movilizador: ponen nombre y rostro al sufrimiento, evidencian el costo emocional del silencio, y permiten a los compañeros reconocer cómo, a veces sin mala intención, han perpetuado dinámicas nocivas.

Todas estas metodologías deben estar conducidas por facilitadores expertos que puedan sostener emocionalmente los procesos, gestionar el conflicto ético y promover el aprendizaje profundo sin revictimizar. El objetivo no es solo instruir, sino transformar la sensibilidad colectiva, para que nadie vuelva a justificar lo que alguna vez fue invisible o tolerado.

5.3.8. ¿Cuál es el rol del departamento de Compliance en la planificación, ejecución y supervisión de la formación en prevención del acoso?

El departamento de Compliance es, en esencia, el garante sistémico de la integridad organizacional. Su responsabilidad respecto a la formación en prevención del acoso laboral es triple: estratégica, operativa y evaluativa.

Desde una perspectiva estratégica, Compliance tiene la misión de asegurar que la formación esté alineada con el marco legal vigente (nacional e internacional), con los principios del sistema de integridad institucional y con el mapa de riesgos de la empresa. Esto implica identificar las áreas de mayor exposición al riesgo de acoso, priorizar formaciones para roles clave (mandos intermedios, líderes informales, personal de recursos humanos) y adaptar el contenido a los riesgos específicos de la organización. Por ejemplo, en sectores con alta presencia masculina o jerarquías verticales marcadas, los contenidos deberán abordar con mayor profundidad los sesgos de género y el abuso de poder.

En términos operativos, Compliance debe coordinar la elaboración de materiales, garantizar la calidad y adecuación de los formadores, calendarizar los ciclos formativos y registrar la trazabilidad de la formación (quién participó, cuándo, con qué resultados). También debe definir estándares pedagógicos mínimos: duración, enfoque metodológico, mecanismos de evaluación y actualización.

Pero quizá el rol más complejo sea el de supervisión y articulación. Aquí, Compliance actúa como un órgano de control cruzado: debe asegurarse de que la formación no sea solo un requisito formal, sino un instrumento eficaz para la prevención. Para ello, debe analizar los datos emergentes de cada instancia formativa: qué preocupaciones aparecen, qué conductas persisten, qué tipo de lenguaje o prácticas son vistas como "normales".

Esta información debe ser analizada como un elemento fundamental para

- Rediseñar los contenidos formativos.

- Actualizar el mapa de riesgos.

- Adaptar el canal de denuncias.

- Sugerir modificaciones al código ético.

- Intervenir preventivamente en sectores críticos.

- identificar necesidades de coaching o intervención focalizada.

Además, a través del Compliance se deben elevar informes periódicos a la alta dirección, en los que se analicen los resultados de la formación, los niveles de cobertura, el grado de satisfacción, los aprendizajes significativos y las recomendaciones estratégicas. La formación no es un proyecto aislado: es parte del sistema de control interno y de la matriz de cumplimiento. Y es Compliance quien debe garantizar su coherencia, profundidad y mejora continua.

5.3.9. ¿Cómo se pueden integrar los resultados de las acciones de formación en el proceso de mejora continua del sistema de Compliance?

Para que la formación en acoso laboral tenga un efecto estructural dentro del sistema de Compliance, sus resultados deben ser sistematizados, interpretados y traducidos en decisiones concretas que mejoren continuamente las políticas, controles y prácticas institucionales. Esto se logra a través de una estrategia de retroalimentación estructurada, que permita cerrar el ciclo pedagógico y abrir el ciclo de mejora sistémica.

El primer paso es la recolección rigurosa de datos. Esto incluye no solo la asistencia y calificaciones, sino también indicadores cualitativos: niveles de participación, preguntas recurrentes, conflictos emergentes, casos relatados en confianza, percepciones de impunidad, sensaciones de desprotección o de injusticia. Estas evidencias -sistematizadas con apoyo de herramientas digitales o sistemas LMS (Learning Management Systems)- ofrecen un mapa vivo de las vulnerabilidades éticas de la organización.

Luego, estos hallazgos deben ser analizados conjuntamente con otras áreas clave: recursos humanos, asesoría legal, relaciones laborales, psicología organizacional. Esta articulación permite interpretar los datos formativos en su contexto, evitar reduccionismos y pensar medidas integrales. Por ejemplo, si un grupo de trabajadores manifiesta desconocer el canal de denuncias, no basta con reformar el protocolo: se debe revisar su difusión, accesibilidad y la percepción de confianza que genera.

Una vez identificadas las áreas de mejora, Compliance debe promover acciones concretas, tales como:

- Actualizar el mapa de riesgos incorporando nuevas zonas críticas.

- Rediseñar los contenidos formativos incorporando situaciones detectadas como recurrentes o confusas.

- Sugerir reformas en el código ético para incorporar nuevas formas de acoso (como el digital).

- Proponer mecanismos de seguimiento post-formación, como coaching a líderes de equipos.

- Incluir indicadores de "cultura ética" en las encuestas de clima laboral.

- Ajustar el canal ético para garantizar mayor anonimato o mejores tiempos de respuesta.

- Promover campañas de sensibilización focalizadas, en función de los aprendizajes detectados.

Además, los resultados de la formación deben integrarse a los informes anuales de cumplimiento, ya que constituyen evidencia del funcionamiento efectivo del modelo de prevención. En el marco de una eventual investigación externa o auditoría, poder demostrar que la empresa no solo formó a sus empleados, sino que utilizó los resultados para mejorar su sistema, es una muestra contundente de buena fe organizacional y compromiso ético genuino.

La formación no es una meta, sino una herramienta al servicio de un sistema de Compliance dinámico, sensible, autoevaluativo y transformador. Cuando los aprendizajes que surgen en el aula son escuchados, interpretados y traducidos en decisiones estructurales, entonces se cierra el círculo virtuoso de la mejora continua: del saber al hacer, del hacer al revisar, y del revisar al mejorar. Solo así se construye un Compliance vivo, capaz de adaptarse y proteger de forma real y sostenida a las personas que integran la organización.

5.3.10. ¿Qué metodologías formativas son más eficaces para sensibilizar sobre las formas sutiles o normalizadas de acoso?

Las formas sutiles o normalizadas de acoso, como las microagresiones, la discriminación encubierta, el lenguaje condescendiente o la manipulación emocional bajo apariencia de exigencia profesional, no siempre se reconocen con facilidad debido a su naturalización dentro de ciertas culturas organizativas. Por ello, las metodologías que logran impactar en su desnaturalización son aquellas que privilegian la experiencia vivencial, la participación activa, el análisis crítico de contextos reales y la movilización de la empatía. El objetivo es que las personas no solo conozcan la ley, sino que desarrollen una sensibilidad ética que les permita detectar y actuar ante estas formas de violencia encubierta.

Una de las metodologías más eficaces es el "aprendizaje transformacional", que se basa en la reflexión profunda sobre las creencias, emociones y marcos de referencia individuales y colectivos. Este enfoque se implementa a través de técnicas como el storytelling (relato de experiencias reales o simuladas), los ejercicios introspectivos guiados, y las sesiones de debate ético moderado. Se invita a los participantes a cuestionar sus propias ideas sobre autoridad, jerarquía, "humor laboral", o meritocracia, y se abordan conceptos como "normalización del sufrimiento", "doble estándar" o "violencia simbólica".

En paralelo, las simulaciones y dramatizaciones (role plays) siguen siendo fundamentales. Sin embargo, su efectividad aumenta cuando están diseñadas con base en los perfiles y problemáticas reales de la organización. Esto requiere una etapa previa de diagnóstico para adaptar los escenarios a las situaciones que efectivamente se dan dentro de la empresa. Es en estas situaciones cotidianas donde los trabajadores aprenden a identificar patrones normalizados de acoso que antes consideraban "dinámicas normales de trabajo".

Otra técnica altamente útil son las encuestas de percepción anónimas previas a la formación, cuyos resultados se discuten colectivamente durante las sesiones. Esto permite a los participantes ver las brechas entre lo que piensan que ocurre y lo que realmente sienten sus compañeros. También ayuda a generar empatía hacia colectivos vulnerables, como mujeres, trabajadores mayores, minorías étnicas, personas LGBTIQ+ o empleados con discapacidad, que suelen estar expuestos a formas de acoso no explícitas pero persistentes.

El análisis discursivo (es decir, cómo el lenguaje estructura poder y exclusión) también es una metodología avanzada y útil. Se trabaja sobre correos reales anonimizados, comunicados internos, o ejemplos de interacciones laborales, y se analizan las formas sutiles de descalificación, infantilización, ridiculización o marginación. Así, los trabajadores desarrollan una lectura crítica de las dinámicas comunicativas que, a menudo, sostienen la violencia simbólica.

Una metodología de creciente uso es el "feedback 360 ético", en la que los participantes reciben comentarios sobre sus actitudes y conductas en el contexto formativo o en simulaciones. Esta práctica -siempre manejada con cuidado y por facilitadores expertos- ayuda a revelar ciegas zonas personales en la interacción con otros. En este tipo de feedback, la dimensión emocional y relacional es tan importante como la cognitiva.

5.3.11. ¿Cuál es el rol del departamento de Compliance en la planificación, ejecución y supervisión de la formación en prevención del acoso?

El departamento de Compliance, como núcleo del sistema de integridad institucional, tiene el deber no solo de verificar que la empresa cumpla con las normas vigentes, sino también de liderar proactivamente los procesos educativos que conforman la cultura de prevención. En este marco, su rol en la planificación, ejecución y supervisión de la formación en prevención del acoso no puede limitarse a una función logística: es un rol de conducción estratégica, transformación cultural y supervisión técnica de impacto.

En la planificación, Compliance debe coordinar con áreas clave -como recursos humanos, salud ocupacional, relaciones laborales, comunicación interna y legales- la construcción de un plan de formación que sea sistémico, coherente y sostenible. Debe establecer objetivos concretos (por ejemplo, mejorar el reconocimiento del acoso digital o reducir las tasas de subregistro en ciertos sectores), definir perfiles de riesgo (puestos de liderazgo, áreas técnicas, personal joven o precarizado) y construir contenidos diferenciados según funciones y jerarquías. También debe velar por que las capacitaciones sean accesibles en términos de horarios, formatos (presencial, híbrido, e-learning), y adaptadas lingüística y culturalmente a toda la plantilla.

En la ejecución, el área de Compliance debe garantizar la idoneidad de los formadores: ya sean internos o externos, deben estar capacitados no solo en los aspectos legales del acoso, sino también en psicología organizacional, pedagogía para adultos, ética profesional y diversidad. Compliance debe asegurar además que la ejecución formativa esté alineada con los valores institucionales, que promueva una participación activa, y que cuente con protocolos de actuación inmediata si, durante una sesión, se revelan casos reales o situaciones sensibles.

La supervisión es, quizás, el aspecto más complejo. Aquí el departamento debe medir no solo la asistencia o los conocimientos adquiridos, sino los efectos reales sobre la cultura organizativa. Esto implica realizar auditorías formativas (por ejemplo, observaciones de sesiones, evaluación del contenido de los materiales, calidad pedagógica), establecer KPIs específicos (porcentaje de trabajadores que saben cómo usar el canal de denuncias, número de líderes que modificaron su estilo de gestión, reducción de zonas grises de responsabilidad), y generar reportes de cumplimiento ético formativo. Compliance debe comparar estos datos con los indicadores del canal ético, los informes de clima laboral, y el mapa de riesgos, de modo que la formación esté siempre vinculada al diagnóstico real de la empresa.

Además, el departamento de Compliance debe mantener una trazabilidad documental del proceso formativo, para demostrar ante terceros -auditores, accionistas, autoridades o tribunales- que la empresa ha desarrollado un modelo de prevención serio, continuo y actualizado, conforme a los estándares nacionales e internacionales.

El Compliance debe ser un actor ético ejemplar en la empresa: demostrar con su propia actuación interna que promueve la cultura del respeto, la escucha y el compromiso con la dignidad de las personas. Su legitimidad como conductor del proceso depende también de cómo vive internamente lo que predica.

5.3.12. ¿Cómo se pueden integrar los resultados de las acciones de formación en el proceso de mejora continua del sistema de Compliance?

Para que la formación no sea un acto aislado o episódico dentro del programa de Compliance, sus resultados deben integrarse de forma estructural en los procesos de mejora continua del sistema. Esto implica utilizar los aprendizajes, observaciones y datos recopilados durante y después de las capacitaciones como insumos para reformular y enriquecer todos los componentes del sistema ético y normativo de la organización.

El primer paso es institucionalizar mecanismos de retroalimentación rigurosos. No basta con encuestas de satisfacción al finalizar la formación: deben existir procesos de evaluación de impacto que midan el cambio en actitudes, conocimientos, comportamientos y en el uso real de los canales de protección. Para ello se pueden emplear evaluaciones longitudinales (antes, durante y después), entrevistas cualitativas con participantes y seguimiento de incidentes reportados antes y después de la formación. También se puede establecer una "línea de base" ética y comparar su evolución a lo largo del tiempo.

A partir de estos datos, el departamento de Compliance debe actualizar el mapa de riesgos del sistema. Por ejemplo, si en las formaciones se detectan reiteradamente dudas sobre el acoso institucional (ejercido por normas o procesos), o si se observa un aumento de denuncias por acoso virtual tras una sesión, estos fenómenos deben ser registrados como nuevos vectores de riesgo, lo cual exige ajustar protocolos, capacitaciones y controles internos.

Además, los resultados deben ser comunicados a la alta dirección mediante informes que incluyan propuestas de mejora estructural. Por ejemplo: revisar las prácticas de feedback jerárquico; mejorar los canales de denuncia con perspectiva de género; incorporar módulos sobre liderazgo ético en la formación de mandos; fortalecer la supervisión en áreas de mayor riesgo. El objetivo no es solo informar, sino generar acciones transformadoras a nivel de políticas, procesos y estilos de gestión.

Otra vía para integrar los resultados formativos en la mejora del sistema es su articulación con otras herramientas de evaluación, como las auditorías internas, los reportes del canal ético y los indicadores de clima laboral. Cuando los aprendizajes de la formación se triangulan con otras fuentes de información, el diagnóstico institucional se vuelve más robusto y preciso.

Una buena práctica consiste en institucionalizar comités de seguimiento o grupos de reflexión ética post-capacitación. Estos grupos, formados por personas de distintos niveles jerárquicos y áreas, analizan las lecciones aprendidas, sugieren mejoras concretas y acompañan el proceso de implementación de cambios. Este enfoque participativo fortalece la apropiación institucional del sistema de Compliance, promueve una gobernanza ética más horizontal y hace visible que la formación no es una actividad puntual, sino un motor de transformación continua.

Cuando los resultados de las acciones formativas se incorporan sistemáticamente a los procesos de evaluación, planificación y ajuste del sistema de Compliance, se convierte a la formación en un instrumento de gobernanza ética real. Así, el Compliance deja de ser un conjunto de normas formales para transformarse en un proceso vivo, dialógico y sensible a las necesidades de las personas que integran la organización. Esa es la clave para lograr una cultura laboral verdaderamente libre de acoso y basada en la dignidad humana.

5.3.13. ¿Qué tipo de formación específica debe recibir el personal encargado de gestionar denuncias de acoso, como responsables de RRHH o comités éticos?

La formación del personal encargado de gestionar denuncias de acoso debe ser una de las más especializadas y sensibles dentro del programa de Compliance, porque este grupo actúa como garante del respeto a los derechos fundamentales de todas las partes involucradas en un proceso altamente delicado, en el que no solo se dirime un conflicto laboral, sino también la confianza en la integridad institucional. No basta con que conozcan los procedimientos básicos o las normas internas: necesitan una formación de tipo integral, interdisciplinaria y profundamente ética.

En primer lugar, deben contar con una sólida base normativa que no se limite a la legislación laboral sobre acoso, sino que incluya el marco de cumplimiento penal (por ejemplo, figuras como la omisión de deberes o la coautoría en contextos de jerarquía), las obligaciones derivadas de tratados internacionales (como el Convenio 190 de la OIT), y las disposiciones sobre privacidad, protección de datos personales, igualdad y no discriminación. Esta formación debe ser continua, ya que la evolución jurisprudencial y normativa es constante y tiene un impacto directo sobre las responsabilidades del personal que actúa en estos procesos.

En segundo lugar, deben ser entrenados en técnicas de investigación imparcial y métodos alternativos de resolución de conflictos. Esto implica conocer los principios de debido proceso[218], presunción de inocencia, garantía de defensa, y estándares de prueba aplicables. También deben poder realizar entrevistas a víctimas, testigos y presuntos acosadores sin inducir respuestas, evitando sesgos, sin revictimizar, y sabiendo detectar indicadores de estrés postraumático o manipulación emocional. Para ello, se requiere formación en entrevistas forenses laborales, análisis de testimonios, y manejo ético de evidencia sensible.

Un tercer eje formativo esencial es el enfoque psicosocial y emocional. Los gestores de denuncias deben comprender las consecuencias psicológicas del acoso (como ansiedad, depresión, aislamiento, trastornos del sueño, somatización), y aprender a contener emocionalmente a las personas afectadas. Esto no significa reemplazar a un psicólogo, sino ser capaces de ofrecer una escucha activa, empática y sin juicio, que legitime la experiencia vivida. Además, deben estar capacitados para detectar dinámicas grupales que pueden agravar o mitigar el daño (como la ley del silencio o la cultura de la banalización).

También es clave una formación en inteligencia emocional, comunicación no violenta y gestión de la neutralidad. En contextos de conflicto, las emociones están a flor de piel: frustración, enojo, miedo, desconfianza. El personal de RRHH o de los comités éticos debe tener la capacidad de regular su propio estado emocional, ofrecer un lenguaje contenido, construir confianza y actuar con respeto incluso ante posturas encontradas o contradictorias.

---

[218] Calaza López, D. (2011) Principios rectores del proceso judicial español. Revista de Derecho UNED, núm. 8. 1Vid., entre otros. Gimeno, «Fundamentos del Derecho Procesal (Jurisdicción, acción y proceso)», Ed. Civitas, Madrid, 1981, pp. 180 y ss.; Montero, «Introducción al Derecho Procesal. Jurisdicción, acción y proceso», Ed. Tecnos, Madrid, 1976, pp. 210 y ss. 2Vid., en este sentido, CORDÓN, F., «Introducción al Derecho Procesal», Ed. Eunsa, 3ª , Pamplona, 1998, P. 128.

Un aspecto a menudo olvidado, pero esencial, es la formación en "cultura organizacional crítica". Los gestores de denuncias deben poder leer el contexto más allá del caso individual: detectar si la situación de acoso está relacionada con prácticas toleradas por la empresa, estilos de liderazgo permisivos, falta de límites jerárquicos o debilidades del sistema de control. Solo así podrán proponer, además de sanciones, medidas preventivas y estructurales que protejan a futuro a otros trabajadores.

Esta formación debe incluir un componente ético y de integridad personal. Quienes gestionan estos procesos deben ser percibidos como figuras confiables, imparciales, y comprometidas con el bien común. Esto requiere trabajo interior, compromiso vocacional, y un entrenamiento continuo en reflexión moral y toma de decisiones bajo presión.

5.3.14. ¿De qué manera pueden utilizarse testimonios o casos reales (anonimizados) en la formación para fortalecer la sensibilización?

El poder transformador de los testimonios en la formación sobre acoso laboral radica en su capacidad para conectar con la dimensión emocional y moral del aprendizaje. A diferencia de los conceptos teóricos o las normas jurídicas, que apelan al razonamiento lógico, los relatos de experiencias vividas generan empatía, visibilizan el sufrimiento real, y cuestionan las narrativas defensivas o negacionistas que suelen operar en las organizaciones. Su inclusión debe ser cuidadosamente diseñada para garantizar impacto, respeto y utilidad pedagógica.

El primer paso es la selección y anonimización ética del material. Es fundamental contar con el consentimiento informado de la persona que aporta el testimonio, así como garantizar la eliminación de todo dato identificatorio (nombres, cargos, fechas, áreas específicas, expresiones particulares) que puedan permitir la deducción de su identidad. Cuando no se cuenta con testimonios directos, también puede recurrirse a la recopilación de experiencias mediante entrevistas, focus groups o encuestas internas, redactadas por profesionales, y presentadas como casos ficticios basados en hechos reales.

En la formación, los testimonios pueden presentarse de distintas formas: como narraciones escritas (lectura pausada y reflexiva), dramatizaciones en video (actores que interpretan la escena), audios en primera persona (con distorsión de voz) o dramatizaciones participativas (donde los participantes encarnan los distintos roles). Estas modalidades deben adaptarse a las características del grupo, el nivel de exposición emocional que puedan sostener, y el objetivo del taller.

Lo fundamental es que estos testimonios sean acompañados por una guía de análisis reflexivo. Por ejemplo:

- ¿Qué señales tempranas de acoso pueden detectarse?
- ¿Qué papel jugaron los compañeros de trabajo?
- ¿Y la jefatura?
- ¿Cómo respondió la institución?
- ¿Fue adecuada?
- ¿Qué consecuencias sufrió la víctima?
- ¿Cómo se podría haber evitado?
- ¿Qué hubieras hecho tú si hubieras estado allí?

Estas preguntas promueven una reflexión crítica, empática y comprometida. Es importante que la facilitación de esta discusión sea conducida por profesionales capacitados, que puedan sostener el proceso emocional, validar diferentes perspectivas y mantener el foco en el aprendizaje transformador.

Otra modalidad potente es el uso de relatos cruzados: presentar dos versiones distintas de un mismo caso (la del denunciante y la del acusado, ambas anonimizadas), para mostrar la complejidad de estas situaciones, los matices de interpretación y la importancia de actuar con responsabilidad, equilibrio y respeto a los derechos de ambas partes.

Incluir testimonios de transformación positiva también puede ser muy motivador. Mostrar relatos de personas que se atrevieron a denunciar y fueron protegidas; de equipos que enfrentaron una situación difícil y salieron fortalecidos; de líderes que reconocieron errores y cambiaron su estilo, demuestra que el cambio es posible, que la denuncia tiene sentido, y que una cultura ética no solo evita daños, sino que promueve el bienestar.

5.3.15. ¿Qué indicadores culturales permiten evaluar si las acciones de sensibilización están generando un cambio efectivo en la percepción del acoso laboral?

Evaluar el impacto cultural de las acciones de sensibilización requiere adoptar una mirada sistémica, transversal y a largo plazo. El cambio cultural no se mide únicamente en el número de capacitaciones realizadas o en las evaluaciones de satisfacción inmediata. Se trata de observar cómo se modifican las creencias, las actitudes, los valores compartidos y las prácticas cotidianas que dan forma a la vida laboral.

Uno de los principales indicadores es el aumento cualitativo de las denuncias o reportes informales. En muchas organizaciones, la falta de denuncias no indica ausencia de acoso, sino miedo, desconfianza o naturalización. Cuando los trabajadores comienzan a utilizar el canal ético, a consultar si una situación constituye acoso o a pedir orientación, estamos ante una señal clara de empoderamiento y toma de conciencia.

Otro indicador poderoso es la evolución del lenguaje organizacional. Esto puede observarse en los correos electrónicos, reuniones, comunicaciones internas y materiales institucionales. Por ejemplo, cuando se empieza a evitar el uso de términos sexistas o violentos, cuando se promueve activamente el lenguaje inclusivo, o cuando se habla abiertamente del respeto, la dignidad y el consentimiento, se evidencia un cambio en la narrativa cultural.

También se deben observar los cambios en la cultura de liderazgo. Un liderazgo que escucha, valida, da ejemplo ético, actúa ante las quejas, y promueve espacios seguros de expresión es un indicador de madurez organizacional. Las evaluaciones de desempeño pueden incorporar ítems relacionados con la gestión ética del equipo, la prevención del acoso y la promoción del bienestar psicosocial.

Las encuestas periódicas de clima laboral son otra herramienta clave. Deben incluir preguntas específicas sobre la percepción del acoso (por ejemplo, si se cree que está normalizado, si se sabe cómo actuar, si se siente protección), y deben permitir comparaciones longitudinales. Un cambio positivo implica no solo mayor conocimiento, sino una percepción de mayor protección institucional, respeto mutuo y confianza.

Otro indicador relevante es la emergencia de prácticas espontáneas de protección. Cuando los trabajadores intervienen al presenciar una burla, cuando se expresan desacuerdos éticos en espacios grupales, cuando se apoya públicamente a una persona afectada o se cuestionan chistes ofensivos, se está generando una cultura de corresponsabilidad y rechazo social al acoso.

El impacto cultural también se refleja en la sostenibilidad institucional del tema. Si después de la sensibilización se crean comités de ética activos, si se asigna presupuesto, si se hacen campañas internas, si se incluyen estos temas en los objetivos estratégicos o en la rendición de cuentas, es señal de que el tema ha dejado de ser periférico para convertirse en central en la ética organizacional.

Evaluar los cambios culturales derivados de las acciones de sensibilización requiere mirar con lupa y con horizonte. Se trata de detectar signos de transformación profunda en cómo se vive el trabajo, cómo se ejerce el poder, cómo se trata al otro y cómo se concibe el respeto. Cuando esto cambia, el acoso deja de ser una amenaza silenciosa y se convierte en una conducta incompatible con la cultura organizacional. Ese es el verdadero éxito del sistema de Compliance: no solo evitar sanciones, sino promover una convivencia ética, justa y humana.

5.3.16. ¿Cómo se relaciona la sensibilización frente al acoso con la construcción de una cultura organizacional basada en la integridad y la equidad?

La sensibilización frente al acoso es mucho más que una herramienta de prevención: es una piedra angular en la edificación de una cultura organizacional auténticamente basada en la integridad, la equidad y el respeto por la dignidad de las personas. Para entender esta relación, debemos reconocer que la cultura organizacional no está constituida solamente por políticas escritas o declaraciones de valores, sino por el conjunto de prácticas cotidianas, códigos implícitos, normas de conducta informales y sistemas de creencias compartidas que moldean el comportamiento colectivo en una empresa.

La sensibilización es el proceso mediante el cual se invita a los trabajadores -desde la alta dirección hasta los niveles operativos- a reflexionar sobre sus propios comportamientos, a identificar dinámicas dañinas que tal vez han sido naturalizadas, y a comprender cómo el acoso laboral no es solo un problema interpersonal, sino un síntoma de desequilibrios de poder y de culturas organizativas permisivas o ineficaces en su gestión de lo ético.

Por ejemplo, una organización puede tener un código de ética y un canal de denuncias formal, pero si los trabajadores piensan que "no sirve de nada denunciar", que "todo el mundo hace bromas" o que "no conviene meterse en problemas", esa cultura subyacente va a prevalecer. Es aquí donde la sensibilización interviene como mecanismo de transformación cultural: desmonta narrativas justificadoras, rompe pactos de silencio, y reemplaza la indiferencia o la tolerancia frente al acoso por una actitud activa de rechazo, prevención y corresponsabilidad.

La integridad organizacional se refiere a la coherencia entre los valores declarados por la empresa y sus prácticas reales. La sensibilización permite reducir esa brecha, generando una mayor alineación entre lo que la organización dice y lo que se vive en su interior. Esto incrementa la legitimidad de la empresa, fortalece su reputación ética, y mejora el compromiso de sus trabajadores. Además, contribuye a la equidad, porque pone el foco en las desigualdades de poder que muchas veces hacen que el acoso sea más frecuente o más dañino en ciertos grupos vulnerables (mujeres, minorías étnicas, personas LGBTIQ+, jóvenes, empleados precarizados, etc.).

Una cultura organizacional basada en la integridad y la equidad no puede construirse sin un proceso sostenido de sensibilización frente al acoso, que no solo enseñe qué es legal o ilegal, sino que promueva una transformación profunda en las formas de relacionarse, liderar, colaborar y resolver conflictos dentro de la empresa.

5.3.17. ¿Qué mecanismos pueden utilizarse para asegurar la trazabilidad y documentación de la formación en acoso laboral en el marco del Compliance?

En el contexto del Compliance, la trazabilidad y documentación de la formación no son elementos meramente administrativos, sino funciones estratégicas que permiten probar que la empresa ha actuado con la debida diligencia para prevenir el acoso, capacitar a su personal, y garantizar un entorno laboral seguro y respetuoso. En caso de una inspección, litigio o investigación externa, contar con un sistema sólido de trazabilidad puede marcar la diferencia entre una empresa que demuestra su compromiso ético y otra que incurre en responsabilidad legal o reputacional.

Para asegurar esa trazabilidad, se deben desplegar múltiples mecanismos interrelacionados. El primero es la creación de un plan anual de formación que detalle los objetivos, los públicos destinatarios, los contenidos por perfil, la frecuencia y los responsables de implementación. Este documento, aprobado por la alta dirección o el comité de ética, debe ser parte del programa oficial de Compliance y estar alineado con el mapa de riesgos.

En segundo lugar, se debe utilizar un sistema de gestión del aprendizaje (LMS) que centralice la información sobre las formaciones realizadas. Este sistema debe registrar automáticamente la fecha de participación, el módulo completado, el tiempo de dedicación, las evaluaciones realizadas y los certificados emitidos. En caso de formaciones presenciales, se deben digitalizar las listas de asistencia, con validación por firma o código QR, y asociarlas al historial individual del trabajador.

Además, es importante documentar los materiales utilizados en cada sesión (presentaciones, guías, videos, ejercicios), así como los métodos de evaluación (preguntas de opción múltiple, casos prácticos, reflexiones escritas, etc.). Estos documentos deben conservarse como evidencia de que los contenidos impartidos fueron pertinentes, actualizados y adecuados al público destinatario.

Otro mecanismo de trazabilidad valioso es el seguimiento personalizado por áreas o unidades de negocio. Se puede elaborar un cuadro de control que indique qué sectores han sido capacitados, cuál es su nivel de cobertura, qué brechas aún existen, y cuál es la proyección de formación para el semestre o año siguiente. Esto permite una gestión más estratégica y priorizada de los recursos formativos, concentrando esfuerzos en los sectores de mayor riesgo o menor cobertura.

Es recomendable también que los resultados de las capacitaciones se integren a los KPIs del área de Compliance y se informen en los reportes internos y externos de sostenibilidad o cumplimiento. De este modo, la formación no queda disociada del sistema de mejora continua y adquiere una relevancia institucional visible para los distintos stakeholders (accionistas, auditores, trabajadores, sindicatos, etc.).

Se debe establecer un protocolo de custodia documental, que regule cómo se almacenan, por cuánto tiempo, quién accede y bajo qué condiciones. Esto garantiza la protección de los datos personales y la disponibilidad permanente de la información en caso de requerimientos legales o administrativos.

5.3.18. ¿De qué forma la formación sobre acoso contribuye a empoderar a los trabajadores para que reconozcan y denuncien conductas inapropiadas sin temor a represalias?

La formación sobre acoso laboral no es solo un acto de instrucción técnica o normativa: es un acto de fortalecimiento de la ciudadanía laboral, en la medida en que convierte a los trabajadores en sujetos activos de su propia protección y de la ética colectiva de la organización. En contextos donde el acoso ha sido normalizado o silenciado durante años, la formación funciona como un proceso de alfabetización ética, de toma de conciencia, y de movilización de la dignidad.

Empoderar a los trabajadores implica brindarles los conocimientos, las habilidades, los recursos institucionales y el respaldo emocional necesarios para reconocer una conducta inapropiada, actuar frente a ella, y utilizar los canales disponibles sin miedo ni desconfianza. Para lograrlo, la formación debe cumplir con ciertos requisitos fundamentales.

Primero, debe ser clara y práctica. Muchas veces los trabajadores no denuncian porque no están seguros de si lo que han vivido "califica" como acoso. La formación debe ofrecer definiciones precisas, pero también ejemplos concretos, contextualizados y cercanos a la realidad laboral de los participantes. Esto incluye mostrar formas de acoso no evidentes -como la exclusión social, el aislamiento deliberado, el desprecio sistemático o las cargas desproporcionadas de trabajo- para que puedan identificarlas sin ambigüedades.

Segundo, debe ser vivencial y participativa. El empoderamiento no se logra únicamente por acumulación de información, sino por conexión emocional. Dinámicas como análisis de casos, dramatizaciones, role-playing o reflexiones colectivas permiten que los trabajadores no solo comprendan, sino que se identifiquen, se conmuevan, se comprometan. Así, el mensaje deja de ser externo ("la empresa me dice que esto está mal") para ser interno ("yo no quiero que nadie pase por esto, ni quiero ser parte de esta violencia").

Tercero, debe explicar con detalle el canal de denuncias: cómo se activa, quién lo gestiona, qué tipo de seguimiento se da, cómo se protege la confidencialidad, qué pasa si la persona denunciada tiene poder jerárquico, cómo se previenen las represalias. Esta información reduce la incertidumbre, que es una de las mayores barreras para denunciar. Los trabajadores deben saber que la denuncia no es un salto al vacío, sino un camino claro, acompañado y protegido.

Cuarto, debe visibilizar las medidas de protección disponibles: reasignación temporal de tareas, apoyo psicológico, acompañamiento ético, evaluación de represalias, sanciones a la intimidación, etc. Cuando las personas sienten que hay un escudo real ante el riesgo, se animan a actuar.

Quinto, debe mostrar que la organización actúa. La confianza se construye también con ejemplos: casos en que se tomó una medida adecuada, denuncias que resultaron en sanciones justas, líderes que asumieron su responsabilidad, equipos que lograron sanar. Estos relatos institucionales fortalecen el mensaje de que la denuncia tiene sentido y produce transformación.

La formación empodera cuando educa, emociona, informa, protege y moviliza. Una organización donde las personas saben qué es el acoso, cómo se manifiesta, cómo prevenirlo, cómo actuar y, sobre todo, sienten que pueden hacerlo sin miedo, es una organización viva, justa y en constante evolución ética. Y ese es el verdadero objetivo de un sistema de Compliance maduro: no solo sancionar el incumplimiento, sino cultivar día a día una cultura de integridad y cuidado.

5.4. Canales de denuncia (whistleblowing): los canales de denuncias confidencial o anónimo; el establecimiento de canales seguros, accesibles y confidenciales de denuncia; y las garantías de confidencialidad y no represalia

5.4.1. ¿Cómo contribuye el canal de denuncias a la prevención y detección temprana del acoso laboral en el marco del Compliance?

El canal de denuncias es uno de los instrumentos más poderosos y delicados dentro de cualquier arquitectura de cumplimiento normativo. Su papel en la prevención y detección temprana del acoso laboral no puede ser entendido simplemente como una vía administrativa de reporte, sino como un mecanismo estructural que opera en múltiples niveles: psicológico, cultural, organizativo y jurídico.

Desde una perspectiva preventiva, el canal de denuncias actúa como una válvula institucional que ofrece una vía formal, protegida y estructurada para canalizar inquietudes éticas, sospechas, alertas tempranas y denuncias formales sobre hechos de acoso. Su existencia comunica a toda la plantilla que la empresa está comprometida con escuchar, investigar y actuar frente a los comportamientos que lesionan la dignidad de los trabajadores. Este solo hecho -la disponibilidad visible y operativa del canal- genera un efecto disuasorio. A los posibles agresores les hace saber que su conducta puede ser descubierta, registrada y castigada, lo que contribuye a disminuir el umbral de tolerancia organizacional hacia estas conductas.

Pero su utilidad no se limita a la prevención. El canal es también una herramienta privilegiada para la detección temprana del acoso, especialmente en sus formas más sutiles o incipientes. No todos los casos de acoso comienzan de forma violenta o evidente; muchos se inician con miradas intimidantes, rumores persistentes, sarcasmos humillantes o exclusión sistemática del entorno laboral. En entornos donde el canal es accesible, confiable y bien difundido, estas señales pueden ser reportadas a tiempo, antes de que se consolide un patrón sistemático de hostigamiento. La detección temprana permite activar medidas correctivas, preventivas o restaurativas con mayor eficacia y menor coste humano, organizacional y reputacional.

Además, el canal contribuye a generar una fuente de datos valiosa para el análisis estratégico del sistema de Compliance. Cuando las denuncias son sistematizadas de forma anonimizada, pueden ofrecer un mapeo de riesgos éticos: identificar áreas de la organización con mayor recurrencia de reportes, patrones estructurales (como el abuso de poder jerárquico o la omisión de mandos intermedios), deficiencias en la aplicación de políticas, o aspectos culturales que requieren intervención. Esta función de retroalimentación convierte al canal en un instrumento de mejora continua y evolución institucional, no solo de resolución de casos.

También tiene un efecto pedagógico y transformador: cuando los trabajadores observan que una denuncia de acoso fue tramitada con seriedad, que hubo consecuencias para la conducta reprochable, que se protegió a la víctima y que se comunicaron medidas, se fortalece la confianza en el sistema, se legitima la cultura ética y se desmantela la percepción de impunidad. De este modo, el canal deja de ser un instrumento puramente reactivo y se convierte en un vector proactivo de cambio organizacional.

El canal de denuncias -bien diseñado, bien gestionado y bien comunicado- no es solo un mecanismo funcional, sino una pieza clave en la arquitectura cultural del Compliance. Es la puerta de entrada a una justicia organizacional interna que, si funciona con integridad y eficacia, permite proteger a las personas, prevenir el daño, y fortalecer la cohesión ética de la empresa.

5.4.2. ¿Qué características debe reunir un canal de denuncias eficaz para proteger a las víctimas de acoso laboral?

La protección de las víctimas es la medida más objetiva y exigente para evaluar la calidad de un canal de denuncias. Si un trabajador que ha sufrido acoso se siente más expuesto, más vulnerable o más inseguro después de haber denunciado, entonces el sistema ha fallado, por muy formalizado que esté. Por tanto, un canal eficaz debe reunir no solo condiciones técnicas o administrativas, sino sobre todo garantías éticas, jurídicas, humanas y operativas orientadas a garantizar la confianza, la protección y la reparación integral de las víctimas.

Primero y fundamental: confidencialidad y anonimato. El canal debe contar con mecanismos tecnológicos y organizativos que impidan que la identidad del denunciante sea conocida fuera del equipo encargado de la gestión, salvo que él o ella autorice lo contrario. Esto incluye la anonimización digital, la restricción de acceso a los datos, la no vinculación directa del canal con áreas jerárquicas operativas, y la implementación de protocolos de resguardo ante filtraciones. El anonimato no solo debe ser posible, sino incentivado en ciertos casos, como cuando la víctima teme represalias institucionales o sociales.

En segundo lugar, el canal debe ser accesible y usable por toda la plantilla. Esto implica eliminar barreras de acceso (lenguaje técnico, jerga legal, complejidad informática), garantizar disponibilidad permanente (24/7, vía web, teléfono, correo, presencial), ofrecer versiones adaptadas a personas con discapacidad, y contar con manuales explicativos sencillos. Un canal que solo existe "en papel", escondido en la intranet, o inaccesible en la práctica es un canal ineficaz.

Tercero, debe estar gestionado por personas u órganos especializados, independientes y con perspectiva de género, derechos humanos y salud mental. Esto quiere decir que no basta con recibir una denuncia: hay que saber leerla en su contexto, identificar la dimensión emocional, evaluar su gravedad, proteger a la víctima, y tramitar el caso con criterios éticos. Idealmente, el canal debe estar bajo el área de Compliance, el comité de ética o una unidad mixta con autonomía operativa y garantía de imparcialidad.

Cuarto, el canal debe tener plazos claros y cumplimiento estricto. Muchas víctimas se desilusionan o retraumatizan porque, tras denunciar, no reciben respuesta, el proceso se dilata, o las medidas tardan en llegar. Un canal eficaz define tiempos máximos para cada etapa: recepción, análisis preliminar, apertura de investigación, conclusión, medidas provisionales y seguimiento. Y esos tiempos deben ser conocidos y respetados.

Quinto, debe incluir mecanismos de protección efectiva frente a represalias. Esto no se reduce a un enunciado de buena voluntad. Debe existir un protocolo de prevención, monitoreo y sanción de represalias, con medidas tales como: traslado temporal del agresor o de la víctima (según voluntad de esta), seguimiento psicológico, prohibición de contacto, monitoreo de desempeño laboral post-denuncia, e investigación inmediata de cualquier indicio de represalia. Además, las sanciones por represalias deben ser proporcionales y aplicadas con contundencia para enviar un mensaje claro de cero tolerancia.

Sexto, el canal debe garantizar el acompañamiento de la víctima durante todo el proceso. Esto incluye orientación legal interna, asistencia psicológica, comunicación empática, apoyo en la redacción de la denuncia si es necesario, e información periódica sobre el estado del proceso. Este acompañamiento no solo reduce el estrés emocional de la víctima, sino que la empodera y le devuelve control sobre una situación en la que se ha sentido vulnerada.

Séptimo, debe haber mecanismos de rendición de cuentas. Un canal sin revisión, sin monitoreo y sin auditoría externa o interna pierde legitimidad. Es indispensable elaborar informes anuales anonimizados sobre el número de denuncias, su tipología, el tiempo de resolución, las medidas adoptadas, y las acciones preventivas derivadas. Esto no solo asegura transparencia, sino que permite evaluar la eficacia del canal y ajustar las políticas cuando sea necesario.

Un canal eficaz debe insertarse en una cultura ética que lo sostenga. No basta con tener el canal: la empresa debe demostrar con hechos que escucha, que actúa, que protege y que transforma. Cuando esto ocurre, los trabajadores no solo usan el canal, sino que lo respetan y lo recomiendan. Y entonces, la organización se convierte en un espacio verdaderamente seguro y ético.

El canal de denuncias es mucho más que una herramienta técnica: es una manifestación concreta de la voluntad de la empresa de proteger a las personas, asumir su responsabilidad institucional y construir entornos laborales justos. Cuando funciona bien, se convierte en una columna vertebral del sistema de Compliance. Y cuando falla, pone en evidencia que la ética de la organización no está en sus protocolos, sino en su práctica diaria. La diferencia entre ambos modelos es, en última instancia, una cuestión de integridad.

5.4.3. ¿Cuáles son los principales obstáculos que enfrentan los empleados para utilizar el canal de denuncias en casos de acoso laboral?

Los empleados enfrentan numerosos y complejos obstáculos al momento de decidir utilizar el canal de denuncias, especialmente en situaciones relacionadas con el acoso laboral. Estos obstáculos no solo derivan de factores individuales o emocionales, sino que responden a elementos estructurales y culturales profundamente arraigados en las organizaciones. Comprenderlos y abordarlos de forma específica es esencial para garantizar que el canal no sea una mera formalidad, sino una herramienta funcional de justicia interna.

Uno de los obstáculos más poderosos es el miedo a las represalias, que se manifiesta tanto en forma explícita como implícita. Muchas personas que han sufrido acoso temen que al denunciar puedan ser degradadas, despedidas, ridiculizadas por sus compañeros, o colocadas en posiciones laborales desfavorables. A menudo, este miedo no surge de una amenaza directa, sino de una percepción construida a partir de la experiencia propia o ajena, y en contextos donde la empresa no ha demostrado una respuesta institucional firme frente a denuncias previas. La experiencia organizacional con las denuncias influye directamente en el grado de temor percibido.

Además, existe una cultura de silencio muy extendida en muchas organizaciones, en la que se desalienta activa o pasivamente cualquier conducta que cuestione la armonía superficial del ambiente de trabajo. El empleado puede sentir que "denunciar lo complica todo", que es más prudente adaptarse al entorno, o incluso que "no vale la pena meterse en líos". En culturas laborales jerárquicas o autoritarias, la denuncia puede ser interpretada como una amenaza al statu quo, una traición a la lealtad interna o una falta de fortaleza emocional.

A estos factores se suma la inseguridad jurídica y procesal. Muchas personas no conocen qué pasos seguir, qué protección legal tienen, ni cómo se maneja su información una vez presentada la denuncia. Si el sistema de Compliance no ha comunicado de forma transparente, pedagógica y reiterada el funcionamiento del canal, el empleado se siente desorientado y desprotegido. La falta de accesibilidad o la complejidad en el procedimiento también son disuasivos.

Otro obstáculo fundamental es la invisibilización o trivialización del acoso. Algunas víctimas no se reconocen como tales porque las formas de acoso que padecen están normalizadas: frases sutiles, manipulación emocional, aislamiento, sobrecarga de trabajo selectiva, entre otras. Cuando una persona no puede nombrar lo que le pasa, difícilmente pueda denunciarlo. Esto es especialmente frecuente en contextos donde no se ha realizado formación específica, donde no existen campañas de sensibilización o donde los líderes reproducen, sin cuestionamiento, dinámicas abusivas.

Hay un temor muy real a la revictimización: la experiencia de volver a pasar por la situación traumática al tener que relatar lo ocurrido en detalle, ser confrontado con el agresor, enfrentar la incredulidad o los prejuicios del equipo investigador, o ser sometido a múltiples instancias sin resolución clara. En muchas empresas, los procesos internos son tan técnicos o impersonales que agravan el daño inicial en lugar de repararlo. La posibilidad de que el proceso sea hostil, lento o poco empático es un gran disuasor para cualquier víctima.

5.4.4. ¿Qué medidas deben adoptar los programas de Compliance para garantizar la confidencialidad de las denuncias por acoso?

Garantizar la confidencialidad no es solo una medida de buena práctica: es una obligación ética, legal y estratégica que condiciona directamente la confianza en el sistema. Cuando una persona decide denunciar una situación de acoso, está entregando a la organización una parte íntima de su experiencia, muchas veces acompañada de miedo, dolor y vulnerabilidad. Por ello, la confidencialidad debe ser tratada como un principio rector en todas las fases del sistema de Compliance: desde la recepción de la denuncia hasta el cierre del caso.

La primera medida indispensable es el diseño de canales seguros, tanto digitales como presenciales. Los canales tecnológicos deben garantizar la encriptación de los datos, el almacenamiento seguro en servidores protegidos, la eliminación de metadatos identificables y la restricción de acceso por niveles jerárquicos. En canales físicos (como buzones o entrevistas presenciales), se deben establecer mecanismos de recepción segura, almacenamiento bajo llave y control de copias.

Pero la confidencialidad no se garantiza solo con tecnología. Es fundamental que los protocolos de gestión de denuncias establezcan con claridad quién tiene acceso a qué tipo de información, en qué momento y con qué justificación. El acceso a la identidad del denunciante debe estar limitado al equipo mínimo necesario y justificado estrictamente. Se debe aplicar el principio de "mínima exposición posible", es decir, la información se compartirá solo cuando sea imprescindible para la investigación o la protección de derechos.

Asimismo, el personal encargado de recibir y gestionar las denuncias debe estar especialmente capacitado en manejo de información sensible, contención emocional y ética de la confidencialidad. Esta formación debe ser periódica, actualizada y obligatoria, y debe incluir ejercicios prácticos y análisis de riesgos sobre filtraciones o mal manejo de datos.

Otra medida clave es la existencia de consecuencias claras en caso de vulneración de la confidencialidad. La empresa debe establecer sanciones disciplinarias específicas para quienes revelen información protegida, aun si lo hacen de forma no intencional. Esta disposición debe figurar en los reglamentos internos y debe aplicarse de forma sistemática.

Además, es importante establecer canales paralelos de apoyo a la víctima, como asesoramiento legal, contención psicológica o redes de acompañamiento, que también respeten los principios de confidencialidad. Estos servicios deben ser independientes del área jerárquica directa de la persona y deben tener formación especializada.

Desde una perspectiva institucional, la empresa debe visibilizar públicamente su compromiso con la confidencialidad. Esto se hace mediante campañas, declaraciones de la alta dirección, difusión de buenas prácticas y presentación de estadísticas que demuestren la seriedad con que se trata el tema. La confidencialidad debe ser parte del discurso oficial, no solo del protocolo técnico.

5.4.5. ¿Qué papel juega la anonimidad del denunciante en la gestión del acoso laboral y cómo debe abordarse en el diseño del canal?

La posibilidad de realizar denuncias anónimas juega un rol crucial en la gestión del acoso laboral, especialmente en entornos donde existen relaciones de poder desiguales, baja confianza institucional o antecedentes de impunidad. El anonimato actúa como una red de seguridad para aquellas personas que, por su posición o circunstancias, no pueden permitirse visibilizarse sin enfrentar consecuencias personales o profesionales.

Desde el punto de vista estratégico, el anonimato amplía el alcance del canal. Muchas víctimas o testigos que de otro modo guardarían silencio se animan a reportar hechos cuando saben que pueden hacerlo sin exponer su identidad. Esto no solo incrementa la cantidad de denuncias, sino que permite a la organización identificar patrones de conducta, focos de riesgo o sectores problemáticos. De este modo, el canal deja de ser solo reactivo y se convierte en una herramienta de inteligencia ética.

No obstante, el anonimato no está exento de desafíos. La principal preocupación suele ser que sin un denunciante identificado se dificulta la investigación, la recolección de pruebas o el seguimiento del caso. Para mitigar este riesgo, es indispensable que el canal contemple tecnologías que permitan mantener la comunicación con el denunciante sin revelar su identidad. Esto puede lograrse a través de plataformas de denuncia en línea con códigos únicos, claves de acceso o sistemas de chat anónimos. Lo importante es que exista la posibilidad de interactuar, hacer preguntas y construir confianza a lo largo del proceso.

El protocolo de Compliance debe aclarar expresamente que todas las denuncias, incluyendo las anónimas, serán evaluadas con seriedad, imparcialidad y bajo los mismos estándares. Esto implica desarrollar metodologías específicas de análisis de casos sin denunciante identificado, como la corroboración indirecta, la triangulación de información, la revisión del historial del denunciado o la apertura de investigaciones sectoriales preventivas.

También es esencial proteger la legitimidad del anonimato frente a discursos internos que lo desacrediten. En muchas organizaciones, se difunde informalmente la idea de que "si no das la cara, no tienes derecho a ser escuchado". Esta visión es profundamente injusta, ya que desconoce el contexto de miedo, trauma o inseguridad que muchas víctimas enfrentan. La empresa debe establecer con claridad que el anonimato es un derecho reconocido y protegido, no un acto de cobardía.

El anonimato no debe verse como una solución de último recurso, sino como una opción válida, legítima y estructural del sistema. Su implementación cuidadosa, respetuosa y estratégica no debilita la capacidad de investigar, sino que refuerza la equidad del sistema. Un canal que ofrece anonimato, y lo gestiona bien, demuestra que comprende el dolor de las víctimas, respeta su libertad y está dispuesto a protegerlas incluso cuando no pueden -o no quieren- exponerse.

El hecho de promover y proteger la confidencialidad y el anonimato no es solo cumplir con una formalidad del Compliance: es construir un sistema de justicia interna verdaderamente accesible, seguro y ético. Solo en ese marco, las personas podrán ejercer su derecho a la verdad, a la protección y a la reparación. Y solo entonces el canal de denuncias se convertirá en una verdadera herramienta de transformación cultural.

5.4.6. ¿Cómo debe estructurarse el protocolo de gestión de denuncias de acoso laboral dentro del sistema de Compliance?

El protocolo de gestión de denuncias de acoso laboral constituye una de las piezas fundamentales del sistema de Compliance, al integrar en una única herramienta operativa la protección de derechos fundamentales, la prevención del riesgo reputacional y legal, y la promoción de una cultura de integridad. Su correcta estructuración debe estar alineada con normas legales nacionales e internacionales, pero sobre todo, debe adaptarse a la cultura organizacional, el tamaño de la empresa y los recursos disponibles.

Su diseño debe contemplar al menos siete dimensiones: accesibilidad, claridad, imparcialidad, trazabilidad, celeridad, protección y reparación.

a). La accesibilidad significa que cualquier persona en la organización -independientemente de su nivel jerárquico, ubicación geográfica o condición contractual- debe poder presentar una denuncia de acoso laboral sin trabas.

Esto exige canales diversos (presenciales, digitales, telefónicos, escritos), en múltiples idiomas si corresponde, y adecuados para personas con discapacidad. Asimismo, debe garantizarse que el protocolo esté fácilmente disponible y comprensible, con versiones resumidas y materiales de apoyo como infografías, vídeos y guías prácticas.

b). La claridad implica que el protocolo debe estar redactado en lenguaje no técnico y explicar de forma sencilla qué es el acoso laboral, qué conductas pueden denunciarse, cómo se tramita una denuncia, qué plazos se manejan, y cuáles son los derechos y obligaciones de cada parte. Esta transparencia es esencial para que las víctimas confíen en el proceso y se animen a utilizarlo.

c). La imparcialidad requiere la definición precisa de los órganos responsables de la gestión, garantizando su autonomía respecto de las partes en conflicto. Idealmente, la investigación debe estar a cargo de un comité interdisciplinario (integrado por Compliance, Recursos Humanos, asesoría jurídica y, si es posible, profesionales con formación en género o salud laboral), con un protocolo que evite cualquier sesgo o influencia jerárquica indebida.

d). La trazabilidad significa que todo el proceso debe quedar documentado, desde la recepción hasta el cierre del expediente, con registros de fechas, entrevistas, decisiones intermedias y medidas adoptadas. Esta documentación no solo permite garantizar el cumplimiento, sino que protege a la organización en caso de una revisión judicial o externa.

e). La celeridad exige establecer plazos máximos para cada etapa: admisión (por ejemplo, cinco días), investigación (por ejemplo, treinta días), resolución (por ejemplo, diez días), implementación de medidas (plazos variables según la medida). El respeto de estos plazos refuerza la confianza de las víctimas y evita que los hechos queden impunes por dilación.

f). La protección implica prever medidas cautelares desde el primer momento, tanto para proteger la integridad física, emocional y laboral de la víctima como para evitar que el proceso en sí mismo se convierta en una fuente adicional de daño. Esto puede incluir separación física del agresor, suspensión temporal, asesoramiento psicológico, acompañamiento jurídico, modificación de horarios o funciones, etc.

g). La reparación exige que, una vez concluido el proceso, se implementen medidas destinadas no solo a sancionar al agresor si corresponde, sino también a restablecer la dignidad de la víctima, compensar el daño cuando sea posible, y tomar acciones preventivas que aseguren que los hechos no se repitan.

Un buen protocolo de denuncias no solo debe contemplar lo procedimental: debe estar acompañado por un sistema de supervisión interna, revisión periódica de su eficacia, y una política de mejora continua que incorpore la experiencia práctica, la retroalimentación de los usuarios y las mejores prácticas nacionales e internacionales.

5.4.7. ¿De qué manera puede el canal de denuncias evitar o mitigar represalias contra el denunciante?

La prevención de represalias es uno de los elementos más críticos -y más desafiantes- en la gestión de denuncias de acoso laboral. Las represalias pueden adoptar muchas formas: directas (amenazas, despidos, degradaciones, violencia psicológica) o sutiles (aislamiento, silenciamiento, sobrecarga laboral, exclusión de oportunidades). Aunque muchas organizaciones proclaman un discurso de "cero tolerancia", si no existen mecanismos específicos y proactivos para prevenirlas, la denuncia puede convertirse en una experiencia aún más traumática para la víctima.

Para que el canal de denuncias sea verdaderamente funcional y seguro, debe estar diseñado no solo para recibir información, sino también para activar de forma inmediata medidas de prevención de represalias desde el momento mismo en que se presenta una denuncia.

En primer lugar, se debe instaurar un "Protocolo de protección del denunciante" que active una batería de medidas automáticas o semi-automáticas tras la recepción de la denuncia. Estas pueden incluir el nombramiento de una persona de referencia para el denunciante (por ejemplo, un defensor interno o un enlace de Compliance), la aplicación de medidas cautelares personalizadas, y la evaluación del entorno laboral para detectar posibles amenazas.

Además, el canal debe contar con un mecanismo de seguimiento proactivo del denunciante durante y después del proceso. Esto implica programar entrevistas regulares con la persona denunciante (o una alternativa segura si es anónima), monitorear su desempeño laboral, verificar que no haya cambios arbitrarios en sus condiciones de trabajo, y evaluar si se siente segura y respaldada. Este seguimiento debe extenderse por al menos seis a doce meses luego de cerrarse el caso.

Otra medida esencial es la implementación de sanciones claras y automáticas ante actos de represalia. La política de Compliance debe tipificar las represalias como una falta grave y prever su investigación separada y prioritaria. Incluso si la denuncia original no prospera, la simple existencia de represalias constituye una violación autónoma de los principios del sistema, y debe ser sancionada de forma ejemplar.

También es fundamental desarrollar una política de comunicación interna que refuerce la protección del denunciante. Esto implica mensajes frecuentes de la alta dirección, campañas de sensibilización, formación a los mandos intermedios sobre liderazgo ético y prevención de represalias, y la inclusión de estos indicadores en las evaluaciones de desempeño.

El canal debe ser percibido como un espacio de confianza. Esto se logra a través de la confidencialidad, la competencia profesional de quienes lo gestionan, la rapidez de las respuestas, la transparencia en los procedimientos y la sensibilidad en el trato humano. El sistema debe mostrar -con hechos y no solo con palabras- que denunciar no solo es posible, sino seguro.

5.4.8. ¿Qué formación deben recibir los responsables de gestionar el canal de denuncias en materia de acoso laboral?

El capital humano a cargo del canal de denuncias es el corazón del sistema. La capacitación de estas personas no puede limitarse a contenidos generales sobre ética o normativas internas: debe ser específica, intensiva y multidisciplinaria. Se trata de preparar profesionales capaces de actuar con equilibrio entre rigor jurídico, sensibilidad humana y comprensión institucional. Su formación debe cubrir al menos cinco ejes esenciales:

a). El marco legal y normativo.

Deben conocer con profundidad las normas nacionales e internacionales aplicables al acoso laboral, incluyendo legislación laboral, penal, de protección de datos, igualdad de género, salud y seguridad en el trabajo, y normativa específica sobre denuncias (como directivas de la UE sobre whistleblowing). También deben dominar el contenido del código ético y el manual interno de Compliance.

b). La gestión de conflictos y técnicas de entrevista.

Deben estar capacitados para realizar entrevistas en contextos sensibles, contener emocionalmente a la víctima sin asumir funciones clínicas, distinguir entre hechos objetivos y percepciones subjetivas, e identificar indicadores de acoso incluso cuando la víctima no lo verbaliza claramente. Deben conocer cómo documentar las entrevistas, cómo evitar sesgos en la interpretación y cómo redactar informes objetivos.

c). La perspectiva de género y diversidad.

Dado que muchas formas de acoso están atravesadas por relaciones de desigualdad estructural, deben saber cómo identificar situaciones de discriminación directa e indirecta, cómo evitar la revictimización, cómo utilizar un lenguaje inclusivo y cómo adaptar la atención a personas en situaciones de vulnerabilidad (migrantes, personas con discapacidad, miembros de la comunidad LGTBIQ+, etc.).

d). La inteligencia emocional y contención ética.

Deben entrenarse en habilidades interpersonales avanzadas, como la escucha activa, la empatía operativa, el manejo del silencio, la comunicación no verbal, y el abordaje de emociones intensas como la culpa, el enojo o la frustración. También deben aprender a reconocer los propios límites emocionales y solicitar apoyo profesional cuando lo necesiten.

e). La ética institucional y responsabilidad profesional.

Deben ser conscientes de su rol como garantes de justicia interna. Esto implica actuar con neutralidad, rechazar presiones jerárquicas, mantener la confidencialidad incluso frente a autoridades superiores si no hay justificación legal, y tomar decisiones difíciles basadas en principios éticos.

Además, esta formación no debe ser estática. Debe incluir actualizaciones anuales, participación en seminarios externos, análisis de jurisprudencia y experiencias comparadas, y ejercicios de simulación con retroalimentación profesional. También debe contemplar espacios de supervisión ética, donde el equipo pueda revisar casos complejos, identificar dilemas y fortalecer su capacidad reflexiva.

Las personas responsables del canal de denuncias son mucho más que gestores de un procedimiento: son figuras clave de integridad dentro de la organización. Su formación define la calidad humana y técnica del sistema de Compliance. Y su labor -si está bien realizada- puede marcar la diferencia entre una cultura institucional tóxica y un entorno laboral seguro, ético y respetuoso. Esa es, en última instancia, la verdadera función del Compliance en materia de acoso laboral.

5.4.9. ¿Qué indicadores puede utilizar el área de Compliance para evaluar la eficacia del canal de denuncias en la detección de conductas de acoso?

La evaluación del canal de denuncias debe orientarse no solo a su nivel de uso, sino a su efectividad en términos de confianza organizacional, detección temprana, actuación oportuna y capacidad de transformación del entorno laboral. Un canal puede existir técnicamente y, sin embargo, ser ineficaz si no genera credibilidad, si no detecta los riesgos reales o si no activa cambios correctivos. Por ello, los indicadores deben abarcar un enfoque integral, basado en cuatro dimensiones complementarias: volumen, calidad, impacto y evolución.

a). Los indicadores de volumen: permiten medir la penetración del canal, tales como:

- El número de denuncias recibidas por tipo de conducta (acoso verbal, psicológico, físico, sexual, ambiental, digital, etc.).

El número de denuncias relacionadas con acoso recibidas en comparación con otros tipos de irregularidades (fraude, conflicto de interés, discriminación, etc.), para analizar su visibilidad relativa.

- El porcentaje de denuncias anónimas vs. identificadas, lo cual muestra la percepción de seguridad o temor.

b). Los indicadores de calidad de la información, donde deben tenerse en consideración las siguientes métricas:

- El porcentaje de denuncias consideradas admisibles (es decir, que describen hechos que encuadran dentro del protocolo).

- El porcentaje de denuncias con información completa y clara.

- El porcentaje de denuncias que aportan pruebas iniciales (correos, testigos, capturas de pantalla, etc.).

- La cantidad de denuncias repetidas que refieren a una misma persona, área o modalidad de acoso, lo que puede indicar sistematicidad.

c). Los indicadores de gestión y respuesta, tales como:

- El tiempo medio de reacción desde la recepción hasta el primer contacto o acción preventiva.

- El porcentaje de denuncias que derivan en investigaciones completas.

- El tiempo medio de duración de la investigación.

- El porcentaje de investigaciones que concluyen con acciones concretas (sanciones, reubicaciones, formaciones correctivas, cambios estructurales).

- El número de medidas cautelares aplicadas para proteger a denunciantes durante el proceso.

d). Los indicadores de impacto y cultura, entre los que se incluyen los siguientes:

- Los resultados de encuestas internas que midan la percepción del canal: confianza, confidencialidad, eficacia, trato recibido, imparcialidad.

- los cambios en la tasa de uso del canal tras campañas de sensibilización, formación o reestructuración.

- La evolución del clima laboral en áreas intervenidas tras denuncias (medido por encuestas o focus groups).

- La reducción del absentismo, la rotación voluntaria o las bajas por estrés en los sectores intervenidos.

La combinación de estos indicadores no debe limitarse a la gestión técnica del canal, sino que los mismos deben ser presentados regularmente ante la alta dirección y el comité de ética o auditoria, integrados a los informes de cumplimiento normativo y utilizados como insumos estratégicos para redefinir los objetivos anuales del programa de Compliance.

5.4.10. ¿Cómo se puede garantizar que el canal de denuncias sea accesible y comprensible para todos los empleados, independientemente de su perfil?

Un canal de denuncias verdaderamente accesible y comprensible no puede limitarse a una herramienta tecnológica: debe ser una experiencia de confianza vivida por cada persona en la organización. Para lograrlo, el área de Compliance debe aplicar un enfoque transversal de equidad comunicacional, alfabetización ética, justicia organizacional y empatía institucional. Las siguientes estrategias permiten transformar un canal técnico en una herramienta humana:

- Aplicar el principio de "multicanalidad real", adaptado al contexto de cada trabajador. Esto implica ofrecer no solo formularios digitales -que pueden excluir a empleados sin conocimientos informáticos o sin acceso a computadoras- sino también líneas telefónicas confidenciales, buzones físicos accesibles, entrevistas con previa cita en zonas descentralizadas y recursos móviles (aplicaciones o intranet segura).

- Asegurar una comunicación inclusiva: los materiales explicativos deben redactarse en lenguaje claro, evitar jerga legal, utilizar ejemplos visuales y diseñarse para su comprensión por parte de personas con distintos niveles de alfabetización. Deben estar disponibles en todos los idiomas hablados en la empresa y adaptados a personas con discapacidad sensorial (audioguías, subtítulos, lenguaje de señas, formatos ampliados).

- La capacitación por segmentos: no todos los trabajadores requieren la misma información ni la reciben de la misma manera. El canal debe explicarse mediante formaciones obligatorias segmentadas por perfiles: trabajadores operativos, administrativos, supervisores, mandos intermedios, personal técnico, etc. A cada grupo debe hablársele en su lenguaje y con los ejemplos que reflejan su realidad diaria.

- Visibilizar ejemplos de uso positivo: sin vulnerar la confidencialidad, la empresa puede compartir casos resueltos de manera ética, mostrar cómo se protegió a una persona denunciante, y divulgar cifras que evidencien que el canal funciona. Estas acciones generan un efecto demostrativo que fortalece la confianza.

- Establecer la figura del "facilitador ético" o referente de Compliance en cada área o planta. Esta persona, designada y formada por el área central de cumplimiento, actúa como puente entre los trabajadores y el canal, orienta sobre cómo usarlo y ayuda a superar barreras culturales o tecnológicas.

- Evaluar periódicamente la percepción del canal mediante encuestas, entrevistas o talleres, preguntando directamente a los empleados si lo comprenden, si se sienten seguros al usarlo y qué mejoras propondrían. Este feedback permite introducir mejoras dinámicas y centradas en la experiencia real de los usuarios.

La accesibilidad del canal es tanto un diseño técnico como un proceso cultural. Solo cuando cada trabajador -independientemente de su nivel jerárquico, educación o historia personal- siente que puede denunciar sin miedo y sin barreras, el canal cumple su función transformadora dentro del sistema de Compliance.

5.4.11. ¿De qué forma deben integrarse los datos recopilados a través del canal en el mapa de riesgos de la organización?

Integrar los datos del canal de denuncias en el mapa de riesgos no es un paso operativo más: es una evolución de la madurez institucional. Significa pasar de un enfoque reactivo ("esperar la denuncia") a un enfoque proactivo y sistémico ("leer la organización a través de las denuncias"). Esto permite comprender no solo qué pasa, sino por qué pasa, dónde pasa y cómo prevenir que vuelva a pasar.

Este proceso puede seguir tres niveles progresivos de integración:

a). Un nivel descriptivo: cuantificar y localizar los datos.

Aquí se analiza el volumen de denuncias clasificadas por área, unidad, sede geográfica, nivel jerárquico, tipo de acoso, momento del año, etc. Estos datos permiten identificar zonas de mayor riesgo y establecer alertas tempranas. Por ejemplo, si el canal recibe reiteradas denuncias de un mismo sector sobre comentarios sexistas, puede incorporarse al mapa como un riesgo cultural específico de esa unidad.

b). Un nivel analítico consistente en interpretar patrones y causas.

Se cruzan los datos del canal con otras fuentes internas: rotación de personal, ausentismo, bajas por salud mental, resultados de clima laboral, encuestas de satisfacción, resultados de auditorías de RRHH. Esta triangulación permite entender que detrás de ciertos "síntomas" (mal clima, conflictos, productividad baja) puede haber acoso no denunciado. Así, se enriquece el mapa de riesgos con causas estructurales (liderazgo tóxico, impunidad jerárquica, sobrecarga desigual, etc.).

c). Un nivel estratégico consistente en redefinir prioridades y controles.

Una vez que el mapa de riesgos ha sido actualizado con los datos del canal, deben reformularse las prioridades del programa de Compliance: qué áreas necesitan más formación, dónde se deben reforzar controles internos, qué líderes requieren acompañamiento, qué políticas deben actualizarse, etc. El canal se convierte así en brújula de transformación ética.

Es importante destacar que esta integración no debe vulnerar la confidencialidad de los casos: los datos deben ser agregados, anonimizados y tratados con respeto. Pero eso no impide que se extraiga de ellos información valiosa que permita proteger mejor a las personas y fortalecer el entorno de trabajo.

Además, esta integración debe ser formal: el mapa de riesgos debe tener una sección específica dedicada a la información proveniente del canal. Esta sección debe ser revisada por el Comité de Compliance y validada por la alta dirección, para que las decisiones estratégicas estén basadas en evidencia interna y no solo en percepciones o indicadores financieros.

Ampliar la evaluación del canal de denuncias, garantizar su accesibilidad a todo perfil de empleado e integrar sus datos al mapa de riesgos no son acciones aisladas. Son pilares interconectados de un sistema de Compliance transformador, donde la integridad no es un discurso, sino una práctica viva, fundada en la escucha, la prevención, la protección de las personas y la mejora continua. Cuando estas acciones se llevan adelante con rigor, sensibilidad y liderazgo institucional, la organización no solo evita sanciones o litigios: se convierte en un entorno ético, digno y sostenible para todos sus miembros. Esa es la meta profunda de un Compliance maduro frente al acoso laboral.

5.5. Auditorías internas y controles periódicos: las revisiones del clima laboral; la evaluación de cumplimiento de políticas; la medición y análisis del clima laboral mediante encuestas y otras herramientas

5.5.1. ¿Cómo puede el Compliance Officer asegurarse de que las denuncias de acoso laboral sean tratadas con imparcialidad y celeridad?

El Compliance Officer (CO) tiene el deber institucional no solo de hacer cumplir las normas, sino de encarnar la integridad organizacional. Cuando hablamos de denuncias por acoso laboral, su papel es particularmente delicado: debe actuar como garante de un proceso justo y rápido en un terreno donde las emociones, las asimetrías de poder y la vulnerabilidad de las partes están muy presentes. Para ello, debe establecer un sistema que no dependa de su sola voluntad, sino que se base en estructuras de protección robustas y predecibles. Esta garantía se construye sobre tres pilares esenciales: gobernanza clara, procedimientos reglados y monitoreo constante.

En primer lugar, el Compliance Officer debe asegurarse de que exista una política institucional que declare explícitamente la "cero tolerancia" al acoso y respalde la denuncia como un acto de ética cívica interna. Esta política debe ser respaldada por la alta dirección, estar firmada por el CEO o el consejo directivo, y difundida de forma transversal. De lo contrario, cualquier intento de tratamiento imparcial se verá debilitado por la ambigüedad cultural.

Luego, debe implementarse un procedimiento formalizado, auditado y estandarizado de gestión de denuncias. Este protocolo debe definir, con precisión jurídica y humana, los pasos desde la admisión de la denuncia hasta la resolución del caso. Se deben incluir reglas de actuación como: investigación separada por profesionales independientes, derecho a ser oído del denunciado, medidas de protección cautelar para la persona denunciante, prohibición expresa de represalias, evaluación imparcial de pruebas, y un plazo máximo para resolver. El Compliance Officer debe entrenar a todos los actores involucrados (comités éticos, recursos humanos, investigadores internos) en la aplicación homogénea de este procedimiento, asegurando que no haya distorsiones por subjetividad o intereses creados.

La celeridad es igualmente clave. Las demoras institucionales no solo prolongan el sufrimiento de las víctimas, sino que pueden destruir la confianza en el sistema. Para garantizarla, el Compliance Officer debe establecer un sistema de cronograma automatizado con alarmas de vencimiento, auditorías internas sobre cumplimiento de tiempos y reportes mensuales al comité de cumplimiento. Además, debe actuar de inmediato cuando detecta obstáculos o demoras arbitrarias: la intervención temprana es crítica para que el canal sea considerado confiable.

Pero quizás lo más importante es que el Compliance Officer debe cultivar un liderazgo ético visible: ser percibido como una figura íntegra, cercana, accesible y comprometida con la protección de las personas. En entornos donde hay miedo, la imparcialidad técnica es insuficiente si no está acompañada de credibilidad humana.

5.5.2. ¿Qué buenas prácticas internacionales existen para la gestión de denuncias de acoso laboral desde la perspectiva del Compliance?

A nivel internacional, existen modelos ejemplares de políticas institucionales, estándares corporativos y normativas jurídicas que han elevado el nivel de exigencia sobre cómo debe funcionar un canal ético. Estas buenas prácticas son especialmente relevantes en el tratamiento del acoso, ya que este fenómeno es a menudo invisibilizado o tolerado estructuralmente. Entre las prácticas más destacadas están:

a). El modelo europeo de whistleblowing.

En la Directiva (UE) 2019/1937, se establece la obligación de las empresas de más de 50 trabajadores de disponer de canales de denuncia seguros, confidenciales, accesibles y eficaces. Pero más allá de la infraestructura, se promueve una “cultura del reporte”, es decir, que el acto de denunciar sea entendido como un deber ético y no como un acto de traición. La Directiva incluye obligaciones de seguimiento, protección del denunciante frente a represalias y mecanismos de supervisión externa.

b). El modelo canadiense de protección al denunciante, especialmente en instituciones públicas.

En este sentido, debe destacarse que por ejemplo, Canadá ha desarrollado protocolos integrados de ética pública donde la figura del "ombudsman ético" o "responsable de integridad" asume la gestión del canal. Las buenas prácticas incluyen mediación previa, derivación terapéutica en casos de víctimas vulnerables, evaluación de daño psicosocial y seguimiento posterior a la denuncia para evitar aislamiento laboral.

c). Las prácticas en empresas con certificación ISO 37002.

Este estándar internacional sobre sistemas de gestión de denuncias establece una metodología integral que contempla desde la accesibilidad del canal hasta la mejora continua. Entre sus principios fundamentales se destacan: transparencia, imparcialidad, equidad, no discriminación, proporcionalidad de las medidas, y feedback constante a las personas involucradas.

d). Las buenas prácticas de transparencia institucional.

En países como Noruega, Suecia o Países Bajos, muchas empresas difunden públicamente (en sus informes de sostenibilidad o ESG) estadísticas anuales sobre el uso del canal ético, tipos de casos, tiempos promedio de resolución, y acciones correctivas implementadas. Esto fortalece la rendición de cuentas interna y externa.

e). La formación continua en sesgos cognitivos: algunas multinacionales, como Unilever o Novartis, han incorporado formación periódica sobre sesgos inconscientes a todos los miembros que gestionan denuncias (sesgos de género, de simpatía, jerárquicos, etc.), ya que estos afectan la objetividad de los procesos.

5.5.3. ¿Qué consecuencias legales y reputacionales puede enfrentar una empresa si su canal de denuncias resulta ineficaz o disuasorio en casos de acoso?

Las consecuencias de tener un canal de denuncias simbólico o inoperante son cada vez más graves, no solo en el plano judicial sino en la esfera social, comercial y reputacional. En lo legal, la responsabilidad puede ser civil, penal y administrativa:

- En el plano civil, las víctimas pueden demandar a la empresa por incumplimiento del deber de cuidado, omisión de protección, o daño moral por tolerancia institucional. Las indemnizaciones en muchos países pueden ser millonarias si se prueba que la empresa conocía el riesgo y no actuó con la debida diligencia.

- En su dimensión penal, algunos ordenamientos reconocen la figura del "delito por omisión de controles", y pueden imputar a directivos o responsables legales por permitir un clima de impunidad. En algunos países se prevé además la "responsabilidad penal de las personas jurídicas" si el delito se comete en el marco de una organización sin sistemas de prevención efectivos.

- Desde la perspectiva administrativa, se aplican multas por incumplimiento de la normativa laboral, de igualdad o de protección del denunciante. Además, puede verse comprometida la posibilidad de acceder a licitaciones públicas o beneficios fiscales, ya que muchas agencias exigen a las empresas planes de igualdad o políticas de integridad auditadas.

Pero más allá de lo legal, el riesgo reputacional es quizás el más temido por las empresas hoy:

a). Una denuncia pública de acoso no atendido puede destruir en semanas una imagen corporativa construida por años. La viralización mediática en redes sociales puede dañar la marca ante consumidores, inversores y aliados estratégicos.

b). En casos graves, accionistas institucionales pueden desinvertir si consideran que la gobernanza ética es insuficiente (como ha ocurrido en sectores como tecnología, moda o entretenimiento).

c). Los propios trabajadores pierden confianza, lo que impacta en la retención de talento, la productividad, la motivación, y el clima general. El costo oculto de una cultura de silencio puede ser devastador.

5.5.4. ¿De qué manera puede comunicarse de forma efectiva la existencia y funcionamiento del canal de denuncias para promover su uso en casos de acoso laboral?

La comunicación sobre el canal de denuncias no debe verse como una acción de marketing interno, sino como una intervención pedagógica y cultural. Su objetivo es triple: informar, empoderar y transformar. Para ello, se deben emplear múltiples estrategias coherentes, sostenidas y emocionalmente significativas.

a). Las Campañas integradas de ética institucional.

En este sentido, no basta con un cartel en la intranet. Se deben desarrollar campañas periódicas que refuercen el valor de la denuncia ética, con lemas motivadores ("Decir la verdad nos protege a todos", "El respeto no es negociable") y materiales gráficos que lo respalden: vídeos breves, infografías animadas, mensajes de líderes, cápsulas testimoniales, etc.

b). La presencia visible en toda la empresa.

El canal debe estar accesible desde múltiples dispositivos (v.gr. computadora, móvil, tablet), y también en formato físico (QR en cartelería, instrucciones breves en tarjetas personales, afiches en salas de descanso, etc.). Esto garantiza su disponibilidad incluso en sectores operativos sin conexión digital constante.

c). La formación emocional y ética sobre el canal.

Toda formación sobre acoso debe incluir un módulo específico sobre cómo funciona el canal, qué se puede denunciar, qué garantías ofrece, qué pasa después de la denuncia, y quiénes intervienen. Se deben incluir simulaciones prácticas y dramatizaciones para que los empleados lo incorporen con seguridad.

d). La validación social del canal: las organizaciones más efectivas comunican (con la debida reserva) los efectos positivos del canal.

Por ejemplo: "gracias a una denuncia anónima, se detectó una conducta inadecuada que fue corregida y evitó mayores daños". Este tipo de feedback genera confianza en que el sistema funciona y no es decorativo.

e). La participación activa de líderes: los mandos medios y altos deben ser promotores del canal.

Si estos minimizan su relevancia o no lo nombran en sus reuniones, los empleados perciben una contradicción entre el discurso institucional y las prácticas cotidianas. La alineación comunicacional vertical es vital.

f). Las encuestas regulares de percepción.

Se debe consultar a los empleados si conocen el canal, si lo consideran seguro, si lo utilizarían y qué mejoras sugieren. Esta información es invaluable para mejorar no solo la comunicación, sino la arquitectura del canal mismo.

Un canal de denuncias que no es comunicado de manera sensible, clara, persistente y motivadora es un canal invisible. La comunicación no es un complemento: es el camino mediante el cual el canal se convierte en herramienta real de justicia institucional.

El Compliance Officer que desea asegurar un entorno libre de acoso no puede limitarse a velar por el cumplimiento formal. Debe ser arquitecto de un ecosistema de integridad: diseñar procedimientos justos, articularlos con estándares internacionales, proteger con firmeza a las víctimas, y construir una cultura organizacional donde la denuncia no sea un acto temido, sino una expresión legítima de la ética compartida. En este marco, el canal de denuncias no es solo un medio técnico: es una puerta de entrada hacia una organización más justa, humana y sostenible. La efectividad del Compliance se mide, en última instancia, no por cuántas políticas existen, sino por cuántas voces se atreven a hablar y encuentran allí verdad, justicia y reparación.

5.5.5. ¿Cómo pueden las auditorías internas contribuir a la detección temprana de situaciones de acoso laboral que no han sido denunciadas formalmente?

Las auditorías internas son una de las herramientas más poderosas que posee una organización para revisar sus sistemas de control, detectar desviaciones de conducta, corregir fallos estructurales y anticipar riesgos que, de otra forma, podrían mantenerse ocultos. En el caso del acoso laboral -un fenómeno muchas veces silenciado por miedo, normalización cultural o falta de canales accesibles-, las auditorías tienen un valor incalculable como instrumento de detección temprana, particularmente porque no dependen de la denuncia formal para activar su acción.

En contextos donde las víctimas no se atreven a reportar abusos -ya sea por temor a represalias, descreimiento del sistema, presiones jerárquicas o aislamiento-, una auditoría ética y bien diseñada puede convertirse en la primera instancia institucional que visibiliza estas realidades.

Esto se logra mediante técnicas indirectas de recopilación de información, como encuestas de clima organizacional anónimas, entrevistas confidenciales, análisis de datos de comportamiento organizacional (índices de rotación, ausentismo, licencias médicas prolongadas, renuncias intempestivas, reclamos informales), así como revisión de patrones en evaluaciones de desempeño o medidas disciplinarias aplicadas de forma reiterada a ciertos trabajadores.

Cuando estas herramientas se combinan en un proceso bien articulado, pueden revelar situaciones latentes de hostilidad, discriminación sistemática, abuso de poder o microagresiones normalizadas que no han sido denunciadas, pero que configuran escenarios de acoso. Incluso si el auditor no puede concluir la existencia de un caso en términos jurídicos, su informe puede activar medidas preventivas, como formaciones, revisiones de liderazgo, reestructuración de equipos o implementación de espacios de escucha activa.

Además, las auditorías promueven una lógica de vigilancia ética proactiva, que desplaza el modelo reactivo basado únicamente en la denuncia. Esta lógica transforma el Compliance en un sistema vivo de autorregulación constante, que detecta fallos no por azar, sino por método. En este sentido, la auditoría interna no es un acto técnico aislado: es un gesto institucional que demuestra que la empresa no espera a que los conflictos escalen, sino que los busca y enfrenta con responsabilidad.

5.5.6. ¿Qué indicadores específicos deben incluirse en una auditoría interna para evaluar el riesgo de acoso laboral dentro de una organización?

El éxito de una auditoría en la prevención del acoso depende, en gran medida, de los indicadores que utilice para medir el riesgo. Estos indicadores deben ser sensibles a la complejidad del fenómeno, capaces de detectar tanto causas estructurales como efectos secundarios, y deben formar parte de una matriz de evaluación periódica que permita su seguimiento en el tiempo.

Entre los indicadores clave se incluyen:

a). El índice de denuncias de acoso por unidad, desglosado por año, tipo de acoso (verbal, psicológico, físico, sexual, digital), y nivel jerárquico del presunto autor. Una baja tasa no es necesariamente positiva: puede reflejar una cultura del silencio.

b). El nivel de conocimiento y confianza en el canal de denuncias: medido por encuestas internas que exploren si los trabajadores saben cómo denunciar, si creen que serán protegidos, y si consideran que las denuncias son tratadas con justicia.

c). El porcentaje de trabajadores que afirman haber presenciado conductas de acoso en encuestas confidenciales. Muchas veces los testigos están más dispuestos a reportar que las víctimas.

d). El número de renuncias anticipadas o traslados voluntarios dentro de los seis meses siguientes a una denuncia o conflicto laboral, que pueden ser indicadores de falta de acompañamiento institucional.

e). La presencia de quejas informales (en recursos humanos, sindicatos, comités paritarios) no canalizadas formalmente, pero reiteradas por varios actores.

f). El desajuste en evaluaciones de desempeño (por ejemplo, puntuaciones muy bajas sin justificación objetiva), que pueden sugerir represalias o estigmatización hacia denunciantes o personas "incómodas".

g). La participación efectiva de líderes en formaciones sobre acoso y ética laboral: medir no solo la asistencia, sino la participación activa y la aplicación posterior de lo aprendido.

h). El número de acciones preventivas implementadas (formaciones, campañas de concienciación, actualización de códigos de conducta), y su distribución real en distintas unidades o sedes.

i). La existencia y efectividad de medidas correctivas aplicadas tras auditorías anteriores. No basta con detectar riesgos; hay que evaluar si las recomendaciones se cumplieron y generaron mejoras.

Estos indicadores deben ser contextualizados: no es lo mismo un dato aislado que una tendencia persistente, ni un comportamiento individual que una práctica tolerada colectivamente. La auditoría debe interpretar los datos con inteligencia contextual, entendiendo las dinámicas de poder, la historia organizacional y las relaciones de autoridad.

5.5.7. ¿De qué manera pueden los controles periódicos servir como herramienta preventiva frente al acoso laboral en el marco de un sistema de Compliance?

Los controles periódicos son revisiones planificadas que permiten evaluar de forma sistemática el cumplimiento de normas, políticas, códigos de conducta y procedimientos. En un sistema de Compliance maduro, estos controles no se aplican solo a las áreas financieras u operativas, sino también a las dimensiones éticas, conductuales y culturales, entre ellas la prevención del acoso laboral.

En este sentido, los controles periódicos cumplen varias funciones preventivas:

- Refuerzan el mensaje de que la empresa monitorea constantemente su cultura interna y que el acoso no será tolerado ni ignorado. El solo hecho de que se controle con regularidad promueve una mayor prudencia en el comportamiento.

- Permiten detectar desviaciones en la implementación de políticas. Por ejemplo, verificar si los líderes efectivamente comunican a sus equipos el contenido del código de conducta, si promueven espacios de diálogo, si detectan señales de malestar o si encubren prácticas abusivas.

- Proporcionan la información clave para la mejora continua. Un control puede detectar que, si bien la formación obligatoria fue impartida, los contenidos no fueron entendidos o aplicados. O que las campañas de concienciación fueron mal difundidas en áreas operativas.

- Generan responsabilidad compartida. Al establecer indicadores por unidad o por jefe de equipo, los controles permiten identificar dónde están los puntos débiles, responsabilizar a quienes tienen poder de decisión, y ofrecerles herramientas para mejorar.

- Contribuyen a la actualización de políticas. El acoso laboral es un fenómeno cambiante: los controles permiten detectar nuevas formas (como el acoso digital, el acoso por omisión, o la manipulación emocional encubierta) que deben ser incorporadas en protocolos y formaciones.

Para que estos controles sean eficaces, deben estar respaldados por una planificación anual, ser ejecutados por personas capacitadas en ética organizacional, contar con indicadores sólidos y generar informes que alimenten el ciclo de mejora continua del sistema de Compliance. No deben percibirse como auditorías punitivas, sino como oportunidades para corregir a tiempo y reforzar una cultura de integridad.

5.5.8. ¿Cómo deben estructurarse las auditorías internas para garantizar la confidencialidad y protección de la información sobre casos de acoso?

El tratamiento de información relacionada con posibles o reales casos de acoso requiere un estándar reforzado de confidencialidad y protección, tanto por razones legales (protección de datos personales, respeto al debido proceso, cumplimiento normativo) como por principios éticos (protección de víctimas, no revictimización, prevención de represalias).

Una auditoría interna que aborda estos temas debe estructurarse bajo los siguientes principios operativos:

a). El acceso restringido.

Solo el equipo auditor directamente involucrado debe tener acceso a la información sensible. Debe establecerse un protocolo de acceso individualizado, con registro digital, para garantizar la trazabilidad y evitar fugas.

b). La anonimización y despersonalización.

Todos los documentos, entrevistas, transcripciones y resultados deben ser codificados de forma que ninguna persona pueda ser identificada directamente. En los informes, los datos personales deben ser suprimidos, y los testimonios redactados de forma neutra.

c). El consentimiento informado.

Las personas entrevistadas deben firmar un consentimiento donde se les informe del objetivo de la auditoría, sus derechos, el uso de la información, y las medidas de protección disponibles. Esta práctica refuerza la confianza y la legalidad del proceso.

d). La gestión ética de las entrevistas.

El auditor debe tener formación en comunicación empática, entrevista sin daño y contención emocional. Nunca se debe presionar a la persona a revelar más de lo que desea ni a nombrar personas si no se siente segura.

e). La segmentación del informe final.

Cuando sea necesario compartir los hallazgos con otros niveles jerárquicos, el informe puede estructurarse en niveles de confidencialidad. Por ejemplo, un anexo con información sensible solo accesible para el Comité de Ética o Compliance.

f). El almacenamiento seguro.

Toda la documentación debe almacenarse en entornos digitales cifrados, con contraseñas individuales, o en espacios físicos con acceso restringido. El periodo de conservación debe respetar la normativa legal vigente.

g). El plan de respuesta.

Si la auditoría detecta situaciones de riesgo, debe activarse un plan de protección inmediata (como separación preventiva de las partes, derivación psicológica, intervención de recursos humanos, etc.), sin esperar la conclusión final.

La auditoría interna, cuando se diseña como una herramienta ética, sensible y estratégica, se convierte en una columna vertebral del sistema de Compliance frente al acoso laboral. No solo ayuda a detectar lo que no se dice, sino que obliga a mirar más allá de las políticas escritas y evaluar la cultura real de la organización. Con indicadores precisos, controles sistemáticos y una protección rigurosa de la confidencialidad, la auditoría interna permite intervenir antes de que el daño se consolide. Su verdadero valor no está en castigar, sino en prevenir, acompañar, corregir y transformar. Así, las auditorías dejan de ser una exigencia formal para convertirse en el alma activa del compromiso organizacional con la dignidad de las personas.

5.5.9. ¿Qué consecuencias tiene para la organización no incluir el acoso laboral como un área específica en sus auditorías internas?

Excluir el acoso laboral como un componente específico en las auditorías internas representa una negligencia institucional que puede acarrear efectos devastadores en distintos niveles. En lo operativo, esta omisión impide a la organización detectar los factores de riesgo que preceden al acoso o identificar comportamientos sistemáticos que, aunque normalizados, generan ambientes tóxicos. La falta de visibilidad sobre estas dinámicas erosiona progresivamente el clima laboral, reduciendo la motivación, aumentando el absentismo, deteriorando la cooperación interdepartamental e incrementando la rotación de talento valioso.

Desde la perspectiva jurídica, el impacto puede ser aún más severo. La omisión sistemática de este riesgo en los controles internos puede ser interpretada como una falta de diligencia debida, especialmente en jurisdicciones donde el acoso laboral está regulado como un riesgo psicosocial. La empresa puede ser sancionada por incumplir con su deber de vigilancia o incluso enfrentar litigios por responsabilidad objetiva, particularmente si se demuestra que existían señales detectables y que no se actuó para prevenir un daño a la salud física o psicológica de un trabajador. Además, las normativas de responsabilidad penal corporativa (como la Ley Orgánica 1/2015 en España) exigen que los programas de cumplimiento incluyan medidas efectivas de prevención de delitos, entre ellos aquellos relacionados con el acoso si derivan en hostigamiento, coacciones o discriminación.

En el plano reputacional, la falta de auditoría sobre el acoso puede percibirse como falta de compromiso real con la ética. En la era de la transparencia, donde los stakeholders exigen rendición de cuentas sobre los valores declarados en los códigos de conducta y los informes ESG, ignorar el acoso compromete la credibilidad pública de la empresa. La exposición mediática de un solo caso mal gestionado puede dañar irremediablemente la marca, impactar en los precios de las acciones, deteriorar relaciones comerciales clave e incluso provocar boicots por parte de consumidores o campañas de activismo social.

Desde un enfoque de cultura organizacional, no auditar el acoso perpetúa una estructura de impunidad. Envía el mensaje implícito de que ciertos comportamientos pueden tolerarse si se mantienen ocultos, debilitando el sentido de justicia interna y la confianza de los empleados en los mecanismos de protección institucional. Esto mina los pilares éticos sobre los que se sostiene cualquier programa de Compliance efectivo.

5.5.10. ¿De qué forma deben comunicarse los resultados de las auditorías sobre acoso laboral para fortalecer la transparencia y la cultura de integridad?

La comunicación de los resultados de auditorías sobre acoso laboral debe diseñarse cuidadosamente como una estrategia institucional orientada a generar confianza, aprendizaje colectivo y responsabilidad compartida. No se trata simplemente de publicar cifras o emitir un informe, sino de transformar el diagnóstico en un mensaje ético que movilice a la organización hacia un entorno más respetuoso, justo y seguro.

Esta comunicación debe cumplir con tres principios esenciales: (1) confidencialidad, para proteger la identidad de víctimas, testigos y personas mencionadas; (2) transparencia, para rendir cuentas sobre lo que se detectó, se hizo y se va a hacer; y (3) pedagogía, para explicar las causas estructurales, los aprendizajes obtenidos y las acciones correctivas que se implementarán. Esto implica utilizar distintos formatos según el público destinatario: informes ejecutivos para la alta dirección; resúmenes gráficos para el personal general; sesiones presenciales para equipos específicos; y boletines éticos institucionales que informen avances de forma continua.

Además, los resultados deben contextualizarse. Por ejemplo, no basta con decir que hubo tres denuncias: hay que explicar qué tipo de situaciones se evaluaron, qué aprendizajes surgieron, si se identificaron fallos de procedimiento o cultura organizacional, y qué compromisos se asumirán en adelante. Si la organización detecta que no se ha promovido la denuncia por miedo o desconocimiento, debe comunicar qué hará para revertir ese clima. Si se identifican zonas o roles de mayor riesgo, debe indicarse qué tipo de intervención se aplicará (formación, acompañamiento, revisión de liderazgo, etc.).

Otro aspecto clave es que la comunicación sea continua. No debe limitarse al cierre del informe de auditoría: debe haber actualizaciones periódicas que informen sobre las medidas implementadas, los resultados obtenidos, las nuevas acciones previstas y los impactos verificados. Esta retroalimentación mantiene vivo el ciclo de mejora y refuerza la legitimidad del sistema de cumplimiento.

5.5.11. ¿Qué formación requieren los auditores internos para abordar correctamente temas sensibles como el acoso laboral?

Los auditores internos que abordan el acoso laboral necesitan una formación integral que combine competencias técnicas, jurídicas, psicológicas, comunicacionales y éticas. En lo técnico, deben conocer profundamente los marcos normativos aplicables al acoso laboral, tanto a nivel nacional como internacional, así como los estándares en materia de Compliance, derechos laborales, género, diversidad y riesgos psicosociales.

En lo jurídico, deben dominar los conceptos de acoso moral y sexual, sus elementos constitutivos, la evolución jurisprudencial, las obligaciones del empleador en materia de prevención, y los principios de confidencialidad, presunción de inocencia y debido proceso. También deben conocer las implicaciones legales de sus actuaciones en términos de protección de datos, responsabilidad institucional y derechos de las partes.

En el plano emocional y ético, requieren habilidades específicas para entrevistar sin generar daño, formular preguntas no invasivas, detectar patrones conductuales, contener emocionalmente a una persona afectada y evitar sesgos inconscientes. Deben formarse en cómo leer dinámicas de poder implícitas, interpretar signos de hostilidad estructural y comprender los factores culturales que normalizan ciertas formas de violencia.

Además, necesitan herramientas de análisis cualitativo, manejo de indicadores, redacción de informes sensibles, diseño de recomendaciones realistas y conocimiento sobre cómo facilitar procesos de transformación cultural. La formación debe ser continua, adaptada a nuevas realidades (por ejemplo, acoso digital) y validada por expertos en conducta organizacional, ética empresarial y psicología del trabajo.

5.5.12. ¿Qué mecanismos deben establecerse para asegurar que los hallazgos de auditorías sobre acoso laboral generen medidas correctivas efectivas?

Para que las auditorías no se conviertan en ejercicios diagnósticos sin consecuencias, deben integrarse a un sistema de gobernanza que garantice la implementación de acciones concretas, medibles y evaluables. Esto comienza con un plan de acción formal, aprobado por el comité de ética o la alta dirección, que contenga objetivos específicos, responsables designados, cronogramas de ejecución y mecanismos de verificación.

Este plan debe tener carácter vinculante, es decir, no debe quedar sujeto a la discrecionalidad de las áreas auditadas. La oficina de Compliance debe tener atribuciones para exigir su cumplimiento, monitorear los avances, documentar las acciones realizadas y aplicar consecuencias si no se cumplen los compromisos asumidos. Además, debe estar alineado con otros instrumentos de planificación estratégica (v.gr. planes de igualdad, salud laboral, recursos humanos, cultura organizacional, etc.).

Otro mecanismo clave es el seguimiento periódico. Esto puede realizarse a través de indicadores de implementación (porcentaje de medidas ejecutadas en plazo), indicadores de resultado (reducción de denuncias, mejora del clima laboral, disminución de rotación en áreas críticas), y encuestas de percepción posteriores a las intervenciones. Esta trazabilidad permite ajustar las medidas, evaluar su efectividad real y sostener la mejora continua.

También debe contemplarse la participación de los trabajadores. La implementación de medidas correctivas será más sólida si quienes están expuestos al riesgo son parte del diseño y seguimiento. Esto genera compromiso, legitima el proceso y garantiza que las acciones respondan a necesidades reales.

Debe establecerse una instancia de validación externa, como puede ser una segunda auditoría, una evaluación de impacto, o la revisión por parte de una comisión ética con representantes de distintos sectores de la organización. Esta instancia refuerza la objetividad, visibiliza los avances y permite corregir rumbos.

La inclusión del acoso laboral en las auditorías internas no es una opción: es una obligación ética, legal y organizacional. Es el mecanismo mediante el cual una empresa demuestra que toma en serio la protección de sus trabajadores, que gestiona sus riesgos de forma estructural, y que apuesta por una cultura basada en el respeto, la transparencia y la justicia interna.

Cuando los hallazgos se comunican de manera clara, las auditorías se ejecutan con sensibilidad profesional, y las medidas correctivas se aplican con eficacia, el Compliance deja de ser un requisito normativo para convertirse en un motor real de transformación cultural. Solo así es posible construir organizaciones que no solo cumplen, sino que cuidan.

5.5.13. ¿En qué medida los controles periódicos ayudan a evaluar el grado de implementación real -más allá del cumplimiento formal- de las medidas de prevención del acoso?

Los controles periódicos no solo permiten revisar si las medidas antiacoso existen y están formalmente documentadas, sino que son fundamentales para verificar su grado de implementación real, es decir, su eficacia práctica y su impacto concreto en la cultura organizacional. Es común que muchas empresas afirmen contar con políticas de tolerancia cero hacia el acoso, canales de denuncia disponibles y programas de formación obligatoria. Sin embargo, sin controles periódicos, esas medidas pueden convertirse en meros formalismos, carentes de arraigo y funcionalidad real.

El valor diferencial de los controles periódicos radica en que permiten distinguir entre el cumplimiento declarativo y el cumplimiento efectivo. Por ejemplo, un control puede revelar que el 100 % de los empleados asistió a una capacitación, pero también puede evidenciar, mediante encuestas de evaluación o entrevistas, que los contenidos no fueron comprendidos, que se aplicaron de forma genérica y poco contextualizada, o que no se tradujeron en cambios reales de comportamiento.

Del mismo modo, puede detectarse que existe un canal de denuncias activo, pero que solo un pequeño porcentaje de trabajadores lo conoce, que el procedimiento no es claro, que no hay confianza en la confidencialidad, o que quienes lo han utilizado sufrieron represalias encubiertas.

Además, los controles periódicos permiten hacer seguimiento longitudinal. Es decir, no solo se comprueba una vez si la medida fue implementada, sino que se evalúa su permanencia, mejora o deterioro a lo largo del tiempo. Esto es clave, ya que una política puede haberse aplicado correctamente al principio, pero luego haber sido abandonada, reinterpretada o aplicada de forma discontinua. La revisión periódica también permite observar el grado de coherencia de las acciones. Por ejemplo, si se realizaron formaciones, pero los mandos medios continúan ejerciendo prácticas abusivas sin consecuencias, el control evidencia una falta de alineación entre el discurso institucional y las conductas reales.

Otra virtud de los controles periódicos es que obligan a descentralizar el análisis. En lugar de evaluar el sistema de forma global, permiten revisar unidad por unidad, equipo por equipo, liderazgo por liderazgo. Esto revela brechas, identifica buenas y malas prácticas, y permite focalizar las acciones de mejora. No todas las áreas implementan las medidas con la misma intensidad, y sin controles específicos, esas asimetrías pasan desapercibidas.

Los controles periódicos son el instrumento que permite cerrar el ciclo de mejora continua dentro del Compliance. No se trata de vigilar desde la sospecha, sino de acompañar desde la responsabilidad institucional. Son la garantía de que el compromiso con la prevención del acoso no se queda en las políticas, sino que se vive en el día a día organizacional.

5.5.14. ¿Qué riesgos éticos, legales y reputacionales asume una organización que audita aspectos financieros, pero ignora el acoso laboral en sus revisiones internas?

Cuando una organización limita su función de auditoría a los aspectos financieros -ingresos, gastos, control contable, eficiencia operativa- y deja de lado los componentes éticos y psicosociales como el acoso laboral, incurre en una miopía organizacional que socava los pilares de su sostenibilidad. Esta omisión, lejos de ser una decisión neutral, representa una forma de complicidad estructural que puede derivar en múltiples riesgos.

Desde el punto de vista ético, auditar solo lo financiero transmite el mensaje de que el bienestar humano es secundario frente al rendimiento económico. Esta jerarquización de prioridades, además de ser moralmente cuestionable, degrada el capital humano de la organización y legitima prácticas de abuso, miedo, silencio o exclusión como parte aceptable del funcionamiento interno.

El trabajador no solo se siente desprotegido, sino también desvalorizado, lo que afecta su sentido de pertenencia, su motivación y su salud emocional. Esto, a su vez, tiene un efecto multiplicador negativo sobre la productividad, la calidad del trabajo, la cooperación y la innovación.

Desde el punto de vista legal, esta omisión puede tener consecuencias directas en términos de responsabilidad institucional. En muchas legislaciones, el empleador tiene la obligación de identificar, evaluar y prevenir los riesgos psicosociales, entre ellos el acoso laboral.

Si no se establecen controles internos que permitan detectar a tiempo estas conductas, la empresa puede ser sancionada por omisión de deber de vigilancia, por negligencia en la gestión del entorno laboral o por incumplimiento de los principios de prevención de riesgos laborales.

En algunos marcos normativos, como la Directiva Europea 2019/1937 sobre protección de denunciantes, no contar con canales efectivos para reportar irregularidades puede constituir una infracción directa. A ello se suman los riesgos derivados de la protección de datos personales, la igualdad de trato, la protección de la salud mental y la normativa penal en materia de acoso o coacciones.

En el plano reputacional, el riesgo es aún más difícil de cuantificar, pero sus consecuencias pueden ser devastadoras. Un solo caso de acoso mal gestionado -por omisión, indiferencia o encubrimiento- puede desencadenar una crisis reputacional que afecte el valor de la marca, el precio de las acciones, la relación con stakeholders estratégicos, y la atracción de talento joven.

En un entorno global cada vez más ético y exigente, los consumidores, inversores, socios comerciales y reguladores prestan atención a la conducta interna de las empresas. Ya no basta con tener productos de calidad: se exige integridad institucional. Ignorar el acoso laboral es visto como una forma de tolerancia encubierta de violencia, y eso mina la legitimidad social de la organización.

Además, esta omisión puede alimentar conflictos laborales, sindicales o judiciales. La ausencia de controles sobre el acoso puede generar una acumulación de tensiones, que tarde o temprano estallan en forma de denuncias públicas, litigios colectivos, procesos sancionatorios o intervención de organismos reguladores.

En esos escenarios, la empresa no solo sufre pérdidas económicas, sino que pierde credibilidad, liderazgo y capacidad de control sobre su propia narrativa institucional.

Por todo ello, el riesgo de auditar solo lo financiero y no lo ético no es simplemente una debilidad técnica: es una vulnerabilidad estratégica. Una organización no se sostiene solo por sus balances: necesita una cultura sana, una estructura justa y una comunidad laboral que se sienta protegida.

El Compliance moderno no separa números de valores: los integra en una misma lógica de gestión responsable. Y en esa lógica, el acoso laboral no es una excepción: es una prioridad. Auditarlo no es opcional. Es imprescindible.

Capítulo VI

Las investigaciones internas en casos de acoso

6.1. La activación del protocolo: recepción de denuncia

6.1.1. ¿Qué importancia tiene la recepción adecuada de una denuncia de acoso laboral?

La recepción de una denuncia es el primer acto institucional que activa el deber de protección frente al acoso. No es un trámite menor: es un punto de inflexión que convierte un hecho personal en una cuestión de responsabilidad pública. Si esta etapa no se maneja correctamente (por ejemplo, si se ignora, no se registra o se archiva sin investigación), la institución incurre en una vulneración del derecho a la tutela judicial efectiva (art. 24 CE). Además, sienta las bases del proceso, determina la seguridad jurídica del denunciante y marca el inicio del deber de diligencia por parte de la organización.

La recepción adecuada de una denuncia de acoso laboral es un momento crítico y determinante dentro del procedimiento de protección de derechos. No es un acto meramente formal o administrativo, sino el primer paso de un proceso que debe garantizar la seguridad, la confianza y la integridad de la persona denunciante.

La forma en que una institución recibe, registra y responde a una denuncia tiene un impacto directo en la eficacia de la investigación, en el bienestar de la víctima y en la legitimidad del sistema institucional.

En primer lugar, una recepción adecuada implica escuchar activamente y sin prejuicios a la persona denunciante, sin minimizar lo que relata ni cuestionar su credibilidad desde el inicio. Esto exige que quien recibe la denuncia esté debidamente formado, tenga sensibilidad en cuestiones de violencia psicosocial y sea capaz de generar un entorno de respeto y protección.

Si la primera respuesta es evasiva, despectiva o defensiva, la víctima puede sentirse desamparada, humillada o directamente disuadida de continuar con el procedimiento.

Desde el punto de vista jurídico, recibir correctamente una denuncia significa registrarla formalmente, emitir un acuse de recibo por escrito, y activar los protocolos correspondientes dentro de los plazos establecidos.

También implica informar a la persona denunciante de sus derechos, del procedimiento que se seguirá, de las medidas de protección disponibles y de los canales de comunicación habilitados.

Todo ello debe quedar documentado para garantizar la trazabilidad del proceso y prevenir posibles represalias.

Además, una recepción adecuada debe tener en cuenta la urgencia y gravedad de lo denunciado.

Si hay indicios de riesgo para la salud física o mental de la víctima, debe valorarse de inmediato la adopción de medidas provisionales, como el alejamiento funcional del presunto agresor, cambios en el entorno de trabajo o acompañamiento psicológico. Ignorar estos indicios o posponer la respuesta institucional puede agravar el daño e implicar una forma de revictimización por omisión.

En términos preventivos, la recepción adecuada de la denuncia envía un mensaje claro a toda la organización: denunciar el acoso es posible, seguro y necesario.

Refuerza la confianza en los canales internos, promueve la cultura del respeto y contribuye a la detección temprana de dinámicas tóxicas dentro del entorno laboral. Por el contrario, si las denuncias no se reciben con profesionalidad, si se archivan sin fundamento o se tratan de forma negligente, se consolida la cultura del silencio y de la impunidad.

Por tanto, la recepción de una denuncia no es un mero trámite: es un acto de reconocimiento institucional.

Es el momento en que la víctima pone su confianza en el sistema, a menudo tras un largo periodo de sufrimiento, miedo o aislamiento.

Responder con rigor, humanidad y diligencia no solo es una obligación legal, sino también un deber ético.

Fallar en este primer paso puede hacer fracasar todo el procedimiento, comprometer los derechos fundamentales de la víctima y convertir a la institución en corresponsable del daño.

6.1.2. ¿Qué obligaciones legales tiene la institución al recibir una denuncia?

La institución debe activar el protocolo correspondiente, emitir acuse de recibo, proteger la identidad del denunciante, asignar número de expediente, ofrecer información clara sobre el procedimiento y actuar con imparcialidad y celeridad.

También debe abstenerse de intervenir si existen conflictos de interés.

Incumplir estas obligaciones puede implicar responsabilidad administrativa, civil e incluso penal.

Cuando una institución recibe una denuncia de acoso laboral, adquiere de forma inmediata una serie de obligaciones legales concretas, derivadas de la normativa nacional e internacional en materia de prevención de riesgos laborales, protección de la salud, derechos fundamentales y procedimientos administrativos.

Estas obligaciones no dependen de la forma o contenido de la denuncia ni de si finalmente se prueba el acoso; se activan desde el momento en que la institución toma conocimiento de los hechos denunciados.

La primera obligación es registrar formalmente la denuncia, conservarla con la debida trazabilidad y emitir un acuse de recibo por escrito. Omitir esta acción supone vulnerar el derecho a la tutela efectiva y deja al denunciante en situación de indefensión.

También es obligatorio garantizar la confidencialidad de los datos personales, en especial la identidad de la persona denunciante, conforme al Reglamento General de Protección de Datos (RGPD) y la Ley Orgánica 3/2018.

La filtración, divulgación o uso inadecuado de esta información puede constituir una infracción grave o muy grave, y dar lugar a sanciones administrativas y responsabilidad patrimonial o penal.

En segundo lugar, la institución tiene el deber de activar el protocolo interno contra el acoso o, en su defecto, iniciar un procedimiento de investigación que cumpla con los principios de imparcialidad, contradicción, objetividad y exhaustividad.

Esto debe hacerse sin dilaciones indebidas, con la designación de una persona o equipo instructor neutral, sin vínculos jerárquicos ni personales con las partes.

La omisión o retraso injustificado en este punto puede constituir una forma de revictimización institucional, con consecuencias jurídicas y reputacionales graves.

La institución está además obligada a valorar de forma inmediata la necesidad de adoptar medidas provisionales para proteger la salud y la integridad de la persona denunciante.

Estas medidas pueden incluir el cambio temporal de funciones, el alejamiento funcional del presunto agresor, la protección frente a represalias o el acompañamiento psicológico o jurídico. No hacerlo, o aplicar medidas que penalicen a la víctima (por ejemplo, apartarla del equipo o aislarla), puede constituir una vulneración del artículo 15 de la Constitución Española (derecho a la integridad física y moral), así como del artículo 14 de la Ley de Prevención de Riesgos Laborales.

Otra obligación clave es la de informar a la persona denunciante de sus derechos y del procedimiento: cómo se tramitará su denuncia, qué plazos están previstos, qué garantías tiene y qué recursos puede ejercer en caso de disconformidad. Negar esta información o mantener al denunciante en una situación de incertidumbre vulnera su derecho a la transparencia y a un trato digno por parte de la administración o empresa.

Por último, si de la denuncia se derivan indicios razonables de delito, la institución tiene el deber de comunicar los hechos al Ministerio Fiscal, conforme al artículo 262 de la Ley de Enjuiciamiento Criminal.

No hacerlo puede suponer un encubrimiento o una omisión del deber de denunciar hechos constitutivos de infracción penal.

Las obligaciones legales de la institución al recibir una denuncia de acoso laboral son claras, inmediatas y no negociables. Incluyen registrar, proteger, investigar, intervenir, informar y, si procede, remitir a la autoridad judicial. El incumplimiento de estas obligaciones no solo pone en riesgo a la víctima, sino que convierte a la institución en parte del problema, generando responsabilidad administrativa, civil o penal y dañando irreversiblemente su legitimidad.

6.2. Las garantías procesales del denunciante y del denunciado

6.2.1. ¿Cuáles son las garantías procesales para el denunciante en una investigación interna?

El denunciante tiene derecho a la confidencialidad, a aportar pruebas, a ser escuchado, a solicitar medidas de protección, a recibir información periódica sobre el proceso y a contar con acompañamiento legal o psicológico si lo desea.

Las garantías procesales para el denunciante en una investigación interna por acoso laboral son fundamentales para asegurar un procedimiento justo, equitativo, transparente y protector, que respete sus derechos fundamentales y evite cualquier forma de revictimización o represalia.

Estas garantías son obligaciones legales y éticas que la organización debe cumplir desde el momento en que recibe la denuncia y a lo largo de todo el proceso.

Una de las garantías principales es el derecho a la confidencialidad. La identidad de la persona denunciante debe ser protegida de forma rigurosa, tanto frente al personal implicado como ante terceros, para evitar represalias, estigmatización o aislamiento.

Esta obligación está recogida en la legislación sobre protección de datos (RGPD y Ley Orgánica 3/2018), y su incumplimiento puede constituir una infracción grave.

Otra garantía fundamental es el derecho a la protección frente a represalias. Esto incluye la obligación de la institución de vigilar activamente que la persona denunciante no sufra consecuencias negativas por haber ejercido su derecho a denunciar.

Cualquier cambio en sus funciones, trato hostil, exclusión o deterioro de condiciones debe ser analizado como posible represalia, y requiere la intervención inmediata de la organización.

La persona denunciante también tiene derecho a un procedimiento imparcial y sin dilaciones indebidas.

La investigación debe ser llevada a cabo por personas sin relación jerárquica o personal con las partes implicadas, que actúen con objetividad, sin prejuicios ni presunciones, y dentro de plazos razonables. La falta de imparcialidad o la demora injustificada constituyen causas de nulidad del procedimiento y pueden ser impugnadas administrativa o judicialmente.

Otra garantía clave es el derecho a ser informada. La persona denunciante tiene derecho a conocer las fases del procedimiento, las medidas adoptadas, los tiempos previstos y los recursos que puede ejercer. Esta información debe ser clara, veraz y accesible. La ocultación o la falta de transparencia es una forma de revictimización institucional.

También debe garantizarse el derecho a ser escuchada en condiciones de seguridad y respeto. La víctima tiene derecho a exponer su versión de los hechos sin ser sometida a presiones, juicios de valor, ni interrogatorios intimidatorios. Puede estar acompañada por una persona de confianza, representante sindical o profesional jurídico o psicológico.

El denunciante tiene derecho a que se valoren todas las pruebas que aporte, incluyendo testimonios, documentos, correos electrónicos, informes médicos o psicológicos.

La negativa a incorporar o considerar esta información puede ser considerada una forma de parcialidad o negligencia en la instrucción.

En casos de especial gravedad, la persona denunciante tiene derecho a solicitar medidas provisionales de protección, como la separación funcional respecto al presunto agresor, el cambio temporal de puesto o el acompañamiento especializado.

Estas medidas deben ser razonables, proporcionales y, sobre todo, no pueden penalizar a la víctima.

El denunciante tiene derecho a una resolución fundada al término del procedimiento, donde se expongan de forma clara los hechos acreditados, las decisiones adoptadas y las medidas aplicadas o no aplicadas. Esa resolución debe ser notificada con garantía de confidencialidad y con información sobre posibles recursos o vías de revisión.

En conjunto, estas garantías procesales son indispensables para asegurar que la investigación interna no solo sea válida desde el punto de vista legal, sino también legítima, ética y respetuosa con la dignidad de la persona que denuncia. Su cumplimiento es una condición básica para que el sistema funcione como un verdadero mecanismo de protección y no como una formalidad vacía o, peor aún, como una herramienta de encubrimiento institucional.

Estas garantías son esenciales para evitar la revictimización y asegurar la legitimidad del procedimiento.

6.3. El nombramiento de instructores imparciales y cualificados

Cabe preguntarse, ¿por qué es importante la imparcialidad tanto del instructor del expediente, de quien dirige el canal de denuncias y del resto de la comisión evaluadora del expediente de acoso iniciado?

El instructor es la persona encargada de recoger las pruebas, analizar los hechos y elaborar el informe de conclusiones que servirá de base para las decisiones disciplinarias, preventivas o reparadoras. Su función no es opinar, proteger intereses personales ni defender posiciones preestablecidas, sino actuar con neutralidad técnica y jurídica, aplicando criterios objetivos y escuchando a todas las partes en igualdad de condiciones.

Por tanto, su imparcialidad es el pilar sobre el que se construye la credibilidad del procedimiento.

Un instructor imparcial garantiza que el procedimiento sea legítimo y respetuoso de los derechos de ambas partes. No debe tener vínculos jerárquicos, personales ni haber intervenido previamente en los hechos. La falta de imparcialidad invalida todo el procedimiento y constituye una forma de encubrimiento institucional.

La imparcialidad del instructor del expediente es crucial porque garantiza que la investigación interna por acoso laboral se desarrolle con objetividad, equidad y legitimidad, respetando los derechos fundamentales de todas las partes implicadas.

En estos procedimientos, donde está en juego la dignidad, la salud, el empleo y, a menudo, la reputación tanto del denunciante como del denunciado, cualquier atisbo de parcialidad puede invalidar el proceso, perpetuar el daño o derivar en responsabilidad institucional.

La falta de imparcialidad real o percibida puede generar una doble vulneración:

- Por un lado, desprotege al denunciante si el instructor tiene relación directa con el denunciado, forma parte de la misma cadena jerárquica o comparte intereses con él;

- Por otro lado, vulnera los derechos del denunciado si quien instruye ya ha adoptado una postura previa, tiene relación personal con la persona denunciante o actúa motivado por criterios ideológicos o políticos.

En ambos casos, la investigación se contamina, pierde validez y puede ser anulada administrativa o judicialmente.

Desde el punto de vista legal, el derecho a un procedimiento imparcial está protegido por el artículo 24 de la Constitución Española (derecho a un proceso con todas las garantías) por la normativa de procedimiento administrativo, y por los principios generales del derecho, entre ellos el de buena fe, objetividad y legalidad.

Además, muchos protocolos internos establecen expresamente que el instructor no puede mantener vínculos jerárquicos, personales o de dependencia funcional con ninguna de las partes.

La imparcialidad también tiene una dimensión preventiva y simbólica: garantiza que el procedimiento no es una herramienta de encubrimiento ni de castigo institucional, sino un mecanismo legítimo de protección y justicia.

Refuerza la confianza en los canales internos y evita que el proceso se perciba como una formalidad vacía o como un espacio de manipulación corporativa.

Por tanto, si existe cualquier duda razonable sobre la neutralidad del instructor, este debe abstenerse de intervenir, o ser recusado por las partes, y sustituido por otra persona u órgano sin conflicto de intereses.

No hacerlo compromete no solo el resultado del expediente, sino la responsabilidad de la institución como garante de un entorno seguro y justo.

La imparcialidad del instructor no es una formalidad ni una opción: es una condición indispensable para la validez, la justicia y la legitimidad de todo el procedimiento.

Sin ella, no hay garantías reales, no hay protección efectiva y no hay confianza en el sistema.

La imparcialidad de quien dirige el canal de denuncias es de importancia crítica porque garantiza que el mecanismo institucional para recibir y tramitar denuncias -especialmente aquellas relacionadas con acoso laboral, discriminación, corrupción u otras vulneraciones graves- sea efectivo, legítimo y digno de confianza.

El canal de denuncias no es solo una vía técnica de comunicación, sino un instrumento de protección de derechos fundamentales, y su eficacia depende en gran medida de que la persona o equipo que lo gestiona actúe con neutralidad, independencia y sin conflictos de interés.

Cuando una persona presenta una denuncia, en particular por acoso, lo hace normalmente tras haber atravesado un periodo de sufrimiento, miedo, incertidumbre o silencio.

En ese contexto, el canal de denuncias representa una vía de auxilio institucional. Si la persona que lo dirige no actúa con imparcialidad -por ejemplo, si tiene relación directa con el denunciado, con la cadena jerárquica implicada o con intereses que puedan condicionar su actuación-, la confianza se rompe desde el primer momento, y la institución falla en su deber de protección.

La imparcialidad no solo debe ser real, sino también percibida como tal por las personas denunciantes. Si quien gestiona el canal está vinculado jerárquicamente con la parte denunciada, si ha tenido enfrentamientos previos con la persona denunciante, o si actúa de forma sesgada, evasiva o defensiva, se genera una sensación de indefensión que desactiva el canal como herramienta de justicia.

Esta pérdida de confianza puede llevar a que las víctimas renuncien a denunciar, busquen canales externos (medios de comunicación, redes sociales, órganos judiciales) o incluso abandonen la organización.

Desde el punto de vista normativo, la imparcialidad es una exigencia vinculada al principio de buena fe, legalidad, objetividad y diligencia debida.

La Directiva (UE) 2019/1937 sobre protección de las personas que informen sobre infracciones del Derecho de la Unión -traspuesta a la legislación española mediante la Ley 2/2023, de protección del informante- exige que los canales internos de denuncia sean seguros, confidenciales, eficaces y gestionados por personas u órganos independientes e imparciales.

Esto aplica especialmente en organizaciones públicas, empresas y entidades que están obligadas a garantizar mecanismos internos de reporte eficaces.

La falta de imparcialidad en la gestión del canal puede además tener consecuencias jurídicas directas: nulidad del procedimiento, vulneración del derecho a la tutela efectiva, incumplimiento de los deberes de prevención y sanciones administrativas por parte de la Inspección de Trabajo o autoridades competentes en protección de datos y transparencia.

La imparcialidad del canal no solo protege a la persona denunciante, también garantiza los derechos del denunciado y la integridad del procedimiento. Solo un canal gestionado con neutralidad puede dar credibilidad a los hallazgos, facilitar una investigación justa y generar resoluciones legítimas.

La imparcialidad de quien dirige el canal de denuncias es esencial para asegurar que la organización cuente con un sistema fiable, seguro y eficaz de protección frente a vulneraciones internas.

Su ausencia compromete la confianza institucional, vulnera derechos fundamentales y convierte un mecanismo de protección en una estructura inoperante o encubridora.

La imparcialidad de la comisión evaluadora en un expediente de acoso laboral es fundamental porque garantiza que las decisiones tomadas al finalizar el procedimiento sean justas, legítimas y respetuosas de los derechos fundamentales de todas las partes implicadas. Esta comisión es el órgano que valora las pruebas recabadas durante la instrucción, analiza los hechos acreditados y emite un dictamen o propone medidas.

Su función no es menor: de sus conclusiones pueden derivarse sanciones disciplinarias, medidas de protección, reparaciones a la víctima o el archivo del caso. Por tanto, si la comisión no actúa con plena neutralidad, todo el procedimiento queda contaminado.

La imparcialidad real y percibida es una condición indispensable para que el procedimiento sea reconocido como válido, tanto interna como externamente. Si los integrantes de la comisión tienen vínculos jerárquicos, personales, profesionales o ideológicos con alguna de las partes -por ejemplo, si pertenecen a la misma unidad del presunto agresor o tienen relaciones previas con la persona denunciante-, se genera un riesgo objetivo de conflicto de interés. Incluso si su actuación fuera técnicamente correcta, la apariencia de parcialidad basta para quebrar la confianza en el procedimiento y abrir la puerta a su impugnación.

Desde un punto de vista jurídico y constitucional, esta imparcialidad se vincula directamente al derecho a un procedimiento con todas las garantías, recogido en el artículo 24 de la Constitución Española, y a los principios de buena fe, legalidad, objetividad, contradicción y defensa, exigibles en toda actuación administrativa.

Una comisión sesgada, formada por personas que han emitido juicios previos, que tienen intereses corporativos o que actúan para proteger a miembros de la estructura jerárquica, vulnera estos principios y convierte la investigación en una forma de revictimización institucional o de encubrimiento interno.

Además, la falta de imparcialidad de la comisión puede tener efectos jurídicos graves: puede ser causa de nulidad del expediente, puede dar lugar a recursos administrativos o contenciosos por parte de las personas afectadas, e incluso puede derivar en responsabilidad patrimonial de la administración o de la empresa, si se demuestra que se desprotegió a la víctima o se causó un perjuicio por la parcialidad del órgano decisor.

También existen consecuencias éticas y organizativas. Una comisión parcial debilita la credibilidad del canal de denuncias, desalienta a futuras víctimas de acoso a iniciar procedimientos, consolida la cultura del silencio y favorece entornos laborales inseguros o tóxicos. En cambio, una comisión verdaderamente imparcial refuerza el mensaje de que la institución actúa con justicia, protege a quien denuncia y aplica criterios objetivos, sin importar la jerarquía o las alianzas internas.

La imparcialidad de la comisión evaluadora no es una mera formalidad: es el núcleo que sostiene la validez, la equidad y la eficacia de todo el procedimiento. Sin ella, no hay garantías, no hay reparación y no hay justicia. Su composición debe ser cuidadosa, transparente y libre de conflictos de interés, y cualquier duda sobre su neutralidad debe resolverse mediante abstenciones, recusaciones o la sustitución de miembros. Solo así puede garantizarse que el expediente de acoso cumple su función: proteger, reparar y prevenir, sin sesgos ni privilegios.

6.5. La investigación objetiva, confidencial e imparcial.

6.5.1. ¿Qué elementos debe contener una investigación para considerarse objetiva y exhaustiva?

Debe incluir entrevistas a todas las partes, recolección de documentos, análisis de patrones, revisión de correos, informes médicos, contexto jerárquico, declaraciones testificales y revisión del entorno institucional.

No basta con hechos aislados: es clave identificar patrones sistemáticos de acoso o exclusión.

Una investigación por acoso laboral solo puede considerarse objetiva y exhaustiva si se desarrolla con rigor, imparcialidad, transparencia y con pleno respeto a los derechos fundamentales de todas las personas implicadas.

No se trata simplemente de tramitar una denuncia, sino de llevar a cabo un proceso técnico, jurídico y humano que permita esclarecer los hechos, identificar responsabilidades, reparar el daño y garantizar la no repetición.

Para alcanzar este estándar, es imprescindible que la investigación se inicie de manera formal, dejando constancia escrita de la apertura del procedimiento, con fecha, número de expediente y la designación de la persona o equipo instructor, que debe ser imparcial y carecer de vínculos jerárquicos, personales o funcionales con las partes.

La imparcialidad no solo debe ser real, sino también percibida como tal, para garantizar la confianza en el proceso.

Durante la instrucción, debe realizarse una recopilación ordenada, sistemática y trazable de todas las pruebas disponibles, incluyendo entrevistas, documentación escrita, correos electrónicos, mensajes, partes de trabajo, informes médicos, psicológicos o psiquiátricos, evaluaciones de riesgos psicosociales y cualquier otro elemento que pueda aportar luz sobre los hechos denunciados.

La escucha a las partes debe realizarse en un entorno seguro y respetuoso, que garantice su derecho de defensa y su integridad emocional. El procedimiento debe evitar exposiciones innecesarias, garantizar la confidencialidad y permitir el acompañamiento legal o sindical si la persona así lo solicita.

El análisis de los hechos no puede limitarse a confrontar versiones, sino que debe incluir una lectura contextual que valore el entorno organizacional, la cultura institucional, las relaciones de poder, la carga de trabajo, las dinámicas de exclusión o discriminación, y otros factores estructurales que puedan haber favorecido la situación de acoso. Solo así se podrá identificar si se trata de un conflicto interpersonal o de un fallo organizativo más amplio.

Las conclusiones del expediente deben estar motivadas jurídica y técnicamente, basadas en hechos probados y no en impresiones personales o valoraciones subjetivas.

El informe debe explicar de forma clara y argumentada qué ocurrió, cómo se probó, qué normas se aplican y qué medidas se proponen.

Una investigación que no concluye con un informe de resultados debidamente motivado no cumple su función, y deja a las personas implicadas en una situación de indefensión.

Las medidas propuestas deben ir más allá del castigo o el archivo: deben incluir acciones preventivas, correctoras o formativas que protejan a la víctima, restauren el entorno de trabajo y eviten la repetición de los hechos.

Además, debe establecerse un seguimiento posterior que verifique la ejecución efectiva de las medidas adoptadas, el bienestar de la víctima y la estabilidad del entorno laboral.

Todo el expediente debe ser documentado, fechado y custodiado con garantías de trazabilidad, en caso de revisión judicial o administrativa, esta documentación será clave para demostrar que la investigación se realizó conforme a derecho.

Si la investigación carece de estos elementos, pierde su legitimidad. Una instrucción parcial, superficial, apresurada o incompleta no solo impide esclarecer los hechos, sino que puede constituir una forma de encubrimiento institucional o revictimización.

La falta de diligencia o neutralidad puede acarrear consecuencias jurídicas para la institución, incluidas sanciones administrativas, responsabilidad patrimonial por daños y perjuicios, y pérdida de confianza por parte de la comunidad laboral.

Por tanto, la objetividad y la exhaustividad no son cualidades deseables sino exigencias fundamentales, sin las cuales la investigación se convierte en un trámite vacío, incapaz de garantizar justicia, reparación y prevención.

Una investigación interna por acoso laboral solo puede considerarse objetiva y exhaustiva si cumple con una serie de elementos esenciales que garantizan el respeto al procedimiento, la equidad entre las partes, el análisis riguroso de los hechos y la protección de los derechos fundamentales de las personas implicadas.

6.6. La actuación del comité de Compliance o unidad responsable para las partes implicadas.

6.6.1. ¿Cómo debe actuar el comité de Compliance o unidad responsable del canal de denuncias?

El comité de Compliance o la unidad responsable del canal de denuncias debe actuar con total imparcialidad, diligencia, confidencialidad y respeto a los derechos fundamentales de todas las partes implicadas en el procedimiento.

Su función es garantizar que la denuncia sea admitida formalmente, registrada adecuadamente, y que se active el protocolo correspondiente sin demoras ni bloqueos injustificados. Desde el primer momento, esta unidad tiene la obligación de emitir un acuse de recibo al denunciante, informarle de sus derechos, de las etapas del procedimiento y de la posibilidad de aportar pruebas, ser acompañado legal o psicológicamente y recibir actualizaciones periódicas sobre el estado del expediente.

Su actuación debe centrarse en asegurar que el procedimiento se desarrolla con neutralidad, sin prejuicios ni juicios anticipados, y que tanto el denunciante como el denunciado puedan ejercer su derecho de defensa en igualdad de condiciones.

Esta imparcialidad exige que los miembros del comité no mantengan relaciones jerárquicas, de afinidad o dependencia profesional con ninguna de las personas implicadas. En caso de conflicto de interés, deben abstenerse y ser sustituidos por un órgano externo imparcial.

El comité también debe evaluar con celeridad la necesidad de adoptar medidas provisionales para proteger a la persona denunciante, como el alejamiento funcional del presunto agresor, la reasignación temporal de tareas o el acompañamiento institucional. Estas medidas no deben suponer una penalización para quien denuncia, ni implicar un trato discriminatorio o revictimizante.

Toda la actuación del comité debe quedar documentada: desde las comunicaciones internas hasta los informes emitidos y las decisiones adoptadas.

Esta trazabilidad es clave para garantizar la transparencia y permitir una revisión o impugnación futura del procedimiento si fuera necesario. Asimismo, la falta de respuesta, la demora sin justificación, la ocultación de pruebas o la inacción del comité pueden constituir una infracción grave, tanto desde el punto de vista administrativo como desde una perspectiva de responsabilidad institucional.

El comité de Compliance o unidad de denuncias no solo actúa como receptor del conflicto, sino como garante del procedimiento.

Su correcto funcionamiento es indispensable para que la investigación tenga legitimidad, eficacia y esté alineada con los principios de legalidad[219], tutela judicial efectiva y protección de derechos fundamentales. Cualquier desviación de esta función puede convertir al comité en parte del problema, reforzando estructuras de impunidad y revictimización.

Debe ser imparcial, emitir acuse de recibo, informar sobre derechos y deberes, activar medidas de protección si es necesario, garantizar la trazabilidad del proceso y abstenerse si hay conflicto de interés. Su pasividad constituye una infracción grave.

6.6.2. ¿Qué elementos constituyen la base jurídica, ética y técnica que otorga legitimidad a cualquier actuación institucional?

Dichos elementos son los que se describen en los apartados siguientes

a). La apertura formal y documentada del procedimiento

Toda investigación debe iniciarse mediante una resolución o acto formal, debidamente fechado y registrado, donde conste que se ha admitido una denuncia o que se ha activado de oficio el protocolo por indicios razonables de acoso. La falta de apertura formal convierte la actuación en una diligencia informal o paralela, sin garantías legales.

b). La designación de un instructor imparcial

La imparcialidad es un principio esencial del procedimiento. Quien instruya el expediente debe carecer de vínculos jerárquicos, personales o profesionales con las partes. Además, debe ser designado formalmente y tener competencia para llevar a cabo la investigación. La imparcialidad no es solo real, también debe ser percibida: cualquier conflicto de interés puede contaminar el procedimiento entero.

---

219 Gómez Colomer, J. L., *Constitución y proceso penal. Análisis de las reformas procesales más importantes introducidas por el nuevo Código Penal de 1995*, Ed. Tecnos, 1996, pp. 66 y ss.

6.6.3. La recogida de pruebas de manera ordenada, completa y trazable

Una investigación exhaustiva requiere la recopilación sistemática de toda la información relevante. Esto incluye:

- Entrevistas individuales con la persona denunciante, la denunciada y testigos clave.

- La documentación escrita (correos, mensajes, informes, evaluaciones, partes de trabajo).

- Los informes médicos, psicológicos y psiquiátricos, si los hay.

- Los registros de horas, tareas, supervisiones, etc.

Las actas y transcripciones debidamente firmadas o validadas.

Todo ello debe incorporarse al expediente con fecha, firma y custodia segura, garantizando su autenticidad y trazabilidad.

6.6.4. La escucha activa y en condiciones de seguridad a ambas partes

En el marco de los procedimientos de investigación de casos de acoso laboral, uno de los principios fundamentales es garantizar la escucha activa y segura de las personas involucradas, tanto la denunciante como la denunciada. Este paso resulta esencial para asegurar un proceso justo, respetuoso de los derechos fundamentales y orientado a esclarecer los hechos de forma objetiva y transparente. La escucha activa no se limita a una mera recopilación de versiones: requiere empatía, neutralidad, sensibilidad y condiciones materiales e institucionales que promuevan la expresión libre y sin temor.

a). Garantizar el derecho de defensa.

Todo procedimiento debe resguardar las garantías procesales básicas, entre ellas el derecho de defensa de la persona denunciada. Esto implica:

- Informar adecuadamente sobre el contenido de la denuncia y los derechos que le asisten.

- Conceder un plazo razonable para preparar su descargo y presentar pruebas o testigos.

- Asegurar que ninguna medida disciplinaria o prejuicio institucional se aplique de forma anticipada o arbitraria.

- Respetar este derecho no supone desproteger a la persona denunciante, sino fortalecer la legitimidad y legalidad del proceso.

b). Permitir la presencia de acompañantes legales o sindicales.

Tanto la persona denunciante como la denunciada deben poder contar con apoyo durante sus declaraciones. Este acompañamiento puede adoptar diversas formas:

- Asistencia de una representación sindical o laboral, en especial cuando así lo prevea la normativa interna o los convenios colectivos.

- Presencia de una persona de confianza o de un asesor legal que brinde contención emocional y asesoramiento técnico.

- Participación de profesionales de apoyo psicosocial en contextos especialmente delicados.

Este acompañamiento contribuye a equilibrar el proceso, proteger a las partes y fortalecer la percepción de imparcialidad.

c). Evitar confrontaciones directas.

En la gestión de situaciones de acoso, es indispensable evitar confrontaciones directas entre la persona denunciante y la denunciada, ya que:

- Pueden reactivar la violencia psicológica o emocional sufrida por la persona afectada.

- Generan contextos intimidatorios o de desequilibrio de poder que afectan la calidad del testimonio.

- Obstaculizan el objetivo central del procedimiento, que es el esclarecimiento y no el enfrentamiento.

Por ello, las entrevistas deben realizarse por separado, en espacios privados, y preferentemente por profesionales formados en perspectiva de género, enfoque psicosocial y derechos humanos.

d). Crear un entorno seguro, confidencial y no hostil.

La calidad de la escucha depende en gran medida del contexto en el que esta se realiza. Para ello se deben garantizar:

- Ambientes físicos adecuados, sin interrupciones, donde la persona se sienta segura para hablar.

- Una confidencialidad estricta de todo lo declarado, evitando filtraciones o exposiciones innecesarias.

- Un trato respetuoso, libre de juicios, presiones o sesgos por parte del equipo investigador o del personal presente.

Además, debe cuidarse especialmente el lenguaje, el tiempo otorgado para hablar, y la actitud de quienes facilitan la entrevista, para fomentar una comunicación honesta y libre.

e). Escucha activa como herramienta reparadora y de esclarecimiento.

La escucha activa no solo sirve al proceso probatorio, sino que puede cumplir un rol reparatorio para ambas partes:

- Para la persona denunciante, sentirse escuchada y creída en condiciones de respeto puede ser el primer paso hacia la reparación.

- Para la persona denunciada, la posibilidad de dar su versión sin ser prejuzgada permite construir confianza en el proceso y ejercer sus derechos sin temor.

La escucha activa y en condiciones de seguridad es uno de los pilares éticos y procesales en cualquier investigación interna sobre acoso laboral. Su adecuada implementación asegura el equilibrio entre las partes, mejora la calidad de la información recabada y fortalece la legitimidad de las decisiones posteriores. Además, representa un compromiso institucional con la justicia, la dignidad y la protección de todas las personas que integran el espacio laboral.

En todo caso, el procedimiento debe asegurar que tanto la persona denunciante como la denunciada puedan exponer sus versiones en un entorno seguro, confidencial y no hostil. Esto implica:

- Garantizar el derecho de defensa.

- Permitir la presencia de acompañantes legales o sindicales.

- Evitar confrontaciones directas que puedan generar situaciones intimidatorias.

6.6.5. El análisis riguroso de los hechos y del contexto organizacional

Una investigación objetiva no se limita a confrontar versiones, sino que analiza el entorno estructural en el que se producen los hechos. Esto incluye:

- La existencia de una cultura organizacional.

- La relación jerárquica entre las partes.

- La existencia de dinámicas de poder y comunicación.

- El historial de conflictos o denuncias previas.

- Las evaluaciones psicosociales del entorno.

Este análisis contextual evita caer en la visión reduccionista de que el acoso es un conflicto interpersonal, cuando en realidad suele estar enraizado en estructuras de poder y fallos institucionales.

6.6.6. La motivación jurídica y la técnica de las conclusiones

El informe final debe estar fundamentado en hechos probados, pruebas objetivas y normas aplicables. No puede basarse en intuiciones, percepciones o juicios morales. Debe incluir:

- El resumen de hechos acreditados.

- La valoración de pruebas.

- Los criterios técnicos utilizados (normas, guías, protocolos, jurisprudencia).

- El fundamento jurídico que sustente las conclusiones.

El apartado dedicado a la motivación jurídica y a la técnica de las conclusiones constituye uno de los elementos más delicados y determinantes del informe final. Su principal objetivo es ofrecer una fundamentación rigurosa y transparente de las decisiones o recomendaciones adoptadas al cierre de una investigación interna, garantizando su solidez técnica, su legitimidad jurídica y su coherencia con los hechos acreditados.

Este apartado debe sustentarse en cuatro pilares fundamentales:

a). Resumen de hechos acreditados

Se debe presentar de forma clara y estructurada una narración de los hechos considerados probados a lo largo de la investigación. Esta exposición debe estar desprovista de opiniones, juicios de valor o especulaciones, limitándose a lo que ha quedado suficientemente corroborado a través de pruebas objetivas. La relación cronológica de eventos, la identificación de las personas implicadas y el contexto de cada situación deben estar detalladamente descritos.

b). Valoración de las pruebas

En este subapartado se explicará el proceso mediante el cual las pruebas fueron analizadas y valoradas. Se debe justificar qué elementos probatorios se consideran sólidos y por qué, así como descartar aquellos que, por su origen, naturaleza o contradicciones internas, resulten insuficientes o irrelevantes. Es imprescindible argumentar las conclusiones sobre la base de evidencia documental, testimonios verificados, registros electrónicos o cualquier otro medio lícito y verificable. La cadena de custodia y la trazabilidad de la información deben quedar documentadas para garantizar su fiabilidad.

c). Criterios técnicos utilizados

Toda la evaluación debe apoyarse en criterios técnicos previamente establecidos o reconocidos por la organización o el sector. Aquí se deben citar las normas internas aplicables (códigos de conducta, reglamentos, manuales de Compliance), así como las guías metodológicas, estándares internacionales, recomendaciones de organismos reguladores o incluso jurisprudencia relevante, cuando sea procedente. Esto asegura que las conclusiones no son producto de la arbitrariedad, sino que se encuadran dentro de un marco normativo y doctrinal establecido.

d). Fundamento jurídico de las conclusiones

Las conclusiones del informe deben estar respaldadas por un razonamiento jurídico claro, estructurado y motivado. Se deben identificar las normas jurídicas que han sido infringidas o, en su caso, confirmadas como no vulneradas. Esta fundamentación no debe limitarse a enunciar normas, sino que debe articular cómo los hechos probados encajan o no en los supuestos normativos y qué consecuencias jurídicas se derivan de ello. En caso de que el informe recomiende medidas disciplinarias o correctivas, estas deben basarse en normas jurídicas o contractuales que las amparen, evitando cualquier percepción de arbitrariedad o desproporción.

La motivación jurídica y técnica del informe final no solo otorga credibilidad a los resultados de la investigación interna, sino que además protege a la organización ante posibles impugnaciones o revisiones externas. Un informe bien fundamentado se convierte en una herramienta de defensa institucional, de mejora del sistema de cumplimiento y de refuerzo de la cultura ética corporativa.

6.6.7. La propuesta clara de medidas correctoras, preventivas o disciplinarias

Una investigación completa no concluye con la simple descripción de hechos.

Debe contener propuestas concretas para:

- Restaurar el entorno laboral.

- Reparar a la víctima.

- Sancionar al agresor, si corresponde.

- Prevenir la repetición del acoso mediante cambios organizativos, formaciones o ajustes estructurales.

Una investigación interna rigurosa no debe limitarse a la verificación y exposición de hechos. Su utilidad práctica y su impacto organizacional radican en su capacidad para generar consecuencias positivas concretas, orientadas a restaurar el orden vulnerado y prevenir futuras situaciones similares. Por ello, el informe final debe concluir con una propuesta clara y detallada de medidas correctoras, preventivas o disciplinarias, adecuadamente motivadas y proporcionadas a los hechos constatados.

Estas medidas deben abordar, al menos, cuatro ejes fundamentales:

a). La restauración del entorno laboral

Cuando el clima laboral ha sido dañado como consecuencia del conflicto, del acoso o de conductas indebidas, es responsabilidad de la organización tomar medidas para restablecer un entorno seguro, respetuoso y productivo. Estas pueden incluir:

- La reorganización de equipos o funciones para evitar nuevas situaciones de tensión.

- La reubicación de personas implicadas, siempre respetando sus derechos y dignidad.

- La comunicación institucional que refuerce los valores de la organización y condene las conductas inapropiadas.

- El apoyo psicológico o mediación profesional para los equipos o unidades afectadas.

b). La reparación a la víctima

El informe debe proponer medidas específicas de reparación para las personas que hayan resultado afectadas por conductas contrarias a los valores y normas de la organización. Estas medidas deben centrarse en restituir su dignidad y mitigar el daño sufrido, pudiendo consistir en:

- Acceso prioritario a apoyo psicológico o asesoramiento legal.

- Reconocimiento institucional del perjuicio, en los términos que la víctima considere oportunos.

- Modificaciones en el entorno de trabajo que le permitan continuar desarrollando sus funciones sin riesgo.

- Compensaciones cuando proceda, conforme a la normativa laboral o al reglamento interno.

c). La sanción al agresor, si corresponde

En los casos en que los hechos acreditados constituyan infracciones del régimen disciplinario o incluso conductas ilícitas, el informe debe contener una recomendación precisa sobre la aplicación de sanciones. Estas deben ser proporcionales a la gravedad de los hechos, al daño causado y a los antecedentes de la persona implicada. Las sanciones pueden incluir:

- Amonestaciones verbales o escritas.

- Suspensiones temporales.

- Traslados disciplinarios.

- Despido disciplinario, en casos graves y conforme a la legislación laboral aplicable.

Es fundamental que toda medida disciplinaria recomendada esté debidamente motivada en el informe y se base en hechos probados, pruebas válidas y normas aplicables.

d). La prevención de la repetición del acoso u otras conductas irregulares. Además de responder al caso concreto, la organización debe aprovechar las conclusiones de la investigación para revisar y fortalecer sus mecanismos de prevención. Las medidas recomendadas pueden incluir:

- La revisión y actualización de protocolos internos de prevención del acoso, discriminación o conflictos.

- El refuerzo de los canales de denuncia y protección de los denunciantes.

- Los programas de formación específicos para mandos intermedios y empleados sobre conductas indebidas, ética profesional y resolución de conflictos.

- Los cambios estructurales que eliminen riesgos organizativos, como jerarquías opacas, falta de control en determinadas áreas o ausencia de supervisión efectiva.

En todos los casos, las propuestas deben estar formuladas de manera clara, operativa y realista, indicando la prioridad, la unidad responsable de su ejecución y, cuando sea posible, un cronograma estimado para su implementación.

La propuesta de medidas no solo es el cierre formal del proceso investigativo, sino el puente hacia una transformación positiva de la organización. Es a través de estas recomendaciones que se traduce el aprendizaje institucional en acciones concretas, orientadas al fortalecimiento de la cultura ética y la mejora continua del entorno laboral.

6.6.8. La notificación motivada a las partes con garantías de confidencialidad

La resolución debe ser notificada a las partes de forma clara, con indicación de sus derechos, posibilidades de recurso y garantías de confidencialidad. La omisión de este paso convierte el procedimiento en opaco y desprotege a quienes han confiado en el sistema.

Una vez finalizada la investigación interna y elaborado el informe correspondiente, resulta imprescindible proceder a la notificación motivada de la resolución a las partes involucradas. Este paso no solo representa una exigencia de transparencia y equidad procedimental, sino que también es una condición esencial para garantizar la protección de derechos, la legitimidad del proceso y la confianza en el sistema de Compliance corporativo.

a). El contenido de la notificación

La comunicación que se dirija a cada una de las partes (persona denunciante, persona denunciada, y eventualmente otras afectadas por la resolución) debe contener, al menos, los siguientes elementos:

- Una explicación clara y comprensible de la decisión adoptada, sin ambigüedades ni tecnicismos innecesarios.

- La exposición resumida de los hechos acreditados, sin revelar información innecesaria o confidencial que comprometa a terceros.

- Las conclusiones alcanzadas y, en su caso, la descripción de las medidas adoptadas que afecten directamente a la persona notificada (sanciones, acciones de protección, medidas organizativas, etc.).

- La motivación jurídica y fáctica que justifica la decisión, explicada de forma accesible.

- La indicación expresa de los derechos que asisten a la persona notificada: posibilidad de alegaciones, revisión interna, recurso jerárquico u otras vías disponibles conforme a las normas internas o al ordenamiento aplicable.

b). La garantía de confidencialidad

Todo el proceso de notificación debe desarrollarse con estricto respeto a la confidencialidad. Esto implica:

- Seleccionar canales seguros de comunicación (correos encriptados, entrega en mano con acuse de recibo, plataformas protegidas).

- Limitar la difusión de la información únicamente a las personas estrictamente necesarias.

- Proteger especialmente los datos personales, las circunstancias privadas y la identidad de la persona denunciante, cuando esta haya solicitado confidencialidad o cuando así lo exijan las políticas internas o la ley.

La violación de esta confidencialidad puede producir un daño grave, tanto a las personas implicadas como a la reputación de la organización, pudiendo dar lugar incluso a responsabilidades legales o administrativas.

c). El equilibrio en la comunicación.

La notificación debe estar adaptada al perfil de cada parte. Así, mientras la persona denunciante debe recibir información suficiente para confirmar que su denuncia ha sido tratada con rigor y seriedad, también es necesario proteger los derechos de la persona investigada, evitando juicios de valor o descalificaciones innecesarias.

La comunicación debe ser escrupulosamente neutral y centrada en los hechos. Es fundamental evitar expresiones subjetivas que puedan resultar ofensivas, denigrantes o estigmatizantes, en tanto que ello puede vulnerar derechos fundamentales y enturbiar la posibilidad de una resolución satisfactoria para todas las partes.

d). La función de legitimación del procedimiento

Este paso, a menudo subestimado, cumple una función legitimadora central en el procedimiento de investigación. La notificación motivada refuerza:

- La confianza de las personas trabajadoras en el sistema interno de cumplimiento.

- La percepción de imparcialidad, rigor y respeto del proceso.

- La protección frente a eventuales impugnaciones o denuncias de indefensión.

Por el contrario, la omisión de la notificación, o su realización de forma deficiente, convierte el procedimiento en opaco, reduce su eficacia preventiva y vulnera los derechos de quienes han participado de buena fe.

La notificación motivada con garantías de confidencialidad es el acto que vincula la investigación con su legitimación institucional. Su correcta ejecución no solo cierra formalmente el procedimiento, sino que reafirma el compromiso de la organización con la transparencia, la legalidad y el respeto a las personas.

6.6.9. La trazabilidad documental y la transparencia del procedimiento

Todo el expediente debe estar debidamente custodiado, numerado, fechado y accesible para su revisión administrativa o judicial. La falta de trazabilidad mina la credibilidad del proceso y puede anular sus efectos legales.

La trazabilidad documental y la transparencia procedimental constituyen garantías esenciales para la validez y eficacia de cualquier investigación interna. En el contexto de un procedimiento de Compliance, donde pueden estar en juego derechos fundamentales, la reputación de personas o entidades, y la eventual imposición de medidas disciplinarias, asegurar el orden, la integridad y la disponibilidad de la documentación es una exigencia no solo técnica, sino también legal y ética.

a). La custodia y conservación del expediente.

Todo el expediente relacionado con la investigación debe ser custodiado de manera segura y controlada desde el inicio del proceso hasta su cierre. Esto incluye:

- La denuncia o comunicación inicial.

- Las notificaciones cursadas a las partes.

- Las actas de entrevistas o interrogatorios.

- Los documentos y pruebas recopiladas.

- Los análisis y valoraciones técnicas realizadas.

- El informe final y la resolución.

Esta custodia debe garantizar la confidencialidad de los datos personales, el cumplimiento de la normativa de protección de datos (como el RGPD, si es aplicable), y la conservación de los documentos durante el tiempo legalmente establecido o el que indiquen las políticas internas de la organización.

b). La numeración, fechación y orden cronológico.

Para asegurar la trazabilidad efectiva del procedimiento, cada documento del expediente debe estar:

- Correctamente numerado y fechado.

- Ordenado cronológicamente según su incorporación al expediente

- Identificado por tipo de contenido (acta, prueba documental, comunicación interna, etc.).

Este nivel de organización permite verificar en cualquier momento cómo se ha desarrollado el procedimiento, qué actuaciones se han realizado, en qué plazos y por qué medios. A su vez, facilita eventuales auditorías internas, inspecciones regulatorias o revisiones judiciales.

c). El registro de accesos y actuaciones.

Debe mantenerse un registro preciso de las personas que han tenido acceso al expediente y de las actuaciones realizadas. Esto contribuye a garantizar la integridad del procedimiento, evita manipulaciones o accesos indebidos, y permite identificar responsabilidades en caso de filtraciones o irregularidades.

Asimismo, es recomendable documentar cualquier intervención relevante, como la apertura formal de la investigación, la designación del instructor, las suspensiones temporales, las medidas cautelares adoptadas, o cualquier otro hecho que tenga incidencia en la validez del procedimiento.

d. Accesibilidad para revisión administrativa o judicial.

El expediente debe estar preparado para su puesta a disposición de una autoridad administrativa o judicial si fuera necesario. Para ello, debe encontrarse:

- Completamente digitalizado o reproducible en copia íntegra.

- Sin omisiones ni lagunas injustificadas.

- Con todas sus piezas fácilmente localizables y contextualizadas.

Este nivel de transparencia fortalece la defensa jurídica de la organización, permite acreditar la legalidad y proporcionalidad del proceso, y protege frente a eventuales reclamaciones por parte de las personas implicadas.

e. Riesgos de una trazabilidad deficiente

La ausencia de una trazabilidad adecuada puede tener consecuencias graves:

- Pérdida de credibilidad institucional y desconfianza en el sistema interno de cumplimiento.

- Vulneración de derechos fundamentales, como la defensa o la tutela judicial efectiva.

- Invalidez de las decisiones adoptadas, con posibles responsabilidades disciplinarias o legales para los responsables del procedimiento.

La trazabilidad documental y la transparencia del procedimiento no son elementos accesorios o meramente formales: son garantías estructurales que sostienen la legitimidad, eficacia y sostenibilidad del sistema de investigación interna. Su correcta implementación refleja el compromiso de la organización con el cumplimiento normativo, la buena gobernanza y la ética empresarial.

6.6.10. El seguimiento posterior a la resolución

Una investigación objetiva no se da por concluida con la firma del informe. Es necesario hacer seguimiento para verificar si:

- Se han ejecutado las medidas propuestas.

- La víctima ha sido protegida.

- El entorno laboral se ha estabilizado.

- Se ha evitado la revictimización o las represalias.

Una investigación objetiva, rigurosa y responsable no puede considerarse plenamente concluida con la firma y archivo del informe final. El verdadero impacto de una investigación interna no reside únicamente en el diagnóstico de los hechos ni en la formulación de propuestas correctoras, sino en su implementación efectiva y en los cambios reales que se produzcan en el entorno laboral. Por ello, es imprescindible establecer un sistema de seguimiento posterior que permita verificar si las medidas propuestas han sido ejecutadas de forma adecuada y si sus efectos han contribuido a reparar el daño causado, proteger a las personas afectadas y prevenir nuevas situaciones de riesgo.

Este seguimiento debe considerar al menos los siguientes aspectos:

a). La verificación de la ejecución de las medidas propuestas

Una vez adoptadas las recomendaciones contenidas en el informe (ya sean disciplinarias, preventivas, organizativas o de apoyo psicosocial), debe existir un control efectivo sobre su cumplimiento. Este control puede realizarse mediante:

- Informes periódicos del área responsable de implementar las medidas (RRHH, Compliance, prevención de riesgos).

- Reuniones de evaluación con las personas implicadas o afectadas.

- Auditorías internas que verifiquen la adopción de cambios estructurales o normativos

La trazabilidad de esta implementación debe quedar documentada y archivada, de modo que se pueda acreditar, en caso necesario, la diligencia de la organización en la ejecución del plan de acción.

b). La protección efectiva de la víctima

Es fundamental garantizar que la persona afectada por los hechos objeto de investigación no sufra consecuencias negativas como resultado de haber denunciado, colaborado con el proceso o haber sido víctima de una situación de acoso o mala praxis. El seguimiento debe permitir identificar:

- Si la víctima ha experimentado un cambio favorable en su entorno y condiciones laborales.

- Si ha recibido el acompañamiento psicológico, legal o profesional que se recomendó.

- Si ha recuperado su seguridad, bienestar y dignidad en el lugar de trabajo.

Este proceso puede incluir entrevistas de seguimiento (voluntarias y confidenciales), encuestas de clima laboral o el monitoreo discreto del entorno inmediato.

c). La evaluación del entorno laboral

Uno de los objetivos centrales del seguimiento es determinar si se ha estabilizado el ambiente organizacional tras la investigación. Esto implica comprobar si:

- Se han resuelto los conflictos relacionales generados.

- El equipo ha recobrado su cohesión y rendimiento habitual.

- Se ha restablecido una cultura de respeto, confianza y colaboración.

Para ello, es útil aplicar herramientas de diagnóstico del clima laboral, encuestas anónimas, sesiones de grupo u observaciones cualitativas realizadas por profesionales imparciales.

d). La prevención de la revictimización y las represalias

Toda investigación debe ir seguida de mecanismos que aseguren que la víctima y otras personas que hayan colaborado con el proceso no sean objeto de represalias directas o indirectas. Esto incluye:

- Supervisión activa de comportamientos hostiles, actos de aislamiento, cambios injustificados en condiciones laborales u otras formas de intimidación.

- Intervención inmediata en caso de detectar indicios de revictimización.

- Aplicación de protocolos específicos para proteger a denunciantes y testigos, conforme a la normativa interna y, en su caso, a la legislación vigente.

e). Los responsables del seguimiento

El seguimiento debe asignarse expresamente a una o varias unidades con competencias en la materia, tales como el área de Compliance, recursos humanos, servicios jurídicos o la dirección general. Asimismo, es recomendable que esta tarea cuente con una temporalidad definida, fases de verificación y criterios claros de cierre o consolidación del proceso.

El seguimiento posterior a una investigación interna no es una etapa secundaria, sino la culminación responsable de un procedimiento orientado al cambio, la justicia y la integridad organizacional. Sin este control de resultados, la investigación corre el riesgo de convertirse en un acto simbólico sin efectos reales, debilitando la credibilidad del sistema y exponiendo a la organización a nuevos riesgos jurídicos, reputacionales y humanos. Un seguimiento bien diseñado y ejecutado consolida el compromiso de la entidad con la protección efectiva de las personas y la construcción de un entorno laboral sano, ético y resiliente.

6.6.11. Las consecuencias de una investigación que no cumple con estos elementos

La ausencia de alguno de estos componentes compromete seriamente la validez del procedimiento. Una investigación que no es objetiva ni exhaustiva puede:

- Ser impugnada judicial o administrativamente.

- Constituir una forma de encubrimiento institucional.

- Derivar en revictimización o represalias.

- Generar responsabilidad legal por omisión, negligencia o daño moral.

- Dañar la credibilidad y legitimidad institucional.

Para que una investigación por acoso laboral sea objetiva y exhaustiva, debe ser formal, imparcial, técnicamente rigurosa, con análisis contextual, garantista, bien documentada y orientada a la reparación. Solo así puede cumplir su función: proteger derechos, restablecer la justicia y evitar la repetición del daño.

6.6.12. ¿Cuál es la función del Servicio de Prevención de Riesgos Laborales en estos casos?

Debe evaluar el entorno laboral desde el punto de vista psicosocial, emitir informes técnicos, recomendar medidas correctoras y detectar riesgos. Su inacción ante una denuncia de acoso puede constituir una grave omisión institucional y una forma de revictimización.

La función del Servicio de Prevención de Riesgos Laborales (SPRL) en los casos de acoso laboral es esencial, activa y legalmente obligatoria.

Este servicio es un agente clave en la protección de la salud de las personas trabajadoras, con funciones concretas que deben desplegarse de forma inmediata y rigurosa ante cualquier indicio de daño psicosocial derivado del entorno laboral.

En el marco de la Ley 31/1995 de Prevención de Riesgos Laborales, el SPRL tiene el deber de identificar, evaluar y controlar los factores de riesgo psicosocial presentes en el lugar de trabajo.

En casos de acoso, esto implica intervenir para:

- Evaluar los riesgos psicosociales del puesto y del entorno laboral, ya sea de forma general o específica, atendiendo a la situación denunciada.

- Emitir informes técnicos que analicen las condiciones organizativas, jerárquicas, de carga de trabajo, comunicación, aislamiento, control o cualquier otro aspecto que pueda estar contribuyendo al acoso.

- Recomendar medidas correctoras, como redistribución de tareas, separación física o funcional de las partes, ajustes organizativos, acciones formativas o de sensibilización.

- Colaborar con el comité de empresa, recursos humanos y el órgano instructor del expediente para ofrecer un enfoque técnico y preventivo del caso.

- Actuar de oficio si detecta indicios de riesgo psicosocial grave, sin necesidad de denuncia formal, cuando tiene conocimiento de partes de baja médica reiteradas, informes clínicos o alertas por parte del personal sanitario.

El SPRL no puede alegar neutralidad ni mantenerse al margen. Su inacción ante indicios evidentes de acoso laboral constituye una omisión de deberes legales, y puede tener consecuencias graves:

a). La responsabilidad administrativa.

La falta de actuación puede ser calificada como infracción grave o muy grave, especialmente si existen documentos médicos, denuncias o evidencias de deterioro en la salud de una persona trabajadora.

b). La responsabilidad civil o patrimonial.

Si la omisión del SPRL contribuye al agravamiento del daño, a la cronificación de un trastorno o a una situación de incapacidad, la institución puede ser condenada a indemnizar a la víctima por daños y perjuicios, incluidos los daños morales y a la salud.

c). La revictimización institucional.

No intervenir cuando hay señales clínicas de acoso convierte al SPRL en un agente de refuerzo del daño, no en un protector. Esto vulnera el derecho a la salud, a la integridad moral y a un entorno de trabajo seguro y digno.

d). La responsabilidad penal indirecta: en casos extremos donde el daño termina en situaciones graves (suicidio, incapacidades permanentes, deterioro psicológico severo), y se demuestra que el SPRL tenía conocimiento del riesgo y no actuó, puede existir responsabilidad penal por omisión de socorro o por cooperar pasivamente en una situación de violencia institucional.

e). La pérdida de legitimidad interna.

Si el personal percibe que el SPRL no responde ante los casos de acoso, se debilita su función preventiva y se refuerza la cultura del silencio y de la impunidad, lo cual tiene efectos nocivos sobre la salud colectiva de la organización.

La función del Servicio de Prevención de Riesgos Laborales es intervenir de manera activa, técnica y urgente ante cualquier sospecha de acoso, y su inacción no solo constituye un incumplimiento legal, sino una forma estructural de violencia institucional. Proteger a la víctima, prevenir el daño y corregir el entorno son tareas ineludibles. No hacerlo no solo es negligente: es una vulneración directa de los derechos fundamentales de la persona trabajadora.

6.6.13. ¿Qué papel juega la confidencialidad en todo el proceso?

La confidencialidad protege la identidad de las partes y garantiza que el procedimiento se lleve a cabo sin presiones ni represalias. Su violación es una falta grave que puede generar daños irreparables a la reputación, integridad y derechos de las personas involucradas.

La confidencialidad juega un papel esencial en todo el proceso de investigación interna por acoso, ya que protege la integridad, la dignidad y los derechos fundamentales de las personas implicadas, especialmente de quien denuncia.

Su cumplimiento no es una opción, sino una obligación legal, ética y procesal. Garantiza que la identidad de las partes no sea expuesta sin causa legal justificada, evitando así represalias, estigmatización o daños adicionales.

Esta protección es crucial en entornos donde la denuncia puede generar tensiones laborales, aislamiento o pérdida de oportunidades profesionales. Al mismo tiempo, resguardar la confidencialidad asegura la objetividad del procedimiento, ya que evita la contaminación del entorno institucional, protege la independencia de los testigos y limita las interferencias externas.

La filtración de datos personales, información médica o detalles del caso constituye una vulneración grave que puede tener consecuencias disciplinarias, civiles o incluso penales, además de comprometer la validez del procedimiento.

La normativa vigente, como el Reglamento General de Protección de Datos (RGPD), la Ley Orgánica 3/2018 de Protección de Datos y la Ley 2/2023 de protección del informante, establece claramente el deber de proteger los datos especialmente sensibles, como los relacionados con la salud, las relaciones laborales o los hechos denunciados.

El incumplimiento de este deber, ya sea por negligencia o por acción deliberada, es considerado una infracción grave, que puede ser denunciada ante organismos como la Agencia Española de Protección de Datos, el Defensor del Pueblo o incluso tribunales europeos.

Además, desde una perspectiva institucional, la falta de confidencialidad mina la confianza en los canales internos, disuade a otras personas de denunciar situaciones similares y consolida una cultura del silencio e impunidad.

En consecuencia, la confidencialidad no es un simple requisito técnico, sino una garantía sustancial de justicia, respeto y eficacia en la lucha contra el acoso. Su vulneración no solo perjudica a la víctima, sino que deslegitima a toda la institución.

La confidencialidad juega un papel central en todo el proceso de investigación interna por acoso, ya que protege tanto los derechos de la persona denunciante como los de la persona denunciada, y garantiza la integridad del procedimiento.

No es una mera formalidad, sino una obligación legal, ética y procesal que tiene consecuencias directas en la seguridad, dignidad y credibilidad de las partes implicadas.

6.6.14. ¿Por qué es fundamental la confidencialidad?

La confidencialidad se debe basar en las siguientes razones o fundamentos, que son los siguientes:

a). La protección frente a represalias.

Se hace necesario salvaguardar la identidad de la persona denunciante evita que sufra represalias personales o profesionales, como aislamiento, desprestigio, exclusión o presiones por parte del entorno laboral o académico.

b). La preservación de la integridad psicoemocional.

El acoso es una experiencia traumática. Exponer públicamente a la víctima puede agravar su sufrimiento y producir lo que se conoce como revictimización institucional.

c). La garantía del derecho a la intimidad.

Tanto la víctima como el presunto agresor tienen derecho a que su información personal, médica y profesional sea protegida conforme al Reglamento General de Protección de Datos (RGPD) y la Ley Orgánica 3/2018 de Protección de Datos y Garantía de los Derechos Digitales.

d). La legitimidad del procedimiento

La confidencialidad contribuye a la objetividad del proceso. Si los detalles del caso se filtran, puede contaminarse el entorno, condicionar testimonios o generar presión social sobre quienes intervienen.

e). El fomento de la confianza institucional: Cuando la confidencialidad se respeta rigurosamente, se fortalece la confianza de las personas en los canales internos de denuncia. Si se vulnera, se transmite la idea de que el sistema no es seguro ni eficaz.

6.6.15. ¿Qué implica la confidencialidad en la práctica?

La confidencialidad en la práctica conlleva el cumplimiento de una serie de premisas básicas

- No divulgar la identidad de las partes sin base legal justificada.

- Limitar el acceso al expediente únicamente a las personas formalmente involucradas en la instrucción.

- No revelar información médica, psicológica o personal sensible sin consentimiento expreso.

- Evitar exposiciones públicas innecesarias en entrevistas, reuniones o comunicaciones institucionales.

- Registrar y proteger con medidas técnicas adecuadas todos los datos relacionados con el caso.

La confidencialidad es uno de los principios rectores de toda investigación interna seria y responsable. Su respeto garantiza la protección de los derechos fundamentales de las personas implicadas, preserva la integridad del procedimiento, refuerza la confianza en los canales de denuncia y, en última instancia, protege a la organización frente a riesgos legales, reputacionales y laborales.

En la práctica, la confidencialidad no se limita a una declaración de intenciones o a una cláusula general en el reglamento interno: debe traducirse en acciones concretas, sistemáticas y verificables, que atraviesen todas las fases del procedimiento de investigación. A continuación, se detallan las principales dimensiones de su aplicación:

a). No divulgar la identidad de las partes sin base legal justificada

La identidad de las personas involucradas —especialmente la de la persona denunciante y la persona presuntamente afectada— debe mantenerse en reserva. Esta protección alcanza tanto a los datos identificativos (nombre, cargo, localización) como a cualquier otro dato que pueda llevar directa o indirectamente a su identificación.

Solo podrá revelarse dicha identidad en casos en que:

- Exista una obligación legal o judicial de hacerlo.

- Sea imprescindible para garantizar el derecho de defensa de la persona investigada.

- La propia persona afectada autorice expresamente la revelación.

En todos los casos, debe evaluarse la proporcionalidad y necesidad de la revelación, así como sus posibles efectos sobre la persona protegida.

b). Limitar el acceso al expediente únicamente a las personas formalmente involucradas en la instrucción

El principio de "necesidad de saber" debe regir el acceso a la documentación y a la información de la investigación. Solo aquellas personas que tengan una función clara y documentada en la tramitación del caso (miembros del equipo instructor, asesores jurídicos, responsables de Compliance o recursos humanos) podrán acceder al expediente completo o parcial.

Este acceso debe estar regulado por:

- Protocolos de actuación específicos.

- Sistemas de control de accesos (digitales o físicos).

- Registros de consulta y uso del expediente.

El acceso indebido o injustificado puede constituir una infracción grave y derivar en responsabilidades disciplinarias o incluso penales.

c). No revelar información médica, psicológica o personal sensible sin consentimiento expreso

Durante el curso de una investigación pueden obtenerse datos especialmente sensibles, como evaluaciones médicas, diagnósticos psicológicos, historiales de salud o circunstancias personales (orientación sexual, creencias religiosas, condiciones familiares, etc.).

Estos datos están especialmente protegidos por la normativa de protección de datos (como el Reglamento General de Protección de Datos en la Unión Europea) y no deben ser utilizados, transmitidos ni citados sin el consentimiento libre, específico e informado de la persona interesada, salvo que exista una habilitación legal clara.

Además, su incorporación al expediente debe hacerse con restricciones de acceso más estrictas que las del resto de la documentación.

d). Evitar exposiciones públicas innecesarias en entrevistas, reuniones o comunicaciones institucionales

La confidencialidad no solo se protege en los documentos: también debe observarse en la forma en que se desarrollan las entrevistas, las reuniones internas o las comunicaciones institucionales. En la práctica, esto implica:

- Realizar entrevistas en espacios privados y seguros.

- Evitar convocatorias o comunicaciones que puedan delatar involuntariamente la implicación de una persona en una investigación.

- Abstenerse de comentar el caso, incluso informalmente, fuera de los canales previstos.

- Usar un lenguaje neutro y discreto en toda comunicación escrita o verbal sobre el caso.

Cualquier exposición innecesaria puede generar daño psicológico, revictimización o deterioro reputacional, tanto para la persona afectada como para el investigado.

e). Registrar y proteger con medidas técnicas adecuadas todos los datos relacionados con el caso

La confidencialidad también depende de los sistemas técnicos utilizados para gestionar la información. Por ello, es imprescindible:

- Almacenar el expediente en sistemas informáticos seguros, con acceso restringido y trazabilidad de las consultas.

- Proteger los archivos físicos en espacios cerrados, bajo llave y con control de entrada.

- Utilizar canales de comunicación encriptados para intercambiar información confidencial.

- Establecer plazos de conservación y destrucción de la documentación conforme a las normativas aplicables y a las políticas internas.

f). La cultura organizativa y formación en confidencialidad

Finalmente, la confidencialidad debe ser parte de la cultura ética de la organización. Para ello, es fundamental:

- Incluir cláusulas específicas de confidencialidad en los contratos del personal implicado en investigaciones.

- Realizar formaciones periódicas sobre protección de datos y gestión confidencial de la información.

- Establecer sanciones proporcionales ante filtraciones o vulneraciones del deber de reserva.

La confidencialidad en la práctica no es una obligación abstracta, sino un conjunto de medidas concretas que abarcan desde el diseño del procedimiento hasta la conducta diaria de quienes lo aplican. Su correcta implementación es garantía de respeto, profesionalidad y legitimidad en cualquier sistema de cumplimiento normativo y de investigación interna.

6.6.16. ¿Qué consecuencias tiene su vulneración?

En el marco de una investigación interna, la confidencialidad no es un simple formalismo ni un valor accesorio: es un deber jurídico y ético esencial, cuya vulneración puede producir consecuencias graves para las personas implicadas y para la organización en su conjunto. La protección de la información sensible —incluida la identidad de denunciantes, testigos, personas investigadas, así como los contenidos del expediente— constituye una obligación legal y un compromiso institucional indispensable para garantizar la legitimidad, eficacia y justicia del procedimiento.

La revelación no autorizada de información confidencial puede dar lugar a una multiplicidad de efectos jurídicos, organizativos y humanos, que se detallan a continuación:

a). La infracción administrativa grave o muy grave según la legislación de protección de datos

La legislación vigente en materia de protección de datos personales, como el Reglamento General de Protección de Datos (RGPD) en la Unión Europea o las leyes nacionales equivalentes, califica como infracción grave o muy grave el tratamiento indebido de datos personales especialmente sensibles, su divulgación no autorizada o su acceso por personas no autorizadas.

Estas infracciones pueden ser sancionadas con multas económicas de gran cuantía, advertencias formales, órdenes de rectificación, limitaciones al tratamiento o incluso la suspensión del funcionamiento del canal de denuncias si no cumple con las garantías mínimas.

Además, las autoridades de protección de datos pueden iniciar inspecciones y requerir información detallada sobre las medidas de confidencialidad adoptadas, lo que implica una exigencia de trazabilidad y control efectivo.

b). La violación de derechos fundamentales

La revelación de información confidencial puede constituir una vulneración directa de derechos fundamentales protegidos por las constituciones nacionales y por los convenios internacionales de derechos humanos, tales como:

- El derecho a la intimidad y a la vida privada.

- El derecho a la integridad moral y psíquica, en especial en casos de acoso o discriminación.

- El derecho a la protección de la salud, en situaciones que implican información médica o psicológica.

La violación de estos derechos puede derivar en procedimientos judiciales, sanciones disciplinarias para los responsables y reparaciones económicas y simbólicas a favor de las personas afectadas.

c). Los daños morales o patrimoniales susceptibles de reclamación judicial

La exposición pública de una denuncia, el señalamiento de una persona investigada antes de que se acrediten los hechos, o la filtración de contenidos sensibles del expediente pueden causar:

- Daño psicológico, reputacional o profesional a las personas implicadas.

- Pérdida de oportunidades laborales o afectación de relaciones personales.

- Reacciones sociales adversas que agraven la situación de la víctima.

Estos daños pueden dar lugar a acciones judiciales por responsabilidad civil extracontractual, con reclamación de indemnizaciones por daño moral o patrimonial, y la posible condena de la organización o de las personas responsables de la filtración.

d). La deslegitimación del procedimiento

La falta de confidencialidad mina la credibilidad del procedimiento de investigación y puede generar:

- La nulidad de actuaciones por vulneración de derechos procedimentales.

- Impugnación de la resolución final, con exigencia de repetir fases del procedimiento.

- Pérdida de confianza de los trabajadores y de los denunciantes en el sistema interno de Compliance.

Una filtración puede hacer que testigos clave se nieguen a declarar por miedo a represalias, que las víctimas no se atrevan a acudir a los canales establecidos, o que los hechos no puedan ser esclarecidos por pérdida de pruebas o manipulación del contexto.

e). Responsabilidad penal en los casos más graves

En situaciones especialmente graves, la revelación de secretos puede constituir un delito tipificado en el Código Penal. Este tipo penal puede ser aplicable cuando:

- Se difunde información confidencial obtenida en el marco de una investigación sin causa justificada.

- Se vulnera deliberadamente la intimidad de una persona trabajadora con intención de causar daño.

- Se encubre institucionalmente a responsables de acoso o de otras conductas ilícitas mediante la omisión o manipulación de pruebas.

En estos casos, no solo pueden ser responsables quienes ejecutaron la filtración, sino también quienes, por omisión o negligencia, facilitaron su ocurrencia o no adoptaron las medidas de protección adecuadas.

f). La confidencialidad como pilar del procedimiento

Por todo lo anterior, debe subrayarse que la confidencialidad no es un mero requisito procedimental, sino un principio estructural del sistema de cumplimiento normativo. Su observancia rigurosa:

- Protege a las personas implicadas y garantiza su seguridad física y emocional.

- Fomenta la confianza institucional en los canales internos de denuncia.

- Evita la creación de climas de miedo, represalia o silencio.

- Refuerza la legitimidad y eficacia de las medidas adoptadas.

- Resguarda a la organización frente a sanciones legales, demandas judiciales y crisis reputacionales.

La confidencialidad debe ser aplicada desde la recepción de la denuncia hasta el cierre definitivo del expediente, incluyendo todas las fases intermedias: admisión, investigación, redacción del informe, adopción de medidas y seguimiento.

El respeto absoluto a la confidencialidad es una condición ineludible para el éxito de cualquier proceso de investigación interna. Su vulneración no solo expone a la organización a consecuencias legales y económicas, sino que también daña su integridad institucional, deteriora el clima laboral y perpetúa las culturas de encubrimiento y miedo. Por ello, debe ser tratada con el máximo rigor técnico, normativo y humano.

6.6.17. ¿Qué significa revictimización institucional?

Es la reproducción del daño sufrido por la víctima, ahora por parte de la institución. Se manifiesta en la indiferencia, la inacción, el archivo injustificado, la falta de medidas de protección o el desprecio hacia las pruebas. Es una forma de violencia estructural.

La revictimización institucional es el proceso por el cual una persona que ha sufrido acoso u otra forma de violencia vuelve a ser dañada, esta vez por la propia institución que debía protegerla. En lugar de reparar el daño, la institución actúa -por acción u omisión- de forma que agrava el sufrimiento, debilita la credibilidad de la víctima y perpetúa la impunidad.

No es un error administrativo menor, sino una forma de violencia secundaria reconocida por organismos internacionales, como Naciones Unidas o el Tribunal Europeo de Derechos Humanos. Esta revictimización supone una falla estructural de protección y puede vulnerar derechos fundamentales como la integridad moral, la igualdad, la tutela judicial efectiva y la salud.

6.6.18. ¿Cómo se manifiesta la revictimización?

Algunas formas comunes de revictimización institucional incluyen los siguientes aspectos:

- La inacción ante la denuncia: no se abre investigación, se archiva sin motivación o se retrasa el proceso sin justificación.

- La falta de medidas de protección: se deja a la víctima expuesta al agresor, al mismo entorno hostil o a represalias, sin adoptar medidas provisionales.

- El trato despectivo o condescendiente: se minimiza el testimonio, se cuestiona la credibilidad de la víctima o se le responsabiliza de los hechos.

- La exposición innecesaria: se filtra su identidad o se realizan entrevistas sin confidencialidad, generando humillación o estigmatización.

- La negación de acompañamiento: se impide el acceso a apoyo psicológico, asesoría jurídica o representantes institucionales.

- El uso arbitrario del procedimiento: se manipulan actas, se omiten pruebas relevantes o se imponen obstáculos para acceder al expediente.

- La reasignación o aislamiento de la víctima: se traslada a la denunciante, se la excluye de proyectos o se le imponen tareas degradantes.

- El hostigamiento posterior: a veces, tras la denuncia, se intensifican los ataques mediante evaluaciones negativas, desprestigio o campañas internas de descrédito.

- La desaparición o manipulación de pruebas: borrado de correos, pérdida de informes, negación del acceso a documentación clave.

- El cierre del procedimiento sin informe motivado: la institución no emite conclusiones claras, no toma medidas y deja a la víctima sin respuesta legal.

6.6.19. ¿Cuál es el impacto?

La revictimización institucional representa una de las consecuencias más perjudiciales y silenciosas de una gestión inadecuada de las denuncias internas. Ocurre cuando, tras haber sido víctima de una conducta lesiva —como acoso, discriminación, abuso de poder o trato degradante—, la persona afectada sufre un nuevo daño como resultado directo de la actuación (o inacción) de la propia organización que debía protegerla. Esta segunda herida, provocada por la falta de apoyo, la negligencia, la desprotección o incluso las represalias, agrava exponencialmente las consecuencias del hecho original y compromete profundamente la integridad institucional.

El impacto de la revictimización es múltiple, y sus efectos se manifiestan en distintas dimensiones:

a). El agravamiento del daño psicológico

La persona que decide denunciar una situación de abuso o irregularidad suele hacerlo tras un proceso interno difícil, marcado por el miedo, la incertidumbre y la esperanza de que la organización actúe con justicia. Cuando, tras dar ese paso, se encuentra con desconfianza, cuestionamientos, filtraciones, indiferencia o represalias, el daño emocional se intensifica. Esto puede derivar en:

- Aumento de los niveles de ansiedad, estrés postraumático o sentimiento de culpa.

- Depresión, trastornos del sueño e insomnio persistente.

- Pérdida de autoestima, aislamiento emocional y pensamientos autodestructivos.

Este deterioro mental no solo afecta la salud individual de la persona, sino que también se traduce en absentismo, baja productividad y desconexión del entorno laboral o académico.

b). El deterioro de la trayectoria profesional

Una víctima que sufre revictimización puede ver seriamente afectada su carrcra profcsional. Esto se manifiesta en:

- Marginación dentro del equipo de trabajo o exclusión de espacios de decisión.

- Negación de ascensos, formación o proyectos relevantes.

- Cambio de funciones sin justificación o traslado forzoso como "solución encubierta".

- Señalamiento público o "etiquetado" como conflictiva o problemática.

Todo ello construye una narrativa implícita que penaliza a quien ha alzado la voz, lo que refuerza el temor de otras personas a seguir el mismo camino.

c). El aislamiento social y laboral

La falta de apoyo institucional puede provocar el aislamiento progresivo de la persona denunciante, ya sea por temor de sus compañeros a verse involucrados, por dinámicas de encubrimiento o por una cultura interna que minimiza el problema. Este aislamiento puede tener consecuencias devastadoras:

- La pérdida del sentido de pertenencia a la organización.

- La ruptura de redes de confianza o colaboración profesional.

- La desvinculación emocional con el proyecto institucional o con la comunidad académica o laboral.

d). La deslegitimación del sistema de denuncias y reforzamiento de la cultura del silencio

Uno de los efectos más corrosivos de la revictimización es el mensaje institucional que proyecta: "denunciar no sirve para nada" o, peor aún, "denunciar te perjudica". Este mensaje tiene un efecto disuasorio generalizado y refuerza una cultura del silencio, en la que las conductas ilícitas o indebidas se perpetúan por miedo, resignación o falta de esperanza. Esto provoca:

- La caída en la confianza en los canales internos de Compliance o de denuncia.

- La infra denuncia de situaciones de acoso, abuso, discriminación o fraude.

- La perpetuación de estructuras de poder opacas y dinámicas de impunidad.

e). El impacto institucional y reputacional

La revictimización no es solo un problema individual: compromete gravemente la imagen y legitimidad de la organización. Cuando una institución no protege a quienes acuden a sus mecanismos formales, pierde credibilidad, se expone a litigios judiciales y erosiona su reputación interna y externa. Además, se desaprovechan oportunidades clave para detectar y corregir fallos estructurales o conductas desviadas.

El impacto de la revictimización institucional es profundo, duradero y multidimensional. Afecta a las personas, al tejido organizativo y a la cultura institucional. Por eso, debe ser identificada, prevenida y combatida activamente. La mejor forma de evitarla es mediante la implementación de protocolos sólidos, medidas de protección efectivas, formación en sensibilidad institucional y, sobre todo, una firme voluntad ética de ponerse del lado de las víctimas. Proteger a quienes denuncian no es solo una obligación legal: es una prueba irrefutable de integridad y compromiso con la justicia.

6.6.20. ¿Qué responsabilidad tiene la organización?

Cuando la revictimización institucional se produce, la responsabilidad de la organización no puede ser ignorada ni minimizada. No se trata de un daño colateral inevitable, sino de una forma activa de desprotección que agrava la experiencia de la víctima y vulnera principios fundamentales del derecho, la ética institucional y los derechos humanos. En estos casos, la institución deja de ser un espacio de amparo y se convierte, por acción u omisión, en corresponsable del daño.

La revictimización institucional representa una forma estructural de violencia: no ocurre por accidente ni por circunstancias excepcionales, sino cuando los sistemas de protección fallan, los protocolos no se aplican, las denuncias se ignoran o se gestionan de manera negligente, y el poder institucional se usa para silenciar o castigar a quien reclama justicia.

Esta corresponsabilidad puede adoptar distintas dimensiones:

a). La responsabilidad administrativa

Cuando la revictimización deriva del incumplimiento de protocolos internos, de fallas en la supervisión o de actuaciones negligentes por parte de quienes deben gestionar la denuncia, la institución puede incurrir en responsabilidad administrativa. Esta se manifiesta cuando:

- No se activan los procedimientos de forma diligente.

- Se incumplen los plazos o garantías de protección.

- Se omite la adopción de medidas cautelares necesarias.

- Se vulnera la confidencialidad de las personas implicadas.

- Se delega la instrucción en personas no capacitadas o con conflictos de interés.

Estas situaciones pueden derivar en sanciones por parte de organismos de control, inspecciones de trabajo, autoridades de protección de datos o entidades supervisoras del cumplimiento normativo.

b). Responsabilidad civil

Cuando la actuación institucional (o su omisión) causa un daño real, evaluable y persistente a la persona afectada, se configura la responsabilidad civil. En estos casos, la víctima puede reclamar:

- Indemnización por daño moral o psicológico.

- Reparación por pérdida de oportunidades profesionales o académicas.

- Compensación por gastos médicos o terapéuticos.

- Restitución de derechos o condiciones laborales previas a la revictimización.

La responsabilidad civil no solo supone una carga económica para la institución, sino que también conlleva un reconocimiento formal de que el sufrimiento de la persona ha sido amplificado por el aparato organizacional, y no únicamente por el hecho inicial.

c). Responsabilidad penal

En los casos más graves, cuando la conducta institucional va más allá de la negligencia y alcanza el encubrimiento, la represalia activa o la omisión deliberada de protección, puede configurarse una responsabilidad penal. Esto ocurre cuando:

- Se ocultan hechos relevantes para proteger al agresor.

- Se manipulan pruebas o se presiona a testigos para que no colaboren.

- Se sanciona o margina a la víctima por haber denunciado.

- Se perpetúa un entorno hostil o se permite el acoso continuado.

Estos actos pueden constituir delitos como revelación de secretos, omisión del deber de perseguir delitos, coacciones, amenazas, acoso laboral o incluso trato degradante, según las circunstancias y los ordenamientos jurídicos aplicables.

d). La dimensión ética e institucional

Más allá de las implicaciones legales, la revictimización institucional destruye los valores que la organización declara defender. Cuando una víctima se siente desprotegida por la institución, el mensaje que recibe —y que la comunidad percibe— es claro: no existe un compromiso real con la justicia, la equidad ni la seguridad. Esto puede tener efectos devastadores:

- La pérdida de confianza del personal y del entorno social o académico.

- El daño reputacional sostenido, tanto interno como externo.

- El abandono del sistema de denuncias por parte de la comunidad.

- La consolidación de culturas organizativas de silencio, miedo e impunidad.

e). Un deber ineludible: prevenir, actuar y reparar

La prevención de la revictimización no es una opción voluntaria ni un gesto de buena voluntad: es una exigencia jurídica, una obligación ética y un imperativo de derechos humanos. La institución está obligada a:

- Garantizar canales de denuncia accesibles, seguros y confiables.

- Formar a las personas encargadas de gestionar las investigaciones.

- Acompañar a las víctimas antes, durante y después del proceso.

- Supervisar la implementación efectiva de las medidas de protección.

- Sancionar cualquier represalia directa o indirecta contra quienes denuncian.

Cuando una institución revictimiza, no solo deja de proteger: legitima el daño original, lo institucionaliza y lo perpetua. Esa responsabilidad no puede ignorarse ni relativizarse. Reconocerla, asumirla y actuar para erradicarla es una prueba de integridad institucional y un paso esencial hacia una cultura organizativa basada en el respeto, la justicia y la reparación.

6.7. El informe de conclusiones

6.7.1. ¿Qué consecuencias tiene no emitir un informe de conclusiones fundado?

Sin un informe completo y motivado, no puede haber resolución válida. Su omisión impide a la víctima ejercer su derecho a la tutela judicial efectiva y priva a la institución de actuar en consecuencia. Constituye un acto de negligencia o encubrimiento institucional.

No emitir un informe de conclusiones fundado al término de una investigación por acoso laboral tiene consecuencias graves tanto para la víctima como para la institución, y constituye una falla crítica del procedimiento que puede invalidar todo el proceso y generar responsabilidad jurídica.

El informe de conclusiones es la pieza final y decisiva del expediente. En él deben recogerse los hechos acreditados, el análisis de las pruebas, la valoración jurídica o técnica, y las recomendaciones o decisiones resultantes, ya sean disciplinarias, preventivas o de archivo motivado.

Su función es cerrar el procedimiento con una respuesta clara, coherente, justificada y transparente. Omitirlo, o emitirlo de forma ambigua, genérica o sin argumentación, es equivalente a no haber resuelto nada desde el punto de vista legal y ético.

Desde el punto de vista de los derechos fundamentales, la falta de un informe motivado vulnera el derecho a la tutela administrativa efectiva, el derecho a la verdad, y el derecho de la víctima a recibir una respuesta institucional legítima y reparadora.

Sin este documento, no se puede demostrar que la institución haya cumplido con su deber de investigar los hechos, lo que constituye una forma de revictimización institucional. Además, impide el ejercicio de otros derechos vinculados, como impugnar decisiones, exigir reparación, o solicitar protección frente a represalias.

Desde la perspectiva jurídica, no emitir un informe de conclusiones fundado implica que el expediente queda huérfano de resultado formal.

Esto puede conllevar la nulidad del procedimiento, la invalidez de cualquier medida adoptada (o no adoptada), y la imposibilidad de que las partes ejerzan acciones ulteriores (por ejemplo, recurrir una decisión, reclamar responsabilidad patrimonial o pedir sanciones).

La ausencia de motivación también vulnera principios esenciales del procedimiento administrativo, como la legalidad, la transparencia, la seguridad jurídica y la buena fe.

A nivel institucional, no emitir el informe socava la legitimidad de los mecanismos internos de denuncia, alimenta la percepción de impunidad y desalienta a otras personas a denunciar situaciones similares.

Esto no solo debilita la confianza de las personas trabajadoras, sino que puede tener un impacto reputacional severo, especialmente en administraciones públicas, universidades, ONG, centros educativos o grandes corporaciones que están sujetas a estándares de responsabilidad social y legal.

Desde el punto de vista normativo, el incumplimiento de esta obligación puede ser considerado una infracción administrativa grave, tanto por omisión de deberes como por entorpecimiento del derecho a la protección.

Si hay partes médicas, informes psicológicos o psiquiátricos que evidencian daño, y aun así no se concluye formalmente el expediente, la omisión puede convertirse en negligencia institucional o incluso en encubrimiento por omisión.

En determinados casos, esta conducta podría derivar en responsabilidad civil o penal por permitir que el daño se prolongue o agrave.

El hecho de no emitir un informe de conclusiones fundado no es una simple omisión técnica, es una violación grave del procedimiento, que niega justicia, impide la reparación, perpetúa el daño, y compromete seriamente la responsabilidad de la institución.

Emitir este informe con rigor, claridad y respaldo probatorio es una obligación jurídica y moral es inseparable de una respuesta institucional legítima frente al acoso laboral.

6.7.2. ¿Qué valor tienen los informes médicos y psicológicos en la investigación?

Desde una perspectiva jurídica, los informes médicos y psicológicos son considerados indicios relevantes que pueden activar la inversión de la carga de la prueba, especialmente en los procedimientos de tutela de derechos fundamentales.

Cuando se acredita que la víctima ha sufrido un perjuicio clínicamente documentado y que dicho perjuicio está razonablemente relacionado con el entorno laboral, corresponde a la institución demostrar que actuó con diligencia y que no existió acoso o discriminación.

Los informes médicos y psicológicos tienen un valor fundamental en una investigación por acoso laboral porque constituyen evidencia objetiva del impacto que el entorno de trabajo o las conductas denunciadas han tenido sobre la salud física, emocional y mental de la persona afectada.

En contextos donde el acoso se manifiesta de forma sutil, reiterada o sin testigos directos -como ocurre habitualmente en el acoso psicológico-, estos informes aportan credibilidad clínica y consistencia probatoria al relato del denunciante.

Desde el punto de vista legal y procesal, estos informes sirven como indicios fundados que permiten activar mecanismos de protección, aplicar medidas cautelares, abrir una investigación formal o reforzar la hipótesis de una situación de acoso.

No es necesario que constituyan una prueba "plena" como en el proceso penal, sino que basta con que sean razonables, coherentes y emitidos por profesionales cualificados (psicólogos clínicos, psiquiatras, médicos de atención primaria, mutuas, servicios de salud laboral, etc.).

Además, estos informes pueden contribuir a establecer un nexo causal entre los síntomas presentados y el contexto organizacional en el que trabaja la persona afectada.

Cuando un informe psicológico indica, por ejemplo, la presencia de ansiedad reactiva, trastornos adaptativos, insomnio crónico, síntomas depresivos o estrés postraumático vinculados al entorno laboral, esto representa no solo una validación clínica del malestar, sino también una alarma institucional.

Del mismo modo, los partes de baja médica, cuando hacen referencia a causas psicosociales, documentan formalmente que el daño está afectando a la capacidad funcional de la víctima y, por tanto, al desarrollo normal de su vida profesional.

El valor de estos informes también reside en su neutralidad profesional. A diferencia de testimonios subjetivos, los diagnósticos clínicos responden a criterios médicos estandarizados y están respaldados por la experiencia del profesional sanitario.

Por esta razón, los tribunales, la inspección de trabajo y los órganos administrativos les conceden alto valor probatorio, especialmente si son coincidentes con otros elementos del expediente (testimonios, correos, evaluaciones de riesgos psicosociales, etc.).

Desde la perspectiva institucional, ignorar, despreciar o excluir estos informes de la valoración final del caso constituye una grave vulneración del deber de protección.

Supone desoír una prueba técnica del sufrimiento de una persona y puede interpretarse como revictimización institucional.

Además, puede derivar en responsabilidad administrativa, civil o incluso penal si se prueba que hubo una omisión deliberada de auxilio o protección.

Los informes médicos y psicológicos no solo documentan el daño, sino que legitiman la denuncia, obligan a intervenir y fortalecen la investigación. Son herramientas esenciales para garantizar una respuesta justa, humana y legalmente adecuada frente al acoso laboral. No tomarlos en cuenta equivale a silenciar el sufrimiento documentado de la víctima y a poner en riesgo la legitimidad de todo el procedimiento.

Ignorar, minimizar o excluir estos informes en el análisis del caso puede constituir una omisión grave, tanto en términos de respeto a los derechos fundamentales como de negligencia institucional.

Además, esta exclusión podría interpretarse como un acto de revictimización o encubrimiento, especialmente si se produce en un contexto donde ya hay signos de inacción o parcialidad.

Los informes médicos y psicológicos no solo refuerzan el valor probatorio del testimonio de la víctima, sino que también obligan a la institución a actuar con urgencia, diligencia y respeto a la salud y a la integridad de la persona afectada. Son, por tanto, elementos clave en una investigación seria, imparcial y orientada a la protección efectiva de los derechos humanos en el ámbito laboral o institucional.

Aportan evidencia objetiva sobre el impacto del acoso. Pueden demostrar la relación entre los hechos y el deterioro en la salud de la víctima. Su ignorancia o exclusión en el procedimiento es una forma de menosprecio institucional hacia el sufrimiento documentado.

Los informes médicos y psicológicos tienen un valor probatorio esencial en una investigación por acoso, ya que constituyen una evidencia objetiva y documentada del impacto que los hechos denunciados han tenido sobre la salud física o mental de la persona afectada.

Estos informes no solo respaldan el relato del denunciante, sino que ayudan a establecer la relación causal entre el entorno laboral y el daño sufrido, algo que resulta especialmente relevante en contextos donde las pruebas directas del acoso son difíciles de obtener.

Aportar diagnósticos como trastornos de ansiedad, depresión, insomnio, estrés postraumático o enfermedades psicosomáticas, emitidos por profesionales sanitarios, refuerza la verosimilitud de la denuncia y permite valorar la gravedad de la situación.

Los informes médicos tienen un valor clave y multifuncional en una investigación por acoso, ya que permiten documentar objetivamente las consecuencias físicas o psíquicas que ha sufrido la persona denunciante como resultado del entorno laboral hostil o de conductas reiteradas de violencia psicológica. En investigaciones de este tipo, donde muchas veces los hechos no dejan huella física visible ni ocurren ante testigos, los informes médicos adquieren un peso probatorio y ético fundamental.

En primer lugar, su valor radica en que son emitidos por profesionales independientes del ámbito sanitario, dotados de competencia técnica y responsabilidad legal.

Esto les otorga credibilidad institucional y sustenta la veracidad del relato del denunciante, en especial cuando los diagnósticos son coherentes con los efectos típicos del acoso: ansiedad, insomnio, depresión, estrés postraumático, cefaleas tensionales, trastornos gastrointestinales, hipertensión, y otros síntomas psicosomáticos. Cuando estos informes hacen referencia explícita al entorno laboral o a la relación entre el estado de salud y las condiciones del trabajo, constituyen una prueba clara de causalidad indirecta.

En el contexto jurídico-administrativo, este tipo de documentación no requiere prueba plena para tener eficacia.

En investigaciones internas no se exige demostrar los hechos "más allá de toda duda razonable", como en los procesos penales, sino aportar indicios suficientes, razonables y consistentes que justifiquen la apertura de un procedimiento y la adopción de medidas preventivas o correctoras. Aquí es donde el informe médico actúa como elemento de convicción objetivo.

Permite activar protocolos, reforzar la solicitud de medidas cautelares o proteger a la persona denunciante en caso de revictimización o agravamiento de su situación.

Además, estos informes son esenciales en la evaluación de daños y responsabilidad institucional. Cuando existe un perjuicio acreditado médicamente, y este ha sido ignorado por los servicios de prevención, recursos humanos o instancias internas, la omisión de respuesta puede constituir una falla grave del deber de protección.

En estos casos, la institución podría incurrir en responsabilidad administrativa, civil o incluso penal, especialmente si existían antecedentes, peticiones formales o partes de baja ignorados.

También tienen una función preventiva: permiten activar la intervención del Servicio de Prevención de Riesgos Laborales, que debe evaluar los factores psicosociales del puesto y emitir un diagnóstico sobre la salud organizacional del entorno.

Si la institución no reacciona ante estos informes, no solo incumple la Ley de Prevención de Riesgos Laborales (Ley 31/1995), sino que puede ser acusada de negligencia institucional o encubrimiento, especialmente si el daño persiste o se agrava.

Desde el punto de vista humano, los informes médicos refuerzan el reconocimiento institucional del sufrimiento de la víctima.

No son solo documentos clínicos: son manifestaciones del impacto real y profundo que el acoso puede causar.

Su exclusión o desprecio en la valoración de la denuncia no solo representa una falta legal, sino una ofensa moral que perpetúa el sufrimiento, genera revictimización y mina la confianza de toda la comunidad en los mecanismos de protección interna.

Por otro lado, el valor probatorio del informe médico se ve reforzado cuando el contenido del mismo incluye datos de seguimiento, tratamientos, evolución de los síntomas o recomendaciones profesionales sobre el entorno de trabajo.

Si el personal médico sugiere expresamente evitar el contacto con determinadas personas o salir del entorno por riesgo psicoemocional, ese informe deja de ser un simple diagnóstico para convertirse en una alerta institucional que obliga a actuar. Ignorarla puede ser una infracción de gran calado.

Los informes médicos tienen un valor jurídico, probatorio, clínico, ético e institucional. Permiten probar el daño, entender la magnitud del acoso, proteger al afectado, activar medidas preventivas, exigir responsabilidades y legitimar las acciones institucionales. No son accesorios ni pruebas marginales: son pruebas centrales, que deben ser tomadas con el máximo rigor.

Desoírlos, excluirlos o no considerarlos en la resolución final de un expediente constituye una forma de invisibilización del daño y una grave vulneración del derecho a la salud, a la dignidad y a la tutela efectiva de derechos fundamentales.

- Destacan Los informes psiquiátricos tienen un valor clínico, legal y probatorio de altísimo peso en una investigación por acoso laboral, especialmente cuando el daño sufrido por la persona afectada alcanza niveles graves o requiere tratamiento farmacológico, intervención médica especializada o medidas de incapacidad laboral.

Un informe psiquiátrico es elaborado por un médico especialista en psiquiatría, y por tanto tiene naturaleza médico-legal.

A diferencia del informe psicológico, que puede centrarse en aspectos emocionales, funcionales y conductuales, el informe psiquiátrico incorpora una evaluación clínica diagnóstica integral, con base en criterios del DSM-5 o la CIE-11, análisis de la historia clínica, evolución del cuadro, y en muchos casos la prescripción de tratamiento farmacológico.

Esto le otorga un valor reforzado como prueba objetiva del estado mental y de la relación entre ese estado y el contexto laboral.

En el marco de una denuncia de acoso, el informe psiquiátrico puede documentar trastornos como ansiedad generalizada, trastorno de estrés postraumático, depresión mayor, trastorno adaptativo, trastorno de pánico, insomnio grave o trastornos psicosomáticos, entre otros.

Cuando en el informe se establece que el origen o el desencadenante de estos cuadros está relacionado con el entorno de trabajo o con una situación sostenida de hostigamiento, la conclusión adquiere relevancia probatoria y obliga a la institución a actuar con la máxima diligencia.

Desde el punto de vista procesal, un informe psiquiátrico con un diagnóstico claro, trazabilidad clínica y referencia explícita al origen laboral del daño puede:

- Activar medidas cautelares inmediatas, como el alejamiento del presunto agresor o el cambio temporal de funciones.

- Justificar una baja médica prolongada o incapacidad temporal, con cobertura legal como accidente de trabajo o enfermedad profesional, si se acredita el origen laboral del daño.

- Constituir prueba de cargo ante una inspección de trabajo, un procedimiento disciplinario o un juicio laboral o contencioso-administrativo.

- Reforzar la inversión de la carga de la prueba, obligando a la institución a demostrar que actuó con diligencia y no incurrió en omisión o negligencia.

- El informe psiquiátrico también es clave en la valoración del daño moral y patrimonial, ya que puede determinar la existencia de secuelas psicológicas, necesidad de tratamiento continuado o limitación en la capacidad laboral.

En este sentido, su contenido puede ser determinante para cuantificar indemnizaciones por daños y perjuicios, tanto en vía administrativa como judicial.

Por otro lado, ignorar o minimizar un informe psiquiátrico en una investigación interna es una forma grave de revictimización institucional, ya que supone desestimar una evidencia médica especializada que acredita sufrimiento clínico.

Esta omisión puede conllevar responsabilidad por inacción institucional, incumplimiento de la Ley de Prevención de Riesgos Laborales y vulneración del derecho a la salud (artículo 43 de la Constitución Española), así como del derecho a la integridad física y moral (artículo 15).

Los informes psiquiátricos no solo documentan el daño mental con máxima precisión médica, sino que obligan a las instituciones a intervenir de forma urgente, proporcional y efectiva.

Tienen un peso determinante en la toma de decisiones, tanto en el ámbito interno como judicial, y representan una prueba irrefutable de la gravedad del impacto que el acoso puede tener sobre la vida de una persona. Son, por tanto, una herramienta imprescindible en cualquier procedimiento que aspire a ser justo, reparador y respetuoso con los derechos humanos.

Además, los partes de baja médica vinculados a causas laborales, las evaluaciones de salud mental, los informes de mutuas, servicios públicos de salud o psicólogos privados especializados pueden contribuir a demostrar que el entorno de trabajo ha sido un factor de riesgo evidente.

En los casos de acoso laboral, los partes de baja médica vinculados a causas laborales son una prueba clave dentro de la investigación, ya que reflejan de manera objetiva que la persona trabajadora ha sufrido un deterioro en su salud directamente relacionado con el entorno de trabajo.

Estos partes no son solo documentos administrativos: tienen valor clínico, probatorio y jurídico, y su adecuada consideración en el procedimiento es fundamental para garantizar el respeto a los derechos de la persona afectada.

Cuando un profesional sanitario -ya sea del sistema público de salud, de una mutua laboral o de la sanidad privada- emite un parte de baja por incapacidad temporal, señalando como causa una situación de estrés laboral, ansiedad, depresión reactiva, insomnio, crisis de angustia o cualquier otro diagnóstico compatible con situaciones de acoso, el documento pasa a ser una manifestación formal de daño laboral.

Cuando un profesional sanitario -ya sea del sistema público de salud, de una mutua colaboradora con la Seguridad Social o del ámbito privado- emite un parte de baja médica por incapacidad temporal, y en él se identifica como causa un diagnóstico clínico como estrés laboral, ansiedad, depresión reactiva, insomnio persistente, crisis de angustia u otros trastornos compatibles con situaciones de acoso, dicho documento adquiere una relevancia clave.

Este parte no debe ser entendido como un simple justificante administrativo, sino como una manifestación formal, técnica y jurídicamente relevante de que la persona trabajadora ha sufrido un daño en su salud derivado del contexto profesional.

Cuando, además, el parte especifica que la causa del malestar es psicosocial o está directamente vinculada al entorno laboral, se refuerza de manera significativa la presunción de veracidad del relato de la víctima.

No se trata de una afirmación subjetiva, sino de un acto clínico profesional que conecta el malestar documentado con factores laborales, lo que transforma ese parte de baja en un indicio cualificado de acoso o conflicto laboral grave, con valor tanto a efectos administrativos como judiciales.

Este tipo de parte activa, de manera inmediata, el deber institucional de protección, prevención y reparación. La organización, al tener conocimiento del parte médico y del posible nexo con un entorno hostil o dañino, debe intervenir de forma diligente: abrir una investigación imparcial, adoptar medidas cautelares para evitar la exposición de la víctima a nuevos daños, activar los servicios de prevención de riesgos laborales y, si procede, poner en marcha el protocolo de acoso o cualquier otro procedimiento previsto para estos casos.

Omitir esa actuación o actuar con demora puede constituir una forma de inacción institucional, que genera responsabilidad jurídica y moral.

Desde el punto de vista de los derechos fundamentales, ignorar un parte de baja que señala una causa laboral en un contexto de denuncia de acoso puede interpretarse como una vulneración del derecho a la salud, a la integridad física y moral, y al deber de diligencia preventiva que toda institución tiene hacia sus trabajadores, conforme a la Constitución Española, la Ley de Prevención de Riesgos Laborales (Ley 31/1995), y las obligaciones derivadas del principio de buena fe y protección de la persona trabajadora.

Por tanto, un parte de baja médica que vincula el deterioro de la salud con causas laborales no es un dato neutro ni irrelevante, sino una prueba clínica que obliga a actuar y que respalda con fundamento técnico el relato de la persona denunciante. Su consideración adecuada es una exigencia no solo legal, sino ética y humana.

Si además se indica que la causa es psicosocial o derivada del entorno profesional, este parte de baja refuerza la presunción de veracidad de los hechos denunciados y activa el deber institucional de protección y actuación inmediata.

En el marco de una investigación interna por acoso, estos partes deben ser considerados como indicios fundados, lo que implica que se invierte la carga de la prueba: la institución debe demostrar que actuó con diligencia y que no ha habido acoso, en lugar de exigir a la víctima que pruebe lo ocurrido de forma plena, algo muchas veces imposible en contextos de violencia psicológica prolongada y sin testigos.

Además, los partes de baja médica no deben ser ignorados ni minimizados por el personal administrativo. Constituyen evidencia oficial de que el entorno laboral está generando un daño grave, y su omisión en el expediente o en el informe de conclusiones puede suponer una infracción administrativa y un indicio de revictimización institucional.

Este tipo de negligencia puede derivar en responsabilidad patrimonial de la administración o del empleador por incumplimiento del deber de seguridad y protección del trabajador, conforme al artículo 1902 del Código Civil y la Ley 31/1995 de Prevención de Riesgos Laborales.

En muchas ocasiones, estos partes vienen acompañados de informes psicológicos o psiquiátricos que vinculan explícitamente los síntomas con hechos concretos, como hostigamiento por superiores, aislamiento, sobrecarga deliberada, descrédito profesional, exclusión de tareas, etc.

Si existen varios partes de baja consecutivos o reiterados con diagnósticos similares, se configura un patrón clínico de deterioro vinculado al puesto, lo que refuerza la solidez de la denuncia.

Por otra parte, en caso de inacción institucional, los partes de baja médica también pueden ser utilizados como evidencia ante la Inspección de Trabajo, los tribunales de lo social o el Ministerio Fiscal, y pueden dar lugar a indemnizaciones por daños y perjuicios, reconocimiento del acoso como accidente laboral, o incluso sanciones administrativas a la organización.

Los partes de baja médica relacionados con causas laborales en contextos de acoso no son meros justificantes: son instrumentos de prueba contundentes que reflejan el impacto del acoso sobre la salud de la víctima y obligan a la institución a actuar con diligencia. Ignorarlos o excluirlos del análisis supone una vulneración grave de derechos fundamentales y una forma de encubrimiento institucional del daño.

Su valor no reside únicamente en medir el daño, sino también en documentar patrones, como el deterioro progresivo del bienestar del trabajador, la aparición de síntomas tras ciertos episodios o la reincidencia de la sintomatología ante determinadas dinámicas.

Este tipo de información permite al órgano instructor comprender la dimensión humana del acoso y valorar su impacto más allá del plano administrativo o disciplinario.

Los informes psicológicos tienen un valor probatorio, clínico y ético fundamental en una investigación por acoso laboral. Su función principal es aportar una evidencia profesional y objetiva del daño emocional o mental sufrido por la persona denunciante, así como del posible vínculo entre ese daño y el entorno laboral en el que se desarrollan los hechos denunciados.

En contextos de violencia psicológica o acoso moral -donde muchas veces no existen testigos, grabaciones ni pruebas materiales directas-, estos informes se convierten en una de las herramientas más sólidas para acreditar la existencia y el impacto del acoso.

El valor del informe psicológico reside en varios aspectos.

El primero de ellos, hace referencia a una evaluación técnica realizada por un profesional de la salud mental, generalmente un psicólogo clínico, que aplica instrumentos diagnósticos reconocidos, entrevistas estructuradas y análisis de síntomas para determinar el estado psicoemocional de la persona.

Si dicho informe diagnostica, por ejemplo, ansiedad reactiva, estrés crónico, depresión, trastorno adaptativo o síntomas compatibles con acoso laboral, y señala que la causa es el entorno de trabajo, entonces el documento adquiere relevancia jurídica como indicio de verosimilitud de la denuncia.

Estos informes no prueban el acoso por sí solos, pero sí permiten demostrar el efecto psicológico que los hechos relatados han tenido en la víctima, algo que es especialmente importante en investigaciones internas donde se requiere determinar si hay suficiente fundamento para actuar, aplicar medidas provisionales o activar un protocolo específico.

La jurisprudencia laboral y constitucional en España y en el ámbito europeo reconoce que, cuando hay un informe psicológico que vincula el daño emocional con la actividad laboral, se invierte la carga de la prueba: la institución debe demostrar que actuó con diligencia y que el daño no se produjo por causa del acoso.

Desde una perspectiva ética e institucional, los informes psicológicos también obligan a la organización a actuar con urgencia, sensibilidad y diligencia. Ignorar o minimizar estos documentos puede constituir una forma de revictimización institucional, ya que implica desoír un diagnóstico profesional que da cuenta del sufrimiento psíquico de una persona. Esto es especialmente grave si el informe alerta de un riesgo para la salud mental o física de la víctima, como pensamientos intrusivos, aislamiento social, pérdida de funcionalidad o incluso riesgo de ideación suicida.

Además, estos informes suelen ser el punto de partida para intervenciones clínicas y laborales posteriores, como partes de baja médica, derivaciones psiquiátricas, adaptaciones del puesto de trabajo o necesidad de medidas cautelares. También pueden ser utilizados en sede judicial, en la inspección de trabajo o en procedimientos administrativos como pruebas de cargo.

Los informes psicológicos no solo aportan datos clínicos relevantes, sino que también constituyen una prueba ética y técnica del impacto que el acoso laboral tiene sobre la salud de las personas. Ignorarlos compromete la legitimidad de la investigación, puede derivar en responsabilidad institucional y supone una vulneración grave del derecho a la integridad, la salud y la protección efectiva.

Son, por tanto, una pieza central del procedimiento, tanto para valorar la gravedad del caso como para diseñar respuestas reparadoras y preventivas.

Cuando en una situación de presunto acoso laboral se acumulan partes de baja médica, informes psicológicos y/o informes psiquiátricos, y sin embargo no se produce una actuación efectiva por parte del Servicio de Prevención de Riesgos Laborales (SPRL), nos encontramos ante una grave omisión institucional que puede tener consecuencias legales, organizativas y éticas muy serias.

La confluencia de estos elementos debería activar automáticamente el deber de diligencia y la responsabilidad de protección de la salud que toda entidad empleadora está obligada a ejercer conforme a la normativa vigente.

Los partes de baja médica emitidos por personal sanitario no son simples documentos administrativos: representan el reconocimiento oficial de un daño a la salud suficientemente grave como para impedir a la persona afectada continuar su actividad laboral.

Cuando estos partes señalan causas como ansiedad, depresión, insomnio o estrés severo, y más aún si se identifican como derivados del entorno laboral o del trato recibido en el mismo, constituyen una manifestación clara de sufrimiento psicosocial.

Si estos partes se reiteran en el tiempo, se convierten además en un patrón documentado de daño sostenido, que obliga a la organización a investigar y actuar.

A su vez, los informes psicológicos aportan una valoración profesional del impacto emocional y mental de la situación, recogiendo síntomas clínicos, evolución del estado emocional, y, en muchos casos, la relación directa entre el malestar y hechos ocurridos en el entorno laboral.

Si además se incorporan informes psiquiátricos, el valor probatorio y médico se intensifica aún más, ya que estos informes no solo diagnostican, sino que suelen prescribir tratamientos farmacológicos, describen incapacidades funcionales y pueden recomendar la separación urgente del trabajador de su entorno laboral como medida terapéutica.

Frente a este conjunto de señales clínicas y documentales, la no intervención del Servicio de Prevención de Riesgos Laborales representa una falla crítica del sistema institucional de protección. Este servicio tiene la obligación, conforme a la Ley 31/1995 de Prevención de Riesgos Laborales, de evaluar los riesgos psicosociales, identificar factores organizativos que generen daño, proponer medidas correctoras y actuar de forma preventiva.

Cuando se produce una situación de baja médica reiterada por causas de origen psicosocial, el SPRL debe intervenir de oficio, incluso si no hay aún una denuncia formal de acoso. Su inacción puede ser considerada negligencia grave, e incluso complicidad pasiva con la situación de acoso.

Además, la inacción del SPRL puede dar lugar a responsabilidad institucional, tanto en vía administrativa como judicial.

No actuar ante una situación de riesgo conocido supone vulnerar el derecho a la protección de la salud (art. 43 de la Constitución Española), así como el derecho a la integridad moral (art. 15), y puede ser considerado un incumplimiento del deber de vigilancia y protección recogido en el artículo 14 de la LPRL.

Si además esta omisión provoca un empeoramiento clínico, la cronificación del daño o el agravamiento del trastorno, la organización puede ser responsable de daños y perjuicios, e incluso incurrir en delito por omisión de deber de socorro institucional, si se acredita el conocimiento del riesgo.

Por todo ello, cabe considerar, que la acumulación de partes de baja médica, informes psicológicos y psiquiátricos, que documentan un daño derivado del entorno laboral obliga a la organización a activar todos sus mecanismos de prevención, investigación y protección.

La no intervención del Servicio de Prevención de Riesgos Laborales en este contexto no solo compromete la salud de la víctima, sino que convierte a la institución en corresponsable del daño sufrido. Es una forma de revictimización institucional que perpetúa el acoso y refuerza la impunidad, vulnerando principios legales, deontológicos y fundamentales.

6.8. Las medidas provisionales y resoluciones disciplinarias

6.8.1. ¿Qué medidas provisionales puede adoptar una institución?

Las medidas posibles presentan un catálogo amplio y numeroso, entre las que se encuentran el alejamiento de partes, el cambio de funciones, la protección de la identidad, el acompañamiento psicológico, la suspensión cautelar del agresor.

Deben ser medidas siempre inmediatas, proporcionales, y, además, enfocadas en proteger a la persona denunciante desde el primer momento.

Las medidas provisionales que puede adoptar una institución en un procedimiento por acoso tienen como objetivo proteger a la persona denunciante, preservar la integridad del procedimiento y evitar que se produzcan daños adicionales mientras se investiga el caso. Estas medidas deben aplicarse desde el momento en que se recibe la denuncia, sin necesidad de esperar a que finalice la investigación, siempre que existan indicios razonables de verosimilitud y riesgo.

Entre las medidas más comunes se encuentran:

- El alejamiento funcional o físico entre la persona denunciante y la denunciada, mediante cambios de unidad, dependencia jerárquica o puesto de trabajo.

- La reasignación temporal de funciones, garantizando que no se perjudique laboral ni económicamente a la persona denunciante.

- La suspensión cautelar del presunto agresor, cuando los hechos sean graves y exista riesgo para la víctima o para la integridad del proceso.

- La protección del acceso a la información (por ejemplo, restricciones de acceso a correos electrónicos, expedientes, plataformas o documentos personales).

- El acompañamiento institucional, como el acceso a apoyo psicológico, asistencia jurídica o tutorización dentro del entorno laboral.

- La prohibición de contacto directo o indirecto entre las partes, incluyendo medios digitales, presenciales o a través de terceros.

- El cambio de horarios o turnos, siempre que sea razonable y no afecte negativamente a la persona denunciante.

Estas medidas deben ser proporcionales, es decir, adecuadas al nivel de riesgo y daño potencial, y revisables en función del desarrollo de la investigación. No pueden convertirse en una forma de castigo anticipado ni para la persona denunciada ni para la denunciante.

Además, es fundamental que la protección no recaiga únicamente en quien ha denunciado. No debe ser esta persona quien sea trasladada, silenciada o expuesta, ya que eso podría constituir una forma de revictimización institucional. Por el contrario, la institución tiene el deber de adoptar medidas que garanticen un entorno seguro, sin culpabilizar ni aislar a la víctima.

No adoptar medidas provisionales cuando existen indicios razonables es una omisión grave que compromete la seguridad de la víctima, la integridad del proceso y la responsabilidad legal de la institución. Esta inacción puede dar lugar a daños irreparables, a efectos disuasorios para futuras denuncias, y a responsabilidades administrativas, civiles o penales.

Las medidas provisionales son una herramienta clave para proteger derechos fundamentales y garantizar la eficacia real del procedimiento. No son opcionales: son una obligación jurídica, ética e institucional.

El seguimiento posterior al cierre de un caso de acoso implica:

- Verificar que no haya represalias, que se hayan corregido las causas estructurales del acoso, y que la víctima ha sido efectivamente reparada.

- También permite revisar políticas institucionales y prevenir futuras vulneraciones. Su ausencia perpetúa el daño.

El seguimiento posterior al cierre de un caso de acoso implica una fase esencial del procedimiento que va más allá de la simple emisión de una resolución.

6.8.2. ¿Se han aplicado correctamente las medidas correctoras o disciplinarias?

El seguimiento posterior al cierre de un caso de acoso implica una fase esencial del procedimiento que va más allá de la simple emisión de una resolución.

No se trata únicamente de finalizar un expediente administrativo, sino de verificar si las medidas adoptadas han sido efectivas, si la víctima ha recuperado sus condiciones laborales, psicológicas y sociales, y si la institución ha cumplido con su deber de prevención, reparación y no repetición. Esta etapa es crítica porque determina si el proceso ha tenido un impacto real o si fue meramente formal.

Implica comprobar que no existan represalias contra la persona denunciante, lo que incluye vigilancia sobre cambios anómalos en sus funciones, exclusión profesional, deterioro del ambiente laboral o nuevas formas de hostigamiento sutil.

También supone garantizar, que se hayan aplicado correctamente las medidas correctoras o disciplinarias, y que los agresores no mantengan una posición desde la cual puedan reiterar conductas abusivas.

6.9. El seguimiento y evaluación posterior del caso

6.9.1. ¿Qué significa el seguimiento y evaluación posterior del caso?

El seguimiento y evaluación posterior del caso es una etapa fundamental del proceso de investigación interna. No se trata de un apéndice opcional o una formalidad burocrática, sino de una obligación institucional que refleja el verdadero compromiso con la reparación del daño, la protección efectiva de las personas y la transformación de las condiciones que permitieron la conducta objeto de denuncia. Sin un seguimiento real y estructurado, toda la respuesta institucional corre el riesgo de quedar en una mera declaración de intenciones, sin efectos sostenibles en el tiempo.

a). El seguimiento como proceso de verificación y aprendizaje

El seguimiento posterior implica verificar que las medidas adoptadas tras la investigación hayan sido efectivamente implementadas y hayan producido los resultados esperados. También permite identificar si persisten riesgos, si se han producido efectos no deseados, y si es necesario ajustar las políticas o los mecanismos de prevención.

Este seguimiento debe incluir, entre otros:

- Las entrevistas de seguimiento con la persona afectada, para conocer su situación actual, nivel de protección percibida y necesidades no atendidas.

- La evaluación del cumplimiento de las medidas disciplinarias, preventivas o correctoras recomendadas.

- Revisión del clima laboral en las áreas afectadas, a través de encuestas anónimas, grupos focales u observación directa.

- La verificación de que no se han producido represalias, aislamiento, o estigmatización hacia quienes colaboraron con la investigación.

b). La evaluación institucional como obligación ética y de mejora continua

Más allá de los efectos individuales, el caso debe ser analizado desde una perspectiva organizativa, donde cabe preguntarse, ¿qué factores estructurales, culturales o procedimentales facilitaron la aparición, tolerancia o invisibilización de la conducta denunciada?

Consecuentemente con ello, la evaluación debe abordar:

- La eficacia de los canales de denuncia y protección.

- El tiempo y la calidad de la respuesta institucional.

- El papel de los mandos intermedios y de los órganos responsables del cumplimiento.

- La idoneidad de los protocolos existentes y su grado de aplicación real.

Para ello, pueden emplearse herramientas como auditorías internas o externas, análisis de cumplimiento normativo, informes de áreas de riesgos, así como la participación de organismos de control o supervisión independientes.

c). Los ajustes formativos, organizativos o estructurales

El seguimiento debe dar lugar, cuando proceda, a acciones concretas que refuercen la prevención y eviten la repetición del daño. Estas pueden incluir:

- Acciones formativas específicas sobre acoso, discriminación, derechos laborales y prevención de conflictos, dirigidas a toda la organización o a grupos específicos (mandos, responsables de RRHH, instructores).

- Modificaciones en la estructura organizativa, incluyendo redistribución de funciones, revisión de líneas de mando o integración de nuevas áreas de supervisión ética.

- Reformas de protocolos internos, con inclusión de nuevas garantías, mejores mecanismos de protección, o ajustes en la gestión del tiempo y los procedimientos.

d). Los riesgos de omitir el seguimiento

Ignorar esta etapa del proceso no solo significa incumplir con un deber ético: también puede implicar responsabilidades jurídicas. Entre los efectos negativos de una falta de seguimiento se encuentran:

- La revictimización institucional, al dejar a la víctima expuesta o sin acompañamiento.

- La percepción de impunidad por parte del agresor y del entorno.

- La desmotivación general para denunciar, al entender que el sistema solo actúa de forma superficial.

- La exposición de la organización a sanciones, demandas judiciales o pérdida de legitimidad pública.

Una institución que no verifica los efectos de sus decisiones y no implementa mecanismos de corrección demuestra que actuó por presión o por obligación normativa, y no por convicción ética.

e). El seguimiento como parte esencial de una respuesta justa y sostenible

El seguimiento posterior no debe entenderse como una carga adicional, sino como un elemento integrador de la justicia institucional. Es la única forma de asegurar que:

- La reparación no sea simbólica, sino real y duradera.

- La prevención no sea reactiva, sino transformadora.

- La cultura interna se oriente hacia la protección de las personas, la transparencia y la responsabilidad.

El seguimiento y evaluación posterior del caso es la última fase del proceso, pero también la que define su profundidad y autenticidad. Sin ella, la investigación queda incompleta y la respuesta institucional pierde eficacia, legitimidad y capacidad de cambio. Llevar a cabo esta etapa con rigor y compromiso es una demostración concreta de que la organización no solo tolera la denuncia, sino que aprende de ella y actúa en consecuencia.

6.10. Los aspectos procesales

6.10.1. ¿Qué principios procesales garantizan la legitimidad de la investigación interna?

Legalidad, imparcialidad, contradicción, derecho de defensa, confidencialidad, celeridad, protección efectiva y trazabilidad documental.

Sin ellos, el procedimiento es nulo o inválido, y puede derivar en responsabilidades legales de la institución.

Los principios procesales que garantizan la legitimidad de una investigación interna en casos de acoso son fundamentales para asegurar que el procedimiento sea justo, legal, imparcial y respetuoso de los derechos humanos. A continuación te detallo los más relevantes, explicados en profundidad:

Los principios procesales que garantizan la legitimidad de una investigación interna en casos de acoso son la legalidad, la imparcialidad, la contradicción, la presunción de inocencia, la celeridad, la confidencialidad, el derecho de defensa, la igualdad de armas procesales, la motivación de las resoluciones, la trazabilidad del procedimiento, la proporcionalidad y el principio de no revictimización.

- El principio de legalidad implica que todo el procedimiento debe desarrollarse conforme a la normativa aplicable, tanto interna como externa, garantizando que no se actúe de manera arbitraria. Todo el procedimiento debe estar ajustado a la ley y a las normas internas vigentes (estatutos, protocolos de acoso, reglamentos internos).

Garantiza que no se actúe arbitrariamente y que todas las actuaciones tengan un respaldo jurídico. La ausencia de base legal convierte cualquier acto en nulo.

- La imparcialidad exige que quienes conduzcan la investigación no tengan ningún vínculo jerárquico, personal o funcional con las partes, asegurando objetividad en el análisis de los hechos. Quienes instruyen el expediente no deben tener relaciones de dependencia, amistad, enemistad, subordinación o conflicto de interés con ninguna de las partes.

La imparcialidad evita sesgos y garantiza que el procedimiento no esté contaminado por favoritismos o encubrimientos. Está consagrada en el artículo 23 de la Ley 40/2015

- El principio de contradicción asegura que ambas partes puedan conocer los hechos, las pruebas y alegar lo que estimen pertinente. Ambas partes deben poder conocer los hechos, acceder a las pruebas, presentar alegaciones y responder a los argumentos de la otra parte.

Sin contradicción, no existe un verdadero derecho de defensa. Es un principio constitucional (art. 24 CE) que garantiza equilibrio entre las partes.

- La presunción de inocencia. Toda persona denunciada debe ser considerada inocente hasta que se demuestre lo contrario con pruebas válidas, protege al denunciado de ser tratado como culpable antes de que exista una conclusión fundada y motivada.

Protege contra decisiones prematuras, prejuicios y sanciones anticipadas. Es esencial para evitar juicios sumarísimos o "condenas" institucionales sin base.

- La celeridad y la ausencia de dilaciones indebidas son esenciales para evitar que el proceso se prolongue injustificadamente, afectando la salud, la dignidad o la carrera profesional de la persona denunciante. El procedimiento debe desarrollarse en un tiempo razonable, evitando retrasos injustificados.

La lentitud afecta la credibilidad del proceso y prolonga el sufrimiento de la persona denunciante. También puede causar la caducidad del expediente.

- La confidencialidad protege la identidad y la información personal de todas las personas implicadas, evitando filtraciones que puedan dar lugar a represalias o daños reputacionales. La identidad de las partes y el contenido del expediente deben manejarse con la máxima reserva, especialmente cuando hay riesgos de represalias.

Su vulneración pone en riesgo la seguridad y la salud de las personas implicadas. Además, constituye una infracción grave según el RGPD y la Ley 2/2023.

- El derecho de defensa garantiza que ambas partes puedan acceder al expediente, presentar pruebas y ser oídas con las debidas garantías. Derecho a conocer el expediente, aportar pruebas, ser oído, recibir notificaciones motivadas, y acceder a asesoramiento o representación legal.

Es un pilar del debido proceso. Su violación puede anular el procedimiento y generar responsabilidades administrativas

- La igualdad de armas procesales exige que tanto la persona denunciante como la denunciada tengan las mismas oportunidades para argumentar y demostrar sus posiciones, sin ventajas indebidas para ninguna. Las dos partes deben contar con las mismas posibilidades y recursos para defender sus intereses.

Evita desequilibrios, especialmente en contextos de asimetría de poder (como denuncias contra superiores jerárquicos).

- La motivación de las resoluciones implica que todas las decisiones deben estar razonadas, basadas en hechos, pruebas y normas aplicables, evitando arbitrariedades. Toda decisión adoptada debe estar razonada, basada en hechos, pruebas y normas aplicables.

La falta de motivación convierte las resoluciones en arbitrarias y vulnera el derecho a la tutela judicial efectiva.

- La trazabilidad documental permite revisar todas las actuaciones del expediente, asegurando su transparencia y control posterior. Toda actuación debe quedar registrada, con fechas, personas responsables, decisiones y documentación disponible.

Permite controlar la regularidad del proceso y facilita su revisión ante una instancia superior o judicial.

- El principio de proporcionalidad obliga a que cualquier medida adoptada, cautelar o sancionadora, sea adecuada, necesaria y equilibrada respecto al objetivo de protección. Las medidas adoptadas, especialmente las cautelares o disciplinarias, deben ser adecuadas, necesarias y equilibradas en relación con los hechos.

- El principio de no revictimización implica que el procedimiento debe evitar causar nuevos daños a la víctima, incluyendo exposición innecesaria, desconfianza institucional o represalias encubiertas.

Este principio es especialmente relevante en los casos de acoso, donde la exposición innecesaria, el descrédito, o el trato hostil institucional pueden agravar el daño sufrido.

La falta de respeto a cualquiera de estos principios no solo afecta la validez del procedimiento, sino que puede convertir la investigación en una forma de encubrimiento o violencia institucional, dejando sin protección efectiva a la persona afectada, y comprometiendo gravemente la responsabilidad jurídica de la institución.

Capítulo VII
El ciberacoso y otras formas de acoso laboral

7.1. Otras situaciones: Ciberacoso y acoso en entornos digitales. ¿Qué medidas preventivas contempla el programa de Compliance para evitar el ciberacoso laboral en el uso de herramientas digitales corporativas?

La prevención del ciberacoso laboral es una responsabilidad ineludible del programa de Compliance[220] en un contexto organizacional donde las herramientas digitales han transformado la forma en que los trabajadores se comunican, colaboran y gestionan sus tareas. El uso extendido de plataformas como correo electrónico, sistemas de mensajería instantánea, videoconferencias, entornos colaborativos en la nube y aplicaciones móviles corporativas ha ampliado las posibilidades de interacción, pero también de exposición al acoso, que ahora puede producirse en tiempo real, fuera del horario laboral y sin la supervisión directa de terceros.

El programa de Compliance debe actuar de manera anticipada y estructural para minimizar este riesgo. Las medidas preventivas más eficaces incluyen:

- La elaboración de una política integral de comportamiento digital, también conocida como netiqueta corporativa, en la que se especifique qué conductas son aceptables en entornos digitales de trabajo, qué prácticas constituyen uso indebido de los medios tecnológicos corporativos y cómo deben manejarse las comunicaciones digitales con respeto, privacidad y profesionalismo.

- La integración del ciberacoso como un riesgo operacional y psicosocial en el mapa de riesgos institucional. Esto implica realizar evaluaciones periódicas sobre el grado de exposición de diferentes áreas, roles o tecnologías al acoso digital y diseñar controles personalizados.

---

[220] Blanco, B. *Acoso laboral en el teletrabajo, el nuevo mobbing*. https://www.uoc.edu/es/news/2024/acoso-laboral-en-el-teletrabajo-el-nuevo-mobbing

- La adopción de tecnologías de supervisión ética, como filtros automatizados de lenguaje ofensivo en chats internos, paneles de control que alerten sobre exclusiones reiteradas en sistemas colaborativos, y sistemas de auditoría digital que permitan rastrear actividades sospechosas sin vulnerar la privacidad personal ni el derecho a la intimidad del trabajador.

- La capacitación diferenciada, es decir, diseñar programas formativos específicos según niveles jerárquicos y funciones. Los líderes y responsables de equipo deben recibir formación en liderazgo en entornos digitales, habilidades blandas para la gestión remota y manejo adecuado de conflictos virtuales. Los trabajadores deben recibir formación práctica sobre cómo actuar ante mensajes hostiles, qué pruebas conservar y qué canales están disponibles para solicitar ayuda o reportar incidentes.

- La revisión contractual de acuerdos de confidencialidad, cláusulas de uso de recursos informáticos y políticas de seguridad de la información, incorporando referencias explícitas al ciberacoso y a las sanciones disciplinarias derivadas de conductas abusivas digitales.

La promoción de una cultura institucional digitalmente saludable. Esto no se logra solo mediante normas, sino a través del ejemplo cotidiano de la alta dirección, que debe fomentar un entorno donde el respeto también se viva en entornos virtuales, los tiempos de desconexión sean respetados y el trabajo en línea no se convierta en una excusa para controlar, presionar o marginar a otros.

7.1.1. ¿Se encuentra el ciberacoso laboral tipificado como infracción en el código ético o de conducta de la empresa?

La inclusión explícita del ciberacoso como una infracción en el código ético o de conducta[221] no es solo una buena práctica: es una exigencia para que el sistema de Compliance tenga capacidad normativa, sancionadora y pedagógica frente a esta forma de acoso emergente. La mayoría de los códigos de conducta tradicionales contemplaban el acoso desde una perspectiva presencial y no habían actualizado su redacción para incorporar la dimensión digital, lo que generaba vacíos interpretativos, dificultades en la aplicación de sanciones y ambigüedad sobre los límites del comportamiento esperado.

---

221 Rojas Rosco, R. Labour Compliance: la responsabilidad de la empresa ante el ciberacoso laboral, El derecho, https://elderecho.com/labour-Compliance-la-responsabilidad-de-la-empresa-ante-el-ciberacoso-laboral

Hoy, un código de conducta alineado con estándares internacionales debe incorporar:

- Una definición precisa del ciberacoso laboral, diferenciándolo de otras formas de mal uso de la tecnología. Esto incluye: envío reiterado de mensajes intimidatorios, amenazas, burlas o humillaciones en plataformas corporativas; divulgación no autorizada de mensajes o imágenes; acoso mediante redes sociales profesionales vinculadas a la empresa; exclusión sistemática de canales de comunicación digital; y utilización del correo electrónico institucional para hostigar o someter a control excesivo a un subordinado.

- La categorización de estas conductas como infracciones disciplinarias graves o muy graves, sujetas a sanciones que pueden ir desde una advertencia formal hasta el despido procedente, en función de la gravedad, intencionalidad, reincidencia y consecuencias para la víctima.

- La obligación de intervención inmediata de superiores jerárquicos, responsables de Compliance o miembros del comité ético ante cualquier conocimiento o sospecha fundada de acoso digital, aunque la víctima no haya formalizado una denuncia.

- La previsión expresa del deber de confidencialidad en los procesos relacionados con ciberacoso y la garantía de la no retaliación contra denunciantes o testigos.

Incluir el ciberacoso en el código de conducta no solo habilita su sanción formal, sino que envía un mensaje claro a toda la organización: el respeto no tiene fronteras, ni físicas ni digitales. La ética profesional es transversal a todos los canales de trabajo, incluyendo los virtuales.

7.1.2. ¿Existe un protocolo específico dentro del sistema de Compliance para la denuncia y tratamiento del acoso en entornos digitales?

Un sistema de Compliance actualizado debe contar con un protocolo específico -o con capítulos concretos dentro de su protocolo general de gestión de conductas inadecuadas- que aborde el tratamiento del ciberacoso laboral. Este tipo de protocolo debe estar estructurado para responder a las particularidades del acoso digital, tales como su carácter a veces anónimo, su capacidad de replicación instantánea, su dificultad de contextualización sin perder privacidad, y la posibilidad de que persista más allá del lugar de trabajo, incluso en fines de semana o durante períodos de baja médica o teletrabajo.

Un protocolo eficaz debe incluir:

- Múltiples vías de denuncia adaptadas al entorno digital: plataformas internas seguras, buzones electrónicos cifrados, línea telefónica ética y formularios digitales que permitan adjuntar capturas, vídeos, grabaciones o mensajes como evidencia.

- Un procedimiento ágil de evaluación preliminar para identificar si los hechos denunciados constituyen un riesgo de acoso, si ameritan medidas cautelares inmediatas (como separación digital de espacios de trabajo) y si es necesario iniciar una investigación formal.

- Criterios específicos para el análisis de evidencias digitales, respetando la cadena de custodia y asegurando que los datos se traten conforme a la normativa vigente en protección de datos personales (por ejemplo, el RGPD en la Unión Europea).

- Protocolo de entrevista a víctimas y testigos que tenga en cuenta el impacto emocional del acoso digital, y que evite la revictimización o el uso abusivo del contenido aportado como prueba.

- Posibilidad de medidas restaurativas y de acompañamiento, como la intervención de un equipo de bienestar psicosocial, sesiones de mediación voluntaria, reestructuración de entornos colaborativos, o incluso la oferta de asistencia externa en casos de ansiedad o estrés derivado del acoso.

7.1.3. ¿Cómo garantiza la empresa la confidencialidad y protección del denunciante en casos de ciberacoso laboral?

La confidencialidad y la protección del denunciante son los pilares que sustentan la confianza en todo el sistema de gestión de denuncias. En casos de ciberacoso laboral, donde los hechos pueden involucrar capturas de pantalla, mensajes personales, correos electrónicos o participación en grupos internos, la garantía de privacidad es aún más sensible y debe cuidarse con rigor técnico y ético.

Para ello, las organizaciones deben implementar medidas como:

- Canales de denuncia[222] que operen bajo sistemas cifrados y seguros, con identificación opcional, e integrados con la arquitectura de privacidad y seguridad informática de la empresa.

---

[222] Ley 2/2023, de 20 de febrero, reguladora de la protección de las personas que informen sobre infracciones normativas y de lucha contra la corrupción.

- Procesamiento de las pruebas digitales por parte de personal capacitado y bajo condiciones de estricta confidencialidad. El acceso a estos contenidos debe estar limitado a los responsables de la investigación y sujeto a registros de auditoría interna.

- Mecanismos proactivos de prevención de represalias, como el seguimiento a la situación laboral del denunciante en las semanas posteriores, entrevistas de acompañamiento, y designación de una persona de referencia que monitoree posibles señales de exclusión, presión o descrédito.

- Declaraciones institucionales claras sobre el derecho a denunciar sin miedo, incluidas en todas las capacitaciones, en el código de conducta, en la intranet corporativa y en los documentos de onboarding de nuevos empleados.

- Protocolos de actuación inmediata si se detecta una represalia, con sanciones internas automáticas a quien viole la confidencialidad o ejerza presión directa o indirecta sobre el denunciante.

La confidencialidad no es solo un requisito formal, sino una responsabilidad activa del sistema de Compliance. El entorno digital presenta nuevos retos, pero también ofrece herramientas para proteger, auditar y empoderar a quienes denuncian injusticias, contribuyendo a construir organizaciones más justas, modernas y sostenibles.

7.1.4. ¿Qué mecanismos de detección temprana se han implementado para identificar comportamientos abusivos en plataformas digitales de trabajo?

La detección temprana del ciberacoso requiere una combinación de estrategias tecnológicas, organizacionales y humanas. En el contexto digital, los comportamientos abusivos pueden ser menos visibles que en entornos físicos, pero dejan rastros objetivos y pueden ser identificados mediante herramientas adecuadas. Un sistema de Compliance eficaz incorpora varios mecanismos:

- Monitorización inteligente de patrones de uso: Sin vulnerar la privacidad, se utilizan algoritmos que detectan interacciones sospechosas, como el envío frecuente de mensajes agresivos, lenguaje ofensivo o sexista en chats corporativos, exclusión reiterada de empleados en canales de comunicación interna, o intercambio de archivos inadecuados. Estas señales se evalúan con criterios de contexto y proporcionalidad para evitar falsas alarmas.

- Análisis de datos de clima laboral digital: Encuestas internas, herramientas de feedback anónimo y evaluaciones de clima laboral adaptadas a la virtualidad pueden detectar zonas de conflicto o estrés asociados al uso de herramientas digitales. Un aumento en la rotación de personal, la caída en índices de bienestar o la disminución de la colaboración virtual pueden ser indicios indirectos de entornos hostiles.

- Canales de denuncia anticipada: Las plataformas confidenciales y accesibles permiten a los empleados reportar no solo hechos consumados, sino también conductas incipientes o actitudes inadecuadas que, aunque no constituyan acoso propiamente dicho, pueden evolucionar hacia situaciones de hostigamiento si no se interviene a tiempo.

- Observación participativa y liderazgo ético: Los mandos intermedios capacitados para identificar signos sutiles de maltrato digital (ignorar a alguien sistemáticamente en correos, usar mayúsculas o tonos sarcásticos en la comunicación, excluir de reuniones virtuales relevantes) pueden activar protocolos de intervención informal o solicitar apoyo del área de Compliance antes de que escale el conflicto.

7.1.5. ¿Cómo colabora el Compliance Officer con otras áreas (RR.HH., TI, ¿Legal) en la gestión de situaciones de ciberacoso?

La gestión del ciberacoso es un proceso transversal que requiere coordinación interdepartamental. El Compliance Officer, como garante de la integridad organizacional, cumple un rol articulador entre áreas estratégicas:

- Con el Departamento de Recursos Humanos, se coordina la ejecución del protocolo disciplinario, el acompañamiento a las víctimas y la implementación de medidas correctivas, como cambios de equipos, mediaciones, o adaptación de rutinas laborales. Dicho Departamento también debe colaborar en la sensibilización y en la identificación de entornos de riesgo psicosocial.

- Con el área de Tecnología de la Información (TI), se trabaja en la custodia segura de pruebas digitales, la configuración de controles de acceso a plataformas, el rastreo ético de comunicaciones institucionales bajo sospecha de abuso (con autorización legal), y la implementación de medidas preventivas tecnológicas, como filtros de lenguaje o alertas automáticas ante conductas inusuales.

Con el área Legal, se analizan las implicancias jurídicas del caso, se garantiza el cumplimiento de la normativa de protección de datos (como el

RGPD), se prepara la defensa institucional ante posibles denuncias externas, y se asesora en la elaboración de cláusulas contractuales y políticas internas sobre comportamiento digital.

Este trabajo conjunto permite no solo gestionar cada caso en particular, sino fortalecer el ecosistema institucional contra el acoso en entornos virtuales.

7.1.6. ¿Se proporciona formación continua a los empleados y directivos sobre el uso ético y respetuoso de las herramientas digitales?

La formación continua es una herramienta esencial para prevenir el ciberacoso y fomentar una cultura digital responsable. Un programa eficaz de formación en esta materia incluye:

a). Los contenidos adaptados al rol del participante.

Los empleados reciben formación sobre uso correcto de correos electrónicos, redes internas, reuniones virtuales, canales de mensajería y redes sociales corporativas. Se abordan temas como la netiqueta, la gestión emocional digital, la privacidad de las comunicaciones y el respeto en contextos interculturales.

b). La capacitación especializada para líderes y mandos medios: Se enseña a identificar señales de acoso digital, gestionar equipos en entornos virtuales de forma respetuosa, y responder de forma adecuada ante denuncias o sospechas de acoso. También se incluyen aspectos legales y éticos del liderazgo digital.

c). La formación directiva y sensibilización reputacional: La alta dirección recibe formación sobre las consecuencias legales y reputacionales del acoso digital, su rol como modelo de integridad y la importancia de la coherencia entre discurso institucional y prácticas cotidianas.

d). La evaluación y mejora continua: La formación debe evaluarse a través de cuestionarios, encuestas de impacto, simulacros digitales y seguimiento del comportamiento posterior. Esto permite ajustar contenidos, detectar carencias y fortalecer el aprendizaje continuo.

7.1.7. ¿Qué tipo de sanciones contempla el régimen disciplinario de la empresa para casos verificados de ciberacoso?

El régimen disciplinario debe estar alineado con el código de conducta y debe establecer de forma clara y escalonada las sanciones aplicables en casos de ciberacoso, considerando criterios como la gravedad de la conducta, la reiteración, el daño causado, la posición jerárquica del infractor y la voluntad de reparación.

Las sanciones habituales incluyen:

- Amonestaciones verbales o escritas, aplicables a casos leves o primerizas, especialmente si hay reconocimiento de la conducta y voluntad de mejora.

Suspensión temporal de empleo y sueldo, cuando la conducta genera daño verificable o se produce en un contexto de abuso de poder.

- Restricción del acceso a plataformas digitales, traslado funcional, exclusión de ciertos proyectos o retiro de beneficios, como medidas cautelares o preventivas ante reincidencias o riesgo de repetición.

- Despido disciplinario, en casos graves como envío de contenido sexual no consentido, amenazas, acoso reiterado, difusión de información privada o atentado a la dignidad personal mediante plataformas corporativas.

Estas sanciones deben aplicarse respetando el principio de proporcionalidad, el derecho a la defensa y el debido proceso, y deben comunicarse a la organización de forma generalizada (sin revelar identidades) como parte de una estrategia de prevención, transparencia y refuerzo de la cultura ética.

El abordaje integral del ciberacoso requiere una interacción armónica entre prevención, detección, intervención y sanción. El sistema de Compliance, con apoyo de TI, RRHH y Legal, no solo protege a las víctimas, sino que fortalece el entorno digital como un espacio seguro y ético de trabajo. La formación permanente, la coherencia institucional y la respuesta disciplinaria clara son los pilares para erradicar el acoso en sus nuevas formas digitales.

7.1.8. ¿Cómo se protege el derecho a la intimidad digital de los empleados al implementar medidas de vigilancia o monitoreo?

El derecho a la intimidad digital de los empleados constituye un límite esencial para cualquier medida de vigilancia que una empresa desee implementar, aun cuando su finalidad sea legítima, como la prevención de delitos internos o el acoso digital. El respeto a este derecho no sólo deriva de principios éticos, sino de exigencias legales explícitas establecidas, por ejemplo, en el Reglamento General de Protección de Datos (RGPD) y en la jurisprudencia del Tribunal Europeo de Derechos Humanos, que ha reiterado que los trabajadores no renuncian a su privacidad por el mero hecho de utilizar herramientas digitales corporativas.

Para garantizar una vigilancia empresarial compatible con el derecho a la intimidad digital, el sistema de Compliance debe asegurar la aplicación simultánea de los siguientes principios:

a). La legalidad y la transparencia.

El monitoreo debe estar amparado por una base jurídica sólida (interés legítimo, cumplimiento de una obligación legal o consentimiento) y los empleados deben ser informados de forma clara, específica y accesible sobre las medidas implementadas: qué se vigila, por qué, cómo, quién accede a la información y cuáles son sus derechos.

b). La proporcionalidad y necesidad.

Toda medida de control debe ser idónea para el fin perseguido, necesaria en el contexto particular (es decir, no puede haber alternativas menos invasivas) y proporcionada, en tanto su intensidad debe guardar relación con la gravedad del riesgo que se pretende evitar.

c). La finalidad determinada.

El monitoreo no puede usarse con fines generales o indeterminados. Por ejemplo, si se vigilan los correos electrónicos con el fin de prevenir el acoso digital, no puede aprovecharse la información para controlar rendimientos, presionar jerárquicamente o aplicar sanciones no previstas.

d). La minimización del tratamiento.

Debe recopilarse sólo la información estrictamente necesaria. Esto implica evitar registros masivos, uso de sistemas de vigilancia permanente, o la activación de cámaras, geolocalización o grabación de pantalla sin una causa justificada y previa evaluación de impacto.

e). Las medidas de seguridad.

Los datos recabados mediante vigilancia deben ser protegidos frente a accesos no autorizados, manipulaciones o divulgaciones indebidas. Esto incluye cifrado, control de acceso restringido, auditorías periódicas, y destrucción segura cuando dejen de ser necesarios.

f). Las evaluaciones de impacto.

En casos de tecnologías de control de alto riesgo (como sistemas de análisis de comportamiento, inteligencia artificial[223] o monitoreo de emo-

---

[223] Bellver Belda, J. El uso de la inteligencia artificial en el ámbito del Compliance: posibilidades, limitaciones y perspectivas de futuro, *ELDERECHO.COM*, en

ciones), debe realizarse una evaluación de impacto en protección de datos (EIPD), en la que se analicen los efectos sobre la privacidad y se diseñen medidas para mitigarlos.

El respeto a la intimidad digital no es incompatible con la prevención del acoso mediante medios tecnológicos, siempre que el sistema de Compliance asegure que cualquier control se ejerza dentro de límites éticos, jurídicos y técnicos claramente definidos.

7.1.9. ¿Se auditan periódicamente las herramientas digitales corporativas para prevenir su uso indebido o abusivo con fines de acoso?

Sí. Las auditorías digitales periódicas son una práctica cada vez más habitual en organizaciones que aplican sistemas de Compliance con enfoque preventivo y de mejora continua. Su objetivo es verificar no sólo que las herramientas digitales corporativas funcionen correctamente desde el punto de vista técnico, sino que no estén siendo utilizadas -conscientemente o no- como canales para ejercer acoso, marginación, intimidación o control excesivo sobre trabajadores.

Estas auditorías abarcan distintas dimensiones:

- Evaluación técnica de las plataformas: Se revisa que las configuraciones de software (correo electrónico, sistemas de mensajería, plataformas colaborativas como Microsoft Teams, Slack, Zoom o Google Workspace) no permitan conductas abusivas como la creación de grupos excluyentes, la asignación de permisos unilaterales, el uso de etiquetas despectivas, o la visualización invasiva del historial de interacciones.

- Verificación de cumplimiento de políticas internas: Se analiza si los usuarios conocen y respetan las normas de uso ético de la tecnología, si los reglamentos internos están actualizados y si existen vacíos normativos que habiliten zonas grises de riesgo.

- Control de alertas y reportes: Se examina la trazabilidad de señales tempranas, como quejas recurrentes sobre ciertas plataformas, solicitudes de ayuda relacionadas con conductas digitales, o reportes en el canal ético que indiquen uso indebido de herramientas de comunicación.

- Revisión de incidentes previos: Se analiza si los incidentes relacionados con acoso digital han sido gestionados correctamente, si los registros

---

https://elderecho.com/uso-inteligencia-artificial-ambito-Compliance-posibilidades-limitaciones fueron conservados y si se aplicaron medidas estructurales posteriores para prevenir su repetición.

- Análisis de indicadores de clima digital: A través de encuestas internas, focus groups y entrevistas, se puede detectar si los trabajadores perciben un entorno virtual seguro, si conocen cómo denunciar, y si confían en los mecanismos de protección ante el uso inadecuado de la tecnología.

Estas auditorías deben realizarse con periodicidad razonable (al menos anual), ser documentadas y derivar en un informe con recomendaciones, medidas correctivas y seguimiento de su implementación. De este modo, el sistema de Compliance no sólo reacciona ante el acoso digital, sino que lo anticipa y reduce su incidencia estructural.

7.1.10. ¿De qué manera el Compliance evalúa y mitiga los riesgos reputacionales derivados de incidentes de acoso digital?

El acoso digital, debido a su rápida difusión y fuerte impacto emocional, representa uno de los riesgos reputacionales más severos para una organización. Un incidente de esta naturaleza que trascienda a la opinión pública puede derivar en daños a la marca empleadora, pérdida de confianza de clientes e inversores, sanciones regulatorias y deterioro del clima interno.

El sistema de Compliance juega un rol central en la gestión de estos riesgos reputacionales a través de:

a). La evaluación preventiva del riesgo.

El mapa de riesgos del sistema de Compliance debe incluir al acoso digital como una amenaza específica, identificando las áreas, roles, plataformas y procesos más expuestos. Sobre esa base, se diseña un plan de mitigación que incluye formación, monitoreo, protocolos y auditorías.

b). La preparación ante supuestos de crisis.

El Compliance debe colaborar con el área de comunicación institucional en la elaboración de un protocolo de gestión de incidentes, que contemple cómo responder ante filtraciones, denuncias públicas, demandas judiciales o consultas de medios de comunicación. La clave es la respuesta rápida, coordinada y coherente con los valores de la organización.

c). La intervención transparente.

Ante un caso verificado, el Compliance asegura que la organización actúe de forma justa y visible: protegiendo a la víctima, sancionando al agresor, ofreciendo canales de ayuda, revisando los controles fallidos y comunicando (de forma anónima) las lecciones aprendidas a toda la plantilla.

d). La restauración reputacional.

Posteriormente, el Compliance impulsa acciones para reconstruir la imagen ética de la organización, como reforzar la formación, publicar informes de sostenibilidad con indicadores de cultura organizacional, o establecer compromisos públicos de tolerancia cero al acoso.

e). El monitoreo de impactos.

A través de encuestas internas, análisis de redes sociales, auditorías externas o evaluaciones ESG (Environmental, Social and Governance), se analiza cómo ha evolucionado la percepción interna y externa tras un incidente y qué nuevas medidas se deben implementar.

El Compliance no se limita a garantizar el cumplimiento formal de normas. Actúa como protector de la integridad institucional, y en contextos de acoso digital, su actuación estratégica puede ser la diferencia entre una crisis reputacional descontrolada y una oportunidad para reforzar la cultura ética, el liderazgo responsable y la confianza de todos los grupos de interés.

7.1.11. ¿Existe una política de desconexión digital que contribuya a limitar la exposición de los trabajadores al acoso fuera del horario laboral?

La política de desconexión digital no solo responde a una necesidad organizativa y psicosocial, sino que se erige como una medida esencial de prevención del acoso laboral en su dimensión digital. Esta política se sustenta en el principio de respeto a la jornada de trabajo pactada y al derecho fundamental al descanso, tal como recogen múltiples normativas laborales, entre ellas la Ley Orgánica de Protección de Datos y Garantía de los Derechos Digitales en España (LOPDGDD), que introduce expresamente el derecho a la desconexión digital para todos los trabajadores.

Desde el enfoque del Compliance, una política de desconexión no puede limitarse a una declaración formal. Debe ser parte integrante del marco de integridad corporativa, lo que implica su incorporación en el código ético, su operativización mediante medidas concretas y su seguimiento a través de indicadores claros. Estas políticas deben estar diseñadas para:

- Establecer franjas horarias durante las cuales no se puede exigir la atención del empleado, incluyendo el no envío de correos electrónicos o mensajes a través de canales corporativos salvo causas de fuerza mayor.

- Desactivar las notificaciones de sistemas de mensajería o correos automáticos en horarios de desconexión, como parte de la arquitectura tecnológica de las herramientas corporativas.

- Fijar normas internas para los equipos de dirección y mandos intermedios, a fin de evitar la presión cultural que impida la desconexión, como la valoración positiva de la disponibilidad 24/7 o la penalización informal de quienes ejercen su derecho al descanso.

- Prever la intervención de los canales de denuncia ética o del sistema de Compliance cuando existan violaciones reiteradas de este derecho, especialmente cuando se traduzcan en formas de hostigamiento digital persistente fuera del horario laboral.

Este enfoque permite prevenir el acoso digital de baja intensidad, que muchas veces se normaliza bajo una cultura de hiperconectividad laboral, pero que puede convertirse en un patrón de violencia organizacional cuando la presión sobre el trabajador se hace constante, incluso fuera de su jornada.

7.1.12. ¿Se han adaptado los mapas de riesgos del sistema de Compliance para incluir específicamente el acoso en entornos digitales?

En una organización moderna, un mapa de riesgos de Compliance que no contemple explícitamente el acoso en entornos digitales puede considerarse incompleto. La transformación digital del trabajo, acelerada por la pandemia y consolidada por el modelo híbrido, ha generado nuevas tipologías de interacción laboral que implican también nuevas formas de riesgo. El acoso digital -que puede incluir desde el envío de mensajes intimidatorios hasta la exclusión deliberada en plataformas virtuales o el control abusivo de la actividad en línea- debe identificarse, clasificarse, evaluarse y controlarse como una categoría propia dentro del sistema de cumplimiento normativo.

Incluir el acoso digital en el mapa de riesgos implica:

- Identificar las plataformas tecnológicas utilizadas por la organización y los puntos de vulnerabilidad que puedan permitir o facilitar comportamientos abusivos. Esto incluye correos electrónicos, chats, redes internas, plataformas de trabajo colaborativo, sistemas de videollamada, etc.

- Evaluar el nivel de exposición de cada colectivo dentro de la organización al riesgo de acoso digital, lo que puede depender de factores como el modelo de trabajo (remoto, híbrido o presencial), el nivel jerárquico, el tipo de función o la cultura de equipo.

- Establecer escalas de probabilidad e impacto: por ejemplo, el acoso digital puede tener un impacto elevado en términos de salud mental, clima laboral, rotación y reputación corporativa, aunque su detección pueda ser inicialmente más difícil que la del acoso presencial.

- Diseñar controles específicos: como sistemas de monitoreo ético, protocolos de denuncia adaptados a medios digitales, mecanismos de conservación de evidencia digital, procesos de investigación interna con enfoque digital, y herramientas formativas específicas.

- Alinear los hallazgos con otras matrices de riesgo empresarial, como las relativas a ciberseguridad, bienestar psicosocial, liderazgo ético y cultura organizacional, para asegurar una visión transversal del problema.

Tanto la política de desconexión digital como la inclusión del acoso en entornos digitales dentro del mapa de riesgos de Compliance forman parte de un modelo de gestión ética integral que entiende que la transformación digital del trabajo no puede desligarse de una actualización permanente de las herramientas de prevención, detección y respuesta frente a riesgos organizacionales. En este sentido, el Compliance no es solo un instrumento legalista, sino un escudo preventivo para garantizar entornos laborales más seguros, respetuosos y sostenibles.

7.1.13. ¿Qué indicadores utiliza la empresa para medir la efectividad de sus políticas de prevención del ciberacoso laboral?

Medir la efectividad de una política de prevención del ciberacoso laboral requiere ir más allá de la mera implementación normativa o de la existencia de protocolos escritos. El verdadero indicador de éxito reside en la capacidad del sistema de Compliance para anticipar, identificar, reducir y tratar conductas de acoso en entornos digitales de forma eficaz, justa y transparente. Para ello, las empresas más avanzadas implementan sistemas integrados de indicadores que actúan en distintos niveles: preventivo, operativo, perceptivo y correctivo.

A nivel preventivo, se evalúan indicadores como:

- El porcentaje de empleados formados específicamente en ciberacoso, uso ético de herramientas digitales y canales de denuncia.

- El nivel de asistencia voluntaria a formaciones en comparación con aquellas de cumplimiento obligatorio.

- El grado de actualización del protocolo de prevención del acoso digital (por ejemplo, si se revisa anualmente o solo cuando ocurre un incidente grave).

A nivel operativo, se monitoriza:

- El número de incidentes reportados relacionados con acoso digital por trimestre o semestre, lo que permite identificar tendencias.

El tiempo medio de tramitación de una denuncia desde su recepción hasta la resolución.

- El porcentaje de denuncias que culminan en medidas correctivas (v.gr. sanciones, reubicación, medidas cautelares).

- El porcentaje de canales de comunicación digital que cuentan con herramientas de moderación, monitoreo ético o alertas automáticas ante lenguaje inadecuado.

A nivel perceptivo (cultura organizacional):

- El porcentaje de empleados que afirman en encuestas internas sentirse seguros usando herramientas digitales corporativas.

- El nivel de confianza reportado en el canal de denuncias o en los gestores del sistema de Compliance ante casos de acoso.

- La incidencia de respuestas que revelan tolerancia pasiva al hostigamiento en encuestas de clima (“es normal recibir mensajes de presión por WhatsApp”, por ejemplo).

A nivel correctivo y de seguimiento:

- El grado de reincidencia de los agresores o de reaparición de incidentes en áreas previamente afectadas.

- La inclusión del ciberacoso en los informes internos de gestión de riesgos o en auditorías externas de Compliance.

- La frecuencia con la que se revisan las herramientas digitales y se actualizan sus condiciones de uso y privacidad.

Estos indicadores no actúan de forma aislada: deben integrarse en un cuadro de mando de Compliance, que permita observar de forma sistémica el desempeño institucional frente al riesgo de acoso digital, facilitando la mejora continua del modelo de prevención.

7.1.14. ¿Está contemplado el ciberacoso como factor de riesgo en las evaluaciones de clima laboral y cultura ética promovidas desde Compliance?

Cada vez más organizaciones reconocen que el acoso digital no es una anomalía puntual, sino un riesgo estructural que puede instalarse de manera invisible en la cultura organizacional. Su naturaleza silenciosa, persistente y muchas veces normalizada lo convierte en una amenaza real a la ética corporativa, la salud mental del equipo humano y la reputación institucional. Por ello, el ciberacoso debe figurar de manera explícita como variable de análisis en las evaluaciones de clima y cultura promovidas desde el área de Compliance.

Estas evaluaciones suelen realizarse con herramientas como:

- Encuestas de clima organizacional que incluyen ítems específicos sobre el uso de herramientas digitales, el respeto de los límites del horario, la presión virtual, el tono de las comunicaciones y la existencia de conductas pasivo-agresivas a través de medios tecnológicos.

- Evaluaciones 360° o entrevistas estructuradas a empleados de diferentes niveles, en las que se recogen percepciones sobre el comportamiento de superiores, la cultura de disponibilidad digital, y la forma en que la empresa reacciona ante casos de acoso digital.

- Los mapas de calor de comunicación interna que permiten visualizar los canales más propensos al uso abusivo (por ejemplo, chats no moderados o grupos de mensajería informal sin control), cruzando esta información con datos sobre rotación, ausentismo o malestar emocional.

- Las auditorías culturales y éticas: procesos cualitativos impulsados por Compliance para detectar brechas entre los valores declarados por la empresa y las conductas reales observadas en el entorno digital. Estas auditorías permiten identificar si, por ejemplo, existe una cultura de tolerancia hacia el liderazgo abusivo a través de medios digitales, o si se normaliza el contacto fuera de horario como parte del "compromiso" laboral.

La inclusión del ciberacoso en estas evaluaciones no es solo un ejercicio de diagnóstico. Tiene efectos concretos: permite alinear las prácticas internas con los valores institucionales, construir narrativas organizacionales coherentes con el respeto y la inclusión digital, y rediseñar espacios virtuales de trabajo seguros y saludables. Además, refuerza la posición del sistema de Compliance como garante de la cultura organizacional en todos sus niveles, no sólo desde el cumplimiento legal, sino desde la ética práctica y la responsabilidad social empresarial.

Por todo ello, el hecho de medir y diagnosticar el riesgo de ciberacoso es hoy una exigencia de integridad. Aquellas organizaciones que lo asumen como un tema estratégico -y no meramente disciplinario- están en mejor posición para construir confianza, cohesión interna y sostenibilidad reputacional en un entorno laboral crecientemente digital.

7.2. El acoso en el teletrabajo: aislamiento, vigilancia excesiva, presión virtual.

7.2.1. ¿Está contemplado el acoso en el teletrabajo como una categoría específica de riesgo dentro del sistema de Compliance de la empresa?

El acoso en el teletrabajo representa una forma emergente de riesgo que muchas organizaciones han comenzado a contemplar de forma específica dentro de sus sistemas de Compliance, conscientes de que los entornos digitales han modificado profundamente las formas de interacción y, con ello, los modos en que pueden manifestarse conductas hostiles, abusivas o discriminatorias. Mientras que en el pasado el acoso se vinculaba casi exclusivamente a la presencialidad y a la interacción física, en la actualidad las empresas que implementan modelos de trabajo remoto o híbrido reconocen que existen múltiples vías por las que el acoso puede ejercerse en entornos virtuales: desde mensajes insistentes fuera del horario laboral, pasando por presión constante a través de correos o chats corporativos, hasta la exclusión deliberada de reuniones digitales, la asignación injustificada de tareas bajo vigilancia permanente o el silenciamiento sistemático de opiniones. Por ello, aquellas organizaciones que asumen el cumplimiento como un compromiso transversal han empezado a integrar esta tipología como una categoría de riesgo diferenciada en sus matrices de riesgos éticos, culturales y psicosociales. Esta inclusión permite adoptar controles proporcionales, asignar responsabilidades, identificar zonas de mayor exposición (como áreas con liderazgo tóxico o estructuras jerárquicas verticales) y diseñar acciones específicas de mitigación como protocolos adaptados al teletrabajo, herramientas de escucha remota, y encuestas sobre percepción de acoso en contextos virtuales. Así, el Compliance amplía su radio de acción, protegiendo la integridad de los trabajadores en todos los entornos laborales, ya no solo físicos, sino también digitales.

7.2.2. ¿Cómo garantiza el Compliance que las herramientas digitales de monitoreo utilizadas en el teletrabajo respetan los principios de legalidad, proporcionalidad y finalidad legítima?

Las herramientas de monitoreo en el teletrabajo -como software de control horario, seguimiento de tareas o registro de actividad- deben estar diseñadas y aplicadas bajo criterios de plena legalidad, proporcionalidad y finalidad legítima, principios fundamentales recogidos en el Reglamento General de Protección de Datos (RGPD) y la normativa nacional en materia de privacidad. El área de Compliance tiene la responsabilidad de velar porque estos principios no sean simplemente declaraciones formales, sino realidades operativas en el uso cotidiano de la tecnología corporativa. Para ello, se exige en primer lugar que la implementación de cualquier tecnología de control esté amparada por una base jurídica adecuada, generalmente vinculada al interés legítimo de la empresa para garantizar el cumplimiento de las obligaciones laborales, la seguridad de los sistemas o la productividad, siempre que este interés no sea desproporcionado respecto a los derechos del trabajador. En segundo lugar, la proporcionalidad obliga a evaluar si el tipo de monitoreo es el mínimo necesario para alcanzar los fines perseguidos, descartando cualquier herramienta invasiva o excesiva como grabaciones sin consentimiento, seguimiento de uso del teclado o capturas de pantalla constantes.

En este orden de cosas, la finalidad legítima implica que los datos recogidos sólo pueden utilizarse para los fines previamente declarados y no pueden derivarse hacia objetivos distintos como la evaluación subjetiva del desempeño, la supervisión ideológica o el control de la vida privada.

Para garantizar todo lo anterior, Compliance colabora con el área de protección de datos en la realización de evaluaciones de impacto (DPIA), valida los contratos con proveedores tecnológicos, audita el uso real de las herramientas implementadas y vela por que los empleados sean debidamente informados sobre sus derechos, las condiciones del monitoreo y las vías para plantear dudas, inconformidades o reclamaciones. Sólo de esta forma se logra un equilibrio entre la gestión legítima del trabajo remoto y la garantía plena de los derechos fundamentales en el entorno digital.

7.2.3. ¿Existe una política interna que prohíba expresamente las prácticas de aislamiento digital intencionado dentro de los equipos de trabajo?

La existencia de una política interna que prohíba expresamente el aislamiento digital intencionado responde a la necesidad de reconocer y abordar nuevas formas de acoso laboral que surgen en contextos de trabajo digitalizado. El aislamiento digital -manifestado en prácticas como la exclusión de correos relevantes, la omisión sistemática en invitaciones a reuniones virtuales, la restricción injustificada de acceso a carpetas compartidas, o el bloqueo en canales colaborativos- constituye una forma sutil pero dañina de marginación profesional y social, que atenta contra la integridad del trabajador y debilita la cohesión del equipo. Un sistema de Compliance comprometido con la equidad y la inclusión no puede permitir que este tipo de conductas se desarrollen al amparo del anonimato tecnológico o de la ambigüedad organizacional. Por ello, muchas empresas están incluyendo cláusulas explícitas en sus códigos de conducta y reglamentos internos donde se tipifica este tipo de comportamiento como una infracción ética. Esta política debe incluir ejemplos claros, definir los mecanismos de control y revisión por parte de los mandos, ofrecer canales confidenciales de reporte y articular sanciones proporcionadas. Además, debe complementarse con programas de formación y concienciación que ayuden a líderes y colaboradores a identificar señales de exclusión digital, comprender sus consecuencias y fomentar prácticas de comunicación abiertas, participativas y colaborativas en los entornos virtuales de trabajo. La prohibición del aislamiento digital no sólo protege a las personas, sino que refuerza la cultura organizacional, promueve la transparencia, y evita la fragmentación silenciosa que puede conducir a entornos tóxicos y disfuncionales.

7.2.4. ¿Qué mecanismos de formación o sensibilización ha implementado el área de Compliance para prevenir el acoso relacionado con la hiperconectividad o la presión por disponibilidad continua?

La formación y la sensibilización son instrumentos esenciales para prevenir el acoso asociado a la hiperconectividad y la presión constante por estar disponible, situaciones que se han visto exacerbadas con la expansión del teletrabajo y el uso intensivo de herramientas digitales. La cultura de inmediatez, la falta de límites horarios y la expectativa tácita de respuestas rápidas fuera de la jornada laboral configuran un contexto fértil para la aparición de prácticas abusivas, muchas veces normalizadas bajo la apariencia de compromiso o eficacia. Ante ello, el área de Compliance debe liderar, en colaboración con Recursos Humanos y Prevención de Riesgos, programas formativos que no sólo informen sobre los derechos y obligaciones en el entorno digital, sino que promuevan un cambio cultural profundo en torno al uso saludable de la tecnología. Estas acciones formativas deben estar dirigidas a todos los niveles de la organización, desde la alta dirección hasta los equipos operativos, e incluir contenidos como el derecho a la desconexión digital, los límites del control empresarial, las buenas prácticas en la comunicación digital, la gestión del tiempo en el entorno remoto, y el impacto psicológico de la sobreexposición tecnológica. Además, estas formaciones deben incorporar casos reales, dinámicas participativas y herramientas de autoevaluación que permitan a los participantes identificar sus propios patrones de comportamiento y cuestionar prácticas que, aunque habituales, puedan ser lesivas para otros. Complementariamente, la sensibilización debe mantenerse de forma continua a través de campañas internas, recordatorios en canales corporativos, difusión de guías prácticas y la promoción de liderazgos ejemplares que refuercen una cultura organizacional respetuosa de los tiempos personales. Solo con una estrategia formativa integral y sostenida en el tiempo es posible transformar los hábitos digitales nocivos en prácticas sostenibles, éticas y saludables, consolidando así un entorno de trabajo donde la eficiencia no se mida por la disponibilidad constante, sino por la calidad, el respeto y la autonomía de cada persona.

7.2.5. ¿Se han actualizado los códigos de conducta o políticas de uso de TIC para incluir referencias explícitas a conductas de acoso digital o telemático?

Las organizaciones que se comprometen con una cultura de cumplimiento verdaderamente proactiva han procedido a actualizar sus códigos de conducta y sus políticas sobre el uso de tecnologías de la información (TIC) para reflejar la aparición de nuevas formas de acoso en entornos digitales. Esta necesidad responde al cambio estructural que ha supuesto el teletrabajo y la comunicación virtual como canales predominantes en la actividad diaria. La transición del entorno presencial al digital ha generado no solo nuevas herramientas, sino también nuevas formas de ejercer influencia, presión o marginación que deben ser abordadas de manera explícita. Así, los códigos de conducta reformulados incluyen definiciones de acoso telemático que abarcan desde la insistencia desproporcionada fuera del horario laboral, el uso de plataformas como medio de control o intimidación, hasta la difusión de comentarios ofensivos o denigrantes en espacios virtuales corporativos. Estas conductas son incorporadas no solo como infracciones genéricas a la dignidad del trabajador, sino como categorías autónomas de riesgo ético, susceptibles de ser tipificadas en manuales de sanciones. Adicionalmente, las políticas TIC complementan este marco ético estableciendo normas claras sobre el uso aceptable de correos electrónicos, chats empresariales, plataformas de colaboración como Microsoft Teams o Slack, videollamadas y redes sociales corporativas. Estas normas deben garantizar el principio de respeto, evitar el uso instrumental de la tecnología para fines de vigilancia o acoso, y promover prácticas de comunicación que sean inclusivas, transparentes y respetuosas. Una actualización eficaz también incorpora referencias al derecho a la desconexión digital, a la prohibición del uso de recursos corporativos para hostigar, y a la obligación de los responsables de equipo de monitorear el clima digital de su grupo, asegurando que las herramientas tecnológicas no se conviertan en vehículos de acoso institucionalizado.

7.2.6. ¿Cuáles son los protocolos definidos por el Compliance para investigar denuncias sobre exclusión sistemática de reuniones virtuales o comunicaciones digitales?

En el contexto actual, la exclusión sistemática de una persona en espacios digitales de toma de decisiones o intercambio de información clave representa una forma insidiosa de acoso laboral, que atenta contra la igualdad de condiciones, la dignidad profesional y la participación efectiva en los procesos de trabajo. Para dar respuesta a este riesgo, el área de Compliance debe definir protocolos específicos de actuación ante este tipo de denuncias, los cuales deben contar con un marco procedimental autónomo, alineado con los principios de confidencialidad, imparcialidad, proporcionalidad y respeto al debido proceso. En primer lugar, el protocolo debe establecer claramente qué se considera una conducta excluyente, proporcionando ejemplos tales como la omisión repetida en invitaciones a reuniones virtuales relevantes, la falta de acceso a carpetas digitales colaborativas, la omisión intencionada en listas de distribución de correos, o la negativa a incorporar a un trabajador en canales de comunicación de equipo. Posteriormente, el sistema debe asegurar un canal de denuncia eficaz, accesible, y que permita preservar la identidad del denunciante cuando así se requiera. Una vez recibida la denuncia, se activa una etapa preliminar de análisis documental, donde se revisan los historiales de invitaciones, los registros de acceso a plataformas digitales, y se recogen testimonios tanto del denunciante como de los eventuales testigos. Esta información debe contrastarse con criterios objetivos y operativos, evitando interpretaciones sesgadas o basadas únicamente en percepciones subjetivas. Una vez comprobados los hechos, Compliance elabora un informe con sus hallazgos, emite recomendaciones, y coordina con el área de recursos humanos la adopción de medidas disciplinarias o estructurales según la gravedad del caso. Estas pueden incluir desde sanciones individuales hasta reestructuración de dinámicas de equipo, formación obligatoria en liderazgo ético o monitoreo reforzado de las decisiones de quienes han incurrido en la exclusión digital. La existencia de este protocolo no sólo atiende las consecuencias, sino que disuade la repetición de este tipo de prácticas, al establecer una línea clara de integridad y responsabilidad en los espacios digitales de trabajo.

7.2.7. ¿Qué indicadores utiliza el sistema de Compliance para detectar patrones de vigilancia excesiva que puedan derivar en acoso laboral?

La vigilancia excesiva en el entorno laboral digital es una amenaza creciente, especialmente en contextos de teletrabajo donde los empleadores pueden verse tentados a utilizar tecnologías para controlar aspectos de la vida profesional que antes eran más difíciles de cuantificar. Sin embargo, el paso del control legítimo a la vigilancia abusiva es una línea fina que los sistemas de Compliance deben ser capaces de identificar y monitorear mediante indicadores específicos, construidos con base en datos objetivos, análisis de tendencias y percepciones de la plantilla. Entre los principales indicadores destacan el número y frecuencia de los controles digitales por parte de los responsables de equipo, como por ejemplo la revisión continua de actividad en tiempo real, los reportes automatizados de productividad o la exigencia de conexión permanente en plataformas sin justificación operativa. Otro indicador clave es el volumen de mensajes enviados fuera del horario laboral y la expectativa tácita o explícita de respuesta inmediata, lo cual puede derivar en presión psicológica y fatiga digital. Adicionalmente, el Compliance puede utilizar datos de las encuestas de clima organizacional donde se abordan temas como la sensación de ser observado, la percepción de confianza o la autonomía en la ejecución de las tareas. También se monitorea el número de quejas o denuncias relacionadas con prácticas de micro gestión, vigilancia constante, solicitud de justificaciones excesivas o instalación de software intrusivo sin consentimiento ni base legal clara. Asimismo, pueden revisarse indicadores indirectos como el incremento del ausentismo, la rotación en determinadas áreas o el aumento de solicitudes de baja por estrés o ansiedad, todo lo cual puede reflejar un entorno de vigilancia tóxica. Estos datos deben ser cruzados y analizados por el área de Compliance en colaboración con Recursos Humanos, TI y Legal, generando reportes periódicos que permitan intervenir de forma preventiva antes de que la vigilancia se convierta en acoso estructural.

7.2.8. ¿Cómo se asegura el cumplimiento del derecho a la desconexión digital como mecanismo de prevención de presión virtual?

El derecho a la desconexión digital es una herramienta crucial en la prevención del acoso laboral moderno, ya que pone límites claros a la expansión ilimitada del trabajo en la vida privada y protege al empleado frente a la presión constante por estar disponible. Su cumplimiento efectivo requiere más que una declaración de principios: exige un sistema de Compliance que lo integre en sus prácticas, monitoree su respeto y promueva activamente una cultura organizacional basada en el equilibrio y la salud digital. Para ello, la empresa debe incorporar este derecho de forma explícita en sus normativas internas, códigos de conducta y políticas de trabajo flexible o remoto, estableciendo con claridad los horarios laborales oficiales, los criterios para las comunicaciones urgentes fuera de ese horario y los mecanismos para reportar vulneraciones. El Compliance, en conjunto con RR. HH. y TI, debe velar por la implementación de medidas técnicas como el bloqueo de notificaciones fuera del horario laboral, el uso de firmas electrónicas que adviertan sobre la no obligatoriedad de responder de inmediato, o la programación diferida de correos. Además, se deben realizar auditorías periódicas sobre las comunicaciones internas para verificar si existen patrones de presión o disponibilidad forzada. La formación de líderes es esencial en este proceso, pues muchas veces la vulneración del derecho a la desconexión responde a modelos de liderazgo inadecuados o a una cultura de presentismo digital que castiga a quienes desconectan. Por ello, se deben impartir talleres sobre salud digital, liderazgo consciente y gestión por objetivos, reforzando la idea de que el respeto al tiempo personal no solo es un derecho legal, sino una condición necesaria para la productividad, el bienestar y la sostenibilidad organizacional.

De este modo, los empleados deben contar con canales claros y protegidos para denunciar situaciones de acoso vinculadas a la hiperconectividad, asegurando que ninguna represalia tendrá lugar por ejercer este derecho. El Compliance debe monitorear el uso de estos canales, evaluar las respuestas institucionales, y ajustar las medidas conforme evoluciona el entorno laboral y tecnológico.

7.2.9. ¿Existe una guía o estándar ético en la organización para el uso responsable de herramientas de teletrabajo que evite abusos jerárquicos?

La existencia de una guía o estándar ético que regule el uso responsable de las herramientas tecnológicas asociadas al teletrabajo es una medida esencial para prevenir el abuso de poder jerárquico en los entornos digitales. Estas guías deben ser concebidas como documentos normativos que van más allá de la mera regulación técnica del uso de plataformas y dispositivos, incorporando principios éticos que promuevan una gestión basada en el respeto, la autonomía y la integridad del trabajador. En su desarrollo deben participar áreas clave como Recursos Humanos, el departamento legal, TI y, fundamentalmente, el área de Compliance, garantizando que los lineamientos sean coherentes con los valores de la organización y con la normativa vigente. Estas guías suelen incluir apartados sobre la limitación del control a través de herramientas digitales, la regulación del tiempo de conexión, la protección de la intimidad del trabajador, la gestión respetuosa de las comunicaciones y la necesidad de mantener la equidad en el acceso a recursos, información y participación en espacios de decisión. Uno de los riesgos que esta guía debe abordar explícitamente es la instrumentalización de la tecnología como una forma de dominación jerárquica, donde el responsable directo utilice medios como el monitoreo continuo, el envío reiterado de tareas o la imposición de videollamadas intempestivas como herramientas de presión. Para evitarlo, el documento debe contemplar consecuencias específicas frente al incumplimiento de las normas éticas, así como mecanismos para que los trabajadores puedan reportar de manera confidencial cualquier conducta que exceda los límites del liderazgo legítimo. En última instancia, esta guía no sólo actúa como barrera frente al acoso, sino que consolida una cultura organizacional centrada en el respeto digital y la equidad en entornos no presenciales.

7.2.10. ¿Están los líderes y mandos intermedios formados en buenas prácticas para gestionar equipos en remoto sin incurrir en conductas de presión o acoso?

La formación de líderes y mandos intermedios en la gestión remota de equipos representa uno de los pilares fundamentales para prevenir conductas de presión, micro gestión o acoso en el teletrabajo. Esta formación no puede reducirse a módulos genéricos sobre liderazgo o manejo de plataformas digitales, sino que debe centrarse en desarrollar competencias específicas para el ejercicio de un liderazgo empático, respetuoso y efectivo en entornos deslocalizados. Los programas de formación más efectivos incluyen contenidos relacionados con la gestión del tiempo virtual, el respeto a la desconexión digital, la distribución justa de tareas, la comunicación no verbal en entornos digitales, la equidad en la participación en reuniones, y la prevención de la exclusión digital, una forma de acoso poco visible pero muy frecuente en estos contextos. También deben abordar el reconocimiento temprano del malestar emocional derivado de la hiperconectividad o del aislamiento profesional, así como estrategias para mantener la cohesión y la motivación en equipos que no comparten un espacio físico. La capacitación debe realizarse de manera continua y adaptada a los diferentes niveles jerárquicos, ya que las formas en que se ejerce la presión pueden variar considerablemente según el tipo de relación laboral y el estilo de liderazgo. Para garantizar su efectividad, estas acciones formativas deben incluir evaluaciones de aprendizaje, mecanismos de retroalimentación, análisis de casos reales y compromisos éticos firmados por los participantes. Además, deben ser integradas dentro del sistema de evaluación del desempeño de los líderes, estableciendo que una buena gestión remota no se mide sólo por los resultados obtenidos, sino por la calidad del proceso y el respeto a los derechos digitales del equipo. En este sentido, el área de Compliance tiene un papel clave no solo en diseñar estos programas, sino también en auditar su cumplimiento e impacto real sobre la cultura organizacional.

7.2.11. ¿Cómo verifica el Compliance que los objetivos asignados a trabajadores en teletrabajo sean realistas y no constituyan una forma de sobrecarga sistemática?

La verificación por parte del área de Compliance de que los objetivos laborales asignados a trabajadores en modalidad de teletrabajo sean realistas, alcanzables y equitativos constituye una salvaguarda esencial frente a posibles formas de acoso institucional derivadas de la sobrecarga laboral. Este proceso de verificación debe estructurarse en varias fases y apoyarse en herramientas tanto cualitativas como cuantitativas. Inicialmente, Compliance debe requerir a las áreas operativas la definición documentada y justificada de los objetivos, incluyendo sus plazos, recursos disponibles y criterios de evaluación. Posteriormente, estos datos deben compararse con los registros de carga de trabajo histórica, productividad media en condiciones normales y estándares del sector, para determinar si los objetivos son razonables o si reflejan una expectativa desproporcionada. El análisis debe incluir también indicadores indirectos, como la frecuencia de las horas extras no remuneradas, el número de tareas asignadas fuera del horario habitual, el tiempo promedio de respuesta en las plataformas digitales, y la duración de las jornadas efectivas de conexión. Otro elemento clave es la realización de entrevistas o encuestas de percepción que permitan identificar si los trabajadores experimentan presión excesiva o sienten que su carga laboral ha aumentado injustificadamente desde la transición al teletrabajo. El Compliance debe además establecer un canal específico para recibir denuncias sobre metas inalcanzables o imposiciones abusivas disfrazadas de exigencia productiva. Estas denuncias deben ser analizadas bajo criterios de proporcionalidad y respeto al bienestar psicosocial del trabajador.

Por todo ello, es importante que el cumplimiento ético de los objetivos laborales forme parte de los criterios con los que se evalúan los equipos directivos, de modo que se promueva una cultura orientada a resultados, pero sin sacrificar el equilibrio personal y profesional de quienes los ejecutan.

7.2.12. ¿Se supervisan las comunicaciones virtuales internas (correos, chats corporativos) como parte de los controles de Compliance para identificar indicios de trato discriminatorio o excluyente?

La supervisión de las comunicaciones internas digitales, como correos electrónicos, mensajería instantánea o interacciones en plataformas colaborativas, se ha convertido en una medida cada vez más común dentro de los sistemas de Compliance que buscan identificar de forma temprana patrones de trato discriminatorio, marginación o exclusión profesional. Esta supervisión, sin embargo, debe realizarse con sumo cuidado para no vulnerar el derecho a la intimidad ni el marco normativo de protección de datos personales. La clave reside en establecer mecanismos de control automatizados o manuales que respeten la proporcionalidad, la necesidad y la finalidad legítima, tal como establece la legislación vigente. Estos mecanismos pueden incluir el análisis de contenido mediante algoritmos que detecten lenguaje ofensivo, sexista, racista o excluyente, así como la revisión de la frecuencia y los destinatarios de determinadas cadenas de comunicación para detectar si existen trabajadores sistemáticamente omitidos. Otro método válido es la aplicación de encuestas periódicas sobre inclusión y respeto en los canales digitales, cuyos resultados pueden orientar auditorías más profundas en áreas sensibles. Asimismo, se pueden realizar auditorías selectivas bajo criterios objetivos, por ejemplo, cuando se reciben quejas o denuncias, o en equipos donde se han identificado indicadores de riesgo como rotación excesiva o bajos índices de satisfacción. Es importante que los trabajadores sean informados de estas prácticas de forma clara y transparente, a través de políticas internas bien definidas que expliquen el alcance y propósito de la supervisión. Además, el sistema de Compliance debe tener capacidad para interpretar los hallazgos en su contexto y proponer medidas correctivas no solo disciplinarias, sino también educativas y estructurales. Supervisar no implica sancionar de manera automática, sino identificar tendencias que pueden afectar la salud del clima organizacional y la integridad ética de la empresa. Por lo tanto, esta práctica debe formar parte de un enfoque integral de prevención, formación y cultura ética que trascienda el cumplimiento formal para convertirse en una verdadera herramienta de transformación positiva en los entornos digitales laborales.

7.2.13. ¿Qué rol cumple el Compliance en la protección de denunciantes que informan sobre prácticas abusivas o invasivas en el entorno de teletrabajo?

El área de Compliance desempeña un papel fundamental en la protección de los denunciantes, especialmente en contextos de teletrabajo donde los riesgos de prácticas abusivas o invasivas se amplifican por la falta de supervisión física y la dependencia de medios tecnológicos. En primer lugar, Compliance debe garantizar que exista un canal de denuncias accesible, confidencial y tecnológicamente seguro, que permita a los empleados reportar situaciones de acoso digital, presión indebida, vigilancia excesiva o exclusión comunicacional sin temor a represalias. Este canal debe estar diseñado no sólo para recibir denuncias, sino para gestionarlas bajo principios de imparcialidad, celeridad, confidencialidad y respeto al debido proceso. En el entorno de trabajo remoto, donde la intimidación puede adquirir formas menos visibles pero igualmente dañinas -como el hostigamiento a través de correos o chats, el control desproporcionado de la actividad o la marginación deliberada en reuniones virtuales-, el Compliance debe velar porque estas prácticas estén claramente tipificadas como infracciones en los documentos normativos internos. Una vez recibida una denuncia, el rol de Compliance se extiende a la protección activa del denunciante mediante medidas como la anonimización de la identidad, la gestión sensible del proceso de investigación y la recomendación de medidas cautelares si se detecta un entorno hostil que pueda agravarse tras la denuncia. Asimismo, debe monitorear posibles actos de represalia, como cambios injustificados de funciones, congelamiento de participación o campañas de descrédito informal, activando protocolos correctivos cuando corresponda. La confianza en el sistema de cumplimiento depende en gran medida de la credibilidad del canal de denuncias y de la garantía efectiva de protección al denunciante, por lo que el Compliance no sólo gestiona casos individuales, sino que también debe promover una cultura organizacional en la que denunciar una irregularidad no sea una amenaza, sino una contribución ética valorada.

7.2.14. ¿Se han establecido medidas disciplinarias específicas para sancionar a quienes ejerzan acoso en modalidades virtuales?

Las organizaciones que han incorporado de forma madura un enfoque de cumplimiento normativo y ético han reconocido la necesidad de tipificar específicamente el acoso en modalidades virtuales dentro de sus marcos disciplinarios. Esto implica que no basta con una cláusula genérica sobre maltrato laboral o comportamiento inadecuado, sino que deben desarrollarse descripciones claras de conductas que constituyen acoso en entornos digitales. Entre estas se incluyen prácticas como el envío reiterado de mensajes en tono ofensivo o humillante, la imposición de disponibilidad permanente sin justificación, la vigilancia excesiva del tiempo de conexión o la exclusión sistemática en canales de comunicación internos. Las medidas disciplinarias asociadas a estas conductas deben estar reflejadas en el reglamento interno, manual de sanciones o política de integridad, y contemplar una gradación que permita adaptar la respuesta según la gravedad, reincidencia y efectos de la conducta. Esto puede ir desde una amonestación verbal o escrita hasta la suspensión temporal, la exclusión de cargos de liderazgo o incluso el despido en casos especialmente graves. Es esencial que el área de Compliance, en coordinación con Recursos Humanos y el área jurídica, defina con claridad los procedimientos para la investigación de estas faltas, las garantías procesales y los mecanismos de recurso. Estas sanciones deben aplicarse con transparencia y sin sesgos, para evitar que el teletrabajo se convierta en un espacio opaco donde las prácticas abusivas queden impunes. La existencia de medidas disciplinarias específicas también cumple una función pedagógica y disuasiva: transmite a todos los niveles jerárquicos que las conductas inadecuadas en entornos virtuales tienen consecuencias reales, y que el cumplimiento ético no se suspende por el cambio de formato laboral. De esta manera, se protege tanto el bienestar de los trabajadores como la integridad de la cultura corporativa.

7.2.15. ¿Con qué frecuencia se auditan o revisan las políticas internas relacionadas con la gestión ética del teletrabajo para asegurar su adecuación al marco normativo y a los principios del Compliance?

La revisión periódica de las políticas internas vinculadas a la gestión ética del teletrabajo es una función crítica del sistema de Compliance, ya que el marco regulatorio, las herramientas tecnológicas y las prácticas organizacionales evolucionan con gran rapidez. Idealmente, estas políticas deben ser auditadas como mínimo una vez al año, o de forma extraordinaria cuando se produzcan cambios relevantes en la legislación laboral, en las condiciones tecnológicas de la empresa o cuando se identifiquen incidentes significativos relacionados con el entorno remoto. Esta revisión no debe limitarse a una actualización documental, sino que debe contemplar un análisis funcional de la efectividad de las políticas en la práctica. Para ello, el área de Compliance debe recolectar información proveniente de auditorías internas, encuestas de clima organizacional, datos del canal de denuncias y resultados de investigaciones previas. Asimismo, debe involucrar a las partes interesadas, como líderes de equipo, personal de TI, representantes sindicales y trabajadores que representen distintos niveles jerárquicos, con el fin de garantizar que las políticas reflejan las necesidades reales de protección, respeto y productividad en el entorno digital. Las auditorías deben verificar aspectos como la claridad de las normas sobre horarios y desconexión, la equidad en la distribución de recursos tecnológicos, el nivel de conocimiento de las políticas por parte de los empleados y la adecuación de los canales para reportar irregularidades. En caso de detectar vacíos normativos, contradicciones, prácticas ineficaces o brechas de cumplimiento, el área de Compliance debe proponer modificaciones y trabajar activamente en su implementación, incluyendo acciones de formación y comunicación interna. La frecuencia y profundidad de estas revisiones son un indicador directo de la madurez del sistema de Compliance, ya que demuestran el compromiso de la organización con la mejora continua, la adaptabilidad al cambio y la defensa efectiva de los principios éticos en todas las modalidades de trabajo, incluida la virtual.

7.3. El acoso estructural o institucional: fallos sistémicos en la cultura empresarial

7.3.1. ¿Está el acoso estructural reconocido explícitamente como una forma de riesgo ético y organizacional dentro del programa de Compliance?

El reconocimiento del acoso estructural como una forma de riesgo ético y organizacional dentro del programa de Compliance representa un avance sustancial hacia una concepción más holística de la integridad corporativa. Este tipo de acoso, que no se manifiesta necesariamente a través de actos individuales y directos, sino a través de sistemas, prácticas, culturas o estructuras que reproducen la exclusión, la desigualdad o la marginación sistemática, requiere un tratamiento diferenciado dentro del marco de cumplimiento normativo. Las organizaciones más avanzadas en materia de ética empresarial han comenzado a tipificar expresamente el acoso estructural como una categoría de riesgo independiente, al identificar que puede emerger incluso en entornos donde se cumplen formalmente las leyes pero persisten patrones que afectan de forma desigual a determinados colectivos. Reconocer el acoso estructural implica analizar si existen obstáculos sistemáticos en el acceso a oportunidades, espacios de decisión, condiciones de trabajo o sistemas de evaluación que favorezcan a unos grupos en detrimento de otros sin justificación objetiva. Para integrar este enfoque en el sistema de Compliance, es necesario incluirlo en el mapa de riesgos, en las políticas de igualdad, en el código de conducta y en los mecanismos de denuncia, formación y monitoreo. Este reconocimiento transforma al Compliance en una herramienta no solo para evitar la ilegalidad, sino para construir estructuras organizativas justas, transparentes y sostenibles.

7.3.2. ¿Se han identificado dinámicas o prácticas habituales dentro de la empresa que, sin ser formalmente ilegales, puedan generar exclusión, discriminación o trato desigual de forma sistemática?

En muchas organizaciones, existen dinámicas o prácticas consolidadas que, aunque no violen explícitamente ninguna norma jurídica, reproducen formas de exclusión o discriminación sistemática que afectan a ciertos colectivos. Estas prácticas suelen estar normalizadas o invisibilizadas, lo que las hace especialmente resistentes al cambio si no se abordan desde un enfoque crítico y proactivo. Algunos ejemplos comunes incluyen la asignación preferente de proyectos a determinados perfiles, la exclusión informal de mujeres o minorías en espacios de decisión, la perpetuación de estilos de liderazgo autoritarios que silencian la disidencia, o la sobrecarga de trabajo sobre ciertos puestos sin reconocimiento equitativo. Estas formas de trato desigual muchas veces se enmascaran como criterios de eficiencia, mérito o cultura organizacional, y no siempre son detectadas por los sistemas tradicionales de auditoría. Por ello, el área de Compliance debe trabajar en coordinación con Recursos Humanos, la dirección y los órganos de representación de los trabajadores para realizar diagnósticos culturales que permitan identificar estos patrones. Las encuestas de clima, los focus group, el análisis de indicadores de carrera profesional y las revisiones de procesos internos son herramientas valiosas para detectar si estas dinámicas están presentes. Identificarlas no debe ser visto como una amenaza para la empresa, sino como una oportunidad para fortalecer su legitimidad, mejorar su desempeño a largo plazo y consolidar una cultura inclusiva que promueva el talento y la equidad. La intervención sobre estas prácticas, aunque no estén tipificadas como ilegales, forma parte de la madurez ética de la organización.

7.3.3. ¿Incluyen las matrices de riesgos de Compliance indicadores que permitan detectar patrones estructurales de desigualdad o abuso de poder?

Las matrices de riesgos del sistema de Compliance que aspiran a ir más allá del cumplimiento meramente legal deben incorporar indicadores específicos capaces de captar señales de desigualdad estructural o abuso de poder dentro de la organización. Estos indicadores no se limitan a contabilizar denuncias o sanciones, sino que buscan identificar tendencias, desviaciones o anomalías en los procesos de toma de decisiones, en la asignación de recursos, en los sistemas de evaluación o en los resultados de los procesos de promoción y retribución. Algunos ejemplos de estos indicadores pueden ser la disparidad salarial entre géneros o entre áreas funcionales similares, la baja representación de ciertos grupos en niveles directivos, la concentración de decisiones estratégicas en perfiles homogéneos o el volumen de rotación laboral en equipos bajo liderazgo conflictivo. También son relevantes las diferencias de acceso a formación, la exposición desigual al reconocimiento o visibilidad profesional, o la frecuencia con la que ciertos empleados son excluidos de reuniones relevantes o espacios de deliberación. La incorporación de estos indicadores en la matriz de riesgos permite al Compliance identificar no solo incidentes puntuales, sino patrones repetidos que reflejan un funcionamiento interno problemático. El análisis de estos datos debe realizarse de forma transversal, con una mirada crítica que permita cruzar variables como género, edad, nivel jerárquico, etnia u origen profesional, entre otras. Este enfoque cuantitativo debe complementarse con fuentes cualitativas que aporten contexto y profundidad, evitando lecturas simplistas. De esta forma, el Compliance evoluciona hacia un modelo preventivo, que detecta el riesgo antes de que se traduzca en conflicto o en daño reputacional, legal o humano.

7.3.4. ¿Existen mecanismos formales que permitan evaluar si las decisiones estratégicas y operativas de la empresa están alineadas con sus principios éticos y de integridad?

Evaluar si las decisiones estratégicas y operativas de la empresa están realmente alineadas con los principios éticos y de integridad que la organización promueve constituye uno de los mayores desafíos para el sistema de Compliance, pero también una de sus funciones más transformadoras. Para ello, es imprescindible contar con mecanismos formales y estructurados que permitan realizar este ejercicio de contraste entre los valores declarados y las prácticas efectivas. Una herramienta clave son los comités éticos o de integridad, integrados por miembros independientes y representantes de distintas áreas, que revisan las decisiones más relevantes desde una perspectiva transversal, considerando su impacto social, laboral, ambiental y reputacional. Otra práctica común es la implementación de evaluaciones de impacto ético (Ethics Impact Assessments) sobre decisiones como reestructuraciones, fusiones, externalizaciones, cambios en las políticas retributivas o campañas de marketing sensibles. Asimismo, la realización de auditorías éticas periódicas, ya sean internas o externas, permite analizar no solo el cumplimiento normativo, sino el grado de coherencia entre la estrategia empresarial y los compromisos asumidos en el código de conducta, los principios de sostenibilidad, los ODS o los criterios ESG. También son mecanismos válidos los procesos de consulta interna, como encuestas o mesas de diálogo con stakeholders clave, que permiten conocer percepciones y prevenir conflictos. Para que estos mecanismos sean efectivos, deben estar institucionalizados, contar con criterios claros de evaluación, tener acceso a la información necesaria y estar respaldados por la alta dirección. La evaluación ética de las decisiones no puede ser un acto simbólico ni un ejercicio posterior a los hechos: debe integrarse en la lógica de toma de decisiones como una garantía de que la rentabilidad no se consigue a costa de los valores que sustentan la reputación, la cohesión interna y la legitimidad social de la organización.

La existencia de estos mecanismos es un reflejo del compromiso real de la empresa con un modelo de gestión basado en la integridad como principio operativo y no solo como discurso.

7.3.5. ¿Cómo se asegura el Compliance de que las políticas internas (de recursos humanos, evaluación, promociones, retribución) no reproduzcan sesgos estructurales?

El Compliance garantiza que las políticas internas no reproduzcan sesgos estructurales aplicando un enfoque transversal de revisión normativa y auditoría ética. No basta con verificar que las políticas estén escritas en términos neutrales, sino que es imprescindible analizar cómo se aplican y qué efectos concretos producen sobre distintos colectivos. Por ejemplo, una política de promociones basada en disponibilidad constante puede parecer imparcial, pero en la práctica excluir de manera indirecta a personas con responsabilidades de cuidado o con discapacidades. Para prevenir esto, el área de Compliance debe desarrollar auditorías de impacto con enfoque interseccional, cruzando datos de género, edad, antigüedad, tipo de contrato o nivel jerárquico con los resultados de promociones, ascensos o retribuciones variables. Además, los procesos de evaluación del desempeño deben ser analizados en relación con su consistencia, la claridad de los objetivos y la equidad de sus criterios de aplicación. También se deben revisar los algoritmos utilizados para tomar decisiones automatizadas -por ejemplo en selección o retribución variable-, ya que estos pueden replicar sesgos si se entrenan con datos históricos no auditados. El Compliance, en coordinación con Recursos Humanos, debe establecer marcos de referencia que incluyan definiciones claras de equidad y diversidad, límites a la discrecionalidad directiva, y mecanismos de revisión independiente de decisiones clave. Así, se garantiza que las políticas no solo respeten la ley, sino que se alineen con un modelo ético inclusivo.

7.3.6. ¿Qué herramientas emplea el área de Compliance para detectar la existencia de una cultura organizacional que tolere prácticas abusivas o estilos de liderazgo autoritarios?

El área de Compliance emplea herramientas tanto cuantitativas como cualitativas para detectar la existencia de culturas organizacionales que, de forma explícita o encubierta, normalicen estilos de liderazgo autoritarios o prácticas abusivas. Las más efectivas incluyen encuestas de clima laboral que integren ítems sobre percepción de justicia, comunicación bidireccional, respeto jerárquico, trato digno y libertad de expresión interna. Estas encuestas, además de identificar zonas de riesgo, permiten hacer cortes por áreas o responsables jerárquicos, revelando focos específicos donde se concentran las percepciones negativas. También se utilizan entrevistas de salida como fuente de información sobre dinámicas que los empleados no se atreven a reportar durante su relación laboral. A nivel cualitativo, los focus group pueden permitir identificar discursos institucionales que justifican el maltrato bajo la retórica de la exigencia o la cultura del alto rendimiento. Además, los análisis de datos operacionales como la rotación anormal en ciertos equipos, la concentración de quejas o sanciones disciplinarias en áreas específicas, o la existencia de "zonas silenciosas" sin participación en los canales de denuncia también son señales de alerta. Compliance puede reforzar estas herramientas con la implementación de evaluaciones 360° de liderazgo, donde empleados de distintos niveles valoran los comportamientos y prácticas de sus superiores. Esta información no solo permite detectar estilos abusivos, sino promover una cultura basada en el liderazgo ético, el respeto mutuo y la legitimidad organizacional.

7.3.7. ¿Se auditan regularmente las prácticas de liderazgo y toma de decisiones para verificar si contribuyen a climas laborales hostiles o desiguales?

Sí, las organizaciones maduras en materia de integridad institucional han incorporado la auditoría periódica de las prácticas de liderazgo y toma de decisiones como parte del sistema de Compliance. Estas auditorías permiten identificar si los líderes operan bajo principios de equidad, proporcionalidad y transparencia o si, por el contrario, concentran poder, reproducen favoritismos o generan entornos de alta rotación, desmotivación o exclusión. Las auditorías pueden consistir en la revisión sistemática de decisiones clave (como promociones, asignaciones de proyecto o cambios de funciones), evaluando si se justifican de forma objetiva y si su impacto es coherente con los principios declarados por la organización. También se pueden analizar las agendas de reuniones, los correos electrónicos o los canales de participación para ver si se respetan los espacios de diálogo o si se impone una cultura vertical y silenciadora. Estas auditorías deben ser realizadas por equipos mixtos que incluyan personal del área de Compliance, expertos externos en cultura organizacional y representantes de empleados. Además, su frecuencia debe permitir una mejora continua, no solo una verificación puntual, y deben incluir recomendaciones vinculantes con seguimiento temporal. Cuando se detectan áreas críticas, Compliance puede impulsar programas de desarrollo ético del liderazgo, fomentar el relevo de mandos o proponer cambios estructurales en la gobernanza interna. Evaluar los estilos de liderazgo es clave no solo para prevenir el acoso, sino para alinear la toma de decisiones con los valores que sustentan la confianza interna y externa en la empresa.

7.3.8. ¿Están los canales de denuncia preparados para recibir alertas no solo sobre casos individuales de acoso, sino también sobre fallos institucionales más amplios?

Los canales de denuncia modernos están evolucionando hacia una concepción ampliada que no se limita a gestionar hechos individuales de acoso, fraude o conflicto de interés, sino que permite recibir alertas sobre fallos estructurales o deficiencias institucionales más amplias. Esto incluye denuncias sobre patrones sistemáticos de discriminación, exclusión de grupos enteros en procesos clave, arbitrariedad en la toma de decisiones o encubrimiento institucional de malas prácticas. Para cumplir esta función, el canal de denuncias debe estar estructurado con opciones de categorización que incluyan términos como "discriminación estructural", "riesgo ético sistémico" o "violación de principios de integridad organizacional". Asimismo, el personal que lo gestiona debe estar capacitado no solo en gestión de conflictos individuales, sino en análisis organizacional, manejo de datos agregados y detección de patrones. También es importante que el canal permita remitir denuncias de forma anónima y segura, ya que los denunciantes que reportan fallos institucionales suelen estar en posiciones más expuestas o sentir mayor temor. Por último, la existencia de este tipo de canal requiere un sistema institucional que le otorgue credibilidad: los hallazgos deben llegar a órganos como el Comité de Ética o la alta dirección, deben generar reportes periódicos, y deben estar vinculados a planes de acción correctiva y a la mejora continua del sistema de gobernanza. Así, el canal de denuncias no se limita a apagar incendios, sino que se convierte en una herramienta estratégica de inteligencia ética organizacional.

7.3.9. ¿Ha recibido el personal directivo formación específica sobre su rol en la prevención del acoso estructural y en la promoción de una cultura ética?

La formación del personal directivo es uno de los pilares fundamentales para asegurar la prevención eficaz del acoso estructural y la promoción de una cultura organizacional basada en la ética y el respeto. Esta capacitación debe superar los marcos tradicionales centrados en la normativa legal o en la prevención del acoso directo, y avanzar hacia una comprensión más profunda de cómo las estructuras de poder, las prácticas de gestión y los estilos de liderazgo pueden reproducir desigualdades o generar entornos de exclusión, incluso de forma no intencional. En línea con la norma ISO 37301 sobre sistemas de gestión de Compliance, los programas formativos para directivos deben abordar temas como liderazgo ético, evaluación del impacto cultural de las decisiones estratégicas, identificación de sesgos organizacionales y promoción activa de la equidad y la inclusión en la toma de decisiones. La formación debe estar diseñada de manera específica según el nivel jerárquico, utilizando metodologías experienciales que incluyan análisis de casos reales, simulaciones de dilemas éticos y ejercicios de autodiagnóstico de prácticas gerenciales. Además, es importante que esta formación no sea esporádica, sino continua, con refuerzos anuales y sesiones de actualización alineadas con los cambios en los mapas de riesgos o las matrices éticas de la organización. El Compliance tiene la responsabilidad de diseñar, monitorear y evaluar el impacto de estas acciones formativas, asegurando que el compromiso de los líderes con la ética no sea solamente retórico, sino operativo y medible.

7.3.10. ¿Tiene el Compliance capacidad real de recomendar cambios organizativos, más allá de la gestión de casos individuales?

Para que el área de Compliance tenga un impacto transformador y preventivo, debe contar con una autoridad efectiva que le permita ir más allá del análisis de casos individuales y proponer reformas estructurales dentro de la organización. Según el enfoque establecido en la ISO 37301, el Compliance no debe limitarse a una función reactiva, sino adoptar un papel proactivo en la identificación de riesgos sistémicos, en la evaluación de políticas y en la mejora continua de procesos. Esto implica que debe tener autonomía funcional, acceso directo a la alta dirección y voz en los comités de decisión estratégica. Su capacidad real se manifiesta cuando puede, por ejemplo, recomendar modificaciones a los procesos de promoción interna si identifica sesgos estructurales, impulsar cambios en los sistemas de incentivos si detecta que fomentan conductas de riesgo, o proponer ajustes organizativos si observa concentración de poder en determinados niveles que generan vulnerabilidad ética. Esta capacidad debe estar institucionalizada, ya sea a través de mandatos formales establecidos en el reglamento del sistema de Compliance, o mediante su reconocimiento por el consejo de administración. Además, la autoridad del Compliance para proponer cambios debe estar respaldada por la sistematización de evidencias obtenidas a partir de auditorías internas, encuestas de clima, canal de denuncias y análisis de indicadores de gobernanza. Solo bajo estas condiciones puede el Compliance ser un actor de cambio estructural y no simplemente un vigilante del cumplimiento formal.

7.3.11. ¿Se analizan los datos de rotación, ausentismo, evaluaciones de clima laboral o desvinculaciones como indicadores de posibles problemas estructurales?

Sí, en los sistemas de Compliance avanzados, la explotación analítica de datos internos constituye una de las herramientas más efectivas para identificar riesgos estructurales de forma anticipada. La rotación inusual en ciertos equipos, el aumento del ausentismo por causas psicosociales, los resultados negativos en las evaluaciones de clima o las tendencias repetidas en los motivos de desvinculación voluntaria pueden ser síntomas de problemas organizativos profundos, como liderazgo tóxico, estructuras excluyentes, políticas de evaluación injustas o culturas basadas en la presión desmedida. El Compliance debe coordinarse con áreas como Recursos Humanos y auditoría interna para construir dashboards que integren estos datos con los mapas de riesgos éticos y con la matriz de impactos del sistema de gestión. Esta visión holística permite que el análisis de estos datos no quede en un plano descriptivo, sino que alimente la toma de decisiones correctivas. Por ejemplo, si se detecta que en un área con alta rotación los empleados denuncian informalmente falta de escucha o favoritismo, el Compliance puede proponer intervenciones específicas como revisión de liderazgo, evaluación externa de procesos o auditoría ética. La capacidad de leer estos datos como expresiones de tensiones estructurales y no como hechos aislados constituye una de las competencias clave de un Compliance moderno y orientado a la sostenibilidad organizacional.

7.3.12. ¿Se han evaluado los sistemas de incentivos y rendimiento para verificar que no generen presión indebida, sobrecarga o competencia tóxica?

La evaluación crítica de los sistemas de incentivos y rendimiento es una responsabilidad esencial del área de Compliance, ya que estos sistemas, cuando están mal diseñados o desalineados con los valores de integridad, pueden convertirse en motores de presión indebida, competencia tóxica o incluso en generadores indirectos de acoso laboral. Según las directrices de la ISO 37301, es necesario alinear las recompensas, bonificaciones y reconocimientos con los principios éticos del sistema de gestión de Compliance, evaluando no solo el qué se logra, sino el cómo se logra. Esto implica que el área de Compliance debe revisar, por ejemplo, si las metas de desempeño son realistas, si se evita la competencia destructiva entre pares, si el reconocimiento se distribuye de manera equitativa y si existen salvaguardas para proteger el bienestar físico y mental de los empleados. Además, deben analizarse los efectos diferenciales de estos sistemas en función del género, edad, área funcional o tipo de contrato, ya que la presión por disponibilidad permanente o la medición estrictamente cuantitativa del rendimiento puede excluir de facto a ciertos grupos. Esta evaluación no solo debe realizarse al momento del diseño del sistema, sino de forma periódica, en función de los datos obtenidos en las evaluaciones de clima, las encuestas de satisfacción y los reportes del canal de denuncias. Cuando se identifican incentivos perversos o correlaciones entre bonificaciones y conductas de riesgo ético, el Compliance tiene la obligación de proponer su reformulación, fomentando una cultura donde la excelencia se mida también por la ética del desempeño y no solo por los resultados numéricos.

7.3.13. ¿Incluye el programa de Compliance procedimientos para revisar cómo se gestionan los conflictos organizacionales y si estos refuerzan estructuras de poder desequilibradas?

Un programa de Compliance verdaderamente integral debe incorporar procedimientos específicos para revisar cómo se gestionan los conflictos organizacionales, ya que estos son una de las principales fuentes de exposición a dinámicas que pueden reforzar estructuras de poder desequilibradas. No basta con tener mecanismos para resolver disputas individuales o aplicar sanciones a conductas explícitamente inadecuadas; es igualmente necesario analizar cómo se abordan los conflictos cotidianos, los desacuerdos en la toma de decisiones y las tensiones entre áreas o niveles jerárquicos, porque en ellos muchas veces se revelan prácticas que, sin violar abiertamente una norma, perpetúan desigualdades y exclusión. El área de Compliance, en este sentido, debe participar en la revisión de los protocolos de resolución de conflictos, asegurándose de que éstos sean imparciales, transparentes y diseñados con una perspectiva de equidad. Asimismo, debe verificar si la gestión de conflictos permite escuchar las voces más débiles o vulnerables, si se brindan canales accesibles y seguros para expresar desacuerdos, y si el procedimiento contempla mecanismos para detectar patrones repetidos que indiquen problemas estructurales. Por ejemplo, si la mayoría de los conflictos se resuelven a favor de la jerarquía superior sin una evaluación objetiva, esto puede indicar un desequilibrio institucional. También es función del Compliance analizar si los conflictos se resuelven por vía informal, en entornos opacos o mediante acuerdos de silencio que refuerzan relaciones de poder injustas. Este análisis requiere un enfoque multidisciplinario que incluya criterios éticos, organizacionales y de derechos humanos, y que permita retroalimentar los sistemas de control interno con medidas correctivas estructurales, como el rediseño de ciertos procesos, la rotación de líderes o la revisión de incentivos. Así, el Compliance asume un papel no solo normativo, sino transformador, capaz de detectar y desactivar mecanismos que reproducen desequilibrios institucionalizados.

7.3.14. ¿Participa el área de Compliance en la revisión de políticas de diversidad, equidad e inclusión para evitar que se conviertan en medidas meramente formales?

La participación del área de Compliance en la revisión de las políticas de diversidad, equidad e inclusión (DEI) es fundamental para garantizar que estas iniciativas no se limiten a declaraciones simbólicas o acciones cosméticas, sino que representen compromisos efectivos y sostenibles con la transformación organizacional. En muchas empresas, las políticas DEI corren el riesgo de convertirse en herramientas de marketing reputacional si no están acompañadas por sistemas robustos de monitoreo, indicadores verificables y una revisión crítica de su aplicación real. El Compliance, como garante del marco ético y regulatorio, debe intervenir en este proceso para asegurar la coherencia entre el discurso institucional y la práctica cotidiana. Esto implica evaluar si las políticas DEI están integradas en los procesos clave de gestión del talento, como selección, promoción, evaluación del desempeño, asignación de proyectos y liderazgo, y no relegadas a iniciativas aisladas o voluntarias. También requiere revisar si estas políticas cuentan con indicadores cualitativos y cuantitativos para medir avances, si tienen presupuesto asignado y si sus resultados son revisados periódicamente por la alta dirección. Asimismo, el Compliance debe analizar si la cultura organizacional permite la expresión libre de identidades diversas y si se han generado espacios seguros para las personas históricamente subrepresentadas o marginadas. Cuando detecta que una política DEI se queda en lo superficial, el área de Compliance tiene la responsabilidad de elevar un informe crítico, recomendar mejoras o exigir rendición de cuentas. Solo con este enfoque transversal, vigilante y comprometido con los valores de integridad, el Compliance puede contribuir a que la diversidad, la equidad y la inclusión no sean metas simbólicas, sino estructuras institucionales reales que fortalecen la ética empresarial y el bienestar colectivo.

7.3.15. ¿Existen mecanismos de gobernanza interna que permitan al Compliance elevar preocupaciones sobre riesgos estructurales al más alto nivel de la organización?

Un sistema de Compliance sólido y creíble debe contar con mecanismos de gobernanza interna que garanticen que las preocupaciones sobre riesgos estructurales puedan ser elevadas de forma directa y efectiva al más alto nivel de decisión de la organización, incluyendo la alta dirección y el órgano de gobierno o consejo de administración. Esto es especialmente importante cuando los riesgos identificados no se relacionan con hechos aislados o infracciones normativas puntuales, sino con dinámicas organizativas que afectan de manera sistémica la equidad, la justicia, la transparencia o la legitimidad institucional. Para cumplir esta función, el área de Compliance debe tener autonomía funcional, independencia jerárquica y acceso permanente a los comités estratégicos y al órgano de gobierno. Además, deben existir procedimientos formales mediante los cuales el Compliance pueda elevar reportes especiales, informes de auditoría ética o recomendaciones estructurales sin necesidad de autorización de niveles intermedios que podrían estar comprometidos con las dinámicas observadas. Estos mecanismos deben estar documentados en el sistema de gestión, incluyendo plazos de respuesta, protocolos de confidencialidad y deberes de evaluación por parte de los destinatarios. Adicionalmente, es recomendable que se implemente un comité de ética independiente que actúe como instancia de apoyo y revisión de las alertas estructurales del Compliance. El acceso del área de Compliance a los niveles más altos de gobernanza no es solo una cuestión procedimental, sino una garantía de que la integridad organizacional no está subordinada a intereses operativos o a zonas de confort jerárquico.

Cuando una organización permite que el Compliance hable con voz propia y tenga incidencia directa en la toma de decisiones estratégicas, está construyendo un modelo de gobernanza responsable, transparente y resiliente frente a los desafíos éticos de su tiempo.

7.4. El acoso interseccional: impacto de múltiples factores de discriminación

7.4.1. ¿Ha incorporado el programa de Compliance el acoso interseccional como una categoría diferenciada de riesgo dentro de su mapa de riesgos éticos y organizacionales?

La inclusión del acoso interseccional como categoría diferenciada en el mapa de riesgos éticos representa una evolución crítica en la madurez de un sistema de Compliance. Mientras que los programas tradicionales suelen identificar riesgos vinculados a discriminación o acoso por género, raza o edad de forma aislada, un enfoque interseccional reconoce que múltiples identidades pueden converger y generar formas específicas de vulnerabilidad, exclusión o violencia institucional. Este reconocimiento no puede quedar solo en el discurso; debe traducirse en metodologías de evaluación de riesgos que contemplen combinaciones de factores, como mujeres racializadas, personas trans mayores, empleados con discapacidad migrantes, entre otros. El Compliance que asume este reto debe revisar sus procedimientos de levantamiento de riesgos para garantizar que no se invisibilicen experiencias que no encajan en las categorías normativas más comunes. Para ello, es necesario que el área de Compliance trabaje con instrumentos de evaluación cualitativa, entrevistas focalizadas, análisis desagregado de datos de rotación, ausentismo, denuncias, e incluso información informal del clima organizacional. Al incorporar el acoso interseccional como un riesgo autónomo y transversal, el mapa deja de ser un inventario técnico y se convierte en una herramienta de justicia organizacional. La utilidad de este enfoque se confirma en su capacidad para anticipar zonas ciegas del poder institucional, prevenir daños estructurales y fortalecer la credibilidad interna del sistema de integridad empresarial.

7.4.2. ¿Dispone la organización de políticas específicas que aborden el acoso y la discriminación desde una perspectiva interseccional?

Para responder afirmativamente a esta pregunta, no basta con tener una política general de igualdad o antidiscriminación. Es imprescindible que la organización cuente con políticas explícitamente diseñadas con un enfoque interseccional, lo que significa reconocer y abordar los efectos combinados y acumulativos de diferentes formas de desigualdad. Una política interseccional no sólo define qué es el acoso o la discriminación, sino que detalla cómo estas prácticas se manifiestan de manera distinta cuando confluyen variables identitarias y estructurales. Esta política debe establecer obligaciones concretas para los mandos medios y superiores, medidas de acción afirmativa, procedimientos de denuncia adaptados, y salvaguardas especiales para personas expuestas a múltiples ejes de vulnerabilidad. Asimismo, debe prever herramientas de autoevaluación institucional y mecanismos de auditoría ética que verifiquen si la inclusión declarada se traduce efectivamente en inclusión vivida. El lenguaje de la política también es crucial: debe evitar referencias ambiguas o neutras y posicionarse con claridad frente a las desigualdades estructurales. Las políticas interseccionales no son meros anexos a otras políticas, sino documentos rectores que deben guiar el diseño de los planes de formación, las matrices de riesgos, los procedimientos disciplinarios y los informes de sostenibilidad. Una empresa que adopta este enfoque demuestra no solo cumplimiento normativo, sino compromiso real con la transformación cultural y con el principio de igualdad sustantiva.

7.4.3 ¿Se han diseñado mecanismos de Compliance capaces de detectar patrones de discriminación cruzada (por ejemplo, por género y raza, o por discapacidad y edad) dentro del entorno laboral?

La detección de patrones de discriminación cruzada exige herramientas de Compliance más sofisticadas que los mecanismos tradicionales de auditoría o reporte de denuncias individuales. Estos patrones, por su naturaleza estructural y muchas veces silenciosa, requieren la integración de distintas fuentes de información: bases de datos de Recursos Humanos desagregadas por identidad, encuestas de percepción cruzadas por factores de riesgo, análisis cualitativos de clima organizacional y revisiones contextuales de casos archivados. Un mecanismo eficaz debe ser capaz de identificar, por ejemplo, que las mujeres migrantes mayores tienen menor acceso a promociones o que los hombres racializados con discapacidad presentan tasas más altas de rotación involuntaria. Esto solo es posible si el área de Compliance incorpora un enfoque de minería ética de datos, triangulación cualitativa y lectura crítica de los discursos institucionales. También es clave el rol del canal de denuncias, que debe permitir registrar múltiples factores de discriminación en un solo caso y ofrecer un espacio seguro para narrativas complejas. Asimismo, los algoritmos y sistemas de IA utilizados por las empresas deben auditarse desde una perspectiva ética, para evitar que perpetúen sesgos estructurales que invisibilicen o reproduzcan discriminaciones múltiples.

El área de Compliance debe contar con equipos multidisciplinarios, formados no solo en derecho y auditoría, sino también en género, diversidad, antropología organizacional y derechos humanos. Solo así puede cumplir con su rol como radar institucional de las formas más sutiles, profundas y persistentes de injusticia.

7.4.4. ¿Están formados los responsables de Compliance en la identificación de acoso interseccional y en los principios de igualdad sustantiva y no discriminación múltiple?

La formación del personal de Compliance es un requisito imprescindible para poder reconocer, investigar y remediar situaciones de acoso interseccional y discriminación múltiple con la sensibilidad y el rigor que estos casos exigen. Esta formación debe ir mucho más allá de una capacitación genérica sobre acoso o diversidad. Requiere un enfoque transformador que habilite a los profesionales a pensar más allá de categorías legales cerradas, comprender la lógica de la interseccionalidad como fenómeno estructural y asumir una perspectiva crítica frente a los marcos normativos que no consideran la experiencia vivida de quienes ocupan posiciones complejas de vulnerabilidad. El aprendizaje debe combinar teoría crítica, análisis de casos reales, estudio de jurisprudencia internacional, técnicas de escucha empática y estrategias de reparación institucional. Además, los programas formativos deben incluir sesiones periódicas de actualización con participación de expertos en justicia social, organizaciones de la sociedad civil y académicos en ética organizacional. Esta formación no debe considerarse un acto aislado, sino parte de un sistema continuo de desarrollo profesional, evaluación de competencias y retroalimentación por parte de los públicos afectados. Un Compliance sin formación interseccional es un sistema expuesto a errores de interpretación, respuestas inadecuadas y, en el peor de los casos, complicidad con formas de opresión institucionalizadas. En cambio, un equipo capacitado puede convertirse en agente de cambio, capaz de promover justicia restaurativa, generar reformas estructurales y construir confianza entre grupos históricamente marginados y la organización. Por ello, la inversión en formación ética y crítica es una inversión estratégica en legitimidad, sostenibilidad y dignidad institucional.

7.4.5. ¿Cómo asegura el sistema de cumplimiento que los canales de denuncia son accesibles y adecuados para personas con identidades múltiples que pueden sentirse especialmente vulnerables?

Un sistema de cumplimiento que aspire a la equidad real debe garantizar que los canales de denuncia sean no solo técnicamente funcionales, sino también accesibles desde una perspectiva de justicia social y empatía con las identidades múltiples. Esto significa que el diseño del canal debe contemplar la posibilidad de que existan trabajadores cuya experiencia de vulnerabilidad se vea intensificada por la convergencia de múltiples factores de discriminación, como género, origen étnico, orientación sexual, discapacidad, edad o clase social. Para ser adecuado, el canal debe permitir formular denuncias de forma anónima o confidencial, pero también adaptarse a diferentes niveles de alfabetización, capacidades cognitivas o acceso tecnológico. Esto implica, por ejemplo, disponer de interfaces accesibles, asistencia lingüística en múltiples idiomas, herramientas de apoyo para personas con discapacidades visuales o auditivas, y protocolos de atención en persona o vía telefónica para quienes no puedan o no quieran usar plataformas digitales. Además, es fundamental que el canal transmita confianza: personas que han vivido discriminación interseccional suelen dudar de que las instituciones las escuchen o crean en su palabra. Por ello, la organización debe comunicar activamente la existencia del canal y sus garantías, capacitar al personal que lo gestiona en escucha activa e interseccionalidad, y realizar evaluaciones participativas que permitan conocer la percepción que tienen los colectivos vulnerables sobre el canal. Solo de este modo puede asegurarse que el canal no sea una herramienta vacía, sino un instrumento efectivo de protección y empoderamiento institucional.

7.4.6. ¿Se incluyen criterios interseccionales en las auditorías internas o evaluaciones periódicas del cumplimiento ético?

La inclusión de criterios interseccionales en las auditorías éticas constituye una evolución metodológica imprescindible para que las organizaciones comprendan y prevengan los riesgos estructurales que pueden pasar desapercibidos bajo enfoques clásicos de cumplimiento. Las auditorías internas que adoptan esta mirada no solo analizan variables segregadas -como género o edad-, sino que cruzan datos para identificar cómo la combinación de identidades da lugar a patrones ocultos de desigualdad. Esto significa, por ejemplo, que no basta con verificar si hombres y mujeres acceden por igual a cargos de liderazgo, sino que se debe indagar si las mujeres indígenas, las personas trans o los trabajadores con discapacidad enfrentan obstáculos adicionales. Estas auditorías éticas deben incluir análisis cuantitativos desagregados, entrevistas cualitativas con colectivos subrepresentados, revisión de incidentes acumulativos y análisis de cultura organizacional, siempre con una perspectiva que relacione las estructuras de poder con las condiciones laborales. Asimismo, es clave que las auditorías no se limiten a diagnosticar, sino que incorporen recomendaciones orientadas a la transformación institucional, como el rediseño de políticas de recursos humanos, la modificación de prácticas de liderazgo o la implementación de acciones afirmativas. La interseccionalidad, lejos de ser un enfoque abstracto, permite entender con precisión quirúrgica cómo ciertas personas pueden quedar sistemáticamente excluidas o vulneradas en entornos que en apariencia cumplen con las normas. Por tanto, su integración en las auditorías internas no solo aumenta la eficacia del Compliance, sino que refuerza su función ética, preventiva y reparadora.

7.4.7. ¿Los procedimientos de investigación interna contemplan la posibilidad de que una persona haya sido víctima de varias formas de discriminación interconectadas?

Un procedimiento de investigación interna que se base en principios de justicia sustantiva y ética corporativa debe contemplar explícitamente la posibilidad de que una persona denunciante haya sido víctima de múltiples formas de discriminación interrelacionadas. Este enfoque implica una ruptura con las metodologías lineales o binarias, en las que se indaga si hubo o no acoso por una sola causa, y abre paso a un análisis contextual y estructural de los hechos. Por ejemplo, una trabajadora migrante con discapacidad que denuncia un patrón de hostigamiento puede estar exponiendo una situación de acoso laboral que se expresa no solo por su género, sino por su origen, acento, capacidades físicas, situación económica o falta de redes internas. Los investigadores de cumplimiento deben, por tanto, estar capacitados para detectar estas capas superpuestas, sin reducir la experiencia de la persona a una causa única. Esto requiere formular preguntas abiertas, analizar trayectorias laborales previas, revisar si hubo denuncias similares desestimadas, y cotejar los testimonios con datos contextuales del entorno. Además, los procedimientos deben contemplar mecanismos de apoyo emocional y legal diferenciados, ya que las personas que enfrentan discriminación interseccional pueden tener mayor desconfianza institucional, menos recursos de protección o más miedo a represalias. Incorporar esta mirada también es clave para definir sanciones y medidas de reparación justas, ya que el daño causado por una discriminación entrelazada puede ser mucho más profundo, sostenido y devastador que el de una infracción puntual. Al considerar la complejidad del caso, el Compliance no solo actúa con rigor técnico, sino con humanidad e integridad institucional.

7.4.8. ¿Cómo se asegura el Compliance de que las decisiones disciplinarias o de remediación consideren el contexto estructural de discriminación en el que ha ocurrido el acoso?

Las decisiones disciplinarias o de remediación tomadas por el área de Compliance no pueden desvincularse del contexto estructural que ha permitido o facilitado la ocurrencia del acoso. Para asegurar esta conexión, el sistema de cumplimiento debe integrar en sus procesos de toma de decisiones una matriz de análisis que contemple los antecedentes organizacionales del caso, las dinámicas culturales del área involucrada, el historial de tolerancia institucional a determinadas conductas, y las condiciones estructurales que configuran la posición de la persona víctima. Esto significa, por ejemplo, considerar si en el área donde ocurrió el acoso ya se habían registrado microagresiones, si existen estereotipos arraigados respecto a ciertos grupos, o si la persona afectada se encuentra en situación de precariedad, subordinación o aislamiento. Evaluar el contexto estructural también implica revisar si hubo fallas previas del canal de denuncia, omisiones jerárquicas, o incluso complicidad institucional tácita, lo cual requiere un análisis transversal del sistema. Con estos elementos, las sanciones no deben aplicarse como castigos individuales descontextualizados, sino como medidas integrales que incluyan acciones de transformación cultural, formación obligatoria, revisión de liderazgos, o incluso reestructuración de equipos. Por su parte, las medidas de remediación deben centrarse en restablecer el bienestar de la persona afectada, ofrecer mecanismos de reparación simbólica y asegurar garantías de no repetición. Solo así el Compliance puede cumplir su función restaurativa, actuando no como un árbitro punitivo, sino como un agente institucional de justicia transformadora. Esta es la única vía ética para abordar el acoso cuando nace de estructuras de poder inequitativas y normalizadas.

7.4.9. ¿Existen mecanismos dentro del sistema de Compliance para revisar y corregir procesos internos (como promociones, asignaciones o evaluaciones) que puedan tener un impacto desproporcionado sobre personas en situación interseccional?

Un sistema de Compliance moderno y comprometido con los principios de equidad sustantiva debe contar con mecanismos específicos que le permitan revisar, identificar y corregir procesos internos como las promociones, asignaciones de tareas o evaluaciones de desempeño, cuando estos generan impactos desproporcionados sobre personas en situación de vulnerabilidad interseccional. Esto implica establecer sistemas de monitoreo que permitan detectar patrones de exclusión indirecta, por ejemplo, que las mujeres racializadas o personas con discapacidad queden sistemáticamente fuera de procesos de ascenso o reciban evaluaciones menos favorables por sesgos inconscientes. El Compliance, para poder actuar eficazmente, necesita acceder a información desagregada que contemple no solo la categoría de género, sino su interacción con otras variables como la edad, el origen nacional, la orientación sexual, la situación parental o el tipo de contrato. Estos mecanismos deben incluir auditorías internas regulares de los procesos de gestión del talento, análisis de equidad en la asignación de proyectos o visibilidad profesional, y participación en comités que evalúan la idoneidad de los criterios aplicados. Además, la posibilidad de corrección no debe ser un acto extraordinario, sino parte del ciclo de mejora continua del sistema, en el cual los resultados de estas revisiones se traduzcan en ajustes estructurales, como reformulación de políticas de evaluación, sesiones de sensibilización para líderes, o rediseño de los marcos de competencias con enfoque inclusivo. De este modo, el Compliance se convierte en un actor activo para mitigar las desigualdades estructurales que se reproducen incluso en contextos de legalidad formal.

7.4.10. ¿Se han generado alertas o recomendaciones desde el área de Compliance que vinculen desigualdades sistémicas con riesgos de acoso interseccional?

El área de Compliance, cuando opera con una perspectiva ética avanzada, no solo actúa como vigilante del cumplimiento normativo, sino que también identifica fenómenos organizacionales que representan amenazas al entorno laboral justo, seguro e inclusivo. Entre estos fenómenos, las desigualdades sistémicas constituyen un factor de riesgo elevado para la manifestación de acoso interseccional. En este sentido, resulta fundamental que el área de Compliance tenga la capacidad y las herramientas para emitir alertas tempranas o recomendaciones cuando detecta, por ejemplo, que determinadas áreas de la organización concentran personas en situación de subordinación estructural que son también destinatarias de prácticas discriminatorias solapadas. Estas alertas pueden derivarse de la revisión de datos de ausentismo, rotación anómala, falta de denuncias en colectivos históricamente vulnerables (lo cual puede ser síntoma de miedo a represalias), o del análisis cualitativo de las narrativas recogidas en encuestas de clima laboral. Las recomendaciones, a su vez, deben estar orientadas no solo a la corrección de una práctica puntual, sino a la transformación de las condiciones organizacionales que propician la naturalización de dinámicas de exclusión. Asimismo, es responsabilidad del Compliance informar a la alta dirección sobre estas alertas y asegurar que se traduzcan en planes de acción vinculantes, evitando su dilución bajo la apariencia de recomendaciones voluntarias. Este enfoque preventivo y estructural del Compliance permite anticipar conflictos, proteger a personas vulnerables y evitar la cristalización del acoso como fenómeno sistemático.

7.4.11. ¿Cuenta el área de Compliance con datos desagregados que permitan evaluar el impacto diferencial de las políticas internas sobre diversos grupos?

Contar con datos desagregados es una condición imprescindible para que el área de Compliance pueda evaluar con precisión el impacto real de las políticas internas sobre distintos grupos sociales dentro de la organización. La desagregación debe ir más allá del binarismo tradicional (hombres/mujeres) y contemplar múltiples variables como etnia, orientación sexual, discapacidad, edad, nacionalidad, identidad de género o situación contractual. Esta práctica permite detectar, por ejemplo, si una política de evaluación de desempeño afecta desproporcionadamente a madres trabajadoras, si una política de teletrabajo perjudica a personas sin acceso a infraestructura tecnológica adecuada, o si los beneficios organizacionales son sistemáticamente menos utilizados por ciertos grupos por motivos de exclusión cultural. El Compliance, al trabajar con estos datos, puede cruzar variables y construir matrices de riesgo basadas en evidencias reales, no solo en suposiciones o discursos institucionales. Sin embargo, para que esta herramienta sea efectiva, también se requiere garantizar la confidencialidad, la protección de la identidad de los empleados y el uso ético de los datos, así como la integración de esta información en procesos de mejora estructural. Por último, es importante que el análisis de impacto diferencial no se limite a detectar efectos no deseados, sino que sirva como base para reorientar las políticas hacia un enfoque proactivo de equidad, garantizando que todas las medidas institucionales contribuyan efectivamente a la inclusión real de toda la diversidad presente en la organización.

7.4.12. ¿Cómo integra el Compliance los principios de equidad, inclusión y derechos humanos en la interpretación y aplicación de las normas internas?

La verdadera madurez de un sistema de cumplimiento se refleja no solo en su capacidad para aplicar las normas internas de forma rigurosa, sino en su compromiso con interpretar y aplicar dichas normas desde los principios de equidad, inclusión y derechos humanos. Esta integración implica reconocer que la neutralidad formal de una norma no garantiza justicia sustantiva, y que en muchos casos su aplicación estricta puede reforzar desigualdades si no se considera el contexto estructural en el que se implementa. Por ejemplo, sancionar por bajo rendimiento sin analizar si la persona afectada enfrentó barreras estructurales como exclusión, sobrecarga no reconocida o discriminación velada, puede constituir una forma institucional de injusticia. El área de Compliance debe interpretar las normas internas bajo un enfoque de razonabilidad, proporcionalidad y no discriminación múltiple, identificando las implicancias éticas de cada decisión y sus posibles efectos sobre personas vulnerables. Además, el marco interpretativo debe estar alineado con los estándares internacionales de derechos humanos, lo que supone incorporar principios como la igualdad sustantiva, la reparación integral del daño, y la protección reforzada de quienes históricamente han sido excluidos. Asimismo, esta integración no puede depender solo de la voluntad de las personas que operan el sistema, sino que debe formalizarse mediante directrices internas, guías interpretativas, criterios de actuación, y espacios de deliberación ética multidisciplinaria.

El Compliance se fortalece como garante de integridad organizacional cuando sus decisiones se fundan no solo en la legalidad, sino en el compromiso ineludible con la dignidad humana y la justicia estructural.

7.4.13. ¿Ha evaluado el Compliance si la cultura organizacional reproduce sesgos implícitos que puedan contribuir al acoso de personas en posiciones interseccionales de vulnerabilidad?

El área de Compliance tiene la responsabilidad no solo de controlar el cumplimiento normativo en sentido estricto, sino de identificar y mitigar aquellos elementos culturales que puedan generar o tolerar conductas vulneradoras, especialmente hacia personas que se encuentran en posiciones interseccionales de vulnerabilidad. Evaluar si la cultura organizacional reproduce sesgos implícitos exige ir más allá de las encuestas tradicionales de clima laboral e incorporar herramientas de análisis que permitan identificar patrones sutiles y persistentes de exclusión o de trato desigual. Esto implica aplicar metodologías cualitativas como entrevistas en profundidad, grupos focales con miembros de colectivos subrepresentados, o análisis del lenguaje utilizado en comunicaciones institucionales, además de revisar métricas desagregadas de promoción, retención, asignación de tareas y evaluación de desempeño. Cuando el Compliance detecta que ciertos comportamientos -aunque no abiertamente hostiles- perpetúan estereotipos o deslegitiman la presencia de determinadas identidades en ciertos espacios de decisión, debe emitir alertas y proponer mecanismos de corrección estructural. Evaluar estos sesgos también implica reconocer que no todos los sesgos son individuales; algunos están institucionalizados y naturalizados, por lo que resulta indispensable un compromiso explícito del liderazgo para asumir esta revisión como un ejercicio de integridad y no como una amenaza al statu quo. Al asumir este rol, el Compliance fortalece su función ética y se posiciona como garante de un entorno donde todas las personas puedan desarrollarse en condiciones reales de dignidad y equidad.

7.4.14. ¿Participa el área de Compliance en la formulación de políticas de diversidad e inclusión con enfoque interseccional, alineadas con las obligaciones éticas de la organización?

El área de Compliance, en su rol transversal y estratégico, debe participar activamente en la formulación de políticas de diversidad e inclusión, asegurando que éstas no se limiten a declaraciones generales o campañas simbólicas, sino que se estructuren desde un enfoque interseccional robusto y alineado con las obligaciones éticas y normativas de la organización. Esta participación implica colaborar desde el diseño hasta la implementación y evaluación de las políticas, integrando criterios que aseguren la inclusión efectiva de personas que enfrentan múltiples factores de vulnerabilidad simultánea. El enfoque interseccional obliga a repensar las políticas tradicionales de inclusión, ya que permite detectar las limitaciones de un abordaje único para todos. Por ejemplo, no basta con tener una política de género si esta no contempla las experiencias diferenciadas de mujeres migrantes, con discapacidad o racializadas. El Compliance puede aportar una mirada crítica sobre el impacto real de estas políticas, exigir indicadores de medición claros y proponer mecanismos de rendición de cuentas. Asimismo, su rol garantiza que las políticas no sean solamente voluntarias, sino que formen parte del marco obligatorio de conducta interna, con consecuencias específicas frente a su incumplimiento. La alianza entre el área de diversidad y el área de cumplimiento no solo incrementa la legitimidad de ambas, sino que permite avanzar hacia una organización donde la ética no sea una aspiración ideal, sino una práctica cotidiana basada en la justicia, el respeto y la no discriminación.

7.4.15. ¿Se ha establecido un compromiso desde el sistema de cumplimiento para actuar de manera proactiva y estructural en la prevención del acoso interseccional, más allá del cumplimiento formal de las leyes?

Un sistema de cumplimiento verdaderamente ético no se limita al cumplimiento formal de las normas legales, sino que asume un compromiso estructural y proactivo frente a fenómenos complejos como el acoso interseccional. Este compromiso implica reconocer que las leyes, aunque necesarias, suelen ser insuficientes para abordar las formas más sutiles y estructurales de violencia organizacional. Por tanto, el Compliance debe desarrollar políticas internas, códigos de conducta y mecanismos de prevención que reconozcan explícitamente la existencia del acoso interseccional y establezcan formas diferenciadas de abordarlo. Esto incluye la formación específica en interseccionalidad para todos los niveles de la organización, la incorporación de indicadores específicos en los mapas de riesgo ético, la adaptación de los canales de denuncia a la realidad de personas múltiplemente discriminadas, y la promoción de medidas afirmativas que compensen desigualdades históricas. Actuar de manera estructural significa también revisar las causas organizacionales que permiten o reproducen estas formas de acoso, como estilos de liderazgo autoritarios, estructuras jerárquicas rígidas o culturas de silencio. Y actuar de manera proactiva implica intervenir antes de que ocurran los daños, mediante diagnósticos participativos, revisión constante de las políticas, y un enfoque de mejora continua centrado en la dignidad humana. El área de Compliance, en este sentido, debe ser vista no como un órgano punitivo, sino como una instancia aliada en la construcción de entornos laborales seguros, equitativos y realmente inclusivos. Solo así puede cumplir su misión última: asegurar que la ética no sea un valor decorativo, sino una práctica viva y transformadora.

7.5. Desarrollo de sistemas de inteligencia artificial para detectar alertas tempranas

7.5.1. ¿El sistema de inteligencia artificial que se pretende implementar cuenta con una base legal clara y suficiente para el tratamiento de datos personales, especialmente los sensibles?

Sí, la implementación de un sistema de inteligencia artificial (IA) en contextos corporativos o institucionales que trate datos personales, especialmente los considerados sensibles, debe estar respaldada por una base legal sólida, clara y suficiente. En el contexto europeo, esta base está firmemente establecida a través del Reglamento General de Protección de Datos (RGPD o GDPR), Reglamento (UE) 2016/679, así como la Ley Orgánica 3/2018, de Protección de Datos Personales y garantía de los derechos digitales. Esta normativa impone estrictas obligaciones a los responsables del tratamiento, exigiendo que todo uso de datos personales esté justificado por una base legal específica (consentimiento, cumplimiento de una obligación legal, interés público, interés legítimo, etc.) y que se adopten medidas técnicas y organizativas adecuadas para proteger los derechos de los interesados.

Cuando el sistema de IA procesa datos sensibles -como los relativos a salud, opiniones políticas, convicciones religiosas, datos biométricos o genéticos- se aplican restricciones adicionales. En estos casos, se requiere una justificación más rigurosa, como el consentimiento explícito del titular o una habilitación legal específica. Además, el artículo 33 de la Ley 2/2023 establece que los datos identificativos del informante deben permanecer confidenciales y solo podrán ser comunicados a autoridades judiciales, fis cales o administrativas competentes, lo que refuerza la protección de la identidad y la seguridad jurídica del sistema.

Asimismo, esta legislación contempla principios fundamentales como la minimización de datos, la limitación de la finalidad, y la limitación del plazo de conservación. Por ejemplo, si se determina que la información recabada no es relevante o precisa, esta debe ser suprimida de inmediato. Este marco legal asegura que el sistema de IA no solo sea eficaz desde el punto de vista técnico, sino también plenamente respetuoso con los derechos fundamentales de las personas.

7.5.2. ¿Qué tipos de alertas o desviaciones de comportamiento considera el sistema como señales tempranas de posibles incumplimientos éticos o normativos?

Un sistema de IA bien diseñado e integrado en un entorno corporativo de Compliance es capaz de identificar patrones de comportamiento que se desvían de lo habitual o de las normas establecidas, funcionando como un mecanismo de alerta temprana frente a posibles riesgos de incumplimiento ético o normativo. Entre los tipos de alertas más comunes se incluyen:

a). Anomalías en transacciones financieras, como pagos duplicados, transferencias no autorizadas o patrones de gasto atípicos, que podrían indicar fraude o corrupción.

b). Cambios de conducta digital, como accesos inusuales a bases de datos sensibles, descargas masivas de información confidencial o comunicaciones internas que incluyan palabras clave asociadas a conductas de riesgo.

c). Ausencias de controles o supervisión, como fallos sistemáticos en el registro de auditorías, ausencia de trazabilidad o incumplimiento de procesos de revisión interna.

d). Quejas o denuncias internas reiteradas, que se produce cuando un mismo individuo, área o procedimiento genera una concentración significativa de denuncias o reportes en el canal de alertas internas.

e). Desviaciones en indicadores éticos o de cumplimiento, tales como bajas tasas de respuesta en encuestas de integridad, poca participación en formaciones de ética o rechazo sistemático de iniciativas de cumplimiento.

Estos indicadores son parte de un enfoque preventivo de la gestión del riesgo. Según los principios de la ISO 37002, un sistema de gestión de denuncias de irregularidades debe ser capaz no solo de reaccionar ante los hechos consumados, sino también de anticiparse mediante el monitoreo activo de conductas y la evaluación periódica de riesgos.

7.5.3. ¿Está el área de Compliance involucrada activamente en el diseño, evaluación y supervisión del sistema de IA desde su etapa inicial?

La participación del área de Compliance en todas las etapas del ciclo de vida del sistema de inteligencia artificial es una condición crítica para asegurar que dicho sistema no solo cumpla con la normativa legal, sino que esté alineado con los valores éticos de la organización. Según la norma ISO 37301, la función de Compliance debe estar dotada de autoridad, independencia y respaldo institucional para que su criterio sea efectivo y respetado en toda la organización.

Desde la etapa de diseño, el área de Compliance tiene la responsabilidad de aportar directrices sobre los requisitos normativos, los riesgos legales asociados al tratamiento de datos, las prácticas adecuadas para la gestión de la información y los mecanismos de supervisión. Asimismo, en la fase de desarrollo técnico, se espera que colabore activamente con los equipos de TI, legal, recursos humanos y auditoría interna, estableciendo controles que aseguren la trazabilidad de decisiones algorítmicas, la equidad en los procesos y la ausencia de sesgos discriminatorios.

Durante la operación del sistema, la función de Compliance también debe encargarse de definir los indicadores clave de desempeño (KPIs) vinculados al cumplimiento normativo, realizar revisiones periódicas y participar en la evaluación del impacto ético de las decisiones automatizadas. Esta implicación continua contribuye no solo al cumplimiento regulatorio, sino también a reforzar la confianza de empleados, clientes y partes interesadas en la integridad del sistema.

En suma, la integración transversal de Compliance no es una opción, sino un elemento estructural imprescindible para garantizar que la inteligencia artificial se utilice de manera ética, segura y conforme al marco legal vigente.

7.5.4. ¿Cómo se asegura el cumplimiento del principio de minimización de datos en la recopilación de información para alimentar el sistema de alertas tempranas?

Asegurar el cumplimiento del principio de minimización de datos en un sistema de inteligencia artificial que opera como alerta temprana exige una gobernanza robusta del ciclo de vida de los datos desde su origen hasta su eliminación. Este principio, consagrado en el artículo 5.1.c del Reglamento General de Protección de Datos (RGPD), establece que los datos deben ser "adecuados, pertinentes y limitados a lo necesario en relación con los fines para los que son tratados". Su aplicación práctica se traduce en un riguroso análisis previo de necesidad y proporcionalidad, donde se evalúe si los datos realmente aportan valor al objetivo del sistema, si existen formas menos intrusivas de lograr los mismos fines, y si los datos utilizados se ajustan al mínimo indispensable. En este sentido, no solo deben restringirse los tipos de datos recolectados, sino también los canales, el volumen, la frecuencia, el nivel de granularidad y el acceso a los mismos.

El sistema debe, por tanto, integrar controles desde el diseño (privacy by design) que impidan la recolección innecesaria. Esto incluye filtros automáticos que bloqueen categorías de datos irrelevantes, mecanismos de seudonimización para evitar la identificación directa, y procesos de supresión automática de información no útil tras una primera clasificación. A nivel organizativo, es indispensable llevar un registro de las operaciones de tratamiento de datos alimentadas al sistema, documentar las justificaciones legales y funcionales, y permitir auditorías internas o externas para evaluar el respeto continuo a este principio.

El cumplimiento del principio de minimización no es una configuración puntual, sino una estrategia dinámica que debe actualizarse ante cada evolución del sistema, ya sea por actualización del algoritmo, ampliación de funcionalidades o integración con nuevas bases de datos.

7.5.5. ¿Qué medidas se han implementado para evitar que los algoritmos de IA reproduzcan sesgos discriminatorios, especialmente en cuestiones de género, raza, edad u orientación sexual?

Evitar la reproducción de sesgos en algoritmos de IA requiere una combinación de intervenciones tecnológicas, institucionales y culturales. Desde el punto de vista técnico, una medida clave es la curación del dataset de entrenamiento: es necesario identificar y corregir cualquier sesgo preexistente en los datos históricos, lo cual exige una auditoría previa que revele posibles representaciones desbalanceadas de ciertos colectivos o correlaciones espurias que puedan perpetuar estereotipos. Por ejemplo, si en los datos históricos de desempeño laboral las mujeres aparecen con menor frecuencia en cargos directivos, el sistema podría aprender a penalizar inconscientemente las candidaturas femeninas, a menos que se implementen mecanismos de corrección.

Para ello, se utilizan técnicas como el balance de clases, la neutralización de variables sensibles (fairness-aware preprocessing), o la introducción de penalizaciones en el modelo si se detectan resultados desiguales para grupos protegidos. También es crucial la validación de los outputs del sistema mediante pruebas de equidad, que permitan detectar disparidades indirectas en los resultados, incluso si las variables sensibles no se utilizaron explícitamente. A nivel organizacional, el área de Compliance debe establecer protocolos de revisión interdisciplinaria que incluyan a expertos en ética algorítmica, derechos humanos, igualdad de trato y no discriminación. Este comité debe participar en todas las fases del desarrollo e implementación del sistema, asegurando que la equidad sea una métrica evaluada al mismo nivel que la precisión o la eficiencia. Además, debe garantizarse la transparencia del modelo: el personal afectado por decisiones algorítmicas debe tener derecho a una explicación comprensible del razonamiento del sistema, conforme a lo establecido por el RGPD (artículo 22).

Estas medidas deben institucionalizarse mediante políticas internas y códigos de conducta tecnológica, que integren explícitamente la prohibición de discriminación algorítmica y los principios de ética digital.

7.5.6. ¿Se ha evaluado el impacto ético del uso de inteligencia artificial en términos de privacidad, transparencia y proporcionalidad dentro del entorno laboral?

La evaluación del impacto ético del uso de IA en el entorno laboral constituye una obligación tanto legal como de gobernanza responsable, especialmente cuando el sistema tiene la capacidad de influir en la carrera profesional, reputación o condiciones de trabajo de las personas empleadas. Dicha evaluación debe cubrir al menos tres dimensiones fundamentales: privacidad, transparencia y proporcionalidad.

En cuanto a la privacidad, se debe analizar el tipo de datos recogidos, la forma en que son tratados y las garantías existentes para prevenir accesos indebidos o usos no autorizados. Esto incluye considerar si la vigilancia del desempeño (por ejemplo, monitoreo de actividad digital, uso de cámaras, análisis de patrones de escritura) es legítima y no constituye una intromisión desproporcionada en la vida privada. En muchos casos, la línea entre el control empresarial y la vigilancia abusiva es delgada, por lo que se recomienda establecer límites técnicos (como zonas grises de no monitorización) y políticas claras de consentimiento informado, especialmente cuando se trate de modalidades de trabajo híbridas o teletrabajo.

Respecto a la transparencia, se requiere que los modelos sean explicables, que sus criterios de funcionamiento estén disponibles para auditoría y que las decisiones automatizadas puedan ser impugnadas. Las organizaciones deben comunicar de manera proactiva la existencia de estos sistemas, su finalidad, y los derechos que asisten a los trabajadores, incluyendo la posibilidad de intervención humana en decisiones críticas.

Por último, la proporcionalidad implica que los sistemas se justifiquen no solo por su eficiencia, sino porque los beneficios organizativos son superiores al coste en términos de derechos fundamentales. Un sistema que mide el "riesgo de incumplimiento ético" pero genera ansiedad, inhibición o pérdida de confianza entre los empleados podría considerarse desproporcionado, aunque sea técnicamente viable.

Por ello, es recomendable que todo sistema de IA se someta a un informe de impacto ético multidisciplinario que evalúe estos factores y emita recomendaciones vinculantes para su diseño, ajuste o eventual descarte. Compliance, en coordinación con protección de datos, relaciones laborales, IT y dirección ética, debe garantizar que esta evaluación no sea una formalidad, sino una herramienta de protección de derechos y mejora del clima organizacional.

7.5.7. ¿El personal de la organización ha sido informado adecuadamente sobre la existencia, finalidad y funcionamiento del sistema de alertas tempranas?

El personal de la organización ha sido o, en términos de cumplimiento normativo y buenas prácticas organizacionales, debe haber sido informado de forma adecuada, clara y comprensible sobre la existencia, finalidad y funcionamiento del sistema de alertas tempranas. Esta comunicación no es solo una recomendación de transparencia, sino una exigencia derivada de los principios fundamentales de protección de datos, derechos laborales y gobernanza ética.

Informar adecuadamente implica explicar al conjunto de empleados que la empresa ha implementado una tecnología de monitoreo o detección anticipada de conductas de riesgo que, mediante el análisis de datos y patrones de comportamiento, permite identificar desviaciones en materia de cumplimiento normativo, ética empresarial o clima laboral, incluyendo posibles situaciones de acoso o discriminación.

La finalidad de dicho sistema debe especificarse de forma concreta, como por ejemplo: prevenir conflictos laborales, detectar vulneraciones a los códigos de conducta o evitar incidentes de acoso antes de que escalen. Esta finalidad debe estar alineada con los valores organizacionales, reflejada en las políticas internas y no ser ambigua ni susceptible de interpretaciones abusivas, como podrían ser el control desproporcionado de la productividad o la vigilancia de opiniones personales.

Además, debe describirse con qué tipo de datos alimenta el sistema (correos electrónicos, chats, frecuencia de conexión, evaluaciones internas), cómo se procesan estos datos, qué herramientas algorítmicas se utilizan, qué criterios activan una alerta, quiénes tienen acceso al sistema, qué sucede cuando se emite una alerta y cómo se garantiza el respeto a los derechos de las personas afectadas.

Para que la información sea realmente adecuada, debe brindarse a través de múltiples formatos y canales -como sesiones de formación, circulares internas, manuales explicativos, infografías digitales y respuestas a preguntas frecuentes- y debe adaptarse a los distintos niveles de alfabetización digital y jurídica dentro de la organización. No es suficiente con incluir un párrafo genérico en una política corporativa; es necesario generar una cultura de conciencia sobre el uso del sistema y promover espacios donde los trabajadores puedan formular preguntas, plantear inquietudes o recibir respuestas sin temor a consecuencias. Solo cuando se ha generado esta comprensión real, no solo formal, puede afirmarse que el personal ha sido informado adecuadamente, lo cual es condición imprescindible para que el sistema de alertas tempranas sea legítimo, éticamente sostenible y eficaz en su función preventiva. De lo contrario, podría convertirse en una fuente de incertidumbre, resistencia o percepción de vigilancia encubierta, lo que atentaría contra la confianza institucional, afectaría el clima laboral y pondría en riesgo los objetivos para los que dicho sistema fue diseñado.

7.5.8. ¿Se permite a los empleados ejercer sus derechos de acceso, rectificación, oposición y supresión respecto a los datos utilizados por el sistema de IA?

El respeto y la garantía de los derechos de acceso, rectificación, oposición y supresión por parte de los empleados en relación con los datos tratados por un sistema de inteligencia artificial (IA) no es solo una obligación normativa impuesta por el Reglamento General de Protección de Datos (RGPD), sino un componente esencial de legitimidad democrática y gobernanza ética en cualquier entorno laboral. En el contexto del uso de tecnologías de IA para la detección de alertas tempranas, posibles incumplimientos normativos, comportamiento atípico o riesgo de acoso laboral, se produce inevitablemente un tratamiento de datos personales -y potencialmente de datos especialmente protegidos- que deben ser gestionados con total transparencia, proporcionalidad y legalidad.

En primer lugar, el derecho de acceso implica que todo empleado tiene la facultad de obtener información sobre si sus datos están siendo tratados, qué tipo de datos están involucrados (por ejemplo, metadatos de comunicación, participación en reuniones virtuales, horarios, rendimiento, frecuencia de interacción, uso de plataformas digitales, entre otros), con qué finalidad, bajo qué base legal, por cuánto tiempo se conservarán, y si se aplican decisiones automatizadas, incluyendo información significativa sobre la lógica implicada en dichos procesos. Esto último es especialmente relevante en sistemas de IA, ya que los algoritmos pueden ser opacos y complejos, lo que requiere de un esfuerzo adicional por parte de la empresa para presentar esa información de manera comprensible y accesible.

El derecho de rectificación, en este sentido, no solo permite al trabajador corregir errores factuales en los datos utilizados por el sistema (como fechas mal registradas o evaluaciones incorrectas), sino también requerir una actualización contextual de información que podría haber sido interpretada de manera sesgada o parcial por el sistema. Esto es particularmente importante en casos en los que una conducta legítima o justificada (como ausencias justificadas, desconexión digital fuera del horario laboral o expresiones comunicativas ambiguas) pueda haber sido mal codificada como un indicio de alerta. La posibilidad de corregir esta información es vital para mantener la integridad del sistema y evitar decisiones injustas.

El derecho de oposición, por su parte, permite que el trabajador se oponga al tratamiento de sus datos en casos donde existan motivos fundados y legítimos, especialmente si el tratamiento automatizado produce efectos significativos en su situación profesional. Aunque este derecho no es absoluto -puede ser limitado si el tratamiento es necesario por razones legales o contractuales- sí obliga a la organización a valorar cuidadosamente cada solicitud, evaluar los fines del tratamiento frente al impacto sobre los derechos individuales, y justificar documentalmente su decisión de mantener o suspender el tratamiento.

El derecho de supresión o "derecho al olvido" cobra una relevancia crítica en sistemas de IA que registran incidentes pasados, ya que un trabajador tiene derecho a solicitar la eliminación de datos que ya no sean necesarios para los fines por los cuales fueron recogidos, que hayan sido tratados de manera ilícita, o cuyo mantenimiento pueda suponer un perjuicio no justificado. Esto implica que las alertas falsas, mal fundamentadas, o ya resueltas deben ser depuradas del sistema con garantías de trazabilidad y no reutilización. En este sentido, la empresa debe implementar políticas internas de conservación y supresión de datos, alineadas con los principios de limitación temporal del RGPD y con criterios de minimización del tratamiento.

Para que estos derechos puedan ejercerse efectivamente, no basta con mencionarlos en una política interna. La organización debe establecer canales visibles y accesibles para que cualquier trabajador pueda presentar solicitudes relacionadas con sus datos, ya sea de forma presencial, digital o a través de representantes. Estos canales deben estar gestionados por personal cualificado, preferentemente por el Delegado de Protección de Datos (DPO) o el área de Compliance, y operar bajo protocolos que garanticen la confidencialidad, la no discriminación y la resolución en plazos legalmente establecidos (generalmente 30 días).

Adicionalmente, la empresa tiene la obligación de formar al personal en el conocimiento de estos derechos, no solo como un acto informativo, sino como parte de una cultura de respeto por la privacidad, la autonomía personal y la integridad laboral. Las personas deben saber que tienen el control de sus datos, y que el uso de herramientas avanzadas como la IA no puede vulnerar su dignidad ni colocarlas en una situación de vulnerabilidad estructural. El cumplimiento formal de la ley, por tanto, debe ir acompañado de un compromiso real con los valores de transparencia, equidad, rendición de cuentas y justicia organizacional.

7.5.9. ¿Cuenta el sistema de IA con mecanismos de revisión humana que garanticen la validación de sus alertas antes de cualquier acción disciplinaria o correctiva?

La necesidad de mecanismos de revisión humana en los sistemas de inteligencia artificial (IA) que operan como herramientas de alerta temprana en el ámbito corporativo no es solo una cuestión técnica, sino un principio de gobernanza ética y una garantía de derechos fundamentales. La revisión humana debe actuar como barrera de contención frente al riesgo de automatización de decisiones injustas, incorrectas o desproporcionadas. La sola generación de una alerta por parte del sistema de IA -por ejemplo, al detectar patrones de comportamiento considerados anómalos como desconexiones repetidas, lenguaje considerado inadecuado, interacciones reducidas o variaciones en la productividad- no puede, bajo ningún concepto, derivar directamente en consecuencias laborales sin una intervención humana consciente, calificada y documentada.

Desde el punto de vista jurídico, el artículo 22 del Reglamento General de Protección de Datos (RGPD) establece que nadie podrá ser objeto de una decisión basada únicamente en un tratamiento automatizado, incluida la elaboración de perfiles, si dicha decisión produce efectos jurídicos sobre esa persona o le afecta significativamente de modo similar. Este precepto es particularmente relevante en el ámbito del Compliance corporativo, donde los sistemas de IA pueden tener un impacto directo sobre la evaluación del rendimiento, la apertura de procedimientos disciplinarios, la asignación de tareas críticas o incluso el mantenimiento de la relación laboral. La revisión humana es, por tanto, una garantía procesal esencial.

Pero más allá del cumplimiento legal, la revisión humana cumple una función de equilibrio entre la eficiencia del análisis algorítmico y la justicia organizacional. Un sistema de IA puede detectar correlaciones, pero no necesariamente comprende el contexto. Por ejemplo, una caída en la productividad digital podría deberse a una carga emocional elevada, una situación médica, un conflicto no resuelto o una reestructuración organizacional. Del mismo modo, un patrón de mensajes "atípico" en un chat corporativo puede no ser indicativo de conducta impropia sino reflejo de una cultura organizacional específica o de dinámicas informales no capturadas por los parámetros del sistema. Solo un revisor humano, con conocimiento del entorno, experiencia contextual y competencias éticas, puede diferenciar entre un verdadero riesgo y una desviación inocua.

Para que estos mecanismos de revisión humana sean efectivos, deben estar formalizados a través de protocolos internos de actuación. Esto implica establecer criterios claros sobre qué alertas requieren revisión, quiénes son los responsables autorizados para llevarla a cabo, cómo se documenta la validación (por ejemplo, mediante actas internas o registros electrónicos), qué plazos son razonables para actuar, y cómo se garantiza que esa revisión sea objetiva, imparcial y libre de sesgos. No debe dejarse al arbitrio individual de un directivo sin capacitación ni sujetarse a juicios ad hoc sin respaldo metodológico. Lo ideal es que la revisión sea realizada por una unidad de cumplimiento (Compliance), el área de Recursos Humanos o un comité mixto ético-disciplinario, siempre con perspectiva multidisciplinar y con respeto a la confidencialidad.

Esta revisión no se limita a validar la veracidad del dato, sino que debe incluir la valoración de la proporcionalidad de la respuesta. Si bien algunas alertas pueden desembocar en investigaciones internas o medidas correctivas, muchas otras pueden requerir simplemente retroalimentación informal, acompañamiento, formación, mediación o ajustes organizativos. La revisión humana permite aplicar el principio de gradualidad en las intervenciones, evitando la sobrerreacción institucional y promoviendo la mejora continua en lugar del castigo automatizado.

Otro aspecto fundamental es la comunicación con la persona afectada. La revisión debe incluir un derecho a ser escuchado, incluso antes de confirmar la validez de una alerta. El trabajador debe poder explicar su versión, aportar contexto, defender su conducta o señalar posibles errores en los datos, en un entorno de confidencialidad y sin temor a represalias. Esta fase de audiencia previa es clave para preservar la confianza institucional, la motivación del personal y la percepción de equidad.

En términos operativos, la revisión humana debe estar integrada desde el diseño del sistema de IA, bajo el principio "human-in-the-loop". Esto significa que la arquitectura del sistema debe impedir la ejecución automática de medidas punitivas o disciplinarias sin que un ser humano haya intervenido expresamente. Además, esta intervención debe dejar trazabilidad de su ocurrencia, decisión y fundamento, de modo que pueda ser auditada y defendida en caso de conflicto, litigio o reclamación.

El revisor humano debe estar formado en gobernanza algorítmica, ética digital, sesgos de programación, derechos laborales y protección de datos, entre otros temas. No basta con tener buena voluntad: se requiere una profesionalización del rol, dado que las consecuencias de las decisiones pueden ser graves. La propia organización tiene la responsabilidad de capacitar a este personal y de revisar periódicamente los procedimientos de validación para adaptarlos a la evolución del sistema, a cambios normativos y a nuevas exigencias sociales.

Contar con mecanismos de revisión humana en los sistemas de IA no es solo un requisito legal sino una expresión concreta del compromiso de la empresa con una cultura de integridad, dignidad laboral y responsabilidad tecnológica.

La supervisión humana introduce la reflexión, el juicio ético y la empatía en procesos que, de otro modo, estarían regidos por patrones fríos y estadísticas sin alma. Y en ese espacio se juega, muchas veces, la diferencia entre una organización humanamente justa y otra tecnológicamente eficiente pero éticamente fallida.

7.5.10. ¿Qué protocolos de actuación se activan cuando el sistema genera una alerta temprana? ¿Incluyen medidas preventivas, correctivas y de protección?

Cuando un sistema de inteligencia artificial (IA) genera una alerta temprana en el contexto laboral, especialmente dentro del marco de cumplimiento normativo (Compliance), deben activarse protocolos de actuación rigurosamente definidos que garanticen una respuesta proporcional, justa, efectiva y respetuosa de los derechos fundamentales. Estos protocolos no solo deben enfocarse en la detección de comportamientos de riesgo, sino en asegurar una actuación ética y estratégica frente a los indicios detectados, incluyendo acciones preventivas, correctivas y de protección, tanto para la persona señalada como para posibles afectados por la situación.

El primer paso ante una alerta generada por el sistema debe ser la activación de un procedimiento interno de verificación que contemple la revisión humana del evento detectado. Esta revisión no debe asumirse como una mera formalidad, sino como un filtro crítico para descartar falsos positivos, corregir errores de interpretación automatizada y comprender el contexto organizacional o personal que pudo haber dado lugar al comportamiento registrado. Solo después de esta validación, documentada y trazable, puede considerarse procedente la activación del protocolo de actuación.

Una vez verificada la alerta, el sistema debe derivar el caso a una unidad competente, como puede ser el departamento de Compliance, Recursos

Humanos o un Comité Ético. Esta derivación debe hacerse bajo estrictas garantías de confidencialidad, asegurando que la información sea manejada únicamente por personas autorizadas y formadas en el tratamiento de situaciones delicadas, especialmente si se trata de presuntos casos de acoso, discriminación, abuso de poder o cualquier forma de desviación ética o normativa.

Los protocolos activados deben incluir, en primer lugar, medidas preventivas. Esto significa evaluar si existe un riesgo inminente de afectación a personas, a la reputación de la organización o al cumplimiento de la normativa, y si es necesario tomar medidas inmediatas para contener ese riesgo. Por ejemplo, si la alerta sugiere un posible acoso digital, se puede optar por una separación temporal de funciones, la suspensión cautelar de ciertas actividades o el refuerzo de los canales de apoyo psicológico y orientación legal. Las medidas preventivas deben aplicarse sin prejuzgar, con neutralidad y respeto a la presunción de inocencia.

En paralelo, deben implementarse medidas correctivas, entendidas como aquellas que buscan abordar el origen del comportamiento detectado, remediar sus consecuencias y prevenir su repetición. Estas pueden ir desde acciones formativas o de sensibilización (por ejemplo, talleres sobre uso ético de herramientas digitales, liderazgo responsable o comunicación respetuosa), hasta ajustes organizacionales, cambios de supervisión, o en los casos más graves, la apertura de un procedimiento disciplinario formal conforme a la legislación laboral y el reglamento interno de la empresa.

Los protocolos deben contemplar medidas de protección, particularmente cuando la alerta implica un riesgo para la integridad física, emocional o profesional de alguna persona trabajadora. La protección puede incluir la garantía de anonimato, la activación del canal de denuncias con salvaguardas reforzadas, el acompañamiento psicológico o legal de la persona potencialmente afectada, y la vigilancia activa para evitar represalias o reacciones adversas. Estas medidas deben aplicarse de forma inmediata, sin necesidad de esperar a que el caso se formalice como denuncia o expediente disciplinario, ya que su objetivo es anticiparse al daño y proteger la integridad de las personas en situación de vulnerabilidad.

Es igualmente fundamental que todo el protocolo esté apoyado por un sistema de documentación interna que garantice la trazabilidad del caso, desde la generación de la alerta hasta la resolución final. Esto permite la supervisión posterior por órganos de control, auditoría o incluso autoridades externas, en caso de que se requiera rendición de cuentas. Además, esta documentación sirve como base para mejorar el sistema, evaluar la proporcionalidad de las respuestas adoptadas y detectar patrones estructurales o tendencias repetitivas que podrían señalar fallos más amplios en la cultura organizacional.

Los protocolos de actuación frente a alertas tempranas deben ser integrales, multidisciplinarios y humanamente responsables. No basta con identificar un comportamiento sospechoso: se trata de crear una arquitectura de respuesta que combine justicia procedimental, ética institucional y compromiso con el bienestar organizacional. Solo así se puede transformar la tecnología en una herramienta de cuidado, prevención y mejora, en lugar de un instrumento de vigilancia fría o reacción punitiva automatizada. En última instancia, estos protocolos no solo deben mitigar riesgos, sino fortalecer una cultura organizacional basada en el respeto, la equidad y la integridad.

7.5.11. ¿Cómo se asegura la integridad y seguridad de los datos utilizados y procesados por el sistema de inteligencia artificial?

La integridad y seguridad de los datos utilizados y procesados por un sistema de inteligencia artificial (IA) en el ámbito organizacional, especialmente cuando se vincula con funciones de cumplimiento normativo, es un componente esencial no solo desde el punto de vista técnico, sino también desde una perspectiva jurídica, ética y organizacional. Este proceso no puede entenderse como una acción puntual, sino como una política transversal, continua y sistémica que debe integrarse en todo el ciclo de vida del sistema de IA: desde su diseño, desarrollo y puesta en marcha, hasta su mantenimiento, monitoreo y eventual desmantelamiento o reemplazo.

La integridad de los datos comienza con la definición clara del propósito para el cual se recolectan y utilizan. En el caso de un sistema de alertas tempranas basado en IA, este propósito suele ser la identificación de patrones de comportamiento potencialmente riesgosos, el monitoreo de cumplimiento de normativas internas o externas, o la detección proactiva de conductas como el acoso laboral, la discriminación o la corrupción interna. Una vez determinado este objetivo, debe implementarse un proceso de depuración y validación de datos que garantice que la información que alimenta el sistema sea exacta, completa, actualizada y relevante. Esto incluye revisar sistemáticamente las fuentes de datos para evitar errores como duplicidades, entradas corruptas, datos inconexos o interpretaciones incorrectas derivadas de cambios de contexto (por ejemplo, un descenso en la actividad digital podría deberse a una baja médica, vacaciones o cambios de función).

Asimismo, debe existir una política de gobernanza del dato que determine quiénes pueden acceder, modificar, procesar o eliminar la información. El principio de trazabilidad es fundamental: todo acceso a los datos debe estar registrado y auditado, de forma que se pueda identificar a qué datos se accedió, cuándo, por quién, desde dónde y con qué propósito. Esto permite no solo prevenir usos indebidos, sino también responder eficazmente ante incidentes, ya sea una brecha de seguridad o una reclamación por tratamiento inadecuado de datos.

En cuanto a la seguridad, esta debe abordarse desde una doble dimensión: tecnológica y organizativa. A nivel tecnológico, el sistema debe aplicar medidas robustas como el cifrado de extremo a extremo, tanto en reposo como en tránsito, firewalls de nueva generación, sistemas de detección y prevención de intrusiones, segmentación de redes, backups automatizados y protocolos de autenticación multifactor para el acceso. Estas herramientas deben actualizarse de forma periódica para hacer frente a nuevas vulnerabilidades y amenazas, y deben ser auditadas al menos una vez al año mediante pruebas de penetración o evaluaciones de ciberseguridad externa.

Desde el punto de vista organizativo, se deben establecer políticas internas de seguridad de la información, procedimientos para la gestión de incidentes y un sistema de formación y sensibilización continuo para todos los empleados, especialmente aquellos con responsabilidades en el manejo de los datos o el mantenimiento del sistema. El factor humano sigue siendo, en muchos casos, el eslabón más débil de la cadena de seguridad, por lo que es imprescindible que los trabajadores comprendan la importancia de las buenas prácticas (como el uso de contraseñas seguras, la detección de correos fraudulentos o el cumplimiento de las políticas de acceso).

La integridad y seguridad de los datos también se aseguran a través de la realización de Evaluaciones de Impacto sobre la Protección de Datos (DPIA), especialmente cuando el sistema de IA implica tratamientos de datos que puedan tener efectos significativos sobre los derechos de las personas, como decisiones automatizadas, elaboración de perfiles o la vigilancia digital del desempeño. Estas evaluaciones no solo identifican los riesgos, sino que obligan a la organización a tomar medidas técnicas y organizativas para mitigarlos, documentarlos y someterlos a supervisión periódica.

Adicionalmente, el principio de minimización de datos debe guiar todo el diseño del sistema. Esto implica que solo deben recolectarse y procesarse los datos estrictamente necesarios para cumplir con el objetivo definido, excluyendo cualquier información superflua, sensible o intrusiva que no esté justificada por una necesidad operacional legítima. Por ejemplo, no sería proporcional ni necesario que un sistema de IA que evalúa cumplimiento digital recoja datos personales sobre creencias religiosas, salud o afiliación sindical de los empleados.

La transparencia y el derecho a la información constituyen garantías esenciales para asegurar la integridad y seguridad de los datos. Los trabajadores deben ser informados de forma clara, accesible y comprensible sobre qué datos se recogen, con qué finalidad, cómo serán tratados, durante cuánto tiempo se conservarán y cuáles son sus derechos frente a dicho tratamiento (acceso, rectificación, oposición, portabilidad, limitación y supresión). Esta transparencia, además de ser una exigencia legal, es una condición indispensable para generar confianza en el sistema y evitar que la tecnología se perciba como un mecanismo de control arbitrario o una herramienta de vigilancia laboral.

Asegurar la integridad y seguridad de los datos procesados por sistemas de inteligencia artificial no es un reto puramente técnico ni un requisito de cumplimiento formal, sino una expresión tangible del compromiso de la organización con los derechos fundamentales, la ética empresarial y la sostenibilidad de la innovación tecnológica en el entorno de trabajo. Es una cuestión de responsabilidad institucional, de cultura organizacional y de liderazgo ético en la era digital.

7.5.12. ¿Se auditan regularmente los resultados del sistema para evaluar su efectividad, su equidad y su impacto en la cultura organizacional?

Sí, o al menos, así debería ser en todo sistema de cumplimiento normativo bien estructurado. La auditoría regular del sistema de Compliance es una práctica esencial, no solo para verificar si se están cumpliendo los requisitos legales y regulatorios, sino también para evaluar la eficacia real del sistema en la prevención, detección y corrección de conductas indebidas, y sobre todo, para valorar su coherencia con los valores organizacionales.

Evaluar la efectividad del sistema significa, por un lado, comprobar que las normas y procedimientos están correctamente implementados y son conocidos por los empleados; y por otro, que estos procedimientos están generando los resultados esperados: es decir, disminución de conductas de riesgo, aumento de reportes a los canales éticos, resolución oportuna de conflictos, y reducción de sanciones regulatorias. Para ello, se emplean herramientas como indicadores clave de desempeño (KPIs), análisis de cumplimiento de políticas internas, tasas de recurrencia de incidentes, y auditorías forenses cuando corresponde.

La evaluación de la equidad implica comprobar si el sistema opera de forma imparcial. Esto requiere analizar, por ejemplo, si los procedimientos disciplinarios se aplican de la misma manera a todos los niveles jerárquicos, si los reportes de irregularidades son investigados sin sesgos, y si las medidas adoptadas no terminan perjudicando a quienes actúan de buena fe. También se debe revisar si hay diferencias notables en el acceso a formación en Compliance entre áreas o categorías laborales.

En cuanto al impacto en la cultura organizacional, los auditores deben profundizar en aspectos cualitativos que revelen si el sistema de Compliance está siendo percibido como un instrumento que protege los valores de la organización y refuerza la confianza de los empleados. Un sistema que fomente el temor o la desconfianza, o que se perciba como un mecanismo de control desproporcionado, puede estar generando consecuencias contrarias a su propósito. En este sentido, las encuestas de clima laboral, entrevistas confidenciales, y grupos focales son herramientas útiles para evaluar cómo se vive el Compliance en el día a día.

Un aspecto clave es que estas auditorías deben ser realizadas de forma independiente -ya sea por auditores internos que no dependan funcionalmente del área auditada, o por auditores externos- y deben concluir con informes detallados, que incluyan no solo hallazgos, sino recomendaciones y planes de acción. La frecuencia de estas auditorías puede variar, pero generalmente se recomienda que se realicen al menos una vez al año, con revisiones extraordinarias ante cambios regulatorios significativos o cuando se detectan desviaciones importantes.

7.5.13. ¿Está previsto un procedimiento para revisar o desactivar el sistema en caso de que se detecten efectos adversos o violaciones a los derechos de los trabajadores?

Debe estarlo, aunque no todas las organizaciones lo contemplan de forma explícita. Un sistema de Compliance que se precie de ser completo, maduro y responsable debe incluir entre sus componentes esenciales un protocolo formal para revisar, modificar o incluso suspender temporalmente elementos del sistema si estos generan impactos negativos no previstos o violaciones a los derechos fundamentales de los trabajadores.

En la práctica, esto significa contar con mecanismos estructurados que permitan revisar las políticas, procedimientos, herramientas y decisiones adoptadas en el marco del sistema de cumplimiento, cuando surgen señales de alarma o denuncias de uso abusivo. Tales efectos adversos pueden incluir, por ejemplo:

- Los casos en los que los canales éticos o de denuncias se utilicen para acosos o venganzas personales.

- Las prácticas de vigilancia interna que vulneren el derecho a la intimidad o al secreto de las comunicaciones.

- Los procedimientos disciplinarios desproporcionados o carentes de garantías.

- Las restricciones indebidas a la libertad de expresión o sindicalización.

- La falta de imparcialidad en las investigaciones o represalias contra denunciantes.

En estos escenarios, debe estar previsto que un comité de ética, de cumplimiento o de gobierno corporativo pueda activar una revisión extraordinaria del sistema. Esta revisión puede llevar a la suspensión de determinados procedimientos, a la intervención del área afectada, a la revisión de protocolos, o incluso a la desactivación temporal de mecanismos tecnológicos (como sistemas de monitoreo automatizado o canales anónimos), si se comprueba que su funcionamiento vulnera derechos fundamentales.

Idealmente, este procedimiento debe incluir:

- Los criterios claros para identificar "efectos adversos" o vulneraciones de derechos.

- Los mecanismos de denuncia accesibles y confidenciales que permitan a los trabajadores reportar estos efectos.

- Los procedimientos de análisis por parte de instancias independientes dentro de la organización.

- La participación de los representantes de los trabajadores o de comités de convivencia laboral.

- La revisión por asesores jurídicos y expertos en derechos laborales.

- Los planes de remediación, comunicación interna de las medidas adoptadas y evaluación posterior de la efectividad de dichas acciones.

Incorporar un enfoque de mejora continua, basado en la escucha activa y la corresponsabilidad, no solo permite corregir desviaciones a tiempo, sino que refuerza la legitimidad del sistema y contribuye a una cultura organizacional más participativa, ética y respetuosa. No se trata de debilitar el Compliance, sino de reforzarlo desde una perspectiva humanista, integradora y garantista.

Por tanto, prever la revisión o desactivación parcial del sistema ante efectos adversos no es una señal de debilidad, sino de madurez institucional, compromiso con los derechos humanos y voluntad real de construir un entorno laboral justo y sostenible.

7.5.14. ¿Qué actores participan en la gobernanza del sistema de IA y cómo se asegura una supervisión ética y multidisciplinar de su funcionamiento?

La gobernanza de un sistema de inteligencia artificial (IA) dentro de una organización no es una tarea que pueda recaer en un único departamento ni responder únicamente a criterios tecnológicos. Por el contrario, su adecuada supervisión requiere la participación de múltiples actores que representen diversas disciplinas, funciones y niveles jerárquicos. Esta pluralidad es esencial para garantizar que el desarrollo, implementación y uso de la IA se produzca de forma ética, legal, eficaz y socialmente responsable.

En primer lugar, el área de Tecnología o Sistemas de Información (IT) desempeña un papel central en la construcción técnica del sistema de IA. Sus expertos son los encargados de desarrollar o integrar modelos de machine learning, seleccionar los conjuntos de datos, validar algoritmos, y mantener la infraestructura digital que permite el procesamiento automatizado de información. Sin embargo, su rol técnico debe estar fuertemente supervisado por otros actores, ya que las decisiones tecnológicas tienen implicaciones profundas sobre la privacidad, la equidad y la justicia organizacional.

El área de Compliance o Cumplimiento Normativo es otro actor fundamental, cuya función va más allá del control legal. Este equipo traduce el marco ético de la empresa en políticas operativas y protocolos que rigen el uso de la IA. Su misión es asegurar que el sistema respete principios como la legalidad, la confidencialidad, la proporcionalidad, el respeto a los derechos humanos y la transparencia en el procesamiento de datos personales. El Compliance tiene la capacidad de identificar áreas de riesgo, proponer límites funcionales a los algoritmos y exigir la activación de controles humanos cuando se detectan decisiones sensibles.

El Departamento Jurídico participa activamente en la gobernanza asegurando el cumplimiento del marco normativo nacional e internacional en áreas clave como la protección de datos personales (por ejemplo, el Reglamento General de Protección de Datos -RGPD- en Europa), los derechos laborales, la responsabilidad civil y penal por decisiones automatizadas, y las obligaciones de transparencia y rendición de cuentas. Este departamento también debe anticipar escenarios de litigio o conflicto y establecer salvaguardas legales adecuadas.

Además, se requiere la intervención de un Comité de Ética o Comité de Inteligencia Artificial Responsable, conformado por profesionales de distintas áreas: ética organizacional, filosofía aplicada, ciencia de datos, sociología, psicología organizacional, recursos humanos y comunicación. Este comité actúa como un espacio deliberativo que cuestiona los supuestos del diseño algorítmico, analiza los impactos intangibles del sistema y vela por la protección de los derechos fundamentales en contextos complejos. También revisa los resultados de las auditorías de IA, participa en la aprobación de modelos antes de su despliegue, y evalúa periódicamente los impactos sistémicos sobre la cultura organizacional.

El área de Recursos Humanos también debe involucrarse de forma directa. En muchos casos, los sistemas de IA inciden sobre la gestión del talento, la identificación de riesgos conductuales, la predicción de ausentismo, el desempeño o la rotación de personal. Cualquier herramienta de este tipo debe ser compatible con las prácticas de equidad interna, no discriminación y salud psicosocial en el entorno de trabajo. Recursos Humanos debe asegurarse de que los algoritmos no generen sesgos por género, edad, raza, discapacidad u origen socioeconómico, entre otros factores de diversidad.

Por último, en los modelos más avanzados de gobernanza, se contempla la inclusión de representantes de los trabajadores, miembros de sindicatos o comités de empresa. Estos actores representan una perspectiva valiosa sobre cómo se perciben las tecnologías desde la base de la organización, y pueden advertir efectos adversos que no siempre son visibles para la alta dirección.

La supervisión ética y multidisciplinar se logra, por tanto, mediante un modelo de gobernanza integral que incorpore auditorías algorítmicas internas y externas, paneles de revisión de decisiones automatizadas, informes de impacto ético-social (similar a un EIA en el mundo ambiental), mecanismos de queja y reparación para empleados afectados, y políticas activas de transparencia. No se trata solo de controlar el sistema una vez creado, sino de involucrar múltiples saberes en su diseño, validación, monitoreo y revisión continua.

7.5.15. ¿El uso del sistema de alertas tempranas mediante IA está alineado con el código ético, los principios rectores y la estrategia global del programa de Compliance de la empresa?

El uso de un sistema de alertas tempranas mediante inteligencia artificial dentro de una organización implica una decisión estratégica de alto impacto, tanto a nivel técnico como cultural. Para que su aplicación sea legítima, eficaz y sostenible, debe estar alineada de manera sustancial con el código ético de la empresa, con los principios rectores del programa de cumplimiento normativo (Compliance) y con la visión de largo plazo que orienta la estrategia organizacional en materia de integridad, legalidad y sostenibilidad.

El código ético de una empresa no es un documento decorativo; es la expresión de sus valores más profundos y de sus compromisos frente a empleados, clientes, inversores, comunidades y autoridades. Si el sistema de alertas tempranas contradice estos principios -por ejemplo, si promueve la vigilancia desproporcionada, el castigo sin verificación o la estigmatización de determinados perfiles- entonces se convierte en un instrumento de erosión ética, y no de protección organizacional.

El alineamiento exige que los algoritmos empleados para detectar conductas anómalas o indicios de riesgo estén construidos con criterios éticos desde el origen: es decir, que los datos seleccionados para alimentar el modelo hayan sido recolectados de manera legítima, que las variables predictoras no contengan sesgos estructurales, y que la lógica del sistema sea comprensible para quienes están bajo su alcance. Además, el proceso de generación de alertas debe contemplar umbrales razonables, evitar falsos positivos recurrentes y garantizar la intervención humana antes de que se tomen decisiones críticas.

Los principios rectores del programa de Compliance (legalidad, proporcionalidad, responsabilidad, rendición de cuentas, no discriminación, acceso a la información, y revisión por pares) también deben estar internalizados en la lógica del sistema. Por ejemplo, la proporcionalidad implica que una alerta generada por IA no puede dar lugar a una acción disciplinaria inmediata sin una verificación exhaustiva. El principio de responsabilidad requiere que se asignen roles claros para quienes diseñan, operan y validan el sistema. La transparencia exige que los trabajadores conozcan la existencia del sistema, sus objetivos, su funcionamiento básico y los derechos que les asisten frente a errores o impactos adversos.

En cuanto a la estrategia global del programa de Compliance, el uso del sistema de alertas tempranas debe servir como una herramienta de prevención proactiva, no como un mecanismo punitivo disfrazado. Su propósito debe ser anticipar riesgos antes de que ocurran conductas dañinas, activar canales de diálogo, permitir la intervención temprana de mediadores o expertos en conducta organizacional, y generar reportes útiles para el diseño de medidas estructurales (formación, mejora del clima laboral, ajustes de procesos). Cuando el sistema se percibe como una herramienta de castigo o de espionaje, no solo pierde su eficacia, sino que daña la credibilidad del programa de cumplimiento en su conjunto.

El alineamiento del sistema de alertas tempranas con el código ético y la estrategia del Compliance no se logra mediante una simple declaración en un informe o política, sino a través de un diseño técnico consciente, una gobernanza transparente y una cultura institucional que priorice el respeto por las personas y el aprendizaje organizacional frente a la simple sanción. Cuando se implementa correctamente, este tipo de tecnología puede convertirse en una aliada poderosa del Compliance preventivo, en lugar de una amenaza para los derechos de quienes forman parte de la organización.

7.6. Las tendencias futuras del acoso laboral: análisis predictivo y cultura organizacional

7.6.1. ¿Está el área de Compliance preparada para integrar sistemas de análisis predictivo en la detección temprana de riesgos relacionados con el acoso laboral?

La preparación del área de Compliance para asumir la integración de sistemas de análisis predictivo orientados a la detección de riesgos de acoso laboral representa uno de los desafíos contemporáneos más exigentes para las funciones de control corporativo. No se trata simplemente de incorporar herramientas tecnológicas, sino de replantear el papel del Compliance desde una lógica puramente reactiva hacia una lógica anticipatoria, basada en el análisis de datos, la comprensión del comportamiento organizacional y la intervención temprana.

En primer lugar, la integración de sistemas de predicción implica que el área de Compliance cuente con competencias avanzadas en analítica de datos, incluyendo conocimientos básicos de inteligencia artificial, machine learning y modelado algorítmico. Aunque no se espera que los profesionales de Compliance se conviertan en programadores, sí es imprescindible que comprendan los principios fundamentales del funcionamiento de estos sistemas, sus límites y sesgos, y su impacto potencial sobre derechos laborales, cultura organizacional y relaciones jerárquicas.

Además, el área debe disponer de una infraestructura normativa interna clara: políticas sobre uso ético de la IA, protocolos de actuación ante alertas, mecanismos de control humano sobre las decisiones automatizadas, y cláusulas de protección para los trabajadores identificados por el sistema como sujetos de riesgo (potenciales víctimas o posibles agresores). Esta preparación legal e institucional es esencial para evitar que el uso de tecnología conduzca a prácticas sancionatorias automatizadas, discriminación, vulneración del derecho a la intimidad, o reacciones defensivas del personal.

La preparación también exige un cambio cultural dentro del Compliance: abandonar el paradigma de que el riesgo se combate únicamente con políticas y sanciones, y adoptar una visión integral que combine prevención, pedagogía organizacional, ética aplicada y ciencia de datos. Para ello, es necesario establecer alianzas interdepartamentales con Recursos Humanos, Legal, Tecnología, y Salud Ocupacional, así como fomentar una relación de confianza con los trabajadores basada en la transparencia y el respeto mutuo.

El área de Compliance debe estar preparada para comunicar los resultados de forma clara y ética, evitando la sobre interpretación de los datos y asumiendo que las predicciones son siempre probabilísticas, nunca deterministas. Prepararse para integrar estos sistemas es, en última instancia, prepararse para gestionar la complejidad humana con rigor técnico, pero también con sensibilidad ética.

7.6.2. ¿Cómo se asegura que los datos utilizados en los modelos predictivos cumplen con la normativa de protección de datos y el consentimiento informado?

Asegurar el cumplimiento de la normativa de protección de datos en el uso de modelos predictivos es una tarea transversal que debe involucrar desde el inicio a los equipos de Compliance, Protección de Datos (DPO), Legal, Tecnología y Recursos Humanos. El primer paso para garantizar ese cumplimiento es identificar claramente el propósito del tratamiento de datos: en este caso, la prevención de riesgos de acoso laboral. Este propósito debe ser específico, explícito y legítimo, y debe estar claramente documentado en el registro de actividades de tratamiento.

La base legal para este tipo de tratamiento no siempre puede apoyarse en el consentimiento, especialmente en relaciones laborales, donde el consentimiento puede ser considerado no libre por la desigualdad estructural entre las partes. Por eso, en la mayoría de los casos se utiliza como fundamento el interés legítimo del empleador, siempre que se haya realizado una evaluación previa que demuestre que este interés no lesiona los derechos fundamentales del trabajador. Esta evaluación se materializa a través de una Evaluación de Impacto en Protección de Datos (EIPD), que es obligatoria cuando el tratamiento involucra perfiles automatizados o puede afectar significativamente a las personas.

Dicha evaluación debe identificar todos los riesgos posibles -como discriminación, tratamiento excesivo de datos sensibles, errores en las predicciones o pérdida de control sobre la información- y definir medidas para mitigarlos. Esto puede incluir la seudonimización de los datos, la separación funcional entre quienes diseñan el modelo y quienes lo aplican, la restricción del acceso a la información, o el uso de mecanismos técnicos de control como el aprendizaje federado o el análisis diferencial.

Además, se deben establecer mecanismos de transparencia activa: políticas de privacidad accesibles y comprensibles para los empleados, avisos claros sobre la existencia del sistema y sus objetivos, canales para el ejercicio de derechos (acceso, rectificación, oposición, limitación, supresión), y designación de un delegado de protección de datos que pueda intervenir ante dudas, quejas o vulneraciones. Es esencial, además, incorporar principios como "privacy by design" y "privacy by default" desde el inicio del diseño del modelo, lo cual implica pensar la privacidad como parte del sistema y no como una obligación posterior.

La auditoría periódica de los tratamientos y del comportamiento del algoritmo también es crucial para comprobar que se siguen cumpliendo los principios de la normativa, especialmente cuando los modelos evolucionan mediante técnicas de aprendizaje automático. Solo una gobernanza basada en la trazabilidad, la proporcionalidad, la transparencia y la rendición de cuentas garantiza la legitimidad de los datos utilizados en estos modelos.

7.6.3. ¿Se han establecido criterios éticos para el uso de inteligencia artificial en el monitoreo de señales tempranas de hostigamiento o maltrato laboral?

El establecimiento de criterios éticos para el uso de IA en contextos sensibles como el monitoreo del acoso laboral no solo es recomendable, sino obligatorio desde una perspectiva de gobernanza responsable y respeto a los derechos humanos. Estos criterios deben ir más allá del cumplimiento normativo y deben fundarse en principios que integren dignidad humana, autonomía personal, justicia, transparencia, y responsabilidad institucional.

Un criterio ético central es la prohibición del determinismo algorítmico: ningún modelo predictivo puede conducir por sí solo a la toma de decisiones que afecten negativamente a una persona, sin que exista una intervención humana sustantiva. Esto significa que una alerta generada por IA nunca puede justificar una sanción, un traslado, una evaluación negativa o una exclusión, sin que se haya realizado un análisis contextual, personalizado y razonado del caso.

Otro criterio es la no discriminación algorítmica, que exige revisar los datos históricos utilizados en el entrenamiento del modelo para evitar que reproduzcan sesgos sociales o culturales (por ejemplo, si históricamente ciertos grupos han sido menos propensos a denunciar, un modelo podría representar el riesgo en esos grupos). También implica la validación externa e imparcial de los modelos para identificar y corregir estos sesgos de forma continua.

La proporcionalidad ética es otro pilar: los datos recogidos, los indicadores utilizados y el alcance del sistema deben ser adecuados y no excesivos en relación con el objetivo preventivo. Esto excluye prácticas como la monitorización constante del lenguaje en correos electrónicos, el análisis de redes sociales personales o la recopilación de información médica sin justificación.

La transparencia algorítmica, entendida como la obligación de explicar de forma comprensible los criterios del modelo, las variables utilizadas, y las posibles consecuencias, permite que las personas se sientan tratadas con respeto, aunque no conozcan el detalle técnico. También debe establecerse un derecho efectivo a ser oído, a oponerse a una decisión derivada de una alerta, y a recibir una revisión humana significativa.

El principio de beneficencia debe guiar todo el proceso: la IA debe estar al servicio del bienestar colectivo, no como una herramienta de castigo, control o represión. Solo si estos principios son establecidos, difundidos y auditados, puede hablarse de una IA ética en materia de acoso.

7.6.4. ¿Qué tipo de patrones o indicadores utiliza el sistema de cumplimiento para identificar posibles entornos organizacionales proclives al acoso?

Un sistema de cumplimiento que se proponga identificar entornos proclives al acoso laboral mediante IA debe operar con una lógica holística, no centrada exclusivamente en conductas individuales. El acoso no es sólo un comportamiento desviante, sino también un fenómeno social y cultural que suele enraizarse en estructuras de poder, fallas comunicativas, omisiones institucionales y climas organizacionales deteriorados. Por tanto, los patrones o indicadores deben reflejar tanto variables individuales como colectivas.

Uno de los indicadores más relevantes es el análisis de clima organizacional, mediante encuestas periódicas que miden el nivel de confianza en la empresa, la percepción de trato justo, el acceso a canales de denuncia, la respuesta institucional a comportamientos inadecuados, y la existencia de favoritismos o conflictos persistentes. Estas encuestas, debidamente anonimizadas, permiten identificar áreas con riesgo latente incluso antes de que se presenten denuncias formales.

Otros patrones provienen de datos de rotación voluntaria o ausentismo frecuente en ciertas unidades. Si una misma persona se ve implicada en múltiples conflictos o si un equipo presenta un alto índice de salidas en un corto plazo, puede ser una señal indirecta de un entorno problemático. Los sistemas de IA también pueden detectar patrones en las respuestas a evaluaciones de desempeño, en solicitudes de cambio de área o en el uso reiterado de mecanismos de queja informales.

Indicadores más estructurales incluyen la concentración de poder en ciertas jerarquías, la falta de diversidad en los equipos, la ausencia de políticas de conciliación, y la existencia de culturas hiper competitivas o de silenciamiento institucional. La IA puede mapear estos elementos si se alimenta con datos organizacionales adecuados: evaluaciones 360, análisis de red organizacional (network analysis), registros de conflictos internos, y entrevistas de salida.

El enfoque de cumplimiento predictivo no persigue identificar "acosadores" a través de la IA, sino identificar ambientes, dinámicas y omisiones que hacen posible el acoso. Su meta es intervenir antes, corregir causas estructurales, y construir una cultura institucional de respeto, igualdad y protección efectiva frente a la violencia psicológica o verbal. Solo así se garantiza que el uso de la tecnología esté al servicio del bienestar laboral, y no del control encubierto.

7.6.5. ¿Los modelos predictivos consideran factores interseccionales (v.gr. género, raza, edad, discapacidad, orientación sexual) en la evaluación del riesgo de acoso?

Los modelos predictivos diseñados para anticipar riesgos de acoso laboral más avanzados han comenzado a incorporar progresivamente variables que reflejan la interseccionalidad, un concepto originado en los estudios de derechos humanos y justicia social que reconoce cómo distintas identidades o características personales pueden entrecruzarse, dando lugar a formas singulares de vulnerabilidad. Incluir factores interseccionales en estos modelos no implica reforzar estereotipos ni etiquetar grupos poblacionales como inherentemente frágiles o conflictivos, sino todo lo contrario: significa reconocer que ciertos colectivos, debido a estructuras sociales históricamente desiguales, se ven expuestos de forma más frecuente o más grave a situaciones de discriminación, maltrato o exclusión.

Por ejemplo, las mujeres transgénero racializadas pueden tener mayor probabilidad de sufrir acoso o microagresiones en entornos laborales hostiles que no han adoptado políticas claras de diversidad e inclusión. Del mismo modo, empleados con discapacidad intelectual o neurológica pueden enfrentar incomprensión, infantilización o exclusión estructural, sin que ello se visibilice en canales formales de denuncia. Un sistema de IA que no contemple esta realidad corre el riesgo de fallar en la detección temprana, precisamente allí donde más urgente es su intervención.

Para que los modelos predictivos aborden la interseccionalidad de forma ética, deben seguir varias pautas: primero, los datos deben tratarse de forma anonimizada y agregada en las fases iniciales de análisis, de modo que se identifiquen patrones organizacionales y no individuos. Segundo, su inclusión debe obedecer a fines de equidad y no a segmentación funcional: es decir, no se debe utilizar esta información para individualizar comportamientos, sino para señalar condiciones organizacionales propensas al silenciamiento, la marginalización o la revictimización. Tercero, el diseño e interpretación de estos modelos debe realizarse con apoyo de profesionales especializados en género, inclusión, discapacidad y derechos humanos, evitando lecturas sesgadas o de buena fe mal fundamentadas.

Además, cualquier uso de datos sensibles -como los relacionados con raza, religión, identidad sexual u orientación política- debe tener respaldo normativo, especialmente bajo normativas como el Reglamento General de Protección de Datos (RGPD), que establece criterios rigurosos para el tratamiento de datos personales especiales. Si no hay una base legal sólida, esta dimensión puede abordarse a través de encuestas de clima anónimas, entrevistas estructuradas y mecanismos de percepción colectiva que permitan identificar dinámicas discriminatorias sin invadir la privacidad individual.

Por último, debe tenerse presente que la interseccionalidad, bien incorporada, convierte los modelos de predicción en herramientas no solo más precisas, sino también más justas y empáticas.

7.6.6. ¿Está el Compliance en condiciones de colaborar con áreas como recursos humanos o tecnología para implementar sistemas de monitoreo preventivo sin vulnerar la confianza interna?

La capacidad del área de Compliance para colaborar con Recursos Humanos y Tecnología en la implementación de sistemas de monitoreo preventivo depende, en gran medida, del nivel de madurez ética, institucional y operativa con que se haya estructurado esa función dentro de la organización. Cuando el Compliance actúa como un área independiente, con autoridad transversal, cultura de transparencia y legitimidad frente a los empleados, está en condiciones óptimas para liderar o acompañar procesos de innovación tecnológica en materia de prevención, sin poner en peligro la confianza interna.

Esta colaboración requiere una base sólida de gobernanza compartida. Compliance debe fungir como puente entre el diseño técnico del sistema (que corresponde a Tecnología), su dimensión humana (que gestiona Recursos Humanos) y su coherencia normativa y ética (que garantiza el propio Compliance). Para ello, es necesario crear estructuras de coordinación permanentes, como mesas interdepartamentales, comités de integridad o comités de gobernanza de datos, donde las decisiones se tomen con criterios de corresponsabilidad y no en silos funcionales. En este sentido, el liderazgo de Compliance radica en su capacidad de traducir riesgos abstractos en políticas concretas, normas internas, procesos formativos y mecanismos de rendición de cuentas.

Sin embargo, para que la implementación de sistemas preventivos no fracture la confianza interna, la transparencia y la participación son condiciones irrenunciables. Es imprescindible que los empleados conozcan desde el principio que el monitoreo no está orientado al control disciplinario, sino a la identificación estructural de entornos de riesgo.

Esta confianza no se construye con comunicados genéricos, sino con procesos pedagógicos de diálogo, formación ética, divulgación de resultados, y acceso efectivo a la información sobre sus derechos. Asimismo, la existencia de comités éticos internos, con participación de trabajadores, puede reforzar esta legitimidad al actuar como garantes de los límites del sistema.

El área de Compliance, cuando asume este rol integrador, no actúa como una autoridad punitiva, sino como un agente de equilibrio institucional, capaz de armonizar eficiencia, ética y protección de las personas. Esta visión del Compliance no como "policía interna", sino como "guardián de la cultura organizacional", es lo que permite implementar sistemas de monitoreo preventivo con confianza y sin miedo.

7.6.7. ¿Qué medidas se toman para que los sistemas predictivos no generen consecuencias punitivas automáticas ni prácticas de vigilancia laboral encubierta?

Para evitar que los sistemas predictivos se transformen en herramientas de represión o vigilancia oculta, las organizaciones deben establecer barreras normativas, técnicas y culturales muy claras. En primer lugar, deben redactarse políticas internas que establezcan de manera explícita que los sistemas predictivos tienen una función exclusivamente preventiva y no punitiva. Esto debe reflejarse en los protocolos de actuación frente a alertas generadas: toda alerta debe ser tratada como una hipótesis de riesgo, y no como una prueba de mala conducta. Además, debe establecerse por norma que cualquier acción disciplinaria debe basarse en evidencias objetivas, verificadas, y obtenidas a través de procedimientos justos e imparciales.

Desde el punto de vista técnico, los sistemas deben ser diseñados con límites funcionales: por ejemplo, evitando el análisis de datos no vinculados a la actividad laboral (como redes sociales personales), o restringiendo el uso de tecnologías de seguimiento como la grabación de audio, la geolocalización o la captura de pantallas, salvo en circunstancias muy excepcionales y siempre con consentimiento informado. La arquitectura técnica del sistema también debe incluir mecanismos de trazabilidad y revisión: cada alerta generada debe poder ser auditada, explicada y corregida si se comprueba que ha sido producto de un error o un sesgo algorítmico.

Culturalmente, es necesario erradicar la idea de que la prevención se basa en el control, y reemplazarla por un paradigma de prevención centrado en la confianza, la participación y la mejora continua. Esto implica formar a los líderes y mandos intermedios en la lectura contextual de los datos, promover canales éticos accesibles, y fomentar un liderazgo organizacional que valore el diálogo antes que la sanción.

Se deben establecer mecanismos formales de garantía: canales de apelación ante falsas alarmas, comités de revisión de casos, defensorías internas, y auditorías externas independientes que evalúen el uso real de los sistemas predictivos. Estas medidas, articuladas, son las que permiten a la organización prevenir sin castigar, anticipar sin vigilar, y actuar sin transgredir.

7.6.8. ¿Existe un marco de gobernanza y revisión ética de los algoritmos que se usen para prever conductas de riesgo asociadas al acoso?

Sí, y dicho marco debe ser tan robusto como cualquier otra estructura de gobernanza corporativa estratégica. En un contexto en el que los algoritmos se convierten en actores relevantes en la toma de decisiones organizacionales, es imprescindible que su uso esté regulado por un sistema de gobernanza específico, que asegure su alineación con los valores corporativos, el respeto a los derechos fundamentales y la legalidad vigente.

Un marco de gobernanza algorítmica eficaz comienza por el principio de transparencia estructural: toda herramienta predictiva debe estar documentada, identificada y registrada. Esto incluye su objetivo, su diseño, los datos utilizados, sus parámetros de funcionamiento, sus resultados esperados, y los mecanismos de intervención humana previstos. Esta documentación debe estar a disposición de los órganos de control internos, como el comité de ética, la dirección de cumplimiento y la unidad de protección de datos.

El segundo pilar es la revisión periódica por comités éticos multidisciplinares. Estos comités no pueden limitarse a una evaluación inicial, sino que deben reunirse regularmente para revisar el desempeño de los algoritmos, analizar los casos en que se hayan activado alertas, evaluar si se han generado efectos adversos (como estigmatización, marginación o discriminación), y proponer ajustes o incluso la suspensión del sistema si fuera necesario. Estos comités deben tener poder real de decisión y acceso a toda la información relevante.

Además, el marco debe contemplar el derecho de revisión individual: toda persona afectada por una alerta generada por un algoritmo debe tener derecho a ser notificada, a conocer las razones básicas de dicha alerta, a solicitar una revisión humana del caso, y a presentar alegaciones o pruebas en su defensa. Este derecho, contemplado en el artículo 22 del RGPD, es esencial para proteger la autonomía personal y garantizar que los sistemas tecnológicos estén al servicio de la justicia y no de la automatización sin conciencia.

Este marco debe estar inserto dentro de una cultura de integridad tecnológica: una forma de gobernanza corporativa donde la tecnología no se vea como un fin en sí mismo, sino como una herramienta sujeta a los mismos controles, valores y estándares éticos que cualquier otro proceso organizacional. Así concebido, el uso de algoritmos para prever conductas de acoso no es un riesgo, sino una oportunidad de anticipar y prevenir desde el respeto, la equidad y la responsabilidad compartida.

7.6.9. ¿Cómo se integra el análisis de cultura organizacional dentro del sistema de gestión de riesgos de Compliance para evaluar vulnerabilidades estructurales?

El análisis de la cultura organizacional no debe ser visto como un ejercicio meramente antropológico o discursivo, sino como una herramienta estratégica que permite al área de Compliance identificar vulnerabilidades estructurales invisibles en los procesos clásicos de gestión del riesgo. La cultura, entendida como el conjunto de valores, creencias, normas sociales, hábitos cotidianos y símbolos compartidos dentro de una organización, actúa como un ecosistema de fondo que puede fomentar la integridad o, por el contrario, permitir la desviación ética.

Integrar esta dimensión dentro del sistema de gestión de riesgos implica incorporar técnicas cualitativas y cuantitativas que revelen no solo hechos, sino sentidos compartidos. Esto requiere ampliar las fuentes de información para incluir, además de las tradicionales auditorías, reportes o indicadores de cumplimiento, herramientas como encuestas de percepción ética, análisis del uso y respuesta de los canales de denuncia, entrevistas con trabajadores de todos los niveles jerárquicos, análisis de rotación y ausentismo, y evaluaciones de los liderazgos desde una perspectiva ética y emocional. Asimismo, se pueden utilizar análisis de redes organizacionales para observar cómo circula el poder, quién es escuchado, quién está aislado y cómo se articulan las influencias informales.

Este análisis cultural debe ir más allá de detectar si "se cumple o no" con las normas, y centrarse en si existen dinámicas, prácticas y narrativas normalizadas que debilitan la efectividad del Compliance: como la tolerancia al silencio, la percepción de impunidad de ciertos directivos, el cinismo frente a las políticas de ética o el miedo a denunciar por temor a represalias.

Una vez identificadas estas vulnerabilidades estructurales, el sistema de gestión de riesgos debe reconfigurar sus prioridades, asignar mayores recursos a las áreas más frágiles y diseñar medidas específicas para modificar las condiciones culturales adversas. Esto puede incluir desde la revisión de incentivos, el rediseño de estructuras jerárquicas, la evaluación del estilo de liderazgo, hasta el ajuste de los indicadores de desempeño ético.

El hecho de integrar el análisis cultural en el sistema de riesgos no es "humanizar" la gestión del cumplimiento: es reconocer que las personas y sus relaciones son el verdadero campo de operación de la ética corporativa.

7.6.10. ¿Se evalúa de forma periódica si los valores, normas y comportamientos predominantes en la empresa contribuyen a prevenir o, por el contrario, a permitir el acoso?

Evaluar periódicamente los valores, normas y comportamientos predominantes dentro de la organización es un ejercicio fundamental para cualquier sistema de cumplimiento que se proponga no solo identificar riesgos legales, sino transformarlos en oportunidades de desarrollo ético. Esta evaluación permite al área de Compliance examinar si los fundamentos culturales de la empresa promueven la integridad y la prevención del acoso, o si -aun sin intención explícita- actúan como fertilizante para la perpetuación de dinámicas abusivas, autoritarias o negligentes.

La evaluación debe estar diseñada como un proceso periódico, planificado y sostenido en el tiempo, no como una reacción puntual ante crisis reputacionales o casos denunciados. Este proceso requiere metodologías que permitan analizar lo explícito (lo que se dice y se declara en los códigos y políticas) y lo implícito (lo que se hace, tolera, premia o calla en la práctica cotidiana). Para ello, se utilizan herramientas como focus groups, entrevistas con testigos clave, revisión de jurisprudencia interna (cómo se trataron casos previos), análisis de la cultura de liderazgo y estudios longitudinales de clima laboral con enfoque específico en percepciones de justicia, igualdad, confianza y respeto.

Esta evaluación también permite detectar la existencia de "zonas grises" en la empresa: espacios donde ciertas prácticas se naturalizan porque no hay normativas claras o donde las jerarquías funcionan como barreras para el reporte de irregularidades. Por ejemplo, si se observa que un equipo presenta sistemáticamente niveles bajos de denuncias, no debe asumirse automáticamente que allí "no pasa nada": puede ser una señal de miedo, descreimiento o tolerancia interna a la violencia simbólica o psicológica.

El área de Compliance, a partir de esta evaluación, debe presentar informes a la alta dirección que no se limiten a estadísticas, sino que reflejen las dinámicas culturales que inciden en la posibilidad real de prevenir el acoso. Y lo más importante: esos informes deben traducirse en acciones concretas -no solo en reformas normativas- como campañas internas, cambios de liderazgo, modificación de estructuras jerárquicas o rediseño de canales de escucha activa. La cultura organizacional no se transforma con declaraciones, sino con decisiones coherentes y sostenidas.

7.6.11. ¿Cómo actúa el Compliance ante señales culturales sutiles, como naturalización del humor sexista, verticalismo extremo o banalización de la violencia?

El rol del área de Compliance frente a señales culturales sutiles -como el humor sexista, el verticalismo extremo, la cosificación de personas o la banalización de la violencia verbal- debe ser firme, proactivo y profundamente estratégico. Estas manifestaciones, aunque no configuren infracciones legales evidentes, constituyen el caldo de cultivo en el que se normalizan relaciones laborales desiguales, se legitiman formas encubiertas de acoso y se consolida un sistema de exclusión simbólica que desprotege a los más vulnerables.

La intervención de Compliance comienza por la identificación y categorización de estas señales. Esto exige una escucha activa y empática: estar atento a los reportes informales, a los comentarios en los espacios compartidos, a los resultados de las encuestas internas y a las dinámicas que se observan en los equipos con alta rotación o conflictos reiterados. A menudo, las microviolencias no se reportan formalmente porque no alcanzan el umbral legal de gravedad, pero sí pueden generar entornos asfixiantes, incómodos o agresivos, especialmente para mujeres, jóvenes, personas LGTBI+, migrantes o personas con discapacidad.

Una vez detectadas estas prácticas, el Compliance debe activar canales de sensibilización organizacional. Esto puede incluir intervenciones pedagógicas como talleres sobre sesgos inconscientes, campañas internas sobre lenguaje inclusivo, simulaciones de dilemas éticos, y difusión de políticas claras de tolerancia cero al acoso, no sólo desde una óptica jurídica, sino desde una dimensión cultural y simbólica. Además, debe promover la visibilidad de los buenos liderazgos, aquellos que transforman el ambiente laboral a partir del respeto, la escucha y la coherencia ética.

También es clave que el Compliance revise los mecanismos de reconocimiento e incentivo: si se premia el rendimiento a toda costa o si se naturalizan liderazgos autoritarios porque “traen resultados”, se está promoviendo tácitamente una cultura verticalista y de impunidad emocional. Las señales sutiles no pueden ser tratadas con tibieza. Un enfoque ético y preventivo implica ver en ellas el principio de la fractura cultural que puede, si no se detiene a tiempo, escalar hacia escenarios de violencia abierta, acoso institucional o discriminación estructural.

7.6.12. ¿Se contemplan procesos formativos y de sensibilización sobre cultura organizacional saludable como parte del plan de cumplimiento ético?

Sí, y no sólo se contemplan: deben ser una de las piedras angulares del plan de cumplimiento ético. La construcción de una cultura organizacional saludable no se logra únicamente mediante normativas o sanciones, sino a través de procesos pedagógicos que cuestionen prácticas naturalizadas, que promuevan la reflexión crítica sobre el entorno laboral, y que inspiren una visión compartida de integridad, cuidado y corresponsabilidad. La formación, en este contexto, no es sólo un mecanismo de transmisión de contenidos normativos, sino una herramienta de transformación cultural.

Un plan de cumplimiento ético verdaderamente integral debe incluir programas continuos de sensibilización, diseñados en función de los riesgos culturales detectados, las necesidades de los equipos y el tipo de liderazgo que se desea promover. Estos programas pueden adoptar múltiples formatos: talleres presenciales, cápsulas digitales interactivas, mentorías éticas, campañas de storytelling sobre buenas prácticas, círculos de diálogo o comunidades de aprendizaje sobre justicia organizacional.

Además, deben diseñarse desde una lógica no punitiva, sino empoderadora: no se trata de "decir lo que no se debe hacer", sino de construir colectivamente una visión positiva de la convivencia laboral, del respeto mutuo, de la inclusión y del compromiso con la integridad. También deben ser personalizados por nivel jerárquico y por área funcional: las necesidades formativas de un equipo técnico no son las mismas que las de una dirección comercial o un grupo de operarios en planta.

Importante también es la evaluación del impacto real de estas acciones: no basta con medir asistencia o satisfacción. Se deben aplicar instrumentos que permitan verificar cambios en las percepciones, en los vínculos, en la confianza en los canales de denuncia y en la reducción de comportamientos de riesgo. El área de Compliance, en alianza con Recursos Humanos y Diversidad, debe liderar esta evaluación como una dimensión estratégica, no como un trámite administrativo.

Cuando los procesos formativos sobre cultura organizacional saludable están integrados al plan de cumplimiento ético, dejan de ser un requisito de cumplimiento para convertirse en una oportunidad de transformación profunda. No sólo se previene el riesgo de acoso, discriminación o fraude, sino que se fortalece el sentido de pertenencia, la motivación y la sostenibilidad de una organización centrada en las personas. Esa es la meta última de un Compliance comprometido con la ética cultural, no sólo con la legalidad formal.

7.6.13. ¿Los indicadores de cultura ética se integran con los sistemas de alertas tempranas para mejorar la capacidad predictiva del Compliance?

En las organizaciones más maduras en términos de ética corporativa, los indicadores de cultura ética ya no se consideran meros datos de percepción o insumos para informes cualitativos. En cambio, se han convertido en variables esenciales para fortalecer la capacidad anticipatoria del Compliance. Su integración con sistemas de alertas tempranas representa un avance paradigmático: deja atrás el modelo de cumplimiento reactivo, basado en la intervención tras la infracción, para abrazar una visión sistémica, preventiva y profundamente centrada en las personas.

Los indicadores de cultura ética son señales vivas del estado de salud moral de la organización. Incluyen, por ejemplo, la percepción de coherencia entre lo que se dice y lo que se hace, el nivel de confianza en los mecanismos de denuncia, la existencia de microclimas de impunidad o favoritismo, la frecuencia y naturaleza de las consultas éticas recibidas, y el grado de apropiación de los valores institucionales por parte de los equipos. Estos datos, cuando son recogidos de manera sistemática -mediante encuestas, focus groups, análisis de rotación, índices de participación en programas de formación, entrevistas de salida o herramientas de escucha activa- pueden ser transformados en insumos clave para sistemas de alertas tempranas que adviertan de la aparición o el recrudecimiento de riesgos éticos.

Integrar estos indicadores en una lógica algorítmica o semiautomatizada no significa eliminar la mirada humana, sino precisamente reforzarla. Es en la lectura de patrones culturales, en las correlaciones entre liderazgo autoritario, rotación elevada, bajo índice de reporte y clima de silencio, donde los sistemas predictivos pueden actuar como sensores estratégicos que permitan al Compliance intervenir antes de que el problema estalle. La clave está en el diseño ético del sistema: este debe estar configurado no para vigilar, sino para cuidar; no para castigar, sino para prevenir; no para acusar, sino para comprender.

Asimismo, es fundamental que esta integración sea transparente y participativa. Los empleados deben saber que su opinión sobre la cultura no es un mero dato burocrático, sino una herramienta valiosa para construir entornos más justos, seguros y saludables. Este enfoque fortalece no solo la capacidad predictiva, sino también la legitimidad del Compliance como garante del bienestar colectivo.

7.6.14. ¿Qué protocolos existen para actuar cuando un sistema predictivo detecta entornos de riesgo, antes de que se presente una denuncia formal?

La efectividad de un sistema predictivo de alertas no se juega solamente en su capacidad de detección, sino en la existencia de protocolos claros, humanizados y operativos que permitan actuar de forma preventiva y respetuosa antes de que ocurra una transgresión o se formalice una denuncia. Estos protocolos deben equilibrar tres dimensiones esenciales: la prudencia metodológica (evitar sobrerreacciones y respetar la presunción de inocencia), la rapidez operativa (no demorar la intervención ante señales consistentes) y la sensibilidad ética (cuidar a todas las personas involucradas).

Un protocolo bien diseñado parte de una activación gradual. Ante una alerta generada por una combinación de indicadores (por ejemplo, baja participación en encuestas, rotación alta, ausencia de denuncias en un área históricamente conflictiva), el primer paso suele ser la revisión técnica de los datos para descartar errores, sesgos o falsos positivos. Esta revisión la realiza un comité o célula técnica que debe incluir expertos en ética, psicología organizacional, protección de datos y gestión de riesgos.

Verificada la consistencia del indicador, se activa una intervención discreta, cuya forma dependerá del tipo de riesgo detectado. Si el riesgo es ambiental o estructural (como una cultura de miedo o una dinámica jerárquica tóxica), se pueden aplicar herramientas de evaluación cualitativa como entrevistas confidenciales, dinámicas de grupo o encuestas complementarias. Si el riesgo es interpersonal o conductual (sospechas de acoso o abuso de poder), el protocolo puede prever la activación de un equipo especializado que intervenga desde una lógica de acompañamiento, observación participante o mediación.

Durante todo el proceso, es crucial garantizar la confidencialidad, el respeto a la dignidad de las personas, la no estigmatización y la trazabilidad de las decisiones tomadas. Asimismo, es indispensable documentar el razonamiento ético que sustenta cada paso, de modo que las acciones puedan ser auditadas y defendidas en términos de legalidad, proporcionalidad y necesidad.

El protocolo debe contemplar un sistema de seguimiento: una vez realizada la intervención, se deben monitorear los cambios en el entorno, evaluar la efectividad de las medidas adoptadas, recoger retroalimentación de los equipos y ajustar las estrategias si es necesario. Este ciclo de intervención-reflexión-revisión es lo que convierte a los sistemas predictivos en instrumentos vivos de gestión ética y no en máquinas frías de vigilancia o control.

7.6.15. ¿Está el Compliance alineado con la alta dirección para implementar transformaciones culturales profundas que prevengan el acoso más allá del cumplimiento legal?

La verdadera madurez ética de una organización se revela en su capacidad para ir más allá del mero cumplimiento normativo, hacia una transformación cultural estructural y sostenida. Este proceso solo es posible cuando el área de Compliance está plenamente alineada con la alta dirección, no solo en términos formales o jerárquicos, sino en una sintonía estratégica, ética y transformadora.

Este alineamiento se concreta cuando el liderazgo de la organización comprende que la prevención del acoso no se logra únicamente a través de códigos de conducta, cursos obligatorios o sanciones. Es necesario revisar las estructuras de poder, los incentivos internos, los modelos de liderazgo, los procesos de comunicación, los criterios de éxito y, sobre todo, la coherencia entre lo que se predica y lo que se practica.

Compliance, en este contexto, debe actuar como catalizador del cambio: no como un censor externo, sino como un socio estratégico que aporta evidencia, sentido crítico, sensibilidad ética y una visión integral del riesgo cultural. Para ello, debe ser incluido en los espacios de toma de decisiones estratégicas: diseño de estructura organizativa, selección de líderes, fijación de metas institucionales, asignación de recursos y definición de narrativa corporativa.

El alineamiento con la alta dirección también debe manifestarse en lo simbólico: cuando el CEO o el Comité Ejecutivo participan activamente en las iniciativas éticas, cuando respaldan públicamente a quienes denuncian irregularidades, cuando aceptan revisar sus propios estilos de liderazgo y cuando promueven una cultura de aprendizaje ante el error.

Además, este compromiso se mide en acciones concretas: incorporar indicadores éticos en las evaluaciones de desempeño, rediseñar procesos de onboarding desde una lógica humanista, establecer sistemas de mentoría ética, impulsar políticas de cuidado psicosocial y bienestar laboral, revisar los procesos disciplinarios con enfoque restaurativo, y generar espacios de escucha y diálogo horizontal.

Cuando Compliance y alta dirección trabajan desde esta alianza estratégica, la organización puede abordar el acoso no solo como un problema jurídico, sino como una distorsión cultural que requiere soluciones profundas, sostenidas y participativas. En este escenario, la cultura no es un accesorio ni un riesgo intangible: es el territorio sobre el que se juega, día a día, la legitimidad, sostenibilidad y humanidad de la empresa. Y es precisamente allí donde el Compliance, si está empoderado y bien liderado, puede desplegar todo su potencial como agente de transformación ética y social.

Capítulo VIII

El rol del Compliance Officer en los supuestos de acoso laboral

8.1. El papel del Compliance Officer como garante del entorno laboral saludable

8.1.1. ¿Está claramente definido dentro del programa de Compliance el rol del Compliance Officer en la prevención y gestión de riesgos relacionados con el acoso laboral y el deterioro del entorno laboral?

En las organizaciones con programas de Compliance bien estructurados, el rol del Compliance Officer en la prevención y gestión de riesgos como el acoso laboral y el deterioro del clima organizacional no solo está definido en documentos normativos (como el Código de Conducta o el Manual de Compliance), sino que además se concreta en su participación activa en el diseño e implementación de políticas internas que abordan específicamente estos riesgos. Esto incluye la creación de protocolos de actuación frente al acoso, canales de denuncia protegidos, y la supervisión de medidas preventivas, tales como formaciones obligatorias sobre comportamiento ético, respeto interpersonal, liderazgo responsable y resolución de conflictos.

No obstante, el grado de claridad con que se define este rol puede variar significativamente según el sector, la jurisdicción y el grado de madurez del sistema de Compliance. En algunas organizaciones, el cumplimiento laboral puede considerarse competencia exclusiva del área de Recursos Humanos, lo que puede dejar al Compliance Officer en una posición marginal respecto de estas problemáticas. Sin embargo, en un enfoque moderno e integral, el Compliance Officer se concibe como un garante transversal de la ética corporativa, incluyendo dentro de sus atribuciones la evaluación y tratamiento de riesgos conductuales que afectan la convivencia en el lugar de trabajo.

El reconocimiento formal del rol del Compliance Officer en estos ámbitos no solo facilita una mejor coordinación con otras áreas (como Recursos Humanos, Auditoría Interna o Legal), sino que también contribuye a dotar de coherencia e institucionalidad a las acciones orientadas a erradicar el acoso laboral y a proteger la salud psicosocial de los trabajadores.

8.1.2. ¿Dispone el Compliance Officer de la independencia funcional necesaria para intervenir frente a conductas o estructuras que afectan negativamente la salud organizacional?

La independencia funcional del Compliance Officer es un principio fundamental reconocido por normativas internacionales como las Directrices de la OCDE, la norma ISO 37301 (Sistemas de Gestión de Compliance), así como por diversas recomendaciones de organismos de control y gobernanza empresarial. Esta independencia no es meramente formal o jerárquica, sino que debe traducirse en una capacidad efectiva para investigar, emitir recomendaciones y proponer medidas correctivas, incluso cuando ello suponga cuestionar conductas de directivos, estructuras jerárquicas o decisiones estratégicas que puedan estar erosionando el entorno laboral.

Cuando el Compliance Officer está verdaderamente empoderado, tiene la autoridad para acceder a la información relevante, realizar entrevistas confidenciales, activar auditorías internas específicas e incluso presentar informes directamente al Consejo de Administración o a comités de ética y Compliance, sin necesidad de pasar por la línea jerárquica. Esta independencia se traduce también en protección frente a represalias, estabilidad en el cargo y autonomía presupuestaria suficiente para llevar adelante su función con eficacia.

Sin embargo, en muchas empresas la independencia funcional sigue siendo más declarativa que real. En contextos donde el Compliance Officer depende jerárquicamente de la dirección general, sin acceso directo a órganos de control, sus posibilidades de intervenir en entornos organizativos nocivos se ven seriamente limitadas. Por ello, la independencia del Compliance Officer no solo debe estar reconocida formalmente en los reglamentos internos, sino también respaldada por una cultura institucional que valore la transparencia, la crítica constructiva y la mejora continua.

8.1.3. ¿Qué herramientas tiene el Compliance Officer para identificar señales tempranas de un entorno laboral tóxico, antes de que se materialicen denuncias formales?

La identificación temprana de un entorno laboral tóxico es uno de los mayores desafíos para un sistema de Compliance verdaderamente preventivo. Las herramientas a disposición del Compliance Officer deben combinar la recopilación de datos estructurados con el análisis de información cualitativa, sensible y muchas veces implícita. Una de las principales herramientas son las encuestas anónimas de clima organizacional, aplicadas periódicamente y diseñadas con rigurosidad metodológica, que permiten identificar patrones de insatisfacción, percepción de injusticia, temor a represalias o falta de confianza en los canales de denuncia.

A ello se suman los denominados "indicadores blandos" o "señales débiles", como el aumento del absentismo injustificado, la rotación inesperada en determinados equipos, las bajas por estrés o ansiedad, o la existencia de conflictos reiterados no resueltos. También es crucial el análisis de datos de recursos humanos -como las evaluaciones de desempeño, los informes de bienestar psicológico, los registros de formación en temas de ética y liderazgo, y las entrevistas de salida- que permiten detectar focos de deterioro relacional o de liderazgo disfuncional.

El Compliance Officer también puede recurrir a herramientas tecnológicas, como software de monitoreo interno que detecte cambios en los patrones de comunicación (por ejemplo, incremento de correos con tono negativo o incremento del uso del canal ético). Además, establecer redes informales de escucha dentro de la organización -con la colaboración de embajadores éticos o delegados de Compliance- puede servir para recibir alertas tempranas sobre tensiones internas que aún no han escalado en forma de denuncias formales.

8.1.4. ¿Se integra el análisis del clima laboral dentro del mapa de riesgos del sistema de Compliance de la organización?

Incorporar el análisis del clima laboral en el mapa de riesgos del sistema de Compliance representa una evolución natural hacia un modelo de cumplimiento que no solo previene infracciones legales, sino también disfunciones internas que pueden poner en riesgo la sostenibilidad organizacional. En los modelos más avanzados, el clima laboral es reconocido como un vector de riesgo transversal que puede alimentar otros riesgos críticos: desde la corrupción y el fraude, hasta el acoso sexual, el conflicto de intereses, el abuso de poder y la pérdida reputacional.

Para integrarlo de manera efectiva, el mapa de riesgos debe incluir dimensiones como la cultura organizacional, los estilos de liderazgo, la comunicación interna, la equidad de género, el respeto a la diversidad y la percepción de justicia interna. Cada una de estas variables debe ser evaluada mediante instrumentos confiables y con una periodicidad que permita hacer seguimiento a los cambios. Asimismo, deben definirse responsables para su monitoreo, establecer indicadores clave (KRI-Key Risk Indicators), y generar matrices de impacto/probabilidad que permitan priorizar acciones preventivas.

Esta integración también permite al área de Compliance colaborar con otras áreas como Recursos Humanos, Salud y Seguridad Laboral o Responsabilidad Social Corporativa en el diseño de intervenciones coordinadas. Así, el análisis del clima laboral deja de ser una mera herramienta de diagnóstico organizacional y pasa a constituirse en una dimensión activa del sistema de Compliance, alineada con el propósito de construir una cultura corporativa sólida, ética y orientada al bienestar sostenible de sus integrantes.

Si necesitas ejemplos concretos, normativa comparada o herramientas prácticas que utilizan actualmente las empresas para estos fines, estaré encantado de proporcionártelos.

8.1.5. ¿Ha recibido el Compliance Officer formación especializada en gestión ética de conflictos, salud organizacional y riesgos psicosociales?

La formación especializada del Compliance Officer en materia de conflictos éticos, salud organizacional y riesgos psicosociales es un aspecto crítico, aunque históricamente subvalorado en el diseño de programas de cumplimiento. En muchas organizaciones, el perfil del Compliance Officer se ha construido tradicionalmente desde un enfoque predominantemente legalista o financiero, centrado en normativas anticorrupción, prevención del lavado de dinero o cumplimiento fiscal. Sin embargo, con el paso del tiempo y el reconocimiento de que la ética organizacional no se limita al cumplimiento externo, ha surgido la necesidad de ampliar sus competencias hacia ámbitos relacionados con la conducta humana, el clima laboral y la integridad relacional.

La gestión ética de conflictos exige habilidades específicas como la mediación, la negociación constructiva, la gestión emocional, la escucha activa y el análisis sistémico de relaciones de poder. Del mismo modo, comprender los factores que impactan la salud organizacional -como la carga mental, la comunicación disfuncional, el liderazgo autoritario o la falta de propósito compartido- requiere una formación multidisciplinaria, que integre conocimientos de psicología organizacional, sociología del trabajo, liderazgo ético, gobernanza cultural y prevención de riesgos psicosociales, como los definidos por organismos como la OIT, la OMS o la normativa ISO 45003.

Además, los contextos normativos recientes y los cambios culturales (por ejemplo, el auge del teletrabajo, la sensibilidad frente al acoso psicológico, la necesidad de entornos inclusivos y respetuosos) exigen que el Compliance Officer esté preparado para interpretar señales no evidentes, anticipar conflictos latentes y facilitar soluciones sostenibles. Sin esta formación integral, el profesional de Compliance corre el riesgo de ver los conflictos laborales como meras desviaciones de procedimiento, perdiendo de vista su origen sistémico o cultural. Por tanto, incorporar formación específica en estas áreas no solo mejora la capacidad operativa del oficial de cumplimiento, sino que le permite actuar con mayor sensibilidad, autoridad y legitimidad frente a desafíos organizacionales complejos.

8.1.6. ¿Existen indicadores medibles dentro del sistema de Compliance que permitan evaluar la eficacia de las políticas internas en la promoción de un entorno laboral saludable?

Los indicadores son herramientas esenciales no solo para medir, sino para transformar la cultura organizacional. En un sistema de Compliance moderno, los indicadores no pueden limitarse a cuantificar riesgos financieros o infracciones legales; deben ampliarse hacia aspectos cualitativos que revelen el grado de salud ética y relacional dentro de la organización. La incorporación de indicadores específicos que evalúen el impacto de las políticas sobre el entorno laboral permite no solo justificar decisiones, sino también evidenciar la mejora continua y rendir cuentas a todos los stakeholders.

Algunos de estos indicadores deben orientarse a medir la percepción, tales como la confianza en los canales de denuncia, el sentido de pertenencia, la percepción de imparcialidad en la gestión de conflictos, o la satisfacción con las intervenciones del área de Compliance. Otros deben medir la respuesta institucional, como la cantidad de reportes recibidos vinculados a clima laboral, el porcentaje de resoluciones positivas o restaurativas, el tiempo promedio de investigación y cierre de casos, y el índice de reincidencia en ciertas áreas o liderazgos.

En el plano preventivo, puede medirse la cobertura de formaciones en ética organizacional, la frecuencia de los diagnósticos psicosociales, la implementación de mejoras derivadas de encuestas de clima y el grado de participación de los líderes en programas de desarrollo ético. Más aún, se pueden desarrollar indicadores adelantados (early warning indicators) que identifiquen micro señales de alerta: aumento del ausentismo, conflictos repetitivos, o indicadores de insatisfacción espontánea captados a través de canales de retroalimentación o inteligencia organizacional.

Lo relevante es que estos indicadores estén integrados en el marco global de gestión de riesgos, sean revisados periódicamente, y estén vinculados a planes de acción reales. Evaluar la eficacia sin indicadores equivale a navegar sin brújula: puede haber buenas intenciones y discursos sólidos, pero sin evidencia cuantificable, la promoción de un entorno laboral saludable queda en el terreno de lo declarativo, sin capacidad para generar impactos sostenibles.

8.1.7. ¿Tiene el Compliance Officer atribuciones para proponer cambios en procesos, estructuras o liderazgos que generen entornos laborales disfuncionales o riesgos éticos?

La verdadera transformación organizacional ocurre cuando se habilita al Compliance Officer no solo como fiscalizador de conductas, sino como un agente estratégico de cambio cultural. En este sentido, disponer de atribuciones explícitas para proponer ajustes en procesos, rediseñar estructuras o incidir en el estilo de liderazgo es una muestra concreta de compromiso institucional con la integridad. Estas atribuciones deben estar contempladas formalmente en el estatuto del programa de Compliance, en los reglamentos internos o incluso en la estructura de gobierno corporativo.

Las estructuras organizativas que normalizan liderazgos tóxicos, jerarquías autoritarias, falta de transparencia en la toma de decisiones o procesos que reproducen sesgos y exclusión, son caldo de cultivo para conductas antiéticas, conflictos persistentes y pérdida de talento. El Compliance Officer, en diálogo con la alta dirección, debe tener voz en el rediseño de estos procesos y estructuras, aportando una mirada ética y sistémica que trascienda lo jurídico y aborde lo cultural y lo operativo.

Por ejemplo, si a partir del análisis de denuncias y encuestas internas se identifica una correlación entre determinados equipos de trabajo y situaciones de acoso o malestar persistente, el Compliance Officer debe poder sugerir, con base en evidencia, la revisión del modelo de liderazgo, la redistribución de responsabilidades, la formación específica para mandos medios, o incluso el relevo de figuras cuya permanencia resulta incompatible con los valores corporativos.

Estas intervenciones no deben entenderse como una invasión de competencias de otras áreas, sino como parte de un ecosistema de gobernanza ética, donde el Compliance actúa en coordinación con Recursos Humanos, Auditoría y Dirección. Las atribuciones del Compliance Officer deben ser habilitadas por diseño, no por excepción, y estar acompañadas de canales formales que permitan la evaluación constante de la efectividad del liderazgo y la adaptabilidad de las estructuras organizativas a los valores institucionales.

8.1.8. ¿Cómo interactúa el Compliance Officer con otras áreas (Recursos Humanos, Legal, Dirección, ¿Salud Ocupacional) para gestionar de forma coordinada situaciones que amenacen la salud organizacional?

La interacción del Compliance Officer con otras áreas funcionales es fundamental para evitar que los riesgos vinculados a la salud organizacional sean abordados de manera fragmentada, reactiva o meramente simbólica. En los entornos empresariales más eficaces, esta colaboración se articula a través de una estructura de gobernanza horizontal, sustentada en protocolos interdepartamentales, equipos multidisciplinarios y espacios formales de diálogo estratégico.

Con Recursos Humanos, la sinergia debe ser estrecha y permanente. Ambos comparten la responsabilidad de velar por un entorno laboral ético, seguro y saludable. Mientras Recursos Humanos aporta herramientas para el desarrollo del talento, la prevención de riesgos laborales y la gestión emocional de los equipos, el Compliance Officer garantiza que estos procesos se ajusten a los estándares éticos y legales de la organización, evitando que se conviertan en soluciones superficiales o en mecanismos de encubrimiento.

Con el área Legal, la interacción suele girar en torno a la interpretación normativa de situaciones complejas, la adecuación de protocolos internos a la legislación vigente, y la evaluación de posibles implicancias jurídicas de determinados conflictos. También es clave cuando se trata de proteger los derechos de los denunciantes, garantizar el debido proceso o establecer mecanismos de protección frente a represalias.

Con la Dirección General, el Compliance Officer actúa como consejero estratégico, elevando alertas, proponiendo reformas estructurales y promoviendo decisiones éticas que equilibren el interés económico con la integridad institucional. Es en este espacio donde el oficial de cumplimiento puede incidir en la cultura organizacional, influyendo en la asignación de recursos, la priorización de proyectos y la comunicación interna.

Con el ámbito de la Salud Ocupacional, la relación debe ser especialmente proactiva. Esta área aporta un enfoque técnico sobre el bienestar físico y mental de los trabajadores, y su colaboración con el Compliance

Officer permite diseñar intervenciones integrales que aborden tanto las causas como las consecuencias del malestar laboral. Desde programas de prevención del estrés, hasta planes de reintegración tras una baja médica por causas psicológicas, esta coordinación permite construir una red institucional que cuida, respeta y empodera a quienes forman parte de la organización.

Una gobernanza ética eficiente se construye con puentes, no con compartimentos estancos. El Compliance Officer debe ser un catalizador de alianzas, un integrador de saberes y un impulsor de una cultura colaborativa orientada al bienestar y la sostenibilidad humana dentro de las empresas. Esta es la base de un Compliance que trasciende el cumplimiento y se convierte en motor de transformación positiva.

8.1.9. ¿Está prevista la participación del Compliance Officer en la elaboración, revisión y actualización de los códigos de conducta y protocolos internos sobre relaciones laborales?

La participación del Compliance Officer en la elaboración, revisión y actualización de los códigos de conducta y protocolos internos sobre relaciones laborales es un componente indispensable para garantizar que dichos instrumentos no se limiten a ser documentos formales, sino que actúen como pilares vivos de la cultura organizacional. Desde una perspectiva estratégica, la intervención del Compliance Officer aporta una mirada sistémica, centrada no solo en la adecuación legal, sino en la alineación ética, la coherencia cultural y la prevención efectiva de riesgos conductuales.

Esta participación no debe restringirse a una mera revisión técnica posterior, sino que debe situarse en las fases iniciales de diseño y redacción. De este modo, el Compliance Officer puede incorporar cláusulas específicas que contemplen los distintos tipos de riesgos éticos en las relaciones laborales, como acoso moral, microagresiones, abuso de poder, discriminación estructural, lenguaje hostil, exclusión informal o prácticas de liderazgo coercitivo. También puede ayudar a garantizar que los códigos sean aplicables a todos los niveles jerárquicos sin excepciones, y que incluyan procedimientos claros de actuación en caso de incumplimiento.

Además, su presencia asegura que estos instrumentos se actualicen periódicamente según los cambios normativos, las nuevas sensibilidades sociales, las transformaciones en la dinámica del trabajo (como el teletrabajo, la gestión híbrida o la digitalización de las relaciones laborales) y las lecciones aprendidas de casos internos. El Compliance Officer actúa así como puente entre la normatividad formal y la vivencia real de la cultura organizacional, velando por que los códigos de conducta no se conviertan en piezas decorativas, sino en referencias tangibles del comportamiento esperado y de las sanciones previstas en caso de transgresión. Excluir al oficial de cumplimiento de este proceso debilita su autoridad, fragmenta las responsabilidades institucionales y limita la capacidad de anticipación frente a riesgos emergentes.

8.1.10 ¿Qué canales existen para que los trabajadores informen sobre riesgos para su bienestar laboral, y cómo se asegura el Compliance Officer de su eficacia y confidencialidad?

Los canales de reporte o comunicación ética representan uno de los pilares fundamentales para la identificación temprana de riesgos que afectan el bienestar laboral y la integridad organizacional. La existencia de canales múltiples, confidenciales, accesibles y eficaces es una condición esencial no solo para prevenir conflictos, sino para empoderar a los trabajadores y fomentar una cultura de transparencia, diálogo y corresponsabilidad. El Compliance Officer tiene la responsabilidad directa de diseñar, supervisar, evaluar y mejorar continuamente estos mecanismos.

Entre los canales más utilizados se encuentran los formularios digitales anónimos, las líneas telefónicas confidenciales, los correos electrónicos a buzones especializados, las apps corporativas de reporte ético, los buzones físicos, y los puntos de contacto humanos como delegados de cumplimiento o agentes de confianza. Algunos programas avanzados también incluyen espacios virtuales de escucha activa, encuestas de autoevaluación emocional, chatbots éticos, y sesiones periódicas de retroalimentación organizacional con presencia de terceros imparciales.

El Compliance Officer debe garantizar que estos canales estén permanentemente disponibles, que no requieran una carga técnica o emocional excesiva para quien reporta, y que cuenten con garantías sólidas de anonimato y no represalia. Además, es necesario que se realicen pruebas periódicas de funcionamiento (mystery reporting), campañas internas de sensibilización y seguimiento sistemático de los tiempos de respuesta y de cierre de los casos. También debe establecer criterios claros para la derivación de reportes a otras áreas (como Recursos Humanos o Legal) cuando la naturaleza del caso lo requiera, siempre respetando la confidencialidad del informante y la cadena de custodia de la información.

La eficacia de estos canales no se mide únicamente por el número de denuncias recibidas, sino por su impacto real en la mejora del entorno laboral, la percepción de justicia organizacional y el fortalecimiento de la confianza interna. El canal ético no es solo una herramienta funcional, sino un termómetro de la madurez ética de la empresa, y su gestión constituye una de las tareas más delicadas y estratégicas del Compliance Officer.

8.1.11. ¿Cuenta el Compliance Officer con procedimientos para investigar de manera imparcial e íntegra los casos que afectan el entorno laboral, incluyendo acoso, discriminación o abuso de poder?

La imparcialidad, la integridad y la sistematicidad en la investigación de conductas que afectan el entorno laboral son condiciones innegociables para un sistema de cumplimiento que aspire a ser legítimo y eficaz. El Compliance Officer debe contar con un protocolo de investigación específico para estos casos, que contemple no solo la dimensión jurídica, sino también la emocional, relacional, cultural y organizacional de los conflictos. La investigación de un caso de acoso o abuso de poder, por ejemplo, no puede realizarse con las mismas lógicas que una auditoría financiera, ni con criterios exclusivamente punitivos.

Este procedimiento debe incluir etapas claramente diferenciadas: recepción de la denuncia, evaluación preliminar, apertura formal de investigación, conformación de equipo investigador (con criterios de idoneidad y sin conflicto de interés), recolección de pruebas, entrevistas estructuradas, análisis ético-contextual, redacción del informe final y propuesta de medidas. Todo el proceso debe respetar los principios de presunción de inocencia, debido proceso, protección a la víctima, equidad procesal y proporcionalidad de las sanciones.

Además, debe incluir recursos para proteger la integridad emocional de las partes (por ejemplo, pausas en las entrevistas, espacios de acompañamiento psicosocial, lenguaje sensible) y estrategias para evitar la revictimización. En los casos más complejos, debe contemplarse la posibilidad de externalizar la investigación a consultoras especializadas o profesionales independientes, garantizando la neutralidad del proceso. El cumplimiento de estos procedimientos, así como su transparencia y trazabilidad, permite evitar sesgos, minimizar el riesgo de impunidad y reforzar la credibilidad institucional.

El Compliance Officer, en su rol de garante del proceso, debe estar debidamente formado en técnicas de entrevista ética, escucha activa, gestión de evidencias no materiales (como la cultura del miedo o la exclusión informal), y análisis narrativo de los relatos. También debe asegurarse de que los resultados de la investigación sean comunicados de forma oportuna, confidencial y pedagógica, a fin de que el caso no solo sea resuelto, sino que se transforme en aprendizaje colectivo.

8.1.12. ¿Se promueven desde el área de Compliance iniciativas formativas que refuercen la cultura ética, el respeto interpersonal y el liderazgo saludable?

La formación continua en ética, convivencia y liderazgo saludable es uno de los instrumentos más potentes que tiene el área de Compliance para transformar la cultura organizacional y prevenir riesgos antes de que se materialicen en forma de conflictos, sanciones o deterioro del clima laboral. Promover este tipo de iniciativas formativas implica trascender el enfoque sancionador o normativo del cumplimiento, y asumir un rol activo en la construcción de entornos laborales más humanos, conscientes y sostenibles.

Estas formaciones deben abordar, de manera integrada y aplicada, contenidos como la gestión de dilemas éticos, la comunicación no violenta, el respeto a la diversidad, el autocuidado emocional, la equidad en el ejercicio del poder, la empatía organizacional, el liderazgo ético y el impacto del comportamiento directivo sobre la salud mental del equipo. La formación también debe incluir simulaciones, casos reales, ejercicios de autodiagnóstico, espacios de reflexión colectiva, y evaluación del cambio conductual.

El Compliance Officer debe diseñar una estrategia de formación que combine acciones generales (por ejemplo, formación anual obligatoria para toda la plantilla), con programas especializados (por ejemplo, formación en liderazgo saludable para mandos medios y directivos). Además, debe asegurar la colaboración con otras áreas como Recursos Humanos, Diversidad e Inclusión, Salud Ocupacional y Seguridad Psicosocial, para alinear objetivos, integrar enfoques y generar sinergias efectivas.

Estas iniciativas deben también medirse en su impacto: no basta con registrar asistencia o emitir certificados. Es clave desarrollar indicadores de eficacia (mejora en el clima laboral, reducción de conflictos, aumento en la percepción de justicia y confianza), realizar focus groups de retroalimentación y adaptar los contenidos según las necesidades emergentes. De este modo, el área de Compliance se posiciona como un agente formativo, pedagógico y cultural, y no solo como un vigilante normativo, reforzando así la legitimidad, la transversalidad y el propósito transformador del cumplimiento ético dentro de la organización.

8.1.13. ¿Cómo se evalúa periódicamente la percepción de imparcialidad, cercanía y eficacia del Compliance Officer por parte de los trabajadores?

Evaluar la percepción que tienen los trabajadores sobre el Compliance Officer -en términos de imparcialidad, cercanía y eficacia- requiere una estrategia metodológica sólida, compromiso institucional, y una comprensión profunda de la cultura organizacional. Estas dimensiones no son meramente formales ni protocolarias: reflejan el grado de legitimidad simbólica que el oficial de cumplimiento ha logrado construir como figura ética dentro de la empresa. La percepción de imparcialidad se relaciona con la idea de justicia y equidad en el tratamiento de los casos; la de cercanía, con la accesibilidad y disposición humana; y la de eficacia, con la resolución oportuna y concreta de los asuntos planteados.

Para lograr una evaluación periódica y efectiva, es indispensable utilizar instrumentos cuantitativos y cualitativos. En el ámbito cuantitativo, las encuestas de clima ético son una herramienta fundamental. Estas encuestas deben diseñarse con el apoyo de expertos en psicometría y ética empresarial, e incluir preguntas específicas como:

"¿Consideras que el área de Compliance actúa con independencia respecto a la alta dirección?"

"¿Sientes que puedes acudir al Compliance Officer sin temor a represalias?"

"¿Confías en que tus denuncias son tomadas en serio y gestionadas con profesionalismo?"

La frecuencia recomendada para aplicar estas encuestas es al menos una vez al año, permitiendo establecer series comparativas y evaluar tendencias.

En el plano cualitativo, es recomendable organizar focus groups y entrevistas semiestructuradas con trabajadores de distintos niveles jerárquicos y áreas funcionales. Estos espacios de diálogo permiten profundizar en las percepciones, captar matices, entender resistencias y detectar oportunidades de mejora. Es importante que estas dinámicas sean facilitadas por profesionales imparciales o externos, para garantizar la autenticidad del feedback.

Además, se puede incorporar un sistema de "evaluación de experiencia" tras la gestión de denuncias o consultas, donde las personas atendidas califican el proceso en términos de claridad, trato recibido, confianza, resolución y acompañamiento. Estos datos deben ser sistematizados, protegidos conforme a la normativa de privacidad y utilizados para alimentar planes de mejora. No basta con conocer las percepciones: el área de Compliance debe demostrar que escucha, analiza y transforma los datos obtenidos en cambios operativos y comunicacionales que fortalezcan su rol como actor confiable y transformador.

8.1.14. ¿Ha emitido el área de Compliance recomendaciones concretas para transformar prácticas institucionales que hayan sido identificadas como fuente de desgaste emocional o maltrato?

El rol del área de Compliance ha evolucionado desde una función centrada en el cumplimiento normativo hacia un rol más amplio, orientado a proteger la salud organizacional, fomentar una cultura ética y prevenir daños sistémicos que puedan derivar en responsabilidad legal, pérdida de reputación o rotación de talento. En ese contexto, emitir recomendaciones concretas para transformar prácticas institucionales nocivas -incluso si no constituyen infracciones formales de la ley- es una manifestación de madurez, autonomía y compromiso ético por parte del área de cumplimiento.

Estas recomendaciones deben surgir de un análisis empírico basado en información contrastable: reportes reiterados de situaciones de hostigamiento o autoritarismo, niveles altos de rotación en áreas específicas, picos en el uso del canal de denuncias relacionados con una misma práctica, encuestas de clima con indicadores críticos de malestar, diagnósticos psicosociales que revelen cargas laborales excesivas o falta de equidad, o análisis de incidentes que revelen una cultura del miedo o la inacción. El Compliance Officer debe actuar sobre la base de estos datos, elaborando un informe detallado que identifique los riesgos, documente las consecuencias y proponga soluciones.

Las recomendaciones pueden ser estructurales, funcionales o conductuales. Entre las estructurales: rediseñar flujos de trabajo, descentralizar procesos de toma de decisiones, o modificar la estructura jerárquica. En el plano funcional: mejorar los procedimientos de evaluación, introducir pausas activas en contextos de sobrecarga, o rediseñar los objetivos para alinearlos con criterios de bienestar. En lo conductual: capacitar líderes en estilos de gestión saludables, implementar espacios de conversación segura, cambiar prácticas de feedback correctivo que generan miedo o promover campañas internas contra el maltrato simbólico o la violencia verbal normalizada.

Estas recomendaciones deben elevarse a la dirección general o a comités específicos de ética y cultura organizacional, y deben incluir una justificación, una propuesta de impacto positivo, indicadores de éxito esperados y un cronograma de implementación. Su seguimiento debe ser riguroso, con posibilidad de ajustes en función de la evolución de los indicadores.

No se trata de castigar la cultura existente, sino de acompañar su transformación progresiva, con un enfoque de mejora continua y sostenibilidad humana.

8.1.15. ¿Está incluido el bienestar laboral como un eje estratégico dentro de los informes de Compliance que se presentan a la alta dirección o al consejo de administración?

Incluir el bienestar laboral como un eje estratégico en los informes periódicos de Compliance presentados a la alta dirección o al consejo de administración representa un salto cualitativo en la concepción del riesgo organizacional. Tradicionalmente, estos informes se centraban en indicadores de cumplimiento legal y financiero, pero la evolución del Compliance hacia un enfoque basado en valores, derechos humanos y gobernanza ética exige incorporar de manera sistemática el análisis de la salud organizacional como un factor clave para la sostenibilidad y la integridad institucional.

El bienestar laboral debe ser tratado no solo como un dato complementario, sino como un capítulo específico en los reportes de Compliance, con indicadores robustos que permitan a los órganos de gobierno tomar decisiones informadas. Estos indicadores pueden incluir: número y tipología de reportes relacionados con clima laboral, tasa de denuncias por acoso o trato indigno, índice de percepción de justicia organizacional, evolución de la confianza en los canales de denuncia, rotación voluntaria injustificada, resultado de encuestas de salud psicosocial, nivel de participación en formaciones sobre liderazgo ético, y cumplimiento de planes de acción derivados de investigaciones internas.

Incluir esta información en los informes permite visibilizar tendencias y establecer relaciones causales entre el deterioro del clima laboral y otros riesgos: fraude, rotación de talento, bajo compromiso, conflictos judiciales o pérdida de reputación. También permite que los órganos de gobierno evalúen la efectividad de las intervenciones, prioricen recursos hacia áreas críticas, y alineen la estrategia organizacional con los principios ESG (Environmental, Social, and Governance), cada vez más demandados por inversores, clientes y reguladores.

Desde una perspectiva técnica, este eje puede estructurarse con el apoyo de normas como la ISO 45003 (Gestión de la salud psicosocial en el trabajo), que proporciona un marco metodológico para integrar el bienestar en los sistemas de gestión. También puede vincularse a indicadores de sostenibilidad empresarial en informes no financieros o memorias de responsabilidad social corporativa, generando sinergias entre áreas.

La inclusión del bienestar laboral como eje estratégico dentro de los informes de Compliance no es solo una cuestión de sensibilidad social, sino una necesidad operativa para prevenir crisis, optimizar la toma de decisiones y posicionar a la función de cumplimiento como un socio estratégico de la alta dirección en la construcción de una organización ética, resiliente y centrada en las personas. Cuando esto se logra, el cumplimiento trasciende su rol normativo y se convierte en una plataforma de bienestar colectivo y legitimidad institucional.

8.2. Diseño y supervisión de políticas antiacoso

8.2.1. ¿Está formalmente incluida la política antiacoso dentro del programa general de Compliance de la organización?

Incluir formalmente la política antiacoso en el programa general de Compliance no es solamente una acción de conveniencia administrativa, sino una afirmación institucional categórica que expresa el compromiso de la organización con una ética de integridad transversal. Esta inclusión implica que el acoso -en todas sus manifestaciones- es tratado no como un fenómeno marginal o propio del área de Recursos Humanos, sino como un riesgo ético grave, con impacto directo en la cultura corporativa, la reputación de la empresa, la salud laboral, el clima interno y la sostenibilidad operativa.

Esta formalización requiere que la política antiacoso se inserte en la arquitectura documental y operativa del sistema de Compliance. Esto significa, entre otras cosas, que debe estar registrada como una política de cumplimiento sujeta a los mismos estándares de control interno que las políticas anticorrupción, antifraude, conflicto de interés o protección de datos. Debe contar con responsables designados, mecanismos de seguimiento, formación obligatoria, auditorías internas y revisiones periódicas. Su inclusión también supone que los hallazgos relacionados con acoso o violencia laboral sean incorporados en los reportes del área de cumplimiento, y que sus medidas correctivas estén sujetas a la misma trazabilidad y exigencia institucional que el resto de las acciones de remediación ética.

Desde la perspectiva de gobernanza, esta integración formal fortalece el sistema de controles internos y garantiza que el acoso sea abordado como un riesgo estructural, no episódico. Además, implica que los líderes de la organización -incluido el Consejo de Administración- son corresponsables de su prevención, detección y sanción, y deben rendir cuentas sobre sus resultados. Esta visión integral representa un cambio de paradigma respecto al enfoque reactivo tradicional, en el cual las políticas antiacoso operaban en un plano menor, desvinculadas del corazón del sistema de integridad. Su inclusión como política estructural de Compliance reconoce que no puede haber ética empresarial sin dignidad laboral.

8.2.2. ¿El diseño de la política antiacoso partió de un diagnóstico real del entorno laboral y un mapeo[224] de riesgos éticos?

Diseñar una política antiacoso partiendo de un diagnóstico real del entorno laboral y un mapeo específico de riesgos éticos es un principio metodológico fundamental si se quiere evitar que la política sea un documento teórico, decorativo o de escasa aplicabilidad. Este proceso diagnóstico debe basarse en datos empíricos, históricos y contextuales que revelen no solo la existencia de incidentes pasados, sino también la cultura organizacional que los posibilita, tolera o invisibiliza.

Un diagnóstico robusto debe considerar múltiples fuentes de información: encuestas de clima psicosocial con indicadores específicos sobre violencia, hostigamiento, trato digno y percepción de justicia interna; entrevistas individuales en profundidad; focus groups por género, edad o categoría laboral; análisis de la rotación laboral y ausentismo; auditorías éticas en áreas críticas; y revisión de casos históricos no solo formalmente denunciados, sino también informales o no reportados, que circulan como saber organizacional silenciado. También debe evaluar la confianza en los canales de reporte, el nivel de tolerancia institucional frente a conductas abusivas y los modelos de liderazgo predominantes.

---

[224] Puyol Montero, J. Franco Blanco, C. Román Porres, C. (2025) *GPS Compliance,* Tirant lo Blanch, se señala que
Un sistema de Compliance efectivo permite a las empresas realizar un mapeo regulatorio detallado de los requisitos locales, identificando las áreas de mayor riesgo y los costos asociados al cumplimiento de las normativas. Pag 49

El mapeo de riesgos éticos, por su parte, permite territorializar el problema. No se trata solo de saber si existe acoso en general, sino de identificar dónde, cómo y por qué ocurre. El acoso puede estar concentrado en determinados mandos medios, en unidades bajo presión de productividad, en sectores de alta rotación o en equipos donde prevalece un liderazgo autoritario. También puede adoptar formas más invisibles pero sistemáticas: la exclusión de mujeres en espacios de decisión, el castigo informal a quienes opinan distinto, o la revictimización posterior al reporte.

Este enfoque permite que la política no solo tenga definiciones claras, sino también objetivos estratégicos bien delimitados, enfoques diferenciales (por ejemplo, respecto a colectivos más vulnerables), planes de acción enfocados y medidas preventivas eficaces.

La legitimidad y utilidad de la política antiacoso dependen directamente de que se funde en una comprensión realista del tejido cultural interno de la organización.

8.2.3. ¿La política antiacoso contempla todos los tipos de acoso relevantes (laboral, sexual, psicológico, institucional, interseccional, digital) con definiciones claras y contextualizadas?

Una política antiacoso que aspire a ser integral, eficaz y respetuosa de los derechos humanos debe incluir una tipología amplia y detallada de las distintas formas de acoso. Esta amplitud no es retórica ni cosmética: responde a la necesidad de reconocer que el acoso no se presenta en una única forma ni bajo una única lógica, y que su impacto varía según el contexto, la víctima, la relación de poder y el medio en el que ocurre. No hacerlo es perpetuar la invisibilización de muchas formas de violencia laboral.

En primer lugar, debe contemplarse el acoso laboral o mobbing, que puede incluir conductas como gritos, humillaciones, marginación deliberada, tareas inútiles, sabotaje o sobrecarga sistemática de trabajo. El acoso sexual, por su parte, debe distinguir entre conductas físicas, verbales y simbólicas, voluntarias o involuntarias, así como considerar el impacto del poder jerárquico o la dependencia económica. El acoso psicológico debe reconocer las dinámicas de manipulación, control emocional, amenazas indirectas y otras formas de hostilidad relacional, incluso si no son fácilmente comprobables con pruebas materiales.

El acoso institucional se refiere a las prácticas y estructuras organizativas que generan o toleran el maltrato de forma sistemática: culturas del silencio, sistemas de incentivos tóxicos, procesos que penalizan la denuncia, liderazgo basado en el miedo o burocracias que encubren comportamientos abusivos. El acoso interseccional -reconocido en estudios feministas y sociológicos- señala que las personas no viven el acoso de forma homogénea, sino atravesadas por múltiples ejes de vulnerabilidad (por ejemplo, una mujer migrante transgénero puede sufrir formas de acoso muy distintas a las de un varón cis blanco). El acoso digital es especialmente relevante en contextos de trabajo híbrido o remoto: desde mensajes invasivos por WhatsApp hasta vigilancia laboral sin justificación, o uso indebido de la imagen personal en redes o plataformas laborales.

Cada uno de estos tipos debe definirse en la política con ejemplos prácticos, lenguaje accesible y referencia a derechos fundamentales. También debe incluir formas indirectas o encubiertas, las consecuencias emocionales, y la obligación de intervención de los testigos. Su inclusión no solo amplia el alcance preventivo, sino que envía un mensaje institucional claro: cualquier forma de violencia será reconocida, atendida y sancionada, sin importar cuán sofisticada o normalizada esté dentro de la cultura organizacional.

8.2.4. ¿Participó el área de Compliance en la redacción de la política para garantizar su coherencia con el código de conducta y los demás instrumentos normativos internos?

La participación del área de Compliance en la redacción de la política antiacoso es un elemento esencial de coherencia normativa, alineación estratégica y eficacia operativa. Esta participación garantiza que la política no entre en contradicción con otros instrumentos ya vigentes -como el código de ética, los lineamientos de conducta, las políticas de no represalia, o el protocolo de gestión de denuncias- y que funcione como parte de un sistema de cumplimiento integrado, no como un dispositivo autónomo o marginal.

Desde el punto de vista técnico, el área de Compliance aporta una visión normativa y procedimental que ayuda a articular correctamente los principios éticos con las herramientas jurídicas y operativas de la organización. Esto implica revisar los principios rectores (como el respeto a la dignidad humana, la igualdad, la justicia procedimental o la presunción de buena fe), los estándares de debida diligencia, las responsabilidades institucionales de cada actor, y los procedimientos vinculados a la recepción, investigación, resolución y reparación de los casos de acoso.

Desde el punto de vista estratégico, la intervención del Compliance Officer refuerza la noción de que la lucha contra el acoso no es un tema secundario o meramente cultural, sino un eje central de la integridad organizacional. Además, su presencia en la redacción garantiza que la política esté diseñada para poder ser evaluada, auditada y mejorada, incorporando criterios de trazabilidad, indicadores de impacto, circuitos de escalamiento y mecanismos de reporte institucional.

Desde el punto de vista simbólico, la participación de Compliance comunica a toda la organización que la ética no es retórica, sino un marco operativo que debe regir todas las conductas, sin excepción jerárquica. También demuestra que el cumplimiento no se limita a prevenir riesgos financieros o regulatorios, sino que se extiende al cuidado de las personas, la calidad del entorno de trabajo y la promoción activa de una cultura del respeto. Esta integración fortalece el compromiso institucional, alinea el discurso con la práctica y permite una gestión coherente, justa y restaurativa de los conflictos que surjan. Cuando esto ocurre, la política antiacoso no solo es más sólida y eficaz, sino también más legítima y sostenible.

8.2.5. ¿Qué criterios éticos y de integridad institucional se utilizan para definir el procedimiento interno de denuncia e investigación en casos de acoso?

El procedimiento interno de denuncia e investigación en casos de acoso debe construirse sobre un fundamento ético sólido, donde la integridad institucional no sea solo un concepto retórico, sino una práctica constante que atraviese cada fase del proceso. Para ello, se emplean una serie de criterios fundamentales que buscan garantizar justicia sustantiva, protección a las personas involucradas, y legitimidad en las decisiones adoptadas.

El primer criterio es el de imparcialidad estructural, que implica que quienes intervienen en la recepción, análisis e investigación de la denuncia no tengan intereses personales o relaciones jerárquicas que comprometan su objetividad. Este principio exige que los procesos sean gestionados por personas o comités especialmente designados y entrenados, preferentemente fuera del área en la que ocurrió el hecho denunciado. Se debe evitar cualquier percepción de sesgo o parcialidad.

El segundo criterio es el de respeto a la dignidad humana. Cada persona involucrada, sea denunciante, denunciado o testigo, debe ser tratada con sensibilidad, sin presunciones anticipadas de culpabilidad o incredulidad, y con un acompañamiento que respete sus tiempos emocionales, sus derechos y su contexto.

La confidencialidad estricta es otro criterio central. No se trata solo de evitar la divulgación pública de los hechos, sino de garantizar que la identidad de las personas involucradas sea protegida incluso dentro de la organización, evitando filtraciones o comentarios informales que puedan dañar reputaciones o generar entornos de presión social.

El criterio de proporcionalidad guía la toma de decisiones en materia disciplinaria, asegurando que las sanciones respondan a la gravedad de los hechos y al impacto generado, sin caer en excesos punitivos ni en tolerancias permisivas. También debe regir el tipo de investigación emprendida: no todos los casos exigen una auditoría extensa, pero ninguno debe ser trivializado.

Por último, el criterio de reparación y prevención implica que la finalidad del proceso no es solamente aplicar una sanción, sino también restaurar las condiciones de seguridad psicosocial, aprender de lo ocurrido e introducir mejoras institucionales que eviten la repetición de los hechos. Esto puede incluir medidas como reestructuración de equipos, acciones formativas, ajustes en procesos jerárquicos o revisión de estilos de liderazgo.

Estos criterios éticos se deben codificar en protocolos internos, capacitar al personal responsable, auditarse periódicamente y actualizarse en función de nuevas legislaciones, estudios psicosociales y buenas prácticas internacionales.

8.2.6. ¿Los canales de denuncia previstos por la política cumplen con estándares de confidencialidad, accesibilidad, trazabilidad y protección frente a represalias?

Los canales de denuncia son instrumentos esenciales de protección institucional y de empoderamiento del trabajador. Para que sean eficaces, deben cumplir simultáneamente con los cuatro estándares clave: confidencialidad, accesibilidad, trazabilidad y protección frente a represalias. Cada uno de estos aspectos se interrelaciona y debe abordarse no solo desde el diseño técnico, sino desde la comunicación interna y la cultura organizacional.

La confidencialidad implica que el canal cuente con mecanismos tecnológicos y operativos que garanticen el anonimato del denunciante (si así lo desea), la restricción de acceso a la información a personal debidamente autorizado, y la imposibilidad de que los datos puedan ser utilizados indebidamente por terceros. Además, debe existir un protocolo que indique qué tipo de información puede compartirse y con quién, respetando la necesidad de investigar sin comprometer la identidad de quienes se expresan.

La accesibilidad no debe reducirse a la existencia formal del canal. Debe analizarse si el mismo está disponible para personas con diferentes capacidades, idiomas o condiciones tecnológicas. Es recomendable que existan canales múltiples (digitales, presenciales, telefónicos), operativos fuera del horario regular, y con atención a los niveles jerárquicos más vulnerables, como contratistas, personal tercerizado o trabajadores en ubicaciones remotas.

La trazabilidad del canal no solo implica que toda denuncia quede registrada, sino que se generen reportes periódicos, con seguimiento de las etapas procesales (recepción, validación, investigación, resolución y cierre), sin perder datos por omisión o desorganización. También debe haber sistemas de numeración o seguimiento para que, en los casos no anónimos, el denunciante pueda verificar que su reporte está siendo procesado.

La protección frente a represalias es una de las garantías más difíciles de asegurar, especialmente en contextos laborales donde las jerarquías están muy marcadas. No basta con declarar "tolerancia cero": debe existir un sistema que detecte represalias incluso sutiles (como la exclusión de reuniones, deslegitimación informal, asignación de tareas menores), que imponga sanciones rápidas y proporcionales a los agresores y que comunique de forma clara a todo el personal que cualquier forma de represalia será tratada como una falta ética grave.

Además, es fundamental evaluar periódicamente la eficacia del canal mediante encuestas anónimas, auditorías internas o externas, y grupos de escucha, y adaptar los canales a las necesidades reales y cambiantes de los trabajadores.

8.2.7. ¿Quién supervisa que el procedimiento de tratamiento de denuncias se aplique correctamente en cada caso? ¿El área de Compliance tiene visibilidad sobre ello?

La supervisión del cumplimiento correcto del procedimiento de tratamiento de denuncias es una función crítica que debe recaer en un órgano independiente, competente y con autoridad institucional. En muchas organizaciones, esta función recae en el área de Compliance, que actúa como custodio del sistema ético y del cumplimiento normativo interno.

La visibilidad de Compliance debe ser transversal: debe conocer el número y la naturaleza de los casos reportados, las fases del procedimiento, las decisiones tomadas, los plazos cumplidos, los responsables de la investigación y las medidas adoptadas. Esta visibilidad no implica interferencia directa en todos los casos, pero sí responsabilidad de supervisión y auditoría, lo que permite garantizar que el procedimiento no se distorsione, manipule o aplique de forma selectiva.

En las organizaciones más maduras en ética institucional, se han creado Comités de Conducta o Comités Éticos -de carácter interdisciplinario- en los que el área de Compliance participa o al menos reporta. Estos comités tienen la función de revisar la calidad de las investigaciones, monitorear la aplicación uniforme del procedimiento, proponer mejoras y actuar como garantes de la legitimidad del sistema.

Es deseable que el área de Compliance tenga independencia funcional: es decir, que no dependa jerárquicamente de quienes podrían estar involucrados en los casos (por ejemplo, directores de recursos humanos o gerentes operativos), y que tenga acceso directo a la alta dirección o incluso al Consejo de Administración.

La supervisión también debe extenderse al seguimiento posterior: verificar que las medidas correctivas se implementen, que se atienda adecuadamente a las víctimas, que no existan represalias y que los aprendizajes derivados de cada caso se traduzcan en mejoras sistémicas. Sin una función clara y fuerte de supervisión, los procedimientos corren el riesgo de volverse ineficaces, burocráticos o injustos.

8.2.8. ¿Se han establecido indicadores de desempeño para medir la eficacia de la política antiacoso (por ejemplo, tiempo de resolución, grado de satisfacción de las partes, reincidencias)?

Contar con indicadores de desempeño para evaluar la eficacia de la política antiacoso es fundamental para convertirla en una herramienta de gestión activa, transparente y con capacidad de mejora continua. Estos indicadores permiten pasar de un enfoque reactivo a uno preventivo y predictivo, y además brindan evidencia empírica que puede ser utilizada para rendir cuentas ante la alta dirección, los trabajadores y otras partes interesadas.

El indicador más básico -pero no el único- es el tiempo promedio de resolución de casos, desde la recepción de la denuncia hasta su cierre. Un tiempo excesivo puede indicar falta de recursos, burocracia, temor institucional o bloqueo deliberado de procesos. Otro indicador esencial es el grado de satisfacción de las partes involucradas (víctima, acusado, testigos), que debe medirse a través de herramientas anónimas, respetuosas y sistemáticas. Esto permite detectar debilidades no visibles desde el procedimiento, como falta de acompañamiento, fallas en la comunicación o sensación de impunidad.

Los niveles de reincidencia -ya sea de personas individuales o de áreas organizacionales- también deben monitorearse para detectar patrones estructurales. Si se repiten denuncias contra el mismo mando medio o dentro de la misma unidad, es señal de que las medidas aplicadas no están siendo eficaces o que el entorno facilita el abuso.

8.2.9. ¿La política prevé mecanismos de acompañamiento a víctimas durante y después del proceso (como apoyo psicológico, legal, medidas cautelares)?

Una política antiacoso que se limite a regular el procedimiento de denuncia e investigación, sin prever medidas de acompañamiento durante y después del proceso, pierde una oportunidad crítica para actuar en favor de la justicia restaurativa y la prevención secundaria. En la actualidad, los marcos de cumplimiento ético más exigentes -como los definidos por la ISO 37301 sobre gestión del cumplimiento y la ISO 45003 sobre gestión de riesgos psicosociales- establecen que una política eficaz debe ser sensible a las necesidades humanas y emocionales de las personas afectadas, no solo a los procedimientos.

El acompañamiento psicológico es el primer pilar de ese cuidado institucional. No puede quedar librado a la voluntad de la víctima ni a la disponibilidad informal de recursos. Debe ser parte del sistema, estar garantizado por la organización, y contar con profesionales externos o internos debidamente capacitados en violencia laboral, trauma psicológico, perspectiva de género y escucha ética. Este apoyo debe iniciarse en cuanto la persona denuncia, y mantenerse incluso si decide abandonar el proceso, pues la carga emocional no desaparece con el archivo de una denuncia.

El apoyo legal cumple una función de empoderamiento y protección jurídica. Muchas víctimas no saben si están amparadas por la normativa vigente, si deben ir a instancias externas o cómo presentar pruebas. Un servicio de asesoría legal neutral, accesible y especializado en derechos laborales, violencia de género y derechos humanos es indispensable para que la política no reproduzca desigualdades en el acceso a la justicia interna.

Respecto a las medidas cautelares, su incorporación en la política debe estar claramente regulada. Las más comunes -como el cambio temporal de espacio físico, la rotación de turnos, el teletrabajo o la suspensión preventiva del presunto agresor- deben estar disponibles como herramientas de protección sin que impliquen una penalización anticipada. Estas medidas deben ser proporcionales, reversibles y aplicadas con enfoque de género, es decir, evitando que recaigan de forma sistemática sobre la víctima. También es recomendable establecer medidas post-proceso, como acompañamiento a la reintegración del espacio laboral, seguimiento psicológico continuado o programas de recuperación del clima laboral afectado.

El acompañamiento no solo cumple una función protectora, sino también pedagógica y simbólica: transmite el mensaje institucional de que la persona que denuncia no está sola, que su bienestar importa, y que la organización tiene un compromiso activo con su cuidado integral.

8.2.10. ¿Está prevista una revisión periódica (anual o ad hoc) de la política antiacoso desde el área de Compliance, en base a lecciones aprendidas, nuevas normativas o casos relevantes?

Incluir en la política antiacoso una cláusula de revisión periódica, a cargo del área de Compliance, es una manifestación de madurez institucional y una práctica alineada con los estándares internacionales de gobernanza ética. La revisión puede establecerse con periodicidad anual -como mínimo- y también de manera ad hoc, es decir, cuando se presenten circunstancias extraordinarias que revelen deficiencias o desafíos no contemplados. Esta práctica es coherente con el principio de mejora continua que rige los sistemas de gestión basados en la norma ISO 37301 y en las recomendaciones de la OCDE sobre cumplimiento y ética corporativa.

Las lecciones aprendidas constituyen una fuente insustituible para retroalimentar el diseño normativo. Cada caso gestionado deja enseñanzas respecto a los plazos, la claridad del lenguaje utilizado, la adecuación de las medidas cautelares, la efectividad de las vías de reparación o las capacidades del personal encargado de investigar. El área de Compliance debe sistematizar estos aprendizajes, evitando la improvisación o la repetición de errores estructurales.

Asimismo, el ecosistema normativo es dinámico. Nuevas leyes, reglamentos sectoriales, jurisprudencia laboral, protocolos de prevención de violencia y guías de buenas prácticas pueden surgir en el ámbito nacional e internacional, exigiendo adaptaciones normativas inmediatas. También cambian los estándares sociales: lo que en otro tiempo no se consideraba violencia, hoy puede ser entendido como micro acoso, acoso interseccional o violencia digital. La revisión ad hoc permite responder rápidamente a estos cambios sin tener que esperar el vencimiento del ciclo anual.

Para que esta revisión sea efectiva, debe contar con procedimientos formales: responsables designados, consulta a partes interesadas (por ejemplo, sindicatos, trabajadores, comités de igualdad), análisis de casos testigo, comparaciones con otras organizaciones similares, y elaboración de una propuesta de reforma que sea aprobada por la dirección y comunicada internamente con claridad. Esta práctica no solo mejora el contenido de la política, sino que fortalece la legitimidad del área de Compliance como agente de mejora institucional y de sensibilidad social.

8.2.11. ¿Qué herramientas de supervisión utiliza el área de Compliance para verificar que la política no sea solo formal, sino efectiva y aplicada de manera consistente?

El área de Compliance tiene el mandato de actuar como garante de la integridad institucional, y en ese rol debe contar con herramientas operativas que le permitan auditar y supervisar la aplicación efectiva de la política antiacoso. Estas herramientas no son estáticas ni homogéneas: deben combinar metodologías cuantitativas y cualitativas, mecanismos tecnológicos y humanos, y abordajes de evaluación técnica con perspectivas psicosociales y éticas.

Una herramienta clave es la revisión de casos: el Compliance debe tener acceso (respetando la confidencialidad) a todos los expedientes relacionados con denuncias por acoso, para evaluar su trazabilidad, el cumplimiento de los protocolos, los tiempos de resolución, las medidas aplicadas y los aprendizajes extraídos. Este análisis debe realizarse de forma periódica, mediante auditorías internas o externas, y no solo cuando hay incidentes de alto impacto o judicialización.

Otra herramienta es el seguimiento de indicadores: número de denuncias, nivel de confianza en los canales éticos, número de formaciones impartidas, reincidencias, uso de medidas cautelares, cumplimiento de sanciones, implementación de medidas de reparación, etc. Estos datos deben sistematizarse en paneles de control accesibles a la dirección y utilizados en la planificación estratégica.

La supervisión también requiere un enfoque cualitativo: focus groups con empleados, entrevistas con personas que han usado el canal, encuestas de percepción sobre la eficacia de la política, y estudios de cultura organizacional que detecten zonas grises donde el acoso es tolerado o naturalizado. Estas metodologías ayudan a detectar dimensiones invisibles que los registros formales no revelan.

Además, el área de Compliance puede realizar simulaciones (test éticos), inspecciones internas sorpresivas, validaciones cruzadas con recursos humanos y salud laboral, y observaciones participativas en equipos críticos. También debe monitorear la coherencia comunicacional de la organización: cómo se habla del acoso en los discursos, en los materiales de inducción, en las reuniones de líderes, en los canales digitales.

El Compliance debe emitir reportes semestrales o anuales, con datos consolidados, recomendaciones de mejora y propuestas de reforma normativa o cultural.

Supervisar es, en definitiva, transformar: no se trata de fiscalizar para sancionar, sino de iluminar para mejorar.

8.2.12. ¿Se ha promovido desde el Compliance la integración de la política antiacoso con otras políticas clave (diversidad, igualdad, salud laboral, liderazgo ético)?

La integración de la política antiacoso con otras políticas clave no solo es deseable, sino necesaria para abordar de forma holística el fenómeno del acoso laboral. La violencia en el trabajo no surge en el vacío: se inscribe en culturas organizacionales que muchas veces naturalizan la desigualdad, promueven liderazgos autoritarios, desatienden la salud mental o invisibilizan las discriminaciones estructurales. Por tanto, un abordaje preventivo y reparador requiere una articulación transversal que el área de Compliance debe liderar o facilitar activamente.

En primer lugar, la articulación con las políticas de diversidad e inclusión permite incorporar una mirada interseccional. No todas las personas viven el acoso de la misma forma: género, etnia, orientación sexual, discapacidad, clase social y edad generan capas adicionales de vulnerabilidad o silencio. Integrar estas perspectivas permite diseñar protocolos de atención diferenciada, acciones formativas contextualizadas y medidas correctivas que consideren el impacto estructural de la violencia.

La conexión con las políticas de igualdad, especialmente de género, garantiza que la prevención del acoso no se limite al plano conductual, sino que aborde las relaciones de poder, la segregación vertical, la brecha salarial, la representación en espacios de decisión y los estereotipos que muchas veces legitiman el abuso o lo vuelven invisible. Además, facilita que las acciones de sensibilización, medición de clima, e intervención cultural estén alineadas en su lenguaje y en sus objetivos.

La vinculación con la política de salud laboral es esencial para considerar el acoso como un riesgo psicosocial que debe ser evaluado, reportado y gestionado conforme a las normas de prevención de riesgos laborales. Esta integración permite contar con protocolos de atención temprana, medición del impacto en la salud emocional, adaptaciones laborales para personas afectadas y seguimiento clínico en contextos de estrés postraumático.

Por último, la articulación con los programas de liderazgo ético permite prevenir desde el origen. Muchos casos de acoso son facilitados por liderazgos verticalistas, pasivos o negligentes. Promover una cultura de liderazgo basado en el respeto, la empatía, la responsabilidad y la escucha activa es el mejor antídoto contra la normalización del acoso.

La integración de estas políticas debe plasmarse en mecanismos concretos: comités interáreas, protocolos unificados, planes estratégicos compartidos, campañas institucionales coordinadas, sistemas de reporte conjuntos y presupuestos articulados. Cuando el área de Compliance promueve esta sinergia, no solo se fortalece la eficacia de la política antiacoso, sino que se construye una ética organizacional integral, viva y resiliente. La integridad deja entonces de ser un valor enunciado para convertirse en una práctica institucional cotidiana.

Además, pueden establecerse indicadores de percepción general: por ejemplo, el nivel de conocimiento de la política antiacoso, la confianza en el canal de denuncias o el sentido de seguridad emocional en el lugar de trabajo. Otros indicadores útiles son el porcentaje de casos con medidas reparadoras, la tasa de participación en formaciones sobre violencia laboral, y el número de líderes capacitados específicamente en la prevención de acoso.

Estos indicadores deben ser revisados periódicamente (por ejemplo, cada trimestre o semestre), discutidos por los responsables de Compliance y ética, incluidos en los informes institucionales y utilizados para ajustar el diseño de la política, asignar recursos, desarrollar acciones correctivas o promover campañas culturales. Una política que no se mide, no puede evolucionar ni cumplir su verdadero propósito transformador. Por tanto, los indicadores no son un añadido administrativo, sino la base para la credibilidad, el aprendizaje organizacional y la construcción de entornos laborales verdaderamente seguros y éticos.

8.2.13. ¿Qué acciones formativas y de sensibilización están asociadas al cumplimiento de la política y son monitoreadas por el área de Compliance?

Las acciones formativas y de sensibilización asociadas al cumplimiento de la política antiacoso son parte esencial de la prevención estructural del acoso en entornos laborales. Desde el punto de vista del Compliance, su importancia reside en que permiten no solo divulgar el contenido normativo de la política, sino modelar una cultura organizacional que comprenda, internalice y practique los principios del respeto, la equidad, la responsabilidad compartida y la ética relacional.

Estas acciones incluyen, en primer lugar, talleres presenciales y virtuales obligatorios que se imparten durante la inducción de nuevos colaboradores, y luego en forma periódica para todo el personal. El contenido de estas capacitaciones debe ir más allá de las definiciones legales de acoso: debe incluir el reconocimiento de las formas sutiles de violencia (microagresiones, silencios cómplices, acoso digital, control coercitivo), la identificación de sesgos de género, raza o edad que pueden incidir en relaciones laborales asimétricas, y el entrenamiento en herramientas concretas de intervención ética, como el acompañamiento de pares, el reporte seguro y la contención emocional.

El área de Compliance no solo debe garantizar que estos contenidos se ofrezcan, sino que realmente se apropien. Para ello, puede monitorear mediante evaluaciones ex post (encuestas de percepción, análisis de comportamiento en simulaciones, resolución de dilemas éticos) si las personas han comprendido la política y si están en condiciones de aplicarla en contextos reales. Asimismo, es clave evaluar el alcance y la cobertura: ¿todos los niveles jerárquicos participaron?, ¿las áreas descentralizadas tuvieron acceso?, ¿se adaptaron los contenidos a distintas culturas organizativas o condiciones educativas?

El Compliance también debe impulsar acciones más profundas de sensibilización, como campañas institucionales con testimonios (anonimizados) de víctimas que hayan confiado en el canal de denuncias, difusión de datos relevantes sobre violencia en el trabajo, realización de jornadas temáticas conjuntas con otras áreas (igualdad, diversidad, salud laboral), y la integración de los temas en los valores institucionales y en las competencias del liderazgo. En organizaciones avanzadas, incluso se desarrollan capacitaciones a proveedores, contratistas y partes interesadas externas para extender la cultura ética más allá del perímetro formal de la empresa.

Estas acciones deben ser monitoreadas mediante indicadores clave de cumplimiento y efectividad, como el número de formaciones impartidas, el nivel de satisfacción de los participantes, el aumento en el uso correcto del canal de denuncias, la disminución de mitos y prejuicios detectados en encuestas internas y el grado de apropiación simbólica de la política en la cultura organizacional.

8.2.14. ¿Qué acciones formativas y de sensibilización están asociadas al cumplimiento de la política y son monitoreadas por el área de Compliance?

Las acciones formativas y de sensibilización asociadas al cumplimiento de la política antiacoso son parte esencial de la prevención estructural del acoso en entornos laborales. Desde el punto de vista del Compliance, su importancia reside en que permiten no solo divulgar el contenido normativo de la política, sino modelar una cultura organizacional que comprenda, internalice y practique los principios del respeto, la equidad, la responsabilidad compartida y la ética relacional.

Estas acciones incluyen, en primer lugar, talleres presenciales y virtuales obligatorios que se imparten durante la inducción de nuevos colaboradores, y luego en forma periódica para todo el personal. El contenido de estas capacitaciones debe ir más allá de las definiciones legales de acoso: debe incluir el reconocimiento de las formas sutiles de violencia (microagresiones, silencios cómplices, acoso digital, control coercitivo), la identificación de sesgos de género, raza o edad que pueden incidir en relaciones laborales asimétricas, y el entrenamiento en herramientas concretas de intervención ética, como el acompañamiento de pares, el reporte seguro y la contención emocional.

El área de Compliance no solo debe garantizar que estos contenidos se ofrezcan, sino que realmente se apropien. Para ello, puede monitorear mediante evaluaciones ex post (encuestas de percepción, análisis de comportamiento en simulaciones, resolución de dilemas éticos) si las personas han comprendido la política y si están en condiciones de aplicarla en contextos reales. Asimismo, es clave evaluar el alcance y la cobertura: ¿todos los niveles jerárquicos participaron?, ¿las áreas descentralizadas tuvieron acceso?, ¿se adaptaron los contenidos a distintas culturas organizativas o condiciones educativas?

Compliance también debe impulsar acciones más profundas de sensibilización, como campañas institucionales con testimonios (anonimizados) de víctimas que hayan confiado en el canal de denuncias, difusión de datos relevantes sobre violencia en el trabajo, realización de jornadas temáticas conjuntas con otras áreas (igualdad, diversidad, salud laboral), y la integración de los temas en los valores institucionales y en las competencias del liderazgo. En organizaciones avanzadas, incluso se desarrollan capacitaciones a proveedores, contratistas y partes interesadas externas para extender la cultura ética más allá del perímetro formal de la empresa.

Estas acciones deben ser monitoreadas mediante indicadores clave de cumplimiento y efectividad, como el número de formaciones impartidas, el nivel de satisfacción de los participantes, el aumento en el uso correcto del canal de denuncias, la disminución de mitos y prejuicios detectados en encuestas internas y el grado de apropiación simbólica de la política en la cultura organizacional.

8.2.15. ¿Cómo se documentan y analizan los casos de acoso desde una perspectiva de mejora continua del sistema de integridad?

La documentación y el análisis de los casos de acoso deben ser concebidos no solo como una obligación jurídica o administrativa, sino como un ejercicio estratégico de memoria institucional y mejora continua. Desde la óptica del sistema de integridad, cada caso representa un acontecimiento crítico que pone a prueba la coherencia entre los valores declarados por la organización y sus prácticas reales. Su análisis debe ser sistémico, riguroso, ético y orientado a generar transformación.

El primer paso es una documentación técnica estandarizada, que permita una trazabilidad completa del caso desde su ingreso al canal de denuncias hasta su resolución. Esta documentación debe incluir: datos de ingreso y validación, análisis preliminar, entrevista a las partes, pruebas recolectadas, medidas cautelares aplicadas, decisiones adoptadas, recursos interpuestos, medidas reparadoras y de no repetición, y seguimiento post-caso. Este expediente debe estar protegido por estrictos protocolos de confidencialidad, y solamente ser accesible a personal autorizado y bajo fines institucionales definidos.

Una vez documentado, el caso debe ser analizado desde una perspectiva cualitativa y estructural.

¿Qué factores organizacionales contribuyeron al hecho?

¿El líder del equipo tenía antecedentes?

¿La persona víctima había alertado previamente?

¿El canal fue utilizado sin trabas o hubo obstáculos para denunciar?

¿La respuesta institucional fue ágil, creíble y empática?

¿Se protegió adecuadamente a la víctima de represalias?

¿El procedimiento permitió una resolución justa o se detectaron fallas de fondo o forma?

El área de Compliance debe contar con un sistema de revisión periódica de casos, que no se limite a auditar los expedientes de manera individual, sino que permita detectar patrones: reincidencias en determinadas unidades, reiteración de tipologías de acoso (por ejemplo, coercitivo, sexual, psicológico), fallas en las medidas preventivas o dificultades en la implementación de las sanciones. A partir de este análisis, deben elaborarse informes de "lecciones aprendidas", con propuestas concretas de rediseño normativo, cultural o estructural.

Estas lecciones deben presentarse al Comité de Ética o de Integridad, ser compartidas con la alta dirección y, en su versión adaptada, difundidas institucionalmente para fomentar la transparencia, la cultura del aprendizaje y la justicia restaurativa. Además, los hallazgos deben incorporarse a los programas de formación, a los ajustes del protocolo de denuncia, a las matrices de riesgos éticos y a los planes de comunicación interna. Así, cada caso, más allá de su resultado específico, se convierte en una oportunidad para reforzar los cimientos éticos de la organización.

8.2.16. ¿Qué nivel de respaldo institucional tiene la política antiacoso por parte de la alta dirección y cómo se garantiza el liderazgo ético en su aplicación desde el área de Compliance?

El respaldo institucional de la alta dirección a la política antiacoso es uno de los factores críticos que determinan su viabilidad, legitimidad y eficacia. No importa cuán bien diseñada esté la política, si no cuenta con un apoyo explícito, sostenido y operativo por parte del máximo nivel jerárquico, difícilmente será aplicada con éxito, especialmente en aquellos casos que afectan a personas con poder formal o informal.

Este respaldo debe manifestarse en varios niveles. En primer lugar, debe haber un compromiso público, verbal y escrito, que declare que el acoso en todas sus formas es contrario a los valores de la organización y que las denuncias serán tratadas con respeto, diligencia e imparcialidad. Este mensaje debe ser reiterado periódicamente, no solo en contextos de crisis, sino en momentos estratégicos: al lanzar un nuevo plan estratégico, en reuniones ampliadas, en informes anuales o en las comunicaciones de liderazgo.

En segundo lugar, el respaldo se concreta en recursos asignados: presupuesto para el canal ético, contratación de especialistas en prevención del acoso, conformación de equipos interdisciplinarios, inversión en formación obligatoria, desarrollo de métricas e indicadores. La alta dirección debe demostrar que el cumplimiento de la política antiacoso es una prioridad estratégica y no una obligación meramente reactiva ante cambios normativos o presiones externas.

En tercer lugar, el liderazgo ético se garantiza cuando la alta dirección no interfiere en los procesos de investigación, respeta la autonomía del área de Compliance y acata las decisiones adoptadas por los órganos competentes, incluso si estas afectan a cuadros de confianza o a figuras de alto perfil. También cuando se corrigen con firmeza las decisiones fallidas, se ofrecen disculpas institucionales cuando corresponde y se actúa con transparencia frente a la opinión pública o los entes reguladores.

Desde el área de Compliance, este liderazgo ético debe ser reforzado mediante un rol activo como asesor estratégico, emisor de alertas éticas y facilitador de la toma de decisiones con base en evidencia. Para ello, debe contar con independencia funcional, acceso directo al Consejo o Comité de Dirección, y la autoridad necesaria para intervenir en casos críticos, emitir recomendaciones obligatorias y reportar fallas estructurales sin temor a represalias internas.

Además, el área de Compliance debe impulsar la formación continua en liderazgo ético, incluir la evaluación de integridad en los procesos de promoción y evaluación de desempeño, desarrollar códigos de conducta específicos para directivos y fomentar espacios de reflexión ética dentro de los círculos de poder.

El respaldo de la alta dirección y la garantía de liderazgo ético no se juegan solo en los protocolos, sino en la capacidad de actuar con coherencia, responsabilidad y coraje moral frente a los dilemas que plantea la violencia en el trabajo. Una política antiacoso con verdadero respaldo institucional no solo protege, sino que transforma la cultura organizacional desde su raíz.

La documentación y el análisis de los casos de acoso deben ser concebidos no solo como una obligación jurídica o administrativa, sino como un ejercicio estratégico de memoria institucional y mejora continua. Desde la óptica del sistema de integridad, cada caso representa un acontecimiento crítico que pone a prueba la coherencia entre los valores declarados por la organización y sus prácticas reales. Su análisis debe ser sistémico, riguroso, ético y orientado a generar transformación.

El primer paso es una documentación técnica estandarizada, que permita una trazabilidad completa del caso desde su ingreso al canal de denuncias hasta su resolución. Esta documentación debe incluir: datos de ingreso y validación, análisis preliminar, entrevista a las partes, pruebas recolectadas, medidas cautelares aplicadas, decisiones adoptadas, recursos interpuestos, medidas reparadoras y de no repetición, y seguimiento post-caso. Este expediente debe estar protegido por estrictos protocolos de confidencialidad, y solamente ser accesible a personal autorizado y bajo fines institucionales definidos.

Una vez documentado, el caso debe ser analizado desde una perspectiva cualitativa y estructural.

¿Qué factores organizacionales contribuyeron al hecho?

¿El líder del equipo tenía antecedentes?

¿La persona víctima había alertado previamente?

¿El canal fue utilizado sin trabas o hubo obstáculos para denunciar?

¿La respuesta institucional fue ágil, creíble y empática?

¿Se protegió adecuadamente a la víctima de represalias?

¿El procedimiento permitió una resolución justa o se detectaron fallas de fondo o forma?

El área de Compliance debe contar con un sistema de revisión periódica de casos, que no se limite a auditar los expedientes de manera individual, sino que permita detectar patrones: reincidencias en determinadas unidades, reiteración de tipologías de acoso (por ejemplo, coercitivo, sexual, psicológico), fallas en las medidas preventivas o dificultades en la implementación de las sanciones. A partir de este análisis, deben elaborarse informes de "lecciones aprendidas", con propuestas concretas de rediseño normativo, cultural o estructural.

Estas lecciones deben presentarse al Comité de Ética o de Integridad, ser compartidas con la alta dirección y, en su versión adaptada, difundidas institucionalmente para fomentar la transparencia, la cultura del aprendizaje y la justicia restaurativa. Además, los hallazgos deben incorporarse a los programas de formación, a los ajustes del protocolo de denuncia, a las matrices de riesgos éticos y a los planes de comunicación interna. Así, cada caso, más allá de su resultado específico, se convierte en una oportunidad para reforzar los cimientos éticos de la organización.

8.2.17. ¿Qué nivel de respaldo institucional tiene la política antiacoso por parte de la alta dirección y cómo se garantiza el liderazgo ético en su aplicación desde el área de Compliance?

El respaldo institucional de la alta dirección a la política antiacoso es uno de los factores críticos que determinan su viabilidad, legitimidad y eficacia. No importa cuán bien diseñada esté la política, si no cuenta con un apoyo explícito, sostenido y operativo por parte del máximo nivel jerárquico, difícilmente será aplicada con éxito, especialmente en aquellos casos que afectan a personas con poder formal o informal.

Este respaldo debe manifestarse en varios niveles. En primer lugar, debe haber un compromiso público, verbal y escrito, que declare que el acoso en todas sus formas es contrario a los valores de la organización y que las denuncias serán tratadas con respeto, diligencia e imparcialidad. Este mensaje debe ser reiterado periódicamente, no solo en contextos de crisis, sino en momentos estratégicos: al lanzar un nuevo plan estratégico, en reuniones ampliadas, en informes anuales o en las comunicaciones de liderazgo.

En segundo lugar, el respaldo se concreta en recursos asignados: presupuesto para el canal ético, contratación de especialistas en prevención del acoso, conformación de equipos interdisciplinarios, inversión en formación obligatoria, desarrollo de métricas e indicadores. La alta dirección debe demostrar que el cumplimiento de la política antiacoso es una prioridad estratégica y no una obligación meramente reactiva ante cambios normativos o presiones externas.

En tercer lugar, el liderazgo ético se garantiza cuando la alta dirección no interfiere en los procesos de investigación, respeta la autonomía del área de Compliance y acata las decisiones adoptadas por los órganos competentes, incluso si estas afectan a cuadros de confianza o a figuras de alto perfil. También cuando se corrigen con firmeza las decisiones fallidas, se ofrecen disculpas institucionales cuando corresponde y se actúa con transparencia frente a la opinión pública o los entes reguladores.

Desde el área de Compliance, este liderazgo ético debe ser reforzado mediante un rol activo como asesor estratégico, emisor de alertas éticas y facilitador de la toma de decisiones con base en evidencia. Para ello, debe contar con independencia funcional, acceso directo al Consejo o Comité de Dirección, y la autoridad necesaria para intervenir en casos críticos, emitir recomendaciones obligatorias y reportar fallas estructurales sin temor a represalias internas.

Además, el área de Compliance debe impulsar la formación continua en liderazgo ético, incluir la evaluación de integridad en los procesos de promoción y evaluación de desempeño, desarrollar códigos de conducta específicos para directivos y fomentar espacios de reflexión ética dentro de los círculos de poder.

E respaldo de la alta dirección y la garantía de liderazgo ético no se juegan solo en los protocolos, sino en la capacidad de actuar con coherencia, responsabilidad y coraje moral frente a los dilemas que plantea la violencia en el trabajo. Una política antiacoso con verdadero respaldo institucional no solo protege, sino que transforma la cultura organizacional desde su raíz.

8.3. El monitoreo de la eficacia de los mecanismos de prevención y respuesta

8.3.1. ¿Cuenta la organización con indicadores claros, medibles y periódicos para evaluar la eficacia de sus mecanismos antiacoso desde el sistema de Compliance?

En las organizaciones con un enfoque serio y estructurado hacia la integridad institucional y el cumplimiento normativo, sí existen indicadores definidos para evaluar la eficacia de sus mecanismos antiacoso. Estos indicadores, que forman parte del sistema de Compliance, permiten monitorear el desempeño y la evolución del entorno organizacional respecto a la prevención, detección y gestión del acoso laboral o sexual. Entre los indicadores más utilizados destacan: el número total de denuncias por acoso registradas en un periodo determinado; el porcentaje de denuncias resueltas frente al total recibido; la tasa de reincidencia por persona o unidad organizativa; el tiempo promedio de resolución de los casos; la proporción de medidas disciplinarias adoptadas; y el grado de conocimiento de las políticas antiacoso por parte del personal, medido a través de encuestas internas.

Además, estas métricas son comparadas de manera histórica para identificar tendencias o variaciones que requieran ajustes en las políticas. Muchas organizaciones, particularmente las de sectores regulados como el financiero, farmacéutico o energético, realizan este seguimiento de forma trimestral, semestral o anual, y lo incorporan dentro de sus informes de cumplimiento. La clave no es solo medir, sino utilizar estos datos para impulsar decisiones estratégicas que promuevan entornos de trabajo más seguros, inclusivos y respetuosos. La existencia de indicadores permite también rendir cuentas frente a la alta dirección y fomentar una cultura de mejora continua.

8.3.2. ¿Se realiza un seguimiento sistemático del funcionamiento de los canales de denuncia, incluyendo su uso efectivo, tiempos de respuesta y nivel de satisfacción del usuario?

Sí, el seguimiento sistemático del canal de denuncias se ha convertido en una práctica imprescindible para cualquier sistema de Compliance maduro. Este seguimiento no solo tiene como objetivo validar el cumplimiento de los tiempos de atención o la resolución formal de casos, sino también asegurar que el canal funciona como una herramienta confiable, accesible y efectiva para los empleados. En este sentido, las empresas recogen información detallada sobre el número de denuncias recibidas por periodo, su tipología, la cantidad de casos que fueron admitidos, investigados, descartados o archivados, así como los tiempos de respuesta en cada etapa del proceso (recepción, análisis preliminar, investigación formal y resolución).

Asimismo, se ha generalizado la práctica de realizar evaluaciones sobre la percepción del usuario respecto al canal de denuncias. Estas pueden incluir encuestas voluntarias y anónimas que exploran aspectos como la facilidad de acceso al canal, el nivel de protección de la identidad, la percepción de imparcialidad durante la gestión del caso, y el grado de satisfacción general con el tratamiento recibido. Algunos sistemas más avanzados incluso integran interfaces digitales que permiten a los denunciantes hacer seguimiento de su caso y emitir comentarios en cada etapa.

El análisis de esta información permite detectar áreas críticas, como posibles cuellos de botella administrativos, reticencias del personal para usar el canal o carencias en la formación de los gestores de denuncias. Además, los informes derivados de este seguimiento suelen compartirse con la unidad de Compliance o de Gestión de Personas para rediseñar el canal si se detectan fallas o baja efectividad.

8.3.3. ¿Los informes de monitoreo sobre prevención del acoso se presentan regularmente ante la alta dirección o el comité de cumplimiento?

En las organizaciones que han asumido el compromiso institucional de erradicar la violencia y el acoso en el trabajo, los informes de seguimiento y evaluación de las políticas antiacoso son presentados periódicamente ante la alta dirección o ante el comité de cumplimiento (Compliance Committee). Esta práctica responde no solo a estándares de gobernanza y responsabilidad corporativa, sino también a marcos regulatorios nacionales e internacionales que imponen deberes de vigilancia a los órganos de gobierno.

Estos informes suelen estructurarse en secciones que abarcan tanto información cuantitativa (cantidad y evolución de denuncias, resolución de casos, medidas disciplinarias aplicadas, número de capacitaciones impartidas, resultados de encuestas de clima organizacional), como cualitativa (análisis de patrones, percepción del personal, desafíos identificados, propuestas de mejora). En las empresas con madurez institucional, el comité de cumplimiento o el consejo de administración actúa como receptor y evaluador de estos informes, y puede formular recomendaciones estratégicas o incluso exigir la revisión de determinadas prácticas o reglamentos.

La periodicidad con la que se presentan estos informes varía, pero en general se opta por una frecuencia semestral o anual, aunque algunas empresas optan por revisiones trimestrales si los indicadores revelan un aumento significativo de incidencias. Esta presentación periódica refuerza el principio de rendición de cuentas y asegura que las políticas antiacoso no se diluyen en lo cotidiano, sino que permanecen como una prioridad en la agenda directiva de la organización.

8.3.4. ¿Qué metodología utiliza el área de Compliance para verificar si las investigaciones internas de casos de acoso se realizan con imparcialidad, celeridad y confidencialidad?

La verificación de la imparcialidad, celeridad y confidencialidad en las investigaciones internas es una de las tareas más delicadas del área de Compliance. Para ello, las organizaciones responsables aplican una combinación de herramientas metodológicas y controles internos rigurosos. La primera fase consiste en contar con un protocolo formalizado que defina los pasos del proceso de investigación: desde la recepción de la denuncia hasta la resolución final, pasando por la designación de los investigadores, las entrevistas, la recolección de pruebas, la redacción de informes y la implementación de medidas correctivas.

La imparcialidad se garantiza generalmente a través de la asignación de equipos de investigación independientes, sin vínculo jerárquico ni personal con las partes involucradas. En algunos casos se incluye una cláusula de recusación voluntaria o forzosa para prevenir conflictos de interés. Asimismo, se pueden realizar auditorías internas o revisiones externas por terceros especializados para evaluar si las actuaciones cumplieron los principios de equidad y neutralidad.

En cuanto a la celeridad, el protocolo establece plazos máximos para cada etapa del proceso. La unidad de Compliance supervisa el cumplimiento de esos plazos mediante checklists y sistemas digitales de gestión de casos, lo que permite hacer un seguimiento en tiempo real del avance del expediente. Si se detectan demoras injustificadas, se activan alertas o se adoptan medidas de ajuste.

La confidencialidad, por su parte, se protege mediante medidas técnicas y organizativas. Entre ellas se encuentran el uso de sistemas seguros para la gestión de documentación, el acceso restringido a la información del caso y la formación específica del personal investigador sobre protección de datos y comunicación responsable. Adicionalmente, en muchas organizaciones se implementan mecanismos de revisión post-investigación, como encuestas de percepción a las partes involucradas, para verificar que no hayan experimentado filtraciones, represalias o maltratos durante el proceso.

La verificación del cumplimiento de estos principios fundamentales se realiza mediante una metodología multidimensional que combina planificación, tecnología, formación y monitoreo permanente. El área de Compliance actúa así como garante del debido proceso, asegurando que todas las investigaciones internas no solo sean correctas en el fondo, sino también ejemplares en la forma. Esto es esencial para mantener la confianza de la plantilla y garantizar que el sistema sea verdaderamente justo y eficaz.

8.3.5. ¿Se miden los efectos de las políticas antiacoso en el clima laboral y la percepción de justicia organizacional a través de encuestas o auditorías internas?

Sí, los efectos de las políticas antiacoso en el clima laboral y en la percepción de justicia organizacional se miden cada vez con mayor frecuencia en organizaciones comprometidas con una cultura de integridad, ética y bienestar. Esta medición no es una práctica decorativa o aislada, sino un elemento esencial dentro del sistema de gestión de cumplimiento (Compliance) y de las políticas de responsabilidad organizacional. El objetivo de estas evaluaciones es determinar en qué medida las políticas no solo existen formalmente, sino que realmente inciden en la vivencia diaria de los trabajadores, generando entornos de trabajo más seguros, equitativos y justos.

La herramienta más extendida para realizar esta medición son las encuestas internas de clima organizacional, especialmente aquellas que incorporan ítems específicos relacionados con la prevención del acoso, el respeto interpersonal y la percepción de imparcialidad en el tratamiento de los conflictos. Estas encuestas permiten obtener datos directamente de los trabajadores, y su carácter anónimo favorece la honestidad en las respuestas. A través de ellas se explora, por ejemplo, si los empleados perciben que la empresa actúa de manera coherente cuando se presenta una denuncia; si sienten que sus derechos están protegidos; si confían en los canales de denuncia y en quienes los gestionan; si creen que el liderazgo da un buen ejemplo en cuanto al respeto interpersonal; y si las decisiones relacionadas con sanciones, promociones o reconocimientos se toman sobre criterios objetivos y no de manera arbitraria.

En muchas organizaciones, estas encuestas no son diseñadas de manera genérica, sino que se adaptan específicamente para medir el impacto de las políticas antiacoso. Para ello, se utilizan escalas validadas internacionalmente que permiten evaluar dimensiones como la "justicia organizacional" (dividida en justicia distributiva, procedimental e interactiva), la "seguridad psicológica", la "percepción de tolerancia cero hacia el acoso" y el "nivel de confianza en los canales formales de resolución de conflictos". El análisis longitudinal de estos datos (es decir, su comparación a lo largo del tiempo) permite identificar si las políticas están produciendo mejoras sostenidas o si existen áreas que requieren un rediseño urgente.

Complementariamente, las auditorías internas aportan una dimensión estructural y operativa a la evaluación. Mientras que las encuestas miden la percepción, las auditorías revisan los hechos: se analizan procedimientos, se revisan expedientes, se verifica el cumplimiento de plazos y se evalúa la consistencia en la aplicación de los protocolos. Estas auditorías permiten detectar si hay fallas en la gestión de los casos, si existen sesgos en la actuación del personal encargado de las investigaciones, o si las medidas adoptadas luego de una denuncia han sido eficaces. También pueden servir para confirmar si las capacitaciones realizadas están documentadas y si las comunicaciones institucionales sobre el tema han sido difundidas adecuadamente. En ocasiones, las auditorías incluyen simulaciones o pruebas aleatorias para evaluar la respuesta del sistema ante hipotéticas situaciones de acoso, lo que permite comprobar su nivel de madurez y su capacidad de reacción.

En algunas empresas con políticas especialmente desarrolladas, estas auditorías también incluyen una revisión de indicadores sensibles como el número de rotaciones en equipos con antecedentes de conflictos por acoso, el número de personas reincidentes en comportamientos inadecuados, o el nivel de participación de los mandos medios en la prevención y detección de situaciones de riesgo. Se trata de ir más allá de la mera evaluación legalista o formal y acercarse a una comprensión profunda del sistema, que integre los aspectos humanos, emocionales y relacionales del entorno de trabajo.

Además, muchas organizaciones complementan las encuestas y auditorías con espacios de escucha activa, como entrevistas confidenciales, focus groups o buzones digitales, especialmente orientados a recoger experiencias de trabajadores que pertenecen a grupos subrepresentados o históricamente vulnerables. Estas acciones tienen como propósito captar dimensiones que no siempre aparecen en los datos cuantitativos, como las microagresiones, el miedo al uso del canal de denuncias, la percepción de favoritismo o las diferencias en el trato que no se tipifican como acoso, pero que afectan gravemente el clima laboral y la sensación de justicia.

Medir los efectos de las políticas antiacoso no es solo una buena práctica de gobernanza, sino una manifestación concreta de respeto por la dignidad de las personas que trabajan en la organización. La clave está en no reducir esta medición a un ejercicio técnico, sino convertirla en un acto de responsabilidad ética, de compromiso institucional y de mejora continua. Las encuestas y auditorías, si se aplican con rigor, sensibilidad y voluntad de cambio, pueden convertirse en verdaderos motores de transformación cultural, al demostrar que la empresa no solo está dispuesta a actuar frente al acoso, sino también a escuchar, aprender y evolucionar en función de lo que las personas viven y sienten en su día a día laboral. Solo así es posible construir entornos organizativos basados en la equidad, el respeto y la justicia, donde las políticas no se limiten a un papel, sino que se traduzcan en experiencias reales de protección y bienestar.

8.3.6. ¿Cómo se evalúa si las medidas preventivas (como capacitaciones o campañas de sensibilización) han tenido un impacto real en la cultura organizacional?

La evaluación del impacto real de las medidas preventivas como capacitaciones o campañas de sensibilización en la cultura organizacional va mucho más allá de contar el número de actividades realizadas o los asistentes que participaron. En organizaciones comprometidas con una transformación ética y cultural, esta evaluación se basa en indicadores que miden cambios sostenidos en las actitudes, creencias, comportamientos y niveles de tolerancia frente al acoso. En primer lugar, se utilizan encuestas de línea de base antes de realizar las acciones preventivas, y luego se aplican cuestionarios posteriores que permiten observar en qué medida los participantes han mejorado su comprensión del concepto de acoso, conocen sus derechos, identifican conductas inadecuadas, comprenden los protocolos de actuación y reconocen su rol como agentes preventivos. Sin embargo, este tipo de evaluación directa es solo un primer nivel.

La verdadera medición del impacto en la cultura se da cuando, pasado un tiempo, se observa una transformación estructural en el entorno organizacional. Esto puede evidenciarse a través de la disminución de incidentes reportados, o bien, paradójicamente, por un aumento temporal en los reportes si las personas comienzan a confiar más en los canales disponibles. También se detecta mediante el análisis del lenguaje usado por líderes y trabajadores en reuniones, el tipo de situaciones abordadas en los espacios de diálogo, la naturalización (o no) de bromas sexistas, homófobas o violentas, y la capacidad del personal para actuar ante una conducta inapropiada sin esperar que sea exclusivamente la gerencia quien intervenga.

Además, se pueden incorporar herramientas como focus groups post-capacitación para analizar percepciones cualitativas sobre los cambios vividos, así como evaluaciones 360° para medir si los líderes están replicando los aprendizajes en sus equipos. En muchas organizaciones también se utilizan indicadores de clima laboral (como la percepción de respeto, inclusión, y justicia) desagregados por áreas o departamentos, lo que permite ver si existen diferencias entre unidades y diseñar intervenciones focalizadas. Todo esto contribuye a una medición multidimensional del impacto, que es indispensable para saber si las medidas preventivas están generando cambios duraderos en la cultura organizacional y no se están quedando en un plano simbólico o formalista.

8.3.7. ¿Se revisa periódicamente si los colectivos más vulnerables (por género, raza, discapacidad, orientación sexual, entre otros) tienen igualdad de acceso a los canales de denuncia?

Sí, en organizaciones que trabajan bajo un enfoque de derechos humanos, equidad e inclusión, existe una revisión periódica -tanto técnica como ética- sobre la accesibilidad real que tienen los colectivos más vulnerables a los canales de denuncia. Esta revisión es fundamental porque, aunque un canal esté formalmente disponible para toda la plantilla, la experiencia demuestra que ciertos grupos enfrentan barreras estructurales, emocionales o culturales que dificultan su uso efectivo. Para garantizar la igualdad de acceso, se implementan mecanismos de monitoreo continuo que analizan los datos desagregados por sexo, edad, identidad de género, orientación sexual, etnicidad, discapacidad, idioma o nivel jerárquico.

Por ejemplo, si en una organización el 60 % de la plantilla son mujeres pero solo el 10 % de las denuncias provienen de mujeres, se genera una alerta que motiva una indagación más profunda. Asimismo, se compara el tiempo de resolución de casos según el grupo de origen del denunciante, el tipo de resolución aplicada y el nivel de satisfacción reportado. Muchas organizaciones aplican encuestas específicas a personas pertenecientes a colectivos históricamente excluidos, para conocer de primera mano si sienten confianza en el sistema, si consideran que pueden presentar una denuncia sin temor a represalias, y si han recibido trato igualitario durante el proceso. Además, se evalúa la accesibilidad física y comunicacional del canal, adaptándolo -por ejemplo- a personas con discapacidad visual o auditiva, mediante intérpretes, formatos accesibles, interfaces inclusivas o personal capacitado en atención diversa.

También se revisa que los mecanismos de difusión de los canales sean culturalmente pertinentes y lleguen a todas las personas, incluyendo aquellas con bajo nivel de alfabetización digital o que trabajan en zonas descentralizadas. Esta revisión periódica permite corregir desigualdades de origen, ajustar las estrategias de comunicación, capacitar de manera específica a los encargados de recibir denuncias y diseñar campañas de sensibilización con enfoque interseccional. De esta manera, se garantiza que los canales de denuncia no se conviertan en un privilegio para algunos, sino en un derecho efectivo para todas las personas que integran la organización, en particular aquellas más expuestas a situaciones de vulnerabilidad o discriminación.

8.3.8. ¿Está previsto un mecanismo de mejora continua que permita ajustar o rediseñar políticas y protocolos en función de los resultados del monitoreo?

Sí, en los sistemas de cumplimiento ético y gobernanza responsable, está previsto un mecanismo de mejora continua que actúa como columna vertebral del sistema antiacoso. Este mecanismo se basa en el principio de retroalimentación constante y tiene como objetivo ajustar o rediseñar las políticas, procedimientos y herramientas institucionales en función de los resultados obtenidos a través de distintas fuentes de monitoreo. Entre estas fuentes se incluyen los reportes anuales de funcionamiento del canal de denuncias, las encuestas de clima laboral y percepción de justicia, los análisis de casos resueltos, las auditorías internas y externas, las evaluaciones de impacto de capacitaciones y las consultas realizadas a colectivos específicos.

El proceso de mejora continua se activa cuando la organización detecta brechas entre lo planificado y lo ejecutado, o entre lo normado y lo vivido. Por ejemplo, si los datos muestran que muchas personas desconocen la existencia del protocolo de actuación frente al acoso, o que el tiempo promedio de resolución supera ampliamente los plazos establecidos, se activa una revisión que puede concluir con la modificación del protocolo, el rediseño del sistema de capacitación o la mejora de los recursos asignados a la unidad de cumplimiento. Este ciclo también permite incorporar recomendaciones de buenas prácticas internacionales, cambios normativos o jurisprudencia reciente que impacte en la interpretación de los derechos y deberes de las partes involucradas en casos de acoso.

Además, muchas organizaciones formalizan este mecanismo de mejora continua en un documento que establece roles, plazos, procesos de revisión y responsables de implementar los ajustes. De esta forma, se evita que los cambios dependan únicamente de la voluntad individual de personas clave y se consolida una estructura organizativa capaz de aprender, corregir y adaptarse frente a un entorno cambiante. El mecanismo de mejora continua no es un mero complemento, sino una garantía de que el sistema de prevención del acoso sigue siendo pertinente, eficaz y legítimo en el tiempo. Es una expresión tangible del compromiso institucional con la dignidad, la justicia y la evolución permanente hacia espacios de trabajo más seguros, igualitarios y respetuosos para todas las personas.

8.3.9. ¿Existen alertas internas o indicadores tempranos que permitan identificar posibles focos de acoso antes de que se formalice una denuncia?

Sí, y su existencia es clave para la eficacia de una política preventiva real. Las organizaciones que abordan el acoso desde una lógica de gestión anticipada de riesgos disponen de sistemas de detección temprana que permiten intervenir antes de que se produzca un daño consolidado o se formalice una denuncia. Estos sistemas se nutren de una variedad de fuentes. Por un lado, se analizan indicadores cuantitativos: picos de rotación en equipos específicos, aumento inusual de licencias médicas o psicológicas, baja sostenida en los niveles de satisfacción en las encuestas de clima laboral, y disminución abrupta en la productividad o en la calidad de las interacciones en determinadas áreas. Estas señales, si se interpretan en contexto, pueden ser síntomas de un ambiente de trabajo deteriorado que, sin llegar aún al acoso tipificado, configura un terreno fértil para su aparición.

Por otro lado, también se recogen señales cualitativas, a menudo más sutiles, como comentarios recurrentes en evaluaciones de desempeño que aluden a conflictos personales, silencios prolongados en reuniones de equipo, exclusiones no justificadas de personas en decisiones relevantes o malestar sostenido reportado informalmente al área de Personas. La clave es que estas señales sean tratadas con sensibilidad, confidencialidad y sin estigmatización, y que den lugar a intervenciones tempranas como conversaciones exploratorias, mediaciones preventivas, rotaciones internas o talleres específicos. No se trata de actuar como policía de la cultura, sino de generar una presencia institucional atenta, cercana y proactiva que reduzca los tiempos de exposición al riesgo y fortalezca la confianza interna. Además, el desarrollo de una red de referentes internos -personas capacitadas que actúan como "ojos y oídos" éticos en la organización- puede potenciar enormemente la capacidad de captar estos indicadores de manera temprana y estratégica.

8.3.10. ¿Se ha auditado si las personas sancionadas por acoso reinciden o si las medidas de corrección han sido realmente efectivas?

Sí, y esta auditoría constituye una herramienta crítica para determinar si el enfoque disciplinario adoptado por la organización tiene un efecto transformador o, por el contrario, reproduce patrones punitivos ineficaces. La evaluación de la reincidencia o la efectividad de las medidas disciplinarias no puede limitarse a un seguimiento superficial o a la simple ausencia de nuevas denuncias. Implica monitorear la conducta posterior de la persona sancionada, evaluar si ha modificado sus patrones de interacción, si ha participado en instancias de formación o reflexión obligatorias y si el entorno laboral en el que se reintegra ha sido preparado para acoger el cambio de dinámica con garantías de seguridad para todas las partes.

Una auditoría efectiva analiza si la sanción aplicada fue proporcional y contextualizada, si se integró a un plan de acción restaurativo o reparador, y si el sistema realizó un acompañamiento posterior a través de entrevistas de seguimiento, supervisión de liderazgo o sesiones de coaching ético. También se evalúa si hubo alguna mejora en los indicadores de clima del equipo afectado, si las personas que convivían con el infractor/a se sienten hoy seguras y si las medidas preventivas adicionales -como rotaciones, reevaluaciones jerárquicas o revisiones del estilo de liderazgo- fueron implementadas correctamente. En organizaciones más avanzadas, esta auditoría se plasma en informes internos que alimentan el sistema de mejora continua y que permiten identificar si ciertas sanciones (por ejemplo, solo una advertencia verbal) son insuficientes en determinados tipos de casos o si, por el contrario, hubo sobrerreacción en contextos ambiguos.

Auditar, auditar la reincidencia no es solo un control de cumplimiento, sino una herramienta que permite reflexionar institucionalmente sobre la efectividad de las respuestas frente al acoso y sobre el modelo disciplinario que la organización promueve.

8.3.11. ¿Incluye el monitoreo una revisión crítica de los casos cerrados sin sanción para detectar posibles sesgos, errores o fallos procesales?

Sí, y esta revisión crítica es una piedra angular del sistema de garantía de calidad y equidad. Cuando un caso de acoso se cierra sin sanción, ello no siempre implica que la conducta denunciada no existió; puede tratarse de una insuficiencia probatoria, de la existencia de ambigüedades normativas o, incluso, de sesgos en la valoración del relato de las partes. Por eso, las organizaciones que se toman en serio su política de cumplimiento realizan, al menos una vez al año, revisiones integrales de los casos cerrados sin sanción para identificar patrones sistémicos o errores en el tratamiento. Esta revisión se lleva a cabo por equipos interdisciplinarios o por comités con autonomía funcional que examinan la trazabilidad del caso: desde la admisibilidad de la denuncia, la conducción de las entrevistas, la valoración del contexto, hasta el análisis jurídico y la decisión final.

Uno de los aspectos clave en esta revisión es detectar posibles sesgos -de género, jerárquicos, culturales- que hayan influido en la resolución. Por ejemplo, que se tiendan a descartar denuncias presentadas por personas jóvenes contra superiores de alto rango, o que se invaliden testimonios de víctimas en base a estereotipos. También se examina si los tiempos del proceso fueron razonables, si se brindó contención emocional suficiente, si se respetó la confidencialidad y si las partes comprenden por qué el caso se cerró sin consecuencias disciplinarias. En muchos casos, estas revisiones han permitido evidenciar fallas estructurales -como un enfoque excesivamente legalista o una interpretación reducida del acoso psicológico- que luego dieron lugar a modificaciones normativas, nuevas guías interpretativas o capacitaciones específicas para quienes gestionan denuncias. Lejos de ser una amenaza al sistema, esta práctica fortalece la legitimidad del proceso, garantiza el derecho a la verdad procesal y permite que el sistema aprenda de sí mismo con honestidad institucional.

8.3.12. ¿Se documentan, sistematizan y analizan los aprendizajes institucionales derivados de los casos de acoso laboral gestionados?

Sí, y este ejercicio es cada vez más reconocido como una práctica estratégica que convierte el abordaje del acoso en un verdadero motor de transformación organizacional. Documentar significa registrar de manera estructurada y confidencial cada etapa del caso: no solo el hecho puntual denunciado, sino todo el proceso que lo rodea -desde cómo se enteró la institución, cómo se trató la denuncia, qué medidas se tomaron y cuáles fueron sus efectos-. Sistematizar implica organizar esta información por categorías de análisis (tipo de conducta, lugar, relación jerárquica entre las partes, tiempo de respuesta, resolución aplicada, percepción de las partes, nivel de satisfacción, impactos en el clima, etc.), lo que permite identificar patrones y tendencias.

El análisis posterior de estos datos tiene múltiples finalidades: mejorar los protocolos de actuación, ajustar el enfoque de las capacitaciones, rediseñar los sistemas de reporte, crear nuevos roles de acompañamiento o incluso modificar prácticas institucionales nocivas que, sin ser formalmente sancionables, generan climas propensos al maltrato. Por ejemplo, si se detecta que la mayoría de los casos tienen lugar en determinados niveles jerárquicos o áreas con poca supervisión directa, se pueden tomar medidas de prevención focalizadas. Si se observa que muchas denuncias fueron mal formuladas por falta de conocimiento, se puede fortalecer la capacitación en cómo identificar y reportar acoso. En las organizaciones más desarrolladas, estos aprendizajes se plasman en informes confidenciales de lecciones aprendidas, se presentan ante comités de ética o consejos de administración y se incorporan a planes estratégicos de mejora institucional. Este circuito de aprendizaje asegura que cada caso -incluso los mal gestionados- sirva como punto de partida para construir una cultura más segura, inclusiva y justa, y demuestra que la prevención del acoso no es una acción reactiva ni coyuntural, sino una responsabilidad sistémica, transversal y permanente.

8.3.13. ¿Qué acciones toma el área de Compliance cuando identifica debilidades en la aplicación de los mecanismos de respuesta?

Cuando el área de Compliance identifica debilidades en la aplicación de los mecanismos de respuesta ante situaciones de acoso, activa una serie de acciones tanto correctivas como preventivas que tienen como propósito restaurar la eficacia, la legalidad y la legitimidad del sistema institucional de prevención. Estas acciones no son generales ni simbólicas: son concretas, personalizadas según la naturaleza del fallo y estructuradas dentro del marco normativo interno de la organización. La primera medida suele ser la elaboración de un informe técnico o de un reporte interno que documenta detalladamente la debilidad detectada. Este informe no se limita a describir el incidente, sino que también identifica sus causas, evalúa su impacto (en la víctima, en el equipo de trabajo, en la credibilidad institucional) y sugiere medidas correctivas con plazos y responsables definidos. En casos de debilidades procesales -por ejemplo, una investigación mal conducida, una medida de protección no activada a tiempo o una falta de comunicación con las partes- el área de Compliance puede solicitar la reapertura del caso, intervenir directamente para supervisar su tramitación o incluso recomendar la separación temporal del personal que haya cometido errores graves.

Cuando las debilidades no son casos puntuales, sino patrones recurrentes o estructurales (por ejemplo, baja tasa de resolución efectiva, demoras crónicas o ausencia de criterios claros de valoración probatoria), Compliance puede promover una reforma normativa, revisar la cadena de responsabilidades, redistribuir tareas o crear nuevas unidades de apoyo técnico para fortalecer la capacidad institucional. Además, puede activar procesos de acompañamiento y capacitación correctiva para las áreas que presentaron fallos, de forma que no solo se corrija el error, sino que se prevenga su repetición. En las organizaciones que cuentan con órganos colegiados como Comités de Ética o Consejos de Integridad, Compliance presenta sus hallazgos ante estas instancias para lograr que la respuesta institucional tenga un carácter integral y no fragmentado.

Otra acción importante que toma el área de Compliance es establecer mecanismos de seguimiento posteriores, que permiten verificar si las recomendaciones emitidas han sido implementadas efectivamente. Este seguimiento no se limita al cumplimiento formal, sino que busca evidencias de cambio real en la conducta institucional. Si después de una intervención correctiva se siguen produciendo fallos en la aplicación de los protocolos, el área de Compliance puede escalar el asunto a la Alta Dirección o incluso activar medidas disciplinarias internas, especialmente si la omisión o la negligencia comprometen derechos fundamentales o reproducen entornos hostiles.

El rol de Compliance no es solo garantizar que existan reglas, sino asegurar que esas reglas funcionen correctamente y que, cuando no lo hacen, se tomen las medidas necesarias para restituir su eficacia y proteger a las personas.

8.3.14. ¿Se realiza una revisión periódica de la formación del personal clave (investigadores, responsables de recursos humanos, miembros de comités de ética) en protocolos antiacoso?

Sí, en un sistema de prevención sólido, la revisión periódica de la formación del personal clave no solo se realiza, sino que se considera una condición sine qua non para el funcionamiento ético, técnico y jurídico de todo el proceso de respuesta al acoso. Esta revisión es mucho más que una verificación administrativa sobre si el personal ha asistido o no a una capacitación. Implica una evaluación cualitativa y continua sobre la actualización, profundidad, pertinencia y aplicabilidad de los conocimientos adquiridos por quienes intervienen directamente en la gestión de denuncias o en la toma de decisiones en casos de acoso.

En primer lugar, se revisan las competencias técnicas: los investigadores deben conocer los marcos legales vigentes, los principios del debido proceso, las normas internas de la organización, las técnicas de entrevista y recolección de pruebas, y los estándares de confidencialidad. Pero también se evalúan competencias éticas y relacionales, como la capacidad de escucha activa, la empatía, el manejo del trauma, el respeto por las diferencias culturales, la neutralidad y la ausencia de prejuicios o estereotipos. En esta revisión participan habitualmente el área de Personas, el equipo de formación interna y el propio equipo de Compliance, y se realiza a través de auditorías de expedientes, observación de entrevistas (cuando es posible), encuestas de percepción de las personas denunciantes y evaluaciones de desempeño.

Si la revisión detecta vacíos de conocimiento, sesgos cognitivos, errores recurrentes o enfoques inadecuados (por ejemplo, una actitud excesivamente legalista que invisibiliza el sufrimiento de las personas), se diseñan capacitaciones específicas que incluyen desde aspectos normativos hasta habilidades socioemocionales. Estas capacitaciones no son voluntarias ni genéricas: son obligatorias, adaptadas al rol de cada actor y actualizadas periódicamente para incorporar cambios legales, buenas prácticas internacionales y estudios de casos reales. En muchas organizaciones, se ha institucionalizado la exigencia de una certificación interna para poder ejercer funciones como investigador o como integrante del comité de ética, lo que garantiza un estándar mínimo de idoneidad.

La revisión también considera la rotación del personal: si una persona deja de estar en el cargo, se activa un protocolo de traspaso que incluye no solo documentación formal, sino también un proceso de formación y sensibilización para quien asume la función. Todo esto permite garantizar que el sistema de respuesta al acoso no dependa de voluntades individuales ni quede a merced de improvisaciones, sino que funcione de manera profesional, coherente y sostenida en el tiempo. En síntesis, la revisión periódica de la formación del personal clave es una práctica indispensable para que los protocolos antiacoso no solo existan en el papel, sino que se implementen con calidad, justicia y respeto por la dignidad de todas las personas involucradas.

8.3.15. ¿El monitoreo contempla una evaluación transversal del alineamiento entre los discursos institucionales de cero tolerancia y las prácticas efectivas de la organización frente al acoso?

Sí, el monitoreo contempla una evaluación transversal cuyo objetivo es verificar si existe coherencia real entre el discurso institucional -es decir, la afirmación pública y formal de que existe “cero tolerancia” frente al acoso- y las prácticas concretas que la organización despliega en su día a día para prevenir, investigar y sancionar conductas de esta naturaleza. Esta evaluación es crítica porque muchas veces las organizaciones adoptan una retórica de cumplimiento impecable, pero esa retórica no se traduce en respuestas eficaces, diligentes o sensibles cuando se presentan casos reales. La evaluación transversal busca justamente detectar si esa brecha existe y, si es así, reducirla de manera sostenida.

Para ello, se utilizan herramientas como análisis comparativos entre lo normado y lo actuado, revisiones de expedientes para verificar si las respuestas fueron consistentes con los protocolos establecidos, encuestas de percepción para identificar el grado de confianza de la plantilla en el sistema interno, y entrevistas a personas que hayan sido parte de procesos de denuncia, ya sea como víctimas, testigos o personas denunciadas. También se evalúan los tiempos de respuesta promedio, la proporción de denuncias resueltas con sanción, la aplicación efectiva de medidas de protección y el grado de difusión y accesibilidad de los canales de reporte.

La evaluación incluye, además, un análisis de las decisiones institucionales en casos especialmente sensibles -por ejemplo, cuando el denunciado es una persona de alto rango o con influencia dentro de la organización-, para verificar si el principio de igualdad ante la norma se aplica de manera efectiva o si existe una tendencia a minimizar, desestimar o encubrir en función del poder jerárquico. Asimismo, se revisa si las campañas de comunicación interna están alineadas con la práctica real: no tiene sentido promover mensajes de respeto, inclusión y cero tolerancia si al mismo tiempo se permite la impunidad, se desacredita a las personas denunciantes o se toleran entornos de trabajo tóxicos.

Cuando esta evaluación transversal detecta incoherencias entre el discurso y la práctica, se emiten recomendaciones que pueden incluir desde la revisión del lenguaje institucional, la reformulación de protocolos, la mejora en la transparencia de los procesos disciplinarios, hasta la creación de espacios de diálogo y rendición de cuentas ante el personal. El objetivo final no es sancionar discursos vacíos, sino construir una cultura de integridad basada en la autenticidad, la coherencia y la responsabilidad institucional. Solo cuando las palabras y los hechos coinciden, el principio de "cero tolerancia" deja de ser un lema para convertirse en una política viva, creíble y transformadora.

8.4. El asesoramiento a dirección y RRHH en la toma de decisiones sensibles

8.4.1. ¿En qué momento del proceso de gestión de una denuncia de acoso debe intervenir el área de Compliance para asesorar a dirección y RRHH?

El área de Compliance debe intervenir en el momento en que se recibe o detecta una denuncia, tanto si esta ha sido formalizada por los canales institucionales como si ha surgido mediante comunicaciones informales, observaciones internas o reportes confidenciales. Su intervención temprana es crítica para activar correctamente los mecanismos de respuesta, garantizar la trazabilidad de las actuaciones desde el primer minuto y evitar cualquier irregularidad que pudiera afectar la legitimidad del procedimiento. La experiencia muestra que muchos errores o vulneraciones en los procesos disciplinarios por acoso se originan precisamente en la etapa inicial, ya sea por demoras injustificadas, falta de medidas de protección, errores en la clasificación de los hechos o actuaciones mal dirigidas. Por ello, Compliance debe estar presente desde el inicio para acompañar a Dirección y Recursos Humanos en la activación del protocolo, asesorando sobre la ruta procesal más adecuada según el tipo de acoso (moral, sexual, discriminatorio), el rol jerárquico del implicado y las condiciones de vulnerabilidad de la persona denunciante.

Pero su rol no termina en la fase inicial. A lo largo del proceso, Compliance debe actuar como garante de legalidad, imparcialidad y diligencia procedimental. Debe verificar que las entrevistas se realicen con técnicas respetuosas y sin sesgos, que se respeten los plazos estipulados, que se recopile la prueba de forma rigurosa y que no haya interferencias indebidas de personas con intereses en el caso. En la etapa final, antes de la emisión de la resolución, su asesoramiento resulta esencial para evaluar la solidez del expediente, la proporcionalidad de las medidas propuestas y la coherencia de la decisión con la normativa interna y los principios éticos de la organización. Esta asesoría no se limita a aspectos legales: incluye también una evaluación del impacto institucional de cada decisión, su alineación con la cultura de integridad promovida por la organización y su capacidad de generar precedentes pedagógicos que refuercen la confianza del personal en el sistema de cumplimiento.

8.4.2. ¿Cómo asegura el área de Compliance su independencia y objetividad al asesorar en casos de acoso laboral que involucran a altos cargos jerárquicos?

La independencia del área de Compliance no es un atributo abstracto o meramente declarativo: es un requisito funcional, estructural y procedimental que debe estar asegurado por la gobernanza interna de la organización. Para ello, la primera condición es que Compliance no dependa jerárquicamente de las personas implicadas o de áreas operativas como Recursos Humanos o gerencias generales, sino que reporte directamente a órganos autónomos como el Comité de Ética, el Directorio, el Consejo de Administración o, en estructuras más modernas, a la figura del Chief Compliance Officer con independencia operativa garantizada. Esta ubicación organizativa debe estar acompañada por una normativa clara que establezca que el área de

Compliance tiene autonomía técnica para actuar en casos sensibles, acceso irrestricto a la documentación necesaria y facultades para emitir recomendaciones vinculantes sobre aspectos procesales o de integridad institucional.

En los casos en los que la persona denunciada sea un alto cargo jerárquico -como una jefatura, dirección general o miembro del consejo- la objetividad de Compliance debe reforzarse mediante el uso de salvaguardias adicionales. Estas pueden incluir la designación de investigadores externos, la revisión de la investigación por comités especiales, o la solicitud de auditorías paralelas que aseguren la ausencia de conflicto de interés. La objetividad también se protege mediante la trazabilidad documental: todo lo actuado por Compliance debe estar debidamente registrado, firmado y archivado de manera segura, de modo que cualquier decisión pueda ser auditada posteriormente y se garantice la transparencia del proceso. Además, la actuación de Compliance debe estar respaldada por criterios éticos consistentes: ningún cargo jerárquico, por influyente que sea, está exento de rendir cuentas, y la obligación ética del área de cumplimiento es actuar con el mismo rigor en todos los casos, garantizando una respuesta imparcial, aunque ello implique tensiones institucionales. En estos contextos, la fortaleza moral del equipo de Compliance y su capacidad de resistir presiones resulta tan importante como su formación jurídica o técnica.

8.4.3. ¿Qué criterios éticos y legales debe considerar el Compliance al recomendar medidas cautelares en situaciones de acoso?

La recomendación de medidas cautelares en casos de acoso debe basarse en un equilibrio ético y legal que permita proteger a las personas afectadas sin vulnerar los derechos de las partes ni comprometer la integridad del proceso. En primer lugar, desde el punto de vista ético, el criterio central es la prevención de daños: la medida debe tener como finalidad inmediata evitar que la persona denunciante sea expuesta a nuevas situaciones de hostigamiento, intimidación, represalias o revictimización. Para ello, el área de Compliance debe analizar con rapidez si existe una relación jerárquica o funcional directa entre las partes, si hay antecedentes de violencia o acoso reiterado, si existen factores de vulnerabilidad personal (por ejemplo, edad, género, discapacidad, dependencia económica), y si el entorno de trabajo podría comprometer el bienestar psicológico o la libertad de expresión de la víctima.

Desde el punto de vista legal, la medida cautelar debe cumplir con los principios de proporcionalidad, temporalidad, necesidad y reversibilidad. Proporcionalidad significa que no puede ir más allá de lo necesario para prevenir el daño; temporalidad, que debe estar limitada en el tiempo hasta que se resuelva el caso; necesidad, que debe justificarse en una situación de riesgo real y no meramente hipotética; y reversibilidad, que debe poder ser modificada si las condiciones del caso cambian. Entre las medidas más utilizadas se encuentran: la separación física o funcional de las partes, la suspensión temporal con goce de haberes, la modificación de turnos o funciones y la limitación de contacto directo. El área de Compliance debe documentar cuidadosamente la justificación de la medida, analizar si la organización cuenta con los recursos para implementarla, y establecer un mecanismo de seguimiento para evaluar su eficacia y su impacto en el desarrollo del proceso.

8.4.4. ¿Está protocolizado el papel del Compliance en la toma de decisiones disciplinarias derivadas de denuncias de acoso laboral?

Sí, en organizaciones que han desarrollado un sistema institucional de cumplimiento normativo, el papel del área de Compliance en los procesos disciplinarios derivados de denuncias de acoso laboral está formalmente establecido en sus normativas internas. Esto significa que no se trata de una función improvisada ni discrecional, sino de una intervención obligatoria, regulada por procedimientos escritos que detallan en qué momentos y de qué forma debe participar Compliance en la toma de decisiones disciplinarias. Habitualmente, esta intervención se da una vez finalizada la investigación interna y antes de la decisión disciplinaria definitiva, aunque en algunos modelos de gobernanza, el área de Compliance también tiene un rol de validación durante la etapa de investigación o en la revisión de las conclusiones emitidas por el comité instructor.

Dentro de este marco protocolizado, Compliance debe emitir un informe técnico que evalúe la legalidad del proceso, la suficiencia probatoria del expediente, la adecuación de las medidas propuestas y el respeto de los principios de imparcialidad, confidencialidad y debido proceso. Este informe se remite a la autoridad disciplinaria (por ejemplo, Recursos Humanos, el Comité de Ética o el Consejo de Dirección) y, dependiendo del modelo institucional, puede tener carácter consultivo o vinculante. En algunos casos, especialmente cuando hay implicaciones legales serias o riesgos reputacionales, la organización no puede emitir una resolución sin el visto bueno del área de Compliance. Esta protocolización también establece que las recomendaciones de Compliance deben basarse en criterios objetivos, previamente definidos en matrices de riesgo, escalas sancionatorias y guías interpretativas, lo cual asegura la consistencia y la equidad en la aplicación de las sanciones. Además, garantiza que todos los casos -independientemente del área, el cargo o la notoriedad pública del implicado- se sometan a una misma lógica de control ético y legal, fortaleciendo así la transparencia, la rendición de cuentas y la cultura de integridad institucional.

8.4.5. ¿Qué tipo de análisis realiza el área de Compliance para determinar la proporcionalidad de las sanciones en casos de hostigamiento?

El análisis de proporcionalidad que realiza el área de Compliance parte del principio fundamental de justicia material, que exige que la sanción impuesta sea adecuada en relación con la gravedad de la conducta, las circunstancias del caso y los efectos provocados. Este análisis no se limita a aplicar una norma de forma mecánica, sino que requiere una valoración contextual y cualitativa. En primer lugar, se examinan los hechos probados y se los encuadra en el marco normativo interno -ya sea un código de conducta, reglamento disciplinario, protocolo de prevención del acoso o política de integridad-. Se analiza si los actos encajan dentro de las definiciones de acoso laboral, acoso moral o acoso sexual, y qué grado de intensidad alcanzan.

Luego se consideran factores agravantes y atenuantes. Entre los agravantes: la reiteración de la conducta, el carácter público o humillante del hostigamiento, el uso de la jerarquía para intimidar o coaccionar, y el impacto comprobado sobre la salud física o psicológica de la víctima. Como atenuantes: la admisión de responsabilidad, la colaboración con la investigación, la ausencia de antecedentes y las acciones reparadoras voluntarias. También se analizan las consecuencias organizacionales del caso, incluyendo la afectación a la cultura del entorno laboral, la pérdida de confianza en la gestión y la percepción de tolerancia institucional al acoso.

El Compliance compara la sanción propuesta con casos anteriores de características similares, para garantizar coherencia y evitar arbitrariedad. Además, pondera la capacidad preventiva y restaurativa de la sanción: es decir, si cumple con desalentar futuras conductas similares y si contribuye a reparar el daño causado. La proporcionalidad no se limita a castigar: también debe generar un efecto de pedagogía ética, mostrando que las normas se aplican de forma justa y que nadie está por encima del marco disciplinario.

8.4.6. ¿Cómo puede el área de Compliance asesorar a Recursos Humanos para evitar la revictimización o represalias hacia quienes denuncian?

El asesoramiento de Compliance a Recursos Humanos comienza en el momento mismo de la recepción de la denuncia. Desde entonces, debe evaluarse si existen riesgos reales de que la persona denunciante sufra represalias directas (como amenazas, despidos, exclusión de proyectos) o indirectas (aislamiento, estigmatización, deterioro del ambiente laboral). Para ello, se puede aplicar una matriz de riesgo que contemple el tipo de relación entre las partes, el historial de conflictos previos, el nivel jerárquico del denunciado y las condiciones de vulnerabilidad de la persona denunciante (género, edad, dependencia económica, antecedentes de salud mental, entre otros).

A partir de este análisis, Compliance propone a Recursos Humanos medidas de protección inmediatas y específicas: reubicación temporal, restricción de contacto entre las partes, permisos con goce de sueldo, designación de una persona de confianza que acompañe a la víctima, e incluso el cambio de espacio físico o de supervisor directo. Además, orienta sobre cómo comunicar las medidas adoptadas al equipo de trabajo sin exponer a la persona denunciante, resguardando su intimidad y reduciendo al máximo el riesgo de hostilidad grupal.

En paralelo, Compliance promueve la incorporación de protocolos institucionales contra la represalia, los cuales deben incluir la prohibición explícita de tomar cualquier medida que perjudique a quien haya formulado una denuncia de buena fe, la obligación de seguimiento del caso durante y después de la investigación, y la sanción de conductas intimidatorias incluso si no provienen directamente del denunciado. También se fomenta la capacitación continua del equipo de RRHH en enfoque de víctima, derechos humanos y estándares internacionales sobre entornos laborales seguros. La prevención de la revictimización es un pilar ético del sistema de cumplimiento: si la víctima siente que denunciar le causa más daño que el acoso en sí, se desincentiva todo el sistema y se perpetúa la impunidad.

8.4.7. ¿De qué manera el área de Compliance contribuye a garantizar la imparcialidad y la debida diligencia en las investigaciones internas sobre acoso?

El Compliance actúa como garante del estándar de investigación interna en toda su dimensión: legal, procedimental, técnica y ética. En cuanto a la imparcialidad, su rol principal es verificar que quienes intervienen en la investigación (instructores, miembros de comités, peritos internos) no tengan vínculos, intereses o antecedentes que puedan comprometer su objetividad. Esto implica revisar relaciones jerárquicas, antecedentes laborales compartidos, afinidades personales o cualquier factor que pudiera generar conflicto de interés. Si se detecta un riesgo de parcialidad, Compliance tiene la facultad de solicitar el apartamiento de la persona investigadora y la designación de otra que garantice objetividad.

Respecto a la debida diligencia, Compliance supervisa que el procedimiento respete cada etapa del protocolo establecido, desde la admisión de la denuncia hasta la resolución del caso. Esto incluye: asegurar que los plazos se respeten, que las pruebas se recojan de forma técnica y ordenada, que las entrevistas sean registradas y realizadas en condiciones adecuadas (ambiente seguro, presencia de apoyo si es necesario), y que el análisis probatorio se base en criterios objetivos y no en estereotipos o intuiciones subjetivas. También se exige la elaboración de informes estructurados, con criterios de valoración preestablecidos, referencias normativas y fundamentación jurídica clara.

Además, Compliance puede intervenir revisando la suficiencia de la prueba antes del cierre del expediente, solicitando medidas adicionales si se advierten omisiones, inconsistencias o indicios no explorados. En casos complejos o de alta sensibilidad institucional, puede recomendar la participación de consultores externos o auditores especializados para asegurar un nivel superior de imparcialidad. La debida diligencia no es solo una cuestión técnica: es la condición que legitima la decisión final y protege a la organización frente a riesgos legales, reputacionales y éticos.

8.4.8. ¿Cuál es el papel del área de Compliance en la validación de acuerdos de confidencialidad o resoluciones informales en casos de acoso laboral?

Compliance debe revisar exhaustivamente cualquier intento de resolver un caso de acoso mediante acuerdos informales (como conciliaciones, retractaciones o compromisos de conducta) o mediante cláusulas de confidencialidad. Su papel es evitar que estos mecanismos se conviertan en vías de silenciamiento, presión o encubrimiento. En primer lugar, verifica que ambas partes participen de forma voluntaria, informada y sin coacción. La persona denunciante debe contar con asesoría jurídica o acompañamiento institucional independiente, y debe comprender claramente el alcance del acuerdo, incluyendo los efectos legales, las limitaciones y las consecuencias de su incumplimiento.

En cuanto a las cláusulas de confidencialidad, Compliance se asegura de que estas no impidan a la víctima acceder a instancias judiciales o administrativas externas, ni limiten su derecho a expresarse en entornos terapéuticos o espacios protegidos. La confidencialidad debe estar orientada exclusivamente a preservar la privacidad de las partes y la integridad del proceso, no a proteger a la organización o al agresor de posibles consecuencias legales.

Además, Compliance evalúa la razonabilidad del acuerdo en función de la gravedad de la conducta: si el caso implica violencia reiterada, abuso de poder o una conducta sancionable según el reglamento interno, la resolución informal no puede sustituir la obligación de investigar ni evitar una respuesta disciplinaria. En tales casos, puede desestimar el acuerdo y exigir la continuidad del procedimiento formal. Cuando se aprueba un acuerdo informal, Compliance valida que incluya cláusulas de seguimiento, medidas de reparación (como disculpas formales, capacitaciones obligatorias, compromiso de no repetición), y que esté debidamente documentado, registrado y auditado por las instancias correspondientes.

Su rol es garantizar que ninguna solución informal o acuerdo de confidencialidad vulnere derechos, impida el acceso a la justicia, o sirva para proteger al agresor o a la organización a costa del bienestar de la víctima y de la integridad institucional. La validación de estos mecanismos debe ser excepcional, rigurosa y siempre subordinada a los principios de legalidad, equidad y transparencia.

8.4.9. ¿En qué medida debe el área de Compliance participar en la comunicación interna de una resolución sobre un caso de acoso?

La participación del área de Compliance en la comunicación interna de una resolución por acoso debe ser integral, estratégica y coherente con su rol como garante de la integridad institucional. Aunque no necesariamente lidera la comunicación, sí debe intervenir activamente en la planificación, supervisión y validación del contenido, momento y canal de difusión de dicha información. En primer lugar, debe garantizar que la comunicación respete los principios de confidencialidad, no revictimización y protección de los derechos tanto de la persona denunciante como del denunciado, especialmente cuando no ha habido pronunciamiento judicial firme. En este sentido, la intervención de Compliance consiste en revisar que el mensaje no contenga referencias directas o indirectas que puedan identificar a las personas involucradas, a menos que exista consentimiento informado y documentado.

Además, Compliance debe asegurar que el lenguaje utilizado en la comunicación esté libre de ambigüedades, eufemismos o formulaciones que minimicen la gravedad de los hechos o transmitan una postura institucional débil frente al acoso. Por el contrario, debe garantizar que el mensaje reafirme los principios de tolerancia cero, equidad, imparcialidad y respeto a los derechos humanos, transmitiendo a la organización que los canales de denuncia funcionan y que el protocolo se aplica sin privilegios ni excepciones. También debe colaborar en la elección del canal de comunicación (correo, reunión, cartelera interna, intranet), considerando la magnitud del caso, el grado de exposición y la sensibilidad del contexto organizacional.

Cuando se trata de casos que han tenido un alto impacto interno o mediático, Compliance debe además participar en el diseño de un mensaje institucional complementario por parte de la alta dirección, acompañado de acciones concretas como sesiones de escucha, conversatorios con especialistas, refuerzo de capacitaciones o activación de un plan de cultura organizacional centrado en la ética y la prevención. En resumen, su participación debe ir más allá del control legal: es un elemento estructural para asegurar que la comunicación de la resolución cumpla una función pedagógica, reparadora y transformadora dentro de la organización.

8.4.10. ¿Qué riesgos éticos y reputacionales puede prever el Compliance si la dirección toma decisiones apresuradas o motivadas por intereses corporativos?

Cuando las decisiones en materia de acoso se toman por motivaciones ajenas al cumplimiento de los principios de legalidad, equidad y protección de derechos -por ejemplo, para proteger relaciones de poder, evitar conflictos sindicales, salvar la imagen institucional frente a clientes o socios estratégicos, o simplemente "cerrar el tema" lo más rápido posible- el área de Compliance debe anticipar y advertir una serie de riesgos graves. En primer lugar, el riesgo ético: el incumplimiento de la debida diligencia y la desviación de los procesos afectan directamente la legitimidad del sistema de integridad interna. Esto daña la percepción que tiene el personal sobre la imparcialidad de los procedimientos y genera una cultura organizacional marcada por el miedo, la resignación o el cinismo institucional. Es decir, aunque se implementen códigos de conducta o capacitaciones formales, si las decisiones reales contradicen los principios proclamados, el mensaje que se impone es el de la impunidad.

En segundo lugar, el riesgo reputacional es crítico. Cuando la organización no gestiona correctamente los casos de acoso, puede ser objeto de denuncias públicas, cobertura negativa en medios de comunicación, pérdida de confianza por parte de los stakeholders, y rechazo de aliados estratégicos, especialmente en sectores regulados o con compromisos de sostenibilidad y responsabilidad social. Esto puede escalar hasta generar litigios laborales, intervención de organismos reguladores, auditorías externas o pérdida de certificaciones, con efectos materiales severos. A largo plazo, la organización también sufre una pérdida de capital humano, especialmente entre personas con alta conciencia ética, lo que limita su capacidad de atraer y retener talento.

El área de Compliance, ante estas situaciones, no solo debe advertir los riesgos de manera clara y fundada, sino también dejar constancia documental de su posición, activar los canales de escalamiento institucional (como el comité de ética, el consejo directivo o el órgano de gobierno) y, en algunos marcos, incluso promover investigaciones externas o elevar el caso a la autoridad correspondiente. En su función esencial, Compliance no debe limitarse a acompañar decisiones formales, sino a proteger la sostenibilidad ética y legal de la organización ante actos que comprometan gravemente su credibilidad institucional.

8.4.11. ¿Cómo puede el área de Compliance contribuir a evaluar el impacto de una decisión sobre acoso en la cultura organizacional?

Evaluar el impacto de una decisión sobre acoso en la cultura organizacional es una tarea compleja pero esencial para cerrar el ciclo de mejora continua, y Compliance tiene un papel clave en este proceso. Esta evaluación no se limita a revisar si la decisión fue ejecutada correctamente, sino a analizar qué efecto tuvo sobre la percepción colectiva de justicia, seguridad, confianza en los mecanismos institucionales y coherencia con los valores declarados por la organización.

El Compliance puede implementar diversas metodologías para ello. Por ejemplo, puede coordinar, junto con otras áreas (como Personas, Diversidad o Bienestar), la aplicación de encuestas anónimas de clima laboral focalizadas en el entorno más próximo al caso. Estas encuestas pueden medir indicadores como: percepción de imparcialidad, sensación de seguridad para denunciar, claridad sobre los protocolos y coherencia entre discurso y práctica. También puede promover entrevistas individuales o focus groups facilitados por personas externas, que garanticen un ambiente seguro para expresar preocupaciones o malestares no formales. En paralelo, puede revisar cambios en indicadores organizacionales: rotación de personal, ausentismo, conflictos laborales, uso del canal ético o consultas relacionadas con acoso.

A nivel estratégico, Compliance puede emitir un informe de impacto que incluya un análisis cualitativo de la respuesta organizacional, una evaluación de los aprendizajes institucionales y un set de recomendaciones orientadas a fortalecer la cultura preventiva. Esto puede implicar rediseñar procesos, reforzar la formación de mandos medios, ajustar el protocolo, mejorar la trazabilidad de las decisiones o instalar un modelo de justicia restaurativa donde la situación lo permita. El objetivo último es asegurar que la respuesta institucional no solo resuelva un caso, sino que contribuya al desarrollo de una cultura organizacional basada en el respeto, la equidad y la rendición de cuentas.

8.4.12. ¿Qué indicadores o evidencias puede utilizar el área de Compliance para recomendar mejoras en la respuesta institucional frente al acoso?

Para recomendar mejoras en la respuesta institucional al acoso, el área de Compliance debe basarse en un sistema de monitoreo sólido que combine indicadores cuantitativos, cualitativos y contextuales. En el plano cuantitativo, pueden utilizarse métricas como: número total de denuncias presentadas (por período, por área, por tipo de acoso), porcentaje de denuncias resueltas, tasa de resolución con sanción, tiempos promedio de respuesta en cada etapa del protocolo, tasa de reincidencia de personas sancionadas y número de medidas cautelares aplicadas. Estos datos permiten identificar tendencias, cuellos de botella y zonas de riesgo.

En cuanto a indicadores cualitativos, Compliance puede trabajar con los resultados de encuestas de percepción institucional, análisis de entrevistas o focus groups, auditorías internas sobre la aplicación del protocolo, y evaluación de los niveles de confianza en los canales de denuncia. Otro elemento clave es la revisión crítica de casos cerrados sin resolución sancionatoria, para detectar posibles fallas en la investigación, sesgos en la interpretación de la prueba o inconsistencias entre la gravedad del hecho y la respuesta institucional. Asimismo, se pueden considerar los comentarios recogidos en sesiones formativas, los reportes de líderes, y los informes de consultores externos o psicólogos laborales sobre climas tóxicos.

En paralelo, deben evaluarse factores estructurales: si el protocolo está actualizado y cumple con estándares legales y éticos, si los responsables de su aplicación están debidamente capacitados, si hay procedimientos diferenciados para colectivos vulnerables, y si la organización ofrece mecanismos de reparación, seguimiento y justicia restaurativa. A partir de esta evidencia, Compliance puede elaborar un informe de mejora que incluya recomendaciones concretas: desde la creación de unidades especializadas, hasta la introducción de indicadores en los cuadros de mando, pasando por el rediseño de los canales de denuncia o la reforma normativa interna. Este trabajo no solo fortalece la respuesta frente al acoso, sino que convierte al sistema de cumplimiento en un motor real de transformación institucional.

8.4.13. ¿Cuál es el rol del Compliance en la asesoría sobre medidas restaurativas o de reparación tras un caso de acoso?

El rol del área de Compliance en la asesoría sobre medidas restaurativas o de reparación es fundamental para garantizar que la gestión de los casos de acoso no concluya únicamente con una sanción disciplinaria, sino que integre una perspectiva de justicia organizacional completa, que busque restaurar tanto el daño individual como el tejido social interno afectado. Desde el punto de vista ético, la intervención de Compliance en este proceso debe orientarse a asegurar que las medidas restaurativas respeten la dignidad de las personas involucradas, favorezcan la reconstrucción del entorno laboral y refuercen el compromiso de la organización con los derechos humanos, tal como promueven la OIT y los Principios Rectores sobre Empresas y Derechos Humanos de las Naciones Unidas.

En este marco, Compliance puede proponer medidas como: el acompañamiento psicológico o terapéutico institucionalizado a la persona afectada, programas de mentoría profesional para quienes hayan sido víctimas de acoso y se encuentren en una situación de vulnerabilidad laboral, intervenciones de justicia restaurativa -siempre bajo estrictas condiciones de voluntariedad, neutralidad y garantía de no revictimización-, así como actividades de reparación simbólica, como declaraciones institucionales de apoyo o reconocimiento explícito del daño. Asimismo, puede promover el rediseño del entorno físico, funcional o jerárquico para prevenir nuevas situaciones de riesgo (por ejemplo, evitando que la persona agresora y la víctima deban compartir espacio físico, dependencia funcional o participación en proyectos comunes).

Compliance también debe supervisar que las medidas de reparación estén alineadas con estándares internacionales (como el Convenio 190 de la OIT y la Recomendación 206 sobre la violencia y el acoso en el mundo del trabajo), y que cuenten con mecanismos de seguimiento y evaluación que permitan medir su efectividad y el grado de satisfacción de la persona afectada. Una medida restaurativa no puede considerarse completa si no se evalúa su impacto.

El área debe velar por que este tipo de acciones no sean utilizadas para sustituir indebidamente la sanción correspondiente, ni como mecanismo de silenciamiento institucional. La lógica de reparación debe sumarse a la lógica de justicia, no sustituirla.

8.4.14. ¿En qué circunstancias debe el Compliance recomendar la intervención de asesores externos para garantizar la imparcialidad en la toma de decisiones?

La intervención de asesores externos debe ser recomendada por el área de Compliance cuando concurren elementos que ponen en duda la imparcialidad, independencia técnica o idoneidad profesional de los órganos internos responsables de la investigación o resolución del caso. Esto se aplica especialmente en situaciones donde hay proximidad jerárquica, vínculos personales o dependencia funcional entre la persona denunciada y los investigadores, o cuando el caso involucra a personas que pertenecen a la alta dirección o tienen poder político informal dentro de la organización.

Asimismo, la intervención externa se vuelve indispensable en los denominados "casos estructurales", es decir, aquellos que reflejan un patrón de acoso reiterado, encubierto o tolerado institucionalmente, donde las estructuras internas pueden estar parcial o totalmente comprometidas. También es recomendable cuando el caso ha trascendido a la opinión pública, involucra procesos judiciales paralelos, o existe un riesgo de litigio grave que pueda comprometer el prestigio, la reputación o la estabilidad financiera de la organización. En este sentido, el uso de asesores externos también tiene una función preventiva de riesgos legales y reputacionales, al dotar al proceso de transparencia y credibilidad adicional.

El tipo de asesoramiento externo que se puede requerir es diverso: desde abogados especialistas en derecho laboral y penal, peritos psicólogos que evalúen el impacto de la conducta sobre la víctima, expertos en resolución alternativa de conflictos (como mediadores restaurativos), hasta auditores o consultores especializados en ética organizacional. El rol de Compliance es identificar, contratar (o supervisar la contratación), garantizar la independencia de estos expertos, definir los términos de referencia de su intervención y asegurar que sus informes estén integrados al expediente con trazabilidad y posibilidad de revisión posterior. Esta actuación no es una señal de debilidad institucional, sino una demostración de madurez organizacional y compromiso con la justicia.

8.4.15. ¿Cómo puede el Compliance formar y capacitar a la dirección y a Recursos Humanos para mejorar sus capacidades en la toma de decisiones sensibles frente al acoso laboral?

Compliance puede y debe liderar un proceso formativo continuo, multicanal y adaptado a los diferentes niveles jerárquicos de la organización, que permita fortalecer las capacidades de toma de decisiones frente al acoso laboral, con enfoque legal, ético, psicológico y estratégico. En este sentido, el primer paso es realizar un diagnóstico de necesidades formativas que permita identificar brechas de conocimiento, actitudes culturales arraigadas (como naturalización de ciertas formas de violencia o desconocimiento de conceptos clave como consentimiento o acoso ambiental), y debilidades estructurales (falta de experiencia previa, miedo a equivocarse, exceso de prudencia por temor a litigios, etc.).

Con base en ese diagnóstico, Compliance debe estructurar programas diferenciados: por ejemplo, módulos básicos para todos los niveles (sobre derechos humanos, acoso, violencia psicológica, discriminación), módulos intermedios para mandos medios (sobre detección temprana, gestión de conflictos y responsabilidad como garantes), y módulos avanzados para quienes toman decisiones (como miembros de comités de investigación, de RRHH o de dirección), que incluyan resolución de casos reales, análisis jurisprudencial, prácticas de entrevista con enfoque de víctima, simulaciones de resolución disciplinaria, y gestión comunicacional de casos sensibles.

Además, el área de Compliance puede incorporar herramientas innovadoras de aprendizaje, como plataformas e-learning con seguimiento personalizado, sesiones de coaching ético para líderes, boletines de actualización normativa, podcasts internos sobre temas de integridad, o talleres interactivos con dinámicas grupales para desactivar prejuicios inconscientes. La formación debe incluir también componentes emocionales: habilidades para manejar conversaciones difíciles, identificación de señales de sufrimiento psicosocial, y fortalecimiento de la empatía y la escucha activa como competencias clave del liderazgo ético.

Por último, es fundamental que Compliance evalúe periódicamente el impacto de estas acciones formativas: a través de encuestas de satisfacción, evaluación de aprendizajes, análisis de cambios en indicadores de gestión de casos, y entrevistas de retroalimentación con líderes y responsables. La formación no puede ser un evento aislado, sino parte de una estrategia integral de transformación cultural, que posicione a la dirección y a Recursos Humanos como agentes activos en la construcción de entornos de trabajo seguros, justos y sostenibles. En este proceso, el área de Compliance no solo capacita, sino que acompaña, orienta y empodera a los tomadores de decisión para actuar con seguridad, sensibilidad y coherencia frente a los desafíos éticos que plantea la gestión del acoso laboral.

8.5. La formación continua y la mejora del sistema de cumplimiento en materia de acoso laboral

8.5.1. ¿Cómo garantiza el área de Compliance que la formación sobre acoso laboral sea continua, actualizada y adaptada a los diferentes niveles jerárquicos de la organización?

El área de Compliance desempeña un papel estratégico en el diseño, implementación y supervisión de la formación sobre acoso laboral, asegurando que esta sea continua, pertinente y personalizada según el rol de cada colaborador dentro de la estructura organizativa. Para garantizar la continuidad, se establece un plan de formación anual integrado en el Programa de Cumplimiento normativo, que contempla no solo sesiones iniciales de inducción, sino también módulos de refuerzo periódico (anuales o semestrales), cursos de reciclaje, y campañas de concienciación durante fechas clave (como el Día Internacional contra el Acoso Laboral).

Asimismo, se integran las formaciones en la política de onboarding para nuevos empleados, asegurando que desde el inicio comprenden las normas de conducta y los mecanismos de protección disponibles. Para mantener los contenidos actualizados, el área de Compliance monitoriza constantemente el entorno normativo nacional e internacional (por ejemplo, actualizaciones del Estatuto de los Trabajadores, resoluciones judiciales relevantes, directivas de la UE o pronunciamientos de la OIT). Estas novedades se integran de forma ágil en los módulos formativos mediante una revisión curricular trimestral o semestral, en coordinación con los departamentos legal y de recursos humanos.

Para garantizar su adaptación a los distintos niveles jerárquicos, se diseña un itinerario formativo diferenciado:

- El personal base recibe contenidos centrados en la identificación del acoso, sus formas (vertical, horizontal, psicológico, sexual), derechos como víctima y mecanismos de denuncia.

- Los mandos intermedios, al estar en contacto directo con los equipos, reciben además formación sobre su rol en la prevención, la identificación temprana de conflictos y la correcta canalización de las quejas.

- La alta dirección se forma en el impacto estratégico del acoso sobre la reputación institucional, la responsabilidad legal objetiva, y el vínculo entre gobernanza ética y sostenibilidad empresarial.

El área de Compliance suele utilizar plataformas LMS (Learning Management System) con herramientas de análisis, aprendizaje adaptativo e inteligencia artificial para personalizar la experiencia del usuario según su función, ubicación, idioma y antecedentes formativos. Esto garantiza una cobertura completa y efectiva en toda la organización.

8.5.2. ¿Existen indicadores concretos para medir la efectividad de las capacitaciones en materia de prevención del acoso laboral?

Sí, el seguimiento de la efectividad de la capacitación es clave para asegurar que la inversión en formación produce un cambio real en el comportamiento organizacional. En este sentido, los indicadores que emplea el área de Compliance pueden clasificarse en:

a). Los indicadores de eficacia:

- Tasa de finalización: mide qué porcentaje del personal completa las formaciones dentro de los plazos estipulados.

- Resultados de evaluaciones: los exámenes pre y post formación permiten medir el incremento del conocimiento adquirido (por ejemplo, diferencia de puntuación entre el test inicial y el final).

- Tasa de retención: seguimiento del conocimiento meses después, mediante micro evaluaciones periódicas o refrescos automáticos a través de la plataforma.

b). Los indicadores de satisfacción:

- Encuestas de satisfacción al finalizar cada módulo o sesión presencial.

- Evaluaciones cualitativas sobre claridad, relevancia, utilidad, aplicabilidad de los contenidos y del formador.

c). Los indicadores de impacto real en la organización:

- La reducción del número de incidentes reportados o denuncias internas de acoso tras un periodo de formación intensiva.

- El incremento de denuncias "informales" o consultas, lo cual puede indicar mayor sensibilización y confianza en el sistema.

- Los resultados en encuestas de clima laboral, especialmente en preguntas relacionadas con respeto interpersonal, inclusión, equidad y percepción de seguridad psicológica.

d). Los indicadores de alineación con objetivos corporativos:

- La inclusión de métricas de formación en los KPIs del área de Recursos Humanos o de los líderes de área.

- El cumplimiento de estándares de certificaciones externas (por ejemplo, ISO 37001[225], ISO 30415 sobre gestión de personas con perspectiva de diversidad e inclusión).

8.5.3. ¿De qué manera se evalúa si los participantes en las formaciones comprenden y aplican los contenidos aprendidos en su contexto laboral?

Además de la evaluación teórica de conocimientos, las organizaciones avanzadas implementan herramientas para evaluar la comprensión profunda y la capacidad de aplicar lo aprendido en contextos reales. Esto se realiza a través de:

a). Simulaciones y role-play: en entornos presenciales o virtuales, los participantes son enfrentados a situaciones ficticias que reproducen dilemas éticos, conductas inapropiadas o conflictos relacionales. Se observa y analiza su reacción, toma de decisiones y capacidad de intervención.

b). Evaluación 360°: se recogen opiniones de colegas, supervisores y subordinados sobre cambios percibidos en el comportamiento del participante tras la formación. Esto permite valorar si el aprendizaje ha tenido un efecto real en las relaciones laborales.

c). Seguimiento de incidentes y acciones preventivas: si tras la formación se incrementa el uso de canales de denuncia, la participación en campañas internas, o se observan intervenciones proactivas de prevención (como líderes que frenan bromas inadecuadas o corrigen actitudes sexistas), puede considerarse una señal de éxito en la aplicación de los contenidos.

---

[225] Puyol Montero, J. Franco Blanco, C. Román Porres, C. (2025) *GPS Compliance*, Tirant lo Blanch *La ISO 37001 es una norma internacional que establece los requisitos para implementar, mantener y mejorar un sistema de gestión antisoborno. Su objetivo principal es ayudar a las organizaciones a prevenir, detectar y gestionar los riesgos relacionados con el soborno, tanto en el ámbito interno como en las interacciones con terceros. Pag 1072.Además establece los requisitos y directrices para la implementación, desarrollo, mantenimiento y mejora de un sistema de gestión de cumplimiento normativo o Compliance en una organización*

d). Entrevistas estructuradas o focus groups posteriores a la capacitación: se indaga en la percepción de los trabajadores sobre su capacidad real para aplicar lo aprendido, obstáculos enfrentados, y mejoras sugeridas.

e). Integración con sistemas de evaluación de desempeño: en algunos casos, especialmente en mandos, el cumplimiento de la formación y la demostración de comportamientos respetuosos e inclusivos forman parte de los criterios de evaluación anual.

8.5.4. ¿Se han identificado colectivos o áreas específicas que requieren una formación más intensiva debido a un mayor nivel de riesgo en relación con el acoso?

Sí. Una de las tareas fundamentales del área de Compliance[226] es realizar un mapeo de riesgos conductuales en toda la organización, lo que implica identificar sectores o grupos que, por sus características estructurales, culturales o históricas, presentan mayor propensión a incidentes de acoso. Algunos de estos grupos suelen ser:

- las Áreas de alto estrés o presión laboral (como atención al cliente, ventas, call centers o urgencias médicas), donde la tensión puede derivar en relaciones tóxicas o desbordes emocionales.

- Los equipos con fuerte predominancia de un género sobre otro, lo cual puede facilitar estereotipos, discriminación o conductas inadecuadas (por ejemplo, entornos masculinizados con mujeres en roles subordinados).

- Los empleados en entornos geográficamente aislados, donde hay menor supervisión y los canales de denuncia pueden ser percibidos como inaccesibles o poco confidenciales.

- los trabajadores temporales, becarios, o contratistas, que suelen tener menor poder de negociación y pueden sentirse desprotegidos ante situaciones de abuso.

- Las personas con discapacidad, minorías étnicas, religiosas o sexuales, que pueden ser más vulnerables a formas de acoso indirecto o sutil (microagresiones, exclusión).

Una vez identificados, estos colectivos reciben formación intensificada, con metodologías más participativas, acompañamiento psicológico o men-

---

226 Sanclemente-Arciniegas, J. (2021). El Compliance: repercusiones en la concepción de la empresa. Rev. esc.adm.neg. No. 90. Pag 196.

toring, y campañas de sensibilización específicas que visibilizan sus derechos, promueven el respeto a la diversidad y empoderan a las víctimas para denunciar sin temor a represalias.

Asimismo, las áreas con liderazgo deficiente o rotación excesiva también suelen ser priorizadas en estas intervenciones, ya que se detecta un mayor riesgo de entornos desorganizados y permisivos frente a conductas inadecuadas.

La identificación de estos focos de riesgo permite a la organización desplegar recursos preventivos de forma estratégica, lo que fortalece el entorno de trabajo y reduce significativamente los incidentes de acoso en el largo plazo. Compliance, en colaboración con recursos humanos, actúa como garante de este enfoque proactivo y preventivo.

8.5.5. ¿Los programas formativos incorporan una perspectiva interseccional que aborde cómo el acoso puede verse agravado por motivos de género, raza, discapacidad u orientación sexual?

En las organizaciones con un enfoque avanzado en cumplimiento normativo, derechos humanos y diversidad, los programas formativos sobre acoso laboral se diseñan con una perspectiva interseccional para reflejar la complejidad real de las relaciones laborales y los riesgos asociados. Esta perspectiva se basa en el reconocimiento de que las personas pueden sufrir formas específicas y más intensas de acoso cuando confluyen distintas categorías de discriminación -por ejemplo, una mujer racializada con discapacidad puede experimentar una triple vulnerabilidad que agrava la violencia o el trato desigual en su entorno laboral.

La interseccionalidad no se trata solo de mencionar diferentes ejes de discriminación, sino de analizarlos de forma integrada. Por ello, los programas no se limitan a explicar qué es el acoso laboral desde una perspectiva genérica, sino que profundizan en las distintas formas en que el acoso puede manifestarse en función de los factores identitarios de las víctimas. Esto se logra mediante casos prácticos donde los escenarios están construidos con protagonistas que reflejan diversidad étnica, cultural, sexual y funcional; materiales pedagógicos que incluyen estadísticas e investigaciones sobre la prevalencia del acoso interseccional; y contenido audiovisual o testimonios que permiten sensibilizar a los participantes sobre la experiencia diferencial que ciertas personas tienen frente a dinámicas de poder y exclusión en el lugar de trabajo.

Además, los programas que adoptan esta perspectiva suelen ser elaborados o revisados en conjunto con equipos multidisciplinares -incluyendo especialistas en igualdad de género, inclusión y psicología organizacional- y pueden contar con auditorías de lenguaje inclusivo para garantizar que la comunicación formativa no reproduzca estereotipos. De este modo, se fomenta una cultura institucional en la que la prevención del acoso se conecta directamente con los valores de equidad, pluralismo y justicia social, dando lugar a intervenciones más eficaces y sostenibles en el tiempo.

8.5.6. ¿Cuenta la organización con una política formal que establezca la obligatoriedad y periodicidad de la formación en materia de acoso para todos los empleados?

Sí, las organizaciones que estructuran su función de Compliance conforme a los estándares internacionales y normativas nacionales aplicables cuentan con una política interna formalizada -escrita, difundida y vinculante- que establece expresamente la obligatoriedad y periodicidad de la formación en materia de acoso laboral. Esta política es parte de un sistema de gestión de cumplimiento o de integridad, y se articula con documentos como el Código de Conducta, la Política de Tolerancia Cero frente al Acoso, los Reglamentos Internos de Trabajo, el Plan de Igualdad y los Manuales del Sistema de Compliance Penal[227].

La política define con precisión los grupos destinatarios (incluyendo personal permanente, eventual, directivo, externo y de nueva incorporación), las modalidades de formación (presencial, virtual sincrónica, asincrónica o blended), y los plazos máximos de realización. En la mayoría de las organizaciones, se establece una formación inicial obligatoria al ingreso o durante el primer mes de vinculación, seguida de sesiones periódicas, generalmente anuales. En algunos casos, se contempla una mayor frecuencia para posiciones de liderazgo, áreas sensibles o en sectores históricamente expuestos a conductas de acoso (por ejemplo, sectores industriales, salud, educación o tecnología).

La obligatoriedad no es simbólica: la política establece controles de cumplimiento automatizados (seguimiento a través de plataformas de e-learning, certificados digitales de aprobación, reportes al área de Com-

---

227 Forey González, M. Compliance penal: fundamento, eficacia y supervisión. análisis crítico de la Circular 1/2016 de la Fiscalía General del Estado.

pliance o RRHH), y sanciones en caso de incumplimiento, como la imposibilidad de acceder a promociones internas, evaluaciones negativas en desempeño ético o suspensión de beneficios. Esta arquitectura normativa permite consolidar una cultura institucional en la que la prevención del acoso no depende de la voluntad individual ni de acciones esporádicas, sino de un compromiso sistematizado, supervisado y alineado con los estándares de gobernanza corporativa.

8.5.7. ¿Participa la alta dirección en las actividades formativas, demostrando con ello su compromiso institucional con la prevención del acoso?

Sí, la participación activa de la alta dirección en los programas formativos sobre acoso laboral es una práctica reconocida como esencial por los marcos de buenas prácticas en cumplimiento, gobernanza y ética organizacional. Su involucramiento tiene un triple impacto: simbólico, operativo y estratégico.

Desde el punto de vista simbólico, cuando los principales líderes de la organización -incluyendo el CEO, los miembros del comité ejecutivo y otros altos cargos- asisten o intervienen en las actividades formativas, comunican claramente que la prevención del acoso es un eje prioritario de la agenda institucional. Esta conducta ejemplar se traduce en una mayor legitimación de las políticas internas, en la reducción de la percepción de impunidad en los niveles superiores y en una mejora del clima organizacional.

Desde una perspectiva operativa, los directivos pueden participar en calidad de asistentes, facilitadores o impulsores de actividades formativas. Muchas empresas incluyen videos institucionales con mensajes de la dirección en los cursos e-learning, o solicitan que los líderes de área realicen capacitaciones o sesiones de diálogo con sus equipos. En organizaciones con programas de liderazgo ético o de Compliance transversal, es común que se exija a los directivos no solo asistir, sino también completar exámenes o tareas prácticas como cualquier otro colaborador.

Desde un enfoque estratégico, la participación de la alta dirección es fundamental para alinear los objetivos de cumplimiento con la visión y misión empresarial, integrar la ética en la planificación a largo plazo y fomentar la rendición de cuentas. La alta dirección suele recibir además reportes periódicos sobre la eficacia de las formaciones, tasa de cumplimiento, zonas de riesgo detectadas y propuestas de mejora, lo que les permite tomar decisiones informadas y sostenibles en el tiempo.

8.5.8. ¿Qué mecanismos utiliza el área de Compliance para recoger retroalimentación de los participantes sobre la calidad y pertinencia de la formación recibida?

El área de Compliance, como responsable de monitorear y mejorar continuamente la eficacia de los programas de formación sobre acoso laboral, implementa múltiples mecanismos para obtener retroalimentación sistemática, representativa y procesable por parte de los participantes. Esta retroalimentación cumple varias funciones: medir el grado de satisfacción, evaluar la comprensión de los contenidos, identificar oportunidades de mejora y detectar resistencias culturales o áreas de conocimiento insuficientemente cubiertas.

El mecanismo más común son las encuestas de evaluación que se completan al finalizar cada sesión, ya sea presencial o virtual. Estas encuestas pueden incluir ítems cuantitativos (valoraciones en escalas de Likert sobre la claridad del contenido, utilidad, aplicabilidad, ritmo, etc.) y cualitativos (preguntas abiertas sobre lo más útil, lo menos claro, lo que faltó, etc.). En programas con enfoque de mejora continua, los resultados de estas encuestas se analizan estadísticamente y se presentan en reportes al Comité de Ética o al Consejo de Compliance.

Además, en contextos donde se necesita una comprensión más profunda de las percepciones del personal, se utilizan focus groups, entrevistas semi-estructuradas o foros de escucha con personal de distintas áreas, rangos y ubicaciones geográficas. Estas instancias permiten explorar temas sensibles con mayor profundidad, identificar obstáculos para la aplicación práctica de lo aprendido, y diseñar materiales formativos más adecuados a la realidad del puesto o la cultura del equipo.

En programas basados en plataformas digitales (LMS), se emplean herramientas analíticas que permiten obtener métricas adicionales: tasa de abandono, tiempo promedio de conexión, preguntas más falladas en los cuestionarios, clics en enlaces de ampliación, y actividad en foros. Estos datos permiten detectar puntos críticos del contenido o diseñar micro contenidos complementarios.

En algunas organizaciones, el área de Compliance habilita canales confidenciales o anónimos para recibir sugerencias de mejora, especialmente en empresas donde existen riesgos culturales o resistencias a manifestarse abiertamente. También se realiza seguimiento a indicadores de impacto indirecto, como cambios en el número o tipo de denuncias, calidad de las investigaciones internas, o percepción de justicia organizacional, para valorar si la formación está generando un cambio conductual sostenido.

En conjunto, estos mecanismos permiten al área de Compliance no solo validar la calidad de las formaciones impartidas, sino también promover una cultura de aprendizaje continuo, ajustar el enfoque pedagógico y asegurar que los programas formativos estén alineados con las necesidades reales, los desafíos emergentes y las prioridades estratégicas de la organización.

8.5.9. ¿Cómo se integra la formación sobre acoso laboral en los procesos de onboarding y formación inicial de nuevos empleados?

La formación sobre acoso laboral se integra en los procesos de onboarding como un pilar esencial de la cultura organizacional preventiva. En empresas con un programa de Compliance sólido y transversal, esta formación no es un componente accesorio, sino una prioridad desde el primer contacto formal entre el nuevo trabajador y la empresa. En la práctica, durante las primeras jornadas del proceso de inducción -en formato presencial o virtual- el personal recién incorporado recibe información detallada sobre qué se considera acoso laboral (incluyendo sus manifestaciones más comunes, como el acoso psicológico, sexual, horizontal o vertical), cómo prevenirlo, cómo detectarlo y, lo más importante, cómo actuar frente a él, tanto si se es víctima como si se es testigo.

El enfoque formativo que se utiliza en esta fase es eminentemente práctico, buscando generar conciencia desde el inicio y alinear al nuevo integrante con los valores éticos de la organización. Se emplean recursos didácticos interactivos, casos reales o simulados, materiales audiovisuales, y documentación de fácil comprensión (manuales, infografías, protocolos) para lograr una formación inclusiva, eficaz y accesible a todo tipo de perfiles. En muchos casos, esta capacitación es obligatoria y está sujeta a seguimiento a través de plataformas LMS, de modo que su cumplimiento queda registrado y se puede certificar.

Adicionalmente, en el onboarding se entrega el Código de Conducta y las políticas de prevención del acoso, que deben ser firmadas como señal de comprensión y adhesión. Este acto tiene una fuerte carga simbólica y jurídica, ya que el trabajador reconoce explícitamente que ha sido informado sobre los límites de conducta en la organización, sobre los derechos de los demás y sobre los mecanismos institucionales de protección.

Al integrar esta formación desde el ingreso, se establece un marco ético inequívoco desde el comienzo de la relación laboral, y se comunica a los nuevos empleados que el respeto, la integridad y la equidad no son solo aspiraciones discursivas, sino estándares concretos de comportamiento que serán promovidos, vigilados y exigidos.

8.5.10. ¿El área de Compliance realiza una revisión periódica de las políticas, protocolos y procedimientos en materia de acoso como parte del proceso de mejora continua?

Sí, el área de Compliance, en su función estructural de identificar riesgos, garantizar el cumplimiento de las normas internas y externas, y preservar la integridad organizacional, lleva a cabo revisiones periódicas de todas las políticas, protocolos y procedimientos vinculados a la prevención y tratamiento del acoso laboral. Estas revisiones no son esporádicas, sino que responden a una metodología sistematizada de mejora continua, normalmente recogida en el propio programa de cumplimiento o plan anual de ética y conducta.

El objetivo de estas revisiones es asegurar que los marcos normativos internos estén alineados con la legislación vigente, reflejen las mejores prácticas nacionales e internacionales, respondan a la evolución sociocultural y, sobre todo, se ajusten a las realidades específicas de la organización. Se examinan elementos como la claridad de las definiciones utilizadas (por ejemplo, qué se considera acoso sexual o acoso ambiental), la efectividad de los canales de denuncia (accesibilidad, confidencialidad, protección del denunciante), los plazos de actuación, la capacitación de los comités o personas investigadoras, y los mecanismos de reparación para las víctimas.

Estas evaluaciones periódicas pueden derivarse de auditorías internas, inspecciones externas, análisis de casos resueltos, encuestas de clima laboral, nuevos requerimientos regulatorios o incluso de la evolución del lenguaje y la sensibilidad social respecto a temas como el consentimiento, el poder jerárquico o los sesgos inconscientes. En caso de detectar deficiencias, ambigüedades o vacíos, el área de Compliance promueve reformas normativas, rediseña protocolos o propone acciones complementarias -como reforzar la formación, mejorar la comunicación institucional o implementar canales digitales más ágiles.

Esta labor de revisión activa y planificada refuerza la legitimidad del sistema interno de prevención del acoso y demuestra un compromiso real con la protección de las personas, la adaptabilidad institucional y la ética aplicada a la gestión diaria.

8.5.11. ¿Se sistematizan y analizan los aprendizajes derivados de los casos gestionados internamente para fortalecer el sistema de cumplimiento?

Sí, una práctica central del área de Compliance es transformar la experiencia acumulada en la gestión de casos internos de acoso en conocimiento institucional útil para la mejora del sistema de cumplimiento. Esto implica no solo registrar los casos atendidos, sino analizarlos cualitativa y cuantitativamente con criterios técnicos, éticos y estratégicos.

Cada caso gestionado -desde una denuncia informal hasta una investigación formal que concluye con sanciones disciplinarias- deja una huella de aprendizaje. Estos aprendizajes se sistematizan mediante herramientas como matrices de casos, informes de lecciones aprendidas, paneles de indicadores clave, y documentos internos de análisis.

Se exploran cuestiones como:

¿Hubo demora en la detección?

¿El canal de denuncia fue eficaz?

¿Se protegió adecuadamente a la víctima? ¿La sanción fue proporcional?

¿Se comunicó correctamente la resolución?

¿Se produjo una mejora en el clima del equipo tras la intervención?

¿Qué resistencias culturales aparecieron?

Con base en esta información, se ajustan y fortalecen múltiples aspectos: los contenidos de la formación, la capacidad técnica del personal investigador, los flujos de actuación en el protocolo, los mensajes institucionales de sensibilización, o incluso los enfoques metodológicos para abordar las denuncias de forma más empática, centrada en la víctima y con una mirada interseccional.

En muchas organizaciones, estas lecciones se consolidan en informes anuales de cumplimiento o reportes de responsabilidad social corporativa, donde se incluye información anonimizadas sobre tipologías de casos, tasas de resolución, tiempos promedio de actuación y medidas preventivas adoptadas. Este conocimiento acumulado, además, permite anticiparse a tendencias, diseñar intervenciones focalizadas por área, y nutrir al comité de ética o al consejo de administración con insumos reales para la toma de decisiones.

Sistematizar los aprendizajes no solo refuerza la eficacia técnica del sistema, sino que genera una cultura organizacional que aprende de sus errores, reconoce sus límites y evoluciona hacia estándares más altos de justicia interna y convivencia.

8.5.12. ¿Existen canales establecidos para que los empleados puedan proponer mejoras al sistema de prevención y respuesta ante el acoso?

Sí, en las organizaciones que promueven una cultura de integridad participativa, se han establecido canales formales y mecanismos accesibles para que los empleados puedan proponer mejoras al sistema de prevención y respuesta ante el acoso laboral. Estos canales forman parte del compromiso institucional con la escucha activa, la transparencia y la corresponsabilidad.

Entre los más comunes se encuentran formularios electrónicos en el portal ético o intranet corporativa, buzones de sugerencias (físicos o digitales), espacios de consulta durante o después de las formaciones, foros de participación en encuestas anuales de cultura y clima laboral, y comités o mesas de trabajo mixtas donde se incluye representación de trabajadores y mandos medios. En algunos casos, también se habilitan direcciones de correo institucionales específicas o líneas telefónicas de asesoría interna donde, además de consultas, se pueden transmitir ideas para optimizar procesos, mejorar la accesibilidad de los protocolos, simplificar el lenguaje normativo o adecuar los canales a personas con discapacidad.

Asimismo, en las evaluaciones post-formación sobre acoso, se incluyen preguntas abiertas donde los asistentes pueden sugerir mejoras o señalar necesidades no cubiertas por la política vigente. Estas sugerencias son revisadas periódicamente por el área de Compliance, sistematizadas y, si son viables y fundadas, elevadas a los órganos de decisión para su incorporación en futuras actualizaciones normativas o prácticas institucionales.

El hecho de que los empleados puedan contribuir activamente al perfeccionamiento del sistema de prevención fortalece la legitimidad del mismo, promueve el empoderamiento del personal, reduce la distancia entre el diseño y la experiencia cotidiana, y permite construir colectivamente un entorno laboral más ético, justo y seguro. Además, demuestra que la prevención del acoso no es responsabilidad exclusiva de Compliance, sino una tarea compartida por toda la comunidad organizacional.

8.5.13. ¿Qué uso hace el área de Compliance de herramientas tecnológicas para monitorear, medir y reforzar el sistema de cumplimiento en esta materia?

El área de Compliance hace un uso estratégico de herramientas tecnológicas para garantizar el funcionamiento eficiente, actualizado y medible del sistema de prevención del acoso laboral. Estas herramientas no solo permiten controlar el cumplimiento formal de los requisitos legales o corporativos, sino también construir un sistema de mejora continua basado en datos empíricos y análisis de tendencias. Entre las herramientas más relevantes destacan los sistemas de gestión de aprendizaje (LMS), los sistemas de denuncia y whistleblowing digital[228], las plataformas de gestión documental, los tableros de control (dashboards) y los software de gestión de cumplimiento (GRC).

Por ejemplo, a través del LMS, el área de Compliance puede programar, asignar, monitorear y certificar la realización de los cursos obligatorios en materia de acoso. Estas plataformas permiten generar reportes detallados sobre niveles de participación, tiempos de conexión, resultados de las evaluaciones, y detectar perfiles que no han completado los módulos. También facilitan la segmentación por cargo, área, país o nivel de exposición al riesgo, lo que contribuye a personalizar los programas formativos.

En paralelo, las plataformas de denuncia digital garantizan el acceso constante y seguro a los canales internos para reportar conductas de acoso, con posibilidad de hacerlo de forma anónima, en varios idiomas y desde distintos dispositivos. Estas herramientas permiten documentar cada paso del proceso (recepción, investigación, resolución) y registrar evidencia, plazos y responsables, asegurando trazabilidad, transparencia y protección de datos.

Complementariamente, el área de Compliance utiliza herramientas analíticas, como dashboards interactivos, que integran y visualizan datos provenientes de las plataformas anteriores para evaluar el grado de madurez del sistema. Estos cuadros de mando muestran, por ejemplo, la distribución geográfica de las denuncias, los tiempos promedio de resolución, las áreas con mayor nivel de riesgo o los patrones de reincidencia, lo que permite tomar decisiones informadas y preventivas.

De esta forma, la tecnología actúa como un aliado esencial para operacionalizar la estrategia de cumplimiento, garantizando eficiencia, monitoreo en tiempo real, capacidad de respuesta rápida y trazabilidad institucional.

8.5.14. ¿Se lleva un registro institucional del cumplimiento de las obligaciones formativas por parte de cada empleado y área funcional?

Sí, el mantenimiento de un registro institucional detallado del cumplimiento formativo es una práctica indispensable para un sistema de Com-

---

228 Wolters Kluwer. ¿Qué es la Directiva Whistleblowing y cómo regula el Canal de Denuncias? https://www.wolterskluwer.com/es-es/expert-insights/directiva-whistleblowing-para-canal-denuncias

pliance eficaz, especialmente en lo referido a la prevención del acoso. Este registro permite no solo evidenciar el cumplimiento individual de cada empleado, sino también supervisar el nivel de adherencia por áreas, departamentos, unidades de negocio o niveles jerárquicos. Esta trazabilidad es esencial tanto para auditorías internas y externas como para posibles inspecciones regulatorias o procesos judiciales en los que se requiera acreditar el cumplimiento preventivo.

Este registro se gestiona habitualmente a través de plataformas digitales de formación (LMS) o herramientas integradas de recursos humanos y cumplimiento (como SAP SuccessFactors, Workday, Cornerstone, entre otras). Estas plataformas permiten configurar matrices formativas obligatorias por cargo, área y tipo de contrato, y registrar automáticamente quién ha completado cada módulo, cuándo lo hizo, con qué calificación, y en qué condiciones.

El sistema puede generar alertas automáticas para recordar formaciones pendientes o vencidas, y está vinculado a reportes periódicos que son revisados por el área de Compliance y compartidos con los responsables de cada área funcional. En muchas organizaciones, estos reportes son parte de los indicadores clave de desempeño (KPIs) de liderazgo, y se integran en los informes de cumplimiento trimestrales o anuales.

Además, este registro permite detectar brechas formativas -por ejemplo, una unidad con baja tasa de cumplimiento- lo cual puede ser síntoma de una falta de sensibilización, una sobrecarga operativa o una cultura permisiva que requiere intervención focalizada. También se utiliza como base para planificar capacitaciones futuras, segmentar contenidos, priorizar formaciones personalizadas o evaluar la necesidad de implementar sanciones disciplinarias por incumplimiento reiterado.

8.5.15. ¿El plan de mejora continua en prevención del acoso incluye objetivos medibles, responsables definidos y un cronograma de implementación aprobado por la dirección?

Sí, un plan de mejora continua serio en materia de prevención del acoso necesariamente debe incorporar objetivos medibles, responsables claramente asignados y un cronograma de implementación aprobado por la alta dirección. Esta estructura responde al principio de planificación estratégica que rige los sistemas de Compliance y a las recomendaciones internacionales (como las ISO 37001, 37301 o los Principios Rectores de la ONU sobre Empresas y Derechos Humanos) que exigen que los programas éticos y de integridad sean sistemáticos, verificables y evaluables.

Los objetivos del plan suelen estar orientados a resolver déficits detectados a través de diagnósticos institucionales, auditorías, encuestas de clima, indicadores de desempeño o análisis de incidentes previos. Estos objetivos deben ser específicos (por ejemplo, reducir en un 25% los tiempos promedio de resolución de casos de acoso), medibles (con base en datos verificables), alcanzables, relevantes y con plazos definidos (modelo SMART). Otros ejemplos pueden incluir: capacitar al 100 % del personal de nuevo ingreso en sus primeros 30 días, aumentar el uso de los canales confidenciales de denuncia en un 20 % a través de campañas de sensibilización, o revisar todos los protocolos vigentes en un período de seis meses.

Cada objetivo va acompañado de la designación de responsables -por lo general, personal del área de Compliance, de RRHH o del equipo de diversidad e inclusión-, quienes deben rendir cuentas de su cumplimiento, documentar avances y proponer ajustes cuando sea necesario. Además, se establece un cronograma que define claramente las etapas, los hitos, los plazos y las herramientas de monitoreo, el cual debe ser validado y aprobado formalmente por la alta dirección o el comité de ética.

Este plan puede formar parte de un documento anual de cumplimiento, un sistema de gestión de riesgos éticos, o un programa integral de convivencia y respeto en el entorno laboral. Su existencia y correcta ejecución demuestran el compromiso institucional con una cultura de respeto y tolerancia cero frente al acoso, y lo convierten en un instrumento fundamental para consolidar un entorno de trabajo seguro, justo y saludable.

8.5.16. ¿Cómo garantiza el área de Compliance que la formación sobre acoso laboral sea continua, actualizada y adaptada a los diferentes niveles jerárquicos de la organización?

El área de Compliance garantiza la continuidad, actualización y adecuación de la formación en prevención del acoso laboral a través de una planificación estratégica, un enfoque pedagógico diferenciado, y una coordinación interfuncional que involucra distintas áreas clave de la organización. Esta formación no se concibe como un evento único o aislado, sino como un proceso formativo sostenido a lo largo del tiempo, flexible y adaptado a las transformaciones legales, culturales y tecnológicas.

La continuidad se asegura a través de la implementación de un calendario formativo anual, en el que se programan sesiones obligatorias iniciales (en onboarding) y capacitaciones de reciclaje o refuerzo para todos los niveles jerárquicos. En muchas organizaciones, estas sesiones son semestrales o anuales, dependiendo del nivel de riesgo asociado a cada función. Además, se activan formaciones ad hoc cuando se detectan focos de riesgo, cambios normativos relevantes o eventos internos que lo requieran.

La actualización de los contenidos se realiza mediante revisiones periódicas que incorporan modificaciones legislativas, sentencias jurisprudenciales recientes, indicadores internos de eficacia (como resultados de encuestas o auditorías) y cambios en el contexto social (por ejemplo, nuevas modalidades de acoso como el acoso digital o el acoso interseccional). Estas revisiones suelen ser responsabilidad de un equipo multidisciplinario conformado por Compliance, Legal, Recursos Humanos y, en algunos casos, consultores externos o expertos en diversidad e inclusión.

La adaptación por niveles jerárquicos se logra mediante una segmentación temática y metodológica: los empleados de base reciben formación práctica sobre cómo identificar y denunciar el acoso; los mandos medios son capacitados en liderazgo respetuoso, intervención temprana y acompañamiento de víctimas; y la alta dirección recibe formación en riesgos estratégicos, cultura organizacional y toma de decisiones éticas. Esta diferenciación se traduce también en el diseño de materiales, que varían en duración, complejidad, lenguaje técnico y nivel de exigencia evaluativa según el público destinatario.

Además, la formación es evaluada en cada edición a través de encuestas de satisfacción, pruebas de conocimiento, ejercicios prácticos y espacios de retroalimentación, lo que permite su mejora continua. También se recogen sugerencias de los propios participantes, que son analizadas e incorporadas cuando resulta pertinente.

Con todo esto, el área de Compliance construye un sistema formativo robusto, dinámico y sensible a las particularidades de la organización, que permite que la prevención del acoso no sea solo un mandato normativo, sino una práctica efectiva y transversal en la cultura laboral.

8.5.17. ¿Existen indicadores concretos para medir la efectividad de las capacitaciones en materia de prevención del acoso laboral?

Sí, en el marco de un sistema de cumplimiento eficaz, la medición de la efectividad de las capacitaciones en materia de prevención del acoso laboral se realiza a través de indicadores concretos, diseñados para evaluar tanto los resultados inmediatos del aprendizaje como el impacto en la conducta organizacional y el entorno psicosocial. Estos indicadores suelen agruparse en cuatro categorías:

a). Los indicadores de cobertura y cumplimiento.

Permiten conocer el nivel de alcance de la formación. Incluyen el porcentaje de empleados que han recibido la capacitación obligatoria dentro del plazo estipulado, la tasa de finalización de los cursos, la cantidad de sesiones formativas realizadas y la distribución por departamentos, género, niveles jerárquicos y sedes.

b). Los indicadores de aprendizaje.

Evalúan la asimilación de conocimientos y habilidades mediante pruebas objetivas antes y después de la formación (pre-test y post-test), con foco en la comprensión de conceptos clave como acoso moral, acoso sexual, violencia laboral, canales de denuncia y principios del protocolo interno.

c). Los indicadores de percepción y satisfacción.

Recogidos a través de encuestas posteriores a la formación, evalúan la utilidad percibida, la claridad de los contenidos, la adecuación al puesto, la capacidad del formador, y la disposición a aplicar lo aprendido. También se explora la percepción de compromiso institucional y cultura de respeto.

d). Los indicadores de impacto organizacional.

Miden los efectos de la formación a mediano y largo plazo en el comportamiento y en la cultura organizacional. Se analiza, por ejemplo, la evolución en el número de denuncias, consultas o incidentes; la calidad de las respuestas institucionales ante reportes; la mejora del clima laboral; y la reducción de reincidencia o impunidad en los casos detectados.

Estos indicadores se integran en tableros de control (dashboards) y forman parte de los informes periódicos del área de Compliance, lo cual permite una revisión estratégica del programa formativo, su alineación con los objetivos éticos y la optimización constante de los contenidos y metodologías empleadas.

8.5.18. ¿De qué manera se evalúa si los participantes en las formaciones comprenden y aplican los contenidos aprendidos en su contexto laboral?

La evaluación de la comprensión y la aplicación práctica de los contenidos en materia de prevención del acoso laboral se realiza a través de un enfoque multifacético, que permite verificar tanto el aprendizaje teórico como el cambio de actitudes y conductas en el entorno laboral real. Este proceso de evaluación incluye diversas etapas y metodologías:

A). La evaluación de conocimientos.

Se utiliza una combinación de pruebas al inicio y al final del curso (pre-test y post-test) para medir el avance del conocimiento. Estas pruebas incluyen preguntas sobre definiciones legales, tipos de acoso, límites del comportamiento adecuado, identificación de escenarios problemáticos y rutas de actuación.

b). Los casos prácticos y las simulaciones.

En cursos presenciales o virtuales se emplean dinámicas de role-playing, resolución de dilemas éticos, simulaciones de denuncias y análisis de casos reales, lo que permite observar si los participantes son capaces de interpretar correctamente una situación de acoso y actuar conforme al protocolo establecido.

c). La evaluación por pares y supervisores.

En algunos programas se solicita retroalimentación de colegas o superiores sobre si los comportamientos del participante han cambiado tras la formación, especialmente en aspectos relacionados con el lenguaje, el liderazgo respetuoso, la intervención temprana ante conflictos o la prevención de bromas ofensivas.

d). Las encuestas de seguimiento.

Tres o seis meses después de la formación se aplican encuestas para conocer si el empleado ha enfrentado situaciones relevantes, si supo cómo actuar, si utilizó los canales internos y si siente que su entorno laboral es más respetuoso o seguro.

e). El análisis de conducta organizacional.

Se estudian patrones de conducta y cultura organizacional tras la formación, incluyendo la evolución de reportes éticos, los cambios en la percepción de seguridad psicológica, el comportamiento en reuniones o interacciones informales, y el uso adecuado de los canales de orientación o denuncia.

Este sistema de evaluación permite que la formación no se limite a una transmisión de información, sino que sea transformadora, orientada a generar una cultura del respeto y la acción ética ante situaciones de riesgo.

8.5.19. ¿Se han identificado colectivos o áreas específicas que requieren una formación más intensiva debido a un mayor nivel de riesgo en relación con el acoso?

Sí, como parte de la gestión preventiva del riesgo, las organizaciones responsables realizan un mapeo de riesgo cultural, estructural y funcional que les permite identificar colectivos, equipos o funciones laborales que presentan una mayor exposición a situaciones de acoso. Estos colectivos requieren una formación más intensiva, especializada y con seguimiento reforzado.

Entre los factores que permiten esta identificación destacan:

- Las áreas con historial de denuncias o conflictos laborales no resueltos, o con una cultura interna permisiva o jerárquica que dificulta la denuncia o favorece dinámicas de poder asimétrico.

- Los sectores con alta masculinización o predominancia de un solo grupo identitario (por ejemplo, fábricas, construcción, tecnología, seguridad), donde puede haber prácticas normalizadas de acoso verbal, sexual o de exclusión.

- Los puestos con alta rotación, temporalidad o tercerización, donde los trabajadores tienen menos vínculos con la estructura formal, menos conocimiento de sus derechos y mayor dificultad para acceder a los canales de protección.

- Los colectivos en situación de vulnerabilidad estructural: trabajadores jóvenes, aprendices, becarios, personas migrantes, personas con discapacidad, personas LGBTIQ+ o mujeres en minoría numérica en entornos dominados por hombres.

- Las áreas críticas o de atención al público (como salud, call centers, transporte, hostelería), donde el personal está expuesto tanto a agresiones externas como internas, y la carga emocional del trabajo puede generar ambientes de estrés e interacción conflictiva.

A estos colectivos se les dirige una formación más intensiva en términos de frecuencia, duración, profundidad de contenido y uso de metodologías interactivas. También se refuerzan con campañas específicas de sensibilización, protocolos adaptados y acompañamiento profesional.

8.5.20. ¿Los programas formativos incorporan una perspectiva interseccional que aborde cómo el acoso puede verse agravado por motivos de género, raza, discapacidad u orientación sexual?

Sí, los programas de formación ética más avanzados incorporan de manera explícita una perspectiva interseccional, entendida como la comprensión de que las personas no sufren el acoso de forma homogénea, sino que pueden enfrentar formas más graves, invisibilizadas o complejas cuando confluyen distintos factores de discriminación estructural. Esta perspectiva fue desarrollada por la teoría crítica feminista y ha sido incorporada por organismos como la ONU, la OIT y la UE en sus guías para prevenir la violencia en el ámbito laboral.

Incorporar esta perspectiva implica que los contenidos formativos no se limiten a explicar qué es el acoso desde una mirada normativa general, sino que también expongan cómo se expresa, se agrava y se naturaliza el acoso hacia mujeres racializadas, personas trans, trabajadores con discapacidad, adultos mayores, minorías religiosas o personas con una orientación sexual no normativa.

En términos pedagógicos, se introducen casos reales donde estas identidades múltiples están en juego, se utiliza un lenguaje no sexista ni estigmatizante, se visibilizan las voces históricamente silenciadas y se promueve una ética de cuidado, respeto y equidad.

Asimismo, se explica cómo el acoso puede estar relacionado con estereotipos, prejuicios y microagresiones que no siempre son percibidos como violencia directa, pero que afectan profundamente la dignidad y el bienestar de quienes los sufren. Por ejemplo, la infantilización de personas con discapacidad, la hipersexualización de mujeres negras o las bromas homofóbicas pueden constituir expresiones sutiles de acoso que deben ser desnaturalizadas.

Esta perspectiva también sirve como base para diseñar políticas y procedimientos inclusivos, que garanticen el acceso efectivo a la protección y al trato justo, independientemente de la posición social o identitaria del trabajador o trabajadora.

Los programas que integran la perspectiva interseccional no solo contribuyen a prevenir el acoso, sino que promueven un cambio cultural más profundo, fomentan la empatía y fortalecen el compromiso de la organización con los principios de justicia, diversidad e inclusión.

8.5.21. ¿Cuenta la organización con una política formal que establezca la obligatoriedad y periodicidad de la formación en materia de acoso para todos los empleados?

Sí, en las organizaciones con sistemas de cumplimiento normativo (Compliance) sólidos y políticas de integridad consolidadas, se cuenta con una política formal y documentada que establece de manera explícita la obligatoriedad y periodicidad de la formación en materia de prevención del acoso laboral. Esta política no es una declaración de principios genérica, sino un instrumento técnico-normativo aprobado por la alta dirección y validado por las áreas de Compliance, legal y recursos humanos, y a menudo refrendado por el comité de ética o el consejo de administración.

En su redacción, esta política especifica que todos los empleados, sin distinción de nivel jerárquico, modalidad contractual o antigüedad en la empresa, deben participar de forma obligatoria en sesiones formativas sobre acoso laboral. Además, la política detalla la frecuencia con la que debe renovarse dicha formación, que por lo general es anual, aunque algunas organizaciones optan por una frecuencia semestral en áreas críticas, mandos intermedios o colectivos de riesgo elevado. En el caso de los nuevos ingresos, esta formación es un requisito durante el proceso de inducción o onboarding, y forma parte de los contenidos mínimos que deben completarse para acceder a herramientas corporativas o finalizar el período de prueba.

La obligatoriedad de la formación está vinculada a mecanismos de verificación y consecuencias institucionales. Por ejemplo, en muchos entornos se considera una condición para ser evaluado favorablemente en los procesos de desempeño, acceder a promociones internas, o incluso para renovar contratos o asumir nuevas funciones de supervisión. En caso de incumplimiento injustificado, pueden aplicarse advertencias formales o bloqueos en los sistemas de desarrollo de carrera.

Asimismo, la política formal incorpora disposiciones sobre la responsabilidad institucional en la actualización de los contenidos formativos, la adaptación a cambios normativos, y la supervisión del cumplimiento a través de indicadores, auditorías internas o inspecciones externas. En resumen, se trata de una norma organizativa vinculante, exigible, transparente y funcional, que demuestra el compromiso real de la organización con la prevención del acoso como prioridad estratégica.

8.5.22. ¿Participa la alta dirección en las actividades formativas, demostrando con ello su compromiso institucional con la prevención del acoso?

Sí, la participación activa de la alta dirección en las actividades formativas es un elemento crucial para demostrar y reforzar el compromiso institucional de la empresa con la prevención del acoso laboral. Esta participación va más allá de una acción simbólica: constituye una estrategia de liderazgo ejemplar, una declaración pública de responsabilidad ética y una herramienta de transformación cultural.

En las organizaciones donde el cumplimiento ético está arraigado en la gobernanza corporativa, los miembros de la alta dirección -incluyendo el CEO, el comité ejecutivo, los directores funcionales y los responsables regionales- asisten de forma regular a las capacitaciones sobre prevención del acoso. Esta asistencia no es opcional ni protocolaria: se integra dentro de su plan de formación ejecutiva y forma parte de su compromiso formal con el sistema de cumplimiento. Además, algunos líderes participan en la elaboración o validación de los contenidos formativos, revisan los informes de seguimiento, y aprueban los planes de mejora continua derivados de los resultados de las capacitaciones.

En formatos presenciales, es habitual que los directivos intervengan al inicio de las jornadas, pronunciando mensajes institucionales que refuercen la política de tolerancia cero y recuerden los principios del Código de Conducta. En los formatos digitales, se graban mensajes personalizados donde se articulan los riesgos organizacionales del acoso -como el daño reputacional, el costo legal o el deterioro del clima laboral- con la visión estratégica de la empresa y su compromiso con los derechos humanos. En algunos casos, los directivos participan en paneles abiertos, foros de reflexión o mesas de trabajo con los empleados para debatir sobre casos reales, lecciones aprendidas y oportunidades de mejora.

Esta implicación contribuye a desmitificar la distancia entre liderazgo y base organizacional, elimina la percepción de impunidad jerárquica, refuerza la confianza en los canales de denuncia y legitima el proceso de formación como una práctica institucional transversal, coherente y respaldada.

8.5.23. ¿Qué mecanismos utiliza el área de Compliance para recoger retroalimentación de los participantes sobre la calidad y pertinencia de la formación recibida?

El área de Compliance aplica un enfoque sistemático y multidimensional para recoger retroalimentación de los participantes tras la realización de formaciones en prevención del acoso laboral. Este proceso de evaluación participativa es fundamental no solo para medir la eficacia de la formación, sino también para generar procesos de mejora continua, adaptar los contenidos a las necesidades reales de la organización y aumentar la apropiación del mensaje por parte de los destinatarios.

El mecanismo más frecuente es la encuesta de satisfacción post-formación. Esta encuesta, aplicada de forma digital y generalmente anónima, incluye una combinación de preguntas cuantitativas (escala Likert de valoración) y cualitativas (preguntas abiertas). Se evalúan ítems como: claridad y coherencia de los contenidos, pertinencia respecto al puesto de trabajo, nivel de aplicabilidad práctica, nivel de interacción, formato pedagógico, actitud del facilitador, duración y logística general del curso.

Además de las encuestas, muchas organizaciones implementan focus groups o entrevistas en profundidad, especialmente en áreas sensibles o donde se ha detectado resistencia cultural. Estos espacios permiten comprender percepciones, dudas, barreras de aprendizaje o sugerencias para mejorar el enfoque del programa formativo. También permiten identificar aspectos que pueden estar generando confusión o desmotivación, como el exceso de tecnicismo, la falta de ejemplos concretos, o la ausencia de contenidos adaptados al contexto de trabajo.

En las plataformas virtuales de formación (LMS), se integran módulos de retroalimentación automatizados, que permiten evaluar la percepción de los participantes inmediatamente después de cada unidad temática. También se puede habilitar un botón permanente de sugerencias o comentarios que permita recoger retroalimentación en tiempo real.

Se analizan métricas de comportamiento indirecto, como la tasa de finalización, el tiempo promedio de conexión, las tasas de reintento en los cuestionarios o los clics en enlaces externos. Esta analítica avanzada permite entender la experiencia formativa de forma más integral.

Toda la información recolectada se consolida en reportes que son revisados por el área de Compliance y, en muchas organizaciones, también por los Comités de Ética o por la dirección de Recursos Humanos. Las propuestas de mejora que surgen de esta retroalimentación se incorporan en la actualización anual del contenido, el nuevo diseño pedagógica o la reestructuración de los módulos formativos.

8.5.24. ¿Cómo se integra la formación sobre acoso laboral en los procesos de onboarding y formación inicial de nuevos empleados?

La integración de la formación en materia de prevención del acoso en los procesos de onboarding es una práctica fundamental que marca el inicio del vínculo entre el trabajador y la cultura ética de la organización. Esta formación no se presenta como un contenido accesorio o meramente legalista, sino como una pieza estratégica de la inducción institucional, que transmite los valores, normas y principios fundamentales desde el primer momento.

Durante los primeros días del ingreso, los nuevos empleados participan en sesiones de bienvenida, ya sea presenciales, híbridas o completamente digitales, en las que se abordan temas como el respeto, la dignidad humana, la equidad, la inclusión y los comportamientos inaceptables en el entorno laboral. La capacitación específica sobre prevención del acoso laboral incluye definiciones claras sobre qué se considera acoso (psicológico, sexual, discriminatorio), cómo identificar señales de alerta, cómo actuar en caso de presenciar o sufrir una conducta indebida, y cómo utilizar los canales de denuncia internos garantizando la confidencialidad y protección contra represalias.

En muchas organizaciones, esta formación es obligatoria antes de que el nuevo trabajador acceda a herramientas de gestión, sistemas internos o asuma funciones críticas. La finalización del módulo formativo se documenta formalmente, y suele estar acompañada de una declaración de adhesión al Código de Conducta, que debe ser firmada como requisito administrativo. Además, se entregan materiales de referencia, como guías rápidas, infografías o enlaces a micrositios internos, donde se explican de forma accesible los recursos de apoyo disponibles.

El enfoque pedagógico está diseñado para ser didáctico, interactivo y adaptado a diferentes perfiles: se incluyen videos explicativos, ejercicios de autodiagnóstico, casos prácticos y testimonios simulados que facilitan la comprensión de situaciones reales. En empresas con diversidad cultural o geográfica, esta formación se ofrece en varios idiomas y formatos accesibles para personas con discapacidad visual o auditiva.

La integración de esta formación desde el inicio del vínculo laboral refuerza el mensaje de que la organización valora el respeto mutuo, no tolera la violencia en ninguna de sus formas y cuenta con herramientas efectivas para prevenir, detectar y sancionar el acoso laboral. Además, permite al nuevo empleado sentirse protegido, informado y empoderado para desenvolverse en un entorno de trabajo justo y transparente.

Es, por tanto, una inversión institucional que fortalece la cultura ética desde su base.

8.5.25. ¿El área de Compliance realiza una revisión periódica de las políticas, protocolos y procedimientos en materia de acoso como parte del proceso de mejora continua?

Sí, en una estructura de Compliance bien articulada, la revisión periódica de políticas, protocolos y procedimientos es una obligación operativa del área de Compliance, que forma parte del principio de mejora continua establecido en los marcos normativos internacionales como la ISO 37301 (Sistema de gestión de Compliance) y en las recomendaciones de organismos multilaterales como la OCDE o la ONU. Esta revisión periódica no es una formalidad, sino un proceso técnico diseñado para asegurar que las normas internas se mantengan actualizadas, funcionales y adaptadas a la evolución del entorno legal, social y organizacional.

La periodicidad estándar suele ser anual, aunque puede intensificarse en función de diversos factores, como cambios legislativos, incidentes internos relevantes, auditorías o feedback de los usuarios del sistema.

El proceso incluye:

a). La revisión legal.

Para asegurar que las definiciones, sanciones, plazos y garantías se ajustan a la legislación vigente en materia de acoso laboral, acoso sexual, igualdad, diversidad y protección de datos.

b). La revisión operativa.

El análisis de si los procedimientos son claros, eficaces, accesibles y viables en la práctica. Esto se hace mediante entrevistas con quienes aplican el protocolo, análisis de casos pasados y medición de tiempos de respuesta.

c). La revisión cultural y organizacional: evaluación de si las normas están alineadas con la cultura interna, si reflejan los valores declarados en el código ético y si son comprendidas por los distintos grupos de empleados.

Esta revisión culmina en la redacción de un informe técnico de diagnóstico que, una vez validado por las áreas correspondientes, da lugar a un plan de mejora que puede incluir desde ajustes terminológicos hasta rediseños más estructurales del sistema de actuación. La mejora continua, en este contexto, no solo es una práctica recomendada, sino un pilar fundamental para garantizar la eficacia real del sistema de prevención del acoso.

8.5.26. ¿Se sistematizan y analizan los aprendizajes derivados de los casos gestionados internamente para fortalecer el sistema de cumplimiento?

Sí. La sistematización de aprendizajes derivados de casos reales es una de las prácticas más valiosas dentro de un sistema de cumplimiento preventivo. Lejos de tratar los incidentes como episodios aislados, el área de Compliance los analiza como fuentes de información clave para identificar debilidades del sistema, patrones conductuales o lagunas normativas. Este análisis se realiza garantizando siempre la confidencialidad de los involucrados, y aplicando criterios de anonimización en el tratamiento de datos.

Los elementos que se sistematizan incluyen:

- La tipología de los casos (acoso moral, sexual, discriminación, abuso de autoridad).

- El área o unidad funcional involucrada.

- El tiempo de detección y de resolución.

- Las etapas del procedimiento en las que surgieron dificultades.

- Las conductas reincidentes o actores repetidos.

- Las medidas tomadas y su efectividad percibida.

Con base en estos datos, el área de Compliance elabora reportes de lecciones aprendidas que se traducen en acciones concretas de mejora, tales como:

- La revisión de cláusulas del protocolo.

- La inclusión de nuevos supuestos de acoso en las capacitaciones.

- El refuerzo de ciertos canales de denuncia.

- La focalización de campañas de sensibilización en áreas específicas.

Este conocimiento retroalimentado permite que el sistema evolucione y se adapte a las características concretas de la organización, generando un entorno más justo, seguro y consciente. Además, fortalece la prevención secundaria y terciaria, ayudando a evitar la repetición de casos y mejorando la capacidad institucional de respuesta.

8.5.27. ¿Existen canales establecidos para que los empleados puedan proponer mejoras al sistema de prevención y respuesta ante el acoso?

Sí. En cumplimiento del principio de participación activa y mejora continua, el área de Compliance ha de garantizar la existencia de canales formales, accesibles y seguros mediante los cuales los empleados puedan aportar sugerencias, comentarios o propuestas de mejora sobre el sistema de prevención y respuesta al acoso. Estos canales son fundamentales para recoger experiencias, percepciones y observaciones de quienes interactúan directamente con las políticas y protocolos, ya sea como usuarios, testigos o responsables de aplicación.

Algunos de los mecanismos más utilizados incluyen:

- Encuestas institucionales periódicas que recogen preguntas abiertas sobre la utilidad, claridad y eficacia de los procedimientos.

- Formularios en línea en la intranet corporativa, donde los empleados pueden dejar propuestas anónimas.

- Espacios de diálogo directo como talleres participativos, comités de convivencia o focus groups convocados tras formaciones o auditorías.

- Reuniones periódicas entre representantes de Compliance y delegados sindicales o embajadores de integridad.

- Canales éticos que, además de denuncias, permiten sugerencias sobre la gestión del sistema.

La existencia y promoción activa de estos canales refuerza la idea de que el sistema no es un conjunto inmutable de reglas impuestas desde arriba, sino un dispositivo vivo, mejorable y compartido. Esto fortalece la legitimidad institucional del área de Compliance, genera confianza entre los trabajadores y fomenta una cultura de corresponsabilidad en la prevención del acoso.

8.5.28. ¿Qué uso hace el área de Compliance de herramientas tecnológicas para monitorear, medir y reforzar el sistema de cumplimiento en esta materia?

El área de Compliance hace un uso cada vez más intensivo y estratégico de herramientas tecnológicas para consolidar la eficacia de los programas de prevención del acoso, asegurando no solo el cumplimiento normativo, sino también la transparencia, la trazabilidad y la capacidad de respuesta ágil. Estas herramientas permiten convertir grandes volúmenes de datos en conocimiento útil para la toma de decisiones.

Entre las más relevantes destacan:

a). Las plataformas de e-learning o LMS (Learning Management Systems):

Estas permiten distribuir formación obligatoria, controlar el grado de cumplimiento formativo, medir resultados en tiempo real, y segmentar el contenido por nivel jerárquico, área o ubicación geográfica. También integran módulos de autoevaluación, ejercicios interactivos y recolección de feedback.

b). Los canales de denuncia digitales:

Son sistemas como EthicsPoint, Convercent o SpeakUp permiten recibir reportes confidenciales o anónimos de forma segura, desde cualquier dispositivo, 24/7. Estos sistemas documentan todo el proceso, generan alertas automáticas y aseguran el cumplimiento de los plazos establecidos en el protocolo.

c). El software de gestión de cumplimiento (GRC-Governance, Risk and Compliance).

Integran funciones de seguimiento de políticas, auditoría interna, planificación de acciones correctivas, registro de incidentes y creación de reportes para dirección o auditores externos. Permiten ver todo el ecosistema de cumplimiento en un solo entorno visual.

d). los dashboards o tableros de indicadores.

Estos cuadros de mando centralizan en tiempo real los datos clave: número de denuncias abiertas y cerradas, promedio de resolución, porcentaje de formaciones completadas, indicadores de clima laboral, entre otros. Facilitan la identificación de tendencias, focos de riesgo y evaluación de efectividad.

e). Las herramientas de analítica avanzada: En contextos más sofisticados, se implementan tecnologías como minería de texto o análisis semántico para detectar lenguaje agresivo, sesgos o señales de acoso en comunicaciones internas (respetando siempre la legalidad en protección de datos).

Estas herramientas permiten no solo administrar el sistema de cumplimiento, sino también anticiparse a riesgos, focalizar esfuerzos preventivos y actuar con agilidad cuando surgen alertas.

La tecnología, bien empleada, convierte al área de Compliance en un agente proactivo de protección institucional y defensa de la dignidad en el trabajo.

8.5.29. ¿Se lleva un registro institucional del cumplimiento de las obligaciones formativas por parte de cada empleado y área funcional?

Sí, en toda organización que disponga de un sistema de cumplimiento riguroso y preventivo, es imperativo mantener un registro institucionalizado, detallado y actualizado del cumplimiento de las obligaciones formativas en materia de prevención del acoso laboral. Este registro permite asegurar la trazabilidad, la rendición de cuentas y la evaluación objetiva de las acciones preventivas implementadas.

Este sistema de registro es gestionado generalmente por el área de Formación, en coordinación con Compliance y Recursos Humanos, a través de plataformas tecnológicas como un LMS (Learning Management System), integradas en los sistemas de gestión de talento o recursos humanos (ERP como SAP, Workday, Oracle, entre otros). En estos sistemas, cada empleado tiene un perfil con acceso a su historial de formaciones obligatorias, voluntarias y específicas, donde se consignan:

- La fecha de asignación del curso.

- La fecha efectiva de inicio y de finalización.

- La calificación obtenida, si aplica.

- Los resultados en tests de comprensión.

- El certificado de participación, con firma electrónica.

- El número de veces que repitió el curso (en caso de resultados insatisfactorios).

- La información del responsable jerárquico que valida o supervisa el cumplimiento.

Este registro no solo se lleva a nivel individual, sino también por área funcional, unidad organizativa, país o sede, permitiendo así una visión macro y micro del cumplimiento. Estas estadísticas son utilizadas para elaborar reportes periódicos que llegan al Comité de Ética, la Alta Dirección o el Comité de Compliance, quienes evalúan tanto el porcentaje de cobertura como los segmentos con mayor rezago o incumplimiento.

Además, este registro adquiere un carácter legal cuando se vincula a normativas de igualdad, prevención de riesgos laborales o a compromisos adquiridos en convenios colectivos. El incumplimiento de esta formación por parte de un empleado -y la omisión del seguimiento por parte de su superior directo- puede derivar en consecuencias disciplinarias o ser considerado negligencia institucional, especialmente si se produce un incidente de acoso y se comprueba que no se cumplió con la obligación formativa correspondiente.

Por tanto, llevar este registro no solo es una buena práctica, sino una herramienta de defensa jurídica, gestión del riesgo reputacional y transparencia interna.

8.5.30. ¿El plan de mejora continua en prevención del acoso incluye objetivos medibles, responsables definidos y un cronograma de implementación aprobado por la dirección?

Sí, en un sistema de prevención del acoso laboral maduro, el plan de mejora continua constituye un instrumento estratégico de gestión ética, que no se limita a una declaración de principios sino que se estructura como un proyecto formal con metodologías propias de la gestión por resultados. Este plan incluye -y debe incluir necesariamente- objetivos específicos, medibles, alcanzables, relevantes y temporales (SMART), responsables asignados con claridad funcional, y un cronograma validado y aprobado por los órganos superiores de decisión (dirección general, comité de cumplimiento, comité de personas o consejo de administración, según el caso).

Un plan de mejora continua en esta materia suele estar construido sobre el análisis de indicadores objetivos (como el porcentaje de cumplimiento formativo, el tiempo promedio de resolución de denuncias, el número de casos por unidad, la satisfacción con la intervención de los canales éticos, etc.) y la revisión de casos reales, auditorías internas, retroalimentación de empleados y cambios legislativos.

Los objetivos pueden dividirse en:

a). Objetivos de tipo preventivo: Por ejemplo, “lograr una cobertura del 100 % de la formación anual sobre acoso para todo el personal operativo antes del cuarto trimestre”.

b). Objetivos de tipo correctivo: Como “reducir el tiempo promedio de respuesta ante una denuncia de acoso de 40 a 20 días laborales en los próximos seis meses”.

c). Objetivos de tipo cultural: "Incrementar en un 30 % el índice de percepción de 'seguridad psicológica' en la próxima encuesta de clima laboral, respecto del año anterior".

Cada uno de estos objetivos se vincula a indicadores clave de desempeño (KPIs), con líneas de base, metas proyectadas, instrumentos de verificación (encuestas, reportes, registros de LMS, actas de comités, etc.), y se asignan responsables funcionales y jerárquicos (áreas específicas como Legal, Compliance, RR.HH., Gerencias regionales o departamentos específicos según el ámbito del objetivo).

El cronograma de implementación detalla plazos intermedios, fechas de revisión, responsables de seguimiento, puntos de control y entregables por fase. Este cronograma es validado por la Alta Dirección y monitoreado periódicamente en reuniones de seguimiento con los responsables asignados, utilizando herramientas de gestión de proyectos como Gantt, SCRUM o tableros Kanban.

Además, la formalización de este plan en actas, comités o documentos institucionales asegura que no quede al arbitrio de una sola persona o unidad, sino que se institucionalice como un compromiso transversal, con asignación presupuestaria y con consecuencias derivadas de su cumplimiento o incumplimiento.

Este tipo de planificación contribuye decisivamente a evitar la reactividad -es decir, que solo se actúe ante casos consumados- y a fortalecer un modelo proactivo y anticipatorio que apunta a transformar la cultura organizacional y consolidar un entorno laboral seguro, equitativo y respetuoso de la dignidad de todas las personas.

El plan de mejora continua, cuando está correctamente estructurado, permite a la organización no solo cumplir con las exigencias normativas, sino posicionarse como un referente ético en su sector y generar confianza entre sus trabajadores, clientes, inversores y demás grupos de interés.

8.6. La protección del entorno laboral como objetivo estratégico del Compliance

8.6.1. ¿Está definido explícitamente en el sistema de Compliance de la organización que la protección del entorno laboral es un objetivo estratégico?

Sí. En las organizaciones con un sistema de Compliance robusto, la protección del entorno laboral se consagra explícitamente como un objetivo estratégico dentro de los marcos normativos internos y documentos rectores del programa de cumplimiento. Esta declaración no es simbólica, sino operativa: se formaliza en instrumentos clave como el Código de Conducta, la Política de Prevención de Acoso, el Programa de Ética y Compliance y los Mapas de Riesgo Ético de la organización.

Desde una perspectiva de gobernanza corporativa, definir la protección del entorno laboral como un objetivo estratégico implica integrarlo en la planificación global de la compañía, con indicadores asociados, recursos asignados y supervisión de la alta dirección. El objetivo va más allá del cumplimiento normativo: se alinea con la gestión sostenible del capital humano, la reputación corporativa, el propósito organizacional y el marco ESG (Environmental, Social and Governance).

Además, esta definición estratégica se traduce en acciones como:

- Incluir la protección del entorno laboral como parte de la matriz de riesgos operativos y no financieros.

- Incorporar objetivos vinculados a la mejora del clima laboral y la erradicación del acoso en los KPIs (Key Performance Indicators) de líderes y mandos intermedios.

- Establecer compromisos explícitos con la igualdad, la no discriminación y la dignidad de las personas trabajadoras en la estrategia de sostenibilidad o el Plan Director de Compliance.

- Exigir a proveedores y terceros adherirse a los principios éticos sobre el entorno de trabajo en los códigos de conducta de la cadena de suministro.

Por lo tanto, declarar el entorno laboral como un objetivo estratégico dentro del sistema de Compliance no es una opción retórica, sino una necesidad funcional que permite proyectar una cultura organizacional basada en el respeto, la integridad y la corresponsabilidad.

8.6.2. ¿Qué mecanismos ha implementado el área de Compliance para identificar riesgos de acoso laboral dentro de la cultura organizacional?

El área de Compliance ha implementado una serie de mecanismos técnicos, multidimensionales y proactivos para identificar riesgos de acoso laboral dentro de la cultura organizacional, con el fin de intervenir de forma temprana y reducir la posibilidad de que se materialicen situaciones de hostigamiento o violencia.

Entre los mecanismos más relevantes se encuentran:

a). El mapeo de riesgos éticos.

Se identifican las áreas, procesos y unidades funcionales con mayor exposición a factores de riesgo (alta rotación, escasa supervisión, estructuras jerárquicas rígidas, estrés organizacional, ambientes masculinizados o falta de diversidad). Este mapeo permite priorizar intervenciones formativas y preventivas.

b). El análisis de datos del canal ético:

A partir de las denuncias, consultas, alertas o comentarios recibidos, se detectan patrones de comportamiento, recurrencias en determinadas áreas o conductas límite que, aunque no configuran un caso de acoso formal, evidencian un entorno laboral deteriorado.

c). El Focus groups y entrevistas cualitativas.

Se organizan espacios de conversación confidenciales con trabajadores de distintos niveles jerárquicos y funciones para indagar sobre la percepción del entorno, la tolerancia al lenguaje sexista o discriminatorio, y las barreras para reportar comportamientos inapropiados.

d). Las encuestas de integridad y cultura organizacional.

Constituyen herramientas diagnósticas que miden la percepción sobre liderazgo ético, confianza en los canales de denuncia, normalización del acoso, sensibilidad ante la diversidad, y equidad en el trato cotidiano.

e). Las auditorías éticas y visitas in situ.

Algunas empresas implementan visitas del equipo de Compliance o asesores externos para evaluar directamente el ambiente laboral, el liderazgo operativo y las condiciones organizacionales que podrían propiciar situaciones de riesgo.

Todos estos mecanismos se articulan en una estrategia de monitoreo ético continuo que permite generar alertas tempranas, tomar decisiones informadas y diseñar respuestas preventivas específicas (formación intensiva, rotación de equipos, rediseño de procesos, coaching de liderazgo, etc.). De este modo, el área de Compliance se consolida como un actor clave en la gestión activa del riesgo de acoso.

8.6.3. ¿Se realiza una evaluación periódica del clima laboral como herramienta preventiva frente al acoso desde el área de Compliance?

Sí. La evaluación periódica del clima laboral es una herramienta preventiva fundamental que, si bien puede ser liderada técnicamente por el área de Recursos Humanos, requiere una participación estratégica del área de Compliance, especialmente en lo que respecta a la detección de riesgos éticos, el análisis de zonas grises y la integración de resultados en el sistema de cumplimiento.

Estas evaluaciones se realizan mediante encuestas institucionales que recogen de forma anónima la percepción de los empleados sobre distintos aspectos del entorno laboral, incluyendo:

- El respeto interpersonal y calidad de las relaciones laborales.

- La seguridad psicológica: libertad para expresarse sin temor a represalias.

- La claridad y accesibilidad de los canales de denuncia o consulta ética.

- La presencia de conductas abusivas, intimidatorias o discriminatorias.

- La confianza en la imparcialidad del sistema de gestión del acoso.

- La ejemplaridad de los líderes y mandos intermedios.

Los resultados de estas encuestas, una vez desagregados por área, nivel jerárquico y otros criterios relevantes (género, edad, antigüedad, modalidad contractual), permiten identificar climas tóxicos, percepciones de impunidad, o desajustes entre los valores declarados por la organización y las prácticas cotidianas.

El área de Compliance utiliza esta información para:

- Ajustar los planes de formación, sensibilización y comunicación interna.

- Rediseñar los contenidos de los códigos de conducta o protocolos.

- Reforzar la vigilancia en áreas de riesgo alto o con antecedentes conflictivos.

- Rendir cuentas ante la dirección y proponer acciones correctivas.

Por tanto, la evaluación del clima laboral es una herramienta que, además de medir bienestar, permite construir cultura preventiva. Su periodicidad puede ser anual o bianual, y debe incluir un plan de acción asociado, cuyo cumplimiento sea objeto de seguimiento institucional.

8.6.4. ¿El Compliance participa activamente en la elaboración y revisión de políticas de prevención y tratamiento del acoso laboral?

Sí, y esta participación es indispensable. El área de Compliance no solo debe conocer en profundidad las políticas de prevención y tratamiento del acoso laboral, sino también participar activamente en su diseño, revisión periódica, validación legal y seguimiento operativo. Esta participación garantiza que dichas políticas estén alineadas con el sistema general de cumplimiento, sean coherentes con los marcos normativos externos e internos, y cuenten con mecanismos eficaces de control, transparencia y rendición de cuentas.

El rol de Compliance en este proceso abarca:

a). La revisión de legalidad y cumplimiento normativo.

Asegura que la política se ajuste a la legislación laboral, penal, de igualdad, privacidad, y seguridad y salud en el trabajo.

b). La alineación con principios éticos corporativos.

Se vela por la coherencia entre lo que promueve el código ético y lo que establece el protocolo operativo.

c). La inclusión de criterios de proporcionalidad, confidencialidad, imparcialidad, presunción de inocencia, y protección contra represalias.

d). El diseño de procedimientos de recepción, análisis e investigación de denuncias, con cronogramas, roles y flujos de actuación bien definidos.

e). Hay que asegurar, que las políticas incluyan mecanismos de monitoreo y revisión periódica, para evitar que queden obsoletas o desconectadas de la realidad operativa.

Además, el área de Compliance actúa como interlocutor con otras unidades (RR.HH., Jurídico, Diversidad e Inclusión, Seguridad y Salud, Sindicatos), asegurando una perspectiva interdisciplinaria en el enfoque del acoso y garantizando la legitimidad institucional de las políticas.

La revisión periódica de estas políticas (normalmente anual) permite incorporar aprendizajes derivados de casos reales, reformas legislativas, feedback de los empleados o recomendaciones de auditores externos. En muchos casos, el área de Compliance lidera estos procesos y presenta las actualizaciones para su aprobación ante la alta dirección.

La participación activa de Compliance en la elaboración y revisión de las políticas de acoso no solo es necesaria para cumplir con los estándares normativos, sino para garantizar que estas políticas sean efectivas, legítimas y verdaderamente protectoras de los derechos de las personas trabajadoras. Así se refuerza el mensaje institucional de cero tolerancia frente al acoso y se consolida una cultura de integridad en el día a día organizacional.

8.6.5. ¿Cómo asegura el Compliance que las estructuras jerárquicas y estilos de liderazgo no favorezcan entornos propicios al acoso?

El área de Compliance, en un enfoque moderno y preventivo, reconoce que las estructuras jerárquicas y los estilos de liderazgo son determinantes en la configuración del entorno organizacional. Por ello, implementa diversas estrategias para asegurarse de que estos elementos no generen dinámicas de poder abusivas, silenciamiento de víctimas, ni condiciones que normalicen el acoso laboral.

Primero, realiza diagnósticos organizativos para identificar puntos críticos donde la verticalidad, la concentración de poder o la ausencia de mecanismos de supervisión puedan favorecer el abuso de autoridad. Esto se hace mediante mapas de riesgos éticos que incorporan el análisis de mandos intermedios y cadenas de reporte. Segundo, promueve la formación obligatoria en liderazgo ético para todos los líderes, enfatizando el impacto que sus comportamientos, lenguaje y estilos de gestión tienen en el bienestar y seguridad psicológica del equipo. Estos módulos incluyen formación sobre liderazgo inclusivo, comunicación no violenta y gestión de conflictos.

Además, el área de Compliance audita la trazabilidad de las decisiones tomadas por líderes implicados en entornos conflictivos (rotación de personal, asignación de tareas, sanciones, promociones) para detectar posibles usos del poder con fines discriminatorios, intimidatorios o retaliatorios. También impulsa sistemas de retroalimentación ascendente, como encuestas de percepción de liderazgo, donde los colaboradores pueden evaluar el estilo y conducta de sus superiores directos, generando evidencia útil para prevenir situaciones de hostigamiento jerárquico.

El Compliance fomenta la cultura del liderazgo ejemplar mediante reconocimiento público de conductas integradoras, resolución justa de conflictos y actitudes respetuosas que contribuyan a consolidar un entorno laboral ético.

8.6.6. ¿Qué indicadores utiliza el Compliance para medir el impacto del acoso laboral en el entorno organizacional?

El área de Compliance utiliza una combinación de indicadores cuantitativos y cualitativos para medir el impacto del acoso laboral sobre la organización, considerando tanto su dimensión directa (casos reportados y resueltos) como indirecta (efectos sobre la cultura, el clima y la productividad). Algunos de los principales indicadores incluyen:

- El número de denuncias recibidas por acoso laboral, discriminado por tipo (acoso moral, sexual, discriminación, violencia verbal, etc.), departamento y perfil jerárquico.

- La tasa de reincidencia de personas o áreas previamente implicadas en conductas inapropiadas.

- El tiempo promedio de tramitación y cierre de denuncias, que permite evaluar la capacidad de respuesta institucional.

- El porcentaje de denuncias no procedentes o desestimadas, lo que puede alertar sobre barreras de acceso o sesgos estructurales en la gestión de los casos.

- Los resultados de encuestas de clima laboral y percepción de seguridad psicológica, en particular las preguntas relacionadas con el respeto interpersonal, la justicia organizacional, y la confianza en los canales de reporte.

- los indicadores de rotación voluntaria en áreas de alto conflicto, que pueden señalar entornos percibidos como hostiles.

Los datos de ausentismo laboral, uso de licencias médicas por causas psicológicas y solicitudes de traslado asociadas a conflictos interpersonales.

- Los índices de satisfacción con el protocolo de actuación, relevados en encuestas confidenciales a las partes intervinientes luego de cada intervención.

Estos indicadores permiten a Compliance identificar tendencias, anticipar crisis, adaptar sus políticas y medir la efectividad de las acciones preventivas, correctivas y formativas a lo largo del tiempo.

8.6.7. ¿Se ha incluido el acoso laboral como riesgo específico en el mapa general de riesgos del sistema de cumplimiento?

Sí. En un sistema de cumplimiento que aborde de manera integral la gestión de riesgos éticos, el acoso laboral debe estar contemplado como un riesgo específico y transversal, tanto por su impacto reputacional, jurídico y económico como por su efecto directo sobre la integridad institucional y los derechos fundamentales de los empleados.

Este riesgo se categoriza dentro de los riesgos no financieros del sistema de Compliance y se analiza bajo los criterios de probabilidad y severidad. En su incorporación al mapa de riesgos se incluyen dimensiones como:

- El grado de exposición según el tipo de actividad, jerarquía, perfil del empleado o unidad funcional.

- El nivel de madurez del protocolo institucional para actuar ante denuncias.

- El historial de casos previos y eficacia de las respuestas.

- El nivel de cobertura formativa.

- La percepción de la plantilla sobre la tolerancia cero y la justicia organizacional.

Una vez incorporado, el acoso laboral es objeto de seguimiento regular, planificación de controles específicos (protocolos, formación, canales éticos, auditorías internas), y evaluación de la eficacia de las medidas de mitigación adoptadas. La inclusión de este riesgo en el mapa facilita la rendición de cuentas ante los órganos de gobierno (Comité de Compliance, Comité de Auditoría o Alta Dirección) y constituye una señal clara del compromiso institucional con la erradicación de prácticas vulneradoras de derechos en el ámbito laboral.

8.6.8. ¿El Compliance ha identificado prácticas organizacionales que, aunque normalizadas, puedan constituir formas estructurales de acoso?

Sí. Una función clave del área de Compliance es identificar aquellas prácticas que, aunque estén institucionalizadas o invisibilizadas por la costumbre, constituyen formas estructurales de acoso laboral. Estas conductas, al estar normalizadas, pueden perdurar sin generar denuncias formales, pero su efecto acumulativo tiene un profundo impacto en la salud emocional, la moral, la productividad y la equidad organizacional.

Algunas prácticas que el área de Compliance suele detectar como problemáticas incluyen:

- La micro gestión excesiva, control coercitivo o fiscalización invasiva por parte de superiores jerárquicos.

- La cultura del "rendimiento a cualquier costo" que invisibiliza el descanso, las pausas o la salud mental.

- La exclusión sistemática de ciertos empleados de reuniones, correos o decisiones clave.

- Las "bromas" o comentarios recurrentes sobre género, edad, apariencia física, nacionalidad o identidad sexual, enmascarados como humor organizacional.

- La estigmatización de quienes usan los canales de denuncia, crean espacios de debate o expresan críticas abiertas.

La naturalización del contacto físico sin consentimiento, "piropos" o gestos ambivalentes que pueden generar incomodidad.

Para detectar estas formas de acoso estructural, el área de Compliance realiza análisis cualitativos a través de focus groups, entrevistas, encuestas confidenciales y revisión de patrones en reportes informales. Una vez identificadas, estas prácticas son visibilizadas mediante campañas internas de concienciación, inclusión en las formaciones sobre cultura ética y actualización de los protocolos para asegurar su abordaje efectivo.

Además, el área promueve el cambio cultural mediante el rediseño de políticas, la revisión de procesos de evaluación del desempeño (para evitar premiar comportamientos nocivos), y la implementación de criterios de integridad en la gestión del talento y en el liderazgo. De esta forma, Compliance no solo responde ante incidentes, sino que actúa como agente transformador de una cultura organizacional más justa, empática y libre de violencia.

8.6.9. ¿Cómo actúa el Compliance frente a casos de acoso laboral que involucran a personal de alto rango o dirección?

El área de Compliance, cuando enfrenta situaciones de acoso laboral que involucran a personas con cargos de alta jerarquía -como directores, gerentes generales o miembros del comité ejecutivo-, debe operar bajo estrictos principios de independencia, objetividad y confidencialidad reforzada. Estas situaciones presentan desafíos adicionales debido al desequilibrio de poder, la posible reticencia de los testigos a declarar, y la presión interna o externa sobre la gestión del caso.

Ante un caso así, la actuación de Compliance implica:

a). La activación inmediata del protocolo con blindaje del proceso:

El primer paso es aplicar el protocolo de prevención y actuación contra el acoso sin excepción jerárquica. Para evitar interferencias o conflictos de interés, puede delegarse la investigación a un equipo externo o a un comité ético independiente con autonomía funcional.

b). La protección reforzada a la persona denunciante.

Cuando el denunciado es una autoridad superior, Compliance debe extremar las garantías de no represalia, establecer medidas cautelares inmediatas y ofrecer acompañamiento psicológico, legal y organizacional a la víctima, asegurando que no quede expuesta ni marginada.

c). La revisión especial del conflicto de intereses.

El Compliance debe analizar si las personas asignadas al proceso (investigadores, testigos, validadores) tienen alguna relación directa o dependencia con el implicado. En caso afirmativo, deben ser reemplazadas para garantizar la neutralidad.

d). El involucramiento del máximo órgano de gobierno.

En organizaciones donde el implicado tiene autoridad sobre los comités de cumplimiento, ética o recursos humanos, se activa la intervención del Consejo de Administración o del Comité de Auditoría para garantizar la supervisión superior e independiente del proceso.

e). La trazabilidad, documentación y transparencia interna.

Todo el procedimiento debe quedar formalmente registrado, desde las entrevistas hasta la decisión final, con controles de acceso limitados y custodia segura de la información. La transparencia se aplica a través de la rendición interna de cuentas sin comprometer la privacidad de las partes.

El Compliance actúa con especial diligencia para garantizar que el principio de igualdad ante las normas sea una realidad incluso frente a posiciones de poder, asegurando la integridad del sistema de cumplimiento y la protección efectiva de las víctimas.

8.6.10. ¿Existe un sistema de monitoreo del entorno laboral que permita detectar de forma anticipada conductas o patrones asociados al acoso?

Sí. En los modelos más avanzados de gestión ética y prevención del acoso, el área de Compliance integra sistemas de monitoreo continuo del entorno laboral, también llamados "sistemas de alerta temprana". Estos no esperan a que ocurra una denuncia formal, sino que se enfocan en prevenir, diagnosticar y actuar sobre factores de riesgo conductual, relacional o estructural.

Este sistema incluye:

a). Las herramientas de escucha activa.

Como encuestas de percepción ética, seguridad psicológica y clima laboral, aplicadas regularmente, que permiten detectar señales de malestar, miedo, falta de confianza en los canales institucionales o normalización de prácticas abusivas.

b). El análisis estadístico.

Donde se cruzan datos sobre ausentismo, rotación no explicada, bajo rendimiento, solicitudes de traslado y renuncias en áreas específicas, que pueden ser síntomas de ambientes disfuncionales o de liderazgo tóxico.

c). La observación conductual indirecta.

En la que se monitorea el uso del lenguaje en comunicaciones escritas (correos, chats, reportes), actitudes en reuniones, exclusión en listas de correo o evidencias de microagresiones reiteradas.

d). La revisión del canal ético.

En la que se analizan también los reportes "informales" o consultas confidenciales que no derivan en denuncias formales pero contienen información sensible sobre actitudes ofensivas, discriminación, burla o intimidación.

e). Los grupos focales y entrevistas cualitativas.

Particularmente útiles en áreas con alta rotación o historial de conflictos no resueltos, para recoger información relacional en entornos donde las personas no se animan a denunciar formalmente.

Este sistema de monitoreo convierte al área de Compliance en un observador proactivo del comportamiento organizacional, y permite actuar antes de que el acoso escale o se cronifique, evitando así daños más graves a la integridad psicosocial de las personas y al entorno.

8.6.11. ¿De qué manera el Compliance garantiza que las medidas adoptadas tras una denuncia de acoso tengan un efecto restaurativo y preventivo?

El enfoque restaurativo del Compliance busca no solo resolver el caso y aplicar sanciones (cuando correspondan), sino reparar el daño causado, restablecer la dignidad de la víctima, y transformar las condiciones que permitieron la ocurrencia del acoso. Esta perspectiva implica una visión sistémica, que incluye múltiples niveles de intervención.

Las acciones clave son:

a). El restablecimiento del equilibrio psicosocial de la víctima: incluyendo medidas de protección, reubicación voluntaria, atención psicológica, validación institucional del daño, y garantías de no repetición.

b). Las intervenciones sobre el entorno laboral: en casos donde el acoso ha afectado el clima grupal o ha producido rupturas en el equipo, Compliance puede recomendar talleres de cohesión, coaching grupal, espacios de escucha o reconfiguración de la dinámica de trabajo.

c). La revisión estructural del caso: el equipo de Compliance analiza si el hecho fue favorecido por fallos del sistema (omisión del liderazgo, formación insuficiente, canal ineficaz, tolerancia cultural al abuso) y propone ajustes organizacionales como cambios en las políticas, nuevas guías de conducta o formación específica.

d). Las medidas preventivas: se implementan acciones educativas, comunicacionales y normativas para evitar que casos similares se repitan. Esto puede incluir campañas de concienciación, rediseño de materiales formativos, talleres sobre lenguaje no violento, o inserción de cláusulas contractuales con perspectiva de género.

e). El seguimiento: se establece un seguimiento formal durante al menos seis meses posteriores a la intervención para verificar el cumplimiento efectivo de las medidas y evitar represalias o secuelas organizacionales.

Este enfoque evita que el proceso se limite a una sanción individual, y permite reconstruir relaciones laborales, restaurar la confianza institucional y avanzar en la madurez ética de la organización.

8.6.12. ¿Se han diseñado estrategias específicas desde el Compliance para proteger a los colectivos más vulnerables al acoso (por género, edad, condición racial, discapacidad, etc.)?

Sí. El área de Compliance con enfoque de equidad e inclusión trabaja activamente en la identificación y protección de colectivos históricamente más expuestos a situaciones de acoso, discriminación o violencia simbólica. Este enfoque parte del principio de interseccionalidad, que reconoce que no todas las personas están expuestas al riesgo de la misma manera, y que las barreras estructurales pueden generar mayor vulnerabilidad.

Algunas de las estrategias más relevantes implementadas desde Compliance incluyen:

a). Los protocolos con perspectiva de género y diversidad: que abordan el acoso como un fenómeno que afecta de manera desigual a mujeres, personas LGBTIQ+, personas racializadas, mayores de 50 años, personas con discapacidad o migrantes.

b). La formación diferencial: se imparten sesiones formativas específicas para mandos y equipos que trabajan con personas de colectivos vulnerables, abordando sesgos inconscientes, discriminación indirecta, microviolencias y prevención de acoso basado en estereotipos.

c). Los canales accesibles y confiables: se adaptan los canales éticos y formularios de denuncia para que puedan ser utilizados por personas con barreras idiomáticas, tecnológicas, visuales o auditivas. También se garantiza confidencialidad reforzada para colectivos que puedan temer represalias o estigmatización.

d). El monitoreo de riesgo discriminatorio: se desagregan los indicadores de cumplimiento, participación, rotación, formación y acoso por género, edad, etnia y discapacidad, para detectar posibles patrones de exclusión o maltrato estructural.

e). La participación activa de los colectivos en la toma de decisiones: se promueve la incorporación de representantes de colectivos vulnerables en comités de ética, grupos de mejora o espacios de revisión de políticas.

Estas estrategias permiten consolidar un enfoque de Compliance inclusivo, en el que la protección de los derechos humanos y la promoción de la igualdad no se limitan a lo declarativo, sino que se integran al corazón del sistema de cumplimiento.

8.6.13. ¿Cuenta el Compliance con indicadores de confianza institucional que midan la percepción del personal respecto a la gestión del acoso?

Sí, un sistema de Compliance verdaderamente robusto e integral contempla mecanismos específicos para monitorear la confianza del personal en la capacidad institucional de gestionar adecuadamente situaciones de acoso. Esto se basa en una convicción fundamental: la confianza del personal en el sistema es una condición esencial para su funcionamiento. Sin esa confianza, el canal de denuncias pierde eficacia, las víctimas optan por el silencio y la organización se vuelve vulnerable tanto desde el punto de vista ético como reputacional.

El Compliance, en su función preventiva y de control, puede incorporar una batería de indicadores de naturaleza cualitativa y cuantitativa que permiten medir esta confianza institucional. Entre los más relevantes destacan:

- El nivel de conocimiento del personal sobre la existencia del canal de denuncias, sus garantías y su funcionamiento, lo cual puede medirse mediante encuestas anónimas o cuestionarios de auditoría ética.

- El porcentaje de empleados que afirman que se sentirían seguros utilizando el canal, sin temor a represalias, o que creen que las denuncias son tratadas con seriedad, imparcialidad y eficacia.

- El índice de denuncias presentadas anónimamente frente a las nominales, lo que puede evidenciar desconfianza en la confidencialidad real del sistema.

- La percepción sobre el grado de compromiso de la alta dirección con la tolerancia cero frente al acoso, y su coherencia entre discurso y conducta. Esta percepción también se puede medir mediante evaluaciones internas de cultura organizacional.

- El índice de resolución efectiva de denuncias relacionadas con acoso, y el grado de satisfacción de las personas afectadas con el proceso y las medidas adoptadas, lo cual requiere aplicar protocolos de seguimiento post-investigación.

- La recurrencia de incidentes o denuncias en áreas o unidades específicas, lo que puede indicar que la falta de confianza se asocia a liderazgos permisivos o estructuras disfuncionales.

Además de estos indicadores, Compliance puede recomendar auditorías éticas periódicas o focus groups con participación representativa del personal para conocer sus percepciones sobre la justicia organizacional, la eficacia del sistema y su disposición a recurrir a él en caso de necesidad.

Un programa de Compliance que no mida la percepción y confianza del personal respecto a la gestión del acoso es ciego a una de las dimensiones más críticas del sistema: la legitimidad social del mismo en el interior de la organización.

8.6.14. ¿Cómo gestiona el Compliance los riesgos reputacionales derivados de entornos laborales percibidos como inseguros o permisivos frente al acoso?

La gestión de los riesgos reputacionales asociados a entornos percibidos como inseguros, discriminatorios o tolerantes frente al acoso constituye una responsabilidad estratégica del área de Compliance. La reputación organizacional no se construye únicamente sobre los logros comerciales o financieros, sino, cada vez más, sobre la percepción social de su integridad interna y de su cultura de protección de las personas.

Cuando una organización es percibida como permisiva ante el acoso, se activan múltiples vectores de riesgo reputacional: la desconfianza de clientes y socios, la pérdida de talento clave, la fuga de información a medios o redes sociales, la deslegitimación ante grupos de interés (sindicatos, asociaciones profesionales, accionistas), y la exposición a litigios o sanciones públicas.

Frente a este escenario, el área de Compliance interviene con un enfoque multidimensional:

- En primer lugar, integra el riesgo de acoso laboral en el Mapa Global de Riesgos Corporativos, no sólo desde la perspectiva legal, sino como un riesgo reputacional estratégico que puede comprometer la viabilidad de la empresa. Este riesgo se analiza en sus causas estructurales (liderazgos autoritarios, falta de controles, cultura machista, etc.) y se pondera por su probabilidad e impacto.

- En segundo lugar, el Compliance promueve la transparencia activa en la gestión de denuncias: la publicación de informes anuales agregados sobre el número de casos, las medidas adoptadas, y las mejoras implementadas refuerzan la percepción de que la empresa no oculta la realidad, sino que actúa con responsabilidad.

- Además, diseña protocolos de respuesta a crisis reputacionales relacionadas con acoso, que incluyen mensajes institucionales claros, activación de canales de comunicación, coordinación con el área jurídica y con recursos humanos, y medidas inmediatas de contención y reparación cuando proceda.

- El Compliance también recomienda y monitorea acciones estructurales de reparación simbólica o cultural, como el rediseño del código de conducta, la renovación de mandos medios implicados en permisividad o la reestructuración de áreas contaminadas por prácticas tóxicas.

- Por último, promueve la profesionalización y autonomía del canal ético, de modo que su credibilidad pública sea un factor reputacional positivo: un canal gestionado con independencia, recursos suficientes y mecanismos externos de revisión refuerza la imagen de la empresa como organización comprometida con el respeto, incluso cuando se enfrenta a situaciones graves.

El Compliance no gestiona el riesgo reputacional solo como un daño potencial, sino como una oportunidad para generar confianza institucional y demostrar que la organización se rige por valores éticos, más allá del cumplimiento formal.

8.6.15. ¿El Compliance colabora con Recursos Humanos para garantizar que los procesos de selección, promoción y evaluación no perpetúen entornos de trabajo propensos al acoso?

Sí, y de hecho esta colaboración es una de las expresiones más importantes del enfoque preventivo e integral que debe adoptar el área de Compliance para erradicar el acoso desde sus causas estructurales. La mayoría de los entornos propensos al acoso no se generan por ausencia de normas escritas, sino por dinámicas de poder, decisiones de personal mal orientadas y estructuras jerárquicas que reproducen comportamientos autoritarios, discriminatorios o impunes. Por ello, el trabajo conjunto entre Compliance y Recursos Humanos resulta imprescindible.

Esta colaboración se articula en varios niveles operativos:

- En los procesos de selección, Compliance puede participar en la revisión de los perfiles de puestos de liderazgo, recomendando incluir como competencias clave el respeto interpersonal, la capacidad de escucha, la gestión ética de equipos y la ausencia de antecedentes disciplinarios o reputacionales. Incluso puede recomendar entrevistas estructuradas en las que se evalúe el alineamiento cultural y ético del candidato, no sólo su competencia técnica.

- En los procesos de promoción interna, el área de Compliance debe tener voz para alertar sobre casos en los que un candidato acumule comportamientos previos conflictivos, denuncias archivadas sin investigar adecuadamente, o haya sido señalado por su gestión autoritaria o discriminatoria. Esta información debe tratarse con máxima confidencialidad, pero es esencial para prevenir el ascenso de perfiles que puedan agravar un entorno tóxico.

- En los sistemas de evaluación del desempeño, Compliance colabora para introducir dimensiones cualitativas relacionadas con el comportamiento ético, la gestión del respeto, la conducta ejemplar, la prevención de conflictos, el respeto a la diversidad, y la contribución a un ambiente de trabajo saludable. El rendimiento no puede medirse únicamente por resultados comerciales si se quiere consolidar una cultura ética.

- Además, el área de Compliance puede auditar periódicamente los procesos de Recursos Humanos para identificar sesgos sistemáticos (por ejemplo, si existe una sobrerrepresentación de hombres en cargos directivos, o si los jefes denunciados siguen promocionando), y proponer medidas correctivas estructurales.

- En situaciones de investigación interna por acoso, Compliance y RRHH deben actuar coordinadamente pero desde roles diferenciados: Recursos Humanos como acompañamiento y soporte a las personas, y Compliance como garante de la imparcialidad y del rigor procedimental.

Esta sinergia, bien estructurada, es lo que permite transitar desde una gestión reactiva del acoso (cuando ya se ha producido el daño) hacia una verdadera cultura preventiva, donde los mecanismos de selección, promoción y evaluación están diseñados para favorecer el respeto, la equidad y la dignidad en el trabajo.

Capítulo IX

La responsabilidad empresarial y sus consecuencias en los supuestos de acoso laboral

9.1. La responsabilidad penal: responsabilidad de la persona jurídica en los casos de acoso laboral

9.1.1. ¿En qué circunstancias puede una persona jurídica ser penalmente responsable por actos de acoso laboral cometidos en su seno?

La persona jurídica puede ser penalmente responsable en España conforme al artículo 31 bis del Código Penal, que establece los supuestos bajo los cuales se le puede imputar responsabilidad penal por hechos cometidos por personas físicas vinculadas a ella. Aunque el acoso laboral no tiene una figura penal autónoma en el Código Penal, determinadas conductas de acoso pueden encuadrarse en tipos penales como:

- El delito contra la integridad moral (art. 173.1 CP), cuando el acoso es grave, reiterado y causa un sufrimiento psicológico intenso.

- Las coacciones o amenazas reiteradas (arts. 169 y ss.).

- Los delitos contra los derechos de los trabajadores (art. 311 y ss.).

- La omisión del deber de impedir delitos (art. 450 CP) cuando directivos o mandos intermedios, conocedores del acoso, se abstienen de actuar.

La persona jurídica será penalmente responsable cuando el delito:

a) Sea cometido por sus representantes legales o administradores de hecho o de derecho, actuando en beneficio directo o indirecto de la entidad (por ejemplo, reduciendo costes laborales al forzar bajas por acoso o evitando indemnizaciones).

b) Sea cometido por subordinados jerárquicos de los anteriores, cuando se pruebe que no existía un control adecuado por parte de la empresa. Es decir, si el delito se produce porque la empresa incumplió sus deberes de supervisión, vigilancia y prevención.

Estas circunstancias determinan que la persona jurídica no solo responde si "promueve" el acoso, sino también si tolera su existencia sin implementar mecanismos adecuados para prevenirlo, detectarlo o sancionarlo. En estos casos, la omisión institucional es considerada dolosa o gravemente negligente, y por tanto penalmente relevante.

9.1.2. ¿Qué papel cumple el programa de Compliance penal en la prevención de la responsabilidad penal empresarial ante casos de acoso laboral?

El programa de Compliance penal -o modelo de prevención de delitos- es el principal escudo jurídico del que dispone la persona jurídica para evitar su responsabilidad penal[229]. En el ámbito del acoso laboral, el programa cumple funciones esenciales tanto en la prevención como en la defensa ex post facto.

En fase preventiva:

- Identifica el acoso como un riesgo penal: el mapa de riesgos penales debe contemplar el acoso laboral como un riesgo relevante, especialmente en sectores donde haya relaciones jerárquicas pronunciadas, alta rotación de personal, entornos masculinizados o donde exista historial de denuncias internas.

- Integra políticas claras contra el acoso: estas deben prohibir expresamente las conductas hostiles, denigrantes, humillantes o discriminatorias y establecer canales institucionales para tratarlas.

- Establece mecanismos de detección y respuesta: el canal de denuncias debe ser accesible, seguro, confidencial y eficaz, y debe estar dotado de protocolos de investigación internos que aseguren imparcialidad y debido proceso.

- Garantiza formación y sensibilización: forma a empleados, mandos intermedios y directivos sobre el marco legal del acoso, sus consecuencias penales y las obligaciones de vigilancia y denuncia que tienen como miembros de la organización.

- Asigna responsables: designa uno o varios órganos de cumplimiento (Compliance Officers o comités éticos) con funciones de control, supervisión y asesoramiento, dotados de autonomía, recursos y autoridad para actuar incluso frente a los órganos directivos.

---

229 Fourey González, M. Compliance penal: fundamento, eficacia y supervisión. análisis crítico de la Circular 1/2016 de la Fiscalía General del Estado.

En fase defensiva:

- Permite a la empresa demostrar que había actuado con la debida diligencia (due diligence) y que el delito cometido por una persona física dentro de la organización no era atribuible a un fallo sistémico, sino a una conducta individual contraria al modelo.

- En virtud del artículo 31 bis 2 del Código Penal, si se demuestra que el programa de cumplimiento fue implantado y ejecutado eficazmente con anterioridad a la comisión del delito, la empresa puede ser exonerada de responsabilidad penal.

El programa de Compliance penal es tanto un mecanismo de control y transformación de la cultura organizativa como un blindaje legal frente a imputaciones penales corporativas por acoso laboral.

9.1.3. ¿Qué elementos debe contener un modelo de organización y gestión eficaz para prevenir conductas de acoso laboral con implicaciones penales?

El artículo 31 bis 5 del Código Penal, que define los requisitos de un modelo de prevención eficaz, exige que dicho modelo contenga una serie de elementos estructurales, adaptados al contexto específico del acoso laboral. Entre ellos destacan:

a) Análisis de riesgos penales específico: el modelo debe incluir un diagnóstico concreto de las áreas de la empresa donde puede darse el acoso, identificando vulnerabilidades (por ejemplo, mandos con alta rotación, equipos hiper masculinizados, estructuras piramidales rígidas o falta de supervisión efectiva).

b) Normativa interna y políticas antiacoso: deben existir protocolos que regulen claramente qué se considera acoso, cómo se tramitan las denuncias, los plazos de resolución, las medidas cautelares posibles y el régimen disciplinario aplicable.

c) Canales de denuncia internos y seguros: la empresa debe habilitar uno o más canales confidenciales, fácilmente accesibles, que protejan al denunciante de represalias, incluyendo la posibilidad de formular denuncias anónimas si así se desea.

d) Mecanismos de investigación imparciales: el modelo debe prever la actuación de personal técnico o jurídico independiente (interno o externo) para instruir los procedimientos internos con neutralidad, sin interferencias jerárquicas ni conflictos de interés.

e) Órgano de cumplimiento autónomo: debe existir una función de cumplimiento dotada de independencia funcional y recursos, con autoridad para supervisar, controlar y revisar las acciones internas relacionadas con acoso.

f) Formación y cultura ética: el modelo debe garantizar una formación continuada de todo el personal sobre acoso, convivencia laboral, liderazgo ético, mecanismos de protección y consecuencias legales.

g) Evaluación y mejora continua: el modelo debe prever revisiones periódicas, con indicadores de eficacia (número de denuncias, tiempo de tramitación, reincidencias, medidas adoptadas), así como auditorías externas o revisiones de terceros que validen su funcionamiento.

h) Sanción disciplinaria coherente y efectiva: debe establecer consecuencias reales frente a las conductas de acoso, la inacción de los superiores jerárquicos y el uso abusivo de los procedimientos.

Este conjunto de medidas, si se implanta de forma efectiva y no meramente formal, permite a la empresa demostrar que ha hecho todo lo razonablemente exigible para prevenir el delito, lo cual constituye una causa de exoneración o atenuación de su eventual responsabilidad penal.

9.1.4. ¿Puede exonerarse una empresa de responsabilidad penal si demuestra que tenía implementado un sistema de Compliance efectivo antes de que ocurriera el acoso?

Sí, expresamente. El artículo 31 bis 2 del Código Penal establece que la persona jurídica quedará exenta de responsabilidad penal si, antes de la comisión del delito, ha adoptado y ejecutado con eficacia un modelo de organización y gestión adecuado para prevenir delitos de la naturaleza del que se ha cometido.

Esto significa que, ante un delito imputable a un miembro de la organización (como una conducta de acoso grave subsumible en el artículo 173.1), la empresa podrá quedar exonerada si demuestra que:

a) Tenía implantado un programa de Compliance penal antes de la comisión del delito.

b) Ese programa estaba dotado de los elementos que exige el Código Penal (análisis de riesgos, normas internas, canales de denuncia, órganos de control, formación, sanciones, evaluación).

c) El programa no era simbólico o cosmético ("paper program"), sino que se aplicaba de manera real y operativa ("effective Compliance"), con mecanismos de control activos, revisiones periódicas y consecuencias efectivas frente a las infracciones.

d) El delito cometido es atribuible a la actuación individual del autor, quien actuó en contra de las instrucciones, normas y controles del sistema de cumplimiento, y no como resultado de un fallo sistémico.

La jurisprudencia ha sostenido que el cumplimiento no solo se acredita con la existencia formal del programa, sino con la capacidad de demostrar documentalmente que estaba en vigor, se aplicaba, y tenía impacto operativo (v.gr. formaciones registradas, actas de revisión, medidas preventivas adoptadas, sanciones disciplinarias impuestas, etc.).

Esta exoneración penal no implica que la empresa quede exenta de otras responsabilidades (civiles, laborales, administrativas), pero sí impide la imposición de penas penales como la multa, la disolución o la suspensión de actividades.

Si un sistema de Compliance penal implantado y ejecutado con eficacia puede liberar a la empresa de responsabilidad penal por hechos de acoso cometidos por sus miembros, siempre que el modelo haya demostrado diligencia preventiva suficiente.

Este criterio tiene una finalidad clara: estimular el autocontrol y la gobernanza ética en las organizaciones empresariales.

9.1.5. ¿Qué conductas vinculadas al acoso laboral pueden ser tipificadas como delitos que den lugar a responsabilidad penal para la empresa?

El acoso laboral, aunque no tiene una tipificación autónoma en el Código Penal español, puede dar lugar a responsabilidad penal cuando ciertas conductas alcanzan la gravedad necesaria para integrarse en figuras delictivas existentes. Estas conductas, si se producen dentro del marco organizativo de una empresa y concurren los requisitos del artículo 31 bis del Código Penal (CP), pueden activar la responsabilidad penal de la persona jurídica.

Entre las tipificaciones penales más relevantes encontramos:

a) Delito contra la integridad moral (art. 173.1 CP): Es el tipo penal que con más frecuencia se emplea para juzgar situaciones de acoso laboral persistente, sistemático y humillante. La jurisprudencia del Tribunal Supremo ha admitido su aplicación a casos de mobbing cuando se produce un sufrimiento psíquico grave, sostenido en el tiempo y con intención de hostigar o anular a la víctima.

b) Coacciones (art. 172 CP): Conductas que limitan ilegítimamente la libertad de actuación del trabajador, como imponerle horarios abusivos, negarle funciones contractuales o amenazarlo con sanciones o despido si no renuncia a sus derechos. Estas coacciones, si son reiteradas y provienen de superiores jerárquicos, constituyen una forma de acoso con relevancia penal.

c) Amenazas (arts. 169 y ss. CP): Las amenazas de represalia, daño personal, profesional o económico como forma de presión o intimidación dentro del entorno laboral pueden ser constitutivas de delito, especialmente cuando generan un temor fundado o buscan impedir una denuncia o reacción.

d) Discriminación (art. 314 CP): Cuando el acoso se fundamenta en razones de sexo, orientación sexual, etnia, ideología, edad o cualquier otro factor protegido, puede configurarse un delito de discriminación penalmente perseguible.

e) Delitos contra los derechos de los trabajadores (arts. 311 y ss. CP): La jurisprudencia ha ampliado la interpretación de estos artículos para abarcar situaciones en las que los superiores incurren en prácticas abusivas, vejatorias o contrarias a la dignidad, en clara vulneración de los derechos laborales básicos, especialmente en casos de abuso de posición jerárquica.

f) Omisión del deber de impedir delitos (art. 450 CP): Este tipo penal puede afectar a directivos y órganos de gobierno que, conociendo la existencia de acoso en la empresa, se abstienen de actuar para evitar su continuación. La empresa, en estos casos, no solo falla en prevenir, sino que se convierte en cómplice estructural del daño.

Si tales conductas son cometidas por representantes legales, administradores o personas con capacidad de decisión en nombre de la empresa, o bien por empleados jerárquicamente subordinados cuando se demuestra falta de control adecuado, puede derivarse responsabilidad penal para la persona jurídica.

9.1.6. ¿Cuál es la importancia del mapa de riesgos penales en la identificación del acoso laboral como riesgo relevante dentro del Compliance?

El mapa de riesgos penales (también conocido como Risk Assessment Penal) es una herramienta esencial dentro del programa de Compliance penal. Su objetivo es identificar, valorar y priorizar los riesgos con relevancia penal a los que está expuesta la organización, según su actividad, tamaño, estructura y contexto sectorial. Su utilidad en la prevención del acoso laboral penalmente relevante es múltiple:

a) Visibilización del riesgo de acoso: Muchas empresas no perciben el acoso como un riesgo penal, sino como un asunto interno o una problemática de recursos humanos. Incluirlo expresamente en el mapa penal implica reconocer que determinadas formas de acoso pueden derivar en imputaciones penales, tanto a nivel individual como corporativo.

b) Evaluación contextualizada: El mapa permite analizar si existen áreas especialmente expuestas, como departamentos con liderazgos autocráticos, alta rotación de personal, exceso de horas extra no retribuidas, estructuras jerárquicas rígidas, equipos sin formación en igualdad o con historial de denuncias anteriores.

c) Fundamento para la adopción de medidas: La inclusión del acoso como riesgo penal justifica, técnica y documentalmente, la implementación de controles específicos: políticas antiacoso, canal de denuncias reforzado, auditorías de clima laboral, formaciones obligatorias, entre otros.

d) Prioridad preventiva: La metodología de análisis de riesgos (probabilidad × impacto) permite valorar si el riesgo de acoso es alto y, por tanto, si requiere controles reforzados. Esto se traduce en decisiones estratégicas sobre recursos, responsabilidades y seguimiento.

e) Revisión periódica: El mapa de riesgos no es un documento estático. Su revisión periódica permite incorporar nueva jurisprudencia, incidentes internos o modificaciones normativas que alteren la valoración del acoso como riesgo penal. Esta actualización constante demuestra la proactividad de la empresa en materia de cumplimiento.

f) Valor probatorio: En sede penal, un mapa de riesgos que identifique el acoso y evidencie que se adoptaron medidas proporcionales puede ser utilizado por la defensa de la persona jurídica como prueba de la existencia de un modelo de prevención implantado y ejecutado eficazmente, conforme a lo exigido por el artículo 31 bis 2 del CP.

9.1.7. ¿Qué obligaciones tienen los órganos de gobierno de una empresa en relación con la prevención del acoso laboral y la supervisión del sistema de Compliance?

Los órganos de gobierno de la empresa -entendidos como los órganos de administración y dirección (consejo de administración, administradores, comités ejecutivos)- tienen deberes reforzados de actuación frente al acoso laboral, tanto desde la perspectiva laboral como penal. Estos deberes derivan de su posición de garante institucional y de su responsabilidad última sobre el funcionamiento y legalidad de la organización. Las principales obligaciones son:

a) Aprobar políticas y medidas de prevención: están obligados a promover y adoptar políticas explícitas de prevención del acoso, incluyendo protocolos de actuación, códigos de conducta, manuales internos y formación periódica. Estas medidas deben estar documentadas y comunicadas eficazmente.

b) Supervisar el sistema de Compliance: conforme al artículo 31 bis 2 CP, la exención de responsabilidad penal para la empresa solo es posible si los órganos de dirección no han incurrido en omisiones graves de vigilancia. Deben asegurarse de que el programa de Compliance penal está adecuadamente diseñado, implementado, dotado de recursos y efectivamente ejecutado.

c) Designar órganos de control efectivos: deben nombrar a los responsables del sistema de cumplimiento (Compliance Officer o comité ético) y garantizar su independencia, autoridad y medios. Además, deben establecer un canal formal de relación con dicho órgano, como mínimo mediante la presentación de informes periódicos y sesiones de supervisión.

d) Reaccionar ante alertas: cuando reciben o conocen indicios o denuncias de posibles casos de acoso, tienen el deber de activar los protocolos internos y no permitir la pasividad institucional. La inacción del órgano de gobierno frente a un caso notorio puede activar la responsabilidad penal por omisión o dolo eventual.

e) Evaluar la eficacia del sistema: deben garantizar que el sistema de prevención se audita, se actualiza y mejora conforme a los resultados obtenidos. Esta evaluación puede ser interna o externa, y debe quedar registrada en actas o informes.

f) Integrar la cultura de cumplimiento en la estrategia empresarial: la prevención del acoso no debe concebirse como una cuestión ajena a la alta dirección, sino como una dimensión central del gobierno corporativo. La cultura ética se irradia desde el vértice de la organización.

El incumplimiento de estas obligaciones puede activar tanto la responsabilidad penal de los administradores a título personal como la de la empresa como persona jurídica, en caso de comisión de un delito de acoso con implicaciones penales.

9.1.8. ¿De qué manera un canal de denuncias efectivo y seguro puede contribuir a evitar la responsabilidad penal de la persona jurídica?

El canal de denuncias es uno de los elementos funcionales más relevantes del sistema de Compliance penal. Su presencia, diseño y eficacia tienen una influencia directa en la posible exoneración o atenuación de responsabilidad penal de la empresa. En relación con el acoso laboral, su impacto es particularmente relevante por las siguientes razones:

a) Detección temprana de riesgos: el canal permite detectar comportamientos irregulares antes de que escalen a niveles penalmente relevantes. Muchas veces el acoso comienza de forma velada, y su denuncia precoz puede evitar consecuencias penales y humanas graves.

b) Prueba de diligencia debida: un canal de denuncias gestionado con independencia, confidencialidad y trazabilidad demuestra que la empresa ha establecido mecanismos reales de vigilancia y control. Esta es una de las condiciones exigidas por el artículo 31 bis 2 CP para exonerar de responsabilidad penal a la persona jurídica.

c) Promueve la cultura de cumplimiento: el canal no solo permite recibir información, sino que envía un mensaje institucional claro: la empresa no tolera conductas ilícitas, escucha a los empleados y actúa frente a comportamientos reprochables.

d) Disuade conductas delictivas: saber que cualquier persona puede denunciar una conducta de forma segura y confidencial tiene un efecto disuasorio sobre quienes puedan estar inclinados a realizar actos de acoso o a encubrirlos.

e) Refuerza la legitimidad del sistema de Compliance: un canal que funciona, gestiona casos con imparcialidad, comunica sus resultados (preservando la confidencialidad) y ofrece medidas de protección al denunciante refuerza la credibilidad del programa de cumplimiento y genera confianza organizacional.

f) Mitiga daños y responsabilidades: incluso si un delito ha llegado a cometerse, el hecho de que el canal de denuncias haya sido utilizado, haya permitido la investigación interna y se hayan adoptado medidas disciplinarias y correctoras, puede permitir a la empresa acreditar que el hecho fue un desvío individual frente a un sistema institucional efectivo.

Un canal de denuncias no es solo un mecanismo auxiliar: es un elemento central del modelo de organización y gestión penalmente exigido por la ley, y una de las principales líneas de defensa de la empresa frente a su eventual responsabilidad penal por hechos de acoso laboral cometidos en su seno.

9.1.9. ¿Qué estándares internacionales (como la ISO 37301 o la ISO 45003) pueden orientar la implementación de un sistema de Compliance que aborde el acoso laboral?

Los estándares internacionales ofrecen marcos normativos y metodológicos reconocidos para guiar la implementación de sistemas de cumplimiento eficaces, estructurados y verificables. En el caso concreto de la prevención del acoso laboral dentro de un sistema de Compliance penal, los estándares más relevantes son:

a) ISO 37301:2021 - Sistemas de gestión de Compliance:

Este estándar internacional, sucesor de la ISO 19600[230], establece requisitos formales y directrices para implantar, evaluar, mantener y mejorar un sistema de gestión del cumplimiento normativo. Es aplicable a todo tipo de organizaciones y proporciona una arquitectura sistémica para gestionar riesgos legales y éticos, incluidos los derivados del acoso.

Sus aportaciones al abordaje del acoso laboral incluyen:

- La exigencia de liderazgo visible y compromiso de la alta dirección para crear una cultura ética y de cumplimiento.

- El requerimiento de identificar y evaluar riesgos de cumplimiento, entre los cuales deben incluirse explícitamente los riesgos psicosociales con dimensión penal (acoso moral, acoso discriminatorio, violencia psicológica).

- La necesidad de establecer políticas claras, procedimientos escritos, funciones definidas y controles internos relacionados con la prevención y respuesta al acoso.

- La obligatoriedad de habilitar canales de denuncia internos eficaces, confidenciales, accesibles y protegidos frente a represalias.

- El énfasis en la formación, sensibilización, documentación y mejora continua del sistema.

---

230 Norma internacional ISO 19600, Guía sobre la Gestión del Compliance, en https://www.normas-iso.com/iso-19600-sistemas-de-gestion-de-Compliance/ *El objetivo: minimizar los riesgos de sufrir sanciones, multas, contingencias*

b) ISO 45003:2021 - Gestión de la salud y seguridad psicológica en el trabajo:

Esta norma complementa la ISO 45001 (Seguridad y Salud en el Trabajo) y se centra específicamente en la gestión de los riesgos psicosociales. Es el primer estándar internacional que aborda de manera sistemática el bienestar emocional y psicológico en el trabajo.

Relevancia para el Compliance antiacoso:

- Define el acoso como una forma específica de riesgo psicosocial y exige que las empresas lo identifiquen, evalúen y gestionen proactivamente.

- Ofrece una estructura para la creación de entornos de trabajo seguros, inclusivos, respetuosos y equitativos, condiciones esenciales para prevenir el acoso.

- Propone mecanismos de escucha interna, participación del personal y revisión continua del ambiente organizacional como herramientas de detección precoz.

c) Otras referencias normativas y guías relevantes:

En este apartado encontramos la ISO 37001 (antisoborno), donde se establece una su estructura de controles internos, de segregación de funciones, de due diligence, y decanal de denuncias es fácilmente adaptable a la gestión de riesgos derivados del acoso.

- Los principios de la OCDE sobre gobierno corporativo y sobre conducta empresarial responsable.

- Las Guías de la OIT sobre prevención del acoso en el trabajo (Convenio 190 y Recomendación 206).

En conjunto, estos estándares no solo dotan a las organizaciones de marcos de referencia para cumplir la legalidad, sino que les permiten estructurar de forma racional, medible y auditable los procesos de prevención, detección, respuesta y reparación frente al acoso.

9.1.10. ¿Qué tipo de evidencias o registros deben mantener las empresas para demostrar que su sistema de prevención frente al acoso laboral ha sido efectivo?

La acreditación de la eficacia de un sistema de cumplimiento, en especial para evitar la responsabilidad penal de la persona jurídica conforme al artículo 31 bis del Código Penal, requiere una trazabilidad documental robusta.

No basta con haber diseñado el sistema; debe demostrarse que se implantó, ejecutó y supervisó con eficacia.

Las principales evidencias a conservar son:

a). La documentación normativa interna, entre las que se encuentran:

- Código de conducta con cláusulas específicas sobre respeto, dignidad, igualdad y prohibición de acoso.

- Política corporativa de tolerancia cero frente al acoso.

- Protocolo interno antiacoso, con definición de conductas, procedimientos, plazos y medidas correctoras.

b) La evidencia de implementación, la cual se compone.

- De las actas de aprobación por el órgano de gobierno o dirección.

- Del registro de difusión a empleados (envíos por correo, publicaciones en intranet, acuse de recibo).

- De la inclusión en contratos, manuales del empleado y formaciones de onboarding.

c) La formación y concienciación, entre las que se encuentran:

- El listado de sesiones formativas impartidas sobre acoso, diferenciadas por niveles jerárquicos.

- Los registros de asistencia, resultados de evaluación, materiales utilizados.

- Las encuestas de percepción sobre el clima ético y sobre la efectividad del canal de denuncias.

d) El canal de denuncias, que se caracteriza por contener:

- La evidencia técnica del funcionamiento del canal: fecha de creación, medios habilitados (teléfono, web, app), descripción de confidencialidad y anonimato.

- El registro de denuncias recibidas (sin datos personales): fecha, naturaleza, resolución, tiempo de respuesta, medidas adoptadas.

- Los procedimientos de gestión y manual de tramitación de denuncias.

e) Investigación y medidas disciplinarias, que contiene:

- Las actas de inicio, desarrollo y cierre de investigaciones internas.

- Las notas de imposición de medidas disciplinarias, suspensiones cautelares, traslados, rescisión de contrato, derivación a órganos externos o judiciales.

- El seguimiento del caso, medidas de reparación a la víctima, valoración posterior.

f) Supervisión y evaluación del sistema, que a su vez contiene:

- Los informes periódicos del Compliance Officer o del Comité de Ética.

- Las actas de revisión del sistema por parte del órgano de administración.

- Los informes de auditorías internas o externas.

- Los planes de mejora, lecciones aprendidas y medidas correctoras aplicadas.

g) Protección de los denunciantes, la cual se encuentra integrada por las evidencias de que se ha ofrecido protección frente a represalias, como cambio de equipo, flexibilidad, apoyo emocional, atención psicológica, etc.

Conservar estos registros demuestra que el sistema no solo existe en el papel, sino que ha funcionado de manera preventiva, correctiva y supervisada. Esto puede tener efectos exoneratorios o atenuantes ante una eventual imputación penal.

9.1.11. ¿Cómo incide la formación continua de empleados y directivos en materia de acoso laboral dentro de los sistemas de cumplimiento penal?

La formación continua es un componente estructural del sistema de cumplimiento penal.

De hecho, la jurisprudencia española y los principios recogidos en el artículo 31 bis CP han subrayado que uno de los indicadores de autenticidad de un modelo de prevención penal es que sus principios estén incorporados en la cultura de la organización. Esta cultura no se construye sin formación.

La formación en prevención del acoso impacta en múltiples niveles:

a) Prevención sustantiva:

Permite identificar qué conductas son acoso, clarifica los límites entre liderazgo y abuso, visibiliza las microagresiones y fortalece la sensibilización frente a factores culturales que lo permiten. Un trabajador o directivo formado tiene menor probabilidad de incurrir en actos de hostigamiento y mayor capacidad para detectarlos en terceros.

b) Reforzamiento del modelo penal:

La empresa puede demostrar que ha formado activamente a sus empleados sobre las conductas prohibidas y los mecanismos para denunciar. Esto prueba que el delito (si lo hay) no se debió a omisión institucional, sino a una conducta individual desviada.

c) Diferenciación por niveles jerárquicos:

Es crucial que la formación sea segmentada. No tiene la misma responsabilidad un trabajador de base que un mando intermedio o un administrador. A estos últimos debe formárseles específicamente sobre su deber de diligencia, su posición de garante y su obligación de activar los protocolos cuando detecten acoso.

d) Refuerzo del canal ético:

Un canal de denuncias solo es eficaz si los empleados saben que existe, cómo funciona y qué garantías ofrece. La formación es el principal vehículo para socializar el canal y estimular su utilización responsable.

e) Registro y evidencia:

Las formaciones deben documentarse: contenidos impartidos, firmas o registros de asistencia, test de evaluación, feedback recibido, periodicidad. Esta documentación es una evidencia directa de la ejecución efectiva del modelo de cumplimiento.

f) Cultura ética:

La formación transforma la cultura organizacional. Reduce la normalización del acoso, desactiva las lealtades tóxicas ("encubrir al jefe"), y fortalece el liderazgo ético como valor de prestigio interno.

La formación continua no es un añadido cosmético, sino un elemento sustantivo que mantiene vivo el sistema penal de prevención, lo vuelve funcional y jurídicamente operativo, y permite su mejora adaptativa frente a nuevas situaciones.

9.1.12. ¿Qué consecuencias penales puede enfrentar una empresa si se demuestra que ignoró o encubrió denuncias de acoso laboral?

Cuando una empresa ignora voluntaria o negligentemente una denuncia fundada de acoso laboral -o, peor aún, participa en su encubrimiento- se expone a ser penalmente responsable como persona jurídica si se cumplen los requisitos del artículo 31 bis del Código Penal.

Las consecuencias penales son:

a) Para la persona jurídica:

- Multa proporcional al beneficio obtenido o a la gravedad del hecho.

- Disolución de la persona jurídica (pena más grave, aplicable a los casos más extremos).

- Suspensión de actividades empresariales por hasta 5 años.

- La clausura de locales o establecimientos.

- La inhabilitación para contratar con la Administración Pública o recibir subvenciones.

- La intervención judicial para salvaguardar los derechos de los trabajadores o evitar la repetición del delito.

Estas penas pueden conllevar la pérdida de confianza de clientes, daño reputacional irreversible, fuga de talento, sanciones laborales y responsabilidad civil acumulada.

b) Para directivos y representantes legales:

- La imputación por delito de omisión del deber de impedir delitos (art. 450 CP), si sabían de la denuncia y no hicieron nada.

- La imputación por encubrimiento (art. 451 CP) si ayudaron a ocultar el hecho, intimidaron a la víctima, destruyeron pruebas o manipularon el procedimiento interno.

- La imputación como autores materiales del delito de acoso o de coacciones si participaron directa o indirectamente.

- Las inhabilitaciones para cargo directivo, multas, prisión o penas accesorias.

La jurisprudencia reciente insiste en que la tolerancia institucional frente al acoso puede derivar en la consideración del hecho como "tolerado o estructural", es decir, un riesgo sistémico no combatido, lo que es incompatible con un programa de cumplimiento eficaz.

La pasividad o el encubrimiento de denuncias de acoso laboral transforma una omisión ética en una omisión penal. Y esa omisión puede arrastrar a la empresa a una responsabilidad penal de enorme gravedad, evitable únicamente mediante la adopción seria, ejecutiva y constante de un sistema de cumplimiento que actúe antes, durante y después del delito.

9.1.13. ¿Qué rol juega la cultura ética corporativa en la efectividad del sistema de Compliance ante situaciones de acoso?

La cultura ética corporativa constituye el sustrato esencial sobre el que se edifica cualquier sistema de cumplimiento normativo eficaz. Lejos de ser un elemento decorativo o secundario, actúa como el motor silencioso pero decisivo que condiciona la eficacia real de las herramientas formales de Compliance. Su rol, particularmente frente a situaciones de acoso laboral, es decisivo y multidimensional:

La cultura como sistema inmunológico preventivo.

La cultura ética genera entornos en los que el respeto, la inclusión, la integridad y la responsabilidad forman parte del comportamiento cotidiano de los empleados y directivos. En este tipo de ambientes, las conductas de acoso tienden a encontrar mayor resistencia social interna, menor tolerancia informal y mayor predisposición a la denuncia. Es decir, una cultura ética robusta actúa como una barrera de protección colectiva frente a comportamientos hostiles.

b) La cultura como legitimadora del Compliance.

Un sistema de Compliance que convive con una cultura organizacional autoritaria, jerárquicamente opaca o que banaliza las faltas de respeto, pierde toda legitimidad interna. El código de conducta, el canal ético o el protocolo de acoso pueden estar formalmente en vigor, pero serán percibidos como ineficaces si la práctica real contradice los valores enunciados. Solo cuando la ética está integrada en los hábitos, lenguaje, liderazgo y toma de decisiones diarias, el sistema de cumplimiento cobra sentido operativo.

La cultura como base de confianza institucional.

La disposición de una persona trabajadora a utilizar el canal ético para reportar una situación de acoso no depende únicamente de las garantías técnicas que se le ofrecen (anonimato, confidencialidad, etc.), sino de su percepción sobre el grado de compromiso ético de la empresa. Cuando el entorno refuerza la creencia de que denunciar es seguro, respetado y efectivo, la cultura habilita la activación del sistema. Por el contrario, cuando prima el miedo, el cinismo o la resignación, el Compliance queda inhabilitado por la cultura.

d) La cultura como elemento probatorio ante una imputación penal.

En el marco del artículo 31 bis del Código Penal, para que la persona jurídica quede exonerada de responsabilidad penal, no basta con haber aprobado un modelo de prevención formalmente correcto. Debe probar que dicho modelo estaba "implantado y ejecutado eficazmente". La cultura ética puede ser un indicio probatorio: si se demuestra que la empresa promovía una cultura institucional comprometida, basada en acciones sostenidas (formación, comunicación interna, sanción de conductas inapropiadas), el juez podrá concluir que el sistema de prevención era genuino.

e) Cultura como criterio de selección y promoción interna.

La incorporación de valores éticos en los procesos de selección y promoción es una forma de construir una cultura ética desde dentro. Si los líderes han sido evaluados en función de su integridad, trato respetuoso y comportamiento ejemplar, el mensaje cultural se refuerza. Este alineamiento entre recursos humanos y Compliance es un pilar esencial de sostenibilidad del modelo ético-preventivo.

Todo ello conduce a considerar a que la cultura ética no es un accesorio al sistema de cumplimiento, sino su condición de posibilidad. La implantación formal de un sistema de Compliance sin una cultura que lo respalde es una arquitectura vacía, jurídicamente irrelevante y éticamente fallida.

Consecuentemente con ello, puede afirmarse, que la cultura define el ecosistema donde el cumplimiento vive, se reproduce o fracasa.

9.1.14. ¿En qué medida la falta de investigación interna ante una denuncia puede ser interpretada como una omisión penalmente relevante por parte de la persona jurídica?

La omisión de una investigación interna ante una denuncia de acoso laboral puede constituir una infracción extremadamente grave desde el punto de vista penal, tanto a nivel de responsabilidad individual de los directivos como a nivel de responsabilidad penal de la persona jurídica. Esta omisión no solo representa una falta de diligencia en el ámbito laboral, sino que puede constituir una forma de participación por omisión en el delito.

a) La obligación jurídica de investigar: Cuando una empresa recibe una denuncia de hechos que podrían constituir un delito (por ejemplo, acoso con menoscabo grave de la integridad moral), activa inmediatamente un deber institucional de actuación diligente. Esta obligación se deriva de:

- El principio de garantía de los derechos fundamentales en el ámbito laboral (art. 4 y 14 del Estatuto de los Trabajadores, art. 15 de la Constitución Española).

- La jurisprudencia del Tribunal Supremo que configura a los empleadores como garantes de la integridad psicosocial de sus trabajadores (STS 254/2021, entre otras).

- El propio artículo 31 bis CP, que exige sistemas de supervisión y control eficaces como condición para la exoneración de la responsabilidad penal.

b) Las consecuencias de la omisión:

- Si la empresa no abre investigación interna, se interpreta que no ha ejecutado su deber de control y vigilancia, y por tanto, no puede alegar que tenía un modelo de prevención eficaz.

- Si esa omisión permite que la conducta denunciada continúe, se considera una forma de colaboración omisiva en el delito. La persona jurídica se convierte en facilitadora estructural de la infracción penal.

- Si la denuncia era fundada (basada en hechos verificables, presentaba testigos o documentos) y no se hizo nada, se configura una clara negligencia grave, que impide acceder a las causas de exención previstas en la ley penal.

c) A nivel de autoría por omisión:

- El órgano de administración que, con conocimiento de la denuncia, no activa los procedimientos previstos puede ser penalmente responsable por omisión del deber de impedir delitos (art. 450 CP).

- Esta omisión es especialmente grave si el denunciado es un superior jerárquico o un alto directivo, ya que aumenta el deber de control y vigilancia que tiene la cúpula empresarial.

d) El valor probatorio negativo:

- En un proceso penal contra la empresa, la ausencia de registros de investigación interna frente a denuncias fundadas será interpretada como indicio de que el sistema de cumplimiento no estaba operativo.

- Además, puede agravar la pena impuesta a la persona jurídica, dado que los artículos 31 quater y 66 bis del CP establecen que la falta de cooperación o reparación agrava la responsabilidad penal.

Por todo ello, no investigar una denuncia es jurídicamente equivalente a ignorar un riesgo grave para la integridad del trabajador.

Desde la lógica penal, esta inacción institucional no solo desactiva la exoneración prevista por el artículo 31 bis, sino que convierte a la empresa en sujeto penalmente responsable por haber permitido la continuidad del delito mediante su pasividad consciente.

9.1.15. ¿Cómo puede afectar la falta de recursos o de independencia del órgano de cumplimiento (Compliance Officer) a la responsabilidad penal de la empresa en casos de acoso?

El artículo 31 bis 5 del Código Penal establece que uno de los elementos esenciales del modelo de organización y gestión eficaz es la existencia de un órgano con "funciones de supervisión del funcionamiento y del cumplimiento del modelo de prevención". Para que este órgano -generalmente el Compliance Officer (CO)- sea jurídicamente válido, debe reunir dos características esenciales: autonomía funcional e independencia operativa. La falta de recursos o de independencia de esta figura tiene efectos devastadores sobre la eficacia del sistema y sobre la posición jurídica de la empresa en sede penal:

a) La falta de independencia funcional.

Si el Compliance Officer depende jerárquicamente del director de recursos humanos, del director financiero o del propio órgano de administración, carece de la autonomía necesaria para supervisar imparcialmente las conductas que puedan involucrar a dichos órganos.

En contextos de acoso laboral, esto es particularmente grave, ya que muchos casos implican a mandos intermedios o altos directivos, y sin independencia real, el CO no puede investigar, recomendar medidas cautelares ni instar la sanción.

Esta dependencia mina la credibilidad del canal ético, reduce la tasa de denuncia, y hace inoperativo el sistema preventivo.

b) La falta de medios materiales y personales.

Si el Compliance Officer no tiene acceso a los registros, no cuenta con personal de apoyo, carece de software de gestión o no tiene presupuesto para contratar auditorías externas o asistencia jurídica, su función es meramente formal.

Esta precariedad impide la evaluación periódica de riesgos, la revisión de la efectividad del sistema o la atención oportuna de las denuncias.

En definitiva, ello neutraliza la función de vigilancia.

La jurisprudencia ya ha advertido que los sistemas sin recursos suficientes son modelos de cumplimiento aparente, carentes de eficacia real (STS 154/2016).

c) Los efectos jurídicos en la responsabilidad penal de la empresa.

La empresa solo puede quedar exonerada de responsabilidad si prueba que el modelo fue ejecutado eficazmente. La falta de medios o autonomía del CO impide acreditar dicha eficacia.

El artículo 66 bis CP permite agravar la pena impuesta a la persona jurídica si se demuestra que no tenía un sistema de prevención real, entre otras cosas por no dotar de independencia a su órgano de cumplimiento.

Además, puede derivarse responsabilidad penal para los administradores que aprobaron un modelo sin garantías mínimas o que designaron a un CO sin formación, experiencia o autonomía real.

d) La prueba de negligencia estructural.

En un proceso penal, la defensa de la empresa debe demostrar que hizo todo lo posible por prevenir el delito. Si el CO no tenía independencia ni recursos, se demuestra que la empresa eligió un modelo cosmético de cumplimiento, sin voluntad real de control.

Esta debilidad también puede ser utilizada como indicio de cultura de impunidad o de tolerancia institucional frente al acoso.

Un Compliance Officer sin independencia ni recursos es jurídicamente equivalente a un sistema inexistente. Esta deficiencia convierte a la empresa en responsable penal directa, por no haber cumplido con los requisitos mínimos exigidos por la ley para prevenir delitos cometidos en su seno.

El Compliance Officer no debe ser una figura ornamental, sino una autoridad operativa, protegida, respetada y dotada de medios. Solo así el Compliance se convierte en escudo real frente a la responsabilidad penal corporativa.

9.2. La responsabilidad administrativa: sanciones por parte de la Inspección de Trabajo en los casos de acoso laboral

9.2.1. ¿Cómo puede un sistema de Compliance identificar los riesgos administrativos relacionados con el acoso laboral dentro de una organización?

Un sistema de Compliance eficaz tiene como uno de sus pilares la identificación temprana y sistemática de los riesgos normativos que amenazan a la organización. En el ámbito laboral, el acoso no es únicamente un problema ético o cultural, sino un riesgo jurídico concreto que puede dar lugar a sanciones administrativas significativas conforme a la Ley sobre Infracciones y Sanciones en el Orden Social (LISOS). La identificación de estos riesgos desde el sistema de Compliance exige una metodología rigurosa y multidisciplinar:

Primero, debe llevarse a cabo un diagnóstico interno específico que contemple las particularidades organizativas, jerárquicas y culturales de la empresa. Esto implica un análisis funcional de departamentos, estructuras de mando, canales de comunicación interna, presencia o ausencia de políticas contra el acoso, así como la existencia de antecedentes previos -como quejas informales, conflictos persistentes o rotaciones elevadas en determinadas unidades- que puedan indicar contextos proclives al acoso.

En segundo lugar, se debe elaborar un Mapa de Riesgos Administrativos, documento técnico que identifica y categoriza los riesgos legales asociados al acoso laboral en el plano sancionador, evaluando la probabilidad de ocurrencia y el impacto jurídico y reputacional. Este mapa debe contemplar tanto riesgos directos (sanción por omisión de protocolo o por tolerancia a conductas hostiles) como riesgos indirectos (falta de medidas respuestas preventivas, ineficacia del canal ético, ausencia de registros).

En tercer lugar, se requiere una monitorización activa de las obligaciones normativas aplicables en materia laboral, igualdad, prevención de riesgos psicosociales y derechos fundamentales. El Compliance Officer o área competente debe incluir en su radar legal tanto la normativa estatal como autonómica y sectorial que incida sobre la obligación empresarial de prevenir el acoso.

Además, el sistema debe articular canales para recoger información sensible mediante herramientas de escucha institucional, como encuestas anónimas, entrevistas de salida, análisis de clima laboral y datos del canal ético, que permitan detectar precozmente señales de alerta y mapear focos de riesgo normativo.

La identificación de riesgos administrativos debe estar alineada con el principio de mejora continua, de modo que las lecciones aprendidas de casos previos -incluso si no culminaron en sanción- sean incorporadas al sistema como fuente de retroalimentación, permitiendo fortalecer los controles y ajustar las medidas preventivas.

9.2.2. ¿Qué elementos debe contener un protocolo interno eficaz, desde el punto de vista del Compliance, para prevenir la responsabilidad administrativa en casos de acoso?

Desde la perspectiva del Compliance, el protocolo interno de prevención del acoso laboral debe estructurarse no como un mero documento normativo, sino como un verdadero instrumento operativo que articule la voluntad de la empresa de prevenir, detectar, investigar y sancionar eficazmente estas conductas. Para cumplir con su finalidad preventiva y constituir una evidencia útil ante posibles actuaciones inspectoras, debe reunir al menos los siguientes elementos:

Primero, debe incluir una declaración de principios clara e inequívoca que establezca la política de tolerancia cero frente al acoso y el compromiso institucional de proteger la dignidad e integridad de todo el personal. Esta declaración debe enmarcarse en los valores éticos y de cumplimiento de la organización y estar suscrita expresamente por la alta dirección.

En segundo lugar, debe contener una definición precisa y pedagógica de las conductas constitutivas de acoso, en todas sus manifestaciones: acoso moral o psicológico, acoso sexual y acoso por razón de sexo, conforme a lo establecido en el artículo 48 de la Ley Orgánica 3/2007, en la LISOS y en la jurisprudencia laboral. Debe detallarse qué comportamientos son considerados inadmisibles, con ejemplos prácticos.

Tercero, debe establecer los mecanismos de denuncia accesibles y seguros. Aquí es esencial incorporar un canal ético o de denuncias que garantice la confidencialidad, protección contra represalias, posibilidad de anonimato y accesibilidad universal para toda la plantilla. Se debe definir el procedimiento de recepción, tramitación y respuesta a las denuncias, con plazos, responsables y garantías procesales para ambas partes.

Cuarto, debe describir las fases del procedimiento interno de actuación: admisión a trámite, investigación preliminar, instrucción, posibilidad de medidas cautelares, resolución motivada y ejecución de medidas. Cada fase debe estar acompañada de los principios de confidencialidad, celeridad, respeto a la presunción de inocencia, proporcionalidad y trazabilidad documental.

Quinto, el protocolo debe contemplar medidas formativas y de sensibilización dirigidas a todo el personal, incluyendo directivos y mandos intermedios, en temas de respeto interpersonal, acoso laboral, igualdad y conducta ética. Debe prever la frecuencia, contenidos, responsables y mecanismos de evaluación de dichas acciones.

Sexto, debe establecer mecanismos de revisión periódica del propio protocolo, a través de indicadores de eficacia, revisión de casos gestionados, retroalimentación del personal y alineamiento con novedades legales. Esta cláusula de revisión es indispensable para asegurar que el documento no se convierta en una política estática y desfasada.

Por último, debe incluir una cláusula de integración con el sistema de Compliance general de la empresa, a fin de que cualquier incidente de acoso pueda ser gestionado, supervisado y analizado en el contexto del programa global de prevención de riesgos legales.

9.2.3. ¿Qué criterios utiliza la Inspección de Trabajo para evaluar si una empresa ha cumplido con su obligación de prevenir el acoso laboral?

La Inspección de Trabajo y Seguridad Social (ITSS), como autoridad administrativa encargada del control y supervisión del cumplimiento de las obligaciones empresariales en materia laboral y de prevención de riesgos, aplica una serie de criterios técnicos y jurídicos para determinar el grado de diligencia de la empresa ante situaciones de acoso. Estos criterios no solo derivan de la normativa vigente (principalmente, la LISOS, la Ley de Prevención de Riesgos Laborales y la Ley Orgánica 3/2007), sino también de la doctrina técnica del Instituto Nacional de Seguridad y Salud en el Trabajo (INSST) y de instrucciones internas de la propia Inspección.

Entre los principales criterios evaluadores se encuentran:

- La existencia de un protocolo de prevención del acoso moral, sexual y por razón de sexo. La mera existencia no es suficiente: debe ser actualizado, específico, operativo y conocido por la plantilla.

- La difusión y formación asociadas al protocolo: se evalúa si se ha comunicado efectivamente a los trabajadores y si estos han recibido capacitación sobre su contenido y uso.

- La existencia y operatividad del canal interno de denuncias. La Inspección verifica si el canal funciona, si se ha utilizado, si se han tramitado denuncias y si existen registros de actuaciones.

- La existencia de medidas preventivas de tipo formativo, organizativo y psicosocial (por ejemplo, formación en habilidades interpersonales, mecanismos de mediación, evaluación de riesgos psicosociales).

- La actuación concreta ante denuncias previas: se analiza si la empresa ha investigado, documentado y resuelto adecuadamente los incidentes reportados, si ha aplicado medidas cautelares y si ha garantizado la no revictimización.

- La actitud y colaboración de la empresa durante la actuación inspectora: disponibilidad documental, accesibilidad a los protocolos, transparencia, disposición a la mejora.

- La proporcionalidad y coherencia entre las medidas adoptadas y la gravedad del hecho denunciado, para verificar si la empresa respondió con la diligencia exigible.

En función de estos criterios, la Inspección puede considerar que la empresa ha incurrido en una infracción grave o muy grave, lo cual derivará en sanciones económicas conforme a la LISOS, además de posibles exigencias de medidas correctoras o derivaciones al Ministerio Fiscal si se aprecian indicios penales.

9.2.4. ¿Cómo influye la existencia de un canal de denuncias operativo y seguro en la valoración de la diligencia empresarial frente a una posible sanción administrativa?

La existencia de un canal de denuncias plenamente operativo, dotado de garantías de confidencialidad, independencia, trazabilidad y protección frente a represalias, es uno de los factores clave que la Inspección de Trabajo tiene en cuenta para valorar la diligencia institucional de la empresa en relación con su obligación de prevenir el acoso laboral.

Desde el punto de vista jurídico, este canal no es solo un instrumento de escucha, sino un mecanismo estructural de cumplimiento normativo. Su existencia y correcto funcionamiento permiten a la empresa anticiparse a posibles infracciones, identificar entornos de riesgo y actuar de forma temprana, lo cual se traduce en múltiples efectos:

- Actúa como prueba de que la empresa ha dotado a sus trabajadores de un mecanismo eficaz para expresar situaciones de vulnerabilidad o conflicto. Esto evidencia una cultura preventiva y un compromiso con los derechos fundamentales del personal.

- Permite documentar que la empresa ha reaccionado ante los hechos denunciados, tramitando procedimientos internos, aplicando medidas disciplinarias, promoviendo soluciones restaurativas o incluso denunciando hechos ante la jurisdicción penal si fueran constitutivos de delito.

- Disminuye la responsabilidad administrativa de la empresa cuando se acredite que el canal fue efectivamente utilizado y que la organización actuó con celeridad, imparcialidad y proporcionalidad. En estos casos, incluso si hubo un hecho reprochable, la empresa puede evitar la calificación de infracción muy grave o lograr una atenuación de la sanción.

- Fortalece la posición defensiva de la empresa frente a la Inspección de Trabajo, ya que demuestra que la organización no fue pasiva ni encubridora, sino estructuralmente preparada para gestionar el riesgo de acoso.

- Sirve como herramienta probatoria ante posibles demandas judiciales, ya que ofrece registros cronológicos de comunicaciones, decisiones, medidas adoptadas, cumplimiento de plazos y respeto al procedimiento debido.

- Reduce el riesgo de responsabilidad subsidiaria del empresario cuando el canal permite detectar y corregir conductas antes de que se produzca daño o se judicialicen los hechos.

El canal ético de denuncias no es un simple elemento decorativo del sistema de cumplimiento, sino un eje estructural cuya existencia, eficacia y trazabilidad inciden directamente en la evaluación administrativa de la diligencia empresarial. Su configuración adecuada puede ser la diferencia entre una infracción reprochable y una empresa exonerada o atenuada en su responsabilidad.

9.2.5. ¿Qué papel desempeña la formación continua en prevención del acoso laboral dentro de una estrategia de Compliance eficaz?

La formación continua constituye una de las herramientas vertebrales dentro de una estrategia de Compliance eficaz en la prevención del acoso laboral. Su función trasciende la mera transmisión de conocimientos legales o procedimentales, para convertirse en un mecanismo estructural de transformación cultural, mitigación del riesgo jurídico, legitimación institucional y cumplimiento efectivo de las obligaciones empresariales.

Desde el punto de vista normativo, la obligación de formar al personal en materias relacionadas con el respeto a la dignidad en el trabajo se deriva del artículo 19 de la Ley 31/1995 de Prevención de Riesgos Laborales, que impone al empresario la obligación de proporcionar una formación adecuada y suficiente en materia preventiva, incluyendo los riesgos psicosociales. Además, la Ley Orgánica 3/2007 para la Igualdad Efectiva de Mujeres y Hombres impone expresamente, en su artículo 48, el deber de adoptar medidas específicas para la prevención del acoso sexual y por razón de sexo, lo que incluye acciones formativas específicas. En el mismo sentido se pronuncian los planes de igualdad obligatorios en empresas con más de

50 personas trabajadoras, que deben incorporar formación en prevención del acoso como medida estructural.

Desde la óptica del Compliance, la formación continua tiene tres funciones esenciales. En primer lugar, genera conocimiento: permite que la plantilla, y especialmente las personas con capacidad de dirección o supervisión, comprendan qué conductas constituyen acoso (moral, sexual, por razón de sexo), cómo deben actuar si son víctimas o testigos, qué canales de denuncia están disponibles y cómo se garantiza la confidencialidad y la no represalia. Este conocimiento es imprescindible para activar el sistema y evitar su neutralización práctica.

En segundo lugar, promueve la interiorización de valores: al repetirse periódicamente, la formación contribuye a normalizar los principios de respeto, dignidad, integridad y tolerancia cero frente a comportamientos hostiles, lo cual va moldeando progresivamente una cultura ética organizacional que hace más difícil la aparición de contextos permisivos con el acoso.

Y en tercer lugar, actúa como elemento probatorio: los registros de asistencia, los materiales formativos utilizados, las evaluaciones realizadas y los contenidos impartidos constituyen pruebas documentales que permiten acreditar, ante una inspección o proceso judicial, que la empresa ha actuado con la debida diligencia. En otras palabras, la formación no solo previene, sino que protege legalmente.

Por ello, toda estrategia de Compliance en esta materia debe prever planes formativos periódicos, diferenciados por niveles de responsabilidad, impartidos por personal especializado, con soporte documental verificable y mecanismos de retroalimentación que permitan evaluar su eficacia.

9.2.6. ¿De qué manera el Compliance puede preparar a la empresa para afrontar con éxito una inspección de trabajo relacionada con una denuncia de acoso?

El Compliance puede y debe constituir la primera línea de defensa institucional de la empresa ante una inspección de trabajo originada por una denuncia de acoso laboral. Su papel consiste en garantizar que la empresa no solo cumple con las obligaciones normativas, sino que está preparada para demostrar ese cumplimiento de forma ordenada, verificable, transparente y creíble.

Para ello, el sistema de Compliance debe haber implementado una arquitectura documental robusta, que incluya:

- Un protocolo de prevención y actuación frente al acoso laboral (moral, sexual y por razón de sexo), debidamente actualizado, difundido y aplicado.

- Un canal de denuncias conforme a los principios de la Directiva (UE) 2019/1937 y su transposición nacional (Ley 2/2023), que garantice confidencialidad, anonimato si se requiere, trazabilidad y ausencia de represalias.

- Los registros documentales de las denuncias tramitadas, las investigaciones realizadas, las resoluciones adoptadas, las medidas cautelares aplicadas y los tiempos empleados.

- Las evidencias de formación periódica en materia de acoso, con programas, listas de asistencia y evaluación de resultados.

- Las evaluaciones de riesgos psicosociales debidamente actualizadas, que incluyan específicamente el riesgo de acoso y medidas preventivas asociadas.

Cuando la Inspección de Trabajo comparece, el área de Compliance debe articular una respuesta coordinada que combine prontitud, exhaustividad documental y colaboración institucional. Es recomendable contar con una persona designada como enlace operativo, con conocimiento del expediente y capacidad de interlocución jurídica y técnica.

Asimismo, el Compliance debe haber previsto un procedimiento interno de respuesta inspectora, que prevea cómo actuar ante requerimientos de información, visitas in situ, entrevistas con personal y entrega de documentación. Esto incluye la preparación de informes ejecutivos que documenten cómo se gestionó la denuncia de acoso, qué decisiones se adoptaron y cómo se garantiza que el sistema cumple los principios de efectividad, imparcialidad y confidencialidad.

La empresa que, gracias a su sistema de Compliance, puede acreditar la existencia de estos elementos y demostrar una reacción diligente y proporcionada ante el acoso, tiene grandes posibilidades de evitar o atenuar una sanción, o de que la actuación inspectora concluya con la mera recomendación de medidas correctoras.

9.2.7. ¿Qué medidas correctoras pueden proponer las autoridades laborales y cómo deben gestionarse desde el área de Compliance?

Cuando la Inspección de Trabajo detecta deficiencias en la prevención del acoso laboral, pero aprecia colaboración activa por parte de la empresa y ausencia de intencionalidad o reiteración, puede optar por requerir la adopción de medidas correctoras en lugar de formular directamente un acta de infracción. Estas medidas deben ser incorporadas de inmediato al sistema de Compliance, que debe gestionarlas como obligaciones prioritarias bajo un enfoque de mejora continua.

Las medidas más comunes que propone la Inspección en estos supuestos son:

- La elaboración, modificación o adaptación del protocolo de acoso, para ajustarlo a las exigencias legales y de operatividad práctica.

- El establecimiento de un canal de denuncias conforme a los principios de independencia, confidencialidad y ausencia de represalias.

- La realización de acciones formativas obligatorias para el personal, especialmente mandos intermedios y responsables de RRHH.

- La evaluación o revaluación de riesgos psicosociales, con especial atención al entorno organizacional en el que se produjeron los hechos denunciados.

- La adopción de medidas organizativas como la rotación de personal, reconfiguración de jerarquías o refuerzo del seguimiento de determinadas unidades.

- La implementación de mecanismos de revisión periódica de la política de prevención de acoso.

Desde el área de Compliance, estas medidas deben gestionarse de forma coordinada con las áreas implicadas (RRHH, Prevención de Riesgos Laborales, Jurídico, Dirección General), incorporándose a un plan de acción específico, con cronograma, responsables asignados, recursos definidos y mecanismos de seguimiento. Todo el proceso debe documentarse exhaustivamente, de forma que pueda ser auditado tanto interna como externamente.

Asimismo, el Compliance debe comunicar a la Inspección de Trabajo, dentro del plazo establecido, la ejecución efectiva de las medidas requeridas, preferentemente mediante informe técnico acompañado de evidencias documentales.

De este modo, las medidas correctoras no deben entenderse como un castigo, sino como una oportunidad para fortalecer el sistema, reforzar la cultura institucional de respeto y minimizar el riesgo de futuras infracciones más graves.

9.2.8. ¿En qué casos una empresa puede ser sancionada administrativamente incluso si no ha tenido conocimiento previo de la situación de acoso?

Uno de los principios fundamentales del régimen sancionador laboral es que el desconocimiento no exime de responsabilidad cuando dicho desconocimiento se debe a una omisión del deber de vigilancia. En el caso del acoso laboral, la jurisprudencia y la doctrina administrativa han afirmado reiteradamente que la empresa puede ser sancionada incluso si no ha tenido conocimiento efectivo de la situación de acoso, si se acredita que no adoptó las medidas razonables que habrían permitido conocerla y prevenirla.

Esta responsabilidad deriva del principio de diligencia exigible al empleador como garante de la integridad y seguridad de sus trabajadores, en virtud de lo dispuesto en el artículo 4.2.e) del Estatuto de los Trabajadores, que reconoce el derecho a la integridad física y a una adecuada protección frente a los riesgos laborales, incluidos los psicosociales. Asimismo, el artículo 15 de la LPRL impone al empresario la obligación de evitar los riesgos y combatirlos en su origen, lo que exige medidas de tipo organizativo y estructural, no meramente reactivas.

Los casos más frecuentes en que se impone sanción pese a la falta de conocimiento son los siguientes:

a). La ausencia de protocolo: si la empresa no dispone de un protocolo de acoso implantado y operativo, se considera que ha incumplido su deber preventivo, incluso si ningún caso ha sido formalmente denunciado.

b). La inexistencia o inoperancia del canal de denuncias: si el sistema para canalizar reclamaciones o alertas no existe, no funciona o no es conocido por la plantilla, se considera que la empresa se ha colocado en una situación deliberada de ignorancia.

c). La falta de formación: si la plantilla no ha recibido formación específica en prevención del acoso, no se considera válido el argumento de que ningún trabajador se quejó, ya que puede deberse al desconocimiento o al temor a represalias.

d). La falta de evaluación de riesgos psicosociales: si la empresa no ha evaluado adecuadamente los factores de riesgo organizacional (sobrecarga de trabajo, liderazgo tóxico, clima de miedo), se considera que omitió un deber básico de detección.

e). La tolerancia implícita: si existían comportamientos reiterados de desprecio, gritos, humillaciones o aislamiento en determinadas unidades o por parte de determinados mandos, y la empresa no intervino, se presume que lo consintió tácitamente.

En estos supuestos, la Inspección no necesita acreditar la intencionalidad o conocimiento concreto del empresario. Basta con demostrar que la empresa no adoptó las medidas preventivas exigibles en su posición de garante. En consecuencia, la infracción puede ser calificada como grave o muy grave, con sanciones económicas importantes y, eventualmente, derivaciones al Ministerio Fiscal si se detectan indicios de delito.

Por ello, la prevención del acoso no puede depender de la denuncia espontánea de la víctima, sino de la construcción institucional de un entorno seguro, transparente, ético y estructuralmente vigilado. El Compliance es el instrumento más eficaz para asegurar que ese entorno exista, funcione y esté preparado para detectar incluso aquello que no ha sido expresamente denunciado. Esa es la lógica preventiva y garantista que subyace en el ordenamiento laboral y sancionador español.

9.2.9. ¿Cómo puede el área de Compliance demostrar la trazabilidad de las acciones preventivas ante una inspección de trabajo?

La trazabilidad en materia de prevención del acoso laboral se refiere a la capacidad del área de Compliance para documentar, justificar y reconstruir con precisión el recorrido completo de todas las acciones adoptadas para prevenir, detectar, investigar y corregir este tipo de conductas. Esta trazabilidad debe ser completa, cronológica, verificable y basada en evidencias objetivas, permitiendo así a la Inspección de Trabajo o cualquier autoridad administrativa constatar que el sistema de prevención no es meramente formal, sino que se encuentra verdaderamente implantado y operativo.

Para ello, el área de Compliance debe estructurar un sistema de gestión documental que permita, por ejemplo:

- Acreditar la existencia, difusión y revisión periódica del protocolo de acoso laboral, incluyendo la fecha de aprobación, versiones anteriores, firmas de la dirección y comunicación interna a todos los niveles jerárquicos de la organización.

- Registrar todas las formaciones impartidas en prevención del acoso, identificando asistentes, contenidos, fechas, evaluaciones, ponentes y evidencias de seguimiento. El área de Compliance debe custodiar actas de asistencia, materiales formativos y resultados de encuestas o cuestionarios que evalúen la comprensión de los contenidos.

- Documentar el funcionamiento del canal de denuncias: entradas de denuncias, apertura de expedientes, nombramiento de instructores, plazos de resolución, medidas cautelares adoptadas, protección de las partes y comunicación del cierre del procedimiento. Todos estos datos deben registrarse de manera que se garantice tanto la confidencialidad como la trazabilidad del expediente.

- Conservar los informes de evaluación de riesgos psicosociales, sus actualizaciones, medidas preventivas adoptadas, indicadores de seguimiento, participación de los representantes de los trabajadores y eventuales auditorías externas.

- Registrar las decisiones del órgano de cumplimiento o del comité ético en relación con incidentes, quejas o conflictos potencialmente constitutivos de acoso.

El Compliance debe demostrar que el sistema no solo existe, sino que está vivo, es utilizado, genera actuaciones y cuenta con mecanismos de control y mejora. Esta trazabilidad se convierte en prueba clave para evitar o atenuar sanciones, y evidencia el principio de diligencia debida exigido al empleador.

9.2.10. ¿Qué consecuencias reputacionales y de gobernanza puede acarrear una sanción administrativa por acoso laboral para la organización?

Una sanción administrativa por acoso laboral tiene un impacto directo y profundo sobre la reputación institucional y la estructura de gobernanza de la empresa. Este tipo de infracción no solo pone de relieve una vulneración de derechos fundamentales, sino que también evidencia la ineficacia de los mecanismos internos de prevención y control, lo cual genera graves consecuencias tanto internas como externas:

a). Desde el punto de vista reputacional externo, una sanción de esta naturaleza puede provocar crisis de imagen, pérdida de confianza por parte de clientes, inversores, administraciones públicas y medios de comunicación, así como afectar las posibilidades de concurrir a licitaciones o de mantener certificaciones de cumplimiento (como ISO 37301 o normas ESG). En un entorno donde la sostenibilidad y la ética empresarial son diferenciadores competitivos, las consecuencias reputacionales pueden traducirse en una pérdida de valor de marca y posicionamiento estratégico.

b). Internamente, la sanción afecta la percepción de la plantilla respecto a la seguridad del entorno laboral, la coherencia entre el discurso y las prácticas de la dirección, y la integridad del sistema de Compliance. Se erosiona la confianza en los mecanismos internos, aumenta el clima de inseguridad psicológica y pueden generarse movimientos sindicales o conflictos colectivos.

c). En términos de gobernanza, la sanción evidencia fallos en la función de supervisión de los órganos de gobierno. Si existía un Compliance Officer, un comité de ética o un consejo de administración, la sanción revela que estos órganos no detectaron o no actuaron adecuadamente ante un riesgo de alta criticidad. Esto puede derivar en responsabilidades individuales, crisis de liderazgo o cuestionamientos por parte de socios, auditores o stakeholders estratégicos.

d). Asimismo, una sanción puede obligar a revisar la arquitectura institucional: reformar el canal ético, rediseñar el sistema de prevención, actualizar el modelo de control interno, modificar los procesos de selección y evaluación de personal, o incluso reorganizar jerárquicamente determinadas áreas.

Las consecuencias de una sanción administrativa por acoso no se agotan en la multa, sino que alteran profundamente la legitimidad institucional, el clima laboral, la confianza organizacional y el equilibrio de gobernanza. Por ello, su gestión requiere una respuesta integral, basada en la transparencia, la reparación, la revisión estructural del sistema de Compliance y la comunicación interna honesta y coherente.

9.2.11. ¿Qué indicadores pueden usarse dentro del sistema de Compliance para detectar posibles entornos laborales propensos al acoso?

El sistema de Compliance debe incorporar indicadores proactivos de riesgo que permitan detectar, anticipar y abordar entornos laborales con mayor probabilidad de generar situaciones de acoso. Estos indicadores deben obtenerse de fuentes diversas (RRHH, encuestas, canales internos, evaluación de riesgos) y deben reflejar tanto condiciones estructurales como patrones de comportamiento organizacional. Algunos indicadores clave incluyen:

- Un alto índice de rotación voluntaria en determinados departamentos o bajo índice de permanencia en puestos bajo la supervisión de determinados mandos intermedios.

- Un incremento anormal de bajas médicas por causas psicosociales (ansiedad, estrés, depresión) en unidades específicas.

- Los resultados negativos o desequilibrados en encuestas internas de clima laboral, especialmente en ítems que miden percepción de trato justo, respeto interpersonal, confianza en el liderazgo o libertad para expresar opiniones sin miedo a represalias.

- El elevado número de quejas informales o consultas en el canal ético que, si bien no configuran acoso per se, revelan conflictos interpersonales no gestionados.

- Las denuncias reiteradas por parte de distintos trabajadores hacia una misma figura de autoridad, aunque no se haya alcanzado el umbral sancionador.

- La concentración de poder jerárquico o ausencia de controles cruzados en ciertos departamentos, especialmente cuando el mando directo ejerce funciones disciplinarias, de evaluación y promoción sin contrapesos.

- La ausencia o escasa participación de la plantilla en formaciones de prevención del acoso, lo cual puede indicar desinterés institucional o una cultura de silencio.

El sistema de Compliance debe tratar estos indicadores como señales tempranas, no como pruebas concluyentes. Lo esencial es que se activen mecanismos de revisión, entrevistas confidenciales, evaluaciones específicas o auditorías internas que permitan corroborar o descartar la existencia de un entorno hostil. La lógica de estos indicadores es anticipatoria, no reactiva, y su gestión adecuada demuestra una cultura de cumplimiento preventivo y no meramente defensivo.

9.2.12. ¿Cómo se articula la responsabilidad administrativa con otras formas de responsabilidad (civil, penal o disciplinaria) desde una perspectiva de Compliance integral?

Desde una perspectiva de Compliance integral, las distintas formas de responsabilidad que pueden derivarse de una conducta de acoso (administrativa, civil, penal y disciplinaria) no deben gestionarse de forma aislada, sino interrelacionada, coherente y armónica, de modo que la organización responda con un enfoque global de legalidad, reparación y prevención.

a). Responsabilidad administrativa: corresponde a la infracción del ordenamiento laboral o de prevención de riesgos, y se traduce en sanciones impuestas por la Inspección de Trabajo, como multas, requerimientos o de contratación pública. El Compliance debe documentar y acreditar el cumplimiento de las obligaciones preventivas para atenuar o evitar esta sanción, y aplicar inmediatamente las medidas correctoras requeridas.

b). Responsabilidad civil: la víctima del acoso puede reclamar una indemnización por daños y perjuicios ante la jurisdicción social o civil, incluso si no se ha tramitado un procedimiento sancionador. El Compliance debe articular con el departamento jurídico una estrategia probatoria que evidencie diligencia, activar el seguro de responsabilidad civil, si procede, y garantizar mecanismos de reparación.

c). Responsabilidad penal: si los hechos constituyen delito (acoso sexual, coacciones, lesiones, delitos contra la integridad moral), pueden generarse procedimientos penales contra el autor y, eventualmente, contra la persona jurídica. El Compliance debe valorar los hechos conforme a los riesgos identificados en su mapa penal y activar el protocolo de derivación al Ministerio Fiscal, si existe, así como colaborar con las autoridades judiciales.

d). Responsabilidad disciplinaria: si el autor del acoso es un empleado o directivo, la empresa debe incoar expediente disciplinario con todas las garantías del Estatuto de los Trabajadores y del convenio colectivo. El Compliance debe velar por que el procedimiento se base en una investigación imparcial y profesional, y que no se incurra en represalias ni juicios paralelos.

La articulación de todas estas vías exige una coordinación institucional fluida entre Compliance, RRHH, Asesoría Jurídica y la Alta Dirección. Debe evitarse la duplicidad de actuaciones, garantizar la coherencia de las decisiones, proteger los derechos de todas las partes y documentar todas las acciones adoptadas.

Además, el Compliance debe actuar como centro neurálgico de esta coordinación, no solo desde el punto de vista jurídico, sino también como garante de la integridad institucional y de la credibilidad del sistema ante terceros. Su rol es asegurar que todas las dimensiones de la responsabilidad -administrativa, civil, penal y laboral- se integren en una respuesta institucional ética, diligente, trazable y conforme a derecho. Solo así puede garantizarse una defensa efectiva de la organización y una protección integral de las personas trabajadoras.

9.2.13. ¿Qué diferencias existen entre el cumplimiento formal de la normativa y la aplicación efectiva de las medidas preventivas, y cómo puede evaluarlas el Compliance?

El cumplimiento formal de la normativa implica que la organización dispone de documentos y estructuras que, en teoría, satisfacen las exigencias legales: un protocolo contra el acoso, un canal de denuncias, un código de conducta, y menciones generales a la tolerancia cero en materiales formativos. Sin embargo, este tipo de cumplimiento puede ser meramente aparente si dichas herramientas no están activas, no se conocen, no se utilizan o no producen resultados efectivos. Es decir, se cumple "en el papel", pero no en la práctica.

En contraste, la aplicación efectiva de medidas preventivas se refiere a la realidad viva y operativa del sistema. Esto implica que el protocolo está actualizado, ha sido difundido correctamente, el canal de denuncias es accesible, las denuncias son tratadas con seriedad y se aplican medidas preventivas y sancionadoras según corresponda. En este sentido, la eficacia no depende solo de la existencia del instrumento, sino de su grado de penetración cultural, su legitimidad interna y su capacidad real de transformar los comportamientos.

El área de Compliance puede evaluar esta diferencia mediante varios mecanismos complementarios:

- Las auditorías internas sustantivas, que no se limiten a verificar la existencia documental, sino que revisen los tiempos reales de respuesta ante denuncias, la calidad de las investigaciones, la adecuación de las sanciones y la trazabilidad de las medidas correctoras.

- Las encuestas periódicas de percepción, en las que se mida el grado de conocimiento del sistema, la confianza en el mismo y la disposición real del personal a utilizarlo.

- Los simulacros o pruebas de estrés institucional, en las que se ponga a prueba, bajo control, la activación del protocolo ante casos hipotéticos, para valorar la agilidad y preparación de los órganos responsables.

- Los Indicadores de resultados y de impacto, como el número de casos detectados, el grado de satisfacción de las partes involucradas, las acciones formativas realizadas, el número de reincidencias y los cambios observados en el clima laboral.

- La revisión de expedientes cerrados, analizando si se respetaron los plazos, las garantías procesales, la confidencialidad y si se adoptaron medidas preventivas posteriores.

Estas evaluaciones permiten determinar si el sistema cumple solo formalmente (cumplimiento mínimo legal) o si se ha consolidado como una política institucional efectiva. El objetivo de Compliance no es certificar papeles, sino proteger personas y prevenir riesgos reales.

9.2.14. ¿Qué rol tiene el comité de cumplimiento o de ética en la revisión periódica de los protocolos contra el acoso laboral?

El comité de cumplimiento o comité de ética, según su denominación interna, desempeña un rol de supervisión estratégica, técnica y preventiva en relación con los instrumentos institucionales contra el acoso laboral. Le corresponde no solo revisar el protocolo desde una perspectiva normativa, sino velar por su eficacia estructural, cultural y operativa.

Esta revisión debe realizarse de forma periódica, como parte del sistema de mejora continua, y no únicamente cuando sobreviene un caso grave o una sanción externa. El comité debe analizar el protocolo a la luz de:

- Cambios normativos (por ejemplo, la entrada en vigor de nuevas leyes o directrices sobre canales de denuncia, derechos de las personas informantes, igualdad de trato, etc.).

- Nuevas interpretaciones judiciales o doctrinales que amplíen el concepto de acoso o las garantías debidas en el procedimiento.

- Lecciones aprendidas de casos tramitados, para corregir debilidades detectadas, introducir aclaraciones o evitar situaciones de revictimización.

- Resultados de evaluaciones internas (por ejemplo, auditorías o encuestas de clima laboral) que detecten fallos operativos o desajustes con la realidad vivida por la plantilla.

- Cambios en la estructura organizativa, que exijan adaptar los roles del protocolo (por ejemplo, si se ha creado un nuevo comité de integridad o una nueva dirección de Personas).

- La evolución de los estándares internacionales, especialmente las normas ISO aplicables al Compliance (como la ISO 37301 o la 45003), que promueven una visión más holística e integradora del riesgo psicosocial.

Además, el comité debe garantizar que el protocolo está integrado en el ecosistema normativo interno: es decir, que se relaciona adecuadamente con otros documentos como el código ético, las políticas de igualdad, los manuales de conducta y los procedimientos disciplinarios. Esta coherencia normativa evita contradicciones, solapamientos o lagunas, y asegura una gestión armónica de los conflictos.

El comité debe velar por que la revisión del protocolo sea participativa. Esto implica consultar a representantes de los trabajadores, departamentos clave (RRHH, Prevención de Riesgos Laborales, Asesoría Jurídica) y, si procede, contar con el asesoramiento de expertos externos en violencia laboral o Compliance penal. De esta manera, el protocolo se convierte en un documento vivo, legitimado y adaptado a la evolución organizacional.

9.2.15. ¿Cómo puede el área de Compliance fomentar una cultura de respeto y tolerancia cero al acoso que prevenga la activación de procedimientos sancionadores?

El área de Compliance no debe limitarse a ser un "guardia normativo", sino un arquitecto cultural. Su labor consiste en crear las condiciones estructurales, emocionales y simbólicas para que el respeto se convierta en una expectativa institucional compartida. Cuando esto ocurre, los procedimientos sancionadores se activan menos porque las conductas de acoso simplemente no encuentran terreno fértil para proliferar. La verdadera tolerancia cero no es una amenaza, sino una convicción vivida en la cultura diaria de la organización.

La función más poderosa del Compliance no es la represión o la reacción, sino la prevención y la transformación cultural. Fomentar una cultura de respeto y de tolerancia cero frente al acoso significa actuar sobre los factores invisibles que permiten o normalizan estas conductas: el silencio, la jerarquía autoritaria, el individualismo competitivo, la desconfianza institucional, el miedo a represalias o el cinismo organizacional.

Para transformar este entorno, el área de Compliance puede adoptar una estrategia transversal con varias líneas de acción:

a) Educación transformacional: diseñar planes de formación continuos, prácticos y adaptados a los distintos niveles jerárquicos. No se trata solo de enseñar la definición legal de acoso, sino de formar en liderazgo respetuoso, comunicación no violenta, gestión de conflictos y habilidades emocionales. La formación debe incluir casos reales, testimonios, dinámicas grupales y reflexiones éticas.

b) Ejemplaridad directiva: el Compliance debe alinear su estrategia con la alta dirección para que el mensaje de tolerancia cero no sea solo retórico. Los líderes deben actuar con coherencia, reconocer errores, apoyar públicamente al sistema y demostrar que el respeto es un criterio de promoción, no un obstáculo para los resultados.

c) Generación de confianza institucional: esto implica fortalecer el canal de denuncias, garantizar su confidencialidad, aplicar medidas de protección ante represalias, comunicar con transparencia las resoluciones y demostrar que las denuncias se gestionan con rigor. Solo así los trabajadores se sentirán seguros para usar el sistema.

d) Comunicación positiva y continua: la cultura no se cambia con un protocolo, sino con mensajes constantes, visibles, inspiradores y creíbles. El Compliance puede impulsar campañas, días institucionales, charlas inspiradoras o piezas audiovisuales que refuercen el respeto como valor fundacional.

e) Evaluación periódica del entorno laboral: mediante encuestas éticas, focus groups o evaluaciones psicosociales, el Compliance puede identificar zonas de riesgo, percepciones de impunidad, liderazgo abusivo o microviolencias normalizadas, e intervenir antes de que sea tarde.

f) Reconocimiento y refuerzo de buenas prácticas: el área de Compliance puede proponer la inclusión de indicadores de respeto en la evaluación de desempeño, premiar unidades o personas ejemplares, e institucionalizar una cultura del feedback constructivo y la resolución informal de conflictos.

g) Reformulación de los procedimientos sancionadores: el sistema debe estar orientado no solo a sancionar, sino a restaurar, aprender y corregir. Esto implica promover medidas restaurativas, planes de reinserción, cambios estructurales en el clima laboral y seguimiento a largo plazo.

9.3. La responsabilidad civil: indemnización al trabajador por daños morales o materiales, en los supuestos de acoso laboral

9.3.1. ¿Cómo puede el sistema de Compliance anticipar el riesgo de responsabilidad civil por acoso laboral dentro de la organización?

El sistema de Compliance puede anticipar el riesgo de responsabilidad civil por acoso laboral mediante una estrategia de vigilancia proactiva, centrada en identificar escenarios de riesgo, implementar medidas preventivas específicas y asegurar un entorno de trabajo libre de hostigamiento. En materia civil, la responsabilidad de la empresa no exige que haya actuado con dolo: basta con que exista negligencia, omisión del deber de vigilancia o falta de medidas adecuadas para prevenir el daño. Por tanto, el objetivo del Compliance es impedir que esa omisión pueda ser atribuida a la organización.

El primer paso consiste en incorporar el acoso laboral como una categoría autónoma dentro del mapa de riesgos del programa de cumplimiento, no únicamente como infracción laboral o vulneración ética, sino como posible generador de responsabilidad patrimonial por daños morales, personales o incluso económicos derivados de bajas médicas prolongadas o pérdida de empleo.

En segundo lugar, el sistema debe aplicar metodologías de evaluación del riesgo psicosocial (por ejemplo, con base en los criterios del INSST o las guías de la OIT) para detectar estructuras organizativas, climas laborales o prácticas gerenciales que puedan estar generando condiciones propicias para el acoso: estilos de liderazgo autoritario, inexistencia de espacios seguros de diálogo, objetivos inalcanzables o inequidad en la gestión del talento.

En tercer lugar, el Compliance debe establecer un protocolo específico de actuación temprana ante indicios de hostilidad persistente, incluso antes de que se materialice una denuncia formal. Estas acciones pueden incluir la activación de comités de revisión rápida, entrevistas de verificación o medidas cautelares que protejan a la posible víctima y minimicen el daño potencial.

El Compliance debe coordinarse con los órganos de asesoría jurídica para desarrollar un protocolo de respuesta ante potenciales demandas civiles, el cual incluya la recogida y conservación de pruebas, la evaluación del daño sufrido, la búsqueda de soluciones extrajudiciales restaurativas y la colaboración con el seguro de responsabilidad civil empresarial.

9.3.2. ¿Qué indicadores deben monitorearse en un programa de Compliance para prevenir daños materiales o morales derivados de situaciones de acoso?

Un programa de Compliance eficaz debe incluir un cuadro de indicadores clave (KPIs) orientados no solo a detectar casos consumados de acoso, sino a anticipar condiciones laborales que puedan derivar en comportamientos hostiles, conflictivos o negligentes. Algunos indicadores especialmente relevantes para prevenir daños incluyen:

- La frecuencia de las quejas internas, formales o informales, relacionadas con trato despectivo, humillaciones, amenazas veladas, exclusión o desvalorización sistemática.

- La tasa de rotación anómala en determinados departamentos, especialmente si va acompañada de comentarios negativos en entrevistas de salida.

- El aumento de bajas médicas por patologías asociadas al estrés, ansiedad o trastornos psicosomáticos.

- La reducción significativa del desempeño de ciertos equipos, vinculada a climas de tensión, silencios institucionales o miedo a represalias.

- La subutilización del canal de denuncias, que puede indicar falta de confianza o temor a consecuencias, así como utilización abusiva del mismo con intenciones de represalia o descrédito.

- Los retrasos injustificados en la tramitación de denuncias presentadas, lo que puede provocar agravamiento del daño y responsabilización por omisión institucional.

- La ausencia de medidas disciplinarias en respuesta a conductas probadas de acoso, o aplicación inconsistente de las mismas, lo que sugiere una cultura de permisividad.

- los resultados de encuestas periódicas de clima ético, percepción de integridad institucional y valoración de la cultura del respeto.

El monitoreo de estos indicadores debe estar integrado en el sistema de Compliance como herramienta de diagnóstico continuo. La clave está en detectar señales de alerta temprana que permitan intervenir preventivamente y evitar que una situación de acoso escale hasta la producción de un daño con consecuencias civiles.

9.3.3. ¿De qué manera puede el Compliance Officer documentar y demostrar la diligencia debida de la empresa en la prevención del acoso laboral?

El Compliance Officer debe desempeñar una función central en la generación y custodia de evidencia documental que demuestre que la empresa ha actuado con diligencia razonable para prevenir, detectar y sancionar el acoso laboral. Esta documentación será crucial en sede judicial si la empresa es demandada por responsabilidad civil, ya que el juez valorará las acciones institucionales y no meras declaraciones de intenciones.

Para ello, el Compliance Officer debe construir y mantener un sistema archivístico estructurado y trazable que incluya:

- La versión vigente del protocolo de prevención del acoso, con constancia de su fecha de aprobación, revisiones sucesivas y firma de los responsables.

- Los registros de formación impartida, incluyendo programas, listados de asistentes, materiales utilizados, evaluaciones y periodicidad. La formación debe abarcar a todos los niveles jerárquicos, especialmente a mandos intermedios.

- La evidencia de la difusión del protocolo, incluyendo campañas de sensibilización, publicaciones internas, sesiones informativas, cartelería, videos institucionales y otros canales de comunicación.

- Las actas de los comités de ética o cumplimiento que documenten la revisión periódica del protocolo, la supervisión de casos tramitados y las recomendaciones de mejora.

- Los expedientes de cada denuncia recibida, incluyendo fecha de presentación, medidas cautelares adoptadas, designación del investigador, cronograma de actuaciones, resolución final y seguimiento posterior. Estos documentos deben garantizar la confidencialidad, el debido proceso y la protección de datos personales.

- Los informes anuales del sistema de cumplimiento que reflejen datos estadísticos sobre denuncias, investigaciones, sanciones, indicadores de riesgo y medidas preventivas adoptadas.

- La copia de comunicaciones con las aseguradoras, especialmente si existe cobertura de responsabilidad civil frente a terceros por daños derivados de actos ilícitos.

- Los protocolos de actuación ante inspecciones de trabajo, auditorías internas o procedimientos judiciales, incluyendo asignación de roles, tiempos de respuesta y custodia probatoria.

Esta documentación no debe improvisarse ante una demanda, sino estar disponible, actualizada y sistematizada con carácter preventivo. Constituye el fundamento fáctico de la defensa institucional, y prueba que la organización no fue negligente, sino proactiva y responsable.

9.3.4. ¿Qué papel desempeña la trazabilidad de las acciones de prevención y respuesta frente al acoso en un proceso judicial de responsabilidad civil?

La trazabilidad de las acciones es, en un proceso judicial, la garantía de que la empresa puede reconstruir y demostrar todo lo que ha hecho para prevenir el acoso, proteger a las personas afectadas, investigar los hechos y sancionar conductas inadecuadas. En el contexto de una reclamación de responsabilidad civil, esta trazabilidad es decisiva para:

a) Rebatir la presunción de negligencia: dado que el empleador es responsable del entorno laboral, si no demuestra haber actuado diligentemente, se presume su responsabilidad. La trazabilidad permite invertir esa presunción y mostrar que el daño no fue por omisión de la empresa.

b) Acreditar la debida diligencia: si la empresa demuestra que había implementado un sistema robusto y operativo de prevención, la acción individual de un trabajador o directivo puede considerarse una desviación personal no atribuible a un fallo organizacional.

c) Modular la cuantía de la indemnización: incluso si se reconoce la existencia de daño, el hecho de que la empresa haya adoptado medidas preventivas, haya actuado rápidamente y haya ofrecido reparación institucional puede reducir el importe del resarcimiento o incluso excluir la responsabilidad total.

d) Preservar la imagen institucional ante terceros (clientes, medios, administraciones): en muchos casos, la trascendencia pública del caso puede generar efectos reputacionales más graves que la sanción económica. La trazabilidad bien estructurada permite a la organización comunicar con transparencia y demostrar que actúa con seriedad.

e) Fortalecer la defensa jurídica en caso de demandas múltiples o acciones colectivas: cuando varias personas reclaman simultáneamente o se acumulan causas de acoso, disponer de una trazabilidad detallada permite identificar patrones, diferencias y respuestas individualizadas, lo cual refuerza la credibilidad institucional.

La trazabilidad transforma el sistema de Compliance en un escudo jurídico y reputacional. No basta con actuar correctamente: es imprescindible poder demostrarlo. Y esta demostración no se construye con improvisación, sino con planificación, registro, archivo y consistencia. En este sentido, el Compliance Officer no es solo un gestor normativo, sino un garante de la memoria institucional y del compromiso efectivo de la organización con la ética, la prevención y los derechos fundamentales.

9.3.5. ¿Cómo influye la ausencia o deficiencia de un canal de denuncias en la posible responsabilidad civil de la empresa por daños al trabajador?

La ausencia o el funcionamiento deficiente del canal de denuncias constituye una omisión grave del deber de diligencia que la empresa tiene respecto a sus trabajadores, especialmente en materia de protección de su salud física y psicológica. Desde la óptica de la responsabilidad civil, esta omisión puede derivar en una imputación directa por falta de prevención, vigilancia o respuesta adecuada frente a situaciones de acoso laboral.

El artículo 4.2.e) del Estatuto de los Trabajadores reconoce expresamente el derecho a una protección eficaz frente al acoso. De manera correlativa, el empresario tiene el deber legal de evitar y corregir comportamientos que atenten contra la dignidad del trabajador. En este contexto, el canal de denuncias se convierte en el principal mecanismo estructural para garantizar esa protección, permitiendo que la víctima (o cualquier testigo) comunique los hechos de manera confidencial, segura y sin temor a represalias.

Si el canal no existe, está inoperante, no es conocido por los empleados, o carece de garantías de confidencialidad e imparcialidad, se interpreta que la empresa ha fallado en su deber de establecer un sistema razonable de prevención. En un procedimiento civil, esta situación puede ser considerada un indicio reforzado de culpa in vigilando o culpa in omitiendo, es decir, una negligencia grave por omisión de medidas mínimas de control. Como consecuencia, la empresa podría ser condenada a indemnizar a la víctima por los daños sufridos (ya sean morales, personales o económicos), aunque no haya tenido participación directa en los hechos.

En términos prácticos, la falta de un canal operativo impide la detección temprana de conductas nocivas, imposibilita la activación de medidas cautelares, obstaculiza la investigación interna y priva al empleador de elementos probatorios fundamentales para su defensa. Además, puede generar la percepción de una cultura organizacional de silencio o impunidad, lo que agrava la responsabilidad reputacional y moral frente a los hechos.

9.3.6. ¿Qué medidas preventivas pueden atenuar o exonerar la responsabilidad civil de una organización frente a una demanda por acoso?

La responsabilidad civil empresarial no es absoluta ni automática. Puede ser exonerada o mitigada si la organización demuestra que, dentro de sus posibilidades y con arreglo al principio de proporcionalidad, adoptó todas las medidas necesarias y razonables para evitar que el daño se produjera. Estas medidas configuran el llamado "bloque de diligencia debida", que puede actuar como causa de exoneración total (si el hecho es ajeno y no previsible) o como circunstancia atenuante (si la conducta del empleador fue correcta pero no suficiente para evitar el daño).

Entre las medidas más relevantes se encuentran:

a) La implementación de un protocolo de prevención del acoso, específico, actualizado y aprobado por la representación legal de los trabajadores, si la hubiere.

b) La difusión activa del protocolo a través de medios físicos y digitales, reuniones informativas y actividades de sensibilización, garantizando su conocimiento por parte de todos los empleados.

c) La habilitación de un canal de denuncias seguro, accesible, confidencial, gestionado por un órgano independiente y con plazos razonables de respuesta.

d) La realización de formaciones obligatorias, periódicas y adaptadas a los diferentes niveles jerárquicos, en materia de conducta ética, acoso, prevención de riesgos psicosociales y resolución de conflictos.

e) El establecimiento de procedimientos ágiles y eficaces de investigación interna, con respeto al principio de contradicción, confidencialidad y presunción de inocencia, pero con protección reforzada para la víctima.

f) La adopción de medidas cautelares que garanticen la integridad de las partes durante la tramitación del expediente: teletrabajo, cambio de supervisor, reubicación temporal, etc.

g) La imposición de sanciones disciplinarias proporcionales ante hechos probados, conforme al régimen interno y al principio de ejemplaridad.

h) El seguimiento post-denuncia, que incluye apoyo psicológico, seguimiento clínico, evaluación del clima laboral posterior y acciones correctoras si procede.

Cuando estas medidas están documentadas, son coherentes entre sí y se han aplicado con anterioridad al caso en cuestión, la empresa podrá alegar que el daño fue consecuencia de un acto individual desvinculado de su voluntad y no atribuible a su estructura de cumplimiento, reduciendo o eliminando así la indemnización reclamada.

9.3.7. ¿Cómo puede el Compliance contribuir a la elaboración de protocolos internos eficaces para evitar la imputación de responsabilidad por daños?

El área de Compliance es clave en la redacción, revisión y supervisión de los protocolos internos contra el acoso laboral. Su intervención garantiza que estos documentos no sean solo un requisito formal, sino herramientas funcionales para prevenir situaciones de daño y demostrar, llegado el caso, la diligencia organizativa. Su contribución se concreta en varias funciones:

a) Asegurar que el contenido del protocolo cumpla con la normativa vigente: directrices de la Inspección de Trabajo, la Ley Orgánica de Igualdad, la Ley de Prevención de Riesgos Laborales y, en su caso, el Código Penal.

b) Introducir elementos de trazabilidad, incluyendo tiempos máximos para la respuesta institucional, responsables concretos, registros de actuaciones y requisitos de confidencialidad.

c) Promover que el protocolo no esté aislado, sino integrado dentro del sistema general de cumplimiento, en coordinación con el Código Ético, el Manual de Buenas Prácticas y el Modelo de Prevención Penal, si existe.

d) Incorporar mecanismos de revisión periódica, auditoría interna y evaluación de impacto, así como cláusulas de mejora continua, conforme al principio de Compliance dinámico.

e) Asegurar la perspectiva transversal de género, igualdad y no discriminación, conforme a los estándares internacionales como la ISO 45003 o la Recomendación CM/Rec(2010)4 del Consejo de Europa.

f) Recomendar canales de derivación a expertos externos en caso de conflictos de interés internos, como pueden ser auditores independientes, mediadores o servicios de atención a víctimas.

g) Coordinarse con recursos humanos, servicios jurídicos, prevención de riesgos laborales y alta dirección para asegurar una aplicación uniforme, coherente y efectiva del protocolo en toda la organización.

La calidad técnica y operativa del protocolo, supervisado por Compliance, no solo mejora la respuesta interna ante una denuncia, sino que constituye un elemento eximente en una eventual demanda civil, donde el juez valorará si existía una arquitectura preventiva adecuada al tamaño, recursos y complejidad de la organización.

9.3.8. ¿Qué importancia tiene la formación en materia de acoso dentro del plan de Compliance para minimizar riesgos civiles?

La formación es una de las medidas preventivas más eficaces y valoradas judicialmente en los procesos de responsabilidad civil por acoso laboral. Su importancia es doble: por un lado, como herramienta de transformación cultural; por otro, como elemento probatorio de diligencia institucional. La omisión o trivialización de la formación suele ser interpretada como una grave negligencia estructural.

Desde la perspectiva del Compliance, la formación debe cumplir ciertos requisitos:

a) Obligatoriedad: debe dirigirse a todo el personal sin excepción, incluyendo directivos, mandos intermedios, personal operativo y colaboradores externos.

b) Periodicidad: debe impartirse de forma regular, con actualizaciones conforme a los cambios normativos, jurisprudenciales o internos.

c) Adecuación: los contenidos deben adaptarse a la función, responsabilidad y grado de exposición de cada colectivo (ej. mayor exigencia para supervisores o personal de RRHH).

d) Evaluación: deben incluirse test de conocimientos, ejercicios prácticos, resolución de casos y encuestas de percepción de utilidad.

e) Registro: el sistema de Compliance debe conservar constancia documental de asistencia, contenidos, fechas y resultados, como evidencia jurídica ante terceros.

f) Aplicabilidad: debe centrarse no solo en la normativa, sino en el reconocimiento de conductas sutiles (acoso verbal, acoso ambiental, microagresiones), el manejo adecuado de conflictos, el uso correcto del canal de denuncias y las consecuencias personales, legales y económicas del acoso.

g) Inclusión de formación emocional y psicosocial: en la línea de la ISO 45003, se recomienda incluir nociones sobre empatía, gestión de emociones, identificación de dinámicas hostiles, entre otros.

h) Formación específica a líderes y responsables: los cuadros intermedios deben ser formados con especial intensidad, ya que su papel es crítico en la prevención, detección y corrección del acoso.

Una empresa que no forma adecuadamente a su personal demuestra desinterés o despreocupación por los efectos reales del acoso. Por el contrario, una organización que forma, documenta y evalúa sistemáticamente este eje demuestra que se ha dotado de los instrumentos razonables para evitar el daño. En un juicio civil, esta diferencia es determinante. Por ello, el área de Compliance debe asegurar que la formación sea permanente, transversal y verificable, tanto para generar cultura preventiva como para blindar jurídicamente a la organización.

9.3.9. ¿Cuáles son los principales fallos de los sistemas de Compliance que suelen derivar en condenas por responsabilidad civil en casos de acoso?

Los fallos más frecuentes que conducen a condenas civiles por acoso en el ámbito laboral se vinculan, en gran medida, a deficiencias estructurales o funcionales del sistema de Compliance, cuya misión esencial es prevenir, detectar y reaccionar adecuadamente frente a riesgos éticos y legales, entre ellos el acoso. Estos errores pueden clasificarse en varios grupos:

a) Fallos de diseño normativo: muchos protocolos de acoso laboral carecen de concreción o aplicabilidad práctica. Se limitan a reproducir textos normativos, sin contemplar procedimientos internos adaptados al tamaño, cultura, riesgos específicos o estructura organizativa de la empresa. En estos casos, el protocolo es una mera formalidad sin efecto preventivo real.

b) Falta de divulgación o accesibilidad del sistema: aunque exista un protocolo y un canal de denuncias, si los trabajadores no los conocen o no comprenden cómo utilizarlos, estos instrumentos no cumplen su función. Esta situación suele derivar de una ausencia de campañas de comunicación interna, manuales explicativos o formación sobre su uso y finalidad.

c) Canales de denuncia deficientes: un canal de denuncias que no garantiza el anonimato, la confidencialidad, la protección contra represalias o la trazabilidad de los procedimientos, constituye un riesgo grave para la organización. Además, si el canal es gestionado por personal jerárquicamente dependiente del denunciado o sin formación especializada, pierde credibilidad e independencia.

d) Omisión de respuesta o respuesta inadecuada: uno de los factores más determinantes en una condena por daños civiles es la inacción institucional tras la recepción de una queja o denuncia. Esto incluye la falta de investigación, la no adopción de medidas cautelares o el archivo sin motivación fundada de casos con apariencia de verosimilitud.

e) Falta de formación sistemática: la carencia de programas de formación obligatoria y periódica en materia de prevención del acoso impide generar conciencia, reconocer señales de alerta e intervenir a tiempo. Esta omisión es interpretada como una falta de diligencia organizativa.

f) Cultura interna de permisividad: cuando la empresa tolera bromas sexistas, prácticas intimidatorias normalizadas, liderazgos autoritarios o ambientes hostiles, sin actuar disciplinariamente, se configura un entorno propicio para el acoso. En juicio, este tipo de cultura puede interpretarse como un factor de coautoría estructural.

9.3.10. ¿Cómo deben integrarse las reclamaciones por daños morales en los informes de riesgos del sistema de Compliance?

El sistema de Compliance debe integrar las reclamaciones por daños morales no solo como eventos reactivos, sino como indicadores de fallos sistémicos. Su incorporación a los informes de riesgos implica una gestión estructurada y preventiva. Esta integración debe contemplar lo siguiente:

a) Registro exhaustivo: toda reclamación formal (judicial o extrajudicial) por daños morales derivados de acoso debe ser registrada como un incidente relevante. Esto incluye no solo las demandas presentadas, sino también las conciliaciones, acuerdos extrajudiciales y actas de inspección con observaciones críticas.

b) Análisis cualitativo: más allá del número de casos, es fundamental evaluar las causas organizativas subyacentes: estructuras jerárquicas rígidas, falta de supervisión, áreas sin rotación, déficits en liderazgo o falta de canales seguros. Este análisis permite la detección de patrones y la implementación de acciones correctivas.

c) Evaluación del impacto reputacional y económico: las reclamaciones por daños morales afectan la imagen institucional, la percepción interna de seguridad psicológica y pueden derivar en indemnizaciones importantes. Todo ello debe reflejarse en los informes de riesgos del Compliance como una combinación de riesgo legal, laboral, financiero y ético.

d) Revisión del mapa de riesgos: si la aparición de reclamaciones aumenta, el sistema de Compliance debe revisar la categorización y ponderación del acoso laboral dentro de su mapa de riesgos, elevando su nivel de criticidad e impulsando la revisión de los controles preventivos asociados.

e) Activación de revisiones estructurales: en función de la gravedad de las reclamaciones, los informes de riesgos deben recomendar la revisión del protocolo, la reestructuración de áreas vulnerables, la formación reforzada a cargos de responsabilidad y la activación de auditorías externas para reforzar la credibilidad.

9.3.11. ¿Qué consecuencias reputacionales pueden derivarse para una empresa condenada civilmente por acoso laboral, y cómo puede abordarlas el Compliance?

Una condena civil por acoso laboral produce efectos reputacionales de alto impacto, cuya magnitud depende del perfil público de la empresa, de la naturaleza del caso y de la respuesta institucional adoptada. Las principales consecuencias reputacionales son:

a) Daño a la marca empleadora: las empresas condenadas por permitir o no evitar situaciones de acoso ven afectada su capacidad de atraer y retener talento. Los trabajadores asocian la marca con entornos inseguros o negligentes, y esto impacta directamente en la competitividad.

b) Desconfianza de stakeholders: clientes, inversores, proveedores, medios de comunicación y autoridades pueden considerar que la empresa carece de mecanismos de gobernanza ética. Esto puede repercutir en pérdida de contratos, dificultad para acceder a financiación o reducción del valor de mercado.

c) Exposición mediática: los casos de acoso suelen generar atención mediática, especialmente si involucran personas de alto rango o si existe una reacción institucional deficiente. Esta exposición incrementa el daño reputacional y amplifica sus efectos.

Para abordarlo, el Compliance debe liderar una respuesta institucional coherente, transparente y responsable, que incluya:

- La activación de protocolos de gestión de crisis reputacional, con participación del departamento legal, comunicación, dirección general y el propio Compliance.

- La comunicación transparente y responsable: si el caso es público, es necesario emitir comunicados que reflejen el reconocimiento del fallo, la atención a la víctima y las medidas adoptadas para evitar la repetición de los hechos.

- La supervisión reputacional: establecer mecanismos de monitoreo del impacto reputacional (prensa, redes sociales, encuestas de clima interno) e incluir esta información en los informes del sistema de cumplimiento.

- El refuerzo del sistema: tras la condena, el Compliance debe liderar una revisión integral de su sistema, involucrar a asesores externos, reforzar la formación, reformular protocolos y comunicar públicamente el compromiso de mejora continua.

9.3.12. ¿De qué forma puede un sistema de Compliance evitar que un caso aislado de acoso se interprete como una falla estructural de la empresa?

Cuando una empresa enfrenta una denuncia individual por acoso, el principal riesgo institucional es que se interprete como evidencia de una cultura permisiva o de una negligencia estructural. El Compliance puede evitar esta percepción si ha generado y documentado previamente una arquitectura sólida de prevención y respuesta. Para ello debe:

a) Mantener evidencia del sistema preventivo: mostrar que existen protocolos vigentes, canales funcionales, formación periódica, auditorías internas, seguimiento de casos y sanciones efectivas en casos anteriores.

b) Demostrar actuación proactiva e inmediata: si el caso fue gestionado con diligencia (investigación interna, medidas cautelares, sanción si procedía), se puede argumentar que fue una desviación puntual y no una consecuencia de inacción sistemática.

c) Mostrar que la denuncia no evidencia una falla sistémica: si el canal de denuncias ha sido utilizado con éxito por otros empleados, si hay encuestas internas con resultados positivos y si se han resuelto casos anteriores con justicia, esto refuerza la imagen de un sistema operativo y no fallido.

d) Incluir auditoría externa de los procedimientos: el respaldo de evaluaciones independientes refuerza la legitimidad del sistema de Compliance ante terceros, incluyendo jueces, inspecciones o medios.

e) Comunicar con transparencia y autocrítica: asumir que el caso ha permitido identificar una brecha puntual, implementar acciones correctoras y reforzar el compromiso institucional.

f) Promover una cultura institucional sólida: si la empresa promueve activamente una cultura de respeto, tolerancia cero al acoso y ética del cuidado, podrá demostrar que el caso aislado no es representativo del conjunto.

Un sistema de Compliance eficaz no solo previene hechos reprochables, sino que permite a la organización demostrar que, cuando estos ocurren, son gestionados con responsabilidad, rigor y transparencia, evitando que un incidente puntual destruya la legitimidad institucional global.

9.3.13. ¿Cómo se coordina el Compliance con otras áreas (Recursos Humanos, Jurídico, Comité de Ética) para responder a una posible reclamación de daños?

La gestión eficaz de una posible reclamación de daños por acoso laboral exige una respuesta articulada, no fragmentada, por parte de la organización. En este contexto, el área de Compliance no actúa en solitario, sino como pieza integradora de un engranaje mayor. La coordinación debe ser formalizada, sistemática y basada en principios de actuación definidos por la política de cumplimiento. Cada una de las áreas implicadas tiene competencias diferenciadas, pero complementarias.

El Departamento de Recursos Humanos (RRHH) debe aportar el conocimiento de los antecedentes laborales, la trayectoria profesional de las personas implicadas, el registro de intervenciones anteriores (quejas informales, conflictos previos, traslados, sanciones) y la gestión operativa de medidas cautelares o preventivas. Además, RRHH tiene el control sobre las evaluaciones de desempeño, los registros de formación, los movimientos internos de personal y los canales habituales de comunicación institucional. La coordinación con Compliance permite que estas herramientas se empleen para evaluar si existió pasividad institucional o si, por el contrario, se actuó conforme al deber de cuidado.

El Departamento Jurídico desempeña una función determinante en la interpretación legal de los hechos, la estimación del riesgo procesal, la preparación de la defensa ante una eventual demanda y la gestión de las pruebas documentales con validez jurídica. Desde Compliance se facilita toda la información interna relevante para la defensa: protocolos activados, comunicaciones formales, cronogramas de intervención, informes de entrevistas, documentación de medidas adoptadas, así como datos sobre la formación e instrucción recibida por los involucrados. Jurídico y Compliance deben compartir la estrategia procesal para garantizar coherencia narrativa y solidez argumentativa.

El Comité de Ética o Comité de Cumplimiento (cuando existe) actúa como órgano colegiado de supervisión, análisis y toma de decisiones en asuntos sensibles de integridad. En contextos de reclamaciones por acoso, este órgano puede ser convocado para emitir recomendaciones institucionales, ordenar revisiones extraordinarias del protocolo, evaluar la idoneidad del canal de denuncias, proponer acciones de reparación simbólica o decidir sobre la necesidad de una auditoría externa. Compliance tiene la función de convocar, asistir y nutrir al Comité con información técnica y factual.

Por su parte, la Alta Dirección debe ser informada por Compliance sobre la evolución del caso, la gravedad institucional, los riesgos reputacionales y económicos, y las medidas propuestas para mitigar la responsabilidad civil. La coordinación interdepartamental debe formalizarse a través de un protocolo interno de gestión de crisis por reclamación de daños, que establezca canales de comunicación, plazos, funciones, responsables y documentación requerida.

9.3.14. ¿Qué rol tiene el Compliance en la revisión de políticas tras una sentencia que impone responsabilidad civil por acoso?

Una sentencia civil condenatoria por acoso laboral no solo implica el pago de una indemnización: representa una evidencia judicial de que los mecanismos internos de prevención y protección han fallado total o parcialmente. En este contexto, el área de Compliance tiene la responsabilidad de liderar un proceso de revisión integral del sistema de integridad corporativa, con el objetivo de prevenir que se repita una situación similar. Su rol comprende varias acciones clave:

El análisis del fallo judicial.

El Compliance debe examinar de forma minuciosa el contenido de la sentencia, especialmente aquellos apartados que fundamentan la atribución de responsabilidad civil a la empresa. Debe identificar si el reproche se basa en la omisión del deber de prevención, en la inadecuación de las medidas adoptadas, en la revictimización, en la insuficiencia del canal de denuncias o en la inexistencia de formación previa. Este análisis sirve como diagnóstico.

b) La revisión normativa y documental.

A partir del análisis anterior, el Compliance debe revisar los siguientes documentos: política antiacoso, protocolo interno de actuación, reglamento del canal de denuncias, reglamento de régimen disciplinario, política de liderazgo ético, mapa de riesgos psicosociales, guías para la dirección y manual de formación en valores. El objetivo es detectar ambigüedades, vacíos, solapamientos o contradicciones que deban corregirse.

c) La reformulación de las políticas.

En función del fallo judicial y del análisis interno, el área de Compliance debe liderar la redacción de nuevas políticas o la actualización de las existentes, asegurando su adecuación al estándar jurisprudencial vigente, su aplicabilidad práctica y su comprensión por parte de toda la organización. Es esencial que estas políticas incluyan cláusulas claras sobre el acompañamiento a la víctima, las medidas provisionales, los plazos, los mecanismos de seguimiento y las sanciones proporcionales.

d) La formación correctiva.

Una sentencia condenatoria evidencia que los mecanismos preventivos no fueron eficaces. Por ello, el Compliance debe diseñar una formación específica para reforzar los principios que fallaron: confidencialidad, liderazgo protector, gestión sin represalias, escucha activa y resolución de conflictos. Esta formación debe ser obligatoria para mandos intermedios, directivos y personal de RRHH.

e) Propuesta de medidas estructurales.

El Compliance puede proponer reformas organizativas estructurales: rotación de responsables, refuerzo de la independencia del canal, incorporación de expertos externos, designación de referentes internos en acoso o creación de comités especializados para casos graves.

f) Seguimiento y trazabilidad.

El área de Compliance debe registrar todas las actuaciones realizadas tras la sentencia y elaborar un informe de cierre institucional que permita demostrar, ante futuras inspecciones o demandas, que la organización actuó con responsabilidad y aprendió de su error.

9.3.15. ¿Cómo influye la existencia de un sistema de Compliance eficaz en la determinación de la cuantía de la indemnización por parte de los tribunales?

En el ámbito del derecho civil, y en particular en las reclamaciones por acoso laboral, los tribunales valoran múltiples factores a la hora de fijar la cuantía de la indemnización. Uno de los elementos que puede incidir de forma significativa -aunque no siempre decisiva- es la existencia de un sistema de Compliance robusto, eficaz, aplicado y documentado. Su influencia se traduce en varias dimensiones:

a) La atenuación de la responsabilidad por diligencia institucional.

Si la empresa demuestra que disponía de un sistema de prevención eficaz, estructurado y actualizado -con protocolos activos, formación regular, canal de denuncias funcional y medidas proporcionales aplicadas-, el tribunal puede entender que la empresa no incurrió en una negligencia grave ni fue coautora por omisión. En consecuencia, la indemnización puede reducirse, por considerar que el daño no se generó por tolerancia institucional sino por el incumplimiento individual del agresor.

b) La exclusión del daño moral agravado.

En muchos casos, el tribunal considera no solo el daño derivado de la conducta de acoso, sino el daño añadido por la falta de respuesta, la pasividad, el encubrimiento o la revictimización institucional. Si se prueba que la empresa actuó de inmediato, protegió a la víctima, realizó una investigación interna y sancionó proporcionalmente, este daño moral agravado puede no imputarse, reduciendo así la cuantía global.

c) La credibilidad en la argumentación.

Un sistema de Compliance documentado permite sostener con prueba objetiva una tesis defensiva: cronogramas de actuación, comunicaciones internas, registros de formación, actas del comité de ética, entrevistas documentadas, medidas aplicadas, seguimiento de la víctima, etc. Esta trazabilidad refuerza la credibilidad de la empresa ante el juez.

d) La evaluación del entorno cultural.

Algunos jueces valoran la existencia de una cultura corporativa orientada a la ética y al respeto como indicio de no culpabilidad estructural. Certificaciones como ISO 37301 (Compliance), ISO 45003 (riesgos psicosociales) o UNE 19601 (cumplimiento penal) refuerzan la imagen institucional ante el juez y pueden operar como argumento para modular la cuantía indemnizatoria.

e) El precedente para casos futuros.

Aunque no todos los jueces lo consideran determinante, algunos sí reconocen expresamente que la empresa actuó conforme a los estándares de buena gestión y que su sistema de prevención merecería más ser imitado que sancionado. En estos casos, el reconocimiento de la cultura de cumplimiento puede conducir a indemnizaciones reducidas, en función del principio de proporcionalidad y de la evitabilidad del daño.

La existencia de un sistema de Compliance no impide que la empresa sea condenada civilmente, pero puede reducir su responsabilidad, proteger su reputación, facilitar su defensa y minimizar el impacto económico del fallo. Por ello, no se trata solo de tener un protocolo formal, sino de demostrar que el sistema fue eficaz, real y ejecutado con diligencia.

Esta es la diferencia que los tribunales valoran cuando determinan la cuantía de una indemnización por acoso laboral.

9.4. Las consecuencias laborales internas: sanciones disciplinarias derivadas de los supuestos de acoso laboral

9.4.1. ¿Qué papel desempeña el sistema de Compliance en la identificación temprana de conductas susceptibles de sanción disciplinaria por acoso laboral?

El sistema de Compliance opera como una estructura organizacional anticipativa, cuyo objetivo no se limita a la reacción posterior al daño, sino que abarca la identificación temprana de comportamientos que puedan evolucionar hacia formas tipificadas de acoso laboral. Esta función prospectiva se cumple mediante un conjunto de mecanismos preventivos y de análisis continuo.

Desde una perspectiva funcional, el Compliance analiza entornos organizacionales que favorecen la aparición de conductas desviadas: autoritarismo en los mandos, ausencia de liderazgo ético, cargas laborales desequilibradas, desprotección del personal vulnerable, etc. En tales escenarios, el área de cumplimiento puede detectar la configuración de un "caldo de cultivo" que, si no se gestiona, desemboca en hechos sancionables.

La identificación temprana también se apoya en el análisis sistemático de patrones. Esto implica correlacionar datos como absentismo reiterado en determinadas áreas, bajas médicas por ansiedad no justificadas por causas físicas, rotación laboral superior a la media en ciertos departamentos, o retroalimentación negativa en evaluaciones de liderazgo. Estos patrones permiten generar indicadores de "riesgo disciplinario incipiente" que, si son detectados a tiempo, permiten activar protocolos correctores antes de llegar a situaciones de acoso plenamente configurado.

La vigilancia ética que promueve el sistema de Compliance también se apoya en la capacitación de los observadores clave: delegados de prevención, miembros del comité de empresa, responsables de RRHH y mandos intermedios, quienes deben tener las competencias necesarias para identificar señales de alerta y activar los mecanismos de intervención preliminar. Esta capacitación, debidamente documentada y registrada, refuerza la diligencia organizacional.

9.4.2. ¿Cómo garantiza el Compliance que las sanciones disciplinarias se apliquen con proporcionalidad y coherencia ante casos de acoso laboral?

La proporcionalidad y la coherencia en la respuesta disciplinaria constituyen garantías fundamentales del derecho laboral interno. Una sanción desproporcionada no solo puede ser anulada judicialmente, sino que, además, genera desconfianza interna y cuestiona la legitimidad del sistema de integridad corporativa.

El Compliance, desde su función de supervisión sistémica y defensa de la legalidad interna, vela por que la respuesta sancionadora cumpla con los siguientes principios:

- El principio de correspondencia entre conducta y sanción: el sistema debe vincular cada tipo de conducta infractora con una respuesta tipificada. Por ejemplo, una conducta aislada de desconsideración verbal no puede ser sancionada como falta muy grave si no media reincidencia o contexto agravante, mientras que el hostigamiento continuado debe llevar a la expulsión del infractor, conforme al principio de tolerancia cero.

- El principio de previsibilidad: el Compliance vela porque el régimen disciplinario esté claramente comunicado, accesible y comprendido por todos los trabajadores, de modo que no existan sanciones sobre hechos no tipificados o cuyas consecuencias no fueran previsibles.

- El principio de igualdad de trato: la unidad de criterio en la imposición de sanciones es clave para evitar arbitrariedad. El Compliance debe disponer de una matriz de casos previos que sirva de guía orientativa para verificar que dos comportamientos equivalentes no reciban respuestas radicalmente distintas, salvo que medien causas justificadas.

- El principio de motivación: las sanciones deben estar suficientemente motivadas. La carta disciplinaria, al margen de su redacción formal por parte de RRHH, debe contar con el respaldo técnico del Compliance que valide la justificación fáctica, jurídica y proporcional de la sanción. De este modo se protege la empresa frente a reclamaciones judiciales.

- El principio de respeto a la víctima: la respuesta disciplinaria también debe tener en cuenta el impacto psicosocial de la conducta infractora. No basta con una sanción administrativa simbólica si la víctima sigue expuesta al agresor. El Compliance debe garantizar una evaluación de impacto que oriente la respuesta más eficaz.

9.4.3. ¿Qué procedimientos debe incluir un programa de Compliance para asegurar la trazabilidad y transparencia en la imposición de sanciones internas?

Un sistema de Compliance que aspire a ser auditado, defendible jurídicamente y eficaz frente a responsabilidades civiles o administrativas debe incorporar una arquitectura procedimental que asegure trazabilidad, legalidad y transparencia. Para ello, el programa de cumplimiento debe prever al menos los siguientes procedimientos formalizados:

- El protocolo de gestión de denuncias: establece los pasos a seguir desde la recepción de la denuncia hasta su archivo o traslado a recursos humanos. Este protocolo incluye mecanismos de registro cronológico, confidencialidad, protección frente a represalias, análisis preliminar y decisión de apertura de investigación.

- El manual de investigación interna: define los criterios de actuación de las personas encargadas de investigar. Incluye reglas sobre la toma de testimonios, conservación de pruebas, custodia de documentos, elaboración de actas, y principios de imparcialidad, presunción de inocencia y contradicción.

- El procedimiento de valoración disciplinaria: fija los elementos que deben considerarse para determinar la sanción, tales como gravedad de los hechos, reiteración, posición jerárquica, reconocimiento de responsabilidad, intencionalidad y perjuicio causado. El Compliance puede establecer una tabla de referencia con graduaciones orientativas de sanción.

- El registro de sanciones y precedentes: permite consultar medidas impuestas anteriormente, analizar coherencias y prevenir discriminaciones. Este registro debe custodiarse con medidas de confidencialidad, pero ser accesible para los órganos disciplinarios internos.

- El protocolo de seguimiento post-sanción: prevé mecanismos para verificar que la sanción se ha cumplido y que no se han producido represalias, polarización del entorno o nuevos incidentes. También debe contemplar acciones de reparación institucional, cuando corresponda.

Estos procedimientos deben formar parte del sistema de Compliance y estar integrados con la función de recursos humanos, de modo que no se genere un doble sistema (ético vs laboral), sino un sistema unitario, coherente y jurídicamente sólido.

9.4.4. ¿De qué forma se articula la actuación del área de Compliance con recursos humanos al gestionar sanciones por acoso laboral?

La articulación entre Compliance y RRHH es un componente esencial de la gobernanza interna de la respuesta disciplinaria. Aunque RRHH es el órgano competente para ejecutar medidas laborales, su actuación debe estar alineada con los principios y procedimientos que emanan del sistema de Compliance. Esta articulación puede configurarse de diversas formas:

a). La mesa técnica disciplinaria.

Una práctica eficaz consiste en constituir un equipo técnico interdepartamental (Compliance, RRHH, Jurídico, y eventualmente Dirección) que analice conjuntamente los casos sensibles y emita decisiones colegiadas. Esta mesa no sustituye las competencias de RRHH, pero actúa como órgano de deliberación, evaluación y propuesta.

b). El circuito de doble validación.

Los expedientes disciplinarios que deriven de investigaciones internas de Compliance deben ser validados por este área antes de que RRHH aplique la sanción. Así se garantiza que la medida disciplinaria se ajusta al protocolo, es jurídicamente defendible y coherente con la política de integridad.

c). El procedimiento de intercambio de información.

Debe establecerse un circuito formal para compartir información entre Compliance y RRHH, incluyendo: conclusiones de investigaciones, antecedentes laborales, formación recibida, historial de conflictos y sanciones anteriores. Esta colaboración mejora la calidad de la respuesta institucional.

d). La coordinación en la comunicación interna.

Cuando la sanción tiene repercusión colectiva (por ejemplo, cambio de responsable de área tras una conducta inadecuada), la comunicación al equipo debe diseñarse de forma coordinada para proteger los derechos de las partes, evitar especulaciones y reforzar el mensaje ético de la empresa.

e). El seguimiento conjunto: tanto RRHH como Compliance deben realizar un seguimiento posterior al expediente disciplinario para asegurarse de que se ha ejecutado adecuadamente, que no hay represalias ni reincidencias, y que el entorno se ha estabilizado.

El área de Compliance no sustituye a recursos humanos en la imposición de sanciones, pero sí asegura que el sistema disciplinario interno se articule con los principios de legalidad, equidad y trazabilidad que refuerzan la cultura de integridad y previenen responsabilidades jurídicas para la organización.

9.4.5. ¿Cuál es la relevancia del código ético o de conducta empresarial en la calificación de una conducta como sancionable por acoso?

El código ético o de conducta empresarial tiene un valor estructural dentro del sistema de cumplimiento normativo, y su relevancia frente a situaciones de acoso laboral radica en que constituye el instrumento normativo interno a través del cual se manifiestan los principios de integridad, dignidad, igualdad y respeto que deben regir la conducta organizacional. En el marco de la calificación disciplinaria del acoso, su función es triple: establece un estándar normativo aplicable, sirve como parámetro interpretativo de lo tolerable dentro de la cultura organizacional y opera como fuente de legitimación de las sanciones impuestas por conductas que, aunque no estén expresamente tipificadas en la legislación externa, transgreden los valores internos aceptados y conocidos.

El código ético tiene particular utilidad frente a zonas grises de conducta que, sin llegar a constituir acoso legalmente definido, generan entornos laborales degradados. Por ejemplo, la reiteración de bromas sexistas, el uso constante de un lenguaje despectivo o la exclusión intencionada de un trabajador en dinámicas informales pueden ser interpretadas como inadmisibles si el código contempla cláusulas de respeto incondicional, lenguaje inclusivo, y relaciones laborales basadas en la equidad. Esta capacidad normativa refuerza la prevención de daños mediante la anticipación ética, superando una concepción meramente legalista.

Además, el valor probatorio del código ético frente a terceros (autoridades judiciales, inspecciones, sindicatos) es significativo. Una empresa que aplica sanciones basadas en un código claro, difundido, actualizado y firmado por los empleados demuestra que existe una política de integridad formalizada y que sus medidas disciplinarias están previamente advertidas, reduciendo la posibilidad de que sean consideradas arbitrarias o sorpresivas.

9.4.6. ¿Qué mecanismos debe implementar el Compliance para evitar represalias contra las personas que denuncian casos de acoso laboral?

Para garantizar la integridad del sistema de denuncia y proteger a los denunciantes, el área de Compliance debe adoptar un enfoque holístico de prevención de represalias, que abarque desde el diseño normativo hasta la implementación técnica y cultural. Algunos mecanismos clave que deben incorporarse son los siguientes:

a) El diseño de canales seguros, anónimos y confidenciales.

Esto implica el uso de herramientas tecnológicas con estándares de cifrado y trazabilidad limitada, así como el establecimiento de protocolos que restrinjan el acceso a la identidad del denunciante únicamente a personas expresamente autorizadas.

b) Los protocolos específicos de protección.

El Compliance debe desarrollar una política formal contra represalias, con definición amplia de las mismas (no solo despidos, sino cualquier degradación, aislamiento, deterioro en las condiciones laborales, ataques velados a la reputación o represalias por terceros), y establecer consecuencias disciplinarias claras para quienes incurran en estas conductas.

c) La supervisión directa de casos sensibles.

El área de Compliance debe monitorear directamente las situaciones de mayor riesgo, realizar entrevistas periódicas con los denunciantes, asegurar la revisión de sus condiciones de trabajo y estar en contacto con el área de recursos humanos para garantizar que no se produzcan modificaciones injustificadas en su estatus laboral.

d) La i Inclusión de cláusulas de protección en los reglamentos internos.

Tanto el reglamento disciplinario como los protocolos de acoso deben establecer cláusulas específicas que impidan represalias y garanticen la aplicación de medidas correctoras inmediatas en caso de su detección.

e) Las campañas de sensibilización y formación.

Además de los aspectos normativos, la organización debe trabajar sobre la cultura corporativa para evitar que se genere estigmatización, aislamiento o percepción de deslealtad hacia los denunciantes. La promoción del canal ético como un instrumento de mejora y prevención -y no como un mecanismo punitivo- ayuda a reducir la animadversión hacia quienes lo utilizan.

f) La participación activa de los órganos de gobernanza.

El consejo de administración, el comité de ética o el órgano de cumplimiento deben supervisar periódicamente la efectividad de las medidas contra represalias, incorporar indicadores específicos de seguimiento y revisar informes sobre eventuales casos.

Estas medidas, si están debidamente documentadas, permiten a la empresa demostrar su buena fe y diligencia ante eventuales reclamaciones judiciales o administrativas.

9.4.7. ¿Cómo puede una empresa demostrar, desde el cumplimiento normativo, que actuó diligentemente al aplicar sanciones en casos de acoso?

La demostración de la diligencia en la aplicación de sanciones requiere de evidencia documental, lógica procesal, criterios técnicos y actuación conforme al principio de proporcionalidad. El sistema de Compliance debe estructurar esta demostración a través de los siguientes elementos:

a) El expediente documentado.

Toda actuación relacionada con el caso de acoso debe integrarse en un expediente interno debidamente foliado, custodiado, y con constancia cronológica. Esto incluye: denuncia inicial, notificación de apertura, entrevistas, recopilación de evidencias, informes periciales (si existieran), informe de Compliance, y decisión final con motivación.

b) La trazabilidad procedimental.

La empresa debe demostrar que respetó los principios del debido proceso: derecho de audiencia de las partes, investigación imparcial, confidencialidad, análisis objetivo de pruebas y oportunidad de defensa. El cumplimiento de estos pasos fortalece la validez del procedimiento interno ante inspecciones o tribunales.

c) La aplicación coherente del régimen sancionador.

La sanción impuesta debe estar alineada con el reglamento interno, el código ético y la política de integridad. Si se opta por una medida de gravedad alta (por ejemplo, despido), debe existir una motivación reforzada basada en la reiteración, intencionalidad, impacto sobre la víctima y falta de cooperación del agresor.

d) El registro histórico de medidas similares.

La existencia de precedentes disciplinarios similares, con sanciones equivalentes, refuerza la coherencia organizacional y permite demostrar que la actuación de la empresa no fue discriminatoria ni desproporcionada.

e) La supervisión institucional del expediente.

Si el caso fue revisado por un comité de ética, un Compliance Officer o un comité mixto (RRHH-Compliance), debe constar la deliberación formal, las actas correspondientes y el respaldo jurídico-ético de la sanción aplicada.

f) El seguimiento posterior a la sanción.

La empresa debe acreditar que tomó medidas complementarias tras la sanción, tales como la reconfiguración del entorno laboral afectado, sesiones de acompañamiento para la víctima, formación correctora del equipo o acciones preventivas futuras.

Todo lo anterior debe integrarse dentro de una lógica de mejora continua del sistema de prevención de acoso, conforme a los requisitos de evaluación y revisión que establece la ISO 37301 y otros estándares de cumplimiento.

9.4.8. ¿Qué estándares internacionales o recomendaciones de buenas prácticas debe considerar el área de Compliance para diseñar el régimen disciplinario ante acoso?

La incorporación de estándares internacionales fortalece la solidez jurídica, reputacional y funcional del régimen disciplinario. Entre los más relevantes se encuentran:

a) La ISO 37301 (Sistemas de Gestión de Compliance).

Recomienda establecer procedimientos formales para abordar incumplimientos y asegurar que las consecuencias disciplinarias sean proporcionales, consistentes y documentadas. Requiere que la organización evidencie que los responsables del cumplimiento tengan autoridad suficiente para intervenir en los procesos disciplinarios y que existan mecanismos para asegurar la imparcialidad.

b) La ISO 45003 (Gestión de Riesgos Psicosociales en el Trabajo).

Establece que el acoso constituye un riesgo que debe ser prevenido mediante políticas claras, procesos de intervención temprana y procedimientos correctivos firmes. Subraya que la respuesta disciplinaria no solo debe reparar el daño, sino también prevenir la repetición del comportamiento.

c) La UNE 19601 (Compliance Penal).

Impone la existencia de un sistema disciplinario específico para reaccionar frente a comportamientos ilícitos. La falta de activación de este mecanismo en casos de acoso con potencial connotación penal (especialmente acoso sexual, lesiones psíquicas, amenazas o coacciones) puede generar responsabilidad penal para la persona jurídica.

d) Convenio 190 y Recomendación 206 de la OIT.

Establecen la obligación de los empleadores de tomar medidas disciplinarias contra quienes ejerzan violencia o acoso en el trabajo. Se recomienda la revisión periódica de las políticas internas y el diseño de sanciones proporcionales, justas y disuasorias.

e) Los principios de debida diligencia empresarial de la OCDE.

Proponen que el sistema de sanciones forme parte de un enfoque integral de debida diligencia en derechos humanos, incluyendo mecanismos de reparación y monitoreo tras la aplicación de sanciones.

f) La Directiva (UE) 2019/1937 (Whistleblowing).

Exige protección reforzada para los denunciantes, incluyendo la garantía de que las medidas disciplinarias que se deriven de investigaciones internas no constituyan en sí mismas una forma de represalia, y que se justifiquen sobre bases objetivas y verificables.

Integrar estas recomendaciones internacionales en el diseño del régimen disciplinario permite que el sistema de Compliance no solo cumpla con los requisitos legales mínimos, sino que adopte las mejores prácticas reconocidas a nivel global, reforzando la resiliencia ética de la organización frente al acoso laboral.

9.4.9. ¿De qué manera afecta la inacción disciplinaria en un caso de acoso a la eficacia global del sistema de Compliance?

La inacción disciplinaria frente a un caso de acoso laboral compromete gravemente la credibilidad, funcionalidad y legitimidad del sistema de Compliance, al punto de erosionar su arquitectura operativa. Su efecto es sistémico, pues afecta no solo la resolución concreta del caso, sino la percepción general del sistema como herramienta de control, prevención y cultura ética.

Desde una perspectiva estructural, el programa de cumplimiento está diseñado para identificar, prevenir y sancionar conductas contrarias a la normativa legal o interna. La omisión en la activación del régimen disciplinario ante hechos probados de acoso pone de manifiesto una quiebra del principio de eficacia del sistema, lo que puede derivar en la pérdida de valor jurídico del modelo de prevención. En el marco penal, por ejemplo, ello puede ser interpretado por la fiscalía o los tribunales como prueba de ineficacia estructural del modelo de Compliance, afectando la posible exoneración de la persona jurídica conforme al artículo 31 bis del Código Penal español.

Desde el punto de vista funcional, la inacción transmite un mensaje de tolerancia o permisividad institucional frente a conductas lesivas, socavando la función disuasoria del sistema de integridad. Esta percepción puede desembocar en el fenómeno conocido como "clima de impunidad interna", donde las normas éticas pierden su fuerza vinculante por falta de consecuencias, lo cual agrava la exposición al riesgo de repetición de hechos similares y propicia un entorno propenso al deterioro relacional.

Desde una óptica reputacional y de gobernanza, la omisión disciplinaria puede afectar negativamente los indicadores ESG de la compañía, en particular aquellos vinculados al factor "Social" (salud y seguridad laboral, derechos humanos, diversidad, condiciones de trabajo) y al "Governance" (ética, canal de denuncias, control interno, rendición de cuentas). Esto impacta directamente en la evaluación de inversores, financiadores y organismos certificadores.

9.4.10. ¿Cómo puede integrarse la información sobre sanciones por acoso en los informes internos o externos de cumplimiento y sostenibilidad?

La integración de la información sobre sanciones por acoso debe respetar el principio de confidencialidad y la normativa en protección de datos (como el RGPD), pero no por ello puede omitirse en la rendición de cuentas institucional. Existen distintas vías para su inclusión:

En los informes internos dirigidos a órganos de gobierno (Consejo de Administración, Comité de Auditoría, Comité de Ética), el Compliance puede aportar informes semestrales o anuales que incluyan:

- El número total de denuncias recibidas y clasificadas como posibles casos de acoso.

- El estado procesal de las mismas (en tramitación, archivadas, concluidas).

- El número de expedientes disciplinarios abiertos como consecuencia de las investigaciones.

- La tipología de las sanciones aplicadas (advertencias, suspensiones, despidos).

- Las medidas de reparación adoptadas.

- Los tiempos promedio de tramitación.

- La evaluación de reincidencias y mejoras en los controles internos.

En los informes de cumplimiento normativo y sostenibilidad dirigidos al exterior (Informe de Estado de Información No Financiera, Memoria de Sostenibilidad, Reportes ESG), la información debe expresarse en forma agregada, con indicadores como:

- El número de casos de acoso laboral registrados y abordados por la organización.

- El porcentaje de casos que culminaron con sanciones.

- La incorporación de cláusulas antiacoso en políticas corporativas.

- La formación impartida en la materia.

- La inclusión del cumplimiento ético en los indicadores clave de desempeño (KPIs).

- Las mejores prácticas implementadas tras los casos detectados.

Alinearse con marcos internacionales como el GRI 403 (Seguridad y salud laboral), GRI 406 (No discriminación) o incluso la nueva Directiva CSRD, ayuda a estructurar esta información de forma técnica, verificable y compatible con las exigencias de transparencia de los stakeholders.

9.4.11. ¿Qué riesgos reputacionales y jurídicos se derivan de una incorrecta o injustificada aplicación de sanciones en supuestos de acoso?

Una sanción mal aplicada -por errores procedimentales, insuficiencia probatoria o por desproporcionalidad- puede provocar una doble consecuencia negativa: debilitar la capacidad interna del sistema disciplinario y generar una reacción externa adversa con impactos jurídicos y de imagen.

Desde el punto de vista jurídico, los principales riesgos incluyen:

- La declaración de improcedencia o nulidad de la sanción por parte de la jurisdicción social (especialmente en casos de despido), con la consiguiente obligación de readmisión o indemnización.

- Las reclamaciones por vulneración de derechos fundamentales, si se considera que la sanción ha afectado el derecho a la defensa, al honor, a la intimidad o a la presunción de inocencia.

- Las posibles denuncias por acoso institucional o represalia, en el caso de que la persona sancionada argumente que fue víctima de un procedimiento abusivo, sin garantías o motivado por intereses ajenos al caso.

En el plano reputacional, la imposición de sanciones injustificadas puede generar:

- Un daño a la imagen de imparcialidad y profesionalidad del sistema de Compliance.

- La disminución de la confianza de la plantilla en el canal de denuncias y en los órganos encargados de tramitar estas situaciones.

- Los conflictos con representantes sindicales, comités de empresa u órganos de representación del personal, que pueden considerar la sanción como arbitraria o como ataque a derechos colectivos.

- La cobertura mediática negativa en casos de alta exposición pública, que puede derivar en campañas de desprestigio, desinversión o crisis reputacional institucional.

Para mitigar estos riesgos, el sistema de cumplimiento debe aplicar estrictos controles de legalidad, objetividad y proporcionalidad en todas las fases del expediente disciplinario. La trazabilidad y la supervisión colegiada son instrumentos clave para blindar la legitimidad de las sanciones.

9.4.12. ¿Cómo garantiza el Compliance la imparcialidad en la instrucción del expediente disciplinario frente a conductas de acoso laboral?

La imparcialidad es un pilar esencial para la validez jurídica y ética de todo procedimiento disciplinario. El área de Compliance debe diseñar y supervisar mecanismos que aseguren que la instrucción se realice sin sesgos, presiones, conflictos de interés o influencia indebida. Para ello, deben aplicarse las siguientes medidas:

a) La designación de instructores independientes.

La investigación debe ser dirigida por personal que no tenga ninguna relación jerárquica, personal o funcional con las partes involucradas. En organizaciones pequeñas, esto puede lograrse mediante el nombramiento de asesores externos especializados.

b) El establecimiento de protocolos escritos.

La existencia de un protocolo formal de investigación, validado por la alta dirección y revisado por el comité de ética, obliga a actuar conforme a procedimientos preestablecidos que reducen el margen de discrecionalidad.

c) La garantía de contradicción y derecho a defensa.

Ambas partes deben poder expresar sus versiones, aportar pruebas y recurrir las decisiones adoptadas. Las entrevistas deben ser grabadas o documentadas mediante actas firmadas, para dejar constancia de la imparcialidad y equidad del proceso.

d) La participación de un Comité de Ética.

Este órgano colegiado puede actuar como instancia de validación final, aportando pluralidad de perspectivas y reduciendo el riesgo de parcialidad institucional.

e) La auditoría del expediente.

El área de Compliance puede establecer una revisión ex post de los expedientes disciplinarios, para verificar que se hayan seguido las reglas internas, que no existan sesgos cognitivos (v.gr. de afinidad, autoridad, género, etc.) y que las resoluciones estén adecuadamente motivadas.

f) La formación específica.

Los instructores deben estar formados en técnicas objetivas de investigación, derechos fundamentales, acoso laboral, análisis de sesgos y victimología, para que su actuación no solo sea formalmente correcta, sino también emocionalmente empática y jurídicamente robusta.

El cumplimiento solo puede ser eficaz si se demuestra justo. La imparcialidad no es solo una condición de legalidad, sino el fundamento para que el sistema de integridad sea percibido como legítimo por la organización y por sus grupos de interés.

9.4.13. ¿De qué manera afecta la inacción disciplinaria en un caso de acoso a la eficacia global del sistema de Compliance?

La inacción disciplinaria frente a un caso de acoso laboral constituye una amenaza directa y profunda a la eficacia del sistema de Compliance. Esta omisión debilita su función preventiva, lesiona su legitimidad institucional y puede derivar en consecuencias jurídicas y reputacionales muy graves.

En términos normativos, el incumplimiento de la obligación de sancionar comportamientos que vulneran el marco legal y ético organizacional puede interpretarse como una tolerancia estructural, lo que afecta negativamente la posibilidad de que la empresa sea exonerada de responsabilidad penal conforme al artículo 31 bis del Código Penal. En el ámbito de la prevención de riesgos laborales, dicha omisión infringe el deber de protección de la salud del trabajador, conforme al artículo 14 de la Ley 31/1995, con las correspondientes consecuencias administrativas e indemnizatorias. Además, socava la función pedagógica del sistema de cumplimiento, desincentiva la denuncia por parte de posibles víctimas o testigos y transmite un mensaje institucional de permisividad que deteriora la cultura ética.

Un sistema de Compliance que no reacciona disciplinariamente ante situaciones probadas de acoso es un sistema fallido, que carece de capacidad transformadora y cuya eficacia será fácilmente rebatida en sede judicial o por la autoridad administrativa.

9.4.14. ¿Cómo puede integrarse la información sobre sanciones por acoso en los informes internos o externos de cumplimiento y sostenibilidad?

La integración de datos sobre sanciones por acoso en informes de Compliance debe realizarse con rigor técnico, respeto a la confidencialidad y claridad estratégica.

En los informes internos -dirigidos al Comité de Ética, al Consejo de Administración o al Órgano de Supervisión- debe incluirse un apartado específico que recoja, de forma anonimizada y agregada, indicadores clave como el número de denuncias recibidas relacionadas con acoso, las investigaciones iniciadas, las resoluciones adoptadas, las sanciones impuestas, los plazos de tramitación y las medidas de reparación implementadas.

Esta información es útil no solo para ejercer la función de supervisión, sino también para ajustar protocolos y fortalecer controles internos. En los informes externos -por ejemplo, los Estados de Información No Financiera (EINF) elaborados conforme a la Ley 11/2018 y a los estándares GRI (en especial los estándares GRI 403 y 406)- debe incluirse información agregada que permita a inversores, reguladores y grupos de interés conocer el compromiso real de la empresa frente a la erradicación del acoso.

Dicha transparencia fortalece la reputación de la compañía, mejora su perfil ESG (Environmental, Social & Governance) y permite acreditar la diligencia debida en la gestión de los derechos humanos laborales conforme a los Principios Rectores de Naciones Unidas sobre Empresas y Derechos Humanos.

9.4.15. ¿Qué riesgos reputacionales y jurídicos se derivan de una incorrecta o injustificada aplicación de sanciones en supuestos de acoso?

La aplicación incorrecta o injustificada de sanciones disciplinarias en casos de acoso puede generar importantes riesgos tanto jurídicos como reputacionales. Desde el punto de vista legal, una sanción mal tramitada -ya sea por falta de pruebas, por vulneración de garantías, por desproporcionalidad o por error en la calificación de los hechos- puede ser declarada nula por la jurisdicción social, lo que implica, en el caso de despido, la readmisión o indemnización del trabajador y la eventual reclamación de daños morales.

Adicionalmente, el trabajador sancionado de manera arbitraria podría denunciar a la empresa por lesión de derechos fundamentales, especialmente si se vulneran los principios de presunción de inocencia, defensa, intimidad o dignidad.

En materia reputacional, una sanción inadecuada puede generar desconfianza generalizada en el sistema disciplinario, inhibir la denuncia de nuevos casos, generar litigios cruzados, producir desafección interna y convertirse en una crisis reputacional si el caso trasciende públicamente.

En entornos sindicalizados, puede producirse incluso un conflicto colectivo. Para prevenir estos riesgos, el Compliance debe garantizar que todas las sanciones se fundamenten en hechos probados, se apliquen conforme a criterios objetivos y estén debidamente documentadas en sus motivaciones y proporción.

9.4.16. ¿Cómo garantiza el Compliance la imparcialidad en la instrucción del expediente disciplinario frente a conductas de acoso laboral?

El principio de imparcialidad es un requisito esencial para la validez jurídica y ética del procedimiento disciplinario.

El Compliance, como garante del marco ético-legal de la organización, debe establecer mecanismos sólidos que aseguren que todas las investigaciones e instrucciones se realicen sin sesgos, interferencias o conflictos de interés. Para ello, debe asegurarse lo siguiente: primero, que las personas encargadas de instruir los expedientes no tengan vínculo jerárquico, personal ni funcional con las partes implicadas; segundo, que existan protocolos estandarizados que definan los pasos del procedimiento (desde la admisión de la denuncia hasta la resolución), garantizando el derecho a ser oído, la presunción de inocencia y el derecho de defensa; tercero, que exista documentación escrita que permita verificar la trazabilidad del expediente y evitar decisiones arbitrarias; cuarto, que el expediente pase, cuando corresponda, por un órgano colegiado como un Comité de Ética o una Comisión Disciplinaria con diversidad funcional y jerárquica, lo que refuerza la legitimidad del resultado; y quinto, que se realice una supervisión ex post de los procedimientos sancionadores para identificar posibles desviaciones o errores, permitiendo introducir mejoras en los protocolos.

Además, el Compliance debe impulsar formación continua en investigación ética y disciplina laboral para los responsables de instruir expedientes, de modo que cuenten con las herramientas jurídicas, psicológicas y metodológicas necesarias para actuar con neutralidad, rigor y empatía.

9.5. Las repercusiones reputacionales y mediáticas en relaciones con terceros en los casos de acoso laboral

9.5.1. ¿Cómo debe anticipar el sistema de Compliance los riesgos reputacionales derivados de un caso de acoso laboral?

El sistema de Compliance debe contemplar el riesgo reputacional derivado de hechos de acoso laboral como una categoría específica y crítica dentro de su matriz de riesgos. Este tipo de riesgo no es meramente colateral, sino estructural, ya que la percepción pública de tolerancia hacia el acoso o de inacción institucional puede erosionar gravemente la credibilidad, legitimidad y sostenibilidad de una organización. Anticiparlo exige una estrategia integral, preventiva y proactiva.

Para ello, el sistema de Compliance debe:

a) Identificar el acoso laboral como un riesgo transversal con proyección ética, jurídica, laboral y reputacional, documentándolo en el mapa de riesgos y asignándole un nivel de criticidad adecuado en función del sector, estructura y entorno de la organización.

b) Establecer protocolos de respuesta inmediata ante sospechas fundadas, informes internos o denuncias públicas, garantizando trazabilidad, transparencia y proporcionalidad en las actuaciones.

c) Realizar simulaciones o stress tests reputacionales sobre posibles escenarios de crisis vinculados a denuncias de acoso, incluyendo protocolos de comunicación interna y externa.

d) Integrar indicadores de alerta temprana (clima laboral, rotación anómala, uso del canal de denuncias, feedback en encuestas de bienestar, etc.) que permitan detectar entornos potencialmente tóxicos antes de que escalen.

e) Coordinar acciones con las áreas de comunicación, riesgos corporativos y dirección general, a fin de construir un sistema de vigilancia y respuesta que no dependa exclusivamente de la reacción a una crisis, sino que esté basado en prevención estructural.

f) Desarrollar una narrativa institucional coherente y consistente sobre tolerancia cero al acoso, que se traduzca en acciones concretas (formación, sanciones, transparencia interna) y no en declaraciones retóricas.

g) Monitorizar entornos digitales (prensa, redes sociales, plataformas de reputación laboral) para detectar señales externas que puedan indicar un deterioro en la percepción pública.

La anticipación no solo se logra con normas y protocolos, sino con una cultura institucional profundamente arraigada en valores de respeto, dignidad e integridad, que oriente las decisiones empresariales antes de que se materialice el daño reputacional.

9.5.2. ¿Qué papel tiene el área de Compliance en la gestión de crisis mediáticas provocadas por denuncias públicas de acoso?

El área de Compliance cumple una función clave como garante de legalidad, integridad y diligencia institucional ante cualquier crisis mediática generada por denuncias públicas de acoso laboral. Su papel es doble: primero, debe validar la respuesta interna a los hechos denunciados; segundo, debe salvaguardar la legitimidad del sistema de cumplimiento frente a los stakeholders internos y externos.

Entre sus funciones más relevantes en estos escenarios están:

a) Activar el protocolo interno de actuación ante crisis éticas o reputacionales, revisando si se han seguido los procedimientos de denuncia, investigación y sanción previstos en el sistema de cumplimiento.

b) Coordinar con las áreas de comunicación, jurídico, recursos humanos y dirección general para asegurar que la respuesta pública de la organización sea veraz, fundamentada, respetuosa de los derechos de las partes implicadas y alineada con los valores éticos corporativos.

c) Evaluar si existen responsabilidades institucionales por inacción, encubrimiento o negligencia en la tramitación previa del caso, y promover auditorías internas que refuercen la transparencia y permitan corregir errores.

d) Actuar como interlocutor técnico ante organismos supervisores, inversores, sindicatos, prensa especializada o evaluadores ESG, acreditando el funcionamiento del modelo de Compliance en relación con la gestión del caso.

e) Recomendar, en su caso, medidas inmediatas de mejora: revisión de protocolos, refuerzo del canal de denuncias, suspensión cautelar de implicados, apoyo psicológico o jurídico a víctimas, revisión de políticas de comunicación interna.

f) Supervisar que las comunicaciones públicas de la organización no infrinjan derechos fundamentales ni violen el principio de presunción de inocencia[231], pero tampoco resulten insensibles, negacionistas o meramente defensivas.

---

231 MONTERO AROCA, J., *Principios del proceso penal. Una explicación basada en la razón*, cit., p. 152 y 153. Todo proceso penal ha de partir, necesariamente, de la presunción de «inocencia.

g) Mantener un registro cronológico y completo de todas las actuaciones emprendidas, con evidencia documental que permita demostrar la trazabilidad de la gestión de la crisis.

El Compliance no puede ser un mero observador pasivo ante una crisis reputacional: debe liderar la respuesta institucional desde el rigor, la legalidad y la ética, blindando a la organización frente a improvisaciones que solo agravarían el daño.

9.5.3. ¿De qué forma el Compliance puede acreditar diligencia debida frente a terceros cuando se produce un escándalo reputacional por acoso laboral?

Acreditar diligencia debida implica demostrar que la empresa actuó de forma proactiva, razonable y conforme a estándares normativos para prevenir, detectar y reaccionar ante conductas de acoso. Esta acreditación es esencial frente a inversores, medios de comunicación, autoridades laborales o judiciales, aseguradoras de cumplimiento y organismos de certificación ESG.

El Compliance puede hacerlo mediante los siguientes elementos:

a) La existencia documentada de un sistema de prevención del acoso, integrado en el modelo de Compliance, que incluya un código ético, protocolo específico, canal de denuncias, matriz de riesgos, procedimientos de investigación y régimen disciplinario.

b) La evidencia de formación periódica sobre acoso, con programas diferenciados para directivos, mandos intermedios y plantilla, incluyendo registros de asistencia, evaluaciones de efectividad y contenidos impartidos.

c) La trazabilidad del caso específico: si la denuncia se conoció antes del escándalo, demostrar que se actuó diligentemente, sin dilaciones indebidas, con medidas cautelares, garantías procedimentales y sanciones proporcionales.

d) Las auditorías internas o externas previas o posteriores al caso, que reflejen la evaluación de los controles y las medidas de mejora adoptadas.

e) La comunicación transparente con los grupos de interés: comunicaciones internas a la plantilla, reportes a inversores, notas aclaratorias públicas, entre otras.

f) La evidencia de actuación independiente del órgano de cumplimiento, sin interferencias jerárquicas, con facultades suficientes para investigar, recomendar sanciones y reformar procedimientos.

g) Las certificaciones o alineamientos con estándares internacionales (como ISO 37301, ISO 37002, ISO 45003), que refuerzan la legitimidad del modelo de cumplimiento frente a terceros.

Estos elementos no solo constituyen una defensa institucional, sino una demostración de que el cumplimiento no era una declaración formal, sino una práctica organizacional activa y verificable.

9.5.4. ¿Cómo afecta la falta de actuación del sistema de Compliance ante un caso de acoso laboral a la relación con inversores institucionales?

La inacción del sistema de Compliance ante un caso de acoso laboral, especialmente si es notorio o tiene repercusión mediática, puede deteriorar seriamente la relación con los inversores institucionales. Esta afectación se produce tanto en términos de confianza como en términos financieros y estratégicos. Entre las consecuencias más significativas destacan:

a) La pérdida de credibilidad.

Los inversores institucionales -especialmente aquellos comprometidos con criterios ESG- valoran la existencia de sistemas de gobernanza efectivos. La falta de actuación frente al acoso se interpreta como una falla estructural en la gobernanza ética y en el control interno.

b) El riesgo de exclusión de índices sostenibles.

Muchos fondos cotizados (ETFs) y gestores de activos requieren que las empresas mantengan estándares éticos mínimos para poder ser parte de sus carteras. La inacción frente al acoso puede desencadenar una desinversión o descalificación.

c) El incremento del riesgo reputacional percibido.

Lo que puede afectar la cotización de la acción, la reputación de la marca y el atractivo ante potenciales inversores o socios comerciales.

d) Las cláusulas contractuales de incumplimiento.

Algunos acuerdos con fondos o instituciones financieras contemplan cláusulas de "Compliance breach" que permiten renegociar, suspender o finalizar la relación ante una falta grave en el cumplimiento ético.

e) La activación de mayores exigencias de transparencia.

Tras una crisis, el inversor puede requerir reportes más frecuentes, auditorías independientes, participación en comités de ética o condiciones reforzadas de supervisión.

f) La percepción de riesgo sistémico.

Si el caso de acoso es interpretado como reflejo de una cultura institucional permisiva o de una cadena jerárquica cómplice, el inversor puede estimar que el problema no es un hecho aislado sino una disfunción estructural.

Una empresa que no actúa con rigor, diligencia y transparencia frente a un caso de acoso laboral pierde autoridad moral, destruye confianza y compromete su valor reputacional ante quienes administran capital a largo plazo.

9.5.5. ¿Qué medidas proactivas puede implementar el Compliance para proteger la imagen de la empresa ante posibles denuncias de acoso?

La protección de la imagen institucional frente a eventuales denuncias de acoso no puede quedar librada a reacciones improvisadas tras la eclosión pública de un conflicto, sino que debe sustentarse en un conjunto de medidas preventivas y estructurales lideradas por el sistema de Compliance. Estas medidas deben integrarse transversalmente en la cultura organizativa y estar orientadas a prevenir no sólo los hechos ilícitos o éticamente reprobables, sino también la percepción de impunidad, encubrimiento o tolerancia pasiva.

Entre las principales medidas proactivas destacan:

a) La implementación de un sistema de prevención y gestión del acoso laboral integrado al modelo general de Compliance, debidamente documentado, con protocolos específicos que definan responsabilidades, canales de denuncia, procedimientos de investigación y mecanismos disciplinarios o restaurativos.

b) El fortalecimiento de la cultura ética interna mediante campañas de concienciación, comunicaciones institucionales reiteradas y explícitas sobre tolerancia cero frente al acoso, formación continua obligatoria para todos los niveles jerárquicos, y una vigilancia activa del clima laboral mediante instrumentos cuantitativos y cualitativos.

c) El aseguramiento del funcionamiento eficaz del canal de denuncias, de modo que el mismo sea accesible, anónimo, confidencial, operado por personas independientes o terceros expertos, y con garantías de no represalia. Este canal debe monitorearse regularmente y sus resultados deben reflejarse en los informes de cumplimiento.

d) La revisión periódica del mapa de riesgos del sistema de Compliance para incluir específicamente al acoso laboral como riesgo de integridad, con alta exposición reputacional, e identificación de zonas críticas (departamentos, roles jerárquicos, ubicaciones geográficas) mediante análisis de incidentes, rotación y quejas informales.

e) El acompañamiento institucional a víctimas y denunciantes mediante medidas de protección, contención psicológica, asesoramiento jurídico y facilidades laborales, que refuercen la credibilidad del sistema ante terceros.

f) Los simulacros o protocolos de actuación frente a crisis mediáticas, con una estructura de respuesta comunicacional que incluya el rol del Compliance, el comité de crisis, el área de comunicación y la dirección general.

g) La documentación sistemática de todas las acciones de prevención, detección, gestión y formación, con vistas a su trazabilidad en caso de auditorías internas, investigaciones administrativas o demandas judiciales.

Estas medidas permiten construir una reputación basada en evidencias verificables de integridad, y no simplemente en discursos institucionales vacíos. El Compliance, en este sentido, no es solo un órgano de control, sino un pilar reputacional proactivo.

9.5.6. ¿Qué consecuencias puede tener una crisis reputacional por acoso mal gestionada en la continuidad de contratos con administraciones públicas?

La mala gestión de una crisis reputacional derivada de un caso de acoso laboral puede tener consecuencias directas y muy significativas sobre los contratos con administraciones públicas, debido al creciente impacto del principio de integridad como condición de acceso, mantenimiento y ejecución de la contratación pública. Estas consecuencias pueden articularse en tres planos: normativo, político-institucional y reputacional.

Desde el plano normativo, la Ley de Contratos del Sector Público (Ley 9/2017, especialmente su artículo 71) contempla como causas de exclusión de la contratación pública las sanciones firmes por infracciones graves en materia de derechos laborales, acoso o discriminación. Así, si el caso de acoso deriva en una sanción firme de la Inspección de Trabajo o de una autoridad judicial, la empresa podría quedar impedida de participar en licitaciones futuras.

En el plano político-institucional, una administración pública puede optar por resolver un contrato en curso si la empresa contratista incurre en actuaciones que afecten gravemente a su reputación, especialmente si la ejecución del contrato implica servicios sensibles (educación, salud, servicios sociales) o si existe presión social o mediática que cuestione la continuidad del vínculo contractual.

Desde el plano reputacional, incluso en ausencia de sanciones administrativas o judiciales, el mero hecho de haber gestionado de forma negligente una crisis por acoso (por ejemplo, encubrimiento, falta de medidas cautelares, represalias, falta de transparencia) puede generar la pérdida de confianza institucional. Esto puede traducirse en exclusión informal de procesos licitatorios, imposibilidad de concurrir en consorcio, cancelación de invitaciones a consultas preliminares de mercado o imposición de requisitos reforzados de integridad.

Asimismo, muchas administraciones están introduciendo cláusulas sociales y de integridad en los pliegos, que permiten valorar el desempeño ético de los licitadores o establecer compromisos en materia de igualdad y no discriminación. Un caso público de acoso mal gestionado puede resultar incompatible con dichos compromisos.

Por tanto, el sistema de Compliance debe contemplar la contratación pública como una relación reputacional estratégica que requiere blindajes éticos adicionales.

9.5.7. ¿Cómo se vincula el cumplimiento normativo con la percepción de integridad y coherencia organizativa ante los stakeholders?

El cumplimiento normativo, en su concepción contemporánea, no se limita a la observancia formal de leyes y regulaciones, sino que constituye un elemento estructurante de la percepción de integridad de una organización. Esta percepción es construida por los stakeholders a partir de la coherencia entre lo que la empresa declara (valores, códigos, políticas) y lo que efectivamente hace cuando esos valores se ponen a prueba. En otras palabras, el Compliance se convierte en el canal que convierte los compromisos éticos en actuaciones verificables.

Una empresa que proclama su compromiso con la dignidad laboral pero carece de un protocolo de acoso, no sanciona a altos cargos implicados o ignora las denuncias internas, transmite una imagen de incongruencia que socava su credibilidad.

El cumplimiento normativo permite a los stakeholders verificar, entre otras cosas:

- La existencia de políticas y procedimientos que abordan de manera clara, accesible y eficaz los riesgos de integridad relevantes.

- La asignación de recursos humanos y financieros suficientes para el funcionamiento del sistema de cumplimiento.

- La existencia de órganos independientes, como un Compliance Officer o Comité de Ética, con facultades para investigar, proponer medidas y reportar a la alta dirección.

- La implementación de sistemas de denuncia seguros y canales de seguimiento transparente de los casos.

- La aplicación efectiva de medidas correctoras y sanciones proporcionales en casos confirmados.

- La revisión periódica de los procedimientos, mapas de riesgos y acciones de formación, que demuestran la vocación de mejora continua.

Cuando estas acciones son reales, documentadas y comunicadas de manera adecuada, los stakeholders interpretan que la empresa actúa con integridad, y no simplemente con interés reputacional reactivo. Esta percepción genera confianza, legitimidad y valor de marca.

9.5.8. ¿Qué rol juega el Compliance en la elaboración de mensajes institucionales tras la publicación de un caso de acoso en medios de comunicación?

El área de Compliance tiene un rol técnico, estratégico y ético en la elaboración de mensajes institucionales que siguen a la publicación de un caso de acoso en medios de comunicación. Si bien la vocería y la forma final del mensaje suele corresponder a las áreas de comunicación o dirección general, el contenido de dicho mensaje debe estar profundamente informado por la veracidad de los hechos, el estado del procedimiento interno y las obligaciones legales vigentes. Allí el Compliance actúa como garante de integridad.

Su intervención debe enfocarse en:

a) Verificar la consistencia entre el mensaje público y la documentación interna disponible: evitar declaraciones que nieguen hechos que la empresa ya conoce o que prometan acciones que no han sido decididas formalmente.

b) Evitar vulneraciones de derechos fundamentales: el Compliance debe advertir si el contenido del mensaje puede afectar la presunción de inocencia, el derecho al honor o la confidencialidad del procedimiento, especialmente si la investigación aún está en curso.

c) Asegurar que el mensaje transmita los valores del sistema de integridad: debe evitarse un enfoque puramente defensivo o de falta de responsabilidad. El mensaje debe demostrar empatía, compromiso con la verdad, disposición a colaborar con las autoridades y voluntad de corregir errores.

d) Informar si la actuación del órgano de cumplimiento ha sido conforme al protocolo y si se han adoptado medidas preventivas, disciplinarias o correctoras, cuando proceda. Esta información debe ser exacta, no genérica, y basada en hechos contrastables.

e) Recomendar, en su caso, que la comunicación pública sea acompañada por la activación de otras medidas internas, como auditorías de procedimiento, formación reforzada, revisión de normativas internas o creación de un grupo de trabajo ad hoc.

f) Supervisar que la trazabilidad de la comunicación pública quede archivada junto con el expediente de cumplimiento del caso, a efectos de eventuales requerimientos judiciales o regulatorios.

El rol del Compliance en la comunicación institucional no es cosmético ni formal: es el custodio de la coherencia ética entre lo que la empresa ha hecho, lo que está dispuesta a hacer y lo que comunica públicamente.

9.5.9. ¿Cómo debe anticipar el sistema de Compliance los riesgos reputacionales derivados de un caso de acoso laboral?

El sistema de Compliance debe concebir el acoso laboral no solo como un riesgo ético o legal, sino también como un riesgo reputacional de primer orden, capaz de erosionar la credibilidad institucional, impactar negativamente en la relación con los stakeholders y deteriorar la sostenibilidad de la organización. Para anticipar estos riesgos, el Compliance debe desarrollar un enfoque preventivo basado en tres pilares: identificación temprana, diagnóstico reputacional y gestión de alertas.

En primer lugar, la identificación temprana implica reconocer los factores que pueden incrementar la probabilidad de exposición reputacional ante un caso de acoso. Estos factores incluyen: una cultura organizativa jerárquica y verticalizada, falta de formación en materia de acoso, tolerancia a comportamientos inadecuados bajo la lógica del rendimiento, ausencia de canales de denuncia eficaces o percepción de impunidad frente a faltas anteriores. Para detectarlos, el Compliance puede servirse de encuestas de clima laboral, entrevistas confidenciales, análisis de rotación de personal, evaluación de conflictos interpersonales recurrentes y auditorías éticas.

En segundo lugar, el diagnóstico reputacional exige que el sistema de Compliance realice un mapeo de stakeholders clave (inversores, clientes, administraciones públicas, sindicatos, medios de comunicación, redes sociales, etc.) y evalúe el impacto potencial que tendría un caso de acoso no gestionado adecuadamente en cada uno de esos públicos. Este diagnóstico puede complementarse con herramientas de escucha activa digital, análisis de presencia en medios y estudios de percepción externa.

La gestión de alertas debe contemplar un sistema de señales tempranas que permita al órgano de cumplimiento actuar con antelación. Por ejemplo, el incremento súbito de denuncias internas, comentarios críticos en redes sociales, rumores persistentes de acoso o solicitudes de baja por causas psicosociales deben considerarse señales de riesgo reputacional inminente.

9.5.10. ¿Qué papel tiene el área de Compliance en la gestión de crisis mediáticas provocadas por denuncias públicas de acoso?

El área de Compliance tiene un rol técnico, preventivo y de garantía en la gestión de crisis mediáticas que puedan surgir por la denuncia pública de casos de acoso laboral. Si bien no es el área encargada de la comunicación externa (cuya responsabilidad recae en comunicación institucional o relaciones públicas), su intervención es indispensable para asegurar que la respuesta de la empresa sea veraz, coherente con su sistema ético y jurídicamente prudente.

Entre las principales funciones del área de Compliance en este tipo de crisis se encuentran:

a) Asegurar la integridad de la información que se transmite.

El área de cumplimiento debe confirmar los hechos conocidos, el estado de tramitación interna del caso, las medidas adoptadas, las obligaciones de confidencialidad existentes y los riesgos legales asociados a una exposición indebida. Esto evita que la empresa emita mensajes que sean posteriormente desmentidos o que puedan agravar la situación.

b) Recomendar la activación del protocolo de crisis ética.

Si la empresa cuenta con un protocolo específico para crisis reputacionales, el Compliance participa activamente en su activación, articulando la intervención de otras áreas críticas (dirección, jurídico, recursos humanos, comunicación, comité de ética).

c) Supervisar que la respuesta pública esté alineada con los valores institucionales y las obligaciones legales, evitando el uso de expresiones que desacrediten a la víctima, prejuzguen al denunciado, nieguen los hechos sin investigación previa o minimicen el problema.

d) Proponer medidas adicionales de gestión reputacional: como la contratación de una auditoría externa, la activación de mecanismos de escucha de stakeholders, la aceleración de medidas correctoras estructurales o la organización de sesiones de transparencia con actores clave.

e) Documentar la trazabilidad de la gestión de la crisis.

Desde la recepción de la denuncia hasta la emisión de comunicados, lo cual puede ser fundamental en caso de investigaciones regulatorias o judiciales posteriores.

El Compliance no "responde a los medios", pero garantiza que la respuesta de la empresa sea creíble, basada en hechos y conforme al marco normativo y ético vigente.

9.5.11. ¿De qué forma el Compliance puede acreditar diligencia debida frente a terceros cuando se produce un escándalo reputacional por acoso laboral?

La acreditación de diligencia debida ante un escándalo reputacional por acoso implica que la empresa pueda demostrar, mediante pruebas objetivas, que había adoptado todas las medidas razonables y proporcionales para prevenir, detectar, gestionar y sancionar conductas de acoso antes de que ocurriera el hecho y durante su tramitación.

El sistema de Compliance es el mecanismo principal para construir y ofrecer esa prueba, a través de los siguientes medios:

a) La evidencia documental del marco normativo preventivo.

La existencia y difusión del código ético, políticas internas sobre acoso laboral, protocolo específico de actuación, inclusión del acoso como riesgo en el mapa de riesgos penales, administrativos y reputacionales.

b) El registro de actividades de formación.

Tales como certificados, contenidos, listas de asistencia, encuestas de satisfacción, evaluaciones y seguimiento del impacto formativo en materia de sensibilización contra el acoso.

c) El funcionamiento del canal de denuncias.

Las pruebas de que existía un canal interno seguro, confidencial y operativo, con trazabilidad de las denuncias recibidas, tiempos de respuesta, medidas adoptadas y nivel de satisfacción de los usuarios.

d) La Investigación interna.

En este sentido, deben tenerse en consideración las actas, las entrevistas, las conclusiones, y las medidas adoptadas durante la investigación del caso de acoso, incluyendo evidencia de imparcialidad, proporcionalidad, respeto a las garantías del debido proceso y protección a las partes.

e) Las medidas correctoras estructurales.

Así, deben ser consideradas las reformas adoptadas a raíz del caso, como modificación de políticas, reestructuración de áreas, fortalecimiento del rol del Compliance Officer, incorporación de nuevos indicadores de cultura ética, entre otros.

f) Los informes de cumplimiento.

Entre los que se incluyen los reportes internos o externos que sistematicen las acciones adoptadas y que permitan su presentación ante inversores, reguladores o partes interesadas que exijan accountability.

Esta documentación permite demostrar que, aunque el incidente haya ocurrido, la empresa actuó con diligencia ex ante y ex post, lo cual puede ser determinante para preservar la confianza de los stakeholders y mitigar responsabilidades legales.

9.5.12. ¿Cómo afecta la falta de actuación del sistema de Compliance ante un caso de acoso laboral a la relación con inversores institucionales?

La inacción del sistema de Compliance ante un caso de acoso laboral -especialmente cuando éste tiene impacto público- puede tener consecuencias severas en la relación con inversores institucionales, tanto desde el punto de vista financiero como reputacional. Estas consecuencias se producen porque los inversores valoran no solo la rentabilidad económica de las empresas en las que invierten, sino también su sostenibilidad ética, su gobernanza interna y su exposición a riesgos reputacionales o judiciales.

Las principales formas en que se ve afectada esta relación son:

a) La revisión negativa en los criterios ESG (Environmental, Social, Governance).

El acoso laboral entra directamente dentro de los factores "S" y "G". Un caso mal gestionado puede reducir la calificación de sostenibilidad de la empresa, impactando en índices de inversión responsable y restringiendo el acceso a financiación verde o socialmente responsable.

b) La disminución de la valoración de riesgo reputacional.

Los inversores institucionales, especialmente fondos de pensiones, entidades aseguradoras o fondos soberanos, pueden considerar que la empresa no es una apuesta ética segura si ha sido incapaz de controlar una crisis de acoso.

c) El ejercicio de derechos de voto y presión corporativa.

Algunos inversores activistas pueden utilizar su participación accionarial para exigir cambios estructurales en la gobernanza (por ejemplo, sustituir directivos, crear comités de ética, auditar políticas internas) como condición para mantener su inversión.

d) La posibilidad de desinversión o venta de participación.

Si la inacción es persistente, o se demuestra encubrimiento, muchos inversores tienen políticas internas que les obligan a retirarse de empresas con prácticas incompatibles con los Principios de Inversión Responsable (PRI) de Naciones Unidas.

e)La reputación del portafolio inversor.

La presencia de una empresa cuestionada por acoso laboral en un fondo puede perjudicar la imagen del propio fondo, lo que genera presión reputacional inversa y acelera la ruptura del vínculo.

Por todo ello, el sistema de Compliance debe asegurar que cualquier incidente de acoso sea gestionado conforme a los más altos estándares éticos y de transparencia, no solo para cumplir con la normativa, sino para preservar la confianza del ecosistema inversor.

9.5.13. ¿Qué mecanismos debe establecer el Compliance para coordinar la respuesta conjunta entre legal, comunicación y recursos humanos en estos casos?

La gestión de un caso de acoso laboral con posible impacto reputacional o jurídico exige una actuación conjunta, coherente y técnica de diversas áreas funcionales de la organización. El sistema de Compliance, como vertebrador de la integridad corporativa, debe establecer mecanismos formales que aseguren la coordinación efectiva entre el departamento jurídico, el área de comunicación y recursos humanos, evitando contradicciones, omisiones o reacciones desarticuladas que agraven la situación o generen responsabilidades adicionales.

Entre los principales mecanismos que debe establecer el Compliance se encuentran:

a) Un Protocolo de Gestión Integral de Incidentes de Conducta.

Este documento debe integrar, de manera detallada, los pasos a seguir ante denuncias sensibles, especialmente las de acoso, definiendo roles específicos por área. El protocolo debe prever fases de investigación, valoración jurídica, intervención comunicacional y respuesta organizacional. Debe establecer criterios para la activación inmediata de equipos interdepartamentales, plazos máximos de respuesta, y cauces de validación conjunta de decisiones sensibles (por ejemplo, la suspensión cautelar del denunciado o la emisión de un comunicado institucional).

b) El Comité de Crisis Ética.

La creación de un órgano temporal compuesto por representantes de las áreas clave, bajo la coordinación técnica del Compliance Officer, permite una respuesta ágil y estructurada. Este comité debe documentar todas sus reuniones y decisiones, mantener una trazabilidad de la gestión y estar sometido a criterios de confidencialidad estricta. Su operatividad debe estar prevista previamente en los reglamentos internos de la empresa.

c) El acuerdo marco de colaboración interdepartamental.

El Compliance debe facilitar acuerdos de colaboración entre áreas, incluyendo cláusulas de intercambio seguro de información, respeto al principio de mínima divulgación de datos personales, asignación de interlocutores únicos por cada área, y utilización de canales digitales protegidos (plataformas seguras, intranet restringida, entornos compartidos encriptados).

d) La matriz de toma de decisiones coordinada.

Ante cada decisión relevante (medidas disciplinarias, redacción de notas internas, relación con medios de comunicación, respuestas a requerimientos judiciales), debe establecerse quién lidera, quién consulta, quién valida y quién ejecuta. Esta matriz evita solapamientos o decisiones adoptadas de forma unitaria por áreas no competentes.

e) Los registro de actuaciones e informes compartidos.

Todos los actores intervinientes deben tener acceso al expediente digital de Compliance en su versión actualizada, con registros de entrevistas, decisiones adoptadas, medidas preventivas, cronología del caso y anotaciones. El acceso debe segmentarse según nivel de intervención, garantizando la privacidad y la protección de las partes.

f) El mecanismo de retroalimentación al concluir el caso.

El Compliance debe generar una memoria del caso con lecciones aprendidas, que sirva como base para la mejora de los procesos interdepartamentales y se incorpore como insumo en futuras capacitaciones o actualizaciones de protocolos.

9.5.14. ¿Cómo se integra la evaluación del riesgo reputacional por acoso dentro del mapa de riesgos del sistema de Compliance?

El mapa de riesgos de Compliance es una herramienta dinámica que permite identificar, clasificar, valorar y mitigar los riesgos éticos, legales, operativos y reputacionales que enfrenta una organización. Dentro de este marco, el acoso laboral constituye un riesgo transversal que, además de su dimensión penal, administrativa o laboral, posee un alto potencial de generación de crisis reputacionales de gran impacto. Integrar este riesgo al mapa de forma adecuada implica:

a) Desagregar el acoso laboral como una categoría de riesgo autónoma.

En lugar de ubicarlo como subgrupo de "riesgos laborales", debe figurar explícitamente como "riesgo de vulneración de derechos fundamentales - acoso laboral", con una evaluación específica de su impacto reputacional.

b) Asignar a este riesgo una escala de impacto y probabilidad específica.

El impacto reputacional se mide en función de su visibilidad externa, afectación de la imagen institucional, viralización en medios o redes, sensibilidad del público objetivo, y consecuencias para la sostenibilidad empresarial (percepción de clientes, proveedores o inversores). La probabilidad se valora según factores como cultura organizacional, historial de denuncias, debilidades del canal ético, nivel de sensibilización de los empleados, etc.

c) Identificar factores de exposición.

Tales como zonas organizativas o perfiles con mayor riesgo (alta rotación, presión comercial, jerarquías fuertes, falta de supervisión), y momentos clave (evaluaciones, promociones, desvinculaciones). También debe considerarse la exposición mediática del directivo involucrado, si existe.

d) Evaluar los controles existentes:

Si el canal de denuncias es accesible, si el protocolo de acoso ha sido auditado recientemente, si existe trazabilidad de medidas adoptadas, si hay acciones formativas recurrentes, y si se mide la percepción interna.

e) Incorporar indicadores preventivos y correctivos al sistema de monitorización.

Por ejemplo, número de incidentes gestionados, plazos promedio de resolución, porcentaje de denuncias anónimas, encuestas de confianza en el sistema, ratio de correctivos institucionales aplicados, etc.

f) Relacionar este riesgo con consecuencias reputacionales posibles.

Entre las que se encuentran la pérdida de clientes estratégicos, afectación de relaciones con organismos públicos, campañas de boicot, dimisiones de personal clave, descenso en índices ESG, etc.

g) Incluir este riesgo en los reportes periódicos de riesgos al Comité de Dirección y al Consejo de Administración.

De esta forma, se asegura que su gestión tenga visibilidad estratégica y no quede restringida al ámbito de gestión de personal.

h) Aplicar criterios de "doble materialidad".

El riesgo de acoso debe evaluarse no sólo por su impacto financiero o reputacional sobre la empresa, sino también por el impacto real que genera en la dignidad y bienestar de los empleados, siguiendo criterios de sostenibilidad y derechos humanos.

9.5.15. ¿Qué buenas prácticas pueden seguir los programas de Compliance para reforzar la confianza de terceros tras una crisis por acoso laboral?

La gestión post-crisis reputacional por acoso laboral requiere algo más que control de daños.

Es indispensable que el programa de Compliance articule acciones que permitan reconstruir la confianza institucional y demostrar, frente a terceros, un compromiso estructural con la ética, los derechos humanos y el respeto a la dignidad de las personas. Entre las buenas prácticas más reconocidas se encuentran:

a) Elaborar un "informe post-incidente" o memoria de integridad: documento público o confidencial (según el público objetivo), que recoja con trazabilidad los hechos, el procedimiento seguido, las garantías otorgadas, las medidas adoptadas y las reformas estructurales impulsadas tras la crisis.

b) Implementar auditorías externas del sistema de prevención.

Que consisten en invitar a entidades especializadas (firmas consultoras, organizaciones de la sociedad civil, certificadoras de estándares ISO) a revisar y validar la eficacia del sistema de Compliance y el protocolo de acoso. Esto refuerza la percepción de transparencia e imparcialidad.

c) Impulsar campañas internas de formación y sensibilización reforzada: que incluyan el reconocimiento institucional de errores pasados, el compromiso renovado con la tolerancia cero al acoso, y la capacitación específica de mandos intermedios y directivos como garantes del cambio.

d) Reforzar el canal de denuncias: mediante nuevas funcionalidades (chat en vivo, app móvil, atención en varios idiomas), auditoría del sistema, incorporación de protocolo contra represalias, y seguimiento documentado de todas las denuncias posteriores.

e) Dialogar con stakeholders externos: realizar sesiones de escucha con sindicatos, asociaciones profesionales, ONG's, clientes estratégicos o autoridades de control, presentando las reformas adoptadas y acogiendo sugerencias de mejora.

f) Incluir las lecciones aprendidas en los informes ESG o de sostenibilidad.

Ello lleva consigo el hecho de reconocer públicamente que la empresa ha pasado por un incidente crítico, pero ha sabido transformar el error en oportunidad de mejora institucional. Esto fortalece su perfil ético ante inversores y reguladores.

g) Promover espacios institucionales de reparación simbólica.

Lo que lleva implícito las acciones de reconocimiento institucional a víctimas (incluso sin mención nominal), declaraciones de compromiso ético, inclusión de cláusulas de protección frente al acoso en contratos con terceros, etc.

h) Establecer indicadores de mejora y hacerlos públicos: reducción de plazos de respuesta, satisfacción con la investigación, percepción de imparcialidad, cumplimiento de las medidas correctoras, entre otros.

Estas buenas prácticas permiten proyectar una imagen de empresa que no sólo responde a las crisis, sino que aprende de ellas, las afronta con integridad y se transforma institucionalmente para garantizar que no vuelvan a ocurrir.

Capítulo X

La cultura de cumplimiento como factor de mitigación del acoso laboral

10.1. Cultura de cumplimiento como clave para prevenir el acoso

10.1.1. ¿Qué se entiende por cultura de cumplimiento en el contexto de una organización?

La cultura de cumplimiento (Compliance culture) constituye el entramado de creencias, valores, hábitos, comportamientos y expectativas compartidas que determinan hasta qué punto una organización vive, encarna y aplica sus principios éticos y legales en el funcionamiento cotidiano. No se trata de normas escritas ni de controles formales, sino del clima ético que se respira en el seno de la organización y que define "lo que realmente ocurre" cuando nadie observa, o cuando una situación ambigua permite margen de interpretación.

Esta cultura se expresa, entre otros elementos, en,

- La actitud ante la legalidad (cumplimiento proactivo o reactivo).

- La respuesta frente a conductas inadecuadas (denuncia, silencio o tolerancia).

- La consistencia entre el discurso institucional y las prácticas reales.

- La percepción sobre el sistema disciplinario (justo o arbitrario).

- La forma en que se ejerce el poder jerárquico (ejemplaridad o impunidad).

- La seguridad psicológica de los trabajadores para expresar malestares, reportar abusos o manifestar disenso sin temor a represalias.

Desde la perspectiva del Compliance, la cultura de cumplimiento es más importante que cualquier otro componente del sistema, pues actúa como base invisible que determina si las políticas internas se respetan por convicción o simplemente por miedo a ser sancionado.

Una cultura de cumplimiento sólida disuade el acoso laboral porque interioriza el respeto como valor, no sólo como mandato. Se traduce en tolerancia cero, capacidad de autocrítica, rendición de cuentas y resiliencia ética.

10.1.2. ¿Cómo puede un programa de Compliance ayudar a prevenir situaciones de acoso laboral?

Un programa de Compliance bien diseñado y ejecutado es un instrumento preventivo poderoso frente al acoso laboral, ya que actúa de forma integral en cinco planos fundamentales,

a) Plano normativo.

El programa incorpora el acoso laboral como un riesgo jurídico relevante, vinculado a infracciones de la legislación laboral (Ley 31/1995 de Prevención de Riesgos Laborales, Estatuto de los Trabajadores), normativa penal (v.gr. delitos contra la integridad moral, acoso sexual o por razón de sexo), y normas de responsabilidad penal de la persona jurídica (art. 31 bis del Código Penal).

b) El plano estructural.

Se articula un sistema de gobierno del cumplimiento con políticas, procedimientos, manuales, órganos responsables, matrices de riesgo, controles y supervisión periódica, que previenen que se toleren dinámicas o prácticas organizativas favorecedoras del acoso.

c) El plano conductual.

A través de campañas de formación y sensibilización, se generan marcos de referencia comunes, se clarifican límites de conducta, se desmontan estereotipos normalizados, se explicita qué es acoso y qué no lo es, y se habilita al personal para detectar señales tempranas.

d) Plano organizacional.

El programa establece mecanismos institucionales como el canal de denuncias confidencial y protegido, sistemas de investigación interna con garantías, órganos disciplinarios imparciales y medidas de reparación para víctimas.

e) Plano estratégico.

El Compliance contribuye a alinear los objetivos empresariales con los valores éticos y sociales, evitando que la presión por resultados económicos propicie estilos de liderazgo tóxicos o estructuras jerárquicas permisivas frente al abuso de poder.

El Compliance no es un mero control punitivo, sino un modelo de prevención integral, pedagógico, estructurado y orientado a la mejora continua. Su objetivo es evitar la aparición del acoso, y en caso de que este ocurra, actuar con diligencia reforzada.

10.1.3. ¿Qué elementos debe contener un código ético eficaz para abordar el acoso laboral?

Un código ético orientado a la prevención del acoso laboral debe reunir al menos los siguientes elementos,

a) La enunciación clara y categórica del rechazo al acoso.

Debe declararse expresamente la "tolerancia cero" frente a cualquier forma de acoso, incluida la violencia psicológica, la humillación continuada, el aislamiento social deliberado, la degradación profesional, el acoso sexual o el hostigamiento por razón de género, orientación sexual, raza, religión u otros motivos discriminatorios.

b) La definición de conductas

El código debe describir de forma concreta y comprensible las conductas prohibidas, incluyendo ejemplos de acciones, gestos, frases, actitudes o formas de comunicación que constituyen acoso o crean entornos laborales hostiles.

c) El enlace con el canal de denuncias.

Se debe indicar de forma clara cómo reportar una situación de acoso, a quién dirigirse, qué medidas de protección se aplican, qué garantías existen para el denunciante, y qué tiempos y mecanismos de resolución están previstos.

d) El compromiso con la imparcialidad y la investigación interna objetiva.

Se deben reflejar los principios de confidencialidad, presunción de inocencia, contradicción y proporcionalidad en la resolución de conflictos.

e) La aplicación a todos los niveles jerárquicos.

El código debe dejar claro que las prohibiciones de acoso son aplicables a cualquier persona, independientemente de su posición jerárquica, y que no existe impunidad para directivos, socios o altos cargos.

f) El vínculo con el régimen disciplinario.

Debe explicarse que las infracciones éticas pueden generar sanciones conforme al convenio colectivo, estatuto del trabajador o contrato aplicable, incluyendo el despido en los casos más graves.

g) La integración con otras políticas corporativas.

El código debe articularse con las políticas de igualdad, diversidad, inclusión, prevención de riesgos psicosociales, desconexión digital y conciliación, ya que todas ellas inciden indirectamente sobre el riesgo de acoso.

h) La revisión periódica.

Debe establecerse un mecanismo formal de evaluación, actualización y mejora del código, a través de procesos participativos y con análisis de incidentes previos.

El código ético no debe ser un documento estático, sino una herramienta viva, visible, formativa y legitimada por su aplicación coherente y su integración institucional.

10.1.4. ¿Qué papel juega el liderazgo ético en la construcción de una cultura de cumplimiento sólida?

El liderazgo ético -entendido como la capacidad de guiar desde el ejemplo, la coherencia y la integridad- es la piedra angular de cualquier cultura de cumplimiento verdaderamente efectiva. Su papel es estratégico por al menos cuatro razones,

a) Marca el tono desde la cima (tone at the top).

La dirección de la empresa, incluyendo el consejo de administración, la alta dirección y los jefes funcionales, deben comportarse conforme a los principios del sistema de cumplimiento. Las personas observan cómo se actúa, no sólo lo que se dice. Un líder que actúa con ética genera legitimidad normativa.

b) Ejerce una influencia simbólica y funcional.

Los líderes determinan en la práctica qué conductas se premian, cuáles se toleran y cuáles se castigan. Por tanto, si encubren conductas de acoso por conveniencia corporativa, familiaridad personal o jerarquía funcional, minan todo el sistema. Por el contrario, si se posicionan de forma firme y transparente, fortalecen el cumplimiento real.

c) Protege a los denunciantes.

El liderazgo ético protege activamente a quienes denuncian irregularidades, promueve la escucha empática, garantiza la confidencialidad y exige acciones correctoras inmediatas cuando se detecta un problema. Además, impone consecuencias ejemplares para el acoso sin dilaciones ni excusas.

d) Multiplica comportamientos éticos.

Un líder que respeta, que corrige sin humillar, que gestiona desde la empatía y que se hace responsable de su equipo, genera un efecto dominó que contagia buenas prácticas. Así se construye una cultura ética sostenible.

Por ello, los programas de Compliance deben formar, evaluar y seleccionar líderes no sólo por su competencia técnica o su capacidad de resultados, sino también por su coherencia ética, su habilidad para detectar y gestionar riesgos de conducta, y su disposición a actuar como guardianes del respeto institucional.

10.1.5. ¿Qué se entiende por cultura de cumplimiento en el contexto de una organización?

La cultura de cumplimiento, en el contexto organizacional, es el conjunto de normas sociales informales, creencias compartidas, patrones de conducta y principios éticos que determinan hasta qué punto los miembros de una entidad interiorizan el respeto a la legalidad, la integridad institucional y los estándares de conducta exigidos, incluso en ausencia de supervisión directa o presión normativa. Se diferencia del cumplimiento formal (formal Compliance) -que se basa en políticas, procedimientos y controles- en que opera en el plano subjetivo y relacional, influye sobre cómo las personas actúan, deciden, denuncian, callan, o toleran conductas irregulares, según la percepción colectiva del entorno.

Una cultura de cumplimiento auténtica no puede imponerse por decreto ni implantarse únicamente mediante un manual. Se construye mediante liderazgo ético, coherencia institucional, formación continuada, prácticas de gestión ejemplares y, sobre todo, por la forma en que la organización reacciona ante las transgresiones. Si estas se minimizan, encubren o justifican, el mensaje implícito es que los valores son secundarios. Por el contrario, cuando la organización actúa con transparencia, proporcionalidad, diligencia y sin sesgos frente a una denuncia, transmite un mensaje inequívoco de tolerancia cero, cimentando así la cultura de cumplimiento.

En el marco del acoso laboral, esta cultura resulta esencial, previene que se normalicen los abusos jerárquicos, disuade comportamientos que puedan evolucionar hacia el hostigamiento sistemático y empodera a los empleados para actuar éticamente y denunciar sin temor. Una empresa con una sólida cultura de cumplimiento no necesita esperar a que un hecho sea jurídicamente imputable para intervenir, lo hace por coherencia con sus principios.

10.1.6. ¿Cómo puede un programa de Compliance ayudar a prevenir situaciones de acoso laboral?

El programa de Compliance previene el acoso laboral a través de un enfoque sistémico que integra mecanismos legales, organizacionales, conductuales y culturales. En concreto, puede prevenirlo mediante,

a) La identificación proactiva del riesgo.

El acoso laboral debe ser incluido en el mapa de riesgos de cumplimiento como riesgo ético, reputacional, laboral, jurídico y penal. Ello implica identificar áreas vulnerables (departamentos con alta rotación, estructuras jerárquicas verticales, sectores masculinizados, entornos de presión), analizar factores de riesgo (estilos de liderazgo autoritario, tolerancia cultural al hostigamiento, mecanismos deficientes de supervisión), y establecer controles preventivos.

b) La creación y ejecución de políticas internas.

El programa debe desarrollar un conjunto de políticas articuladas entre sí -como el código ético, el protocolo contra el acoso, la política de diversidad, la política de protección de denunciantes- que establezcan normas claras de comportamiento, vías de actuación y consecuencias jurídicas en caso de incumplimiento.

c) La habilitación de canales de denuncia eficaces.

La implementación de canales internos accesibles, anónimos, confidenciales y sin represalias es un elemento fundamental del programa. No basta con su existencia formal; deben ser conocidos, confiables y gestionados por personas o comités capacitados para intervenir con imparcialidad, sensibilidad y rigor.

d) La formación y sensibilización continua.

Un programa robusto prevé sesiones periódicas de formación -obligatorias, adaptadas a roles y auditables- sobre acoso laboral, violencia psicológica, comunicación respetuosa y resolución ética de conflictos. Estas sesiones deben incluir ejemplos prácticos, debates sobre zonas grises y situaciones reales.

e) Los mecanismos de supervisión, control y mejora,

El Compliance debe establecer indicadores para evaluar la eficacia del sistema (número y naturaleza de denuncias, percepción de seguridad en el canal, tiempos de respuesta, reincidencia, satisfacción de las víctimas, etc.) e incluir auditorías independientes y mecanismos de revisión de políticas, de forma que el sistema evolucione y se adapte a la realidad organizativa.

f) La reacción disciplinaria proporcional.

El programa debe garantizar que, en caso de acoso comprobado, se actúe de manera proporcional, conforme a los principios del debido proceso, asegurando la protección de las víctimas y la reparación institucional, lo que refuerza su efecto disuasorio.

Un programa de Compliance no sustituye a la gestión directa de los conflictos laborales, pero permite institucionalizar una respuesta estructurada, imparcial y preventiva, limitando el riesgo de cronificación, impunidad y daño reputacional.

10.1.7. ¿Qué elementos debe contener un código ético eficaz para abordar el acoso laboral?

Un código ético con capacidad real para abordar el acoso laboral no debe limitarse a formulaciones genéricas. Debe contener,

a) Una definición clara y extensa del acoso laboral, incluyendo modalidades psicológicas, físicas, verbales y digitales; distinción entre acoso moral, sexual y por razón de género; y ejemplos de conductas típicas y atípicas.

b) Un principio de tolerancia cero, que establezca que el acoso constituye una infracción grave contra los principios de la organización, incompatible con su cultura corporativa, y que puede dar lugar a sanciones proporcionales, incluso de despido disciplinario.

c) La garantía de no represalia, El código debe estipular que cualquier represalia directa o indirecta contra personas que denuncien, testifiquen o colaboren con una investigación interna constituirá también una infracción ética grave.

d) Accesibilidad y comprensibilidad, El lenguaje debe ser directo, inclusivo, sin ambigüedades, adaptado a toda la plantilla. Puede incluir ilustraciones, ejemplos reales y referencias normativas básicas.

e) Vínculo con el sistema de investigación interna, El código debe remitir expresamente a los protocolos de denuncia, procedimiento disciplinario y comités de ética, asegurando que no es un documento aislado sino parte de un sistema integral.

f) Carácter vinculante, Debe indicar su obligatoriedad y aplicabilidad a todos los trabajadores, incluidos directivos, así como a contratistas, proveedores estratégicos o representantes externos cuando corresponda.

g) Procedimiento de actualización, Un código eficaz prevé su revisión periódica, con mecanismos participativos (por ejemplo, consultas internas o focus groups), para incorporar mejoras, jurisprudencia, o nuevas sensibilidades sociales.

h) Aprobación institucional explícita, Debe estar aprobado por el máximo órgano de gobierno, difundido institucionalmente y ratificado por cada empleado mediante firma individual o aceptación digital.

Este código no sólo orienta conductas, sino que forma parte de la defensa de la empresa en caso de que deba acreditar su diligencia ante una denuncia interna o externa.

10.1.8. ¿Qué papel juega el liderazgo ético en la construcción de una cultura de cumplimiento sólida?

El liderazgo ético no es un complemento del sistema de Compliance, sino su piedra angular. Cumple funciones esenciales en la construcción de una cultura de cumplimiento,

a) Establece el "tono desde arriba" ("tone at the top").

Si el liderazgo es ejemplar, coherente, sensible al riesgo ético y comprometido con la integridad, los valores se diseminan orgánicamente. Si, por el contrario, trivializa las denuncias, relativiza los principios o actúa selectivamente, la cultura de cumplimiento se vacía de contenido.

b) Legitima institucionalmente el sistema.

Cuando la dirección impulsa el cumplimiento, financia sus recursos, respeta sus decisiones, y no interfiere en los procesos de investigación, transmite un mensaje de respaldo que fortalece la credibilidad y eficacia del sistema.

c) El modelo conductual

Los líderes enseñan más con su conducta que con sus discursos. Cómo tratan a sus subordinados, cómo resuelven los conflictos, si escuchan con empatía o ejercen abuso de poder marca el estándar ético de la organización.

d) El fomento de la denuncia y la escucha.

Un líder ético crea espacios donde se puede hablar sin miedo. Esto reduce el subregistro de casos, permite detectar síntomas tempranos de acoso y promueve la confianza en las vías institucionales.

e) La gestión constructiva del error.

El liderazgo ético no encubre, sino que reconoce errores, aplica correcciones con proporcionalidad y promueve el aprendizaje organizacional.

f) La integración de la ética en la estrategia.

Los líderes deben vincular la ética con la sostenibilidad, los objetivos ESG, la reputación institucional y la resiliencia empresarial. La integridad no debe verse como una obligación jurídica, sino como una ventaja competitiva y un compromiso estratégico.

Para que todo ello sea posible, es fundamental que los líderes reciban formación especializada en ética organizacional, toma de decisiones en contextos de riesgo moral, gestión del poder, empatía institucional y responsabilidad subjetiva y objetiva en casos de acoso.

Un programa de Compliance que pretenda prevenir el acoso laboral debe actuar sobre todos los niveles de la organización, desde la formulación normativa y la detección del riesgo hasta la transformación de la cultura institucional. La existencia de un código ético efectivo, el compromiso real del liderazgo y una cultura de cumplimiento madura son condiciones sine qua non para evitar que la tolerancia, el silencio o la negligencia institucional favorezcan conductas abusivas. La ética, en este contexto, no es una virtud opcional, sino un requisito estructural para la sostenibilidad jurídica, reputacional y humana de cualquier organización responsable.

10.1.9. ¿Cómo se integran los valores de respeto, equidad y dignidad humana en un programa de Compliance?

La integración de los valores de respeto, equidad y dignidad humana dentro de un programa de Compliance no debe considerarse como un elemento accesorio o declarativo, sino como su núcleo axiológico y operativo. Estos valores fundamentales no sólo dotan de legitimidad al sistema, sino que constituyen la base ética sobre la que se construyen las políticas de prevención del acoso, el modelo de gobernanza interna y el esquema disciplinario.

El respeto, entendido como reconocimiento activo de la integridad y autonomía de cada persona, debe reflejarse en la forma en que se diseñan los procedimientos internos, desde los protocolos de denuncia hasta las entrevistas en los procesos de investigación. Un programa de Compliance basado en el respeto se asegura de que todas las voces sean escuchadas, de que no haya juicios de valor prematuros, y de que las personas afectadas no sean revictimizadas.

La equidad implica que las normas se apliquen sin sesgos, discriminaciones ni arbitrariedades. Esto exige que el Compliance supervise que los procedimientos sean conducidos con objetividad, que las decisiones disciplinarias estén basadas en hechos contrastados y que la protección de los derechos de las víctimas no se subordine a intereses jerárquicos o corporativos. La equidad también debe orientar los procesos de selección, evaluación y promoción, para que no se perpetúen desigualdades estructurales que favorezcan dinámicas de acoso.

La dignidad humana, como principio rector del Derecho internacional y constitucional, debe informar todos los aspectos del sistema de cumplimiento. Un programa de Compliance debe garantizar que ninguna práctica empresarial -ni formal ni informal- degrade, humille, invisibilice o subordine al trabajador. Este valor se proyecta, por ejemplo, en el lenguaje utilizado en los códigos de conducta, en la forma de comunicar sanciones, o en el diseño de procesos de retorno al trabajo tras situaciones traumáticas.

Para que estos valores no queden reducidos a postulados teóricos, el programa debe hacerse operativo a través de,

- La inclusión explícita de estos principios en el código ético.

La incorporación de métricas asociadas a la percepción de respeto, dignidad e inclusión en las encuestas internas.

- La revisión periódica de los protocolos para asegurar que no contienen sesgos de género, clase o cultura.

- La formación ética obligatoria que incluya dilemas reales, análisis de contexto y reflexión crítica.

10.1.10. ¿Qué características debe tener un canal interno de denuncias para ser eficaz frente al acoso laboral?

Un canal interno de denuncias será eficaz frente al acoso laboral únicamente si se configura como un sistema de protección integral, accesible, confiable, auditado y sensible al riesgo psicosocial. Las principales características que debe reunir son,

a) La multicanalidad.

Debe ofrecer diversas vías para presentar la denuncia, electrónica, telefónica, presencial, escrita, a través de terceros autorizados, etc.

Esto permite ajustarse a las necesidades y capacidades de cada persona.

b) La confidencialidad absoluta.

Es esencial que se garantice la confidencialidad de los datos personales del denunciante, de los testigos y del presunto infractor.

La gestión debe cumplir con la normativa sobre protección de datos (RGPD) y sobre protección del informante (Ley 2/2023), y debe evitar filtraciones internas.

c) La posibilidad de anonimato.

Aunque la anonimidad no exime de responsabilidad por denuncias falsas, su admisión inicial permite que personas en situaciones de extrema vulnerabilidad se animen a denunciar.

La tecnología actual permite mantener trazabilidad de las denuncias anónimas sin perder el control del procedimiento.

d) La neutralidad e independencia en la gestión.

El canal debe ser gestionado por una unidad técnica (como la oficina de cumplimiento o un comité de ética) que no esté subordinada a las líneas jerárquicas que puedan estar implicadas.

Esto evita conflictos de interés y asegura una investigación imparcial.

e) La información clara y accesible.

Las personas deben conocer cómo funciona el canal, qué garantías ofrece, qué procedimiento se sigue tras la denuncia, y qué derechos les asisten. Esta información debe incluirse en manuales, intranet, formaciones, onboarding, etc.

f) La protección efectiva frente a represalias.

La existencia de una política contra represalias debe acompañarse de mecanismos concretos para detectar y sancionar cualquier forma de hostigamiento hacia quien denuncia, colabora o declara.

g) La trazabilidad y documentación.

Cada denuncia debe generar un expediente interno que permita documentar las decisiones adoptadas, las pruebas analizadas, las medidas cautelares aplicadas y la resolución final.

Esta documentación es esencial tanto para auditorías como para posibles procedimientos judiciales o administrativos.

h) El seguimiento y el feedback.

El canal debe contemplar mecanismos de información a las personas denunciantes sobre el estado de la investigación, las medidas adoptadas (dentro de los límites legales) y la duración estimada del proceso.

i) La auditoría y evaluación periódica.

Es imprescindible auditar regularmente la eficacia del canal mediante indicadores cuantitativos y cualitativos, número de denuncias, tiempo medio de resolución, satisfacción de las partes, recurrencia de casos, etc.

10.1.11. ¿Cuál es la importancia de la formación continua en prevención del acoso desde una perspectiva de Compliance?

La formación continua constituye un pilar esencial del sistema de cumplimiento en la prevención del acoso laboral, ya que permite dotar a los empleados y a los directivos de conocimientos, habilidades y actitudes necesarias para identificar, prevenir y reaccionar adecuadamente frente a situaciones de hostigamiento. Su importancia desde una perspectiva de Compliance se manifiesta en los siguientes aspectos,

a) La función preventiva.

La formación permite reducir el riesgo de que se produzcan conductas de acoso al aumentar la conciencia sobre los límites del comportamiento aceptable, reforzar la cultura del respeto y promover buenas prácticas de liderazgo y convivencia.

b) La sensibilización sobre zonas grises.

Muchos casos de acoso se producen en contextos ambiguos donde el agresor no es plenamente consciente del daño causado o donde el entorno normaliza ciertas conductas. La formación permite identificar estas "zonas de riesgo" y corregirlas.

c) La reducción del subregistro.

Cuando los empleados están formados sobre qué es acoso, cómo funciona el canal de denuncias y qué garantías ofrece, aumenta la probabilidad de que denuncien, lo que permite intervenir antes de que el conflicto se cronifique.

d) La profesionalización del Compliance.

Los equipos de cumplimiento necesitan una formación especializada que combine derecho laboral, psicología del trabajo, análisis de riesgos y técnicas de investigación interna, para actuar con rigor técnico y sensibilidad humana.

e) El reforzamiento de la defensa institucional.

En caso de procedimiento judicial o inspección de trabajo, una empresa puede acreditar su diligencia si demuestra que ha impartido formación periódica, auditada y específica sobre acoso laboral, dirigida a toda la plantilla y especialmente a mandos intermedios y directivos.

f) El cumplimiento de estándares internacionales.

Las normas ISO 37301 (sistemas de cumplimiento), ISO 45003 (riesgos psicosociales) e ISO 30415 (diversidad) recomiendan la implementación de planes de formación continuada como parte integral de los sistemas de integridad corporativa.

La formación debe ser obligatoria, evaluable, adaptada al puesto y nivel jerárquico, diseñada con enfoque de género y basada en casos prácticos. No debe limitarse a una sesión anual, sino estar integrada en el ciclo de aprendizaje organizacional continuo.

10.1.12. ¿Qué mecanismos de control puede establecer una organización para detectar riesgos de acoso laboral?

La detección precoz de riesgos de acoso laboral es una función crítica del sistema de Compliance. Para ello, la organización puede establecer los siguientes mecanismos de control,

a) Evaluaciones de riesgos psicosociales

Deberán ser periódicas y realizadas con metodología científica. Deben incluir preguntas específicas sobre exposición al acoso, percepción de justicia organizativa, calidad del liderazgo, apoyo social y carga emocional.

b) Encuestas de clima ético.

Pueden realizarse de forma anónima y voluntaria para detectar percepciones de favoritismo, hostilidad, discriminación o falta de transparencia. Sus resultados permiten ajustar políticas antes de que el conflicto escale.

c) Revisión de las estadísticas del canal de denuncias.

El análisis sistemático de los datos (número, tipología, evolución, departamentos implicados) permite identificar patrones recurrentes y áreas de riesgo estructural.

d) Análisis de indicadores indirectos.

Absentismo, rotación, bajas por ansiedad o estrés, quejas informales o solicitudes de traslado pueden ser señales de alerta que deben ser investigadas con sensibilidad y profundidad.

e) Revisión de procesos de gestión de personas.

Los mecanismos de selección, promoción, evaluación del desempeño o asignación de funciones deben ser analizados para evitar que reproduzcan relaciones de poder abusivas o entornos disfuncionales.

f) Observatorios internos o figuras de confianza.

Designar personas formadas que actúen como canal informal de escucha, apoyo y derivación para empleados que se sientan en riesgo de acoso.

g) Auditorías externas de cultura ética.

Consultores independientes pueden evaluar la coherencia entre los valores declarados y las prácticas reales, identificar zonas opacas o conflictos estructurales.

h) Supervisión reforzada de mandos intermedios.

Dado que muchas conductas de acoso se producen en la relación jefe-subordinado, debe existir una vigilancia proactiva sobre el estilo de liderazgo, las evaluaciones de equipo y la reputación informal de estos perfiles.

Estos mecanismos deben integrarse dentro del sistema de control interno, con indicadores medibles, responsables asignados, periodicidad definida y capacidad de corregir vulnerabilidades. La supervisión preventiva no sólo protege a las personas, sino que refuerza la sostenibilidad de la organización y su legitimidad social.

10.1.13. ¿Cómo se puede garantizar la confidencialidad y la protección frente a represalias en una investigación interna?

La garantía de confidencialidad y la prevención de represalias en una investigación interna son componentes centrales de un sistema de Compliance eficaz, especialmente cuando se trata de denuncias de acoso laboral, dada la elevada exposición emocional, profesional y social de las personas involucradas. Esta protección requiere el despliegue de cuatro niveles de garantía complementarios,

a) Garantías normativas.

En primer lugar, deben existir políticas internas que definan expresamente la obligación de confidencialidad de todos los actores intervinientes en la recepción, tramitación, investigación y resolución de una denuncia. Esto implica establecer el deber legal de secreto para los miembros del área de Compliance, el comité instructor, Recursos Humanos y cualquier otro personal involucrado. Estas cláusulas deben estar incorporadas tanto en los reglamentos internos como en los contratos individuales de trabajo. Asimismo, debe preverse una política específica de prohibición de represalias, con definición de conducta sancionable, régimen disciplinario y procedimiento de control.

b) Garantías tecnológicas y operativas.

Desde un punto de vista práctico, la confidencialidad debe garantizarse mediante el uso de canales de denuncia seguros y anónimos (en línea con la Ley 2/2023 y la Directiva UE 2019/1937), plataformas con cifrado de extremo a extremo, sistemas con autenticación robusta y accesos limitados por niveles jerárquicos. Toda la documentación de la investigación debe archivarse en entornos digitales protegidos, con trazabilidad de acceso y sistemas de registro de auditoría. La segregación de funciones es clave, quienes reciben la denuncia no deben ser los mismos que instruyen el caso o que deciden sobre las medidas disciplinarias.

c) Garantías preventivas y cautelares.

El sistema debe prever desde el inicio la posibilidad de aplicar medidas cautelares de protección personal para evitar situaciones de vulnerabilidad, como el cambio temporal de puesto, la modificación de horarios o el alejamiento del presunto agresor. Asimismo, debe establecerse un protocolo de seguimiento activo para el denunciante, tanto durante como después de la investigación, para monitorear posibles represalias, cambios no explicados en su desempeño profesional, reubicaciones involuntarias, exclusión de proyectos o deterioro de condiciones laborales.

d) Garantías culturales e institucionales.

La empresa debe fomentar un entorno de tolerancia cero a las represalias, mediante campañas de comunicación interna que refuercen el mensaje institucional y que validen el valor ético del acto de denunciar. Además, la alta dirección debe pronunciarse periódicamente sobre el compromiso con la protección del denunciante y sobre la independencia de los órganos de cumplimiento.

10.1.14. ¿Qué responsabilidad tienen los mandos intermedios en la prevención y detección del acoso laboral?

Los mandos intermedios desempeñan una función esencial dentro del sistema de Compliance como agentes preventivos de primer nivel. Son ellos quienes tienen contacto diario con los equipos, quienes controlan los estilos de liderazgo y quienes pueden detectar de forma temprana la aparición de dinámicas tóxicas o conductas incipientes de acoso.

Su responsabilidad puede analizarse en distintos planos,

a) Responsabilidad normativa y funcional.

En tanto responsables jerárquicos, los mandos tienen la obligación legal (Ley de Prevención de Riesgos Laborales) y contractual de asegurar condiciones de trabajo seguras, tanto en lo físico como en lo psicosocial. La jurisprudencia del Tribunal Supremo ha determinado en diversas sentencias que el desconocimiento deliberado o la inacción ante situaciones de acoso implica una infracción del deber de vigilancia y puede suponer, en determinadas circunstancias, una corresponsabilidad en el daño causado.

b) Responsabilidad ética.

Desde la perspectiva del Compliance, los mandos deben ser los primeros en aplicar el código de conducta, en identificar desviaciones respecto a los valores organizacionales, y en activar los mecanismos de reporte cuando tienen conocimiento o sospecha de conductas inapropiadas. Tienen el deber ético de actuar con imparcialidad y diligencia, independientemente de su afinidad con las partes involucradas.

c) Responsabilidad formativa y transformadora.

A los mandos se les exige, además, formación continua en gestión de personas, liderazgo ético, resolución de conflictos, y prevención del acoso. Deben ser modelos de conducta para sus equipos. Las organizaciones deben vincular su evaluación de desempeño no solo a resultados, sino también a la calidad del clima laboral que generan y al nivel de cumplimiento de las políticas de integridad.

d) Responsabilidad disciplinaria.

El incumplimiento de estas obligaciones puede ser objeto de sanción interna, y si contribuye a mantener o permitir situaciones de acoso, incluso puede derivar en consecuencias civiles, laborales o penales, dependiendo del nivel de negligencia o dolo.

10.1.15. ¿De qué manera el Compliance contribuye a transformar la cultura organizacional hacia entornos más seguros?

El área de Compliance desempeña una función transformadora dentro de la organización, no solo en términos de control de riesgos, sino como motor de cambio cultural hacia entornos laborales seguros, éticos y sostenibles. Esta contribución se concreta en los siguientes elementos,

a) Integración ética.

Compliance introduce los valores de respeto, equidad, inclusión, integridad y tolerancia cero al acoso como principios estructurales de la organización, y no como meras declaraciones formales. Esta integración se realiza a través de los códigos de conducta, las políticas internas, los protocolos de actuación y la formación obligatoria.

b) Detección de entornos de riesgo.

El Compliance diseña e implementa sistemas de alerta temprana que permiten identificar comportamientos organizacionales, estructuras de poder o zonas grises que puedan facilitar el acoso. A través de evaluaciones culturales, análisis de clima, y mapas de riesgos psicosociales, se detectan dinámicas susceptibles de intervención.

c) Empoderamiento del canal de denuncias.

La disponibilidad de un canal de denuncias eficaz, seguro, accesible, y con garantías de protección frente a represalias, permite a los empleados expresar sus preocupaciones sin temor. Esta herramienta convierte a la organización en un entorno más vigilante, más comprometido y menos permisivo con conductas abusivas.

d) Profesionalización del liderazgo.

El Compliance trabaja con la alta dirección y los mandos medios para instaurar un liderazgo basado en el ejemplo, la responsabilidad y la escucha activa. A través de formación, evaluaciones éticas y alineación con los valores del código de conducta, se va construyendo un modelo de liderazgo seguro.

e) Ciclo de mejora continua.

Las acciones correctoras derivadas de denuncias, las auditorías internas y los informes de evaluación retroalimentan el sistema y permiten corregir fallos, reforzar controles, y prevenir la repetición de hechos similares. De este modo, la cultura se va adaptando y evolucionando hacia mayores estándares de protección y responsabilidad.

10.1.16. ¿Cómo pueden medirse los resultados de las políticas de Compliance en relación con el acoso laboral?

La medición de los resultados de las políticas de Compliance requiere indicadores multidimensionales, centrados en la eficacia preventiva, la capacidad de detección, la proporcionalidad en la respuesta y el impacto organizacional. Algunas métricas clave incluyen,

a) Indicadores de proceso, número de denuncias recibidas; tiempo promedio de respuesta; número de casos resueltos; número de medidas cautelares adoptadas; número de sanciones aplicadas; cantidad de formaciones realizadas.

b) Indicadores de percepción y cultura, resultados de encuestas de clima laboral; nivel de conocimiento de los protocolos y del canal de denuncias; percepción de confianza en el sistema; nivel de identificación con los valores del código ético; percepción de imparcialidad de las investigaciones internas.

c) Indicadores de impacto organizacional, reducción de conflictos reiterados; disminución de rotación o ausentismo laboral en áreas con incidentes previos; menor exposición mediática por temas de acoso; mejora de la reputación interna y externa en rankings de sostenibilidad o integridad corporativa.

d) Indicadores de cumplimiento normativo, adecuación a las exigencias de la Ley 2/2023, a la normativa laboral, penal y de protección de datos; cumplimiento de los principios de proporcionalidad, imparcialidad y seguridad jurídica; trazabilidad de los expedientes; existencia de documentación probatoria de todas las acciones realizadas.

Todos estos indicadores deben recogerse en un sistema de seguimiento y evaluación (Compliance dashboard o cuadro de mando ético) que permita tomar decisiones informadas, anticipar riesgos y rendir cuentas tanto ante la alta dirección como ante los órganos de supervisión externa.

10.1.17. ¿Qué relación existe entre el cumplimiento normativo y la promoción de la diversidad e inclusión en el trabajo?

La relación entre cumplimiento normativo y diversidad e inclusión (D&I) es bidireccional y estructural, por un lado, el marco normativo impone a las empresas deberes concretos en materia de igualdad, no discriminación y respeto a la diferencia; por otro lado, un sistema de Compliance efectivo no puede limitarse al control formal de legalidad, sino que debe integrar activamente los principios de diversidad e inclusión como parte de su cultura organizacional, sus mapas de riesgo y sus mecanismos de control preventivo.

Desde el punto de vista jurídico, la legislación española (como la Ley Orgánica 3/2007 para la igualdad efectiva de mujeres y hombres, la Ley 15/2022 integral para la igualdad de trato y no discriminación, la Ley 31/1995 de Prevención de Riesgos Laborales y el Estatuto de los Trabajadores), así como normas europeas y recomendaciones internacionales (Directiva UE 2019/1937, Convenios OIT núm. 111 y 190, y las normas ISO 30415 e ISO 45003), configuran un sistema de deberes positivos en materia de diversidad, que obliga a las empresas a no solo abstenerse de discriminar, sino a promover de manera activa entornos inclusivos.

Desde el punto de vista funcional, el sistema de Compliance tiene el deber de integrar la gestión del riesgo de discriminación como parte del Enterprise Risk Management ético de la organización. Esto implica mapear zonas de vulnerabilidad institucional (por ejemplo, procesos de contratación, promociones, compensaciones variables, dinámicas informales de poder) donde puedan producirse exclusiones sistemáticas o microagresiones, así como diseñar controles internos específicos para prevenirlas y remediarlas. El Compliance, en este contexto, se convierte en un catalizador de inclusión estructural.

En términos preventivos, el vínculo con la diversidad e inclusión es esencial para evitar situaciones de acoso laboral, ya que muchas conductas hostiles encuentran su caldo de cultivo en estereotipos, sesgos inconscientes o estructuras jerárquicas que perpetúan formas de discriminación indirecta. Así, un sistema de cumplimiento que no incluya criterios de inclusión corre el riesgo de consolidar patrones excluyentes y encubrir dinámicas de hostigamiento simbólico.

En resumen, la diversidad y la inclusión no son complementos voluntarios del Compliance, sino exigencias funcionales de cualquier modelo de cumplimiento basado en la ética institucional y la prevención real del acoso.

10.1.18. ¿Por qué es importante que el Compliance se anticipe a los riesgos éticos y no solo reaccione ante ellos?

El valor estratégico del Compliance no reside únicamente en su función sancionadora o reactiva frente a infracciones ya consumadas, sino en su capacidad de identificar, evaluar y mitigar riesgos éticos antes de que se materialicen. La anticipación del riesgo -especialmente en el ámbito del acoso laboral- es la única garantía eficaz de protección de derechos fundamentales, de integridad institucional y de sostenibilidad organizacional.

El enfoque anticipatorio exige que el sistema de Compliance evolucione desde un modelo defensivo a uno proactivo y predictivo, apoyado en herramientas de análisis de datos, mapeo de vulnerabilidades y escucha activa. Esto implica,

- La identificación temprana de conductas de riesgo (hostigamiento incipiente, liderazgo tóxico, uso inadecuado del poder, microagresiones).

- El análisis sistemático del entorno psicosocial, mediante encuestas de clima, entrevistas estructuradas, focus groups, y auditorías éticas.

- La implementación de indicadores de alerta temprana, como tasas de rotación anómalas, absentismo injustificado, quejas informales recurrentes, caída de productividad, o aumento de solicitudes de traslado.

Además, la anticipación permite que el Compliance actúe sobre las causas sistémicas del acoso, no solo sobre sus síntomas. Así, por ejemplo, se pueden revisar procesos de promoción que reproducen sesgos, modificar políticas de incentivos que fomentan la competitividad tóxica o rediseñar estructuras organizativas jerarquizadas que facilitan la impunidad.

La anticipación es indispensable para preservar la legitimidad institucional. En un entorno social altamente sensibilizado frente al acoso y la discriminación, las organizaciones que actúan solo cuando el daño ya está hecho suelen ver cuestionada su responsabilidad, sufrir una pérdida de confianza y enfrentarse a litigios, sanciones o crisis reputacionales.

Anticipar es proteger, construir y liderar éticamente.

10.1.19. ¿Qué consecuencias puede tener para una organización no contar con una cultura de cumplimiento efectiva frente al acoso laboral?

La ausencia de una cultura de cumplimiento efectiva frente al acoso laboral expone a la organización a múltiples consecuencias negativas, de carácter jurídico, económico, reputacional, organizacional y humano. Estas consecuencias, interrelacionadas entre sí, configuran un escenario de alto riesgo para la sostenibilidad de la empresa.

Desde la perspectiva jurídica, la falta de una cultura preventiva puede dar lugar a,

- Sanciones administrativas impuestas por la Inspección de Trabajo, en virtud de la Ley de Infracciones y Sanciones del Orden Social.

- Condenas civiles por daños y perjuicios derivados de la omisión del deber de protección frente a riesgos psicosociales (art. 4.2.e del Estatuto de los Trabajadores).

- Eventual responsabilidad penal de la persona jurídica si el acoso adquiere la forma de delito (arts. 173, 184 o 197 del Código Penal) y se demuestra la inexistencia o ineficacia del modelo de prevención conforme al artículo 31 bis.

Desde la perspectiva reputacional, la pasividad o permisividad frente al acoso suele desencadenar crisis mediáticas, pérdida de legitimidad institucional, boicots de consumidores, pérdida de talento clave y deterioro de la relación con clientes, accionistas o administraciones públicas.

Desde la perspectiva organizacional, la ausencia de una cultura de cumplimiento genera un ambiente de desconfianza, miedo al reporte, exclusión y deterioro del clima laboral. Aumenta el absentismo, la rotación voluntaria, el estrés organizacional y la conflictividad interna. Las personas se sienten desprotegidas, y los valores corporativos se perciben como inconsistentes o meramente decorativos.

Desde la perspectiva humana, las víctimas de acoso sufren deterioros psicológicos, profesionales y personales profundos. La omisión institucional agrava el daño y puede producir efectos irreversibles en su salud, su autoestima y su trayectoria laboral. La empresa incurre, por tanto, en una forma de victimización secundaria, agravando su responsabilidad moral y jurídica.

En consecuencia, la cultura de cumplimiento no es solo una obligación jurídica, sino un requisito de sostenibilidad ética y de legitimidad corporativa. Su ausencia equivale a una estructura organizativa vulnerable, expuesta y deficitaria en gobernanza.

10.2. Desafíos en la implementación real de los protocolos para la prevención del acoso laboral

10.2.1. ¿Cuáles son los principales obstáculos que impiden que los protocolos de prevención del acoso laboral se apliquen de forma efectiva en la práctica?

La aplicación efectiva de los protocolos de prevención del acoso laboral se ve frecuentemente obstaculizada por factores que trascienden su redacción formal y se insertan en dinámicas estructurales, culturales y operativas. El primer obstáculo es de carácter estructural, muchos protocolos no están integrados en el sistema global de cumplimiento, operan de manera autónoma respecto del mapa de riesgos o se articulan como anexos decorativos sin correspondencia funcional con los procedimientos reales de la organización. Este fenómeno, conocido como "decoupling" (desacoplamiento), genera una desconexión entre el diseño normativo y la operatividad práctica.

Un segundo obstáculo es la falta de legitimidad institucional del protocolo. En muchas organizaciones, el personal no confía en los canales de denuncia, desconoce las garantías procedimentales o percibe que los casos denunciados terminan archivados sin consecuencias. Esta desconfianza suele provenir de experiencias previas de impunidad, de sesgos jerárquicos en la instrucción o de represalias institucionales encubiertas. Como resultado, el protocolo existe, pero no se utiliza o se elude mediante mecanismos informales.

Un tercer obstáculo es la escasa capacitación técnica de quienes deben activarlo. La falta de formación especializada en la identificación de conductas de acoso, en la conducción de investigaciones internas o en la aplicación de medidas cautelares dificulta una respuesta profesional. En muchas ocasiones, el personal encargado carece de experiencia en derechos fundamentales, perspectiva de género o gestión de conflictos, lo que conduce a errores de tramitación, revictimización o falta de imparcialidad.

Asimismo, los obstáculos operativos son frecuentes, ausencia de plazos definidos, procesos no trazables, falta de coordinación interdepartamental, y escasa supervisión del órgano de cumplimiento. Si no se dispone de un sistema de información que documente cada etapa del proceso, ni de una matriz de responsabilidades, el protocolo termina por inactivarse.

Un obstáculo clave es la falta de alineación entre el protocolo y la cultura organizacional. Si el liderazgo no respalda activamente su cumplimiento, si no se sancionan conductas desviadas o si se minimiza el daño causado a las víctimas, el protocolo queda vacío de fuerza normativa y su aplicación se vuelve excepcional y reactiva.

10.2.2. ¿Cómo puede el Compliance garantizar que un protocolo no se convierta en un mero documento simbólico o decorativo?

El Compliance puede -y debe- evitar que el protocolo de prevención del acoso se reduzca a un documento meramente simbólico mediante un conjunto de acciones estratégicas que aseguren su efectividad real y su incorporación al ciclo de gestión organizacional.

En primer lugar, debe asegurarse su inserción formal en el sistema de gestión de cumplimiento (SGC) como política estructural de integridad, vinculada a la normativa penal, laboral y de riesgos psicosociales. Esto significa que el protocolo no puede ser un archivo estático, sino un instrumento normativo activo, evaluado periódicamente y sujeto a auditoría interna y externa.

En segundo lugar, debe asegurarse su coherencia normativa, el protocolo debe armonizarse con el código ético, el reglamento disciplinario, el procedimiento del canal interno de información (conforme a la Ley 2/2023), el plan de igualdad y las políticas de prevención de riesgos laborales. La redundancia normativa, la falta de integración o las contradicciones internas contribuyen a su inutilización.

En tercer lugar, el área de Compliance debe establecer mecanismos de control y evaluación periódica de su aplicación. Esto incluye, indicadores de seguimiento (por ejemplo, tiempo promedio de gestión de denuncias, número de medidas cautelares aplicadas, nivel de satisfacción de las personas denunciantes), revisiones anuales, y reportes a órganos colegiados (Comité de Ética o de Cumplimiento).

Además, el protocolo debe tener una dimensión pedagógica. Su conocimiento debe promoverse mediante acciones de formación obligatoria, simulaciones de activación, difusión clara y accesible de su contenido, y disponibilidad en múltiples formatos (digital, audiovisual, adaptado a colectivos vulnerables).

El elemento más importante para evitar que se convierta en un documento decorativo es asegurar que su activación produce consecuencias reales. Cuando las denuncias se investigan, las medidas se aplican, las víctimas se protegen y los acosadores reciben sanciones proporcionales, el protocolo adquiere poder simbólico, disuasorio y normativo. La coherencia entre norma y acción es el núcleo de su eficacia.

10.2.3. ¿Qué rol juega la cultura organizacional en la implementación real de los protocolos de prevención del acoso?

La cultura organizacional no solo condiciona la aplicación de los protocolos, la hace posible o la imposibilita. Una cultura que naturaliza el abuso de poder, minimiza las conductas de acoso, castiga al denunciante o protege a los agresores convierte cualquier protocolo en letra muerta. Por el contrario, una cultura basada en la ética, la equidad y la tolerancia cero al hostigamiento permite que el protocolo sea activado, respetado y legitimado.

En este sentido, el protocolo debe ser expresión normativa de una cultura previa o en construcción. No puede imponerse solo desde el derecho, debe enraizar en valores compartidos, liderazgo ejemplar y estructuras de escucha institucional.

El área de Compliance debe promover esta transformación cultural. Esto se logra mediante,

- Campañas institucionales que vinculen el respeto a la dignidad humana con el cumplimiento normativo

- Reconocimiento público a buenas prácticas en liderazgo ético.

- Espacios de diálogo y formación que desactiven estereotipos culturales permisivos con el acoso.

- Supervisión activa del comportamiento de mandos intermedios, quienes son agentes clave de reproducción o transformación cultural.

La cultura organizacional también es clave para la credibilidad del sistema. Cuando el personal percibe que existe una voluntad institucional real de prevenir, investigar y sancionar, se activa el "Compliance espontáneo", las personas internalizan la norma y modifican su conducta no por miedo a la sanción, sino por alineación con los valores corporativos.

10.2.4. ¿Cómo puede integrarse el protocolo de prevención del acoso dentro del sistema global de Compliance de una organización?

El protocolo debe concebirse como un componente estructural del sistema de cumplimiento normativo. Esto significa que no puede ser un apéndice autónomo, sino un instrumento operativo articulado con el resto de las políticas, procedimientos y controles del SGC. Su integración se concreta en cinco dimensiones,

a) Normativa, debe estar referenciado en el código ético, y su incumplimiento debe constituir una infracción disciplinaria tipificada en el reglamento interno. Además, debe contemplarse como elemento de prevención penal (art. 31 bis del Código Penal), como mecanismo de cumplimiento de la Ley de Igualdad y de la Ley 2/2023 de canales de denuncia.

b) Operativa, el protocolo debe compartir procesos, bases de datos, registros e indicadores con el canal interno de denuncias, los comités de cumplimiento, los procedimientos disciplinarios y el sistema de control interno. La denuncia de acoso debe activar un flujo automatizado que contemple las etapas de admisión, investigación, medidas de protección, resolución y archivo, con plazos definidos, responsables asignados y trazabilidad documental.

c) Estratégica, el protocolo debe formar parte del plan anual de cumplimiento y de los cuadros de mando del Compliance Officer. Sus indicadores deben incluirse en los informes de sostenibilidad, de ESG y de cumplimiento normativo presentados al consejo de administración o a los inversores institucionales.

d) Formativa, debe formar parte del plan anual de formación obligatoria en cumplimiento, no solo para el personal base, sino para los cuadros intermedios y la alta dirección. Las formaciones deben incluir perspectiva de género, psicología organizacional y herramientas prácticas para la detección y gestión de conductas inapropiadas.

e) Evaluativa, el cumplimiento del protocolo debe auditarse con la misma exigencia que otros elementos del sistema de cumplimiento (como la prevención de blanqueo o la protección de datos). Estas auditorías deben incluir revisión de expedientes, encuestas de percepción y análisis de casos cerrados.

Una integración plena implica que el protocolo deje de ser "un documento del departamento de igualdad" y pase a ser un componente estructural del sistema de integridad de la organización. Solo así podrá prevenir de forma efectiva el acoso laboral, y blindar a la organización frente a responsabilidades legales, reputacionales y éticas.

10.2.5. ¿Cómo se puede garantizar la confidencialidad y la protección frente a represalias en una investigación interna?

Garantizar la confidencialidad y la protección frente a represalias durante una investigación interna es una obligación legal y un imperativo ético que configura el núcleo de legitimidad de cualquier sistema de cumplimiento normativo. En el contexto del acoso laboral, estas garantías no solo protegen a la persona denunciante, sino que contribuyen a la eficacia de la investigación, a la reconstrucción de los hechos y a la confianza del personal en el sistema de integridad institucional.

Desde la perspectiva del Compliance, garantizar la confidencialidad exige el diseño e implementación de una arquitectura procedimental y técnica que preserve la reserva de la información desde el momento de la recepción de la denuncia hasta su archivo definitivo. Esto implica,

- Establecer la confidencialidad como principio rector en todos los documentos rectores del canal de denuncias (reglamento interno, protocolo de actuación, código ético).

- Limitar el acceso a la información a las personas estrictamente necesarias, mediante una política de acceso segmentado, protocolos de gestión documental y sistemas cifrados.

- Utilizar plataformas tecnológicas certificadas que garanticen la seguridad de los datos, conforme a lo establecido en el Reglamento (UE) 2016/679 (RGPD) y en la Ley Orgánica 3/2018.

- Capacitar al personal involucrado en la investigación (Compliance Officer, Recursos Humanos, asesoría jurídica) en materia de protección de datos, secreto profesional y gestión de expedientes sensibles.

- Configurar procedimientos que impidan la identificación de la persona denunciante ante terceros, especialmente si la denuncia no prospera o si el investigado es jerárquicamente superior.

Respecto de la protección frente a represalias, el sistema de Compliance debe garantizar la activación inmediata de medidas de protección una vez admitida la denuncia, incluyendo, cambios de puesto sin perjuicio laboral, limitación de contacto con el presunto acosador, medidas cautelares internas y seguimiento posterior. El deber de protección es activo, no basta con sancionar una represalia consumada; debe prevenirse cualquier represalia potencial.

El incumplimiento de estas garantías puede anular todo el procedimiento y exponer a la empresa a sanciones administrativas, demandas civiles por daños y perjuicios, o imputación penal por delitos contra la integridad moral. Además, erosiona la confianza organizacional y consolida la impunidad institucional.

10.2.6. ¿Qué responsabilidad tienen los mandos intermedios en la prevención y detección del acoso laboral?

Los mandos intermedios tienen una responsabilidad estratégica en la prevención, detección temprana y tratamiento adecuado del acoso laboral. Como figuras de enlace entre la alta dirección y el personal operativo, desempeñan un papel central en la implementación práctica del sistema de Compliance, y pueden actuar como agentes de cultura ética o, por el contrario, como vectores de reproducción del acoso institucionalizado.

Desde la perspectiva jurídica y organizacional, su responsabilidad se articula en varias dimensiones,

a) Responsabilidad operativa, tienen el deber de conocer y aplicar el protocolo de prevención del acoso, de informar al área de Compliance sobre cualquier indicio o conducta sospechosa, y de activar, en su caso, medidas inmediatas de protección. La omisión de esta obligación puede constituir una infracción laboral, una conducta negligente o incluso una complicidad tácita.

b) Responsabilidad ética, su conducta es observada por los equipos a su cargo, y modela la percepción de lo que la organización considera aceptable. Si naturalizan el acoso, lo minimizan, no reaccionan o desautorizan al denunciante, generan una cultura de miedo y silencio.

c) Responsabilidad disciplinaria, si incurren directamente en conductas de acoso, deben ser investigados con la máxima imparcialidad, sin que su posición jerárquica implique una presunción de inocencia reforzada. La tolerancia con el acoso de mandos intermedios es una de las principales causas de pérdida de legitimidad institucional.

d) Responsabilidad en la gestión del clima, tienen la obligación de intervenir ante señales tempranas de conflictividad, deterioro del ambiente de trabajo, aislamiento, rumores o microviolencias. La detección precoz depende en gran parte de su proactividad.

El sistema de Compliance debe incluir a los mandos intermedios en sus acciones formativas prioritarias, evaluar su desempeño ético, y establecer métricas que permitan detectar la calidad del entorno que lideran (por ejemplo, encuestas de clima, rotación, absentismo, número de denuncias...).

10.2.7. ¿De qué manera el Compliance contribuye a transformar la cultura organizacional hacia entornos más seguros?

El Compliance no debe limitarse a prevenir sanciones legales o mitigar riesgos financieros. Su función más trascendente en el ámbito del acoso laboral es actuar como catalizador de una transformación cultural profunda, que permita construir entornos organizacionales seguros, equitativos, respetuosos y sostenibles.

Esta transformación se logra cuando el sistema de cumplimiento logra interiorizar en la organización valores como la dignidad humana, la equidad de trato, la justicia procedimental y la tolerancia cero ante cualquier forma de violencia.

El Compliance contribuye a esta transformación mediante,

- La definición y promoción de un código ético que incorpore principios de convivencia y respeto.

- La implementación de mecanismos de escucha institucional que permitan identificar y corregir patrones culturales tóxicos o permisivos.

- La auditoría ética de los procedimientos, jerarquías y liderazgos que reproducen prácticas discriminatorias o violentas.

- La institucionalización de canales seguros, confidenciales y confiables para la denuncia de situaciones que vulneren los derechos fundamentales.

- El impulso de acciones formativas basadas en derechos humanos, perspectiva de género, inclusión y prevención de riesgos psicosociales.

- La incorporación de indicadores éticos en los cuadros de mando y en los sistemas de evaluación del desempeño.

- La coordinación con otras áreas (RRHH, Seguridad y Salud Laboral, Comité de Igualdad, Dirección) para asegurar una respuesta integral frente a conductas inadecuadas.

La transformación cultural no es un objetivo complementario del Compliance, es su objetivo final.

Solo en entornos culturalmente seguros es posible construir organizaciones sostenibles, innovadoras y con legitimidad social.

10.2.8. ¿Cómo pueden medirse los resultados de las políticas de Compliance en relación con el acoso laboral?

La medición del impacto y la efectividad de las políticas de Compliance en materia de prevención del acoso laboral es indispensable para su mejora continua, su legitimidad y su rendición de cuentas frente a la alta dirección, la plantilla, los inversores y las autoridades.

Esta medición debe basarse en una combinación de indicadores cuantitativos, cualitativos, procesales y de percepción, alineados con los principios de la ISO 37301 (sistemas de gestión de Compliance) y la ISO 30415 (diversidad e inclusión).

Entre los indicadores más relevantes se encuentran,

a) Los indicadores de activación del sistema,

- Número de denuncias recibidas y su evolución temporal.

- Porcentaje de denuncias relativas a acoso entre el total de reportes.

- Tiempo medio de tramitación de los casos.

- Proporción de casos archivados, investigados, sancionados y resueltos mediante medidas restaurativas.

b) Los indicadores de confianza institucional,

- Nivel de conocimiento del protocolo (medido por encuestas).

- Porcentaje de trabajadores que confían en el canal de denuncias.

- Percepción de imparcialidad, confidencialidad y protección.

c) Los indicadores de entorno,

- Los resultados de las encuestas de clima laboral, riesgo psicosocial y bienestar emocional.

- el número de rotaciones, bajas por ansiedad o ausentismo en áreas críticas

- La incidencia de conflictos interpersonales o casos reincidentes.

d) Indicadores cualitativos,

- Las valoraciones obtenidas en focus groups.

- La revisión de casos especialmente sensibles.

- Las evaluaciones de las víctimas sobre el acompañamiento recibido.

e) Los indicadores estructurales,

- El presupuesto destinado a formación, prevención y protección.

- El número de horas de formación efectiva por empleado.

- La proporción de mandos capacitados en liderazgo ético.

Estos indicadores deben formar parte del sistema de reporte del Compliance Officer, ser analizados por el Comité de Ética o Cumplimiento, y alimentar procesos de mejora continua. Asimismo, deben incluirse en los informes anuales de sostenibilidad, cumplimiento o responsabilidad social corporativa (RSC), especialmente si la organización está sujeta a los estándares ESG o a la Directiva (UE) 2022/2464 (CSRD).

10.2.9. ¿Qué medidas puede adoptar el Compliance para proteger a los denunciantes frente a posibles represalias?

La protección de los denunciantes (whistleblowers) constituye una piedra angular del sistema de cumplimiento normativo. No sólo es una exigencia legal derivada de la Directiva (UE) 2019/1937 y su transposición en España mediante la Ley 2/2023, sino también un elemento clave para generar confianza organizacional y fomentar la denuncia de conductas irregulares, entre ellas el acoso laboral. El área de Compliance debe adoptar medidas preventivas, técnicas, procedimentales y formativas para garantizar que las personas que reportan hechos de acoso no sufran consecuencias negativas por ejercer su derecho a denunciar.

En el plano preventivo, el Compliance debe asegurarse de que el canal interno de denuncias cumpla con los requisitos de anonimato, confidencialidad, independencia funcional y protección de datos. Esto implica que la tecnología[232] utilizada debe permitir el anonimato técnico (por ejemplo, plataformas seguras con cifrado de extremo a extremo), y que los protocolos de investigación deben establecer una estricta segregación de funciones para impedir filtraciones. Asimismo, el área debe establecer procedimientos claros para la evaluación temprana del riesgo de represalia y la aplicación inmediata de medidas cautelares de protección, como cambios de puesto sin perjuicio económico o la limitación del contacto con la parte denunciada.

---

[232] Pérez Bes, F. Publicaciones del Consejo General de la Abogacía Española en https,//www.abogacia.es/actualidad/noticias/las-medidas-tecnologicas-en-los-sistemas-de-Compliance-cumplimiento-normativo/

Desde una perspectiva cultural, es fundamental que el Compliance impulse campañas formativas y de sensibilización que desestigmaticen al denunciante, reconociéndolo como un actor esencial en la integridad de la organización. Del mismo modo, debe institucionalizarse la prohibición expresa de represalias como una falta muy grave en el régimen disciplinario interno, y establecer un sistema de seguimiento a medio plazo para verificar que no se han producido efectos colaterales encubiertos, tales como mobbing, deterioro de evaluaciones o aislamiento social.

10.2.10. ¿Cómo se puede evaluar la eficacia real de un protocolo de prevención del acoso desde una perspectiva de cumplimiento?

Evaluar la eficacia del protocolo de prevención del acoso no se limita a verificar su existencia formal o su publicación interna, sino que exige medir si cumple con su finalidad, prevenir el acoso, permitir su detección temprana, garantizar una respuesta oportuna, proteger a las víctimas y generar una cultura organizacional segura. Desde la óptica del Compliance, la evaluación debe hacerse conforme al ciclo PDCA (planificar, hacer, verificar, actuar), lo que requiere establecer indicadores de desempeño (KPIs), procesos de auditoría interna, mecanismos de control, revisión periódica y análisis de impacto.

Algunos elementos clave en la evaluación son,

- El grado de conocimiento de la plantilla sobre la existencia, contenido y funcionamiento del protocolo (medido mediante encuestas internas).

- El número de denuncias recibidas, analizadas, tramitadas y resueltas, y el tiempo medio de tramitación.

- La satisfacción o percepción de imparcialidad y protección expresada por las personas usuarias del protocolo.

- La frecuencia con la que se aplican medidas cautelares o disciplinarias en relación con los casos reportados.

- La existencia o no de reincidencias en las mismas unidades o frente a las mismas personas.

- La incorporación de mejoras al protocolo tras su revisión periódica o a raíz de auditorías.

- La existencia de formaciones activas sobre el uso del protocolo, tanto para personal operativo como para directivos y mandos intermedios.

Una evaluación eficaz también requiere analizar las causas de subutilización del protocolo, si las hubiera,

¿Existe temor a represalias? ¿los plazos son excesivos?

¿Hay desconfianza sobre la imparcialidad del proceso?

Este análisis cualitativo permite ir más allá de los números y actuar sobre las raíces culturales que pueden limitar la efectividad del sistema.

10.2.11. ¿Qué papel juegan las auditorías internas y los indicadores de cumplimiento en la supervisión del protocolo?

Las auditorías internas y los indicadores son herramientas indispensables del sistema de Compliance para asegurar la trazabilidad, transparencia y mejora continua del protocolo de prevención del acoso. Su valor no reside únicamente en detectar incumplimientos, sino en demostrar la existencia de un sistema vivo, dinámico y revisado regularmente, lo que refuerza la posición de la empresa frente a terceros (autoridades, tribunales, sindicatos, partes interesadas) en caso de reclamación o investigación.

Las auditorías internas permiten verificar, mediante una revisión sistemática, si el protocolo se aplica conforme a sus propias reglas, si cumple la normativa vigente, si los expedientes se gestionan de forma imparcial y diligente, si existen registros completos, si se han adoptado medidas correctoras, y si se ha preservado la confidencialidad. Una auditoría bien diseñada también evalúa la asignación de recursos, la capacitación del personal responsable, y la adecuación del sistema a los estándares internacionales (como la ISO 37301 o la UNE 19601).

Por su parte, los indicadores de cumplimiento permiten monitorear de forma continua el comportamiento del sistema. Algunos ejemplos relevantes son, número de denuncias, tasa de resolución, índice de satisfacción del denunciante, tasa de reincidencia, número de medidas disciplinarias aplicadas, promedio de días entre denuncia y resolución, entre otros. Estos datos deben ser analizados regularmente, integrados en el mapa de riesgos del sistema de Compliance, y reportados a la alta dirección y al Comité de Ética o Cumplimiento.

Sin auditorías ni indicadores, el protocolo corre el riesgo de convertirse en un instrumento meramente decorativo, desprovisto de operatividad real y ajeno a la mejora continua. Por el contrario, una supervisión eficaz refuerza la cultura de integridad y permite anticipar situaciones de riesgo.

10.2.12. ¿Por qué es importante que el protocolo de prevención del acoso esté alineado con el código de ética y conducta de la empresa?

El alineamiento entre el protocolo de prevención del acoso y el código ético de la organización es esencial para consolidar un sistema de integridad coherente, transversal y eficaz. El código ético expresa los principios rectores de la organización, incluyendo la dignidad humana, el respeto, la inclusión, la igualdad de oportunidades y la tolerancia cero frente a la violencia. Si el protocolo no refleja y operacionaliza estos principios, se genera una desconexión normativa y cultural que mina su legitimidad y dificulta su implementación.

Una empresa puede tener un código ético que proclame el respeto mutuo como valor esencial, pero si su protocolo de acoso no establece mecanismos claros para sancionar el hostigamiento, proteger a las víctimas o promover la reparación, dicho valor se convierte en una mera declaración simbólica. Por eso, es crucial que el protocolo sea una extensión práctica y normativa del código de conducta, y que su infracción pueda ser considerada también como una vulneración del mismo, lo que refuerza su carácter disciplinario.

Además, el alineamiento permite integrar el protocolo en otras políticas corporativas, diversidad e inclusión, conciliación, bienestar psicosocial, sostenibilidad (ESG), igualdad de género, liderazgo ético, etc. Este enfoque transversal favorece una cultura organizacional coherente, en la que las normas no son percibidas como compartimentos estancos, sino como parte de un ecosistema ético integral.

En términos reputacionales y legales, el alineamiento facilita a la empresa demostrar frente a terceros (jueces, inspección, auditores, inversores) que el acoso laboral no sólo está tipificado como infracción jurídica, sino también como desviación ética incompatible con los valores de la organización. Esta coherencia documental y cultural es clave para acreditar la diligencia debida, tanto desde el punto de vista penal, civil, administrativo o reputacional.

10.2.13. ¿Cómo puede el Compliance ayudar a identificar y corregir posibles sesgos o deficiencias en el diseño del protocolo?

El Compliance, como función transversal y autónoma dentro de la organización, está especialmente capacitado para realizar un análisis crítico e independiente del diseño y aplicación del protocolo de prevención del acoso laboral. Esto se debe a que su rol no se limita a la implementación formal de normas, sino que exige verificar su eficacia sustantiva, su adecuación a los principios de legalidad, igualdad, proporcionalidad, equidad y justicia, así como su alineamiento con los estándares éticos y regulatorios nacionales e internacionales.

En la práctica, el Compliance puede detectar sesgos o deficiencias del protocolo mediante varios instrumentos,

- La evaluación de accesibilidad, analizando si el protocolo está redactado en lenguaje claro, si está disponible en todos los formatos necesarios (papel, intranet, lectura fácil), si considera el enfoque de género y diversidad, y si permite que cualquier persona (independientemente de su nivel jerárquico o situación contractual) pueda utilizarlo con seguridad.

- La revisión estructural del procedimiento, verificando si el proceso de tramitación de denuncias contempla todas las fases críticas (recepción, admisión, instrucción, medidas cautelares, conclusión y seguimiento), si se respeta la presunción de inocencia y la imparcialidad, y si hay mecanismos para actuar de oficio ante hechos conocidos sin denuncia formal.

- El análisis de sesgos institucionales, detectando si el protocolo falla en proteger adecuadamente a las víctimas cuando el presunto acosador ocupa una posición jerárquica alta, si las denuncias contra directivos no se investigan con la misma profundidad, o si existen diferencias de trato entre hombres y mujeres, trabajadores fijos y temporales, nacionales y extranjeros, etc.

- La revisión del enfoque preventivo, evaluando si el protocolo está centrado exclusivamente en la fase reactiva (investigación y sanción) o si incorpora herramientas para detectar señales tempranas de riesgo (encuestas psicosociales, rotación anómala de personal, informes de clima, etc.).

- El análisis de casos reales, extrayendo lecciones de los expedientes tramitados, revisando si se resolvieron en plazo, si se preservó la confidencialidad, si hubo desconfianza por parte de la víctima, si se aplicaron sanciones, y si se derivaron mejoras sistémicas.

Cuando se detectan deficiencias, el Compliance debe proponer su corrección a través de la actualización normativa, la emisión de directrices complementarias, la formación del personal implicado (RRHH, instructores, mandos), y la emisión de recomendaciones vinculantes al órgano de gobierno.

10.2.14. ¿Qué implicaciones éticas y legales tiene para una organización el incumplimiento sistemático de su protocolo de prevención del acoso?

El incumplimiento reiterado, negligente o deliberado del protocolo de prevención del acoso laboral genera consecuencias graves tanto desde una perspectiva jurídica como ética. Desde el punto de vista ético, pone de manifiesto una disonancia entre los valores que la organización proclama -respeto, igualdad, integridad, bienestar laboral- y su comportamiento real, socavando la credibilidad del sistema de cumplimiento y deslegitimando su cultura corporativa.

Desde una óptica legal, el incumplimiento puede dar lugar a,

a) Sanciones administrativas, la Inspección de Trabajo puede considerar dicho incumplimiento como una infracción grave o muy grave en materia de prevención de riesgos laborales, con multas de hasta 983.736 € en los casos más graves, según la LISOS. Si el protocolo existe formalmente pero no se aplica, no se revisa, o no es conocido por el personal, la infracción persiste.

b) Responsabilidad civil, si una persona trabajadora sufre acoso laboral y la empresa no aplica el protocolo, no actúa con diligencia debida, o ignora las alertas, puede ser condenada a indemnizar por daños morales, pérdida de salud, daño psicológico y perjuicio profesional. La cuantía se incrementa si se acredita que la organización tenía mecanismos normativos inactivos.

c) Responsabilidad penal, si el incumplimiento se produce de manera consciente, se encubre al agresor, se ejercen represalias institucionales contra la víctima o se obstaculiza la investigación, pueden activarse los supuestos del artículo 31 bis del Código Penal. Esto incluye la posible imputación de la persona jurídica por delitos de acoso (art. 173 CP), lesiones psíquicas, o incluso delitos contra los derechos de los trabajadores.

d) Reputación y contratos, la falta de cumplimiento puede derivar en pérdida de confianza por parte de inversores, clientes, socios comerciales, e incluso exclusión de licitaciones públicas si se cuestiona la responsabilidad social corporativa.

e) Responsabilidad del órgano de administración, los consejeros y directivos pueden incurrir en responsabilidad civil por omisión del deber de supervisión, y penal si consintieron la inactividad dolosa del sistema de integridad.

El Compliance, por tanto, debe asegurar que el protocolo no solo existe, sino que es aplicado, revisado, evaluado y conocido, ya que la responsabilidad de su incumplimiento puede escalar a toda la estructura de la organización.

10.2.15. ¿De qué forma puede el Compliance promover una transformación cultural que apoye activamente la prevención del acoso en todos los niveles de la organización?

La función de Compliance no debe entenderse únicamente como un mecanismo de control normativo o sancionador, sino como un agente de cambio cultural orientado a consolidar entornos éticamente sólidos, libres de violencia, y basados en el respeto a la dignidad humana. Para lograr una transformación real que prevenga el acoso laboral más allá de la dimensión formal del protocolo, el Compliance debe desplegar una serie de iniciativas estratégicas,

a) Sensibilización ética institucional, a través de campañas internas, comunicaciones de la alta dirección, y mensajes continuos que refuercen que el respeto mutuo, la igualdad y el trato digno no son negociables, sino principios fundamentales. La repetición de estos mensajes fortalece su interiorización en todos los niveles jerárquicos.

b) Formación transversal y permanente, impartiendo sesiones específicas sobre acoso laboral a todos los colectivos, desde la alta dirección hasta los niveles operativos, y adaptando el contenido según su rol (líderes, testigos, instructores, víctimas potenciales). Estas formaciones deben incluir estudios de caso, dilemas éticos, buenas prácticas, y simulaciones.

c) Incorporación en los sistemas de incentivos, incluyendo indicadores de clima laboral, respeto a las normas de convivencia y ausencia de denuncias fundadas como criterios en las evaluaciones de desempeño, ascensos y bonificaciones. Así se vincula el comportamiento ético con el reconocimiento profesional.

d) Activación de canales de escucha, promoviendo encuestas anónimas de clima, buzones de sugerencias éticas, mesas de diálogo, y análisis de rotación o absentismo como indicadores indirectos de posibles entornos tóxicos. El Compliance debe captar señales culturales antes de que el acoso emerja.

e) Refuerzo de la función ejemplar de los líderes, trabajando con los mandos para que su conducta sea coherente, no ambigua, y que intervengan con firmeza ante comportamientos inadecuados. El liderazgo ético debe ser visible y constante.

f) Evaluación de impacto cultural, incorporando la prevención del acoso en los informes ESG, en los mapas de riesgo cultural, en los KPIs del modelo de integridad, y en los informes del Comité de Cumplimiento.

g) Integración transversal, asegurando que los procesos de selección, promoción, onboarding, y relaciones laborales incluyan referencias concretas al compromiso contra el acoso, a fin de evitar su tratamiento como algo periférico.

La transformación cultural no se logra mediante normas, sino mediante consistencia institucional, coherencia entre discurso y práctica, y una acción ética sostenida. El Compliance puede y debe liderar ese proceso, no como un censor, sino como un facilitador de una cultura de respeto que proteja a la organización y a las personas que la integran.

10.3. Gestión de riesgos psicosociales como parte del sistema de ESG, y su vinculación con las situaciones de acoso laboral

10.3.1. ¿Por qué es importante que el sistema de Compliance integre la gestión de riesgos psicosociales dentro del marco ESG?

La gestión de riesgos psicosociales -entre los que se incluye el acoso laboral- debe ser una dimensión inseparable del sistema de Compliance moderno, especialmente cuando la organización se alinea con principios ESG (Environmental, Social, and Governance). En particular, los riesgos psicosociales impactan directamente sobre el pilar "S" (Social), que se refiere a la forma en que una empresa gestiona sus relaciones laborales, protege los derechos humanos en el entorno de trabajo, promueve la equidad y preserva la salud y seguridad de las personas empleadas.

Incluir estos riesgos en el marco ESG tiene efectos en distintos niveles,

a) Normativo.

Las legislaciones nacionales y supranacionales (como la Directiva europea sobre información corporativa en materia de sostenibilidad, CSRD) exigen que las empresas revelen información sobre sus impactos en materia de derechos sociales y laborales. La existencia de acoso o la falta de respuesta ante él puede ser considerada un incumplimiento grave que pone en entredicho la sostenibilidad y la diligencia debida de la organización.

b) Ético.

La omisión o el tratamiento negligente de los riesgos psicosociales revela una inconsistencia ética entre el discurso y la práctica corporativa. El Compliance tiene la misión de asegurar esa coherencia y de evitar que la cultura institucional tolere -activa o pasivamente- comportamientos que erosionen la dignidad de las personas trabajadoras.

c) Reputacional.

Las crisis derivadas del descubrimiento de entornos tóxicos o de escándalos de acoso afectan directamente a la percepción de los stakeholders, dañan la marca empleadora y pueden suponer la pérdida de certificaciones o la exclusión de procesos contractuales o de inversión.

d) Estratégico.

La integración de los riesgos psicosociales permite al Compliance elevar su rol a nivel estratégico dentro del gobierno corporativo, al dotar al mapa de riesgos de una lectura integral que conecta el cumplimiento legal con la sostenibilidad humana de la organización.

e) Preventivo.

Al considerarlos desde el marco ESG, los riesgos psicosociales dejan de ser eventos aislados tratados desde la contingencia y se convierten en elementos monitorizados, anticipables, evaluables y objeto de mejora continua.

Por todo ello, el Compliance debe asegurar que estos riesgos se identifiquen, evalúen, mitiguen, comuniquen y auditen, y que los mecanismos de prevención del acoso laboral estén integrados estructuralmente en el sistema de integridad corporativa, no solo como un elemento jurídico-laboral sino como una expresión de sostenibilidad empresarial.

10.3.2. ¿Qué papel desempeña el Compliance en la prevención y detección de situaciones de acoso laboral como expresión de riesgo psicosocial?

El Compliance tiene una función activa y determinante en la prevención y detección del acoso laboral, concebido como una manifestación grave y compleja de riesgo psicosocial. Esta responsabilidad se articula en distintas líneas de acción,

a) Diagnóstico y anticipación.

El área de Compliance debe incluir el acoso en el mapa de riesgos normativos y éticos de la organización, no solo como una infracción de normas internas, sino como un fenómeno multicausal que puede derivar en responsabilidad penal, civil, administrativa o reputacional para la empresa. Su detección requiere herramientas que vayan más allá de las denuncias formales, análisis de clima laboral, entrevistas de salida, resultados de encuestas psicosociales, auditorías internas, etc.

b) Marco normativo interno.

El Compliance es responsable de revisar que la política de prevención del acoso, los protocolos de actuación, el código ético y el régimen disciplinario sean coherentes, estén actualizados y permitan actuar de manera efectiva y proporcional. También debe garantizar su divulgación y accesibilidad.

c) Formación y sensibilización.

La prevención real del acoso requiere procesos pedagógicos continuos, que incluyan formación específica en liderazgo ético, identificación de microagresiones, lenguaje inclusivo, gestión de conflictos, etc. El Compliance debe liderar estas capacitaciones o coordinar su impartición junto a RRHH o expertos externos.

d) Mecanismos de detección temprana.

Deben habilitarse canales de alerta y espacios seguros para recoger señales incipientes de conflicto o desprotección, mucho antes de que se configure jurídicamente un acoso. El Compliance tiene que asegurar que estas vías sean confidenciales, accesibles y auditables.

e) Supervisión de las investigaciones.

El Compliance no sustituye a los instructores o a RRHH, pero sí tiene el deber de supervisar que los procedimientos se desarrollen con imparcialidad, prontitud, respeto al debido proceso, y protección efectiva frente a represalias.

f) Medición de resultados.

Se deben definir indicadores (KPIs) que permitan medir si las acciones de prevención son eficaces, nivel de conocimiento del protocolo, índice de utilización del canal, tiempo medio de resolución, grado de satisfacción con la respuesta, reincidencia, etc.

Por tanto, el Compliance no actúa solo como garante de legalidad, sino como custodio de la cultura organizacional y del derecho a trabajar en entornos saludables, integrando la prevención del acoso dentro de un marco más amplio de integridad institucional.

10.3.3. ¿Cuáles son los principales factores psicosociales que deben considerarse en un mapa de riesgos desde la perspectiva del cumplimiento normativo?

Desde el enfoque del Compliance, el mapa de riesgos no puede limitarse a delitos o infracciones normativas claramente tipificadas. Debe incluir factores psicosociales cuya persistencia en el tiempo genera contextos de incumplimiento estructural. Los principales factores a considerar son,

- Deficiencias en el liderazgo, estilos autoritarios, ausencia de supervisión ética, permisividad frente a conductas abusivas, favoritismo jerárquico.

- Cultura organizacional disfuncional, normalización del insulto, las humillaciones o la sobrecarga laboral; banalización de la violencia verbal o simbólica; miedo a denunciar.

- Falta de canales seguros de denuncia, desconfianza, temor a represalias, ausencia de anonimato, desconocimiento del canal, opacidad en la gestión.

- Deficiencias en los procesos de toma de decisiones, promociones arbitrarias, procesos de selección no transparentes, ausencia de equidad retributiva, falta de criterios objetivos.

- Condiciones de trabajo estresantes o precarias, sobrecarga, turnos rotativos, ambigüedad de funciones, presión por resultados, aislamiento profesional.

- Falta de acciones formativas, carencia de formación en prevención del acoso, falta de desarrollo de habilidades para la resolución de conflictos o para el liderazgo ético.

Inexistencia o ineficacia de protocolos internos, documentos obsoletos, no aplicados, desconocidos o inaplicables en la práctica.

Estos factores deben ser incluidos en el mapa de riesgos mediante una metodología que combine la evaluación cualitativa (grupos focales, entrevistas) y cuantitativa (encuestas, KPIs, benchmark). La gestión de estos riesgos debe ser sistémica, no casuística, y alinearse con la política de integridad corporativa y los objetivos de sostenibilidad social de la empresa.

10.3.4. ¿Cómo puede el Compliance contribuir a la creación de un entorno laboral emocionalmente seguro y ético?

El concepto de entorno laboral emocionalmente seguro no solo implica la ausencia de violencia o acoso, sino la creación activa de condiciones que favorezcan la salud emocional, el respeto interpersonal, la justicia organizativa y la corresponsabilidad ética. El Compliance puede contribuir decisivamente a esa finalidad mediante,

- El diseño e implementación de un modelo de integridad basado en valores, donde la dignidad humana, el respeto, la justicia y la inclusión no sean conceptos abstractos, sino criterios operativos para tomar decisiones.

- El monitoreo de la cultura corporativa mediante instrumentos cualitativos y cuantitativos, encuestas éticas, entrevistas, buzones confidenciales, análisis de datos no convencionales (rotación, absentismo, reclamos informales, etc.).

- La participación activa en el diseño del plan de igualdad, el protocolo de acoso y otras políticas clave, asegurando que estén orientadas al cuidado, la prevención y el bienestar.

- La articulación entre Compliance y otras funciones críticas, como Recursos Humanos, Dirección General, Sostenibilidad, Comité de Ética, Salud Laboral y Comunicación Interna, promoviendo una gobernanza horizontal e inclusiva de la ética laboral.

- La promoción del liderazgo ético, exigiendo que los mandos intermedios y la alta dirección actúen como referentes éticos, formen parte del discurso institucional de tolerancia cero, y reciban formación sobre gestión emocional y detección de señales de alarma.

- El fomento del diálogo institucional, generando espacios donde las personas puedan hablar de su experiencia laboral sin temor, donde se discuta abiertamente sobre cultura del respeto, y donde se validen las emociones como parte del entorno profesional.

El Compliance contribuye a crear una cultura del cuidado, entendida como un entorno ético que protege no solo frente al incumplimiento, sino frente al sufrimiento organizacional. En un entorno emocionalmente seguro, la integridad no es solo una norma, es una vivencia.

10.3.5. ¿Qué indicadores pueden ayudar al Compliance a identificar de forma temprana posibles focos de acoso laboral?

El Compliance debe adoptar un enfoque proactivo y preventivo en la identificación de situaciones potencialmente constitutivas de acoso laboral, incluso antes de que se materialicen formalmente como denuncias. Para ello, se deben integrar en el sistema de monitoreo una serie de indicadores anticipatorios, tanto directos como indirectos, que permiten identificar entornos de riesgo. Estos incluyen,

- Índice de rotación anómala, tasas elevadas o injustificadas de salida voluntaria de personal en ciertas unidades pueden indicar climas tóxicos, hostilidad o percepción de trato injusto.

- Ausentismo laboral no justificado, niveles inusuales de bajas por enfermedad o licencias médicas prolongadas en determinados departamentos pueden ser reflejo de estrés psicosocial derivado de maltrato o ambientes de trabajo hostiles.

- Resultado de encuestas de clima organizacional o evaluación psicosocial, ítems que midan percepción de respeto, trato justo, apoyo de los superiores, posibilidades de denunciar sin miedo, o equilibrio entre vida laboral y personal, pueden ser indicadores clave de malestar estructural.

- Uso y tipología del canal de denuncias, una baja utilización puede indicar desconfianza, mientras que un alto volumen concentrado en un área concreta sugiere la existencia de conductas recurrentes. La repetición de ciertos términos (por ejemplo, "humillación", "gritos", "aislamiento") permite identificar patrones que deben ser analizados cualitativamente.

- Registro de conflictos no resueltos, quejas reiteradas, discusiones, sanciones disciplinarias cruzadas o falta de mediación efectiva entre personas o equipos pueden ser precursores de hostigamiento sistemático.

- Desigualdad en promociones, evaluaciones o distribución de tareas, brechas injustificadas en acceso a beneficios o ascensos pueden generar contextos de discriminación o abuso de poder.

- Reclamaciones informales, comentarios en entrevistas de salida, sugerencias anónimas, conversaciones mantenidas por RRHH, delegados sindicales o mandos intermedios pueden revelar focos latentes de acoso o falta de respeto persistente.

Estos indicadores deben estar integrados en un sistema de alertas tempranas gestionado desde el área de Compliance, que permita su cruce, evaluación contextualizada y activación de mecanismos preventivos o de investigación cuando se superen determinados umbrales o se detecten patrones estructurales.

10.3.6. ¿Qué responsabilidades tiene el oficial de cumplimiento (Compliance Officer) en la supervisión de políticas vinculadas al bienestar psicosocial?

El Compliance Officer[233] (CO) tiene un papel transversal e indelegable en la supervisión, impulso y mejora continua de las políticas que afectan al bienestar emocional, psicológico y relacional del personal de la organización. Sus responsabilidades en esta materia incluyen,

- Validar la existencia de políticas específicas, actualizadas y efectivas sobre prevención del acoso, salud psicosocial y cultura de respeto. Estas políticas deben integrarse formalmente en el sistema de Compliance y no operar como elementos aislados.

- Asegurar que las políticas se revisan periódicamente con base en los resultados del canal de denuncias, informes de clima laboral, auditorías internas o cambios normativos. El CO debe promover que estas revisiones sean no solo formales sino sustantivas.

- Verificar que estas políticas están debidamente comunicadas, comprendidas y aplicadas. Una política que no se conoce o no se aplica carece de eficacia jurídica y ética.

- Supervisar la trazabilidad de la actuación institucional frente a alertas o denuncias vinculadas al acoso, garantizando que se respeta el principio de confidencialidad, la imparcialidad del instructor, el derecho de audiencia, la protección frente a represalias y los plazos razonables de resolución.

- Informar al Comité de Cumplimiento y a la alta dirección sobre la eficacia de estas políticas y recomendar ajustes organizativos, disciplinarios, estructurales o formativos cuando se detecten desviaciones.

- Promover actividades de sensibilización y formación continua, especialmente dirigidas a mandos intermedios, quienes tienen un rol clave en la detección precoz de dinámicas abusivas y en la creación de entornos saludables.

---

233 Canosa Sevillano, J. (2024) El ayer y el mañana en las competencias y habilidades de un Compliance Officer. ASCOM. Asociación Española de Compliance en htps,//asociacionCompliance.com/el-ayer-y-el-manana-en-las-competencias-y-habilidades-de-un-Compliance-Officer/

- Actuar como referente ético, asegurando que la protección del bienestar psicosocial es una prioridad estratégica del sistema de cumplimiento y que los principios de integridad y dignidad prevalecen sobre cualquier lógica de negocio que los contradiga.

10.3.7. ¿Cómo se relacionan los principios del buen gobierno corporativo con la gestión de riesgos psicosociales?

Los principios del buen gobierno corporativo -entendidos como el conjunto de normas, prácticas y estructuras que rigen el funcionamiento ético, transparente y responsable de una organización- están íntimamente relacionados con la gestión de riesgos psicosociales. Esta conexión puede concretarse en los siguientes aspectos,

- El principio de diligencia exige a los órganos de gobierno adoptar medidas razonables para prevenir, detectar y corregir conductas que afecten a la salud mental, emocional o moral de las personas trabajadoras. Ignorar los factores psicosociales equivale a desentenderse de una obligación fiduciaria de protección.

- El principio de rendición de cuentas implica que los directivos deben informar no solo sobre resultados financieros, sino también sobre el estado del clima laboral, la eficacia de los protocolos de prevención, los indicadores de bienestar y los eventuales casos de incumplimiento ético o acoso.

- El principio de transparencia obliga a la empresa a comunicar, tanto interna como externamente, su compromiso real con la dignidad y los derechos laborales, evitando el llamado "Compliance de fachada" o las políticas inefectivas.

- El principio de sostenibilidad demanda que las estrategias empresariales integren como eje la salud ocupacional, el equilibrio emocional y la inclusión, entendiendo que la gestión de los riesgos psicosociales es clave para la resiliencia y la continuidad del negocio.

- El principio de integridad exige una coherencia entre el discurso institucional (misión, valores, principios éticos) y las prácticas cotidianas. Un entorno que tolera o minimiza el acoso vulnera este principio en su raíz.

- El principio de participación y corresponsabilidad refuerza la necesidad de incluir al personal en la construcción de un entorno saludable y respetuoso, reconociendo su voz en el diagnóstico y evaluación de riesgos psicosociales.

Por tanto, el buen gobierno no puede limitarse a la eficiencia técnica o al cumplimiento formal, exige la promoción activa de entornos organizacionales justos, protectores y emocionalmente seguros.

10.3.8. ¿Qué consecuencias legales y reputacionales puede enfrentar una organización si su sistema de Compliance ignora el acoso laboral?

Las consecuencias pueden ser múltiples, acumulativas y devastadoras. A nivel legal, las siguientes son las más relevantes,

- Responsabilidad administrativa.

La Inspección de Trabajo puede imponer sanciones económicas por no contar con un protocolo adecuado de prevención del acoso, por no proteger a la víctima, o por deficiencias en la gestión del caso. También puede ordenar medidas correctoras, impedir subvenciones o restringir contratos públicos.

- Responsabilidad civil.

La empresa puede ser condenada a indemnizar daños y perjuicios por la conducta del agresor si se demuestra que no actuó con diligencia. Esto incluye tanto el daño moral como posibles secuelas psicológicas, pérdida de salario o costes terapéuticos.

- Responsabilidad penal.

En supuestos graves, especialmente si hay encubrimiento, represalias o reiteración, la persona jurídica puede ser penalmente responsable si no contaba con un modelo de prevención penal eficaz (art. 31 bis Código Penal español).

- Responsabilidad disciplinaria, Directivos, superiores jerárquicos o mandos intermedios pueden ser cesados, sancionados o inhabilitados por su tolerancia, complicidad u omisión ante hechos conocidos o previsibles.

A nivel reputacional, las consecuencias incluyen,

- Pérdida de legitimidad social.

Las denuncias de acoso, especialmente cuando son públicas, pueden provocar crisis de confianza entre consumidores, proveedores, medios de comunicación y opinión pública.

- Impacto negativo en ESG.

Las empresas evaluadas en criterios de sostenibilidad pierden calificaciones o son excluidas de fondos si se identifican prácticas que violan los derechos humanos laborales.

- Fuga de talento.

Las organizaciones percibidas como inseguras o permisivas con el maltrato emocional son rechazadas por perfiles valiosos, afectando su capacidad de atracción, retención y desarrollo del capital humano.

- Crisis reputacional.

La percepción de impunidad o negligencia en la gestión de denuncias puede desencadenar campañas públicas, pérdida de contratos y cancelación de patrocinios o colaboraciones institucionales.

En síntesis, un sistema de Compliance que ignore el acoso laboral se convierte en un sistema fallido. No solo pierde legitimidad y eficacia, sino que expone a la empresa a un daño estructural que compromete su sostenibilidad, su ética institucional y su propia continuidad.

10.3.9. ¿Qué indicadores pueden ayudar al Compliance a identificar de forma temprana posibles focos de acoso laboral?

Un sistema de Compliance eficaz en materia de acoso laboral debe incorporar una batería de indicadores cuantitativos y cualitativos que permitan identificar de forma anticipada los entornos laborales en los que puedan incubarse conductas constitutivas de hostigamiento, violencia o abuso de poder. Estos indicadores pueden agruparse en distintas categorías,

a) Indicadores de clima organizacional.

Resultados negativos en encuestas internas sobre percepción de respeto, liderazgo ético, igualdad de trato, libertad de expresión o calidad relacional. Un descenso sostenido en los niveles de satisfacción en equipos o áreas concretas puede ser un signo de alerta.

b) Indicadores de conflictividad laboral.

Frecuencia y recurrencia de quejas informales, reportes verbales a RRHH, consultas reiteradas al canal ético sobre conductas interpersonales, o existencia de mediaciones laborales no resueltas.

c) Indicadores de salud ocupacional.

Aumento de bajas médicas por motivos psicológicos (ansiedad, depresión, estrés), visitas a servicios médicos internos o solicitudes de traslado sin causa justificada pueden apuntar a un entorno psicosocial deteriorado.

d) Indicadores de rotación de personal.

La tasa de rotación anómala o no explicada (especialmente en determinadas áreas, turnos o bajo ciertos supervisores) puede ser síntoma de un entorno laboral hostil o disfuncional.

e) Indicadores de uso del canal de denuncias.

Un canal con alta tasa de uso en determinados departamentos, o el uso reiterado por parte de perfiles similares (mujeres, trabajadores jóvenes, etc.) puede evidenciar desequilibrios estructurales o cultura permisiva hacia el abuso.

f) Indicadores de desigualdad estructural.

Desproporción en los procesos de promoción, evaluación del desempeño, acceso a proyectos estratégicos, formación o beneficios entre colectivos diferenciados (por género, edad, raza o nacionalidad) pueden constituir factores de riesgo de acoso.

g) Indicadores de liderazgo negativo.

Evaluaciones de liderazgo que evidencien conductas autoritarias, comunicativas, excluyentes o paternalistas. El estilo de liderazgo es un factor determinante en la aparición de acoso.

El área de Compliance debe monitorizar estos indicadores de forma transversal, en colaboración con Recursos Humanos, Salud Laboral y el Comité de Ética, generando un sistema de alertas que permita actuar preventivamente antes de la formalización de una denuncia.

10.3.10. ¿Qué responsabilidades tiene el oficial de cumplimiento (Compliance Officer[234]) en la supervisión de políticas vinculadas al bienestar psicosocial?

El Compliance Officer, como figura central del sistema de integridad, tiene funciones específicas y estratégicas en relación con las políticas que abordan la protección psicosocial y la prevención del acoso. Sus principales responsabilidades son,

a) Validación de los contenidos de las políticas internas.

---

[234] Álvarez Viñuela, J. (2016) La figura del Compliance Officer en las pymes. Consejo General de la Abogacía Española en https,//www.abogacia.es/actualidad/noticias/la-figura-del-Compliance-Officer-en-las-pymes/

Debe asegurar que la política de prevención del acoso laboral sea clara, accesible, alineada con la normativa vigente (Ley de Prevención de Riesgos Laborales, Ley de Igualdad, normas ISO) y vinculada al código ético y a los procedimientos disciplinarios.

b) Supervisión de su aplicación efectiva.

No basta con que la política exista; el Compliance Officer[235] debe verificar que se implemente correctamente, con procedimientos claros para la recepción, análisis, investigación y resolución de denuncias.

c) Coordinación con otras áreas.

Debe colaborar con RRHH, Jurídico y el Comité de Ética para garantizar que las actuaciones derivadas de una denuncia (medidas cautelares, apertura de expediente, sanciones) respeten los principios de legalidad, confidencialidad y no revictimización.

d) Seguimiento de la formación y sensibilización.

Es responsable de que se imparta formación periódica en prevención del acoso, derechos laborales y cultura del respeto, incluyendo a mandos intermedios y directivos.

e) Supervisión del canal de denuncias.

Debe verificar que este canal sea accesible, confidencial, con garantías de no represalia y que las denuncias recibidas sean tratadas con diligencia, sin demoras ni omisiones.

f) Evaluación y mejora del sistema.

El Compliance Officer debe revisar los indicadores, evaluar la efectividad de las políticas preventivas y proponer mejoras. Además, debe incorporar los aprendizajes de los casos gestionados a la matriz de riesgos psicosociales.

g) Informe a la Alta Dirección.

Debe rendir cuentas periódicamente al órgano de administración sobre los avances y debilidades en materia de prevención del acoso y bienestar psicosocial, recomendando medidas estructurales si fuese necesario.

h) Promoción de la cultura ética.

---

235 Álvarez Viñuela, J. (2016) La figura del Compliance Officer en las pymes. Consejo General de la Abogacía Española en https,//www.abogacia.es/actualidad/noticias/la-figura-del-Compliance-Officer-en-las-pymes/

Tiene la responsabilidad de liderar, junto con la alta dirección, una cultura corporativa basada en el respeto, la inclusión, la dignidad humana y el cumplimiento normativo más allá del mero cumplimiento formal.

10.3.11. ¿Cómo se relacionan los principios del buen gobierno corporativo con la gestión de riesgos psicosociales?

Los principios del buen gobierno corporativo se vinculan de forma directa con la prevención del acoso laboral y la gestión de riesgos psicosociales, al ser estos factores determinantes en la sostenibilidad, transparencia y reputación ética de la organización. Entre estas conexiones destacan,

a) Responsabilidad corporativa.

Las organizaciones deben velar por la salud física y mental de sus empleados, lo cual incluye el deber de anticiparse y prevenir condiciones laborales que puedan derivar en acoso o daño emocional.

b) Transparencia.

La gestión de riesgos psicosociales debe formar parte de los informes internos de riesgos, de sostenibilidad (ESG) y de buen gobierno, incluyendo estadísticas de denuncias, medidas adoptadas y grado de cumplimiento de los planes preventivos.

c) Rendición de cuentas.

El consejo de administración o el órgano de gobierno debe asumir la responsabilidad última de que existan mecanismos efectivos de prevención del acoso y que estos se supervisen desde los niveles más altos.

d) Participación y diálogo social.

La gestión ética del bienestar psicosocial requiere la participación activa de trabajadores, comités de empresa, delegados de prevención y otras partes interesadas, en el diseño e implementación de políticas.

e) Integridad institucional.

La falta de actuación frente al acoso constituye una violación del principio de integridad corporativa. Una organización que tolera entornos tóxicos mina su legitimidad frente a terceros, incluidos inversores, reguladores y la sociedad.

f) Sostenibilidad.

El acoso y el maltrato emocional afectan gravemente a la sostenibilidad del negocio al provocar rotación, absentismo, conflictividad, reducción de la productividad y afectación reputacional. La gestión de riesgos psicosociales es, por tanto, un componente esencial del gobierno responsable.

g) Protección de los grupos vulnerables.

Un buen gobierno corporativo se preocupa de que los entornos laborales sean seguros especialmente para quienes pueden estar más expuestos al acoso por razones de género, raza, orientación sexual o edad, integrando la perspectiva de diversidad e inclusión en su modelo de Compliance.

10.3.12. ¿Qué consecuencias legales y reputacionales puede enfrentar una organización si su sistema de Compliance ignora el acoso laboral?

Ignorar el acoso laboral dentro del sistema de Compliance conlleva consecuencias severas desde múltiples perspectivas,

a) Consecuencias legales.

- Responsabilidad administrativa, Inspección de Trabajo puede imponer sanciones por no contar con un protocolo de acoso, no aplicarlo, o por permitir entornos que vulneren la dignidad del trabajador (LOLS, LPRL, RD 901/2020 y 902/2020).

- Responsabilidad civil, La empresa puede ser condenada al pago de indemnizaciones por daños morales, pérdida de salud, pérdida de oportunidades, costes médicos o daños a la carrera profesional del trabajador víctima del acoso.

- Responsabilidad penal, Si el acoso constituye delito (art. 173.1 CP) y la empresa no tenía implementado un modelo de prevención penal (Compliance penal), puede derivarse responsabilidad penal de la persona jurídica (art. 31 bis CP), especialmente si hubo tolerancia, ocultamiento o beneficio.

b) Consecuencias reputacionales.

- Pérdida de confianza interna, La percepción de impunidad, falta de acción o connivencia de la empresa frente al acoso destruye la moral de la plantilla y propicia una cultura de silencio y miedo.

- Crisis mediática, Las denuncias públicas por acoso, especialmente si son ignoradas o mal gestionadas, pueden generar campañas en redes sociales, noticias en medios y pérdida de imagen institucional.

- Exclusión de criterios ESG, Fondos de inversión, licitaciones públicas o proveedores éticos pueden excluir a la empresa por incumplir estándares de derechos humanos laborales.

- Daño en la marca empleadora, Los rankings de empleabilidad y la atracción de talento se ven gravemente afectados cuando la organización aparece vinculada a entornos inseguros o discriminatorios.

- Litigios en cadena, La mala gestión de un caso de acoso puede derivar en múltiples denuncias similares si se percibe que el sistema de Compliance no actúa con diligencia, transparencia o imparcialidad.

En suma, un sistema de Compliance que omite el tratamiento del acoso laboral incurre no solo en una grave omisión ética y jurídica, sino que compromete la sostenibilidad, la reputación y la viabilidad de la organización. La integración activa de los riesgos psicosociales en el marco de Compliance es, por tanto, una exigencia estratégica, legal y humana.

10.4. El cumplimiento emocional y bienestar corporativo como herramientas de prevención

10.4.1. ¿Cómo puede el Compliance coordinarse con otras áreas (RRHH, sostenibilidad, salud laboral) para gestionar eficazmente los riesgos psicosociales?

El Compliance, como función transversal orientada a preservar la legalidad, integridad y sostenibilidad de la empresa, debe desempeñar un rol de articulador institucional en la gestión de riesgos psicosociales. Esta tarea exige una coordinación estrecha con las áreas de Recursos Humanos, Sostenibilidad y Prevención de Riesgos Laborales (salud laboral), ya que estas poseen datos, competencias y responsabilidades directas sobre la salud mental, el clima organizacional y el bienestar psicosocial de los trabajadores.

Desde esta perspectiva, la coordinación debe basarse en los siguientes pilares,

a) Diseño conjunto de la política de prevención de riesgos psicosociales y de acoso laboral.

Si bien la redacción técnica puede corresponder a RRHH o Salud Laboral, es el área de Compliance la que debe asegurar su coherencia normativa, su integración en el sistema de gestión y su alineación con el código ético, las obligaciones legales (como la Ley de Prevención de Riesgos Laborales, la Ley de Igualdad o la Ley de Protección al Informante) y las normas internacionales (ISO 45003, ISO 37301, GRI 403).

b) Compartición de información y análisis de indicadores.

Para anticipar situaciones críticas, Compliance debe tener acceso a los datos generados por otras áreas, como tasas de rotación, absentismo, burnout, solicitudes de baja por ansiedad, resultados de encuestas de clima laboral, número de quejas internas, uso del canal de denuncias o participación en formaciones. A su vez, puede enriquecer esos datos con indicadores propios (percepción de ética, confianza en los mecanismos de denuncia, incidentes de integridad).

c) Construcción de mapas de riesgos compartidos.

Compliance puede liderar la integración de los riesgos psicosociales (estrés, acoso, liderazgo tóxico, discriminación) dentro del mapa de riesgos corporativos, clasificándolos no solo por su gravedad e impacto humano, sino también por sus consecuencias legales, reputacionales y financieras.

d) Creación de protocolos de actuación interdepartamentales.

Ante la activación de un incidente relacionado con acoso, violencia psicológica o sufrimiento emocional en el entorno laboral, se debe establecer un protocolo claro que delimite las competencias de cada área, RRHH gestiona las medidas cautelares y la reubicación, Salud Laboral evalúa el daño, Comunicación diseña los mensajes institucionales si hay exposición pública, y Compliance supervisa la legalidad del procedimiento, garantiza la no represalia y documenta la trazabilidad.

e) Formación cruzada y sensibilización.

Las acciones formativas dirigidas a directivos, mandos intermedios y plantilla sobre salud mental, prevención del acoso, liderazgo saludable, inteligencia emocional o ética laboral deben ser diseñadas en conjunto y ejecutadas de forma transversal. Compliance debe verificar que estas formaciones sean efectivas, periódicas y adaptadas a cada nivel de la organización.

f) Evaluación y mejora continua.

Tras cada incidente, o de forma periódica, debe realizarse una revisión conjunta de la eficacia del sistema preventivo. Compliance tiene un rol protagónico en esta revisión, no solo evaluando la adecuación normativa, sino proponiendo mejoras estructurales, actualizaciones de protocolos o rediseños organizacionales cuando se detectan causas sistémicas.

El éxito en la gestión de los riesgos psicosociales requiere una alianza efectiva entre las áreas operativas (RRHH y salud laboral) y la función de control ético (Compliance), que actúa como custodio de los principios de integridad, legalidad y sostenibilidad del entorno de trabajo.

10.4.2. ¿Cuál es la relación entre liderazgo ético, gestión psicosocial y cumplimiento normativo desde una óptica ESG?

El liderazgo ético, la protección frente a los riesgos psicosociales y el cumplimiento normativo (especialmente en su dimensión social dentro del marco ESG) conforman un triángulo estratégico e interdependiente para las organizaciones contemporáneas.

El liderazgo ético constituye el eje central de la cultura corporativa. Un liderazgo que prioriza el respeto, la inclusión, la dignidad y el cuidado de los trabajadores no solo garantiza entornos seguros y libres de violencia, sino que previene activamente la aparición de conductas contrarias a la integridad, como el acoso, la discriminación o el abuso de poder.

Por su parte, la gestión psicosocial adecuada -basada en la identificación, evaluación y mitigación de factores como el estrés, la sobrecarga, la falta de autonomía, el maltrato verbal o el aislamiento laboral- es una obligación legal derivada del artículo 14 de la Ley de Prevención de Riesgos Laborales, pero también es un mandato ético y un imperativo de sostenibilidad social. La norma ISO 45003 refuerza esta visión, considerando que los riesgos psicosociales comprometen la viabilidad del modelo de negocio si no son gestionados de forma preventiva.

En tercer lugar, el cumplimiento normativo, entendido en un sentido amplio (Compliance), ya no se limita a prevenir delitos o sanciones administrativas. La visión ESG ha ampliado sus funciones hacia la supervisión del impacto social de las actividades empresariales, incluyendo la salud mental de los trabajadores, la equidad organizativa, la no discriminación y el respeto a los derechos humanos laborales. El "S" de ESG exige que la organización rinda cuentas sobre cómo protege a su capital humano, cómo garantiza un entorno emocionalmente seguro y cómo previene la victimización o la negligencia institucional.

La interrelación entre estos tres elementos es directa y operativa,

- Un liderazgo que no sea ético permite o banaliza entornos tóxicos, generando riesgo legal y reputacional.

- La ausencia de gestión psicosocial genera infracciones legales, pérdida de productividad y fuga de talento.

- Un sistema de Compliance que no vigila la salud mental y la equidad laboral incumple los principios ESG, expone a la empresa a litigios e invalida su credibilidad ante inversores, reguladores y la sociedad civil.

En consecuencia, el liderazgo ético y la gestión psicosocial no son meras prácticas de bienestar, son exigencias normativas, reputacionales y estratégicas que deben integrarse estructuralmente dentro del sistema de Compliance y del modelo de sostenibilidad de la empresa.

10.4.3. ¿Qué medidas puede adoptar el Compliance para promover una cultura organizacional basada en la tolerancia cero frente al acoso y otros riesgos psicosociales?

El sistema de Compliance, como estructura de integridad preventiva, puede adoptar múltiples medidas para consolidar una cultura organizacional que no solo declare su rechazo al acoso, sino que lo prevenga de forma activa, lo detecte de forma temprana y lo sancione con firmeza. Algunas de las acciones más relevantes incluyen,

a) Inclusión expresa en el código ético y en el mapa de riesgos.

El acoso, la violencia psicológica, la discriminación y el liderazgo abusivo deben estar identificados como riesgos relevantes en el sistema de cumplimiento. No pueden ser tratados como "problemas de convivencia", sino como conductas lesivas para los derechos fundamentales y la responsabilidad institucional.

b) Protocolos claros, actualizados y eficaces.

La organización debe disponer de protocolos internos accesibles, que regulen cómo actuar ante una denuncia de acoso, qué medidas cautelares se pueden aplicar, cómo se instruye el expediente, qué garantías existen para víctima y denunciado, y cómo se preserva la confidencialidad y la imparcialidad.

c) Canal de denuncias seguro y confiable.

El canal debe permitir reportes anónimos, confidenciales, accesibles por múltiples vías (digitales, telefónicas o presenciales) y debe contar con plazos razonables, seguimiento del caso y protección activa frente a represalias. El Compliance debe garantizar la independencia del canal, así como el análisis y resolución objetiva de las denuncias.

d) Campañas internas de sensibilización.

La promoción de la cultura de respeto no puede limitarse a la normativa. El Compliance puede liderar o coordinar campañas anuales de tolerancia cero, diseñar materiales pedagógicos, difundir casos ejemplares (respetando la confidencialidad) y promover el reconocimiento institucional a comportamientos éticos.

e) Formación sistemática y diferenciada.

Toda la plantilla, incluidos los altos cargos, debe recibir formación periódica sobre acoso, riesgos psicosociales, liderazgo ético, protección al denunciante y sistema de Compliance. Las formaciones deben adaptarse al rol de cada colectivo y actualizarse regularmente.

f) Monitoreo del clima ético.

Las encuestas periódicas sobre cultura organizacional deben incluir ítems específicos sobre percepción de acoso, miedo a represalias, seguridad psicológica, confianza en los canales y liderazgo ético. El Compliance debe analizar estos resultados e impulsar medidas correctoras en áreas con indicadores críticos.

g) Integración con los criterios ESG.

El sistema de Compliance debe incluir como parte de sus indicadores de éxito la capacidad de prevenir y reducir los casos de acoso, mejorar el clima laboral y promover la salud emocional. Estos logros deben formar parte de los informes de sostenibilidad y del relato institucional de la empresa.

h) Vinculación con el sistema disciplinario.

El Compliance debe verificar que las sanciones impuestas sean proporcionales, se apliquen con imparcialidad y estén precedidas de investigaciones adecuadas. También debe supervisar que no exista tolerancia encubierta, encubrimiento o prácticas de “mobbing institucional”.

i) Evaluación de proveedores y socios.

La cultura de tolerancia cero debe extenderse a la cadena de valor. Compliance puede establecer cláusulas contractuales que exijan políticas similares a las de la empresa, así como protocolos para actuar ante casos de acoso en contratistas o colaboradores externos.

El sistema de Compliance, cuando está orientado a proteger la dignidad de las personas y a preservar entornos éticos, se convierte en una herramienta transformadora que no solo previene el acoso, sino que construye una cultura organizacional sostenible, justa y legítima.

10.4.4. ¿Qué se entiende por cumplimiento emocional desde el enfoque del Compliance y cómo se diferencia del cumplimiento normativo tradicional?

El cumplimiento emocional, en el marco del Compliance moderno, se concibe como la integración de principios, prácticas y mecanismos que, además de asegurar la observancia de normas legales y éticas, incorporan activamente la gestión del bienestar emocional, psicológico y relacional de los trabajadores como parte de la gobernanza organizacional. Esta concepción emerge del reconocimiento de que el componente afectivo y emocional de los entornos laborales no solo influye en la salud y productividad del personal, sino que condiciona profundamente el funcionamiento del sistema de integridad institucional y, en última instancia, la sostenibilidad jurídica y reputacional de la empresa.

En contraste con el cumplimiento normativo tradicional, que se centra en prevenir, detectar y responder a infracciones legales, el cumplimiento emocional se ocupa de aspectos como el sufrimiento silencioso, el desgaste emocional, la inseguridad psicológica, el desarraigo ético, la desconfianza institucional y la afectación moral de las personas. Estos elementos no siempre configuran una infracción jurídica, pero sí representan señales tempranas de deterioro estructural, climas organizacionales hostiles o dinámicas permisivas con el acoso y la violencia simbólica.

Las diferencias principales pueden sistematizarse así,

a). Ámbito de aplicación

- Tradicional, leyes, reglamentos, códigos normativos externos.

- Emocional, emociones, percepciones, vínculos afectivos, dinámicas relacionales, subjetividad laboral.

b). Método

- Tradicional, controles internos, auditorías, mapas de riesgos legales, procedimientos disciplinarios.

- Emocional, escucha activa, encuestas de clima ético, análisis de narrativas, detección de signos de sufrimiento, talleres de conciencia ética.

c). Objetivo

- Tradicional, evitar sanciones legales y proteger a la empresa ante responsabilidad objetiva o por culpa in vigilando.

- Emocional, prevenir el deterioro emocional, reducir el impacto del trabajo en la salud mental, fortalecer la resiliencia organizacional, sostener relaciones laborales éticas y humanas.

d). Enfoque temporal,

- Tradicional, reactivo-preventivo (frente a incumplimientos).

- Emocional, proactivo-anticipatorio (frente a climas emocionales adversos que pueden derivar en conflictos o riesgos legales a largo plazo).

e). Fundamento,

- Tradicional, legalismo y minimización del riesgo.

- Emocional, ética del cuidado, dignidad humana y justicia emocional.

De este modo, el cumplimiento emocional no se limita a un conjunto de "buenas prácticas de bienestar", sino que se constituye como un pilar estratégico del sistema de cumplimiento integral, especialmente en organizaciones que aspiran a liderar procesos de transformación cultural, respeto a los derechos humanos laborales, y coherencia interna en materia de ética corporativa.

10.4.5. ¿De qué manera el cumplimiento emocional contribuye a fortalecer la cultura ética y de integridad en una organización?

El cumplimiento emocional, al centrarse en la experiencia subjetiva de los individuos dentro de la organización, actúa como catalizador de una cultura ética genuina. No basta con declarar valores o implementar un código de conducta; para que una cultura ética sea auténtica, debe sentirse vivida, compartida y protegida emocionalmente por quienes integran la organización. En este sentido, el cumplimiento emocional,

a) Incrementa la legitimidad de las políticas de Compliance.

Cuando las personas perciben que la organización no solo impone reglas, sino que también se preocupa por cómo esas reglas afectan emocionalmente al equipo, se genera un mayor grado de adhesión voluntaria a las normas.

b) Reduce la tolerancia a comportamientos éticamente nocivos.

Al establecer indicadores y herramientas para visibilizar las consecuencias emocionales de ciertas conductas -como el desprecio, la indiferencia, la humillación o la sobrecarga emocional- se favorece un entorno más consciente y vigilante frente a conductas que, aunque no sean formalmente delictivas, erosionan la ética relacional.

c) Fomenta entornos de confianza y transparencia.

La gestión emocional adecuada potencia una cultura de apertura en la que los errores pueden reconocerse, las inquietudes expresarse sin temor y los desacuerdos procesarse de forma constructiva. La confianza institucional, nutrida por estas dinámicas, es indispensable para el éxito de cualquier programa de Compliance.

d) Desarrolla competencias éticas relacionales.

A través del cumplimiento emocional se pueden promover capacidades clave como la empatía, la autorregulación emocional, la conciencia moral situacional y la deliberación ética contextualizada, que resultan esenciales en entornos de alta complejidad o ambigüedad normativa.

e) Refuerza la conexión entre integridad personal y organizacional.

Cuando el empleado siente que sus emociones y valores son reconocidos por la empresa, se produce una alineación entre su conciencia moral individual y la cultura ética institucional, lo que potencia la lealtad moral y el compromiso ético interno.

El cumplimiento emocional no solo fortalece el clima emocional organizacional, sino que refuerza el sentido moral compartido, propicia una vigilancia ética colectiva y transforma el sistema de Compliance en un instrumento de cohesión y legitimación cultural.

10.4.6. ¿Cómo puede el Compliance integrar indicadores de bienestar corporativo dentro de su sistema de monitoreo y evaluación?

Para integrar de manera eficaz los indicadores de bienestar corporativo en el sistema de monitoreo del Compliance, se recomienda adoptar un enfoque estructurado basado en tres niveles de evaluación,

a). Indicadores cuantitativos objetivos (extraídos o compartidos con RRHH Salud Laboral),

- Número de bajas médicas por causas psicológicas.

- Índice de rotación voluntaria.

- Tasa de abandono tras primeros 12 meses.

- Número de incidentes reportados por acoso psicológico.

- Participación en actividades de cuidado emocional o bienestar.

- Carga laboral por unidad (evaluación de sobrecarga emocional).

- Tasas de participación y resultados en encuestas de clima laboral.

b) Indicadores cualitativos perceptivos (elaborados desde Compliance),

- Nivel de confianza en el canal de denuncias y mecanismos internos de consulta.

- Percepción de justicia organizacional y coherencia ética.

- Valoración de los estilos de liderazgo y su impacto emocional.

- Sensación de "seguridad psicológica" al expresar desacuerdos.

- Nivel de identificación emocional con los valores corporativos.

- Incidencia de discursos hostiles, cinismo organizacional o resignación ética.

c) Indicadores institucionales y de proceso,

- Existencia y evaluación periódica de protocolos de prevención del estrés laboral y acoso emocional.

- Número y calidad de formaciones sobre inteligencia emocional, liderazgo respetuoso y ética relacional.

- Auditorías de bienestar realizadas y seguimiento de sus recomendaciones.

- Integración de criterios de bienestar emocional en los sistemas de evaluación del desempeño.

- Inclusión de temas emocionales en los comités de cumplimiento o ética.

La recogida de estos datos debe respetar los principios de confidencialidad, voluntariedad y respeto a la privacidad, y debe servir como base para la toma de decisiones estratégicas en materia de gestión de personas, diseño de estructuras jerárquicas, gestión del cambio organizacional y fortalecimiento de la cultura de integridad.

10.4.7. ¿Qué tipo de riesgos éticos y legales puede prevenir una organización al implementar políticas activas de bienestar emocional?

Al implementar políticas activas de bienestar emocional desde el área de Compliance, la organización se posiciona de manera preventiva frente a una pluralidad de riesgos, cuya anticipación puede significar no solo la reducción de conflictos internos, sino también la protección de su legitimidad institucional y su valor reputacional.

Como riesgos éticos más recurrentes en este ámbito de aplicación, pueden indicarse los que se señalan seguidamente:

- La aparición de entornos de trabajo moralmente hostiles.

- La banalización del sufrimiento emocional como “ineficiencia” o “fragilidad”.

- La tolerancia institucional a estilos de liderazgo abusivos o despersonalizantes.

- La desconexión entre el discurso corporativo y las experiencias reales de los trabajadores.

- La instalación de un cinismo cultural que inhibe la denuncia de irregularidades.

Del mismo modo, como riesgos legales más frecuentes, podemos citar los que se indican a continuación,

- Las sanciones por infracción de normas de prevención de riesgos psicosociales (art. 14 LPRL).

- La responsabilidad empresarial por acoso psicológico, burnout o negligencia institucional.

- Las sanciones por vulneración del deber de protección a colectivos especialmente vulnerables (discapacidad psíquica, género, edad, etc.).

- Las consecuencias jurídicas por daños morales no reparados o negligencia frente a denuncias.

Asimismo, como riesgos reputacionales a los cuales pueden verse sometidos las organizaciones a este efectos, se pueden citar los siguientes,

- Las crisis públicas derivadas de suicidios laborales, mobbing, o revelaciones de climas tóxicos.

- La disminución del Employer Branding y pérdida de atractivo como empleador ético.

- La ruptura de la confianza con stakeholders clave, sindicatos, reguladores, sociedad civil, inversores ESG.

- El daño a la narrativa institucional de sostenibilidad, inclusión o liderazgo responsable.

Adicionalmente, como riesgos estratégicos ante los que nos podemos enfrentar, cabe indicar los que se citan a continuación,

- La fuga de talento crítico debido al deterioro del clima emocional.

- La desalineación interna de equipos clave o pérdida de cohesión estratégica.

- El rechazo de alianzas, contratos o certificaciones por mala reputación ética.

- La imposibilidad de implementar procesos de transformación organizacional en climas deteriorados emocionalmente.

Por tanto, el Compliance debe ver el bienestar emocional no como un "lujo cultural" o una "cuestión blanda", sino como un imperativo estratégico, normativo, humano y ético. Su integración dentro del sistema de cumplimiento no solo reduce pasivos potenciales, sino que potencia activos culturales, refuerza la integridad institucional y proyecta a la empresa como una entidad ética, responsable y emocionalmente sostenible.

10.4.8. ¿Qué se entiende por cumplimiento emocional desde el enfoque del Compliance y cómo se diferencia del cumplimiento normativo tradicional?

El cumplimiento emocional (emotional Compliance) constituye una evolución conceptual del sistema de cumplimiento tradicional, que amplía el foco clásico centrado en la legalidad y las políticas normativas hacia la dimensión afectiva, relacional y psicosocial del entorno organizacional. En términos sustantivos, puede definirse como el conjunto de prácticas, principios y mecanismos que promueven el respeto, la protección y la gestión ética de la dimensión emocional del trabajo como una condición esencial para la integridad empresarial, el cumplimiento normativo eficaz y la sostenibilidad institucional.

Este enfoque reconoce que los entornos laborales emocionalmente inseguros, tóxicos o deshumanizados constituyen no solo un riesgo operativo, sino una amenaza estructural a la cultura ética y al cumplimiento normativo efectivo.

A diferencia del Compliance tradicional, que opera desde un paradigma sancionador, normativo y reactivo, el cumplimiento emocional opera desde una lógica proactiva, humanizadora y restaurativa. Las principales diferencias pueden sistematizarse de la siguiente manera,

- El Compliance tradicional se focaliza en la prevención de infracciones legales; el cumplimiento emocional se orienta a prevenir el daño psicosocial y a salvaguardar el equilibrio emocional de los trabajadores.

- El primero estructura sus herramientas en torno a controles normativos, procedimientos y matrices de riesgos jurídicos; el segundo complementa estos instrumentos con indicadores de bienestar, escucha activa, cultura emocional y justicia relacional.

- Mientras que el enfoque normativo responde a desviaciones jurídicas con medidas disciplinarias, el enfoque emocional actúa desde una prevención empática que integra la inteligencia emocional, la comunicación saludable y la gestión ética del poder.

El cumplimiento emocional no sustituye al Compliance tradicional, sino que lo expande, lo humaniza y lo fortalece, al integrar en su arquitectura preventiva la subjetividad, las emociones y el respeto profundo por la dignidad psicoemocional de quienes integran la organización.

10.4.9. ¿De qué manera el cumplimiento emocional contribuye a fortalecer la cultura ética y de integridad en una organización?

La cultura ética organizacional no se forma únicamente mediante normas, códigos o sanciones, sino a través de la vivencia cotidiana del respeto, la equidad y la integridad relacional. En este sentido, el cumplimiento emocional actúa como catalizador estructural de la ética institucional, mediante las siguientes vías,

a) Previene la naturalización del sufrimiento laboral, rompiendo con las lógicas de insensibilización institucional que toleran el maltrato, la presión deshumanizada o el autoritarismo jerárquico como estilos de gestión aceptables.

b) Fomenta un liderazgo basado en la empatía, la escucha activa y la gestión respetuosa del conflicto, lo que facilita entornos de confianza y favorece la coherencia entre discurso ético y práctica directiva.

c) Promueve relaciones laborales fundadas en el reconocimiento, la validación emocional y la seguridad psicológica, elementos indispensables para que los principios éticos tengan anclaje real en la cultura cotidiana.

d) Establece canales ético-emocionales donde el personal puede expresar inquietudes, malestar o sufrimiento sin temor, reforzando la percepción de integridad organizacional.

e) Desarrolla competencias emocionales en el personal (inteligencia emocional, regulación afectiva, ética del cuidado), favoreciendo decisiones basadas en valores y relaciones laborales justas.

f) Refuerza la percepción de justicia organizacional, entendida no solo como equidad en las decisiones, sino como respeto y sensibilidad frente a los estados emocionales de las personas.

En conjunto, el cumplimiento emocional transforma el Compliance de una función normativa a una práctica institucional de integridad vivida, que humaniza la cultura organizativa y refuerza su legitimidad ética.

10.4.10 ¿Cómo puede el Compliance integrar indicadores de bienestar corporativo dentro de su sistema de monitoreo y evaluación?

El sistema de Compliance puede y debe incluir dentro de sus herramientas de control una batería de indicadores cualitativos y cuantitativos que permitan monitorear el bienestar emocional como variable crítica de riesgo organizativo. Para ello, se recomienda estructurar dichos indicadores en los siguientes niveles,

a). Indicadores operacionales de malestar emocional (indicadores de sufrimiento),

- Ausentismo psicosocial (bajas reiteradas por ansiedad, estrés, burnout).

- Rotación no deseada en determinadas áreas o equipos.

- Uso del canal de denuncias por motivos relacionales o emocionales.

- Participación en formaciones o espacios de contención emocional.

b) Indicadores de percepción emocional (indicadores de clima emocional),

- Resultados de encuestas internas sobre seguridad psicológica, apoyo institucional, percepción de respeto y trato justo.

- Frecuencia y tipo de feedback emocional recibido por líderes o superiores jerárquicos.

- Evaluaciones de percepción sobre justicia organizacional, conciliación y salud mental.

c) Indicadores estructurales de bienestar (indicadores institucionales),

- Presencia de políticas específicas sobre salud emocional, respeto emocional o liderazgo responsable.

- Existencia de protocolos restaurativos tras conflictos emocionales o acoso.

- Recursos dedicados a la promoción del bienestar emocional (formadores, psicólogos laborales, consultores externos).

- Integración del bienestar emocional en la matriz de riesgos del sistema de Compliance.

Estos indicadores deben ser revisados periódicamente por el Compliance Officer[236] y presentados en los informes de cumplimiento ético, como reflejo del estado emocional de la organización y como fundamento para la toma de decisiones estratégicas.

10.4.11. ¿Qué tipo de riesgos éticos y legales puede prevenir una organización al implementar políticas activas de bienestar emocional?

Una política activa de bienestar emocional permite identificar, mitigar y, en gran medida, evitar una variedad de riesgos de alto impacto para la organización, tanto en el plano ético como en el jurídico. Entre los principales, destacan,

a) Prevención del acoso laboral y la violencia emocional, el malestar no gestionado, los liderazgos agresivos o negligentes, y los entornos de trabajo despersonalizados aumentan exponencialmente la probabilidad de aparición de conductas constitutivas de acoso moral, que pueden generar responsabilidades penales, civiles, administrativas y disciplinarias.

b) Prevención de daños psicosociales y responsabilidad civil, las políticas activas de bienestar emocional reducen el riesgo de reclamaciones por daños derivados de negligencia institucional en la protección de la salud mental, contribuyendo a demostrar la diligencia debida ante eventuales procesos judiciales.

c) Prevención de crisis reputacionales, una organización emocionalmente irresponsable puede enfrentarse a escándalos mediáticos que afecten su legitimidad, imagen pública y relación con stakeholders clave.

d) Prevención del incumplimiento normativo por ambientes tóxicos, climas laborales emocionalmente inseguros favorecen el silencio, el mie-

---

236 Álvarez Viñuela, J. (2016) La figura del Compliance Officer en las pymes. Consejo General de la Abogacía Española en https,//www.abogacia.es/actualidad/noticias/la-figura-del-Compliance-Officer-en-las-pymes/

do, la opacidad y el aislamiento, lo que impide la detección temprana de incumplimientos éticos, fraudes[237] o delitos.

e) Prevención de la deserción del talento y pérdida de productividad, los entornos emocionalmente hostiles provocan la fuga de personal valioso, reducen el compromiso organizacional y deterioran el rendimiento colectivo.

f) Prevención de brechas ESG, los estándares internacionales de sostenibilidad (p. ej. ISO 45003, GRI 403, SDG 3 y 8) ya exigen indicadores vinculados a la salud psicológica y el bienestar en el trabajo. No cumplir con ellos compromete las metas ESG, la puntuación en índices de sostenibilidad y el acceso a financiación responsable.

Las políticas activas de bienestar emocional no son un elemento accesorio, sino un pilar estructural del sistema de integridad, que protege simultáneamente la dignidad humana, la continuidad operativa, la imagen institucional y el cumplimiento normativo multidimensional.

10.4.12. ¿Cómo se relaciona el cumplimiento emocional con la prevención del acoso laboral y otras formas de violencia psicológica en el entorno de trabajo?

El cumplimiento emocional se vincula íntimamente con la prevención del acoso laboral porque permite detectar y corregir las causas estructurales, culturales y relacionales que favorecen la aparición de comportamientos lesivos o violentos en el entorno laboral. Mientras que el enfoque tradicional del Compliance se concentra en evitar infracciones legales o contractuales, el cumplimiento emocional se orienta a proteger el tejido relacional de la organización, su salud emocional y la dignidad subjetiva de sus trabajadores.

Las formas de violencia psicológica -como el acoso moral, la humillación sistemática, el aislamiento deliberado o el abuso verbal reiterado- prosperan habitualmente en contextos donde existe una desatención institucional a los factores emocionales. La ausencia de empatía estructural, la naturalización del autoritarismo, la indiferencia frente al sufrimiento subjetivo o la invisibilidad del malestar relacional, son condiciones propicias para que el acoso laboral se instale y se reproduzca. En este sentido, el cumplimiento emocional actúa como barrera preventiva, al incorporar mecanismos de escucha

---

237 Barak, G. (2018) Fraude en productos financieros y Compliance regulatorio, ¿Por qué se necesitan medios alternativos de control? Revista Crítica penal y poder, nº 14, https,//revistes.ub.edu/index.php/CriticaPenalPoder/article/view/21700

emocional, promoción del respeto, formación en liderazgo emocionalmente responsable y creación de entornos de seguridad psicoafectiva.

Además, el cumplimiento emocional favorece la cultura de la denuncia temprana, ya que crea espacios de confianza donde los trabajadores sienten que pueden expresar su sufrimiento sin temor a represalias o a la desestimación institucional. También permite detectar las señales débiles previas al acoso formal -como el desgaste relacional, los cambios conductuales o las microagresiones- e intervenir preventivamente. En suma, el cumplimiento emocional refuerza el deber de protección de la empresa, dotando al sistema de Compliance de sensibilidad preventiva, ética humanizadora y eficacia estructural frente al fenómeno del acoso.

10.4.13. ¿Qué responsabilidades específicas asume el Compliance Officer en la promoción del bienestar corporativo?

El Compliance Officer[238], en el contexto de un sistema de cumplimiento ético y emocionalmente informado, asume un conjunto de responsabilidades fundamentales que exceden la mera vigilancia normativa y que lo convierten en garante estructural del bienestar emocional dentro de la organización. Entre las más relevantes, se destacan,

a) Incorporar el bienestar emocional en la matriz de riesgos del sistema de Compliance, identificando aquellas áreas, procesos o mandos con mayor exposición a dinámicas de violencia emocional, presión desproporcionada, liderazgo tóxico o sufrimiento institucionalizado.

b) Promover políticas y procedimientos que reconozcan el bienestar emocional como un derecho organizacional, lo cual implica impulsar protocolos de prevención del acoso, códigos éticos con cláusulas de respeto emocional, canales de escucha activa y espacios de cuidado psicosocial.

c) Supervisar que las investigaciones internas y los expedientes disciplinarios relativos a acoso u otras conductas disruptivas se desarrollen con respeto a la dimensión emocional de las partes implicadas, garantizando el principio de no re-victimización.

---

238 Martín García, F. El Compliance Officer en la responsabilidad penal de la persona jurídica y en la gestión del whistleblowing. *El derecho.com* en https,//elderecho.com/el-Compliance-Officer-en-la-responsabilidad-penal-de-la-persona-juridica-y-en-la-gestion-del-whistleblowing

d) Asegurar que el canal interno de denuncias permita comunicar no sólo hechos ilegales o reglamentarios, sino también situaciones emocionalmente lesivas que, si bien no constituyen infracciones formales, generan daño psicológico o relacional.

e) Coordinar con el área de Recursos Humanos y Prevención de Riesgos Laborales la aplicación de medidas correctivas, restaurativas o cautelares cuando se detecte un entorno laboral emocionalmente peligroso.

f) Evaluar periódicamente, mediante auditorías internas o indicadores cualitativos, la eficacia de las medidas implementadas para preservar la salud emocional de los equipos, e informar a los órganos de gobierno sobre los hallazgos.

g) Garantizar la formación continua en inteligencia emocional, liderazgo ético y gestión empática del poder, como herramientas para transformar las culturas organizativas en espacios más humanos, inclusivos y sostenibles.

h) Emitir recomendaciones para integrar la perspectiva emocional en la gestión del talento, los procesos de selección, las evaluaciones de desempeño y las políticas retributivas, evitando incentivos perversos que generen entornos hostiles o de hiper exigencia.

Estas responsabilidades configuran al Compliance Officer[239] como una figura estratégica no sólo en el cumplimiento legal, sino en la protección institucional del capital emocional de la empresa.

10.4.14. ¿Qué herramientas concretas puede utilizar el Compliance para detectar y gestionar el malestar emocional en la organización?

El área de Compliance, al adoptar un enfoque emocionalmente sensible, puede desplegar una serie de herramientas técnicas que le permitan detectar precozmente focos de malestar emocional, evaluarlos objetivamente y activar respuestas institucionales adecuadas. Entre las más eficaces, destacan,

a) Encuestas internas de clima emocional, son cuestionarios anónimos y periódicos que exploran la percepción del entorno psicosocial, el nivel de seguridad emocional, la satisfacción relacional, el trato recibido por su-

239 Cordier-Palasse, B. (2016) La Compliance Officer, chef d'orchestre du culture change management. En Gaudemet, A. (Dir.) La Compliance, un nouveau monde? Aspects d'une mutation du droit (129-138). París, Panthéon-Assas.

periores, la posibilidad de expresar emociones o la exposición a tensiones indebidas.

b) Análisis del canal ético, revisar, codificar y clasificar las denuncias y consultas recibidas con enfoque semántico-emocional, identificando palabras clave, patrones afectivos o quejas no necesariamente encuadradas en marcos normativos pero sí indicativas de malestar institucional.

c) Focus groups confidenciales, reuniones estructuradas entre el área de cumplimiento y grupos de trabajadores seleccionados aleatoriamente, con el objetivo de indagar sobre percepciones subjetivas, emociones predominantes, barreras al bienestar o experiencias de trato.

d) Registro de indicadores indirectos, ausentismo reiterado por causas psicológicas, rotación no deseada, bajas por ansiedad o burnout, solicitudes de traslado, quejas informales reiteradas, entre otros signos, pueden actuar como indicadores proxy de malestar institucional.

e) Auditorías ético-emocionales, procesos sistemáticos de revisión de procedimientos, estilos de liderazgo, flujos de comunicación o decisiones de recursos humanos bajo criterios de respeto emocional, empatía estructural y no daño afectivo.

f) Monitoreo del lenguaje organizacional, a través de sistemas de procesamiento de lenguaje natural, análisis de correos, chats internos o feedbacks institucionales, se puede detectar un clima emocional caracterizado por ironía, agresividad, indiferencia o lenguaje deshumanizante.

g) Entrevistas de salida con perspectiva emocional, incluir preguntas específicas sobre sufrimiento emocional, trato recibido, percepción de justicia relacional o factores que generaron desgaste psicológico.

h) Mapas de calor emocional, representaciones gráficas que visualizan la distribución del malestar emocional en las distintas áreas o niveles de la organización, facilitando decisiones estratégicas preventivas.

Estas herramientas deben estar articuladas con procesos de intervención institucional eficaces, restaurativos y centrados en la dignidad de las personas.

10.4.15. ¿Cómo pueden los códigos de conducta corporativos incorporar el respeto por la dimensión emocional del trabajo?

Los códigos de conducta, como instrumento normativo y ético del sistema de integridad, deben integrar de manera explícita y estructural el respeto a la dimensión emocional del trabajo como manifestación del principio de dignidad humana y como condición de legitimidad de la cultura organizacional. Para ello, pueden incorporar,

a) Una cláusula de principio general que establezca el deber institucional de garantizar entornos emocionalmente seguros, libres de violencia psíquica, intimidación afectiva o desconsideración relacional.

b) La tipificación expresa de conductas lesivas del equilibrio emocional, como el sarcasmo constante, la humillación pública, el aislamiento deliberado, el grito habitual, el desprecio afectivo, la manipulación emocional o la exigencia desproporcionada con presión psicológica.

c) La obligación de toda persona de promover relaciones basadas en la empatía, la validación emocional y la escucha activa, así como el rechazo institucional al "maltrato de baja intensidad" que muchas veces precede al acoso.

d) La inclusión de un decálogo de liderazgo emocionalmente responsable, con pautas claras sobre comunicación respetuosa, gestión del conflicto, expresión de reconocimiento y regulación del poder desde la ética del cuidado.

e) La previsión de sanciones disciplinarias frente a vulneraciones reiteradas del respeto emocional, sin necesidad de que la conducta encaje en la categoría penal o laboral de acoso, pero reconociendo su lesividad institucional.

f) El compromiso de la empresa de ofrecer formación emocional continua, mecanismos de cuidado institucional y espacios de contención para quienes experimenten malestar emocional en el trabajo.

g) La articulación del respeto emocional con los valores institucionales, como el respeto, la equidad, la dignidad, la humanidad o la integridad.

h) La exigencia a proveedores, socios comerciales o terceros de adherir a los principios de respeto emocional cuando se relacionen con trabajadores de la organización, como parte de las cláusulas contractuales de cumplimiento.

i) El vínculo directo entre la cultura de respeto emocional y la sostenibilidad ESG, resaltando que los entornos emocionalmente tóxicos afectan la gobernanza ética, la inclusión, el desarrollo humano y la reputación empresarial.

Estos elementos no sólo dotan al código de un carácter humanizador, sino que consolidan la legitimidad ética del Compliance, haciéndolo coherente con un modelo de organización centrado en las personas.

10.4.16. ¿Cómo se relaciona el cumplimiento emocional con la prevención del acoso laboral y otras formas de violencia psicológica en el entorno de trabajo?

El cumplimiento emocional, como evolución del concepto tradicional de Compliance, se refiere a la incorporación sistemática de la dimensión emocional en los marcos de integridad, cultura corporativa y prevención de riesgos. Se vincula estrechamente con la prevención del acoso laboral porque aborda, de forma anticipada, las condiciones relacionales, psicosociales y organizacionales que permiten o toleran el surgimiento de dinámicas abusivas o violentas en el trabajo.

El acoso laboral, en cualquiera de sus formas (vertical, horizontal, institucional o simbólico), no ocurre en el vacío, sino en entornos donde se normalizan emociones destructivas no gestionadas (hostilidad, desprecio, miedo, humillación) y donde existe una desconexión entre el discurso ético de la empresa y su praxis emocional cotidiana. En este contexto, el cumplimiento emocional actúa como una capa preventiva al,

- Fomentar una conciencia organizacional sobre el impacto de las emociones reprimidas, ignoradas o instrumentalizadas en las relaciones laborales.

- Detectar señales tempranas de desgaste emocional, frustración acumulada o toxicidad interpersonal.

- Crear mecanismos estructurales (formación, escucha activa, espacios de contención) que permitan expresar y resolver los conflictos emocionales antes de que deriven en maltrato o acoso.

- Establecer códigos de conducta que valoren explícitamente el respeto emocional, la empatía y la gestión sana del poder.

Además, el cumplimiento emocional favorece que las víctimas potenciales perciban un entorno seguro para denunciar y que los agresores carezcan del anonimato emocional en el que suelen actuar. La emocionalidad, lejos de ser un obstáculo, se convierte en un vector de prevención ética avanzada.

10.4.17. ¿Qué responsabilidades específicas asume el Compliance Officer en la promoción del bienestar corporativo?

En el marco del cumplimiento emocional, el Compliance Officer (CO) asume nuevas responsabilidades que trascienden el cumplimiento normativo convencional. Estas responsabilidades[240] incluyen,

a) Identificación y evaluación del riesgo emocional.

El Compliance Officer debe incorporar en el mapa de riesgos no sólo las conductas contrarias al código ético, sino también aquellos patrones emocionales institucionales que generan entornos propensos al acoso, la exclusión o la inseguridad emocional.

b) Integración del bienestar emocional en los marcos normativos internos, Esto implica colaborar en la redacción o revisión de códigos éticos, políticas de respeto, protocolos de acoso y canales de denuncia, asegurando que incluyan cláusulas explícitas sobre salud emocional, lenguaje cuidadoso y protección de la dignidad subjetiva.

c) Supervisión de los mecanismos de formación emocional.

El Compliance Officer es responsable de promover e impulsar capacitaciones periódicas en inteligencia emocional, comunicación no violenta, liderazgo emocionalmente responsable y gestión del conflicto, adaptadas a cada nivel jerárquico.

d). Coordinación interdisciplinaria.

Debe trabajar de manera colaborativa con los departamentos de Recursos Humanos, Salud Laboral, Psicología Organizacional y Sostenibilidad, a fin de consolidar una gobernanza emocionalmente inteligente y transversal.

f) Seguimiento de indicadores de cumplimiento emocional.

El Compliance Officer debe definir, monitorear y reportar indicadores que midan el impacto de las políticas de bienestar, tales como percepción de seguridad emocional, ausencia de represalias, nivel de confianza institucional y calidad relacional.

---

240 Martín García, F. El Compliance Officer en la responsabilidad penal de la persona jurídica y en la gestión del whistleblowing. *El derecho.com* en https,//elderecho.com/el-Compliance-Officer-en-la-responsabilidad-penal-de-la-persona-juridica-y-en-la-gestion-del-whistleblowing

g) Evaluación de la gestión emocional del liderazgo.

Es responsabilidad del CO supervisar que los mandos medios y altos no solo cumplan con las normas, sino que lideren desde la empatía, la escucha activa y el respeto emocional.

h) Protección emocional de los denunciantes

El Compliance Officer O tiene el deber específico de asegurar que quienes reporten situaciones de maltrato emocional o acoso reciban contención, acompañamiento y protección psicoemocional, además del tratamiento técnico de su denuncia.

El Compliance Officer ya no es solo garante de legalidad, sino promotor de una cultura del cuidado que fortalece los valores esenciales de integridad y respeto en la organización.

10.4.18. ¿Qué herramientas concretas puede utilizar el Compliance para detectar y gestionar el malestar emocional en la organización?

El área de Compliance, al asumir un enfoque emocional preventivo, puede valerse de diversas herramientas estructurales para detectar y gestionar el malestar emocional en el entorno laboral,

a) Encuestas de clima emocional.

Diseñadas con enfoque psicosocial, estas encuestas van más allá del clima laboral convencional e indagan en la vivencia afectiva de los trabajadores respecto a su lugar de trabajo, sus líderes, sus compañeros y la institución en su conjunto. Pueden incluir escalas de ansiedad percibida, sensación de invisibilidad, miedo al error, agotamiento emocional, percepción de justicia y sensación de respeto.

b) Mapeo emocional de unidades organizativas.

A través de entrevistas estructuradas, focus groups o etnografías institucionales, se puede detectar si existen zonas de "alto riesgo emocional" dentro de la organización (por ejemplo, equipos con alta rotación, mandos conflictivos, procesos estresantes o relaciones jerárquicas verticalizadas).

c) Indicadores de sufrimiento organizacional.

Tales como incremento del absentismo por causas psicológicas, aumento de solicitudes de cambio de puesto, incremento de consultas informales a RRHH, denuncias no formalizadas, rotación de perfiles altamente comprometidos o aparición de rumores sostenidos de maltrato.

d) Canales éticos con opción de consulta emocional.

Es decir, que además de servir para denuncias formales, permitan al trabajador expresar inquietudes emocionales, sentimientos de incomodidad, humillación o frustración, incluso si no configuran conductas sancionables desde lo jurídico.

e) Observatorios de dignidad relacional

Espacios internos o comités éticos que analicen, revisen y formulen recomendaciones sobre dinámicas organizacionales que generan malestar emocional, aun cuando no constituyan acoso formal.

f) Auditorías internas de riesgo emocional.

g) Revisiones periódicas que incluyan el análisis de cultura del poder, lenguaje organizacional, calidad del liderazgo y capacidad institucional de procesar el conflicto.

Estas herramientas deben estar integradas en un sistema de mejora continua, donde los hallazgos no se limiten a ser diagnosticados, sino que deriven en planes de acción concretos con seguimiento, recursos y rendición de cuentas ética.

10.4.19. ¿Cómo pueden los códigos de conducta corporativos incorporar el respeto por la dimensión emocional del trabajo?

Los códigos de conducta corporativos son instrumentos normativos, pero también simbólicos. Representan el contrato ético interno entre la organización y sus miembros. Incorporar la dimensión emocional en estos códigos no solo es posible, sino deseable, si se pretende construir entornos psicosocialmente seguros. Algunas recomendaciones para lograrlo son,

a) Incluir una sección específica sobre respeto emocional y salud psicoafectiva en el entorno de trabajo, identificando valores institucionales como la empatía, la cortesía, el reconocimiento y la validación de la emocionalidad como eje del trato respetuoso.

b) Incorporar definiciones claras de violencia emocional, incluyendo sus formas más sutiles como el aislamiento, la indiferencia, la ridiculización, el menosprecio, la interrupción sistemática o el uso intimidatorio del poder jerárquico.

c) Establecer deberes éticos relacionados con el cuidado emocional, por ejemplo, evitar expresiones degradantes, respetar los tiempos de recuperación emocional tras una situación conflictiva, o abstenerse de explotar emocionalmente a subordinados.

d) Reconocer explícitamente la dignidad emocional como parte del respeto a la persona trabajadora, junto con la dignidad física, jurídica y profesional.

e) Establecer principios de liderazgo emocionalmente responsable como obligación ética de los directivos, escucha activa, no revictimización, feedback empático, acompañamiento ante situaciones emocionalmente difíciles.

f) Establecer mecanismos de protección frente a represalias emocionales, incluyendo el deber de no aislar, de no invalidar emocionalmente al denunciante y de ofrecer contención afectiva a las personas que participan en procesos internos.

g) Definir indicadores de cumplimiento emocional dentro de los parámetros de evaluación de conducta ética, para que la emocionalidad no quede como una dimensión invisible.

Incorporar estas cláusulas transforma al código de conducta en una herramienta real de protección psicoemocional, y en un pilar ético que articula la cultura del respeto con el cumplimiento normativo institucional.

10.4.20. ¿Qué relación existe entre el cumplimiento emocional y los estándares de gobernanza incluidos en los criterios ESG?

La relación entre el cumplimiento emocional y los estándares de gobernanza (la "G" de los criterios ESG, Environmental, Social and Governance) se articula a través de un principio fundamental, la gobernanza ética debe reflejar no solo estructuras de control, transparencia y rendición de cuentas, sino también una gestión consciente del impacto emocional que generan las decisiones corporativas en las personas y los entornos organizativos.

El cumplimiento emocional, en este contexto, actúa como catalizador de una gobernanza avanzada que no se limita a prevenir riesgos jurídicos, sino que se orienta a construir entornos emocionalmente sostenibles, donde la dignidad humana, la seguridad psicológica y la integridad relacional son pilares institucionales.

Esto implica que una organización no puede considerarse bien gobernada si, aunque cumpla formalmente con sus obligaciones legales, tolera culturas autoritarias, liderazgos emocionalmente abusivos o estructuras jerárquicas insensibles al bienestar del personal. La gobernanza ESG exige un modelo de integridad sistémica donde el Compliance se alinee con valores éticos, prácticas inclusivas y marcos de respeto emocional.

Así, el cumplimiento emocional fortalece la gobernanza ESG mediante,

- La inclusión de indicadores de riesgo psicosocial en el mapa de riesgos global.

- El aseguramiento de que las políticas internas respeten la dimensión emocional del trabajo (feedback, liderazgo, resolución de conflictos, sanciones).

- La supervisión del clima emocional como parte del sistema de control interno.

- La legitimación del liderazgo emocionalmente responsable como parte del modelo de gobernanza ética.

- La conexión entre la experiencia emocional interna de los empleados y la percepción externa de integridad por parte de los stakeholders.

Además, organismos reguladores e inversores comienzan a considerar que una gobernanza ESG sin cumplimiento emocional es incompleta, ya que ignora uno de los factores más determinantes de la reputación, la calidad humana de las relaciones laborales. Por ello, la integración del cumplimiento emocional refuerza el valor no financiero de la empresa, aporta solidez a los modelos de sostenibilidad y previene escándalos que erosionan la confianza institucional.

10.4.21. ¿En qué medida el bienestar corporativo impacta la sostenibilidad reputacional y el cumplimiento estratégico de una organización?

El bienestar corporativo es una variable crítica tanto para la sostenibilidad reputacional como para el cumplimiento estratégico de una organización. En un entorno en el que los stakeholders[241] valoran no solo los resultados financieros, sino también el modo en que estos se alcanzan, el cuidado del bienestar emocional de los trabajadores se convierte en un factor de legitimidad institucional.

---

241 Alpuche de la Cruz, E. Leines Cortez, L. La Teoría de los Stakeholders, un análisis centrado en los grupos dentro de la organización y propuesta de un nuevo grupo. *Revista Pensamiento Crítico. Revista de investigación multidisciplinaria*, en https,//pensamientocriticoudf.com.mx/4-no-6/14-4-no-6-02/36-la-teoria-de-los-stakeholders-un-analisis-centrado-en-los-grupos-dentro-de-la-organizacion-y-propuesta-de-un-nuevo-grupo-html

Desde una perspectiva reputacional, la gestión deficiente del bienestar emocional puede desembocar en denuncias de acoso laboral, burnout masivo, fuga de talento, mala prensa, activismo sindical o social, y pérdida de atractivo para inversores éticos.

Por el contrario, las empresas que cuidan activa y preventivamente el bienestar emocional son vistas como entornos seguros, justos y éticamente coherentes, lo que refuerza su capital simbólico ante la comunidad, las administraciones públicas y los mercados.

Desde un enfoque estratégico, el bienestar emocional está directamente vinculado con la productividad, la resiliencia, la innovación y la capacidad adaptativa. Equipos emocionalmente cuidados presentan menor rotación, mejor desempeño, mayor cooperación y menor tasa de error. Además, el bienestar emocional reduce los costes ocultos asociados al conflicto laboral, la enfermedad psicosomática, el ausentismo y las bajas por causas psicológicas.

Un sistema de Compliance que incorpora el cumplimiento emocional favorece, por tanto, la sostenibilidad estratégica al,

- Detectar y prevenir climas laborales tóxicos.

- Identificar los líderes que generan sufrimiento o estrés organizacional.

- Asegurar que las decisiones estratégicas (reestructuraciones, fusiones, cambios de rol) consideren el impacto emocional.

- Monitorear la percepción de justicia emocional como indicador de fidelización.

- Convertir el bienestar emocional en ventaja competitiva, no solo en valor ético.

El bienestar corporativo no es un factor accesorio, sino una condición estructural para el cumplimiento ético, la eficacia operativa y la sostenibilidad reputacional a largo plazo.

10.4.22. ¿Cómo puede el Compliance colaborar con otras áreas (RR.HH., salud ocupacional, sostenibilidad) para institucionalizar una política transversal de cuidado emocional?

La institucionalización de una política transversal de cuidado emocional requiere una estrategia de integración interdepartamental que supere el aislamiento funcional y promueva una gobernanza ética centrada en la persona. En este marco, el Compliance no solo puede, sino que debe, asumir un rol de articulador y garante del enfoque emocional en las políticas organizativas, coordinándose estrechamente con las siguientes áreas,

a). Con Recursos Humanos,

- Co-diseño de programas de formación en inteligencia emocional, gestión del conflicto, liderazgo empático y comunicación no violenta.

- Integración de la evaluación emocional en los procesos de selección, promoción, evaluación de desempeño y gestión del talento.

- Revisión de los protocolos disciplinarios para garantizar proporcionalidad, respeto y contención emocional durante su aplicación.

- Establecimiento de mecanismos de contención psicoemocional para empleados en situaciones de crisis o exposición al conflicto.

b) Con Salud Ocupacional,

- Implementación de diagnósticos de riesgo psicosocial conforme a la ISO 45003.

- Incorporación de cuestionarios validados sobre estrés, ansiedad, burnout o percepción de carga emocional.

- Supervisión de condiciones de trabajo emocionalmente sostenibles (ritmos, descansos, equilibrio trabajo-vida).

- Derivación conjunta de casos críticos al área médica o psicológica laboral, con confidencialidad y protección de la intimidad.

c) Con el área de Sostenibilidad,

- Incorporación del bienestar emocional como parte del vector "S" (Social) en los informes de sostenibilidad y estándares GRI.

- Codificación de KPIs emocionales en los reportes ESG, índice de seguridad psicológica, rotación voluntaria, percepción de equidad emocional, resultados de clima emocional.

- Impulso conjunto de campañas institucionales de cultura emocional, como parte de la estrategia de reputación sostenible.

- Alineación del discurso externo (propósito corporativo) con las prácticas internas de cuidado emocional, evitando greenwashing emocional.

El Compliance debe impulsar comités interdepartamentales que garanticen la coherencia, el seguimiento y la mejora continua de las acciones emocionales, estableciendo una hoja de ruta común con roles, indicadores y compromisos institucionales claros.

Además, puede crear un marco normativo integrador (por ejemplo, una Política de Bienestar Emocional Corporativo) que formalice esta transversalidad, alineado con el Código Ético, los programas de integridad y las directrices ESG. En última instancia, el Compliance se convierte así en garante de la ética del cuidado, puente entre la legalidad y la humanidad, y eje estratégico de la transformación cultural hacia una organización emocionalmente íntegra.

10.4.23. ¿Qué relación existe entre el cumplimiento emocional y los estándares de gobernanza incluidos en los criterios ESG?

La relación entre el cumplimiento emocional y los estándares de gobernanza (la "G" de los criterios ESG, Environmental, Social and Governance) se articula a través de un principio fundamental, la gobernanza ética debe reflejar no solo estructuras de control, transparencia y rendición de cuentas, sino también una gestión consciente del impacto emocional que generan las decisiones corporativas en las personas y los entornos organizativos.

El cumplimiento emocional, en este contexto, actúa como catalizador de una gobernanza avanzada que no se limita a prevenir riesgos jurídicos, sino que se orienta a construir entornos emocionalmente sostenibles, donde la dignidad humana, la seguridad psicológica y la integridad relacional son pilares institucionales.

Esto implica que una organización no puede considerarse bien gobernada si, aunque cumpla formalmente con sus obligaciones legales, tolera culturas autoritarias, liderazgos emocionalmente abusivos o estructuras jerárquicas insensibles al bienestar del personal. La gobernanza ESG exige un modelo de integridad sistémica donde el Compliance se alinee con valores éticos, prácticas inclusivas y marcos de respeto emocional.

Así, el cumplimiento emocional fortalece la gobernanza ESG mediante,

- La inclusión de indicadores de riesgo psicosocial en el mapa de riesgos global.

- El aseguramiento de que las políticas internas respeten la dimensión emocional del trabajo (feedback, liderazgo, resolución de conflictos, sanciones).

- La supervisión del clima emocional como parte del sistema de control interno.

- La legitimación del liderazgo emocionalmente responsable como parte del modelo de gobernanza ética.

- La conexión entre la experiencia emocional interna de los empleados y la percepción externa de integridad por parte de los stakeholders[242].

Además, organismos reguladores e inversores comienzan a considerar que una gobernanza ESG sin cumplimiento emocional es incompleta, ya que ignora uno de los factores más determinantes de la reputación, la calidad humana de las relaciones laborales.

Por ello, la integración del cumplimiento emocional refuerza el valor no financiero de la empresa, aporta solidez a los modelos de sostenibilidad y previene escándalos que erosionan la confianza institucional.

10.4.24. ¿En qué medida el bienestar corporativo impacta la sostenibilidad reputacional y el cumplimiento estratégico de una organización?

El bienestar corporativo es una variable crítica tanto para la sostenibilidad reputacional como para el cumplimiento estratégico de una organización. En un entorno en el que los stakeholders[243] valoran no solo los resultados financieros, sino también el modo en que estos se alcanzan, el cuidado del bienestar emocional de los trabajadores se convierte en un factor de legitimidad institucional.

Desde una perspectiva reputacional, la gestión deficiente del bienestar emocional puede desembocar en denuncias de acoso laboral, burnout masivo, fuga de talento, mala prensa, activismo sindical o social, y pérdida de atractivo para inversores éticos.

Por el contrario, las empresas que cuidan activa y preventivamente el bienestar emocional son vistas como entornos seguros, justos y éticamente coherentes, lo que refuerza su capital simbólico ante la comunidad, las administraciones públicas y los mercados.

Desde un enfoque estratégico, el bienestar emocional está directamente vinculado con la productividad, la resiliencia, la innovación y la capacidad adaptativa. Equipos emocionalmente cuidados presentan menor rotación, mejor desempeño, mayor cooperación y menor tasa de error. Además, el

---

242 Granda Revilla, G. Trujillo Fernández, R. La gestión de los grupos de interés (stakeholders) en la estrategia de las organizaciones. Ministerio de Industria, Energía y Turismo. Forética. Pag 71

243 Freeman & Reed. Stockholders ans Stakeholders, A new perspective on Corporate Governance. *California Management review.* Vol XXv, No.3, Spring 1983. Pag 88.

bienestar emocional reduce los costes ocultos asociados al conflicto laboral, la enfermedad psicosomática, el ausentismo y las bajas por causas psicológicas.

Un sistema de Compliance que incorpora el cumplimiento emocional favorece, por tanto, la sostenibilidad estratégica al,

- Detectar y prevenir climas laborales tóxicos.

- Identificar los líderes que generan sufrimiento o estrés organizacional.

- Asegurar que las decisiones estratégicas (reestructuraciones, fusiones, cambios de rol) consideren el impacto emocional.

- Monitorear la percepción de justicia emocional como indicador de fidelización.

- Convertir el bienestar emocional en ventaja competitiva, no solo en valor ético.

El bienestar corporativo no es un factor accesorio, sino una condición estructural para el cumplimiento ético, la eficacia operativa y la sostenibilidad reputacional a largo plazo.

10.4.25. ¿Cómo puede el Compliance colaborar con otras áreas (RR.HH., salud ocupacional, sostenibilidad) para institucionalizar una política transversal de cuidado emocional?

La institucionalización de una política transversal de cuidado emocional requiere una estrategia de integración interdepartamental que supere el aislamiento funcional y promueva una gobernanza ética centrada en la persona. En este marco, el Compliance no solo puede, sino que debe, asumir un rol de articulador y garante del enfoque emocional en las políticas organizativas, coordinándose estrechamente con las siguientes áreas,

a) Con Recursos Humanos,

- Diseño de programas de formación en inteligencia emocional, gestión del conflicto, liderazgo empático y comunicación no violenta.

- Integración de la evaluación emocional en los procesos de selección, promoción, evaluación de desempeño y gestión del talento.

- Revisión de los protocolos disciplinarios para garantizar proporcionalidad, respeto y contención emocional durante su aplicación.

Establecimiento de mecanismos de contención psicoemocional para empleados en situaciones de crisis o exposición al conflicto.

b) Con Salud Ocupacional,

- Implementación de diagnósticos de riesgo psicosocial conforme a la ISO 45003.

- Incorporación de cuestionarios validados sobre estrés, ansiedad, burnout o percepción de carga emocional.

- Supervisión de condiciones de trabajo emocionalmente sostenibles (ritmos, descansos, equilibrio trabajo-vida).

- Derivación conjunta de casos críticos al área médica o psicológica laboral, con confidencialidad y protección de la intimidad.

c) Con el área de Sostenibilidad,

- Incorporación del bienestar emocional como parte del vector "S" (Social) en los informes de sostenibilidad y estándares GRI.

- Codificación de KPIs emocionales en los reportes ESG, índice de seguridad psicológica, rotación voluntaria, percepción de equidad emocional, resultados de clima emocional.

- Impulso conjunto de campañas institucionales de cultura emocional, como parte de la estrategia de reputación sostenible.

- Alineación del discurso externo (propósito corporativo) con las prácticas internas de cuidado emocional, evitando greenwashing emocional.

El Compliance debe impulsar comités interdepartamentales que garanticen la coherencia, el seguimiento y la mejora continua de las acciones emocionales, estableciendo una hoja de ruta común con roles, indicadores y compromisos institucionales claros.

Además, puede crear un marco normativo integrador (por ejemplo, una Política de Bienestar Emocional Corporativo) que formalice esta transversalidad, alineado con el Código Ético, los programas de integridad y las directrices ESG. En última instancia, el Compliance se convierte así en garante de la ética del cuidado, puente entre la legalidad y la humanidad, y eje estratégico de la transformación cultural hacia una organización emocionalmente íntegra.

Si lo deseas, puedo elaborar un ejemplo de Política de Bienestar Emocional transversal, una matriz de indicadores emocionales ESG, o un protocolo operativo de coordinación entre Compliance y RR. HH. para implementar estrategias emocionales efectivas. Quedo a tu disposición para desarrollarlo.

10.5. La mayor exigencia de diligencia debida empresarial y rendición de cuentas y su vinculación con el acoso laboral

10.5.1. ¿Qué obligaciones impone la diligencia debida empresarial en materia de prevención del acoso laboral dentro de las organizaciones?

La diligencia debida empresarial en el ámbito del acoso laboral impone una obligación activa y continua a las organizaciones para anticiparse, prevenir, detectar y reparar cualquier forma de violencia o hostigamiento en el entorno de trabajo. Esta obligación no se limita al cumplimiento formal de la normativa, sino que constituye una manifestación del deber de cuidado que toda organización debe ejercer respecto a la integridad física, psíquica y emocional de su plantilla.

Desde una perspectiva jurídica y normativa, la diligencia debida deriva de múltiples fuentes, el artículo 4.2 del Estatuto de los Trabajadores, la Ley de Prevención de Riesgos Laborales (especialmente los artículos 14, 15 y 16), la Directiva europea 2002/73/CE, la Directiva 2019/1937 sobre protección de denunciantes, y los principios internacionales de derechos humanos y empresas responsables contenidos en los Principios Rectores de Naciones Unidas sobre Empresas y Derechos Humanos. En conjunto, estos marcos imponen a las empresas la obligación de actuar con previsibilidad, proporcionalidad y trazabilidad frente a los riesgos de acoso.

En términos concretos, esta diligencia debida se traduce en,

- La obligación de elaborar un protocolo preventivo de acoso laboral y sexual claro, aplicable, actualizado y conocido por toda la plantilla.

- La identificación y evaluación periódica de los riesgos psicosociales, incluyendo los factores organizativos que propician conductas de acoso (liderazgos autoritarios, ambigüedad de rol, falta de autonomía, exceso de control jerárquico, ausencia de procedimientos transparentes de promoción).

- La adopción de medidas preventivas organizacionales y culturales que reduzcan la probabilidad de aparición de estas conductas, como fomentar liderazgos empáticos, culturas colaborativas, esquemas horizontales de comunicación y políticas de respeto activo.

- El establecimiento de canales internos accesibles, confidenciales y seguros para la denuncia de hechos de acoso, garantizando la protección de las personas denunciantes y evitando represalias.

- La obligación de actuar de forma diligente e inmediata ante cualquier denuncia, asegurando una investigación imparcial, profesional, respetuosa del principio de contradicción y con respeto al debido proceso.

- La adopción de medidas correctoras eficaces, incluidas sanciones disciplinarias cuando correspondan, que no solo reparen el daño sino que refuercen el mensaje organizacional de tolerancia cero.

- El seguimiento y evaluación de los casos y del protocolo en general, a través de indicadores de eficacia, encuestas internas de percepción, revisión de reincidencias, entre otros mecanismos.

La empresa que incumpla de forma sistemática o negligente estas obligaciones puede enfrentarse a consecuencias jurídicas (sanciones administrativas, responsabilidad civil por daños, responsabilidad penal si se configuran delitos conexos), reputacionales y económicas (pérdida de contratos públicos, fuga de talento, disminución de productividad, deterioro de clima laboral).

10.5.2. ¿Cómo puede integrarse la gestión del acoso laboral en los programas de cumplimiento normativo?

Integrar la gestión del acoso laboral en el sistema de cumplimiento normativo supone elevar esta problemática del plano de relaciones individuales o de gestión de personas al plano estratégico de la gobernanza corporativa, entendiendo que la inacción frente al acoso constituye un incumplimiento grave que puede comprometer la responsabilidad jurídica de la organización.

La integración puede realizarse de la siguiente manera,

- Incluir el acoso laboral como riesgo ético, jurídico, reputacional y psicosocial dentro del mapa de riesgos del programa de Compliance.

- Incorporar indicadores específicos (número de denuncias, tiempos de respuesta, encuestas de clima, nivel de formación, reincidencias) en el sistema de monitoreo del programa.

- Establecer la obligatoriedad de que el canal de denuncias incorpore el acoso laboral como una categoría protegida, con medidas específicas de protección para víctimas y denunciantes.

- Articular el protocolo de acoso con los procesos de investigación interna del área de cumplimiento, asegurando trazabilidad, documentación y participación del Compliance Officer en los comités de resolución.

- Definir responsabilidades concretas en el Código de Conducta respecto a la prevención del acoso y a la obligación de informar cualquier situación de hostigamiento conocida.

- Alinear la política de prevención del acoso con los estándares internacionales como la norma ISO 37301 (Sistemas de gestión de Compliance), la ISO 45003 (Gestión de riesgos psicosociales) y los Objetivos de Desarrollo Sostenible (ODS 5 y ODS 8).

- Garantizar la coordinación efectiva entre el área de cumplimiento y otras áreas clave (recursos humanos, prevención de riesgos, salud ocupacional, comité de ética) en la gestión integral del acoso.

10.5.3. ¿Qué papel desempeña el Compliance Officer en la supervisión de los riesgos psicosociales y de acoso dentro de la empresa?

El Compliance Officer (CO) es el responsable de velar por la correcta implementación, supervisión y mejora continua del sistema de cumplimiento. En relación con los riesgos psicosociales y el acoso laboral, el CO debe asumir un rol activo, transversal y con autoridad funcional para incidir en la gestión organizativa del riesgo.

Dentro de sus responsabilidades específicas, se incluyen,

- Supervisar que el protocolo de prevención del acoso esté debidamente aprobado, revisado, comunicado y operativo.

- Asegurar que existan canales eficaces para la recepción y gestión de denuncias por acoso, con garantías de confidencialidad, no represalia y seguimiento diligente.

- Participar o coordinar la evaluación del mapa de riesgos psicosociales, incorporando variables como rotación anómala, clima emocional negativo, liderazgo disfuncional o áreas de especial vulnerabilidad.

- Promover formación periódica en materia de prevención del acoso, cultura ética, buen trato y gestión emocional, evaluando su alcance y eficacia.

- Verificar que las investigaciones internas por acoso sean realizadas con imparcialidad, respeto al debido proceso y criterios de razonabilidad probatoria, participando cuando así lo exijan los procedimientos.

- Documentar toda actuación preventiva, reactiva o correctiva relativa al acoso en el marco del sistema de Compliance, asegurando la trazabilidad y rendición de cuentas.

- Emitir recomendaciones al órgano de gobierno sobre los cambios normativos, estructurales o culturales necesarios para reducir los riesgos de acoso y mejorar la cultura del cumplimiento.

- Velar porque las medidas disciplinarias frente al acoso sean proporcionales, coherentes con el Código de Ética y debidamente fundamentadas, evitando tanto la impunidad como la arbitrariedad.

10.5.4. ¿Cuáles son los principales elementos que deben contener los protocolos de prevención y actuación frente al acoso para cumplir con los estándares de diligencia debida?

Un protocolo eficaz y conforme con la diligencia debida debe contener al menos los siguientes elementos,

a) Declaración institucional clara de tolerancia cero al acoso, con respaldo expreso de la alta dirección.

b) Definición precisa de las conductas constitutivas de acoso, diferenciando sus modalidades y ejemplificando situaciones concretas.

c) Descripción de los derechos y deberes de la persona denunciante, la persona denunciada, testigos y el personal directivo.

d) Establecimiento de un canal específico o integración en el canal de denuncias general, con garantía de confidencialidad, registro, acuse de recibo y seguimiento.

e) Fases detalladas del procedimiento de investigación, admisión, medidas cautelares, instrucción, decisión, sanción, medidas de prevención y reparación, con plazos, responsables y principios aplicables.

f) Medidas de protección frente a represalias, incluidas acciones disciplinarias contra quienes las ejerzan.

g) Inclusión de mecanismos de formación, sensibilización y revisión periódica del protocolo, documentados y evaluados.

h) Coordinación con otras políticas (igualdad, prevención de riesgos, conciliación, diversidad) y vinculación al sistema de Compliance, integrando su trazabilidad y control.

i) Inclusión de mecanismos de evaluación de la eficacia del protocolo, mediante indicadores cuantitativos y cualitativos, encuestas anónimas y revisión anual del número y tipo de casos gestionados.

j) Mecanismos de derivación a autoridades externas en caso de delitos o infracciones administrativas.

Un protocolo sin estos elementos, o que no sea conocido, aplicado y monitoreado, se convierte en un instrumento meramente decorativo, carente de valor jurídico eximente y sin impacto preventivo real.

10.5.5. ¿Cómo puede el mapa de riesgos del programa de Compliance incorporar de forma eficaz los riesgos de acoso laboral?

La incorporación del acoso laboral al mapa de riesgos del sistema de Compliance exige un enfoque estructural que reconozca su naturaleza como riesgo transversal, con impacto no solo en la esfera interna del bienestar laboral, sino también en las dimensiones jurídica, reputacional, económica y estratégica de la empresa.

Para ello, el mapa de riesgos debe superar el enfoque limitado de los delitos penales típicos y reconocer al acoso laboral como una amenaza multifactorial que puede generar consecuencias en las tres grandes esferas de responsabilidad, penal (si se deriva en delito contra la integridad moral o delito de acoso sexual), civil (por daños y perjuicios) y administrativa (por incumplimiento de deberes preventivos).

Para lograr una integración efectiva, el área de Compliance debe,

a) Identificar el acoso laboral como categoría específica de riesgo en la matriz de riesgos éticos-conductuales.

No debe subsumirse genéricamente bajo "riesgos laborales" o "riesgos de recursos humanos", sino que debe visualizarse como un riesgo autónomo con tipologías propias (acoso vertical ascendente o descendente, acoso horizontal, acoso organizacional, acoso de género).

b) Aplicar metodologías de evaluación que combinen herramientas cuantitativas (frecuencia de denuncias, rotación, bajas psicológicas, resultados de encuestas de clima laboral, existencia de zonas grises de gestión) y cualitativas (entrevistas a personal clave, evaluación cultural, percepciones sobre tolerancia al abuso de poder, estilo de liderazgo, casos previos mal resueltos).

c) Considerar factores de riesgo específicos para cada unidad o centro de trabajo (como departamentos con alta presión jerárquica, liderazgo tóxico, procesos de promoción opacos, estructuras excesivamente jerarquizadas, etc.).

d) Asociar a cada riesgo de acoso laboral detectado una serie de controles de mitigación, protocolos de actuación, sistema de alertas, formación directiva, mecanismos de participación y escucha, canales de denuncia seguros, seguimiento psicosocial, entre otros.

e) Asignar responsables concretos (RRHH, dirección, mandos medios, Compliance Officer) de cada control y establecer métricas para verificar su efectividad.

f) Integrar los resultados del mapa de riesgos en el plan anual de Compliance, dotando al riesgo de acoso de un seguimiento periódico que permita reevaluar su evolución e impacto.

g) Cruzar los riesgos de acoso laboral con indicadores ESG, especialmente en el ámbito "S" (Social), donde se vinculan directamente con el respeto a los derechos humanos, la salud psicosocial y la inclusión laboral.

10.5.6. ¿Qué medidas puede implementar una empresa para garantizar que su canal de denuncias cumple con los principios de confidencialidad, protección de la víctima y efectividad?

El canal interno de denuncias, conforme a la Directiva (UE) 2019/1937 sobre protección de los denunciantes, la Ley 2/2023 en España y las normas técnicas internacionales (ISO 37002), debe estructurarse en torno a los principios de confidencialidad, ausencia de represalias, accesibilidad y gestión diligente. En materia de acoso laboral, que involucra frecuentemente a personas vulnerables, subordinadas jerárquicamente o afectadas psicológicamente, esos principios deben reforzarse con mecanismos concretos,

a) Confidencialidad,

- El canal debe estar gestionado por personas independientes, debidamente formadas, que suscriban acuerdos de confidencialidad.

- Los datos del denunciante y del denunciado deben tratarse con el principio de minimización de datos, de acuerdo con el Reglamento General de Protección de Datos (RGPD) y la normativa nacional.

- Los informes internos de investigación deben anonimizar datos siempre que sea posible, y deben almacenarse en sistemas seguros con acceso restringido.

b) Protección de la víctima,

- La empresa debe prever medidas cautelares desde la recepción de la denuncia (cambio de puesto, teletrabajo, alejamiento, apoyo psicológico).

- Debe incluirse una política de no represalia clara, aprobada por el órgano de gobierno, con sanciones previstas en caso de incumplimiento.

- El canal debe permitir comunicaciones sucesivas para garantizar acompañamiento durante todo el proceso (no ser un sistema de "una sola vía").

c) Efectividad,

- El canal debe permitir el seguimiento anónimo de la denuncia, respetando los plazos previstos por ley (7 días para acuse, 3 meses para respuesta).ç

- Debe contemplar protocolos de derivación interna a las unidades competentes, evitando bloqueos burocráticos o encubrimientos.

- Debe mantenerse un registro documentado, con trazabilidad, de todas las acciones tomadas, en previsión de requerimientos judiciales o inspecciones.

d) Accesibilidad,

- El canal debe ser multicanal (correo electrónico cifrado, plataforma web, teléfono, entrevistas personales).

- Debe estar disponible en los idiomas utilizados por la plantilla y adaptado a personas con discapacidad.

Su existencia y funcionamiento deben difundirse mediante formación, cartelería, onboarding y sesiones informativas.

10.5.7. ¿De qué manera se relaciona la obligación de rendición de cuentas con la transparencia y veracidad de las políticas corporativas sobre acoso laboral?

La rendición de cuentas (accountability), piedra angular de los sistemas de cumplimiento (ISO 37301), implica no solo haber adoptado formalmente políticas, sino demostrar con evidencias que esas políticas se aplican, revisan, mejoran y se vinculan con la conducta real de la organización. En el ámbito del acoso laboral, donde la diferencia entre "cultura escrita" y "cultura vivida" puede ser dramática, esta obligación es clave.

La relación es directa, la rendición de cuentas permite verificar si la política de prevención del acoso es un mero formalismo o un instrumento efectivo de protección. Una empresa que proclama "tolerancia cero" pero no investiga adecuadamente las denuncias, protege a directivos agresores o minimiza las consecuencias de casos graves, incumple el principio de rendición de cuentas, incluso si formalmente tiene "un protocolo".

Este principio se articula en tres ejes,

a) Transparencia documental, la empresa debe ser capaz de mostrar evidencias de formación, campañas, estadísticas de denuncias, decisiones disciplinarias fundadas, protocolos de actuación y su evolución.

b) Coherencia institucional, lo que se publica en los valores corporativos, informes ESG o reportes de sostenibilidad debe coincidir con la práctica interna, especialmente en lo relativo al respeto, la igualdad, la equidad y la no discriminación.

c) Supervisión, la alta dirección y los órganos de gobierno deben recibir información periódica sobre la implementación de las políticas contra el acoso, revisar su adecuación, adoptar medidas correctoras y dejar constancia de todo ello en actas o reportes de Compliance.

La falta de rendición de cuentas no solo compromete la credibilidad institucional, sino que puede agravar la responsabilidad jurídica (civil, penal o administrativa) en caso de inacción o encubrimiento.

10.5.8. ¿Qué indicadores puede utilizar el área de Compliance para medir el grado de cumplimiento en la prevención y gestión del acoso laboral?

El área de Compliance debe definir un conjunto de indicadores (KPI) que permitan monitorear el grado de implementación y efectividad de las políticas contra el acoso. Estos indicadores deben estar integrados en el sistema de Compliance, ser evaluados periódicamente, y estar alineados con el mapa de riesgos y los objetivos de sostenibilidad. Ejemplos,

a). Los indicadores de prevención,

- El porcentaje de plantilla formada anualmente en prevención del acoso.

- El número de campañas de sensibilización realizadas.

- El índice de conocimiento del protocolo medido en encuestas.

- La tasa de cobertura del canal de denuncias (accesibilidad y uso).

- El número de unidades organizativas evaluadas psicosocialmente.

b). Los indicadores de detección y gestión,

- El número total de denuncias por acoso recibidas (por tipo).

- El porcentaje de denuncias resueltas dentro del plazo.

- La tasa de confirmación de denuncias fundadas.

- El tiempo medio de tramitación de una denuncia.

- La tasa de reincidencia (mismo autor, misma unidad).

- La evaluación de satisfacción de las personas denunciantes (con garantías de anonimato).

c). los indicadores de cultura organizacional,

- El nivel de percepción de tolerancia cero medido en encuestas.

- La tasa de confianza en el canal de denuncias.

- El índice de clima laboral por unidades (evaluación periódica).

- La evolución de rotación y absentismo en unidades con denuncias anteriores.

Estos indicadores no solo permiten medir la eficacia del protocolo, sino que también orientan decisiones estratégicas, permiten priorizar acciones correctoras y pueden ser integrados en reportes de sostenibilidad o buen gobierno. La combinación de datos objetivos con indicadores de percepción proporciona una visión completa y robusta del cumplimiento efectivo.

10.5.9. ¿Cómo puede el mapa de riesgos del programa de Compliance incorporar de forma eficaz los riesgos de acoso laboral?

El mapa de riesgos de un programa de Compliance es una herramienta dinámica y sistemática que permite identificar, evaluar, clasificar y gestionar los riesgos que pueden afectar a la integridad, legalidad y sostenibilidad de una organización. Para incorporar eficazmente los riesgos de acoso laboral en este instrumento, es imprescindible aplicar una metodología que supere el enfoque puramente jurídico y contemple dimensiones psicosociales, culturales y estructurales.

La inclusión efectiva del acoso laboral como riesgo relevante exige,

a) Definir claramente el riesgo, el acoso debe ser conceptualizado como una amenaza a los derechos fundamentales, la cultura ética, la salud psicosocial, la legalidad laboral y la reputación corporativa. No basta con contemplarlo como una posible infracción individual, sino como un síntoma de disfunciones organizativas más amplias (liderazgos tóxicos, impunidad, cultura del silencio, etc.).

b) Realizar una evaluación de exposición sectorial y organizativa, no todas las empresas enfrentan los mismos niveles de riesgo. El mapa debe contemplar la naturaleza jerárquica de la organización, la presión sobre resultados, los estilos de liderazgo dominantes, la existencia de indicadores de clima negativo, el grado de rotación del personal, el uso de contratos precarios o el historial de denuncias internas.

c) Aplicar una matriz de impacto y probabilidad, valorar no solo la frecuencia esperada de casos de acoso, sino también su posible impacto legal (sanciones, condenas civiles o penales), reputacional (medios, redes, activismo), económico (indemnizaciones, pérdida de clientes o contratos públicos) y sobre el clima interno (absentismo, desmotivación, pérdida de talento).

d) Determinar responsables y controles existentes, identificar si existen políticas, protocolos, canales, formaciones, auditorías y medidas disciplinarias eficaces para mitigar el riesgo. Si alguno de estos elementos falta o está desactualizado, debe reflejarse como vulnerabilidad.

e) Integrar el riesgo de acoso con otros riesgos de integridad, el acoso puede estar vinculado a riesgos de abuso de poder, discriminación, fraude, nepotismo o conflictos de interés. Una lectura transversal es esencial para entender su lógica estructural.

f) Monitorizar con indicadores cualitativos y cuantitativos, el mapa de riesgos debe estar vivo. Su revisión periódica debe alimentarse de encuestas de clima, indicadores de rotación, resultados de investigaciones internas, informes de auditoría y benchmarking sectorial.

10.5.10. ¿Qué medidas puede implementar una empresa para garantizar que su canal de denuncias cumple con los principios de confidencialidad, protección de la víctima y efectividad?

El canal de denuncias es una piedra angular de cualquier sistema de prevención del acoso laboral. Para que sea efectivo y cumpla su función preventiva, protectora y de rendición de cuentas, debe cumplir rigurosamente con los principios establecidos en la Directiva (UE) 2019/1937 sobre protección de los informantes (whistleblowers) y en las leyes nacionales de trasposición. Las medidas necesarias incluyen,

a) Confidencialidad reforzada,

- El uso de plataformas digitales seguras, con cifrado extremo a extremo y protección de datos conforme al RGPD.

- La designación de un gestor del canal independiente y formado, que garantice el acceso limitado a la información.

- La anonimización de los datos personales en las primeras fases del proceso, salvo autorización del denunciante.

b) Protección frente a represalias,

- La declaración institucional explícita de tolerancia cero hacia cualquier represalia directa o indirecta contra denunciantes o testigos.

- Las medidas cautelares inmediatas (cambios de ubicación, modificación de tareas, licencias remuneradas, etc.) cuando exista riesgo para la víctima.

- El seguimiento de posibles consecuencias laborales o personales para el denunciante en los meses posteriores.

c) Efectividad procedimental,

- La confirmación de recepción de la denuncia en un plazo breve (7 días máximo) y resolución en un plazo razonable (normalmente 90 días).

- El registro seguro, auditado y trazable de todas las actuaciones realizadas.

- La comunicación transparente al denunciante sobre el avance del caso y las medidas adoptadas, dentro de los límites legales.

- La evaluación periódica del funcionamiento del canal mediante indicadores como tasa de uso, tiempo medio de respuesta, grado de satisfacción del usuario y confianza percibida.

d) Accesibilidad y sensibilización,

- La publicitación del canal en varios idiomas, formatos accesibles y en todos los niveles jerárquicos.

- La inclusión de la existencia del canal en los programas de formación, onboarding y comunicaciones internas.

- La garantía de acceso a toda la plantilla, incluyendo trabajadores subcontratados, becarios, externos y proveedores clave.

10.5.11. ¿De qué manera se relaciona la obligación de rendición de cuentas con la transparencia y veracidad de las políticas corporativas sobre acoso laboral?

La rendición de cuentas (accountability) es uno de los pilares fundamentales de la buena gobernanza corporativa y un principio estructural del Compliance moderno. En el contexto de la prevención del acoso laboral, implica que la empresa debe no solo tener políticas escritas, sino demostrar con hechos verificables su cumplimiento efectivo. La rendición de cuentas se articula con la transparencia (acceso a la información relevante para las partes interesadas) y con la veracidad (coherencia entre el discurso institucional y la realidad organizacional).

Esta relación se traduce en varios niveles,

a) A nivel interno,

- La dirección debe rendir cuentas ante el Comité de Ética o de Cumplimiento sobre la aplicación del protocolo de acoso, la gestión de denuncias, el impacto de las formaciones y los resultados de las investigaciones internas.

- Las políticas deben reflejar procedimientos claros, responsabilidades asignadas, recursos disponibles y vías de escalamiento en caso de conflictos de interés.

- La incoherencia entre el código ético (tolerancia cero) y una práctica permisiva o negligente debilita la credibilidad del sistema y genera riesgo reputacional.

b) A nivel externo,

- La empresa debe estar preparada para demostrar ante la Inspección de Trabajo, los tribunales o los inversores institucionales que su sistema no es meramente formal, sino eficaz y trazable.

- En los informes de sostenibilidad (ESG) o memorias de RSC, la información sobre prevención del acoso no puede limitarse a frases genéricas. Deben incluirse indicadores verificables, número de denuncias, medidas adoptadas, evaluaciones de clima, revisiones de políticas, etc.

- La veracidad exige coherencia. Si la organización declara su compromiso con la integridad y la igualdad, pero tolera comportamientos de acoso o discrimina a las víctimas, su cultura ética queda desmentida por los hechos.

10.5.12. ¿Qué indicadores puede utilizar el área de Compliance para medir el grado de cumplimiento en la prevención y gestión del acoso laboral?

El monitoreo de la efectividad del sistema de prevención del acoso exige establecer indicadores cualitativos y cuantitativos que permitan una evaluación objetiva, trazable y periódica. Algunos de los indicadores más relevantes que puede emplear el área de Compliance incluyen,

a) Indicadores de estructura y cobertura,

- Porcentaje de personal cubierto por protocolos de prevención.

- Porcentaje de personal formado en prevención del acoso en los últimos 12 meses.

- Presencia de cláusulas antiacoso en los contratos laborales y comerciales.

b) Indicadores de actividad y respuesta,

- Número total de denuncias recibidas por acoso (desglosado por tipo, psicológico, sexual, etc.).

- Tiempo medio de respuesta desde la recepción de la denuncia hasta la adopción de medidas.

- Número de medidas preventivas o correctivas adoptadas (reubicaciones, sanciones, revisiones de procesos).

c) Indicadores de percepción y cultura,

- Nivel de confianza en el canal de denuncias (medido mediante encuestas anónimas).

- Porcentaje de empleados que manifiestan conocer el protocolo y sentirse seguros para denunciar.

- Resultados de evaluaciones de clima laboral, con especial atención a variables de respeto, liderazgo y trato justo.

d) Indicadores de mejora continua,

- Número de actualizaciones realizadas al protocolo en función de hallazgos, auditorías o sentencias.

- Número de acciones de mejora derivadas de auditorías internas o externas.

- Grado de cumplimiento de los planes de acción aprobados por el Comité de Cumplimiento.

e) Indicadores comparativos,

- Comparación del número de incidentes por unidad de personal frente a benchmarks sectoriales.

- Evolución temporal del número de casos y de las medidas adoptadas, para detectar tendencias.

La integración de los riesgos de acoso laboral en el sistema de Compliance, su seguimiento con indicadores objetivos, y su tratamiento bajo los principios de transparencia y rendición de cuentas, constituyen un requisito esencial de diligencia debida y buen gobierno, especialmente en entornos donde los criterios ESG, los derechos humanos y la cultura ética son elementos evaluados por autoridades, inversores, empleados y sociedad civil.

Sí, puedo desarrollar de manera más extensa las respuestas a las preguntas formuladas, incorporando un enfoque sistemático, normativo y técnico desde la perspectiva del Compliance, particularmente en relación con la diligencia debida y la gestión del acoso laboral. A continuación se profundiza cada una,

10.5.13. ¿Cómo puede armonizarse la gestión del acoso laboral con los informes ESG desde una perspectiva de Compliance?

La armonización entre la gestión del acoso laboral y los informes ESG requiere integrar estructuralmente las acciones de prevención, detección, respuesta y sanción del acoso dentro de los pilares "Social" y "Governance" del enfoque ESG, pero también desde una perspectiva de cumplimiento transversal que garantice trazabilidad, responsabilidad y transparencia. El Compliance actúa como el vértice que traduce los compromisos éticos y normativos en prácticas verificables, y debe garantizar que las medidas contra el acoso laboral no sean meramente decorativas, sino efectivas y alineadas con los indicadores no financieros de sostenibilidad.

Desde el pilar "S", el acoso laboral constituye una violación de los derechos fundamentales de las personas trabajadoras, y su gestión efectiva es una condición básica para hablar de responsabilidad social[244]. Los indicadores deben recoger el número de casos registrados, tiempos de resolución, reincidencias, percepción de justicia por parte de las víctimas, medidas de protección y acciones formativas. Desde el pilar "G", la gobernanza se vincula directamente con el grado de compromiso y diligencia de la alta dirección en prevenir y sancionar las conductas que vulneran la ética corporativa. El Compliance debe garantizar que las políticas contra el acoso estén aprobadas por el órgano de gobierno, auditadas regularmente,

---

244 Whitehouse, L. (2003). Corporate social responsibility, corporate citizenship and the global compact, a new approach to regulating corporate social power? Global Social Policy, 3(3), 299-318

y que sus resultados se comuniquen de forma transparente a los grupos de interés.

El informe ESG debe incluir tanto indicadores cuantitativos como cualitativos, diferenciados por género, área o unidad, e incorporar testimonios o evidencias que permitan evaluar si la organización está transitando de una cultura reactiva a una cultura de integridad emocional y respeto. El Compliance debe colaborar activamente con el área de sostenibilidad, RSC, recursos humanos y legal para consolidar un modelo de reporte en el que el acoso laboral no solo se mencione como riesgo residual, sino como indicador central de madurez ética, cultura interna y licencia social para operar.

10.5.14. ¿Qué barreras organizacionales dificultan la implementación efectiva de la diligencia debida en relación con el acoso y cómo puede superarlas el Compliance?

Las barreras que dificultan una implementación efectiva de la diligencia debida en relación con el acoso son múltiples y suelen tener raíces estructurales y culturales. Algunas de las más relevantes son,

a) Invisibilización del riesgo, muchas organizaciones subestiman o niegan el acoso laboral por considerarlo un conflicto menor o una cuestión interpersonal, no como un riesgo operativo, jurídico o estratégico. El Compliance debe contrarrestar esta percepción mediante un mapeo riguroso del riesgo psicosocial, integrándolo al mapa de riesgos global, demostrando su impacto económico (absentismo, rotación, indemnizaciones), legal (sanciones) y reputacional.

b) Cultura de silencio o miedo, cuando los trabajadores no confían en que serán protegidos si denuncian, los canales formales pierden eficacia. El Compliance debe impulsar políticas claras de no represalia, anonimato, confidencialidad y acompañamiento, así como auditar periódicamente la percepción de efectividad y credibilidad del sistema.

c) Falta de independencia y especialización, si la gestión de las denuncias recae en áreas no neutrales o sin formación en gestión del acoso, se produce revictimización y pérdida de legitimidad. El Compliance debe asegurar que el tratamiento de denuncias esté liderado por profesionales capacitados, con autonomía funcional, y donde sea posible, promoviendo la intervención de expertos externos.

d) Falta de liderazgo ético, si la alta dirección no asume el liderazgo ético de forma visible y ejemplar, la cultura de cumplimiento se erosiona. El Compliance debe integrar el respeto y la prevención del acoso como parte del sistema de incentivos, de las evaluaciones de desempeño de los líderes y de los objetivos estratégicos de la organización.

e) Ausencia de mecanismos de monitoreo y evaluación, si no se miden los resultados, no se puede afirmar que el sistema funcione. El Compliance debe establecer un sistema de métricas (número de formaciones, encuestas de clima, auditorías internas, indicadores de reincidencia) que permita hacer ajustes basados en evidencia.

Superar estas barreras exige del Compliance una función no solo normativa, sino pedagógica, comunicacional y transformacional. Es decir, debe articular conocimiento jurídico con habilidades de gestión del cambio, empatía organizacional y visión estratégica.

10.5.15. ¿Qué rol juega la alta dirección en el cumplimiento de las obligaciones de diligencia debida y cómo debe rendir cuentas por su actuación en casos de acoso laboral?

La alta dirección es el vértice de la pirámide de la diligencia debida y su rol en la prevención del acoso no puede ser delegado ni simbólico.

La misma juega un papel esencial en,

- Aprobar y dotar de recursos suficientes al sistema de prevención del acoso, incluyendo canales, protocolos, personal capacitado y campañas de sensibilización.

- Integrar la gestión del acoso dentro de la estrategia ESG, los reportes corporativos y las matrices de riesgos.

- Supervisar personalmente el cumplimiento de las obligaciones de diligencia debida y responder ante los órganos de control interno y externos por las omisiones o fallos sistémicos.

- Ejercer un liderazgo ético ejemplar, evitando tolerar conductas cuestionables entre altos directivos o colaboradores estratégicos.

Desde la perspectiva de Compliance, la rendición de cuentas de la alta dirección se estructura en tres dimensiones,

a) Formal, debe constar documentalmente que la dirección ha aprobado el protocolo, ha recibido informes periódicos de Compliance sobre su aplicación, ha tomado decisiones basadas en los riesgos identificados y ha intervenido diligentemente ante situaciones graves.

b) Operativa, debe poder demostrarse que los recursos humanos, financieros y tecnológicos destinados a la prevención del acoso han sido adecuados y proporcionales a la dimensión del riesgo.

c) Ética, debe medirse la coherencia entre lo que la alta dirección proclama y lo que hace. Esto se evalúa a través de auditorías culturales, feedback 360°, encuestas internas y análisis de conductas toleradas o sancionadas.

En caso de que la alta dirección incumpla sus obligaciones de diligencia debida -ya sea por omisión dolosa, negligencia o encubrimiento- puede enfrentarse a responsabilidad directa desde el punto de vista administrativo, civil, laboral o incluso penal. Además, puede ser objeto de escrutinio público, pérdida de reputación e incluso exclusión de procesos de contratación pública o alianzas internacionales.

El Compliance debe establecer procedimientos claros de evaluación del liderazgo, mecanismos de accountability, y promover la existencia de un Comité de Ética o Sostenibilidad que supervise de forma transversal el cumplimiento de estos deberes. La credibilidad del sistema depende directamente del compromiso genuino de sus líderes.

10.5.16. ¿Cómo puede armonizarse la gestión del acoso laboral con los informes ESG desde una perspectiva de Compliance?

La armonización entre la gestión del acoso laboral y los informes ESG (Environmental, Social and Governance) constituye una evolución natural del enfoque tradicional del cumplimiento normativo hacia un enfoque integral de sostenibilidad y gobernanza. Desde la perspectiva del Compliance, esto implica traducir los compromisos éticos y jurídicos asumidos por la empresa frente al acoso laboral en métricas, políticas y resultados verificables que se integren coherentemente en los reportes de sostenibilidad, como los informes no financieros o los informes de sostenibilidad según los estándares GRI, CSRD, SASB o TCFD.

En la práctica, esta armonización requiere,

a) Reconocer el acoso laboral como un riesgo social y de gobernanza, no solo como un riesgo jurídico. En efecto, la dimensión "S" del marco ESG contempla las condiciones laborales, la salud psicológica, la inclusión, el trato digno y la cultura ética como vectores de sostenibilidad, donde la prevención del acoso tiene un papel estructural.

b) Incluir en el sistema de gestión de Compliance indicadores de seguimiento relacionados con la gestión del acoso, tales como, número de denuncias, tasa de resolución, porcentaje de empleados formados, índice de confianza en el canal, percepción cultural de respeto, entre otros.

c) Alinear los contenidos del código ético, el protocolo interno y el sistema de denuncias con los principios ESG, asegurando que los compromisos allí establecidos sean coherentes con los valores reportados públicamente en las memorias de sostenibilidad.

d) Establecer mecanismos de rendición de cuentas internos (comités de ética, revisiones anuales de políticas, auditorías sociales) que alimenten el ciclo de mejora continua exigido por los marcos ESG, y no se limiten a una función reactiva.

e) Vincular el acoso laboral con el riesgo reputacional y de gobernanza, una empresa que no previene, gestiona o comunica adecuadamente casos de acoso puede ver comprometida su calificación ESG, su elegibilidad para financiación sostenible, o incluso su capacidad de contratación pública o privada con entidades que exigen compromisos éticos en sus proveedores.

10.5.17. ¿Qué barreras organizacionales dificultan la implementación efectiva de la diligencia debida en relación con el acoso y cómo puede superarlas el Compliance?

La implementación efectiva de la diligencia debida en materia de acoso enfrenta múltiples barreras organizacionales, culturales y estructurales, que el área de Compliance debe identificar, mapear y abordar estratégicamente. Entre las más comunes se encuentran,

a) Cultura del silencio o del miedo, en muchas organizaciones existe una cultura informal que disuade la denuncia por temor a represalias, estigmatización o falta de confianza en la imparcialidad del proceso. El Compliance debe combatir esta barrera mediante campañas internas, refuerzo del anonimato, formación en derechos y consecuencias del encubrimiento.

b) Falta de liderazgo ético, si la alta dirección o los mandos intermedios minimizan o relativizan el acoso laboral, el protocolo se convierte en un documento inerte. El Compliance debe asegurar que el liderazgo asuma la responsabilidad activa en la prevención, con mensajes claros, sanciones ejemplares y ejemplo personal.

c) Desconexión entre áreas, la diligencia debida requiere la coordinación transversal entre Compliance, RRHH, Jurídico, Sostenibilidad y Prevención de Riesgos Laborales. La ausencia de circuitos de coordinación formal puede hacer que los procesos se solapen, diluyan o ignoren. El Compliance puede liderar comités mixtos, procedimientos integrados y sistemas de trazabilidad interárea.

d) Falta de recursos, algunos sistemas de prevención del acoso fracasan por falta de personal especializado, presupuesto para formación, software de gestión o mecanismos de auditoría. El Compliance debe elevar a los órganos de gobierno las necesidades concretas, justificadas por riesgos legales, reputacionales y de sostenibilidad.

e) Protocolos meramente formales, cuando los protocolos no son operativos, no contemplan supuestos complejos (acoso vertical, acoso sutil, represalias indirectas), o no se actualizan, la diligencia debida se vacía de contenido. El Compliance debe asegurar revisiones periódicas, adaptaciones normativas y validación externa si es necesario.

f) Jerarquías rígidas o entornos autoritarios, en estructuras organizativas excesivamente jerarquizadas, el desequilibrio de poder puede disuadir la denuncia o facilitar el abuso. El Compliance debe adoptar mecanismos específicos para proteger a los empleados en situación vulnerable, como canales alternativos, encuestas de clima laboral y sistemas de alertas tempranas.

10.5.18. ¿Qué rol juega la alta dirección en el cumplimiento de las obligaciones de diligencia debida y cómo debe rendir cuentas por su actuación en casos de acoso laboral?

La alta dirección no solo tiene un rol ejecutivo en el cumplimiento de las obligaciones de diligencia debida frente al acoso laboral, sino que es el sujeto principal del deber de liderazgo ético, de supervisión estratégica del sistema de Compliance y de rendición de cuentas institucional.

Sus responsabilidades se agrupan en tres planos,

a) Rol normativo, la dirección debe aprobar el marco ético, el código de conducta, el protocolo de prevención del acoso y los manuales de procedimiento. Debe asegurar que reflejen no solo el cumplimiento legal, sino los valores y compromisos públicos de la organización.

b) Rol operativo, debe garantizar los recursos humanos, financieros y tecnológicos suficientes para el funcionamiento del sistema, incluyendo el canal de denuncias, la formación obligatoria, la evaluación de riesgos y la intervención inmediata ante situaciones de acoso.

c) Rol de supervisión y rendición de cuentas, debe recibir informes periódicos del Compliance Officer, del Comité de Ética o de Auditoría sobre la evolución del sistema, los riesgos detectados, los casos gestionados y las medidas correctivas adoptadas. En casos graves o reiterados, debe rendir cuentas ante los órganos de control, los reguladores, los inversores o incluso los medios de comunicación, evidenciando que ha actuado con la diligencia exigible.

La alta dirección también puede incurrir en responsabilidad por omisión, por encubrimiento, por no garantizar la independencia del Compliance Officer, o por no responder adecuadamente a las alertas de riesgos éticos. En este sentido, la trazabilidad documental, la trazabilidad decisoria y la documentación de las decisiones adoptadas son elementos clave para proteger tanto a la organización como a sus órganos de gobierno.

El Compliance no solo debe actuar como función técnica o reactiva, sino como un catalizador de una cultura organizacional madura, alineada con estándares ESG, con criterios de diligencia debida y con una visión integral del riesgo ético, psicosocial y reputacional que el acoso laboral representa.

La alta dirección es la instancia obligada a fijar el "tono desde la cima" ("tone at the top"), esto es, definir una cultura organizacional basada en la tolerancia cero frente al acoso y en la dignidad del trabajo humano. Este compromiso no puede ser tácito, ni meramente reactivo, debe traducirse en políticas escritas, aprobadas por los máximos órganos de gobierno, comunicadas explícitamente a toda la organización y dotadas de los recursos necesarios.

Esto implica,

- Aprobar el código ético o de conducta que incorpore expresamente la prohibición del acoso en todas sus formas (laboral, sexual, vertical, horizontal, sutil o institucional).

- Ratificar el protocolo interno de prevención y actuación ante el acoso laboral, asegurando su adecuación legal, su operatividad y su independencia.

- Promover la asignación de recursos al área de Compliance, a la formación del personal y a la evaluación periódica del clima laboral y de los riesgos psicosociales.

- Establecer canales de comunicación institucional claros, creíbles y proactivos que refuercen la confianza de los trabajadores en los mecanismos de denuncia y en la imparcialidad del proceso.

La diligencia debida no es estática, sino que exige revisar y actualizar las medidas preventivas en función de los riesgos detectados, de los cambios normativos, del contexto social y del feedback interno, todo lo cual corresponde liderar a la alta dirección.

a). El rol operativo y de respuesta, actuación frente a los casos

Cuando un caso de acoso es detectado o denunciado formalmente, la alta dirección debe garantizar una respuesta institucional alineada con el deber de diligencia reforzada.

Esto implica, entre otras cosas,

- Asegurar que se inicien investigaciones internas en plazos razonables, con independencia técnica, respeto a la confidencialidad, protección frente a represalias y garantía del derecho de defensa de todas las partes.

- Supervisar, sin interferir indebidamente, que el área de Compliance, recursos humanos o los comités competentes actúan conforme a los procedimientos establecidos.

- Evitar conductas que pudieran implicar encubrimiento, minimización de los hechos, descalificación de las víctimas o paralización de las medidas cautelares necesarias para prevenir daños adicionales.

- Adoptar decisiones disciplinarias y correctivas proporcionales, basadas en la evidencia, que reflejen el compromiso de la organización con la integridad y la seguridad psicosocial del entorno laboral.

- Evaluar si el caso evidencia una falla sistémica que requiere revisar los protocolos, redefinir procesos o reforzar medidas de formación y prevención a largo plazo.

La omisión de estas actuaciones, o su ejecución negligente, puede acarrear para la empresa y para sus directivos consecuencias en múltiples planos, responsabilidad civil (por daños a la víctima), administrativa (sanciones de la Inspección de Trabajo), penal (en caso de inacción dolosa, encubrimiento o reiteración), reputacional (crisis de imagen, pérdida de contratos) o regulatoria (afectación de la puntuación ESG o exclusión de licitaciones públicas).

b). La rendición de cuentas, transparencia y responsabilidad

En el marco de la buena gobernanza, el deber de rendición de cuentas de la alta dirección es clave para legitimar la actuación de la empresa y fortalecer la confianza de los stakeholders[245].

La rendición de cuentas ante casos de acoso puede exigirse en varios planos,

- Internamente, ante el órgano de gobierno (Consejo de Administración, Comité de Auditoría, Comité de Ética) mediante informes regulares sobre la evolución de los casos, las medidas adoptadas, la eficacia del sistema y la adecuación de los protocolos.

- Externamente, ante los reguladores (como la Inspección de Trabajo, la Agencia Española de Protección de Datos o la autoridad judicial), aportando toda la trazabilidad documental que acredite la diligencia organizativa y la colaboración con la investigación.

- Frente a los inversores institucionales, los socios comerciales o los organismos de calificación ESG, proporcionando evidencia de que se han gestionado adecuadamente los riesgos éticos, laborales y reputacionales, conforme a los principios de transparencia y sostenibilidad.

- Ante los propios trabajadores y la opinión pública, mediante la publicación de informes no financieros, memorias ESG, códigos de conducta actualizados o comunicados institucionales que expresen con claridad los principios de integridad, respeto y reparación en que se basa la cultura empresarial.

En contextos complejos, la alta dirección puede optar, además, por solicitar auditorías externas, llevar a cabo procesos de mediación institucional, participar en revisiones independientes del sistema de Compliance o suscribir compromisos adicionales con organizaciones especializadas en ética empresarial o prevención del acoso.

La alta dirección no puede adoptar una postura pasiva, meramente receptiva o reactiva en materia de diligencia debida frente al acoso. Al contrario, su rol exige una actuación proactiva, coherente, ejemplar y verificable. Su liderazgo ético, su capacidad de reacción y su disposición a rendir cuentas son determinantes no solo para la eficacia del sistema de Compliance, sino también para la cultura de integridad, la confianza institucional y la sostenibilidad a largo plazo de la organización. La responsa-

---

245 Freeman & Reed. Stockholders ans Stakeholders, A new perspective on Corporate Governance. *California Management review.* Vol XXV, número.3, Spring 1983. Pag 88.

bilidad de prevenir, detectar, corregir y reparar el acoso laboral comienza y termina en la cúspide de la organización. Y si esta falla, el sistema entero se ve comprometido.

10.6. La estandarización de métricas de cumplimiento ético y prevención del acoso laboral en informes de sostenibilidad

10.6.1. ¿Qué papel desempeña el área de Compliance en la definición de métricas para evaluar la prevención del acoso laboral?

El área de Compliance tiene la responsabilidad estratégica de identificar, establecer, monitorear y auditar las métricas necesarias para evaluar la eficacia de las políticas internas orientadas a la prevención del acoso laboral. Su rol va mucho más allá de una función reactiva. Desde una visión de segunda línea de defensa, el Compliance actúa como arquitecto del sistema de integridad, asegurando que las organizaciones dispongan de indicadores objetivos, sistemáticos y útiles para detectar, prevenir y corregir riesgos asociados al acoso.

Las métricas que debe definir abarcan, entre otras, indicadores de implementación (por ejemplo, porcentaje de empleados capacitados en prevención de acoso), indicadores de eficacia (como el número de denuncias tramitadas y resueltas, o el tiempo medio de respuesta), y métricas de cultura organizacional (por ejemplo, nivel de confianza en el canal de denuncias medido por encuestas internas).

Asimismo, el área de Compliance debe velar por que dichas métricas sean trazables, auditables, válidas y alineadas con los riesgos reales de la organización, estableciendo umbrales críticos, sistemas de alertas tempranas, y mecanismos de validación cruzada que impidan el maquillaje estadístico, la ocultación de patrones o la trivialización de comportamientos que pudieran constituir acoso. Además, debe integrar estas métricas en el mapa general de riesgos éticos y de cumplimiento, y vincularlos con los planes de mejora continua, reportes periódicos a la alta dirección y a los órganos de gobierno, y en su caso, con el reporting a terceros.

10.6.2. ¿Qué indicadores deben incluirse en un sistema de métricas estandarizado que mida el cumplimiento ético desde una perspectiva de Compliance?

Un sistema de métricas estandarizado y eficaz desde la perspectiva de Compliance debe estructurarse alrededor de cuatro dimensiones fundamentales, prevención, detección, respuesta y percepción cultural. Dentro de estas dimensiones se pueden incluir los siguientes indicadores clave,

a). Prevención,

- % de empleados formados en prevención del acoso.

- % de directivos formados específicamente en liderazgo ético.

- Número de campañas de sensibilización o comunicados internos sobre tolerancia cero al acoso.

- % de contratos, convenios o reglamentos internos que contienen cláusulas explícitas sobre conducta respetuosa y acoso.

b). Detección,

- Número total de denuncias recibidas en el canal interno relativas a conductas de acoso.

- Tiempo medio de tramitación de una denuncia.

- % de denuncias tramitadas bajo anonimato.

- Ratio de uso del canal de denuncias por cada 100 empleados.

c). Respuesta.

- % de investigaciones iniciadas frente a denuncias calificadas como verosímiles.

- % de investigaciones resueltas con sanción o medida correctora.

- Tiempo medio de aplicación de medidas cautelares desde la recepción de la denuncia.

- Ratio de reincidencia de infractores en los últimos 3 años.

d). Cultura y percepción,

- Porcentaje de empleados que consideran que la organización protege a las víctimas y denunciantes.

- Porcentaje de empleados que confían en la imparcialidad de las investigaciones internas.

- Nivel de percepción de seguridad psicológica en encuestas de clima.

- Resultados de auditorías éticas o revisiones culturales independientes.

Estas métricas permiten al área de Compliance evaluar no sólo si las políticas existen, sino si están siendo implementadas con eficacia, si son conocidas, si generan confianza y si provocan cambios reales en la conducta organizacional.

10.6.3. ¿Cómo puede garantizar el Compliance la veracidad y trazabilidad de los datos reportados en los informes de sostenibilidad respecto al acoso laboral?

La veracidad y trazabilidad de los datos éticos, especialmente los vinculados al acoso laboral, son aspectos esenciales para la credibilidad de los informes ESG (ambientales, sociales y de gobernanza) de una organización. El área de Compliance, como garante del principio de integridad institucional, cumple aquí un rol esencial,

a) Protocolización de las fuentes de información, El Compliance debe establecer reglas claras y documentadas sobre cómo se recogen los datos relativos al acoso (por ejemplo, mediante informes del canal de denuncias, actas de comités de ética, registros de formación, encuestas de clima), evitando duplicidades, manipulaciones o "blanqueo estadístico".

b) Aseguramiento de la trazabilidad, Para cada dato reportado (por ejemplo, número de denuncias resueltas), debe poder reconstruirse el circuito de origen, con documentación de respaldo que permita verificar su consistencia ante auditorías internas, externas o inspecciones administrativas.

c) Control de versiones y validaciones cruzadas, Debe implementarse un sistema de control documental que permita identificar cuándo y quién modifica datos sensibles en los informes internos y externos. Asimismo, Compliance puede promover la validación cruzada entre áreas (por ejemplo, contrastar cifras del canal de denuncias con las reportadas por RR. HH. o por sostenibilidad).

d) Auditoría periódica de indicadores, El área de Compliance debe promover auditorías de los indicadores éticos utilizados en los informes de sostenibilidad, para verificar su integridad y utilidad, y proponer ajustes si se detectan sesgos o inconsistencias.

e) Defensa frente a stakeholders[246], En caso de reclamaciones, investigaciones regulatorias o crisis reputacionales, el área de Compliance debe poder acreditar que la información reportada sobre el acoso fue veraz, completa y basada en fuentes confiables y auditadas, lo que protege la posición de la empresa ante terceros, inversores, reguladores y medios de comunicación.

---

[246] Granda Revilla, G. Trujillo Fernández, R. La gestión de los grupos de interés (stakeholders) en la estrategia de las organizaciones. Ministerio de Industria, Energía y Turismo. Forética. Pag 71

10.6.4. ¿Qué estándares internacionales de reporting (como GRI, CSRD o SASB) pueden utilizarse para guiar la inclusión de métricas éticas en los informes de sostenibilidad?

Existen diversos marcos internacionales que orientan la inclusión de métricas éticas -incluidas aquellas vinculadas al acoso laboral- en los informes de sostenibilidad. Los principales son,

a). GRI (Global Reporting Initiative),

GRI es uno de los estándares más extendidos a nivel global. El estándar GRI 403 aborda la salud y seguridad ocupacional, incluyendo los factores psicosociales, el acoso laboral y los mecanismos de prevención. Asimismo, el GRI 102 y GRI 103 sobre gobernanza y enfoque de gestión requieren informar sobre políticas internas, sistemas de quejas, mecanismos de reparación y cultura organizacional. Las empresas pueden reportar, por ejemplo, el número de denuncias recibidas, las acciones adoptadas y los cambios derivados.

b) CSRD (Corporate Sustainability Reporting Directive) y ESRS.

Esta directiva europea, que sustituye a la NFRD, introduce estándares obligatorios de información para las grandes empresas en la UE. A través de los European Sustainability Reporting Standards (ESRS), particularmente el ESRS S1 (Afectación a trabajadores), se exige reportar sobre el entorno laboral, respeto a los derechos humanos, mecanismos de denuncia, protección a víctimas, y acciones disciplinarias en relación con el acoso. Esto se articula con la debida diligencia empresarial y con la rendición de cuentas sobre impactos adversos.

c) SASB (Sustainability Accounting Standards Board).

SASB propone estándares sectoriales que incluyen indicadores éticos y de comportamiento corporativo. Algunos sectores -como el financiero, salud o manufactura- incluyen métricas específicas sobre gestión de riesgos de acoso, clima laboral y mecanismos de reporte ético.

d) ISO 37301 (Sistemas de Compliance), ISO 30415 (Diversidad e Inclusión) e ISO 45003 (riesgos psicosociales).

Aunque no son marcos de reporte propiamente dichos, proporcionan criterios objetivos para auditar la existencia y eficacia de políticas antiacoso, mecanismos de protección, formación y prevención, que pueden trasladarse al reporting ESG.

En conjunto, estos marcos no sólo establecen obligaciones formales de reporte, sino que constituyen una guía estructural para garantizar la coherencia interna, la comparabilidad y la credibilidad de los datos éticos relacionados con el acoso laboral.

El área de Compliance debe liderar el proceso de definición y monitoreo de métricas éticas como una función estratégica, alineada con los principios de buena gobernanza, diligencia debida y sostenibilidad.

Las métricas son mucho más que números, son el termómetro del compromiso ético de la organización.

10.6.5. ¿De qué manera pueden las métricas éticas estandarizadas integrarse en el mapa de riesgos del sistema de Compliance?

La integración de métricas éticas estandarizadas en el mapa de riesgos del sistema de Compliance representa un paso decisivo en la madurez del modelo de cumplimiento, ya que permite no solo identificar y jerarquizar los riesgos asociados al acoso laboral, la ética organizacional o el clima interno, sino también cuantificarlos, anticiparlos y monitorearlos de forma sistemática. Esta integración transforma los elementos cualitativos (por ejemplo, "riesgo de acoso moral en mandos intermedios") en variables observables, auditablemente rastreables y con potencial de ser gestionadas de manera dinámica.

La integración se produce principalmente a través de las siguientes acciones,

a). Asociar indicadores concretos a cada categoría de riesgo ético identificado. Por ejemplo, el riesgo de cultura permisiva frente al acoso puede medirse con indicadores como el porcentaje de empleados que consideran que pueden denunciar sin miedo a represalias o el índice de tolerancia percibida al lenguaje sexista.

b). Establecer umbrales de riesgo basados en las métricas. Si, por ejemplo, el número de denuncias por hostigamiento en una unidad específica supera un determinado valor en relación con el tamaño del equipo, el riesgo puede escalarse de nivel bajo a medio o alto, desencadenando medidas de mitigación.

c). Integrar las métricas éticas con la matriz de riesgos transversal. Las métricas se incorporan en las fichas de riesgo como parte del seguimiento y control. Así, indicadores como el nivel de satisfacción psicológica de los trabajadores o la tasa de resolución efectiva de denuncias pueden incorporarse como señales tempranas (early warnings) para riesgos de cultura disfuncional, acoso sistemático o pérdida de confianza en el canal de denuncias.

d). Visualizar las métricas en cuadros de mando ético. Estos dashboards permiten una visualización ejecutiva del comportamiento de los principales riesgos éticos a través de tendencias, alertas y desviaciones respecto a objetivos definidos, facilitando así la toma de decisiones basada en datos.

e). Establecer la trazabilidad vertical con los informes de sostenibilidad ESG. Las métricas del mapa de riesgos éticos también alimentan las dimensiones sociales y de gobernanza de los informes GRI, CSRD o SASB, fortaleciendo la coherencia y el enfoque integral del cumplimiento.

El mapa de riesgos de Compliance debe evolucionar hacia un instrumento dinámico y basado en datos, donde las métricas éticas no solo sirvan para diagnosticar el presente, sino también para anticipar desviaciones culturales futuras y orientar intervenciones tempranas.

10.6.6. ¿Qué métodos o herramientas puede usar el Compliance para medir la percepción interna sobre el respeto, la ética y el ambiente libre de acoso?

La percepción interna sobre los valores éticos, el respeto interpersonal y la existencia de un entorno libre de acoso constituye una dimensión crítica para la gestión preventiva del cumplimiento. Dado que los factores culturales y psicosociales son de naturaleza intangible, el área de Compliance debe utilizar una combinación de herramientas cuantitativas, cualitativas y psicométricas para capturar, interpretar y traducir esas percepciones en datos operativos.

Entre los métodos más eficaces destacan,

a). Las encuestas de clima ético y organizacional, Estas encuestas recogen percepciones anónimas sobre temas como el respeto entre colegas, la seguridad psicológica, la confianza en la gestión del acoso, el conocimiento del código de conducta, y el grado de libertad para expresar disconformidad sin temor a represalias. Herramientas como el Ethical Climate Questionnaire (ECQ) o el Workplace Psychological Safety Index pueden ser adaptadas para este fin.

b). Los grupos focales con personal voluntario, Permiten profundizar en la interpretación de los datos cuantitativos recogidos y explorar temas sensibles (por ejemplo, microagresiones, rumores de represalias, banalización de quejas), siempre bajo condiciones de confidencialidad y facilitación experta.

c). Los termómetros éticos digitales o pulsos culturales, Son encuestas muy breves y periódicas (mensuales o trimestrales) que capturan indicadores de confianza, respeto y percepción de justicia interna en tiempo real, permitiendo observar la evolución y el impacto de intervenciones.

d). El análisis de datos del canal de denuncias, El número, naturaleza, reiteración, lenguaje y tipología de las denuncias puede ser analizado estadísticamente como indicador indirecto de la percepción de impunidad, permisividad o desprotección de víctimas.

e). Los mapas de calor conductuales, Herramientas que representan gráficamente las áreas o unidades de negocio con mayores focos de conflictos éticos, con base en encuestas, incidentes reportados o feedback de recursos humanos, permitiendo focalizar intervenciones.

f). Las auditorías culturales externas, Realizadas por consultores especializados, validan el sistema de cumplimiento ético a partir de entrevistas, observación directa, benchmarking y análisis documental, aportando una visión independiente sobre la percepción interna.

La combinación de estos métodos permite obtener una visión rica, multifocal y contrastada, indispensable para fundamentar las decisiones estratégicas del área de Compliance en relación con la prevención del acoso.

10.6.7. ¿Qué riesgos legales y reputacionales enfrenta una organización si las métricas reportadas sobre ética y prevención del acoso son inexactas o incompletas?

El reporte inexacto, incompleto o manipulado de métricas relacionadas con la ética empresarial y la prevención del acoso laboral puede desencadenar consecuencias graves en varios niveles,

a). Los riesgos legales,

- El fraude informativo, En el contexto de la CSRD o del reporting GRI/ESRS, la inclusión de datos falsos o gravemente engañosos podría constituir una infracción administrativa o incluso delito, si hay intención de ocultamiento doloso frente a autoridades, inversores o stakeholders[247].

- El incumplimiento de diligencia debida, Si una empresa alega tener un sistema efectivo de prevención del acoso, pero los datos son inconsis-

[247] Freeman & Reed. Stockholders ans Stakeholders, A new perspective on Corporate Governance. *California Management review.* Vol XXV, número.3, Spring 1983. Pag 88.

tentes o falseados, puede ser sancionada por no cumplir su obligación legal de debida diligencia, especialmente en sectores regulados.

- La incidencia en litigios judiciales, En procesos laborales, penales o civiles por acoso, si la empresa ha reportado públicamente métricas de integridad incompatibles con la realidad, esa contradicción puede considerarse indicio de negligencia, mala fe procesal o incluso encubrimiento.

b). Los riesgos reputacionales,

- La pérdida de confianza de inversores éticos, Los fondos que aplican criterios ESG pueden excluir a empresas con evidencias de greenwashing o social washing, deteriorando la financiación y el posicionamiento en índices de sostenibilidad.

- La crisis mediática y boicot social, Si se descubre que una empresa ha minimizado deliberadamente los casos de acoso o manipulado indicadores éticos, puede ser objeto de campañas de boicot, rechazo de clientes institucionales o pérdida de reputación pública.

- La ruptura de relaciones institucionales, Los entes públicos, universidades u organismos multilaterales con cláusulas éticas en sus contratos pueden rescindir acuerdos si la empresa no puede justificar con veracidad sus métricas éticas.

La inexactitud o manipulación de métricas sobre ética y acoso no solo vulnera el principio de transparencia, sino que compromete gravemente la credibilidad, legitimidad y sostenibilidad de la organización.

10.6.8. ¿Qué procesos de validación o auditoría debe implementar el Compliance para verificar que los datos reportados en los informes de sostenibilidad reflejan la realidad?

Para garantizar la integridad de los datos reportados en los informes de sostenibilidad y evitar las consecuencias descritas, el área de Compliance debe establecer un sistema de validación y auditoría interna que garantice la veracidad, trazabilidad y coherencia de los indicadores éticos y sociales.

Entre los principales mecanismos se incluyen,

a). La protocolización del ciclo del dato ético.

Definir claramente quién reporta, cómo, con qué periodicidad y bajo qué fuente. Establecer flujos documentales trazables y homogéneos para que cada dato pueda ser auditado hacia su origen.

b). La doble verificación de datos sensibles.

En indicadores especialmente críticos (por ejemplo, número de denuncias, sanciones aplicadas por acoso, formaciones realizadas), implementar un sistema de doble firma (Compliance y RR. HH.) o verificación cruzada por un comité interno de integridad.

c). La auditoría interna periódica.

El área de Compliance debe promover revisiones semestrales o anuales, con base en planes de auditoría, para verificar la consistencia entre políticas, sistemas de gestión, datos reportados y evidencias documentales.

d). La evaluación independiente de terceros.

Cuando el nivel de exposición es alto, es aconsejable recurrir a verificación externa, ya sea a través de auditorías de sostenibilidad, certificaciones como ISO 37301 o ISAE 3000, o análisis reputacional por agencias independientes.

e). La aplicación del principio de materialidad.

Asegurar que los datos que se reportan en los informes de sostenibilidad no son meramente ornamentales, sino aquellos que reflejan los principales impactos éticos de la organización, con especial énfasis en el acoso laboral.

f). La inclusión de anexos de trazabilidad.

Incorporar en los informes de sostenibilidad una sección de "metodología e indicadores", donde se explique cómo se obtuvieron los datos éticos, qué sistemas se usaron y cómo se verificó su consistencia.

g). El comité de integridad o verificación de reporte.

Crear o involucrar a un comité que revise los informes antes de su publicación para validar la coherencia del relato, detectar posibles sesgos y garantizar que la información es consistente con los compromisos éticos adoptados.

Con estos mecanismos, el área de Compliance no solo fortalece la credibilidad de los informes, sino que demuestra que la empresa toma en serio su compromiso con la ética, la transparencia y el respeto a los derechos fundamentales en el entorno de trabajo.

En conjunto, estas respuestas ilustran cómo las métricas éticas son mucho más que una herramienta técnica, son la expresión tangible del compromiso ético de la organización, un escudo ante el riesgo reputacional y un instrumento esencial para la mejora continua de la integridad corporativa.

10.6.9. ¿Cómo puede el Compliance convertir las métricas éticas en instrumentos de mejora continua dentro del sistema organizacional?

La conversión de las métricas éticas en instrumentos de mejora continua requiere comprender estas métricas como sistemas vivos, integrados y orientados al desempeño ético organizacional. No basta con "medir por cumplir", la clave radica en activar mecanismos de aprendizaje institucional basados en los datos, de modo que cada indicador sirva como alerta, evidencia de brecha o estímulo para reforzar comportamientos deseables. Desde el punto de vista del Compliance, esto implica instaurar procesos sistemáticos que permitan,

a) Vincular cada métrica ética a un objetivo de integridad, por ejemplo, la métrica de "tiempo promedio de respuesta a una denuncia de acoso" debe estar asociada al principio de protección efectiva y oportuna a la víctima, no solo a un indicador logístico.

b) Establecer umbrales o "alertas éticas", se trata de definir niveles aceptables y no aceptables para cada indicador, de modo que su desviación active planes de mejora inmediatos. Por ejemplo, un descenso del 15% en la percepción de equidad en las promociones internas debe ser analizado y contrastado con evidencia objetiva.

c) Implementar comités de revisión ético-mensual, liderados por el área de Compliance, en los que se examinen conjuntamente los indicadores éticos con áreas clave (RRHH, riesgos, sostenibilidad) para adoptar decisiones coordinadas e inmediatas, evitando que los problemas escalen a niveles de crisis.

d) Incorporar las métricas éticas en los cuadros de mando estratégico, esto implica elevar los datos de ética organizacional al mismo plano que los indicadores de rentabilidad, productividad o eficiencia, demostrando que forman parte del núcleo de desempeño organizativo.

e) Generar trazabilidad documental de las decisiones adoptadas en base a métricas éticas, toda acción de mejora debe quedar documentada, ser revisable en auditorías internas o externas, y formar parte del ciclo de accountability y transparencia, especialmente en los informes de sostenibilidad.

10.6.10. ¿Qué papel tienen los canales de denuncia en la recopilación de datos que alimentan las métricas de prevención del acoso laboral?

Los canales de denuncia son uno de los pilares más relevantes del sistema de información ética de la organización. No solo permiten identificar hechos, sino que configuran una fuente cualitativa y cuantitativa esencial para alimentar las métricas preventivas, correctivas y estratégicas relacionadas con la cultura de integridad, el cumplimiento ético y la gestión del acoso.

El papel de los canales es triple,

a) Generar datos estructurados, número de denuncias por tipo, origen jerárquico, frecuencia por área, grado de anonimato, evolución temporal, etc.

b) Generar conocimiento contextual, análisis semántico de las denuncias (lenguaje utilizado, referencias a cultura organizacional, existencia de temor a represalias, etc.) que permite identificar dinámicas tóxicas, zonas grises o barreras institucionales.

c) Medir la confianza institucional, el uso efectivo del canal, el aumento progresivo en su utilización y la reducción de denuncias infundadas pueden ser interpretados como señales de madurez ética. Inversamente, la ausencia total de denuncias puede evidenciar un entorno silenciado o temeroso, más que sano.

En este sentido, el canal debe estar conectado al sistema de métricas éticas a través de dashboards de seguimiento que identifiquen alertas tempranas, recurrencias, anomalías y oportunidades de mejora estructural. Además, debe integrarse con otras herramientas como encuestas de clima, focus groups, entrevistas de salida, etc., para obtener una visión 360° del riesgo de acoso.

10.6.11. ¿Cómo pueden los programas de formación en ética y prevención del acoso laboral ser evaluados y medidos desde el Compliance?

Evaluar el impacto de los programas formativos no debe centrarse exclusivamente en indicadores de cobertura, sino en el nivel de interiorización, aplicación práctica y transformación cultural generada.

Desde el área de Compliance, la evaluación debe abordarse en cuatro niveles de madurez, donde deben concretarse los siguientes extremos en cada uno de los niveles indicados:

Nivel reactivo.

- ¿Quién asistió?

- ¿Durante cuánto tiempo?

- ¿Cuándo? (v.gr. métricas de asistencia y frecuencia).

Nivel cognitivo.

- ¿Qué aprendió el participante?

- ¿Cómo evolucionó su conocimiento? (v.gr. test de comprensión, simulaciones, casos prácticos).

c) Nivel actitudinal.

-¿Qué valores reforzó la formación?

- ¿Se perciben cambios en la disposición a actuar ante un caso de acoso? (v.gr. evaluaciones de percepción, testimonios, role-playing).

d) Nivel conductual y cultural.

- ¿La formación contribuyó a prevenir hechos?

- ¿Redujo los casos reportados?

- ¿Incrementó las consultas éticas? (v.gr. cruzamiento con datos del canal de denuncias, evolución del clima psicológico, cambios en patrones de liderazgo).

Además, deben aplicarse metodologías como el modelo Kirkpatrick o ROI ético para valorar el retorno de la inversión formativa, no en términos financieros, sino en calidad del entorno laboral, reducción de riesgos legales y mejora reputacional.

10.6.12. ¿En qué medida debe extenderse la medición del cumplimiento ético a la cadena de suministro y cómo puede supervisarlo el Compliance?

La cadena de suministro forma parte del perímetro de responsabilidad ética de toda organización moderna. Los principios de diligencia debida y los marcos ESG exigen que las empresas no solo vigilen sus propias operaciones, sino también las de sus proveedores y socios estratégicos, especialmente en lo relativo a los derechos humanos y la integridad organizacional.

Por tanto, el área de Compliance debe diseñar y supervisar un sistema de medición del cumplimiento ético en la cadena de valor que contemple,

a) Inclusión de cláusulas contractuales de ética y prevención del acoso laboral, con compromiso de implementar políticas y canales de denuncia compatibles.

b) Evaluaciones periódicas de terceros mediante cuestionarios éticos, auditorías de cumplimiento, y revisiones documentales (v.gr., existencia de protocolos de acoso, registros de incidentes, formación a trabajadores).

c) Clasificación de proveedores por niveles de riesgo ético (v.gr. sector, ubicación geográfica, historial de incumplimientos, etc.) para definir frecuencia e intensidad del control.

d) Creación de un "índice de cumplimiento ético" del proveedor, basado en criterios ponderados (v.gr. transparencia, cumplimiento legal, cultura organizacional, ausencia de incidentes relevantes).

e) Mecanismos de exclusión o mejora progresiva en función de resultados, el Compliance no solo audita, sino que debe promover programas de formación, buenas prácticas compartidas o planes de mejora ética para los proveedores estratégicos.

f) Reporte de métricas en informes ESG o de sostenibilidad, incluyendo, % de proveedores auditados en ética, número de incumplimientos detectados, acciones correctoras implementadas y evolución del índice ético promedio de la cadena de suministro.

La gestión de métricas éticas no puede concebirse como un fin en sí mismo, sino como una herramienta de transformación, prevención y rendición de cuentas institucional.

El área de Compliance, al apropiarse de estas métricas, debe liderar un cambio cultural y sistémico que abarque desde el entorno inmediato del trabajador hasta los socios externos, construyendo una organización no solo legalmente cumplidora, sino éticamente sólida, emocionalmente segura y reputacionalmente confiable.

10.6.13. ¿Cómo puede el Compliance convertir las métricas éticas en instrumentos de mejora continua dentro del sistema organizacional?

El Compliance puede y debe transformar las métricas éticas en verdaderas herramientas de mejora continua, utilizando una lógica de retroalimentación sistémica dentro del ciclo de gestión ética y organizacional. Para ello, las métricas no deben limitarse a una función de "rendición de cuentas" ex post, sino que deben integrarse en el diseño de los procesos, en la evaluación periódica de los riesgos y en la toma de decisiones estratégicas. Esto se logra mediante los siguientes mecanismos,

a) Vinculación de las métricas éticas con el mapa de riesgos, los datos extraídos de indicadores clave como el número y tipología de denuncias, percepciones de justicia organizacional o niveles de confianza institucional, deben alimentar directamente los procesos de reevaluación del mapa de riesgos de Compliance, facilitando la identificación de zonas grises o patrones de conducta que requieran intervención preventiva.

b) Retroalimentación de los resultados hacia los responsables de cada unidad, los informes periódicos deben permitir que los directivos y mandos medios accedan a los indicadores éticos de su área (idealmente con benchmarking comparativo), promoviendo la responsabilidad individual y el compromiso con los estándares corporativos de conducta.

c) Planes de acción derivados de resultados, cada vez que una métrica revele desviaciones relevantes (por ejemplo, reducción en la percepción de confianza en el canal de denuncias), deben activarse acciones específicas, como campañas de sensibilización, revisión de políticas, refuerzo de protección frente a represalias o auditorías internas.

d) Integración en los sistemas de calidad, muchas empresas operan bajo normas ISO (como la 37301 o 45001), que incluyen el principio de mejora continua. En este marco, las métricas éticas deben formar parte de las revisiones por la dirección, auditorías internas y seguimiento de objetivos.

e) Ajuste de los programas de formación, si las métricas muestran, por ejemplo, que persisten denuncias por acoso vertical, el programa de formación debe reforzar contenidos sobre abuso de poder, liderazgo ético o corresponsabilidad de los mandos intermedios.

f) Incorporación en indicadores de desempeño, en un modelo avanzado de Compliance, las métricas éticas alimentan los KPIs del área de cumplimiento, pero también pueden influir en los sistemas de incentivos, evaluación de liderazgo y decisiones de promoción interna, creando una auténtica cultura de accountability ética.

10.6.14. ¿Qué papel tienen los canales de denuncia en la recopilación de datos que alimentan las métricas de prevención del acoso laboral?

Los canales de denuncia no son solo instrumentos de recepción de quejas, sino fuentes estructurales de información valiosa para la generación de métricas éticas, especialmente en materia de prevención del acoso laboral. Su papel es fundamental en tres dimensiones,

a) Generación de datos cuantitativos directos, número de denuncias recibidas, clasificadas por tipo de acoso (v.gr. sexual, psicológico, por razón de género, etc.), por área o nivel jerárquico, por género o edad de las personas involucradas, y por región o unidad operativa. También permiten registrar tasas de resolución, tiempos medios de respuesta, tasas de archivo o sanción, y reincidencias.

b) Obtención de datos cualitativos, los canales (especialmente los que permiten interacción posterior) recogen narrativas que, analizadas mediante técnicas semánticas o inteligencia artificial, permiten identificar patrones lingüísticos, focos de conflicto, sesgos de poder, lenguaje violento u hostil, etc.

c) Fuente de datos de percepción, cuando el canal incluye encuestas de satisfacción o seguimiento tras el cierre del caso, puede ofrecer información sobre la confianza del denunciante en el sistema, su percepción sobre la justicia de la resolución, y la existencia o no de represalias.

En todos los casos, es clave que el canal esté diseñado para garantizar la protección del denunciante, la confidencialidad, la trazabilidad del proceso y la interoperabilidad con los sistemas de información del Compliance. Además, el canal debe contar con mecanismos de revisión periódica para asegurar su accesibilidad, transparencia y eficacia real.

10.6.15. ¿Cómo pueden los programas de formación en ética y prevención del acoso laboral ser evaluados y medidos desde el Compliance?

La evaluación de la eficacia de los programas formativos desde el área de Compliance debe trascender la mera constatación de asistencia. Deben implementarse métricas cualitativas y cuantitativas que permitan valorar el impacto real en la cultura organizacional y en la reducción de conductas de riesgo. Estas métricas pueden agruparse en,

a) Indicadores de cobertura, porcentaje de trabajadores, directivos y mandos intermedios formados; frecuencia de las formaciones; nivel de profundidad (básico, avanzado); número de horas dedicadas a contenidos éticos o de prevención del acoso.

b) Indicadores de aprendizaje, resultados de evaluaciones posteriores a la formación; análisis de dilemas éticos resueltos; ejercicios prácticos o simulaciones (role playing); autoevaluaciones de conducta frente a casos hipotéticos.

c) Indicadores de comportamiento posterior, reducción de denuncias en áreas o unidades formadas; cambios en los resultados de encuestas de clima o percepción ética; aumento en el uso de canales de consulta o confidencia.

d) Indicadores de mejora cultural, análisis longitudinal de la percepción de respeto, seguridad psicológica y confianza institucional; aumento en las referencias explícitas al código ético en los procesos internos; mejora en la cooperación interdepartamental para la resolución de conflictos.

e) Indicadores estratégicos, incorporación de la formación ética como criterio en procesos de evaluación del desempeño, promoción interna, y diseño de liderazgo.

10.6.16. ¿En qué medida debe extenderse la medición del cumplimiento ético a la cadena de suministro y cómo puede supervisarlo el Compliance?

La medición del cumplimiento ético no puede limitarse a la estructura interna de la empresa. De acuerdo con los principios de diligencia debida empresarial establecidos por la ONU, la OCDE y las normas europeas (como la Directiva sobre diligencia debida en sostenibilidad corporativa), el sistema de Compliance debe incluir la cadena de valor como parte integral de su mapa de riesgos éticos. En este sentido,

a) Extensión del deber de vigilancia, la empresa debe identificar los riesgos éticos en su cadena de suministro, incluidos los asociados a acoso laboral, discriminación, trato inhumano o vulneración de derechos fundamentales, incluso cuando ocurran fuera de su territorio.

b) Incorporación de cláusulas éticas en los contratos, los contratos con proveedores y socios deben incluir compromisos específicos con los valores corporativos, adhesión al código ético, aceptación de auditorías y sanciones ante incumplimientos.

c) Evaluaciones de riesgos ex ante y ex post, se deben aplicar procesos de due diligence ética para seleccionar proveedores (con checklists, entrevistas, visitas, evaluación de historial) y realizar auditorías éticas periódicas, con foco en el cumplimiento de estándares laborales y en la existencia de mecanismos internos de denuncia o prevención del acoso.

d) Programas de formación conjunta, cuando el proveedor opera de forma estable o estratégica, puede exigirse que participe en los programas de formación ética de la empresa contratante, alineando culturas y previniendo conflictos reputacionales futuros.

e) Indicadores externos de cumplimiento, porcentaje de proveedores evaluados con riesgo ético bajo/medio/alto; número de rescisión de contratos por incumplimiento ético; volumen de denuncias originadas por la cadena de suministro; número de proveedores formados en ética y prevención del acoso.

f) Supervisión y gobernanza, el área de Compliance debe liderar la coordinación interdepartamental (compras, calidad, sostenibilidad, legal) para definir los criterios, procesos y responsabilidades asociadas a la evaluación ética de la cadena de suministro.

Estas métricas, cuando son integradas en los procesos internos del sistema de Compliance, actúan como verdaderos catalizadores de transformación organizacional, permitiendo anticipar riesgos, corregir fallos sistémicos, reforzar la confianza de los grupos de interés y cumplir con los estándares normativos internacionales.

El Compliance ético, por tanto, debe operar como un sistema de información estratégica basado en datos, retroalimentado por canales reales de escucha activa y reforzado por decisiones institucionales basadas en integridad y evidencia.

Capítulo XI

Algunas consideraciones y conclusiones finales

Las páginas precedentes han pretendido ofrecer un análisis multidimensional del acoso laboral, no sólo como una conducta reprochable desde el punto de vista ético o jurídico, sino como un fenómeno estructural profundamente arraigado en muchas culturas organizacionales y normalizado por la pasividad institucional.

Esta Obra ha abordado el acoso como una forma específica de violencia institucional, cuya gravedad radica no solo en los daños que causa a la víctima directa, sino en su capacidad para erosionar.

Una de las premisas centrales de esta Obra es que el acoso no surge en el vacío: se gesta en entornos laborales permisivos, jerárquicos y emocionalmente negligentes.

Las organizaciones que carecen de estructuras internas de prevención, de protocolos eficaces de intervención, de canales de denuncia accesibles y de liderazgo ético, son terreno fértil para que el acoso prospere.

En este sentido, resulta urgente y necesario que las empresas asuman su corresponsabilidad institucional, más allá de la responsabilidad.

Las páginas anteriores han sido el resultado de un esfuerzo colectivo, multidisciplinar y éticamente comprometido por visibilizar, comprender, desnaturalizar y transformar una de las expresiones más devastadoras de violencia estructural en el entorno laboral: el acoso psicológico, organizacional e institucional.

Esta Obra no se limita a describir ni a denunciar. Aspira a construir, proponer y, sobre todo, interpelar.

Lo que aquí se sostiene, con evidencia rigurosa y fundamentación transversal, es que el acoso laboral no es un accidente ni una excepción. Es la expresión sintomática de una cultura laboral jerárquica, patriarcal, autoritaria y emocionalmente analfabeta.

Es el resultado de un modelo organizacional que normaliza el miedo, castiga la disidencia, premia el silencio, sacrifica la salud por la eficiencia mal entendida, y convierte la obediencia en criterio de promoción.

Las víctimas no son “sensibles”, “conflictivas”, “exageradas” o “poco adaptadas”.

Son personas cuyas emociones han sido ignoradas, cuyas competencias han sido invisibilizadas, cuyas trayectorias han sido fracturadas, y cuyas voces han sido sistemáticamente silenciadas.

Esta Obra ha querido restituirles la palabra, el relato y el reconocimiento que les ha sido negado. Y lo ha hecho desde la convicción de que todo sufrimiento generado por estructuras organizacionales injustas es una deuda ética que la sociedad tiene que afrontar.

Esta Obra también ha pretendido desafiar al Derecho en sus formas más rígidas y tradicionales. La ley, cuando no es sensible al contexto ni al dolor real, puede convertirse en una forma de violencia simbólica.

Por eso hemos insistido en la necesidad de reconceptualizar categorías jurídicas, reinterpretar estándares probatorios, y aplicar principios procesales desde una perspectiva humanista, garantista y transformadora.

Lo que aquí se propone no es sólo una batería de medidas técnicas. Es una transformación cultural profunda.

Que las organizaciones dejen de estar gobernadas por el miedo. Que los liderazgos estén formados en ética del cuidado.

Que el Compliance se alinee con los derechos humanos.

Que el bienestar emocional se considere criterio de excelencia.

Que los entornos laborales se diseñen como espacios de seguridad, desarrollo y dignidad.

Porque el trabajo es un derecho, no un privilegio. Y trabajar no puede significar nunca un supuesto de acoso.

En cuanto a la perspectiva clínica, esta Obra ha contribuido a visibilizar que el acoso no sólo tiene consecuencias emocionales leves o transitorias.

Al contrario, su impacto en la salud mental y física de las víctimas es equiparable al que produce un acontecimiento traumático grave, y requiere una atención especializada, interdisciplinar y prolongada.

Las patologías asociadas al acoso (v.gr. trastornos de ansiedad, depresión mayor, trastornos del sueño, estrés postraumático complejo) no son síntomas difusos.

El sistema judicial, en su actual diseño, sigue resultando en demasiadas ocasiones ineficaz o incluso hostil para las personas que denuncian acoso.

Los mecanismos probatorios siguen cargando a la víctima con una responsabilidad desmedida para acreditar lo ocurrido.

Las medidas cautelares son infrecuentes, los plazos judiciales dilatados y las resoluciones, en muchas ocasiones, desconectadas del sufrimiento real que atraviesa quien ha sido violentado. La Obra subraya la urgencia de reformar no solo la normas, sino las estructuras que son permisivas a cualquier clase de acoso.

Esta Obra propone una visión integral del Compliance: no solo como cumplimiento legal o fiscal, sino como una cultura institucional orientada a la ética, la transparencia, la dignidad humana y el bienestar emocional.

El Compliance emocional, tal y como aquí se propone, exige un cambio radical en la forma en que las organizaciones se piensan a sí mismas. No basta con establecer protocolos. Es necesario comprender los vínculos entre poder, miedo, silencio, complicidad, trauma, salud y estructura.

En definitiva, esta Obra no pretende ofrecer un cierre, sino una apertura. Una apertura hacia una conversación pendiente. Hacia un cambio de paradigma. Hacia un modelo de relaciones laborales que repudie la violencia y abrace la justicia, la empatía, el respeto y la corresponsabilidad. Porque trabajar no puede ser un factor de riesgo para la salud. Porque nadie debería enfermar por ser quien es o por levantar la voz. Porque la dignidad no es negociable.

El acoso laboral es una violencia estructural que hunde sus raíces en modelos de organización autoritarios, culturas institucionales jerárquicas y sistemas de relaciones laborales basados en la dominación, la invisibilización del sufrimiento y la naturalización del abuso. No puede entenderse como fenómeno individual ni reducirse a una mala relación entre personas.

Su expresión incluye acciones directas e indirectas: desde la hostilidad manifiesta hasta la exclusión silenciosa; desde el grito y la amenaza hasta la indiferencia calculada.

Todo ello sostenido en el tiempo, reiterado en contextos de desequilibrio de poder, y acompañado de mecanismos de silencio, complicidad o inacción institucional.

El acoso laboral no puede ser considerado una simple disfunción interpersonal. Es una modalidad específica de violencia que opera de forma sistemática y progresiva, a través de actos reiterados de hostigamiento, humillación, desprecio o invisibilización.

Esta violencia se inscribe en una lógica de poder y control que deteriora profundamente la integridad psíquica, emocional, relacional y profesional de quien la padece.

El marco normativo vigente, aunque reconoce parcialmente la existencia del acoso, resulta insuficiente para ofrecer respuestas reparadoras y protectoras.

El derecho laboral no ha desarrollado aún una tipificación adecuada que capture la complejidad de estas dinámicas, y el derecho penal continúa ofreciendo una respuesta restrictiva y extraordinaria, lo que obliga a las víctimas a encajar sus experiencias en moldes jurídicos inadecuados o ineficaces.

Esta violencia tiene consecuencias devastadoras en la salud mental y física de las personas: desde síntomas de ansiedad, insomnio, miedo y depresión, hasta trastornos psiquiátricos severos, deterioro neuroendocrino, disociación emocional, y riesgo suicida. Los cuerpos y las emociones hablan donde las estructuras callan.

La invisibilidad estructural del acoso en los espacios judiciales y administrativos favorece su reproducción. La exigencia probatoria desmesurada, la falta de pruebas directas, la escasa sensibilización de jueces y fiscales, la escasez de medidas cautelares, y la desprotección procesal de la víctima, convierten la vía judicial en un camino lleno de obstáculos.

El sistema, en su forma actual, no sólo no protege, sino que a menudo revictimiza.

La salud física y psíquica de las personas sometidas a acoso laboral se ve gravemente deteriorada. A través del análisis clínico, médico y neurobiológico realizado en esta obra, se demuestra que el daño no es sólo emocional, sino también fisiológico: alteraciones endocrinas, inmunológicas, gastrointestinales y cardiovasculares son algunas de las expresiones somáticas de esta violencia.

El acoso laboral es, sin duda, un factor de enfermedad y sufrimiento que debe ser reconocido institucionalmente como tal.

Las organizaciones que permiten el acoso o lo trivializan no sólo fallan en su deber de cuidado, sino que se exponen a consecuencias graves: pérdida de productividad, desmotivación generalizada, rotación de personal, conflictos colectivos, deterioro reputacional y responsabilidades jurídicas. El acoso es costoso: personal, colectiva y económicamente. Ignorarlo es una forma de miopía institucional.

La respuesta institucional al acoso es, en muchas ocasiones, insatisfactoria, inadecuada o negligente. Los canales de denuncia carecen de garantías, los procedimientos son excesivamente formales y poco sensibles al trauma, los criterios probatorios son desproporcionados, y las medidas de protección inexistentes o ineficaces.

Esta Obra trata de denunciar la revictimización estructural y la inacción institucional como formas de violencia secundaria.

La dimensión jurídica del problema requiere una transformación integral: reformas legislativas que tipifiquen adecuadamente el acoso, adaptación de las normas procesales a la naturaleza de esta violencia, formación específica de jueces, fiscales y personal técnico, protección real de los denunciantes, y mecanismos sancionadores proporcionales y ejemplares.

Desde la perspectiva de la salud pública, el acoso laboral debe ser reconocido como un factor generador de enfermedad.

No sólo individual, sino sistémica. Requiere protocolos de intervención clínica con enfoque de trauma, tratamiento interdisciplinar, acompañamiento prolongado, y reparación integral.

Las organizaciones tienen la responsabilidad primaria en la prevención y erradicación del acoso.

No basta con protocolos simbólicos.

Es imprescindible la construcción de estructuras internas sólidas: canales de denuncia seguros, auditorías periódicas de clima emocional, formación ética, liderazgo humanista, monitoreo externo, y mecanismos de evaluación del impacto psicosocial.

El Compliance debe ser reconceptualizado como una herramienta ética, no meramente reactiva.

Debe incluir el cumplimiento emocional, la gobernanza afectiva, los riesgos psicosociales, y la auditoría de valores institucionales. La ética del cuidado, la dignidad organizacional y el respeto a las emociones deben estar en el centro de toda estrategia de cumplimiento.

Esta Obra propone una visión ESG ampliada, donde la "S" de lo social incorpore explícitamente la seguridad emocional, la justicia organizacional, la salud psicosocial, la escucha activa y la reparación institucional. El bienestar organizacional no puede seguir siendo tratado como un factor accesorio.

Consecuentemente con ello, el Compliance debe convertirse en un instrumento de transformación cultural, más allá de su función meramente reactiva o sancionadora.

Esta Obra defiende un Compliance proactivo, preventivo, con enfoque de derechos humanos, que promueva la escucha activa, la protección efectiva y la transformación estructural de las condiciones organizacionales que permiten la violencia. La dimensión emocional debe integrarse plenamente como objeto de control y prevención.

La transformación requiere voluntad política, liderazgo ético, acompañamiento profesional y una redefinición del poder en las relaciones laborales.

Las estructuras verticales y autoritarias deben ceder paso a modelos organizativos participativos, con gobernanza emocional, espacios de cuidado, protocolos de seguridad emocional y una nueva forma de entender el liderazgo: no como control, sino como servicio.

Las propuestas desarrolladas en este Libro abarcan un modelo integral de intervención que comprende: prevención primaria (formación, sensibilización, liderazgo ético), prevención secundaria (detección precoz, intervención clínica, reorganización estructural), y prevención terciaria (sanción, justicia restaurativa, reparación del daño, retorno con garantías).

Las medidas de prevención, detección, intervención y reparación deben estar articuladas en planes institucionales integrales, con indicadores verificables, rendición de cuentas, evaluación periódica de clima laboral, y participación activa de toda la comunidad laboral. No es suficiente con buenas intenciones o discursos éticos: se requiere estructura, recursos, formación y compromiso.

Debe tenerse presente que el acoso laboral afecta también al Estado, que termina asumiendo los costes médicos, farmacéuticos, jurídicos y de protección social derivados de lo que las organizaciones no supieron o no quisieron prevenir.

Esta externalización del daño supone una injusticia distributiva y una carga ineficiente para los sistemas públicos. Prevenir el acoso es también una forma de proteger lo público.

Esta Obra propone un modelo humanista de relaciones laborales basado en la dignidad, la equidad, la justicia organizacional, la memoria institucional del daño, la protección de los cuerpos y las emociones, y la no repetición.

Solo desde ahí es posible imaginar entornos laborales verdaderamente sostenibles, donde trabajar no sea un riesgo, sino una oportunidad de desarrollo humano.

El acoso laboral no desaparecerá solo con normas.

Desaparecerá cuando las instituciones se comprometan con una transformación cultural profunda. Cuando pongan la dignidad humana en el centro.

Cuando escuchen a las víctimas. Cuando el silencio deje de proteger al agresor. Y cuando se entienda que la justicia, la salud y la ética no son opcionales en el lugar de trabajo: son esenciales.

Finalmente, se reclama una revolución silenciosa pero firme: que el trabajo deje de ser un espacio de miedo.

Que se convierta en un lugar de desarrollo, pertenencia, creatividad y respeto.

Que ninguna persona más tenga que elegir entre su salud y su empleo.

Que la dignidad deje de ser una palabra vacía.

Y que la justicia emocional deje de ser una utopía.

Capítulo XII

Bibliografía

Ader y Cohen, 1993; Bayés y Borràs, 1996; Bonet y Luchina, 1998; Borràs, 1995; Peiró y Salvador. El burnout o síndrome de estar quemado en los profesionales sanitarios: revisión y perspectivas. International Journal of Clinical and Health Psychology.

Alpuche de la Cruz, E. Leines Cortez, L. La Teoría de los Stakeholders: un análisis centrado en los grupos dentro de la organización y propuesta de un nuevo grupo. Revista Pensamiento Crítico. Revista de investigación multidisciplinaria, en https://pensamientocriticoudf.com.mx/4-no-6/14-4-no-6-02/36-la-teoria-de-los-stakeholders-un-analisis-centrado-en-los-grupos-dentro-de-la-organizacion-y-propuesta-de-un-nuevo-grupo-html

Álvarez Viñuela, J. (2016) La figura del Compliance officer en las pymes. Consejo General de la Abogacía Española https://www.abogacia.es/actualidad/noticias/la-figura-del-Compliance-officer-en-las-pymes/

Arosemena, L. https://lawebdelasalud.com/impacto-del-estres-en-la-salud-ocular-que-dice-la-ciencia/.

Baker J. Psychogenic voice disorders and traumatic stress experience: a discussion paper with two case reports. J Voice. 2003 Sep;17(3):308-18.

Barak, G. (2018) Fraude en productos financieros y Compliance regulatorio: ¿Por qué se necesitan medios alternativos de control? Revista Crítica penal y poder, nº 14, https://revistes.ub.edu/index.php/CriticaPenalPoder/article/view/21700

Barranco Avilés, M. (2005). El acoso moral en el trabajo (mobbing). Revista del Ministerio de Trabajo y Asuntos Sociales, (56), 45-64.

Basauri, G. https://www.infosalus.com/actualidad/noticia-estres-ansiedad-afectan-cuerdas-vocales-favoreciendo-aparicion-afonia-trastornos-voz-20121201120051.html

Basile, A. (2008) El "mobbing" y sus implicancias medicolegales

Bellver Belda, J. El uso de la inteligencia artificial en el ámbito del Compliance: posibilidades, limitaciones y perspectivas de futuro, ELDERECHO.COM, en https://elderecho.com/uso-inteligencia-artificial-ambito-Compliance-posibilidades-limitaciones

Bentur OS, Sarig G, Brenner B, Jacob G. (2018) Effects of Acute Stress on Thrombosis. Semin Thromb Hemost. 44(7):662-668.

Björkqvist, D., Österman, K., & Hjelt-Bäck, M. (1994). Aggresion among university employees. Journal Aggressive Behavior, 20 (3), 173-184

Blanco,B.Acoso laboral en el teletrabajo, el nuevo mobbing. https://www.uoc.edu/es/news/2024/acoso-laboral-en-el-teletrabajo-el-nuevo-mobbing.

Brousse, G., Fontana, L., Ouchchane, L., Boisson, C., Gerbaud, L., Bourguet, D.,... & Chamoux, A. (2008). Psychopathological features of a patient population of targets of workplace bullying. Occupational medicine, 58(2), 122-128.

Buhaug, K., Magerøy, N., Einarsen, S. V., Assmus, J., & Kvåle, A. (2021). A clinical study of musculoskeletal dysfunction in targets of workplace bullying. European Journal of Physiotherapy, 24(5), 270-279.

Bustos, I. Reeducación de problemas de la voz. Ed. Cepe. Madrid, España. 1983.

Buxó Olivé, J y Gómez i Casalta, G. (2002) Sobre la configuración de un Sistema de Compliance: algunas variables a tener en consideración. La Ley, Compliance penal, Nº 9, Sección Actualidad profesional, Wolters Kluwer. 6292/2022

Calaza López, D. (2011) Principios rectores del proceso judicial español. Revista de Derecho UNED, núm. 8.

Camarena Adame, E, & Saavedra García, L. (2018). El techo de cristal en México. La ventana. Revista de estudios de género, 5(47), 312-347.

Canosa Sevillano, J. (2024) El ayer y el mañana en las competencias y habilidades de un Compliance Officer. ASCOM. Asociación Española de Compliance en https://asociacionCompliance.com/el-ayer-y-el-manana-en-las-competencias-y-habilidades-de-un-Compliance-officer/

Carrancio Baños, C. (2018) El techo de cristal en el sector público. Revista española de sociología.

Castillo Ramírez, S. (2004). Acoso moral y sus repercusiones medicolegales. Medicina Legal de Costa Rica, 21 (1).

Conesa Ballestero, J. Sanahuja Vidal, M. (2002) Acoso moral en el trabajo: tratamiento jurídico (mobbing). Actualidad Laboral, Nº 30, Sección Doctrina, Editorial LA LEY.

Cordier-Palasse, B. (2016) La Compliance Officer: chef d'orchestre du culture change management. En Gaudemet, A. (Dir.) La Compliance: un nouveau monde? Aspects d'une mutation du droit (129-138). París: Panthéon-Assas.

Cordón, F. (1998) Introducción al Derecho Procesal, Ed. Eunsa, 3ª ed, Pamplona, 1998, P. 128.

Costa G. (2004) Cardiopatie da fattori stressogeni [Cardiopathy and stress-inducing factors]. Med Lav. Mar-Apr;95(2):133-9.

Daisy Y. S. et al. Role of Oxidative Stress in Ocular Diseases: A Balancing Act. Metabolites. 2023.

https://fernandez-vega.com/blog/como-afecta-el-estres-a-nuestra-salud-ocular

Da Silva João, A. L., & Portelada, A. F. S. (2016). Mobbing and its impact on interpersonal relationships at the workplace. Journal of interpersonal violence.

Denollet J y Van Heck G. (2001) Psychological risk factors in heart disease. What Type D personality is (not) about. Journal of Psychosomatic Research; 51: 465-468.

Dinville, C. Los trastornos de la voz y su reeducación. Ed. Masson. Barcelona, España. 1989.

Dominguez Fernandez, J. (2010). Estrés laboral por acoso moral en el trabajo y síndrome de burn-out y su relación con el autoconcepto, la adaptación de conducta y la personalidad en trabajadores de atención a la salud. Tesis. Universidad de Granada.

Einarsen, Hoel, Zapf & Cooper Exposure to workplace bullying generates altered neuroendocrine and immunological responses, linked to psychiatric and somatic problems.

Einarsen, S. & Mikkelsen, E. G. (2003). Individual effects of exposure to bullying at work. En S. Einarsen, H. Hoel, D. Zapf y C. L. Cooper (Eds.), Bullying and emotional abuse in the workplace: international perspectives in research and practice (pp. 127-144). London: Taylor & Francis.

El Derecho. Lefevbre. Canal de denuncias: Aspectos clave en el ámbito laboral. https://elderecho.com/canal-de-denuncias-aspectos-clave-en-el-ambito-laboral

Estrés postraumático en víctimas de acoso laboral en https://mobbingmadrid.org/estrés-laboral/estrés-postraumatico-acoso-laboral/

Feijó, F y otros The Role of Workplace Bullying in Low Back Pain: A Study With Civil Servants From a Middle-Income Country The Journal of Pain, Volume 23, Issue 3, 459–471

Fernández Palacín y otros. El techo de cristal en las pequeñas y medianas empresas. Revista De Estudios Empresariales. Segunda Época, 1.

Fidalgo Vega, M. Gallego Fernández, Y. y otros Acoso psicológico en el trabajo: definición

Floridi, L., Cowls, J., Beltrametti, M. et al. (2018) AI4People-An Ethical Framework for a Good AI Society: Opportunities, Risks, Principles, and Recommendations. Minds & Machines 28, 689-707

Fourey González, M. Compliance penal: fundamento, eficacia y supervisión. análisis

Freeman & Reed. Stockholders: A new perspective on Corporate Governance. California Management review. Vol XXv, No.3, Spring 1983. Pag 88.

Furnham, A. (2001). Psicología organizacional. El comportamiento del individuo en las organizaciones. México: Oxford University Press.

Gálvez Herrer, Macarena, Mingote Adán, José Carlos, & Moreno Jiménez, Bernardo. (2010). El paciente que padece un trastorno de personalidad en el trabajo. Medicina y Seguridad del Trabajo, 56(220), 226-247.

García-Panasco Morales, G. (2023). La nueva Ley del informante: cuando las buenas intenciones se pueden convertir en un problema, Diario LA LEY, Nº 10264, Sección Tribuna, LA LEY 2581/2023.

Gaspar-Calvo, E, Maldonado y otros (2023). Enfermedad musculoesquelética en población trabajadora: perfil de los afectados y manejo farmacológico. Revista de la Asociación Española de Especialistas en Medicina del Trabajo, 32(1), p 9

Gimeno, Fundamentos del Derecho Procesal (Jurisdicción, acción y proceso), Ed. Civitas, Madrid, 1981, pp. 180 y ss.

Glozier N, Tofler GH, Colquhoun DM, Bunker SJ, Clarke DM, Hare DL, Hickie IB, Tatoulis J, Thompson DR, Wilson A, Branagan MG. (2013) Psychosocial risk factors for coronary heart disease. Med J Aust.

Gómez Colomer, J. L., Constitución y proceso penal. Análisis de las reformas procesales más importantes introducidas por el nuevo Código Penal de 1995, Ed. Tecnos, 1996, pp. 66 y ss.

González de Rivera, J. L. (2003). El maltrato psicológico: cómo defenderse del mobbing y otras formas de acoso. Madrid: Espasa

González Torrecillas, J. (2014) Patología psicosocial de origen laboral, Ciencia Forense, 167-192

González Trijueque, David, & Delgado Marina, Sabino. (2008). Acoso laboral y trastornos de la personalidad: un estudio con el MCMI-II. Clínica y Salud, 19(2), 191-204

González-Trijueque, D. (2014). Programa para el control del estrés aplicado a una víctima de mobbing: estudio de un caso. Ciencias Psicológicas VIII (2): 151–162

Granda Revilla, G. Trujillo Fernández, R. La gestión de los grupos de interés (stakeholders) en la estrategia de las organizaciones. Ministerio de Industria, Energía y Turismo. Forética. Pag 71

Hansen, Å. M., Hogh, A., Persson, R., Karlson, B., & Garde, A. H. (2006). Bullying at work, health outcomes, and physiological stress response. Journal of Psychosomatic Research, 60 (1), 63-72.

Harasemiuc, V. & Díaz, J. (2013). Evidencia científica de la relación entre acoso laboral y depresión. Medicina y seguridad del trabajo, volumen 59 Nº 232

Herbert, T. B., & Cohen, S. (1993). Stress and immune function in humans: A meta-analytic review. Psychosomatic Medicine, 55, 364-379.

Hirigoyen, M. F. (1999) El acoso moral en el trabajo: distinguir lo verdadero de lo falso. Barcelona: Paidós.

Jiro Takaki & Toshiyo Taniguchi & Kumi Hirokawa, 2013. Associations of Workplace Bullying and Harassment with PaiN. IJERPH, MDPI, vol. 10(10), pages 1-11

Juarez, B. (2023) Estrés postraumático, la secuela menos nombrada y más profunda del mobbing, El economista, https://www.eleconomista.com.mx/capitalhumano/Estres-postraumatico-la-secuela-menos-nombrada-y-mas-profunda-del-mobbing-20230924-0060.html

Justicia, F. Benítez, J L. & Fernández, E. (2007). El fenómeno del acoso laboral entre los trabajadores de la universidad. Psicología em estudo, volumen 12 Nº3, pp. 457-463

Karasek, R. A., Russell, R. S., Theorell, T. (1982). Physiology of stress and regeneration in job related cardiovascular illness. Human Stress, 8, 29-42.

Kernberg, O.(1997) La personnalité narcissique, en Borderline conditions and pathological narcissism, Nueva York, Jason Aronson, 1975 (trad. cast. de Stella Abreu: Desórdenes fronterizos y narcisismo patológico, Buenos Aires, Paidós, pág. 206.

Keuskamp D, Ziersch AM, Baum Fe, Lamontagne AD. Workplace bullying a risk for permanent employees. Aust N Z J Public Health. 2012; 36:116-119.

Kivimaki M, Leno-Arjas P, Virtanen M, et al. Work stress and incidence of newly diagnosed fibromyalgia: prospective cohort study. J Psychosom Res. 2004; 57:417-422.

Kivimaki M, Virtanen M, Vartia M, et al. Workplace bullying and the risk of cardiovascular disease and depression. Occup Environ Med. 2003; 60:779-783.

Kivimaki, M, Kawachi, I. (2015) Work Stress as a Risk Factor for Cardiovascular Disease, National Library of Medicine. Curr Cardiol Rep.

Kjeldsen SE, Knudsen K, Ekrem G, Fure TO, Movinckel P, Erikssen JE. Is there an association between severe job strain, transient rise in blood pressure and increased mortality? Blood Press. 2006;15(2):93-100.

Kostev, K., Rex, J., Waehlert, L., Hog, D., & Heilmaier, C. (2014). Risk of psychiatric and neurological diseases in patients with workplace mobbing experience in Germany: a retrospective database analysis. GMS German Medical Science, 12.

Kunts MJJ, Bogaerts S, Winkel FW. Peer and inmate aggression, Type D personality and post-traumatic stress among Dutch prison workers. Stress and Health 2009; 25(5): 387-395.

Lallukka, T., Rahkonen, O., & Lahelma, E. (2011). Workplace bullying and subsequent sleep problems-the Helsinki Health Study. Scandinavian journal of work, environment & health, 204-212.

Leymann, H. (1990). Mobbing and psychological terror at workplaces. Violence and victims, 5(2), 119-126.

Leymann, H. (1996). The content and development of mobbing at work. European journal of work and organizational psychology 5(2), (pp. 165-184).

Martín García, F. El Compliance officer en la responsabilidad penal de la persona jurídica y en la gestión del whistleblowing. El derecho.com en https://elderecho.com/el-Compliance-officer-en-la-responsabilidad-penal-de-la-persona-juridica-y-en-la-gestion-del-whistleblowing

Lussaud Guerrer, A. https://www.clinicauniversitaria.cat/es/como-impactan-las-emociones-en-la-voz/

Matthiesen SB, Einarsen S. (2007) Perpetrators and targets of bullying at work: role stress and individual differences. Violence Vict.;22:735-753.

Matthiesen, S. B. & Einarsen, S. (2001). MMPI-2 configurations among victims of bullying at work. European Journal of Work and Organizational Psychology, 10(4), 467-484.

Mikkelsen, E. & Einarsen, S. (2002). Basic assumptions and symptoms of post-traumatic stress among victims of bullying at work. European journal of work and organizational psychology. 11 (1), 87-112.

Mikkelsen, E. G. & Einarsen, S. (2002b). Relationships between exposure to bullying at work and psychological and psychosomatic health complains: The role of state negative affectivity and generalized self-efficacy. Scandinavian Journal of Psychology, 43, 397-405.

Mingote J.C.; Gálvez M; del Pino P.; Gutiérrez D. (2014) El paciente que padece un trastorno depresivo en el trabajo. Med Segur Trab 41-63.

Mir Puig, C. (2010) El mobbing o acoso moral o psicológico en el trabajo en la reforma penal, parte del libro Derecho penal del Estado social y democrático de derecho. Libro homenaje a Santiago Mir Puig, edición nº 1, Editorial LA LEY

Montero, Introducción al Derecho Procesal. Jurisdicción, acción y proceso, Ed. Tecnos, Madrid, 1976, pp. 210 y ss. 2Vid.

Moreno J, López-Bastida J, Montejo-González AL, Osuna-Guerrero R y Duque-González B. (2009) The socioeconomic cost of mental iones in Spain. European Journal of Health Economics 10(4): 361-369

Moreno, A. (2006). El techo de cristal: barreras invisibles para la igualdad laboral. Madrid: Instituto de la Mujer. P 53.

Mukamal, R. Sorprendentes vínculos entre el estrés y los ojos. American Academy of Ophthalmology. https://www.aao.org/salud-ocular/consejos/sorprendentes-v%C3%ADnculos-entre-el-estr%C3%A9s-y-los-ojos

Niedhammer I, David S, Degioanni S, et al. Economic activities and occupations at high risk for workplace bullying: results from a large-scale cross-sectional survey in the general working population in France. Int Arch Occup Environ Health. 2007; 80:346-353.

Niedhammer, I., David, S., Degioanni, S., Drummond, A., & Philip, P. (2009). Workplace bullying and sleep disturbances: findings from a large scale cross-sectional survey in the French working population. Sleep, 32(9), 1211-

Niedl, K. (1996). Mobbing and wellbeing: economic and personal development implications. European Journal of Work and Organizational Psychology, 5(2), 239-249.

Nielsen & Einarsen (2012) Long-term exposure to workplace bullying results in psychological and somatic symptoms, including increased risk of cardiovascular complications." Work & Stress Journal.

Nielsen, M. B., Einarsen, S., Notelaers, G., & Nielsen, G. H. (2016). Does exposure to bullying behaviors at the workplace contribute to later suicidal ideation? A three-wave longitudinal study. Scandinavian journal of work, environment and health, 42(3), 246-250.

O'Moore, M., Seigne, M., McGuire, L. & Smith, M. (1998). Victims of bullying at work in Ireland. Journal of Occupational Health and Safety, 14(6), 569-574.

Oginska-Bulik N. Occupational stress and its consequences in healthcare professionals: the role of type D personality. Int j Occup Med Environ Health 2006; 19(2): 113-122.

Olweus, D. (1993). Bullying at school: What we know and what we can do. Oxford: Blackwell Publishers (Publicado en español en 1997 como Conductas de acoso y amenaza entre escolares. Madrid: Ed Morata).

Ortega Velásquez, F. Rodríguez Conde, J. Acoso laboral y sus efectos en la salud del trabajador: revisión de la literatura

OVEJERO, A. (2006a). "El mobbing o acoso psicológico en el trabajo: Una perspectiva psicosocial", Revista de Psicología del Trabajo y de las Organizaciones, 22 (1), 101-121.

Oyola MG, Handa RJ. Hypothalamic-pituitary-adrenal and hypothalamic-pituitary-gonadal axes: sex differences in regulation of stress responsivity. Stress. 2017 Sep;20(5):476-494.

Pastrana, J. (2002). ¿Cuánto cuesta el mobbing en España? Lan Harremanak, Revista de relaciones laborales, 2 (7), 171-181.

Pérez Bes, F. Las medidas tecnológicas en los sistemas de Compliance (cumplimiento normativo), publicaciones en publicaciones del Consejo General de la Abogacía Española

https://www.abogacia.es/actualidad/noticias/las-medidas-tecnologicas-en-los-sistemas-de-Compliance-cumplimiento-normativo/

Pérez Ginés, C. A (2016) "Violencia en el ámbito laboral". Diario La Ley, N° 8730, Sección Doctrina, Ref. D-131, La Ley. 1648/2016

Pérez Martell, R. (2012) El bullying (acoso escolar) y el cyberbullying: prevención y soluciones desde la vía judicial y las extrajudiciales, Diario La Ley, N° 7978, Sección Doctrina, Ref. D-431, Editorial LA LEY

Pérez Martell, R. (2024) El proceso laboral y los MASC: solución de conflictos en los casos de acoso académico en el ámbito universitario. Revista de Derecho Procesal

Pérez Martell, R. (2024) Garantías de protección del denunciante en la Directiva Whistleblowing y en la Ley 2/2023, de 20 de febrero, reguladora de la protección de las personas que informen sobre infracciones normativas y de la lucha contra la corrupción. Derechos materiales y procesales. Propuestas

Piñuel y Zabala, I. (2001). Mobbing: cómo sobrevivir al acoso psicológico en el trabajo. Ed. Sal Terrae.

Piñuel Zabala, I y Oñate Cantero, A. La incidencia del mobbing o acoso psicológico en España. Resultados del Barómetro Cisneros II sobre violencia en el entorno laboral https://ojs.ehu.eus/plugins/generic/pdfJsViewer/pdf.js/web/vi...%2FLan_Harremanak%2Farticle%2Fdownload%2F5802%2F5478%2F21304

Piñuel, I. (2017) Las 100 claves del mobbing. Detectar y salir del acoso psicológico en el trabajo. Editor: EOS Psicología.

Piñuel, I. Los trepas y el mobbing en https://www.acosopsicologico.com/trepas-mobbing/

Piñuel, I. Morder la manzana envenenada: la paralización y el Estrés Postraumático en https://www.acosopsicologico.com/mobbing-estres-postraumatico/

Prieto-Orzanco, A. Hostigamiento laboral (mobbing) y sus consecuencias para la salud

https://www.elsevier.es/es-revista-atencion-primaria-27-articulo-hostigamiento-laboral-mobbing-sus-consecuencias-salud-13072593

Puyol Montero, J. (2003) en Cuestiones generales sobre los canales de información, Tirant lo Blanch.

Puyol Montero, J. (2025) La aplicación de los derechos fundamentales a las personas jurídicas en los procesos de Compliance, Confilegal, https://confilegal.com/20250223-opinion-la-aplicacion-de-los-derechos-fundamentales-a-las-personas-juridicas-en-los-procesos-de-Compliance/

Puyol Montero, J. Franco Blanco, C. Román Porres, C. (2025) GPS Compliance, Tirant lo Blanch, Pag 1294.

Remes-Troche, JM y otros. (2008) El papel del abuso físico, psicológico y sexual en los trastornos funcionales digestivos. Un estudio de casos y controles. Revista de gastroenterología de Mexico.

Rentería Reyes, M. Asociación de mobbing con síndrome metabólico en personal de enfermería de la Unidad de Medicina Familiar no. 45 en San Luis Potosí Rev. esc. adm.neg. No. 90. Pag 196.

Rodríguez-Muñoz, Alfredo. (2011). Acoso psicológico en el trabajo: revisión de la literatura y nuevas líneas de investigación. Medicina y Seguridad del Trabajo, 57(Supl. 1), 20-34

Rojas Rosco, R. Labour Compliance: la responsabilidad de la empresa ante el ciberacoso laboral, El derecho, https://elderecho.com/labour-Compliance-la-responsabilidad-de-la-empresa-ante-el-ciberacoso-laboral

Román-Santana, W. Mata-De-Salcedo, C. y otros (2024). Mobbing laboral y síndrome del intestino irritable: Un estudio en servidores públicos. Revista Arbitrada Interdisciplinaria de Ciencias de la Salud. Salud y Vida, 8(16), 117

Rosario, E y otros. Acoso psicológico en el ambiente laboral y el trastorno de estrés postraumático Revista Interamericana de Psicología Ocupacional (RIPO), https://dialnet.unirioja.es/servlet/articulo?codigo=8654493

Rosenman RH, Friedman M, Straus R, Wurm M, Kositchek R, Hahn W, et al. (1964) A predictive study of coronary heart disease. JAMA 1964; 189: 15-22.

Rugulies, R., Madsen, I. E., Hjarsbech, P. U., Hogh, A., Borg, V., Carneiro, I. G., & Aust, B. (2012). Bullying at work and onset of a major depressive episode among Danish female eldercare workers. Scandinavian journal of work, environment & health, 218-227.

Salvador Concepción, R. Modalidades de defensa contra el acoso psicológico en el trabajo. Revista de Derecho Penal y Criminología, 3 Época, n 13.

Sanclemente-Arciniegas, J. (2021). El Compliance: repercusiones en la concepción de la empresa.

Sandrini L, Ieraci A, Amadio P, Zarà M, Barbieri SS. (2020) Impact of Acute and Chronic Stress on Thrombosis in Healthy Individuals and Cardiovascular Disease Patients. Int J Mol Sci. 7818.

Sansone RA, Sansone LA. (2015) Workplace bullying: a tale of adverse consequences. Innov Clin Neurosci;12(1-2):32-7.

Segovia-Saiz, C. Briones-Vozmediano, E. Pastells-Peiró, R. González-María, E. & Gea-Sánchez, M. (2020). Techo de cristal y desigualdades de género en la carrera profesional de las mujeres académicas e investigadoras en ciencias biomédicas. Gaceta Sanitaria, 34(4), 403-410.

Seligman, M. (2024) El circuito de la esperanza.

Sher LD, G. Olivier L, Cairns M, Truter N, Beselaar L, Essop MF. Chronic stress and endothelial dysfunction: mechanisms, experimental challenges, and the way ahead. (2020) Am J Physiol Heart Circ Physiol. 319(2):H488-H506.

Signorelli, M. S., Costanzo, M. C., Cinconze, M., & Concerto, C. (2013). What kind of diagnosis in a case of mobbing: post-traumatic stress disorder or adjustment disorder? BMJ case reports, 2013, bcr2013010080.

Sudhir PM, Chandra PS, Shivashankar N, Yamini BK. Comprehensive management of psychogenic dysphonia: a case illustration. J Commun Disord. 2009 Sep-Oct;42(5):305-12.

Takaki, J., Taniguchi, T., Fukuoka, E., Fujii, Y., Tsutsumi, A., Nakajima, K., & Hirokawa, K. (2010). Workplace bullying could play important roles in the relationships between job strain and symptoms of depression and sleep disturbance. Journal of occupational health, 52(6), 367-374

Tamayo Carmona, Juan A. (2013). El principio de publicidad del proceso, la libertad de información y el derecho a la propia imagen. Iuris Tantum Revista Boliviana de Derecho

Tapia Hermida, A. (2019) Protección de los denunciantes («whistleblowers») de infracciones de la regulación de los servicios financieros en la Unión Europea. Análisis panorámico de la Directiva (UE) 2019/1937. Revista de Derecho del Mercado de Valores, Nº 25, Sección Estudios, Segundo semestre de 2019, Wolters Kluwer. La Ley 15564/2019.

Tehrani, N. (2003). Counselling and rehabilating employees involved with bullying. En S. Einarsen, H. Hoel, D. Zapf y C. L. Cooper (Coords.), Bullying and emotional abuse in the workplace (pp. 270-284). London: Taylor & Francis

Teubner, G. (2011). Self-constitutionalizing TNCs? On the linkage of «private» and «public» corporate codes of conduct. Indiana Journal of Global Legal Studies, 18(2), 617-638.

Tianwei Xu, L. Magnusson Hanson, T. Liis Starkopf, H y otros, Workplace bullying and workplace violence as risk factors for cardiovascular disease: a multi-cohort study, European Heart Journal, Volume 40, Issue 14, 07 April 2019, Pages 1124-1134.

Török, E., Hansen, Å. M., Grynderup, M. B., Garde, A. H., Høgh, A., & Nabe Nielsen, K. (2016). The association between workplace bullying and depressive symptoms: the role of the perpetrator. BMC public health, 16(1), 993.

Vartia, M. (1996). The sources of bullying-psychological work environment and organizational climate. European Journal of Work and Organizational Psychology, 5, 203-214.

Vignoli, M., Guglielmi, D., Balducci, C., & Bonfiglioli, R. (2015). Workplace bullying as a risk factor for musculoskeletal disorders: the mediating role of job-related psychological strain. BioMed research international, 2015

Villar Vinuesa, R., Ramada Rodilla, J.M., & Serra Pujadas, C.. (2017). Papel del médico del trabajo en la identificación y reconocimiento oficial de las dermatosis profesionales. Archivos de Prevención de Riesgos Laborales, 20(4), 214-219

Violence and Victims, Vol. 5, No. 2.

Wolters Kluwer. ¿Qué es la Directiva Whistleblowing y cómo regula el Canal de Denuncias? https://www.wolterskluwer.com/es-es/expert-insights/directiva-whistleblowing-para-canal-denuncias. www.saij.jus.gov.ar

Zapf, D., Einarsen, S., Hoel, H. & Vartia, M. (2003). Empirical findings on bullying in the workplace. En S. Einarsen, H. Hoel, D. Zapf y C. L. Cooper (Eds.), Bullying and emotional abuse in the workplace: international perspectives in research and practice (pp. 103-126). London: Taylor & Francis.

Zapf, D., Knorz, C. & Kulla, M. (1996). On the relationship between mobbing factors and job content, social work environment and health outcomes. European Journal of Work and Organizational Psychology, 5(2), 215-237.